江苏通史

明清卷

总主编　宋林飞
本卷主编　潘群　周志斌

JIANGSUTONGSHI

凤凰出版社

朱元璋像

南京明故宫遗址

南京大报恩寺塔琉璃构件拱门

明初开凿的溧水胭脂河和天生桥

明武宗南巡图

清代徐扬绘《姑苏繁华图》(局部)

清代扬州两淮盐运使司衙署门厅

淮安漕运总督部院(复原图)

无锡东林书院

南京江南贡院

南京云锦

明清时期宜兴紫砂名壶

清代常州画家恽寿平牡丹册

目　录

导 论

历史的发展是不以人们的主观意志为转移的，学习与研究历史的目的就是要探寻历史发展的客观规律，从“得”与“失”、“盛”与“衰”、“兴”与“亡”诸方面总结历史的经验和教训，以期“鉴古知今”、“鉴往知来”。

《江苏通史》“明清卷”主要论述了明朝（1368—1644）和清前期（1644—1840）凡470余年间江苏地区社会政治、经济和文化发展变化的历史脉络。明清时期，英、法等西方列强经过工业革命迅速崛起，而中国仍处于闭关锁国状态，发展相对停滞，明显落后于西方社会，明清时期江苏地区社会经济的发展史也正是当时中国社会发展变化的一个缩影。

明清时期，封建中央集权体制得到进一步加强。明初，朱元璋实行专制统治，对支持张士诚抵抗的苏州、松江等江南诸府实行“重赋政策”，以示惩戒。明成祖朱棣通过“靖难之役”夺取皇位后，以江苏地区为基地多次派遣宦官郑和出使西洋各国和地区，不仅加强了中外文化交流，而且促进了中国远洋航海事业的发展，在中国和世界远洋航海史上留下了辉煌的一页。朱棣迁都北京后，实行两京制，南京作为留都，在全国政治和经济上仍享有特殊地位。明朝后期，政治日益腐败，内外交困。正德年间，明武宗南巡江苏各地，驻跸南京9个多月，给沿途百姓造成了极大的骚扰和负担。嘉靖年间，江苏东南沿海大部分州县遭到倭寇的侵扰，广大军民以各种方式投入到抗倭战争中。晚明，以东林党人为代表的江南文人士大夫锐意进取，澄清吏治，反对苛捐杂税，同以魏忠贤为首的阉党势力进行了坚决的斗争，虽屡遭迫害仍不改其志。万历年间，面对苛捐暴政，苏州市民奋起反抗，掀起了大规模的抗税斗争。明清易代之际，扬州、江阴、昆山等地军民英勇抵抗清军的南下和“剃发令”，写下了悲壮的一页。而清初郑成功北伐、兵围江宁城成为清初江南地区“反清复明”运动的高潮。为报复江南地区文人士大夫对“反清复明”运动的支持，清廷通过“江南三大案”[①]严厉打压、

① 清初，江南地区先后发生“奏销案”、“哭庙案”和“通海案”，史称“江南三大案”。

惩处江南士大夫阶层，以巩固其在江南的统治地位。清初，清廷继续推行集权专制和闭关锁国的政策，并大兴"文字狱"，禁锢人们的思想和言论自由，江苏许多文人士大夫因之或入狱、或被杀。

明清时期，江苏社会经济得到了很大发展，江苏地区成为当时全国社会经济最为活跃的地区，特别是以苏州为中心的太湖流域商品经济繁盛，在全国享有举足轻重的地位。明清时期的苏州既是中国经济文化最为发达的城市，也是中西文化交汇激荡、引领社会时尚的城市。明代，岁运京师漕运总额中，江苏约占四成。明代"天下盐额，独淮扬重，岁赋六十余万金"①。万历时，户部尚书李汝华也说："国家财赋所称盐法居半者，盖岁计所入止四百万，半属民赋，其半则取给于盐策，两淮岁解六十八万有奇。"②仅两淮盐课就占当时全国赋税收入的六分之一。到清代，江苏仍是全国的重赋地区。以康熙二十四年(1685)为例，当时江苏省实征赋银368万余两，粮36.6万石，分别占全国的15%和8.4%。③ 乾隆时，两淮每年的赋税占全国商税收入的一半，其中主要为盐税。④ 明清时期，江苏南北社会经济发展并不平衡，苏南地区明显领先苏北地区。造成苏北地区社会经济文化发展相对滞后的原因是多方面的，其中频繁的黄、淮水涝灾害是重要原因之一，所以治理黄、淮诸水成为明清时期江苏地方官员要政之一。明清时期，淮安(今淮安市楚州区淮城)、扬州等运河沿岸城镇在漕运、盐运等支撑下经济一度十分繁荣，然而随着清中叶盐政改革及海上航路的开辟，淮安、扬州等运河沿岸城镇逐渐衰落。

明清时期，朝廷实行"重本抑末"的基本国策，城乡商品经济虽有一定的发展，但社会经济仍以自给自足、男耕女织的自然经济占主导地位。对于明清时期经济领域的"资本主义萌芽"问题，目前学术界仍存在很大争议。明史专家吴晗不赞成"资本主义萌芽"这一提法，"在历史学界正把明代的资本主义萌芽吹嘘成大树，吴先生则不提'萌芽'二字，因为当时还是自给自足的自然经济占统治地位"⑤。明清史专家郑天挺先生也认为，"在考察包买主时，不能忽略包买主是'发展程度较高的资本主义形式'"⑥。因此，直到1840年鸦片战争后，随着外国资本主义的侵入，"外国资本主义对

---

① (明)焦竑:《玉堂丛语》卷二《政事》，中华书局1981年版，第49页。

② (明)李汝华:《户部题行盐法十议疏》，(明)陈子龙等辑:《明经世文编》卷四七四《两淮盐政编一》，中华书局1962年版，第5203页。

③ 梁方仲:《中国历代户口、田地、田赋统计》，乙表71《清康熙二十四年(1685)各直省人丁、田地、田赋及其平均数》，《梁方仲文集》，中华书局2008年版，第544页。

④ (清)铁保:嘉庆《两淮盐法志》卷五五《碑刻下》，嘉庆十一年(1806)刻本。

⑤ 北京市历史学会编:《吴晗纪念文集》，北京出版社1984年版，第169—170页。

⑥ 郑天挺:《探微集》，中华书局1980年版，第305页。

于中国的社会经济起了很大的分解作用，一方面，破坏了中国自给自足自然经济的基础，破坏了城市的手工业和农民的家庭手工业；又一方面，则促进了中国城乡商品经济的发展”①。对于过去学术界所称的明清时期江苏地区“资本主义萌芽”现象，本书只作简单客观的现象描述，而不作定性分析。

明清时期，江苏地区崇文重教，文化教育发达，人才辈出，科举及第人数在全国各省中处于遥遥领先的地位。据《明清进士题名录》统计，自万历二十六年(1598)至康熙四十五年(1706)的108年时间内，全国举行正科、加科会试40科，共录取进士11375人，状元、榜眼、探花、传胪共156人，其中江苏籍66人，占总数的42.3%。② 明朝共取状元89人，其中江苏籍17人，位居各省第三；清朝共取状元114人，其中江苏籍49人，几占其半，名列各省之首。③

明清时期，江苏不仅是经济大省，还是一个文化大省，是全国图书典籍的刻印和销售中心，民间私人的藏书量名列全国前茅。明清时期的中国古典文学名著都与江苏结有不解之缘，《水浒传》作者施耐庵是兴化人，《西游记》作者吴承恩是淮安楚州人，《红楼梦》作者曹雪芹则出生于南京，小说中的许多故事和人物均以南京、苏州等地作为背景。此外，明代《喻世名言》、《警世通言》、《醒世恒言》的作者冯梦龙是苏州府长洲(今苏州市吴中区)人，《儒林外史》的作者吴敬梓虽是安徽全椒人，但长期生活在江宁，最后病逝于扬州。

在思想文化领域，明清时期江苏学术界涌现出多位思想家和学术大师，形成了泰州学派、扬州学派、常州学派等多个在全国具有重要影响的区域性学术流派。明后期，泰州人王艮提出“百姓日用即圣王之道”的思想，形成了反对程朱理学的泰州学派，对明后期文人士大夫的思想产生了巨大影响。明代江苏书院有了很大发展，学者的书院讲学活动有力地促进了晚明思想文化的交流和传播，出现了东林党、复社等具有全国性影响的文人社团。东林领袖顾宪成大胆地提出“是非者，天下之是非，自当听之天下”，把斗争矛头直指封建专制统治，成为中国早期启蒙思想的先驱。

明末清初，昆山人顾炎武开一代学术新风，认为“程朱理学”和“陆王心学”的空疏是导致大明王朝灭亡的主要内因，救弊之道在于“实学”而不在“空言”。反对空谈心性，注重调查研究，倡导“经世致用”之学。提出“君子之为学，以明道也，以救世也。徒以诗文而已，所谓‘雕虫篆刻’，亦何益哉！”④强调做学问必须先立人格，“礼义廉耻，

---

① 毛泽东：《毛泽东选集》第二卷，人民出版社1991年版，第626页。

② 王日根：《中国科举考试与社会影响》，岳麓书社2007年版，第171页。

③ 江苏省地方志编纂委员会：《江苏省志·教育志》，江苏古籍出版社2000年版，第37页。

④ (清)顾炎武：《亭林文集》卷四《与人书二十五》，《顾亭林诗文集》，中华书局1983年版，第98页。

是谓四维”，提倡“天下兴亡，匹夫有责”。然而实学思潮发展到康熙后期，渐失其批判的锋芒和启蒙精神，主张“说经皆主实证”的乾嘉考据学逐渐占据了学术界的统治地位，形成了吴、皖两大学派。吴派由苏州人惠栋所创，皖派则由徽州人戴震所创，不少江苏籍学者分属这两大学派。

扬州学派是乾嘉汉学的一个重要分支，其学术渊源远师顾炎武，近承乾嘉学派的吴、皖两派，在经学、小学、校勘等方面都取得了突出的成就。扬州学派以扬州府域为中心，其主要代表人物有阮元、焦循、汪中、王念孙、王引之等。在治学方法上较之吴、皖两派有很大改进，他们把辑佚、校勘、注释等研究手段熟练地加以综合利用，兼顾训诂与义理，解经更具精确性。他们不仅讲究贯通群经，而且追求经学与诸子学及史学的融合，注重经世致用，成为晚清经世学派的先驱。乾隆、嘉庆年间，江苏出现了以庄存与、庄述祖、庄绶甲、刘逢禄等为代表的常州学派，他们通过研究《春秋公羊传》的今文经学，倡导社会变革，对近代龚自珍、魏源、康有为等人变革维新思想的形成产生了深远影响。

历史上，江苏独立建省较迟。明代，江苏地区隶属于南直隶，清初属于江南省。康熙六年(1667)，江南省分省，分别建立江苏省和安徽省，“江苏”实际上是取江宁、苏州两府的首字而得名。此后，江苏省辖区屡有变化。1955 年，为统一管理洪泽湖区的防洪和蓄水灌溉及附近水利工程，中央人民政府将安徽省的泗洪、盱眙两县划归江苏省，江苏省的萧县、砀山两县被划归安徽省。1958 年，国务院将上海、嘉定、宝山等 10 县划归上海市管辖。至此，形成了今天江苏省的基本行政格局。本书论述的地域范围主要以目前江苏省所辖行政区域为主，由于历史资料的原因偶尔也会涉及邻近地区。1978 年改革开放以来，学术界对于明清时期江苏区域地方历史文化的研究有了深入发展，涌现出一批优秀学术论著，但这些研究成果多局限于某些方面的专题探讨，缺乏一部相对全面系统地反映明清时期江苏政治、经济和文化发展演变的通史性著作，希望本书的出版能填补这一学术空白。

第一章　明朝开国南京

第一节　定都南京

一　称帝应天

明朝的开国皇帝朱元璋(1328—1398)，幼名重八，后改名兴宗，又名元璋，字国端。先人世居沛国相县(今属安徽濉溪县西北)，后徙句容，再徙泗州。[①] 元初，居住在句容的朱元璋祖父朱初一被列为淘金户，因“金非土产，市于他方”，担心赔纳不起，带领全家迁至泗州盱眙县一带垦荒为生。朱初一死后，朱元璋父亲朱世珍再迁濠州钟离东乡，朱元璋即出生于此。[②] 朱世珍务农为生，生有四子，朱元璋最小。元至正四年(1344)，江淮大饥疫，父、母、兄相继亡故，17 岁的朱元璋走投无路，只好投奔皇觉寺为僧，后游食于淮河上游一带，经历了风餐露宿的 3 年游方僧生涯，既锻炼了意志和吃苦精神，又亲身体会到民众的疾苦。

至正十二年(1352)，朱元璋参加了农民起义军郭子兴部，初为亲兵，后升九夫长。因骁勇善战，才干出众，很快被郭子兴招纳为婿，并任镇抚。至正十五年(1355)，郭子兴死后，朱元璋成为其部统帅，率部渡江南下，取采石(今安徽马鞍山西南)、下太平(今安徽当涂)，设太平兴国翼元帅府，自任大元帅。至正十六年(1356)，率水陆大军攻克集庆(今江苏南京)，改集庆为应天府，取“上应天命”之意。朱元璋以应天为根据地，设置江南行中书省，委任僚佐。同时派兵攻城略地，相继占据江南大片地区。他

---

① 元至正二十三年(1363)，朱元璋在句容所立《朱氏世德之碑》中称：“本宗朱氏出自金陵句容，地名朱巷，在通德乡。”

② 有学者经过考证，认为朱元璋出生地元代濠州钟离东乡在盱眙县太平乡二郎庙附近，即今天安徽省明光市(原嘉山县)明东乡赵府村一带，而非今天安徽省凤阳县东北。参见尤岩、吉祥：《朱元璋籍贯考》，《南京师范大学学报》(社会科学版)1994 年第 2 期，第 70 页。

接受了徽州老儒朱升的“高筑墙，广积粮，缓称王”的建议，以康茂才为都水营田使在应天屯田，兴修水利，恢复农业生产，为战胜元末群雄奠定了坚实的物质基础。至正十九年(1359)，朱元璋部攻克了浙东地区，当地的一些名士如刘基、宋濂等先后被他礼聘为谋士，为其军政要事出谋划策。至正二十三年(1363)，经过鄱阳湖决战，朱元璋消灭了以武昌为据点的陈友谅部。至正二十四年(1364)正月，自称吴王，建置百官。至正二十七年(1367)九月，徐达打败了以平江(今江苏苏州)为据点的张士诚部，生擒张士诚。不久，朱元璋命以徐达为征虏大将军、常遇春为副将军，统帅25万大军继续北伐中原和元大都，统一全国。

洪武元年(1368)正月初四，朱元璋在应天(今江苏南京)正式登基称帝。“祀天地于南郊，即皇帝位。定有天下之号曰‘明’，建元洪武。”“立妃马氏为皇后，世子标为皇太子。以李善长、徐达为左、右丞相，诸功臣进爵有差。丙子，颁即位诏于天下。……(二月)壬子，诏衣冠如唐制。”[①]朱元璋称帝后，改年号“洪武”，在位31年，死后追谥庙号“太祖”，是为明太祖。朱元璋开创了大明王朝276年的统治基业，成为中国历史上少数几位以布衣成就帝业者。

二 定都南京

朱元璋应天称帝后，对于定都何地一直举棋不定。汴梁、凤阳、北平、长安等地先后被列为候选都城，几经权衡，最终朱元璋确定应天为国都。

应天古称金陵，位于长江下游，东有钟山屏障，西有长江天堑，为水陆交通要冲，自古乃兵家必争之地。历史上，东吴、东晋和南朝的宋、齐、梁、陈及五代十国时期的南唐都曾以金陵为都城。朱元璋称帝之初，在即位诏书中以应天为京师，但尚未明确金陵的国都地位。首先，朱元璋认为，历史上以金陵为都的王朝皆“气数不长”；其次，“有天下者，非都中原，不能控制奸顽”[②]，应天偏处江南，作为国都在地理位置上不甚理想，特别是应对北方边防问题，有鞭长莫及之忧。

洪武元年(1368)三月，北伐军攻克汴梁(今河南开封)。有人以“君天下者宜居中土，汴梁乃宋故都”，建言定都汴梁。对此，朱元璋十分重视，于四月亲率10万宿卫军从应天出发，前往汴梁实地考察。他认为，汴梁虽然位置适中，但无险可守，四面易受敌，论形势不如应天，不宜建都。八月一日(9月13日)，朱元璋决定仿照古代实行两京制，正式下诏以金陵为南京，汴梁为北京。“朕惟建邦基以成大业，兴王之根本为

---

① (清)张廷玉等：《明史》卷一《太祖本纪》，中华书局1974年版，第19—20页。

② (明)朱元璋：《明太祖御制文集》卷一二《中都告祭天地祝文》，吴相湘主编：《中国史学丛书》，台湾学生书局1965年版，第388页。

先，居中夏而治四方，立国之规模最重。……朕观中原土壤，四方朝贡，道里适均，父老之言乃合朕志。然立国之规模固重，而兴王之根本不轻，其以金陵为南京，大梁为北京，朕于春秋往来巡守，播告尔民使知朕意。”①

朱元璋起初对汴梁为都不甚满意，为何仍将其定为北京呢？首先，考虑到汴梁乃宋王朝旧都，有着重要的政治象征意义。以汴梁为北京，对于激发广大汉族民众的民族情感，积极支持明军北伐元朝残余势力有着很大积极作用；其次，此时中国北方大部尚未统一，明朝军队需要以汴梁作为运送粮草、补充兵力的基地。

金陵和汴梁定为南北两京后，朱元璋仍在寻找更合适的建都之地。随着北伐军占领北平和陕西等地，明廷定都之议再起。洪武二年（1369）九月，朱元璋“召诸老臣问以建都之地，或言关中险固金城，天府之国；或言洛阳天地之中，四方朝贡，道里适均，汴梁亦宋之旧京；又或言北平元之宫室完备，就之可省民力者。上曰：‘所言皆善，惟时有不同耳。长安、洛阳、汴京，实周、秦、汉、魏、唐、宋所建国，但平定之初，民力未苏息，朕若建都于彼，供给力役悉资江南，重劳其民。若就北平，要之宫室不能无更作，亦未易也。今建业，长江天堑，龙蟠虎踞，江南形胜之地，真足以立国。临濠则前江后淮，以险可恃，以水可漕，朕欲以为建中都，何如？’群臣皆称善”②。群臣各抒己见，主要集中在长安、洛阳、应天、汴梁、北平等地。朱元璋在分析各地利弊之后，提出了以临濠为中都的想法。临濠在元朝时称为濠州，洪武七年（1374）改称凤阳，作为朱元璋的家乡，群臣不敢有异议。这样，明初就形成了南北两京与中都并存的情形。

洪武二年（1369）九月十二日，朱元璋正式下诏，立临濠为中都，以补救定都南京之不足，令有司营建，其建置、池城、宫阙，一如京师之制。朱元璋之所以决定以临濠为中都，甚至一度想迁都于此，除了此地是他的家乡，还与安抚淮西勋贵集团有关。在朱元璋起兵反元的征程中，许多淮西乡人随他东征西讨，立下了汗马功劳，成为开国功臣。然而洪武八年（1375）四月，朱元璋巡视中都修建情况后，即诏令“罢中都役作”，停建理由是劳民伤财，消耗人力、物力太大。洪武八年（1375）四月，刘基乞归乡里，临行前告诫朱元璋：“凤阳虽帝乡，然非天子所都之地；虽已置中都，不宜居，扩廓帖木儿虽可取，然未可轻，愿圣明留意。”刘基的意见促使朱元璋最终“诏罢营中都役”③。九月，朱元璋“诏改建（南京）大内宫殿”④，按照凤阳中都的规划和设计，改建南京宫室、社稷、太庙等。经过两年时间，至洪武十年（1377）十月，宫殿改建工程完

---

① 《明太祖实录》卷三四，洪武元年八月己巳朔条，台湾“中央研究院”历史语言研究所 1962 年校印本。

② 《明太祖实录》卷四五，洪武二年九月癸卯条，台湾“中央研究院”历史语言研究所 1962 年校印本。

③ 《明太祖实录》卷九九，洪武八年四月丁巳条，台湾“中央研究院”历史语言研究所 1962 年校印本。

④ 《明太祖实录》卷一〇一，洪武八年九月辛酉条，台湾“中央研究院”历史语言研究所 1962 年校印本。

成。洪武十一年(1378)正月,朱元璋正式升南京为"京师",罢汴梁北京、临濠中都建置,最终确立了南京的首都地位,南京第一次成为统一中国的首都。朱元璋以南京为都,主要是出于经济考虑,所谓"天下财赋出于东南,而金陵为其会"①,加之南京宫殿、城池营建均已初具规模。

定都南京后,朱元璋一直感觉不很理想,时有迁都之念。洪武二十四年(1391),朱元璋派太子朱标巡视陕西,有意迁都关中。当时,北方蒙古草原上的北元残余力量对明朝构成很大威胁,迁都西北有利于加强北疆边防、稳固明王朝的北方统治。朱标考察比较了西安、洛阳两地的形势,以确定迁都之地。然而考察途中,朱标不幸染病,回南京后不久即病逝,朱元璋深受打击,此后再无精力和心情考虑迁都了,迁都一事由此搁置下来。朱元璋晚年对南京宫城的选址也很后悔,"南京宫殿,作于吴元年。……太祖集诸地师数万人,卜筑大内,填燕尾湖为之。虽决于刘基,实上内断,基不敢尽言也。二十五年后知其误,乃为文祭光禄寺灶神云:'朕经营天下数十年,事事按古有绪。惟宫城前昂中洼,形容不称。本欲迁都,今朕年老,精力已倦,又天下新定,不欲劳民,且兴废有数,只得听天。惟愿鉴朕此心,福其子孙。'"②

从洪武元年(1368)至永乐十八年(1420),南京作为明王朝的国都前后计53年。明成祖朱棣于永乐十九年(1421)把京师迁往北京后,南京仍为留都(陪都)。"南京"这个名称,就是明太祖朱元璋定都应天府,改应天为南京而得来的,至今已有600余年。有明一代从洪武到宣德年间,史称"洪宣盛世",其中绝大部分成就均是洪武、建文、永乐三朝以南京为都时所取得的。

三 营建都城

早在定都南京前,朱元璋便开始了对南京城的营造。至正二十六年(1366)八月,朱元璋下令改筑应天城,建造太庙、天坛、地坛、社稷坛,并在旧城东北钟山之阳建造新宫。此时,东部苏州的张士诚还没平定,北上伐元尚未开始,百废待兴,各项建设工程力求简朴。"丙午八月庚戌朔,拓建康城。初,建康旧城西北控大江,东进白下门外,距钟山既阔远,而旧内在城中,因元南台为宫,稍卑隘。上乃命刘基等卜地,定作新宫于钟山之阳,在旧城东、白下门之外二里许,故增筑新城,东北尽钟山之趾,延亘周回,凡五十余里,规制雄壮,尽据山川之胜焉。"③洪武二十四年(1391),外郭工程的完成,经过25年的修筑,南京城作为明王朝都城的格局基本奠

---

① (明)邱濬:《大学衍义补》卷八五,京华出版社1999年版,第723页。

② (明)朱国祯:《涌幢小品》卷四《宫殿》,文化艺术出版社1998年版,第77页。

③ 《明太祖实录》卷二一,元至正二十六年八月庚戌条,台湾"中央研究院"历史语言研究所1962年校印本。

定。南京城的修建前后大致分为四个阶段：首先，在钟山西南新筑宫城，改筑南唐以来金陵旧城；其次，向北拓宽旧城直到江边；第三，建造聚宝门、三山门、通济门和城市主要街道；第四，修建外郭城池。明代南京城主要由宫城、皇城、京城和外郭四重城垣组成。

宫城，又称大内、内宫，俗称紫禁城、紫垣。宫城是南京四重城垣中最里的一重，偏于南京城东南，有御河环绕，为整个南京都城的核心，是皇帝日常起居、办理朝政、接受中外使臣朝见及皇室成员居住之地。当初，刘基等勘定明皇宫的“风水宝地”正位于地势低洼的前湖（燕雀湖）一带。为修建宫城，朱元璋调集了数十万民工，经过清淤、打桩、挑土填湖、铺垫巨石等措施，最终填平了燕雀湖。由于工程浩大，投入了大量土石，故当时南京民间有“迁三山填燕雀”的传说。

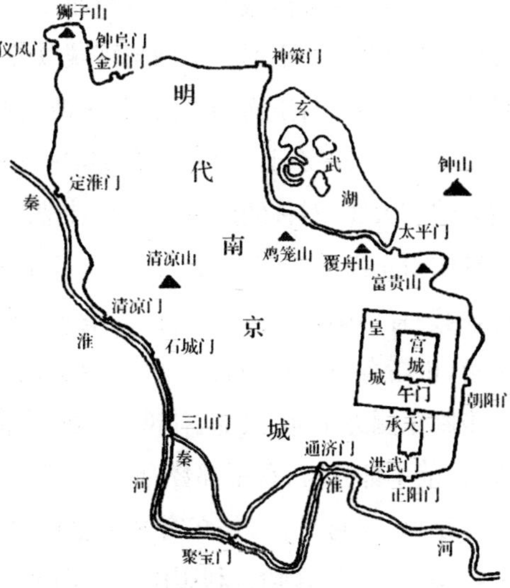

明南京城示意图

宫城坐北朝南，呈长方形，东西宽0.75公里，南北长0.95公里，周长3.4公里。宫城辟有6个城门，正南为午门，其左为左掖门，其右为右掖门；东为东华门，西为西华门，北为玄武门。[1] 宫城四方城门象征了四方守护神，午门的五凤楼象征朱雀，东华门象征青龙，西华门象征白虎，玄武门象征玄武。午门（含其上大殿）是宫城中最高的建筑，门前是传达圣旨、朝廷文告的地方，也是皇帝惩处大臣的“廷杖”之地。[2] 入午门，进入宫城纵观，大致可分为东路、中路和西路三组建筑群。

东路的主要建筑群为文华殿（东宫太子视事之所）、文楼和东六宫等殿宇；西路的主要建筑群则有武英殿（斋戒时居住之地）、武楼、西六宫和御花园等；中路建有奉天殿，俗称“金銮殿”，是皇帝登基大典、接见臣僚的主要场所。奉天殿后为华盖殿，再后为谨身殿，三座规模宏伟的建筑又被称为“三殿”和“前朝”。“三殿”之后为皇帝、皇后

---

① 俗称“厚载门”，后人误称为“后宰门”，参阅叶骁军《南京明宫城门名考辨》，中国古都学会编《中国古都研究》（第二辑），浙江人民出版社1986年版，第203—206页。

② 南京宫城的规划设计者按照“圣人南面而听天下，向明而治”的古训，以地磁子午线为准，用罗盘指南针确定了宫城建筑的坐向和建筑群的中轴线。紫禁城坐北向南，主体建筑前三殿和后三宫都贯穿在这条南北中轴线上。午门，系紫禁城的正南门，居中向阳，位当子午，故名。午门“明三暗五”，正面看只有三个门洞，背面看却有五个门洞（午门的三门加左、右掖门），且均为朝门，后世又称“五朝门”，南京民间讹为“午朝门”。

寝居的乾清、坤宁二宫,通称“后廷”。建文时,在两宫间增建“省躬殿”,合称“后三宫”。此外,宫城内还有祭奉朱元璋祖先的“奉先殿”;位于奉天门之东,有珍藏、修编经典书籍的“文渊阁”,专门为“东宫亲王读书”的“大本堂”等。

皇城,又称子城,俗称内城、大内,是在宫城之外所建的另一圈城,是护卫宫城的最近一道城垣,环绕宫城但并非等距而建。皇城南北长 2.5 公里,东西宽 2 公里,周长约 9 公里,平面呈“凸”字形。皇城与宫城以及所囊括的建筑,合称为“皇宫”。皇城辟有方位对称的六个城门:正南为洪武门,东侧为长安左门,西侧为长安右门;东为东安门,西为西安门,北为北安门。皇城内有御河一条,外五龙桥横跨御河。在皇城内,宫城外的东南方建有太庙,对称的西南方建有社稷坛,它们是皇帝祭天、祀神、敬祖的场所。皇城的中轴线由正南的洪武门,经承天门、午门抵奉天门。洪武门至承天门是一条宽阔的御道,两边有长廊,称为“千步廊”。皇城是明王朝中央行政机构和国家宗庙所在地,“城郭延袤,市衢有条。六卿居左,经纬以文;五府处西,镇静以武”①。按照文左武右的格局,千步廊东侧为工部、兵部、礼部、户部、吏部、宗人府等文职官署,西侧为太常寺、后军都督府、前军都督府、右军都督府、左军都督府、中军都督府等武官衙署。

京城,又称外城,是在宫城和皇城之外建筑的一圈规模宏伟的城垣。明代南京城是在南唐都城基础上,利用南面和西面城墙加以拓宽、加高、扩建,同时沿外秦淮河向东、西延伸,依自然地理形势合拢而成。“东尽钟山之南岗,北据山控湖,西阻石头,南临聚宝,贯秦淮于内”,将原来南唐都城之外的卢龙山(今狮子山)、鸡笼山(今北极阁)、覆舟山(今小九华山)、龙广山(今富贵山)、马鞍山等都圈入城内,还将南唐都城南门更名为聚宝门(今中华门)、龙光门更名为三山门(今水西门)、西门更名为石城门(今汉西门),分别加以扩建,并在适当位置另开城门 10 个,全城计 13 门。“皇城之外曰京城,周九十六里,门十三:南曰正阳,南之西曰通济,又西曰聚宝,西南曰三山,曰石城,北曰太平,北之西曰神策,曰金川,曰钟阜,东曰朝阳,西曰清凉,西之北曰定淮,曰仪凤。后塞钟阜、仪凤二门,存十一门。”②京城 13 座城门自东向西北顺时针依次是:朝阳门(今中山门)、正阳门(又称洪武门,今光华门)、通济门、聚宝门(今中华门)、三山门(今水西门)、石城门(今汉中门稍南的汉西门)、清凉门(又称清江门)、定淮门(又称怀远门)、仪凤门(今兴中门)、金川门、钟阜门(又称小东门)、神策门(今和平门)、太平门。

600 多年来,南京城门随着历史变迁发生了很大变化。自清末,随着城区的扩大和交通发展的需要,又陆续新辟 11 座城门:草场门(1908 年)、丰润门(1909 年)、海陵

① (明)王俊华纂修:洪武《京城图志》序,《南京稀见文献丛刊》,南京出版社 2006 年版,第 3 页。

② (清)张廷玉等:《明史》卷四〇《地理一》,中华书局 1974 年版,第 910 页。

门(今挹江门,1913 年)、武定门(1929 年)、汉中门(1931 年)、中央门(1931 年)、小北门(1909 年)、新民门(1934 年)、雨花门(1935 年)、解放门(1952 年)、集庆门(1992 年)。1927 年 4 月,蒋介石为首的国民政府定都南京,认为老城门名不合时代潮流,下令更改了部分城门的名称:朝阳门改称中山门、仪凤门改称兴中门、神策门改称和平门、丰润门改称玄武门、聚宝门改称中华门、正阳门改称光华门。现今,明南京"内十三"城门大多已拆除,仅剩聚宝门、石城门、朝阳门、神策门、清凉门 5 座城门,其余都只留下地名而已。

关于明初南京城墙的长度,历史记载各不相同。洪武六年(1373)六月初,"诏留守卫都指挥使司修筑京师城,周一万七百三十四丈二尺,为步二万一千四百六十八有奇,为里五十有九"①。《明太祖实录》中这一明代南京城墙长度记载恐非最终完成长度,因为其后城墙屡有增扩,整个洪武年间加固、增筑城墙工程几未间断。而《明史》中记载,南京"皇城之外曰'京城',周九十六里"②。2006 年,江苏省和南京市有关部门运用现代科技手段,测定明代南京城墙总长有 35.267 公里。③ 建成后的南京城墙各处高度、厚度不等,砌筑方式也各不相同,城墙上还建有城垛口和窝铺等。明代南京城墙用砖量巨大,一方面由南京工部和军队卫所组织人力就地设窑烧造,今天南京雨花台"窑湾街"一带就是当年烧砖窑址之一;另一方面下令南直隶、江西和湖广等南方布政司近 30 个府的 100 多个州县大量烧造城砖,并由水路运送南京。城砖按照统一的规格和尺寸烧造,上面刻有造砖府县、监造官员和工匠的姓名、年月,以便监督质量。明初,大批囚徒也参与了南京城的修建。"国初,造作工役以囚人罚充,役满,工部咨送刑部,都察院引赴御桥,叩头发落,至今犹然。……凡工役囚人,洪武二十六年定,在京犯法囚徒或免死,工役终身。或免徒流笞杖,罚役准折。如遇造作去处量度,所用多寡,或重务者,用重罪囚徒,细务者用笞杖之数,临期奏闻,移咨法司拨差人监管督工。"④朱元璋也曾发配死囚筑京城以赎其罪,马皇后加以劝谏:"赎罪罚役,国家至恩,但疲困之囚,加以劳役,恐不免于死亡,虽曰生之,其实死者多矣。"⑤朱元璋遂采纳其建议。

---

① 《明太祖实录》卷八三,洪武六年六月辛未条,台湾"中央研究院"历史语言研究所 1962 年校印本。

② (清)张廷玉等:《明史》卷四〇《地理一》,中华书局 1974 年版,第 910 页。

③ 关于明城墙的长度,2006 年 2 月,经南京文物局与江苏省测绘局数年合作努力,运用现代化测量手段对南京明城墙进行了实地勘察和科学测绘,确定南京明城墙总长度为 35.267 公里(《扬子晚报》2006 年 2 月 17 日)。南京城墙研究专家杨国庆先生认为,明代南京城墙"不计瓮城、台城等,仍以 1928 年《首都计划》的 33.5 公里和 1958 年统计的 33.676 公里数据相对公允"(杨国庆、王志高:《南京城墙志》,凤凰出版社 2008 年版,第 193 页)。

④ (明)申时行等:《明会典》卷一八八《工部八·工匠一》,中华书局 1989 年版,第 949 页。

⑤ 《明太祖实录》卷一四七,洪武十五年八月丙戌条,台湾"中央研究院"历史语言研究所 1962 年校印本。

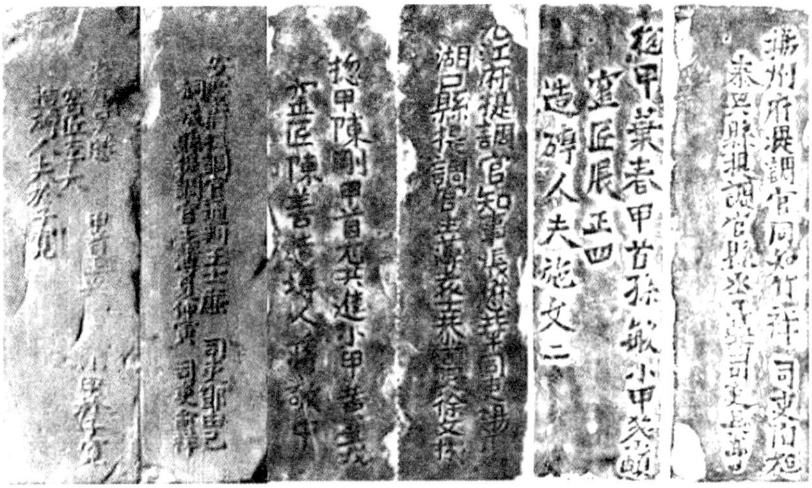

明初南京城墙砖铭文

外廓，是南京城墙之外的最后一道城垣。京城建成后，尚有近靠城池的钟山、幕府山、聚宝山（今雨花台）未能置于城内，为了确保京师的安全，朱元璋又按古制，修建了外郭，把诸山圈入廓内。外郭有城门16座，除城门地段砌以砖石，外廓城墙多利用山埂，培土夯成，故南京人至今还把外廓城墙称为“土城头”。南京“其外郭，洪武二十三年四月建，周一百八十里，门十有六：东曰姚坊、仙鹤、麒麟、沧波、高桥、双桥，南曰上方、夹冈、凤台、大驯象、大安德、小安德，西曰江东，北曰佛宁、上元、观音”①。明末，又增辟石城关（即栅栏门）、外金川二门，南京民间即有“内十三、外十八”之说。历经数百年风雨，“外十八”城门如今大多荡然无存，一些城门名被当作地名保存下来，已有名无门，其中姚坊门今改称为“尧化门”。

明初，全面负责南京都城修建工程的是工部，具体负责营造的是营缮所，也归工部管辖，数十万来自全国各地的能工巧匠参与了这项规模巨大的建设工程，江苏无锡名匠陆贤、陆祥兄弟，吴县东山的名匠张宁是他们中的杰出代表。史称，朱元璋十分欣赏徽州婺源人詹希源的书法，明初南京殿宇牌额、城门题额等多出其手。“太祖定鼎金陵，凡宫殿、府部各衙门与敕建寺观十庙及诸牌楼题署，皆命詹希源书之。”②明代南京人顾起元说：“南都城围九十里，高坚甲于海内。自通济门起至三山门止一段，尤

① （清）张廷玉等：《明史》卷四〇《地理一》，中华书局1974年版，第910页。但《明太祖实录》卷二〇一仅记载十五门，洪武二十三年四月庚子“置京师外城门：驯象、安德、凤台、双桥、夹冈、上方、高桥、沧波、麒麟、仙鹤、姚方、观音、佛宁、上元、金川，凡十五门”，姚方又作“姚坊”。

② （明）周晖：《金陵琐事》卷一《署书》，《中国方志丛书》华中地方第440号，台湾成文出版有限公司印行，1983年版，第35页。

为屹然。聚宝门左右皆巨石砌至顶，高数丈。吾行天下，未见有坚厚若此者也。”①南京城墙上还建有一万多个垛口，两百多个窝铺，以备守城士兵之用。明代南京城突破了中国古代都城方形对称、宫城位于城中偏北的旧制，因地制宜，根据实际地理形势和防守需要修筑城池，全城呈南北狭长、东西略窄的不规则形状，并将宫城单独置于都城的东南部。全城分为城东宫城区、城北军屯区和城南商业区，在城市中心位置，建有高大的钟楼、鼓楼，作为全城报时之所。建成后的明代南京城宏伟壮丽，人口近百万，成为当时世界上第一大城市。明代南京城是封建专制统治晚期中国都城的代表作，对明清北京城垣的建设影响很大，开创了明清两代宫殿自南而北中轴线与全城轴线重合的模式，南京宫殿和衙署都沿着这条轴线结合在一起。这种宫、城轴线合一的模式，既是南京特殊的地理条件使然，也是封建皇权唯我独尊的外在体现，成为后来朱棣改建北京城和设计宫城的蓝本。

第二节 靖难之役

一 建文宽政

洪武三十一年(1398)闰五月十日，朱元璋病逝。临终前，朱元璋命齐泰等辅佐皇太孙朱允炆继承帝位。在遗诏中，他说：“今年七十一，筋力衰微，朝夕危惧，惟恐不终。今得万物自然之理，其奚哀念之有？皇太孙允炆仁明孝友，天下归心，宜登大位。”②十六日，朱允炆即帝位，大赦天下，诏以次年为建文元年。同日，葬朱元璋于孝陵，谥高皇帝，庙号太祖。朱允炆因年号“建文”，故史称建文帝。建文帝乃太子朱标次子，因朱标早逝，他于洪武二十五年(1392)被朱元璋册立为皇太孙。“太孙亦复佐以宽大。尝请于太祖，遍考礼经，参之历朝刑法，改定洪武《律》畸重者七十三条，天下莫不颂德焉。”建文帝即位后，罢天下不急之务，“诏行宽政，赦有

明建文帝像

---

① (明)顾起元撰，陈稼禾点校：《客座赘语》卷九《石城》，中华书局1987年版，第294页。

② (明)谈迁：《国榷》卷一〇，中华书局1958年版，第783页。

罪，蠲逋赋”[1]，推行了一系列的宽政改革措施。

第一，宽刑律、昭冤狱。建文帝认为大明律“较前代律往往加重”，“齐民以刑不若以礼”，强调今后国家的政策是“务崇礼教，赦疑狱，嘉与万方，共享和平之福”[2]，改革洪武时期“重典治国”之弊。建文帝即位后，“赐高年米肉絮帛，民鬻子者，官为之赎免。田之租税几分，遣使者问海内所患苦。……罪至死者，多全活之。于是刑部、都察院论囚，视往岁减三之二”[3]。洪武时期的一些冤狱得到了平反和昭雪，许多人得以恢复人身自由，被发配远方的囚徒回到家乡与亲人团聚，“释黥军及囚徒还乡里”[4]，诏录洪武功臣因罪被废者子孙。

第二，蠲免赋税。建文帝即位后，“赐天下明年田租之半”，“赐民高年米肉絮帛，鳏寡孤独废疾者官为牧养。重农商，兴学校，考察官吏，振罹灾贫民，旌孝节，瘗暴骨，蠲荒田租。卫所军户绝者除勿勾”[5]。特别对苏州、松江等江南重赋府县的赋税予以减轻，“均江、浙田赋”。明初，朱元璋为惩罚苏、松等江南缙绅支持张士诚反抗，对苏、松等江南地区实行重赋政策，并规定苏、松等江浙人士不得任职户部，以防止其偏袒家乡。建文帝认为，“国家有惟正之供，江、浙赋独重，而苏、松官田悉准私税，用惩一时，岂可为定则。今悉与减免，亩毋逾一斗。苏、松人仍得官户部”[6]。对寺庙侵占民田的情况，诏令僧道每人占田不得超过 5 亩，多余的勒令退官，分给农民。同时，“遣户部左侍郎夏原吉、给事中徐思勉等二十四人充采访使，分巡天下，问民疾苦，旌廉斥贪，得以便宜行事”[7]。

第三，改革官制。诏举贤才、省并州县、革冗员。“典章制度，锐意复古”，几乎所有机构与官职名称都进行了调整。又诏诸王不得节制文武吏士，更定内外大小官制。

建文帝的宽政改革措施得到朝野的广泛支持，“四载宽政解严霜”。晚明南京人顾起元说：“父老尝言：建文四年之中，值太祖朝纪法修明之后，朝廷又一切以惇大行之，治化几等于三代。一时士大夫崇尚礼义，百姓乐利而重犯法，家给人足，外户不阖，有得遗钞于地，置屋檐而去者。及燕师至日，哭声震天，而诸臣或死或遁，几空朝

---

① (清)张廷玉等：《明史》卷四《恭闵帝本纪》，中华书局 1974 年版，第 59—60 页。
② (明)朱鹭：《建文书法拟》前编，《续修四库全书》第 433 册，上海古籍出版社 2002 年版，第 23—24 页。
③ (明)宋端仪：《立斋闲录》卷二，《四库全书存目丛书》子部第 239 册，齐鲁书社 1995 年版，第 618—619 页。
④ (清)张廷玉等：《明史》卷四《恭闵帝本纪》，中华书局 1974 年版，第 60 页。
⑤ (清)张廷玉等：《明史》卷四《恭闵帝本纪》，中华书局 1974 年版，第 61 页。
⑥ (清)张廷玉等：《明史》卷四《恭闵帝本纪》，中华书局 1974 年版，第 63 页。
⑦ (明)王世贞：《弇山堂别集》卷一二《建文官制后革》，中华书局 1985 年版，第 229 页。

署。盖自古不幸失国之君，未有得臣民之心若此者矣。”①然而，建文帝新政所倚重的大臣多为如方孝孺一类的文人儒士，他们缺乏政治军事斗争的丰富经验，一些改革措施脱离社会实际，有着浓厚的理想成分和复古主义色彩。

二　靖难之役

朱元璋定都南京后，为巩固江山社稷，分封诸子为王，镇守全国各地。诸王都拥有强大的军事实力，当朝廷出现奸臣或皇帝有难，诸王有讨伐奸臣和领兵“靖难”的权力。朱元璋死后，建文帝诏令诸王在藩国听候朝廷节制，不准来京师奔丧，不得节制文武吏士。此时，燕王朱棣已行至淮安，被迫返回北平。

建文帝即位后，以燕王朱棣为首的分封诸王拥兵自重，对皇位虎视眈眈。为防止诸王尾大不掉，进而威胁皇位，建文帝采取齐泰、黄子澄等大臣的建议，推行削藩政策。在即位不到一年的时间里，建文帝以谋反和贪暴等罪名先后削除周王朱橚（太祖第5子，就藩开封）、湘王朱柏（太祖第12子，就藩荆州）、代王朱桂（太祖第13子，就藩大同）、齐王朱榑（太祖第7子，就藩青州）、岷王朱楩（太祖第18子，就藩岷州，后改镇云南）5位藩王的王位。

朱棣像

尽管削除了5位藩王，但分封诸王中势力最强的燕王朱棣仍未被削除。削藩之初，建文帝优柔寡断，没有果断地将削藩矛头直指势力最强大的燕王朱棣，反而先削势力相对弱小的5位藩王，这给朱棣反叛留下了充分的准备时间。早在太子朱标死后，朱棣即对朱元璋皇位传孙而不传子心存不满，建文帝即位后的削藩政策更使他怒火中烧。面对中央政府凌厉的削藩之势，朱棣十分担心自己的命运。尽管建文帝相继派兵数万驻守北方边防重镇，试图在军事上对朱棣的领地形成战略包围，并派遣官员前往北平监视朱棣的一举一动。但朱棣仍暗中紧锣密鼓进行反叛的准备，表面上不断向朝廷示好，用各种方式迷惑朝廷，以消除建文帝的猜疑。建文元年（1399）二月，朱棣亲至南京朝觐建文帝。五月，朱棣命长子朱高炽携两个弟弟入京参加朱元璋逝世

① （明）顾起元撰，陈稼禾点校：《客座赘语》卷一《革除》，中华书局1987年版，第29页。

一周年吊祭活动。六月,建文帝接密报,称朱棣招募勇士、图谋不轨,但建文帝半信半疑,仅颁诏谴责。朱棣十分惊慌,以装病迷惑朝廷。[①] 但其要举兵谋反的事还是被朝廷查实,建文帝密令北平都指挥佥事张信立即逮捕他,然而张信不仅不执行密令,反将此事密告朱棣。面对越来越危急的局势,朱棣的谋士姚广孝(僧道衍)等人也竭力怂恿其立即举事,朱棣经深思熟虑后决定行动,历史上长达 3 年的“靖难之役”(1399 年 8 月—1402 年 7 月)由此拉开了序幕。

建文元年七月四日(1399 年 8 月 5 日),朱棣首先派人诱杀了驻守北平的左布政使张昺和都指挥使谢贵,然后夺取 9 座城门。[②] 五日,朱棣控制北平城后,宣布起兵,誓师“靖难”,公开反抗朝廷,发表措词强硬的檄文:“我,太祖高皇帝、孝慈高皇后嫡子,国家至亲。受封以来,惟知循法守分。今幼主嗣位,信用奸回,横起大祸,屠戮我家。我父皇、母后创业艰难,封建诸子,藩屏天下,传绪无穷。一旦残灭,皇天后土,实所共鉴。祖训云:‘朝无正臣,内有奸恶,必训兵讨之,以清君侧之恶。’今祸迫予躬,实欲求死,不得已者。义与奸邪不共戴天,必奉行天讨,以安社稷。天地神明,昭鉴于心。”[③]朱棣指责齐泰、黄子澄等人为朝廷“奸臣”,将自己的反叛部队称为“靖难之师”。他以北平为中心建立了一个以自己为首的割据政权,重新任命了一批文武官员,去掉了建文年号,将建文元年改称洪武三十二年。

朱棣公开反叛后,建文帝立即诏告全国,并任命 65 岁的开国老将耿炳文为征虏大将军,驸马都尉李坚、都督宁忠为左、右副将军,统率政府军讨伐燕军。八月十二日,耿炳文率领的 30 万政府军进抵真定,朱棣也领兵至涿州,先后攻取政府军控制的莫州、雄县等,进逼真定城下。耿炳文出战,大败。李坚被擒,死于解送北平途中。耿炳文退兵城内,坚守真定城,朱棣围城,久攻不下。九月,江阴侯吴高等率辽东兵由山海关围攻朱棣占领的永平(今河北卢龙),为避免两线作战,朱棣回兵救援永平,击溃辽东兵。接着,他命朱高炽坚守北平,亲率主力奇袭宁王朱权驻地大宁(今内蒙古自治区宁城县),兼并了宁王所辖 3 卫兵马后,回师北平。

耿炳文北伐初战失利后,建文帝将其召回,重新任命李景隆为最高统帅,调集各路大军 50 万继续北伐。九月十一日,李景隆率大军进驻德州,对耿炳文余部进行整顿,进抵河间。他一改耿炳文稳扎稳打的战略,直扑北平,试图一举歼灭燕军。在北平周围安营扎寨,猛攻 9 门。留守北平的朱高炽(即后来的明仁宗)担负守城重任,面对政府军攻城,他激励城中将士奋力死守。此时,北平已近寒冬,燕军趁政府军暂停

---

① (清)谷应泰:《明史纪事本末》卷一六《燕王起兵》,中华书局 1977 年版,第 233 页。

② (明)谈迁:《国榷》卷一一,中华书局 1958 年版,第 801 页。

③ 佚名:《奉天靖难记》卷一,《四库全书存目丛书》史部第 45 册,齐鲁书社 1995 年版,第 431—432 页。

攻城之机，晚上提水浇在城墙上，水凝结成冰，致使“冰凝不可登，景隆卒致大败”，李景隆军功败垂成。

李景隆军队再次失利，士气受挫，此后屡战屡败。而燕军连战连捷，先后取得郑村坝（建文元年十一月）、白沟河（二年四月）、沧州（二年十月）、夹河（三年三月）、藁城（三年闰三月）和灵璧（四年四月）六大战役的胜利，特别是白沟河大战是一场决定性的战役，南北双方几乎全力拼杀，志在必得，最后政府军大败。此后，政府军虽也胜过几仗（建文二年底东昌大战，朱棣被盛庸击溃，遭到举兵以来最惨重的失败），但都未从根本上扭转败局。战争后期，朱棣改变策略，不再打消耗战，不以攻城略地为目的，而是绕过山东，长驱直取金陵，“擒贼先擒王”，以京师号令各地，全国即可传檄而定。

建文三年(1401)六月，政府军主力驻扎在山东德州一带，部队粮草等后勤物资要经过徐州、沛县等地运来。因此，朱棣派李远率骑兵装扮成政府军队，突袭南方饷道。“燕庶人（朱棣）遣别将李远等南掠沙河徐沛饷道。壬申，燕人李远至济宁，领五千骑，衣装如南军，入沛县，大焚漕舟，河沸，鱼鳖皆浮死。军兴以来，资粮皆仰给徐沛，至是告窘。”①

建文四年(1402)四月，灵璧之战后，燕军占领徐州、宿州一带，夺取大量粮食物资。盛庸的政府军败退至淮河一线，他重整水陆两军，力图将燕军阻止在淮河一带。五月，朱棣智渡淮河，击溃盛庸军，守淮政府军全线溃败，将领或逃或降。燕军乘胜占领盱眙，接着避开政府军重兵把守的凤阳、淮安城，直扑扬州城。五月十七日，朱棣派都指挥吴玉到扬州招降，扬州守将开门投降燕军。作为江北重镇，扬州不战而降。受其影响，江北高邮、通州、泰州等州县地亦相继归降，很快扬州以东的长江北岸基本为燕军所控制。接着，燕军乘势攻占仪真、六合等地，在长江北岸设立大营，准备渡江。南京十分危急，建文帝诏告天下派兵勤王，同时派人向朱棣求和，许以割地划江而治，但遭到拒绝。

六月一日，燕军至浦子口（今南京浦口），盛庸率军迎战，兵败，退至镇江高资港（今属镇江丹徒）沿江防守。三日，燕军主力渡江，很快突破长江天险，政府军望风而逃。为避免两线作战、消除进攻南京的后顾之忧，朱棣决定先取镇江，再西进攻取南京。燕军东进，进攻镇江，镇江水陆守军相继投降。六月八日，燕军自镇江西进，进抵龙潭（今属南京栖霞区）。这时，南京城内的建文帝十分恐慌，不知所措。方孝孺安慰道：“今城中劲兵二十万，城高池深，粮食充足，尚可以守，请下清野之令。”建文帝一边坚守以待外援，一边继续派人求和，但仍被拒绝。十三日，金川门守将谷王橞与李景

① （明）谈迁：《国榷》卷一一，中华书局 1958 年版，第 825 页。

隆见大势已去，打开城门迎入燕军。燕军骑兵很快将燕王同母兄弟周王朱橚解救出来，历经劫难的燕王、周王兄弟俩相见，百感交集，相拥而泣。燕军进入南京城后，朱棣要求军队严守军纪，不得骚扰百姓，违者必斩。经过近3年的苦战，朱棣最终以胜利者的姿态从金川门进入南京城，并登上大明皇帝宝座。

三 建文遗踪

由于建文帝在明太祖严苛统治之后，力行宽政，所以他的遭遇引起了无数人的同情，其下落也就格外引人注目。但建文帝的下落和结局众说纷纭，莫衷一是，成为明史第一谜案。

自焚说。朱棣为维持其承继皇位的合法性，一直坚持认为建文帝及其长子已死于火灾。“上望见宫中烟起，急遣中使往救。至，已不及，中使出其尸于火中，还白上。上哭曰：‘果然若是，痴騃。吾来，为扶翼尔为善，尔竟不亮，而遽至此乎！’”[①]朱棣即位后，曾经3次修改《太祖实录》以美化自己，并为其夺取皇位寻找冠冕堂皇的理由，故人们对《明太宗实录》所记的建文帝自焚一事多持质疑的态度。

出亡说。野史记载，建文帝逃离皇宫后出家为僧，云游四方。由于永乐朝的政治高压、文网严密，文献对建文帝出亡之事记载甚少。天顺、正德后，政治环境有所宽松，开始出现建文帝出亡的史料。清人谷应泰在《明史纪事本末》“建文逊国”中记载了明中叶以后各种民间流传的建文帝出亡故事。[②]《明史》记载，建文四年(1402)六月十三日，“燕兵犯金川门，左都督徐增寿谋内应，伏诛。谷王橞及李景隆叛，纳燕兵，都城陷。宫中火起，帝不知所终。燕王遣中使出帝后尸于火中，越八日壬申葬之。或云帝由地道出亡。正统五年，有僧自云南至广西，诡称建文皇帝。思恩知府岑瑛闻于朝。按问，乃钧州人杨行祥，年已九十余，下狱，阅四月死。同谋僧十二人，皆戍辽东。自后滇、黔、巴、蜀间，相传有帝为僧时往来迹。正德、万历、崇祯间，诸臣请续封帝后，及加庙谥，皆下部议，不果行。大清乾隆元年，诏廷臣集议，追谥曰恭闵惠皇帝”[③]。

四 屠杀遗臣

建文四年六月十七(1402年7月17日)，燕王朱棣在故作姿态地拒绝文武群臣几番劝进后，先至孝陵拜谒父皇，然后正式登极称帝，表明自己是继承明太祖的皇位，而不是建文帝朱允炆的皇位。建元“永乐”，以明年为永乐元年，废除建文年号，改建文

---

① 《明太宗实录》卷九下，洪武三十五年六月乙丑条，台湾“中央研究院”历史语言研究所1962年校印本。

② (清)谷应泰：《明史纪事本末》卷一七，中华书局1977年版，第279—290页。

③ (清)张廷玉等：《明史》卷四《恭闵帝本纪》，中华书局1974年版，第66页。

四年为洪武三十五年，下令凡有建文年号字样者一律毁除，企图彻底抹掉这段“夺嫡称帝”的历史。虽然朱棣以天子礼安葬了建文帝及其亲属，但不加庙号，未给这位死去的皇帝以谥号，仅私谥“孝愍”，直到南明福王朱由崧才追谥庙号“惠宗”。朱棣即位后，发布了文告，将其登基消息遍告海内外，同时废止建文帝所实行的一些改革措施，恢复洪武旧制。

对于效忠建文帝的文武官员，朱棣予以残酷镇压，公布“奸臣”榜，并列出“奸恶”29人。黄子澄被列为“首恶”第一人，朱棣亲自审问，并残忍地将黄子澄手、足砍去，然后杀害其全家老少。溧水人齐泰也被列为“奸恶”，不屈而死，其叔父齐阳彦、堂弟齐敬等7名亲属也遭株连被杀。洪熙元年(1425)，明廷赦免建文帝诸臣之罪，赐齐泰及亲属7棺归葬于溧水县东15里的塘庄，后名“七贤墓”。

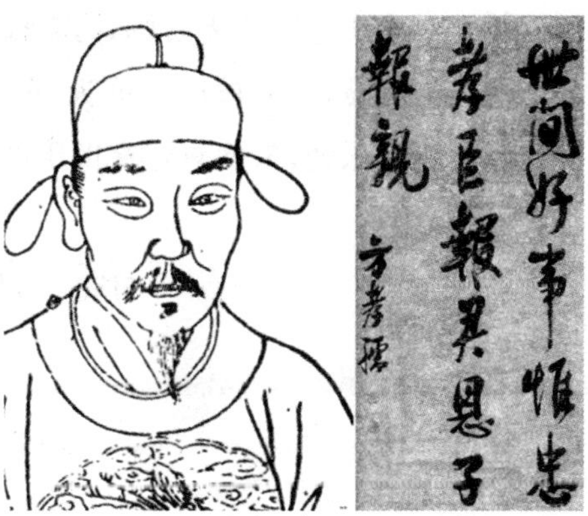

明方孝孺及其书法

方孝孺(1357—1402)，字希直，又字希古，浙江宁海人，世称正学先生。父克勤，洪武中循吏，后因“空印案”被诛。孝孺自幼警敏，读书日盈寸，乡人视为“小韩子”(小韩愈)。建文帝即位后，召为翰林侍讲，后任侍读学士，随帝左右以备顾问，国家大事、读书有疑悉向他求教，临朝奏事亦命其代为批答。燕王朱棣以“清君侧”为名起兵南下后，朝廷的讨伐诏书、檄文皆出自方孝孺之手。建文四年(1402)，燕军进入南京，方孝孺被俘。早在朱棣起兵时，其谋士姚广孝曾以方孝孺相托道：“城下之日，彼必不降，幸勿杀之。杀孝孺，天下读书种子绝矣。”①朱棣也很欣赏方孝孺的才学，有意借用他的学识和声望来收揽人心，巩固统治地位。于是，朱棣将方孝孺从狱中提出来，方孝孺披麻戴孝而入，悲恸至极，哭声响彻大殿。朱棣上前安慰，告诉他建文帝已死，要他辅助自己即位，就像当年周公辅佐成王一样。方孝孺厉声质问道：“为何不立建文帝的儿子或弟弟为君呢?”朱棣无言以对，命人把笔墨送到方孝孺面前，强迫他草拟即位诏书。方孝孺接过笔，在纸写上“燕贼篡位”，掷笔于地，且哭且骂道：“死即死耳，诏不可草。”朱棣见方孝孺宁死不屈，威胁道：“汝不顾九族矣!”方孝孺坚定地说：“便十族奈我何!”朱棣怒不可遏，下令诛灭方孝孺十族，派人大肆搜捕方孝孺在京的亲属，行刑当日先把他们在方孝孺面前一一杀害，最后将46岁的“读书种子”方孝孺磔杀。朱棣诛尽方孝

① (清)张廷玉等:《明史》卷一四一《方孝孺传》，中华书局1974年版，第4019页。

孺九族，还把方孝孺的门生和朋友也算作一族一并处死，因方孝孺而株连被杀者共有873人，被投入监狱和充军流放者则逾千人。明万历年间，文人汤显祖景仰方孝孺的气节，为方孝孺修墓、立碑、建祠。① 现存方孝孺墓位于南京中华门外雨花台二泉后山东北山麓，"明方正学先生之墓"碑为清同治五年(1866)八月两江总督李鸿章所立。

此外，还有许多忠于建文帝的官民被朱棣残忍杀害。御史大夫景清曾与方孝孺相约为建文殉节，方慷慨殉难后，景清因与朱棣有旧谊，仍任原官。"一日早朝，清衣绯怀刃入。先是，日者奏异星赤色犯帝座，甚急。成祖故疑清。及朝，清独着绯，命搜之，得所藏刃。诘责，清奋起曰：'欲为故主报仇耳。'成祖怒，磔死，族之。籍其乡，转相攀染，谓之'瓜蔓抄'，村里为墟。"②景清许多邻居和朋友因此受到株连，比"诛十族"打击面还要宽。礼部尚书陈迪，当面指斥朱棣，与其子6人被处磔刑，亲戚180余人被流放。对于诸忠臣的妻女姊妹，朱棣进行惨无人道地迫害，恣意羞辱。有的被下放到教坊司当官妓，有的被送入军队，实行残酷的"转营"，在各军营间辗转，许多女子被摧残至死。永乐朝，朱棣对建文旧臣的迫害和屠杀前后延续十余年才渐止。

第三节 迁都北京

一 迁都北京

朱棣登基后，仍以南京为京师。鉴于明初政治中心与军事中心分离的弊端，朱棣深知若不将全国政治中心北移，北平的军事优势必然会形成新的地方势力，进而威胁朝廷的安全。永乐元年(1403)正月，礼部尚书李至刚等向朱棣建言："自昔帝王，或起布衣，平定天下；或由外藩入承大统，其于肇迹之地，皆有升崇。切见北平布政司实皇上承运兴之地，宜遵太祖高皇帝中都之制，立为京都。"③朱棣采纳此建议，不久即诏令改北平为北京，升为陪都，称为行在，改北平府为顺天府。朱棣即位后，平日很少在南京，大部分时间仍在北京，即所谓"天子守边"。可见，朱棣从即位初即有迁都之心，当政治局势稳定后，即着手迁都北京。

永乐元年(1403)八月，朱棣将江南五府、江北二府在内的"直隶府州县"及全国各地流罪以下的罪囚，送往北京垦荒，又"徙直隶苏州等十郡、浙江等九省富民实北

---

① (清)谷应泰：《明史纪事本末》卷一八《壬午殉难》，中华书局1977年版，第291—292页。

② (清)张廷玉等：《明史》卷一四一《景清传》，中华书局1974年版，第4027页。

③ 《明太宗实录》卷一六，永乐元年正月辛卯条，台湾"中央研究院"历史语言研究所1962年校印本。

京”[①]。同年，又“令选浙江、江西、湖广、福建、四川、广东、广西、陕西、河南及直隶苏、松、常、镇、扬州、淮安、庐州、太平、宁国、安庆、徽州等府无田粮并有田粮不及五石殷实大户，充北京富户，附顺天府籍，优免差役五年”[②]。次年，朱棣诏令疏浚大运河，以保证漕运对北京的物资供应，在经济上为迁都作准备。

朱棣迁都北京的原因是多方面的，既有历史的原因，又有现实的需要；既有社会的因素，亦有客观自然环境的原因。首先，明朝与蒙古的关系一直比较紧张，迁都北京有利于加强北方军事力量和北方安定；其次，北京背靠燕山，南瞰中原，易守难攻，北京周围由西南而东北，有紫荆关、居庸关、古北口、松亭关、山海关等要隘，进可以攻，退可以守，足以保障京师安全；再次，经过宋元两朝的发展，北平已成为一座较为成熟的政治城市，这里聚集了大量文化政治人才。北平最大的缺点是远离经济中心，但大运河的疏通和海运的发展，一定程度上缓解了这一难题；第四，朱棣夺侄帝位之举，颇受朝野非议。与南京相比，朱棣起兵北平，当地的群众基础更好，有利于巩固皇位。同时，跟随朱棣征战的旧部将领在北平都多有恒产，不愿搬到南京，因而支持迁都北平。

永乐四年(1406)闰七月五日，朱棣诏令于次年五月修建北京宫殿，“壬戌，作北京宫殿，备巡幸。遣官分道采木”[③]。永乐十一年(1413)八月，明成祖正式下诏营建“西宫”，揭开了大规模营建北京城的序幕。永乐十五年(1417)四月，西宫成。六月，北京紫禁城及城中宫殿开始营造。到永乐十八年(1420)九月，北京皇城、宫殿、坛庙等主体工程基本竣工，朱棣诏告天下：“自明年改京师为南京，北京为京师。”明北京城的营建工程始于永乐十五年六月，竣工于永乐十八年十二月，历时3年有余。《明太宗实录》载：“初营建北京，凡庙社、郊祀、坛场、宫殿、门阙，规制悉如南京，而高敞壮丽过之。复于皇城东南建皇太孙宫，东安门外东南建十王邸，通为屋八千三百五十楹。自永乐十五年六月兴工，至是成。”[④]永乐十八年(1420)十一月四日，正式下诏迁都，自永乐十九年(1421)一月一日起，北京成为明王朝新都。

朱棣颁布迁都诏书后，居住在南京的皇室成员、政府官员和军队陆续开始迁离。永乐十八年十月，皇太子及其家属奉诏首先北上。为保证迁都工作有条不紊地进行，明廷制订了详细的中央政府机构及军队迁离方案。十一月，朱棣召皇太孙一起移往北京。永乐十九年一月一日，朱棣御奉天殿，接受文武百官朝贺。至此，北京正式成

① (清)张廷玉等:《明史》卷六《成祖本纪二》，中华书局1974年版，第80页。

② (明)申时行等:《明会典》卷一九《户口一·富户》，中华书局1989年版，第130页。

③ (清)谈迁:《国榷》卷一四，中华书局1958年版，第974页。

④ 《明太宗实录》卷二三二，永乐十八年十二月癸亥条，台湾“中央研究院”历史语言研究所1962年校印本。

为明王朝的首都，南京则降为陪都（留都）。

二 陪都南京

明成祖朱棣迁都北京后，明皇室及中央主要军政机构随之撤离南京，南京一下从昔日繁华的京师降为留都，此后，明朝一直实行两京制。

南京作为陪都，仍保留了六部、五府及寺司等衙门机构，但其影响和权力与北京相应权力机关已不可同日而语。如光禄寺，迁都后，“凡官属厨役悉随以行，所留者不过十之一耳，而供应之需亦如之”①。迁都之初，一些机构还残缺不全，有的甚至没有主管官员，形同虚设。以吏、户、礼、兵、刑、工六部为例，“（永乐）十八年，官属悉移而北，南京六部所存惟礼、刑、工三部，各一侍郎，在南之官加‘南京’字于职衔上。仁宗时补设官属，除‘南京’字。正统六年，定制复如永乐时”②。明仁宗朱高炽时，陪都南京的官僚机构逐渐完善，各机构前均加“南京”二字，在南京设有前、后、左、右、中五卫官军，并完善了南京的锦衣卫。

朱高炽继位后，一度曾想还都南京。主要因为作为政治中心的北京与经济、文化中心南京分离，建都北京虽解决了军事御敌方面的问题，但也引发了其他一些问题。同时，朱高炽成长于南京，对虎踞龙盘之地情有独钟。洪熙元年（1425）三月，“将迁都南京，诏北京诸司悉称行在，复北京行部及行后军都督府。……（四月）壬子，命皇太子（即朱瞻基）谒孝陵，遂居守南京”③。南京又成为明王朝名义上的京师。朱高炽还下令重新修葺南京皇城，然而不久因突发疾病而死，还都一事夭折。其临死时还念念不忘还都南京，遗诏曰：“南北供亿之劳，军民俱困。四方向仰咸南京，斯也吾之素心。”④此时南京的皇宫整修工程仍在进行，至次年底才基本完成。宣宗朱瞻基（1399—1435）继位后，尽管当时有多方面的因素制约，但仍未重新明确以北京为首都的意思。直到正统六年（1441），英宗朱祁镇下令恢复北京为首都，南京这才重新恢复陪都地位。

表面上，南京职官的品秩、薪俸与北京相同，但权限大为缩小，南京职官由统辖全国变为仅执掌南京和南直隶地区，相当于地区政府的权力机构，同时还要受北京相应机构的制约。南京兵部参与守备机务，“掌南都一切留守防护之事”，但其防务也仅局

① （明）柴奇：《黼庵遗稿》卷七《南京光禄寺题名记》，《四库全书存目丛书》集部第67册，齐鲁书社1997年版，第93页。

② （清）张廷玉等：《明史》卷七五《职官四》，中华书局1974年版，第1836页。

③ （清）张廷玉等：《明史》卷八《仁宗本纪》，中华书局1974年版，第111—112页。

④ 《明仁宗实录》卷一〇，洪熙元年五月辛巳条，台湾“中央研究院”历史语言研究所1962年校印本。

限于南直隶。南京吏部主要负责南京及南直隶文官的管理，职责以考察为重，不掌铨政，并受北京吏部制约。南京刑部则“止理京城词讼”。到万历时，南京官僚体系仅保持运转状态。“南京六部官额设尚书一人，侍郎一人。迩年以来，止设尚书，而侍郎亦不复更置，盖谓其事省而官不必备也。”①

第四节 行政区划

明代，今天江苏省境所辖大部分地区曾先后隶属于京师、直隶和南京、南直隶。“洪武元年八月建南京，罢行中书省，以应天等府直隶中书省，卫所直隶大都督府。十一年正月改南京为京师。十三年正月己亥罢中书省，以所领直隶六部。癸卯改大都督府为五军都督府，以所领直隶中军都督府。永乐元年正月仍称南京。统府十四，直隶州四，属州十七，县九十有七。为里万三千七百四十有奇。北至丰、沛，与山东、河南界。西至英山，与河南、湖广界。南至婺源，与浙江、江西界。东至海。距北京三千四百四十五里。”②

洪武初年，明朝中央直辖区称“直隶”，地方行政机构基本上沿袭元朝旧制，设立行中书省。洪武九年(1376)改行中书省为承宣布政使司，简称“布政司”。永乐十九年(1421)迁都北京后，直隶改称“南直隶”，其辖区相当于今江苏、安徽、上海两省一市，下辖应天、苏州、松江、常州、镇江、扬州、淮安、庐州、太平、宁国、安庆、徽州等府，其中应天、苏州、常州、镇江、扬州、淮安等府隶属今天的江苏省辖区。③

应天府领 8 县：上元县、江宁县、句容县、溧阳县、溧水县、高淳县(弘治四年增设)、江浦县、六合县。

苏州府领 1 州 7 县：太仓州(弘治十年设)及其领县崇明(今属上海市)，吴县、长洲县、吴江县、昆山县、常熟县、嘉定县(今属上海市)。

常州府领 5 县：武进县、无锡县、宜兴县、江阴县、靖江县(成化十四年增设)。

镇江府领 3 县：丹徒县、丹阳县、金坛县。

扬州府领 3 州 7 县：高邮州及其领县宝应县、兴化县，泰州及其领县如皋县，通州及其领县海门县，江都县、仪真县、泰兴县。

淮安府领 2 州 9 县：海州及其领县赣榆县，邳州及其领县宿迁县、睢宁县，山阳

---

① (明)陈王道《及时修举急以隆治安疏》，(明)朱吾弼等辑：《皇明留台奏议》卷六《厘正类》，《四库全书存目丛书》史部第 74 册，齐鲁书社 1997 年版，第 582 页。

② (清)张廷玉等：《明史》卷四〇《地理一·南京》，中华书局 1974 年版，第 910 页。

③ (明)申时行等：《明会典》卷一五《户部二·州县一·南京并直隶地方》，中华书局 1989 年版，第 92—93 页。

县、清河县、盐城县、安东县(今涟水县)、桃源县(今泗阳县)、沭阳县。

徐州领4县:沛县、丰县、萧县、砀山县(1955年,萧县和砀山县从江苏省划归安徽省,安徽盱眙县和泗洪县划归江苏。明代,盱眙县属凤阳府)。

明代,县级以下基层系统,基本以县统乡,以乡统都,以都统里,即"县—乡—都—里"结构,但不同时期,各地据具体情况有所变化。洪武年间,以苏州府为例,所辖七县,除附郭的长洲、吴县为"县—乡—里"的结构外,昆山县为"县—乡—保",常熟县为"县—乡—都—里"。崇明县为长江中一岛,情况特殊,只将城内分为四隅,城外则"别无名号,止称东西南北而已",其区域名为东沙、西沙、三沙,各有乡、团等名,其结构则为"县—沙—乡—团"。①

明代中叶以后,基层系统为"县—乡—都—区—里"。弘治元年(1488),吴江县"分乡置都,所以颁田里伍编也。县以辖乡,乡以辖都,都以辖里,而一里之中有村居焉"②。嘉靖年间,吴县以"县—乡—图"为主要结构;常熟县以"县—乡—都(保)—图"为主,③苏州府其他各县也基本以"县—乡—都(保)—图"为主结构。昆山县保下设村,以"县—乡—保—村"为主要层级管理结构。如昆山县西北的积善乡2保,领村21。④

明末崇祯年间,苏州府属各县基层系统大体以"县—乡—都—图"为主要结构。江淮地区的宝应县,嘉靖年间,其基层系统大体以"县—乡—里"为主要结构。嘉靖《宝应县志略》记载:"(其)乡有九,三阿,四里,在县治东;曹村,二里;军下,四里,原三里;王野,四里,在县东南;未宁,二里,在县治东;顺义,四里,原二里,县治西;孝义,四里;侯村,二里,在县治西南;白马,四里,原三里,在县治西。《一统志》本县编户二十七里,《郡志》又云辖三十里,今为三十四,知县闻人诠以王野、未宁、三阿民逃力薄,欲归并三乡,复为三十之旧。"⑤

---

① 洪武《苏州府志》卷四《乡都》,《中国方志丛书》华中地方第432号,台湾成文出版社有限公司1983年版。

② 弘治《吴江志》卷二《乡都》,《中国方志丛书》华中地方第446号,台湾成文出版社有限公司1983年版。

③ 嘉靖《吴邑志》卷四《乡图都分户口田赋并杂附等》、嘉靖《常熟县志》卷二《乡都志》。

④ 嘉靖《昆山县志》卷三《乡保》,《天一阁藏明代方志选刊》本,上海古籍书店1963年版。

⑤ 嘉靖《宝应县志略》卷一《地理志》,《天一阁藏明代方志选刊》本,上海古籍书店1962年版。

第二章　郑和七下西洋

郑和(1371—1433),生于云南昆阳州(今昆明市晋宁县)宝山乡和代村,祖先原为西域布哈剌(今乌兹别克斯坦共和国境内布哈拉)世代信奉伊斯兰教的回族贵族,是元世祖忽必烈时云南省平章政事、咸阳王赛典赤·赡思丁·乌马尔的六世孙,祖父名米的纳,父名米里金。改姓马,遭明军俘虏,阉割为奴,旧名"三保"系元代"三保奴"的袭沿之称,真名隐讳不知,"马和"也是改姓后之称谓。因赐姓郑[①],故名郑和[②]。朱棣即帝位后,为内官监太监,曾钦封三保太监;郑和虽为回教徒但也信佛,故又称"三宝太监"。

郑和不仅是中国历史上的伟大航海家、外交家和军事家,而且是世界航海史上的伟大航海家。从永乐三年至宣德八年(1405—1433)的28年间,郑和七次率船队远航西洋,先后到达东南亚、印度洋、红海、东非等区域30多个国家和地区,规模最大的一次是由27000余人、200多艘船只组成的庞大船队,其航海船舶数量之多,船舶吨位之大,航海人员之众,组织配备之严,航海技术之先进,航程之长,影响之巨,都是举世无与伦比的。同时,郑和对促进睦邻友好关系,对我国海外贸易、经济文化发展都有重要贡献。

20世纪初,梁启超指出:"西纪一千五六百年之交,全欧沿岸诸民族,各以航海业相竞。……而我泰东大帝国与彼并时而兴者,有一海上之巨人郑和在。……亚洲东

---

① 关于郑和赐姓"郑",历来说法颇多,有靖难之役在河南郑州有功因赐姓郑说,有新郑作战因而赐姓郑说,有"郑村坝"战功赐姓为郑说等。《朝鲜李朝实录中的中国史料》中有"省亲内官郑贵"、"朝廷内使郑升",均为朝鲜人而被阉割为中国宦官者,不知是否亦因"郑村坝"战功赐为郑姓者。

② 有史料载,明成祖于永乐二年(1404)正月初一日御书"郑"姓及授内官监太监,故改"马和"而始有"郑和"之姓名。然考《明太宗实录》卷一四,洪武三十五年(即建文四年,1402)十一月癸卯条有"遣太监郑和祭乳母冯氏"之记载,可见当时已用"郑和"之名并被封为"太监"。又姚广孝题记《佛说摩利支天经》时为"永乐元年八月二十三日"。可见,永乐二年正旦始用郑和之名及任命内官监太监说不正确。

南一大部分，即所谓印度支那及南洋群岛者……其间若群岛之矿业，暹罗、越南、缅甸之农业，群岛及暹罗之森林业，乃至全部之商业、工业，其在我国人手者，十而八九……吾国以何因缘而能致此，推原功者，吾思郑和。及观郑君，则全世界历史上所号称航海伟人，能与并肩者，何其寡也。郑君之初航海，当哥伦布发现亚美利加以前六十余年，当维哥达嘉马发现印度新航路以前七十余年。……刑余界中，前有司马迁，后有郑和，皆国史之光也！"①

英国李约瑟在《中国科学技术史》中指出："东方的航海家中国人从容温顺，不记前仇，慷慨大方，从不威胁他人的生存，虽然有恩人自居；他们全副武装，却从不征服异族，也不建立要塞。明代海军在历史上可能比任何国家都出色，甚至同时代的任何欧洲国家，以致所有欧洲国家联合起来，可以说都无法与明代海军匹敌。它是世界上最早的一幅真正科学的海图。"

美国学者费正清说："世界上的船队以前还从未取得这样大的成就。这些中国船队跨越整个印度洋的航行几乎早于葡萄牙人 1498 年绕非洲航行到达印度一个世纪，早于西班牙无敌舰队 1588 年绕英格兰影响西方历史的短途航行 150 年。郑和的航行之所以能够成功，归功于中国造船工业的发展以及在南海航线上航海技术的发展。他的远洋船只规模巨大，有些船有四百多英尺长，有四层甲板，水密隔舱多达十二个。船员按照详细的航海指南航行，还使用了罗盘。……这些蔚为壮观的海上远航活动表明一个有着伟大活力时代的到来。"②

孙中山先生也曾热情地写道："郑和竟能于十四个月之中，而造成六十四艘之大舶，载运二万八千人巡游南洋，示威海外，为中国超前轶后之奇举。至今南洋土人犹有怀想当年三保之雄风遗烈者，可谓壮矣。然今之中国人借科学之知识，外国之机器，而造一艘三千吨之船，则以为难能，其视郑和之成绩何如？"③

第一节　郑和下西洋

一　明初对外政策

朱元璋建立大明王朝后，政治上实施专制中央集权统治，经济上推行"重本抑末"

---

① 梁启超著，吴松等点校：《饮冰室文集点校》第四集《祖国大航海家郑和传》，云南教育出版社 2001 年版，第 2060 页。

② [美]费正清等著，陈仲丹等译：《中国：传统与变革》，江苏人民出版社 1992 年版，第 198—199 页。

③ 中山大学历史系孙中山研究室、广东省社会科学院历史研究所、中国社会科学院近代史研究所中华民国史研究室：《孙中山全集》第六卷《建国方略》，中华书局 1985 年版，第 187—188 页。

的政策。洪武十九年(1386)三月,谕户部:“使农不废耕,女不废织,厚本抑末,使游惰皆尽力田亩,则为者疾而食者寡,自然家给人足,积蓄富盛。”[①]同年又谕:“朕有天下,务俾农尽力田亩。”“凡出入作息,乡邻必互知之,其有不事生产而游惰及舍匿他境游民者,皆迁之远方。”洪武二十二年(1389)三月二十五日,还下旨:“作买卖的发边远充军。”[②]而南京作为京师,乃统治中心,地处东南近海,严加防范。“高皇帝定鼎金陵,驱旧民置云南。乃于洪武十三等年起取苏、浙等处上户四万五千余家填实京师,壮丁发各监局充匠,余为编户,置都城之内外名曰‘坊厢’。”[③]将南京居民完全转换,目的就是巩固统治。

实行海禁政策。“(市舶司)洪武初,设于太仓黄渡,寻罢。后设于宁波、泉州、广州。宁波通日本,泉州通琉球,广州通占城、暹罗、西洋诸国。琉球、占城诸国皆恭顺,任其时至入贡。惟日本叛服不常,故独限其期为十年,人数为二百,舟为二艘,以金叶勘合表文为验,以防诈伪侵轶。后市舶司暂罢,辄复禁濒海居民及守备将卒私通海外诸国。”[④]

1367年,朱元璋称帝前一年冬,置太仓黄渡市舶提举司于太仓城内,用陈宁为太仓市舶提举,掌海外诸番朝贡,许附载方物与中国贸易。洪武三年(1370)二月,以近京师南京,罢太仓黄渡市舶司。洪武四年(1371)十二月,“禁濒海民不得私出海。乙未,上谕大都督府臣曰:朕以海道可通外邦,故尝禁其往来。近闻福建兴化卫指挥李兴、李春,私遣人出海行贾,则滨海军卫,岂无知彼所为者乎。苟不禁戒,则人皆惑利而陷于刑宪矣。尔其遣人谕之,有犯者论如律”[⑤]。

洪武朝频颁“禁海令”。洪武十四年(1381)十月,“禁濒海民私通海外诸国”[⑥]。洪武二十三年(1390)十月,诏户部:“申严交通外番之禁。上以中国金银铜钱、段匹、兵器等物,自前代以来不许出番,私易货物……故严禁之。沿海军民官司纵令相交易者,悉治以罪。”[⑦]洪武二十七年(1394)正月,“禁民间用番香、番货。先是,上以海外诸夷多诈,绝其往来,唯琉球、真腊、暹罗许入贡。而缘海之人往往私下诸番,贸易番货,因诱蛮夷为盗,命礼部严禁绝之。敢有私下诸番互市者,必置之重法。凡番香、番货皆不许贩鬻,其见有者,限以三月销尽。民间祷祀止用松柏枫桃诸香,违者罪之。其

---

① 《明太祖实录》卷一七七,洪武十九年三月戊午条,台湾“中央研究院”历史语言研究所1962年校印本。

② (明)顾起元撰,陈稼禾点校:《客座赘语》卷一〇《国初榜文》,中华书局1987年版,第346页。

③ (明)顾起元撰,陈稼禾点校:《客座赘语》卷二《坊厢始末》,中华书局1987年版,第64页。

④ (清)张廷玉等:《明史》卷八一《食货志五·市舶》,中华书局1974年版,第1980页。

⑤ 《明太祖实录》卷七〇,洪武四年十二月丙戌条,台湾“中央研究院”历史语言研究所1962年校印本。

⑥ 《明太祖实录》卷一三九,洪武十四年十月己巳条,台湾“中央研究院”历史语言研究所1962年校印本。

⑦ 《明太祖实录》卷二〇五,洪武二十三年十月乙酉条,台湾“中央研究院”历史语言研究所1962年校印本。

两广所产香木听土人自用，亦不许越岭货卖，盖虑其杂市番香，故并及之”[①]。洪武三十年(1397)四月，“申禁人民无得擅出海与外国互市”[②]。

明初，朱元璋为加强海防安全，沿海海防有筑城措施。汤和“度地浙西东，并海设卫所城五十有九，选丁壮三万五千人筑之”[③]。周德兴“得民兵十万余人，相视要害，筑城一十六，置巡检司四十有五，防海之策始备”[④]。汤和在山东、江苏、浙江与周德兴在福建沿海修筑的海防工事，凡计65处，总体说来是沿海防御。关于海防与边防，朱元璋说：“四方诸夷，皆阻山隔海，僻在一隅。得其地不足以供给，得其民不足以使令。若其不自揣量，来挠我边，则彼为不祥。彼既不为中国患，而我兴兵轻犯，亦不祥也，吾恐后世子孙，倚中国富强，贪一时战功，无故兴兵，致伤人命，切记不可。但胡戎与西北边境，互相密迩，累世战争，必选将练兵，时谨防之。”[⑤]这可以说是朱元璋海防与边防的总方针，也可以说是当时明帝国对外政策的总纲领，其指导思想是“防”，取守势。而对“海夷”，决不兴兵轻犯。但对北面“胡戎”与西北边境，则需集中兵力即“必选将练兵，时谨防之”。换言之，明太祖的指导思想，就是重陆防轻海防，警惕作为边防主要目标的蒙古势力。

明太祖对外政策方针的主旨是“闭关自守”，取守势而非攻势。明初，日本是海防重点，洪武二年(1369)二月，赐日本国玉玺书中说：“诏书到日，如臣，则奉表来庭；不臣，则修兵自固，永安境土，以应天休。如必为寇盗，朕当命舟师扬帆诸岛，捕绝其徒，直抵其国，缚其王，岂不代天伐不仁者哉，惟王图之。”[⑥]后又以胡惟庸案，常停止其朝贡贸易。

洪武时期，朝贡各国仅限于近邻，与安南、朝鲜、日本、占城、真腊、暹罗、大琉球尚有交流，而与印度洋地区及以远各国几无来往。

建文四年(1402)六月，明成祖朱棣即位后，主动遣使至各国宣示友好，积极对外开放，一改洪武朝闭关自守的被动局面，对外示以宽诚。恢复市舶司，于沿海浙江、福建、广东设置三市舶提举司，此为明成祖时期朝贡贸易和外交活动的一项开放政策的体现。永乐三年(1405)，随着使臣的来往不绝和朝贡贸易的需要，在浙江、福建、广东三市舶司加设三驿馆，方便了使臣与外商的住宿及安顿行李、货物等事项，同时完善了接待等“礼尚往来”规格，这无疑促进了与海外各国外交往来以及

---

① 《明太祖实录》卷二三一，洪武二十七年正月甲寅条，台湾“中央研究院”历史语言研究所1962年校印本。

② 《明太祖实录》卷二五二，洪武三十年四月乙酉条，台湾“中央研究院”历史语言研究所1962年校印本。

③ (清)张廷玉等：《明史》卷一二六《汤和传》，中华书局1974年版，第3754页。

④ (清)张廷玉等：《明史》卷一三六《周德兴传》，中华书局1974年版，第3862页。

⑤ (明)朱元璋：《皇明祖训·箴戒章》，明洪武礼部刻本。

⑥ 《明太祖实录》卷三九，洪武二年二月辛未条，台湾“中央研究院”历史语言研究所1962年校印本。

朝贡贸易的进展。

对海防重点的日本贡使，一改明太祖时期严厉限制政策，采取积极和平友好睦邻的外交方针。甚至对私载兵器鬻民者亦以市直处之，而不置之重法，籍送入官，且资助返还路费等。永乐元年(1403)九月，礼部尚书李至刚奏："日本国遣使入贡，已至宁波府；凡番使入中国，不得私载兵器刀槊之类鬻于民，具有禁令，宜令有司简番舶中有兵器刀槊之类，籍封送京师。"对此，朱棣称："外夷向慕中国，来修朝贡，危蹈海波，跋涉万里，道路既远，赀费亦多，其各有赍以助给路费，亦人情也，岂当一切拘之禁令，惟当籍封送官。……无所鬻则官为准中国之直市之，勿拘法禁，以失朝廷宽大之意，且阻远人归慕之心，此要务也。"①

对西洋各国采取积极的对外开放的方针。永乐元年(1403)十月，朱棣说："帝王居中，抚驭万国，当如天地之大，无不覆载。远人来归者，悉抚绥之，俾各遂所欲。近西洋回回哈只等，在暹罗闻朝使至，即随来朝。远夷知尊中国，亦可嘉也。自今诸番国人愿入中国者听。"②

明成祖改变明太祖闭关自守的对外政策，实行主动开放与睦邻友好的对外政策。永乐年间，明朝廷主动遣使外交各国。据《明实录》所载，两朝派遣使节，洪武 29 年间凡 57 次，永乐 22 年间即多达 61 次，使节遍及东西洋各国。这种开放的外交思想与大战略方针，在而后的时期中，特别是郑和下西洋的壮举，愈体现出其价值。各国也纷纷遣使来华，据不完全统计，洪武 29 年中来使 183 次，平均每年来使 6 次；而在永乐 21 年中，来使 318 次，其中满剌加 15 次、苏门答剌 12 次、爪哇 15 次、渤泥 8 次。③来华使节之多，体现了明成祖实行对外开放政策的成果。据史载，在这些众多国家来华访问的人员中，有渤泥国、满剌加国、苏禄国、古麻剌朗国四个国家的 11 位国王亲自率领使团来华，其中苏禄、古麻剌朗、渤泥三国国王在访问中国时因病在华逝世，皆安葬于中国。比较洪武、永乐两朝，两朝对外皆采取和平友好政策，但洪武朝闭关自守，而永乐则相对开放。明太祖重点在"防"，而明成祖重点在"放"。永乐年间，郑和下西洋活动是永乐朝对外开放政策的集中代表。

二 郑和七下西洋

所谓"西洋"，明初并无严格界说，据随同郑和下西洋的马欢在《瀛涯胜览》中记载，有两种不同的说法：一是指爪哇以西为西洋，二是指帽山之西的印度洋。今人向

---

① 《明太宗实录》卷二二，永乐元年九月己亥条，台湾"中央研究院"历史语言研究所 1962 年校印本。

② 《明太宗实录》卷二四，永乐元年十月辛亥条，台湾"中央研究院"历史语言研究所 1962 年校印本。

③ 南京市委宣传部等：《伟大航海家郑和》，江苏文艺出版社 2004 年版，第 106 页。

达在《两种海道针经序言》中指出："明代以交阯、柬埔寨、暹罗以西今马来半岛、苏门答腊、爪哇、小巽他群岛，以至于印度、波斯、阿拉伯为西洋，今日本、菲律宾、加里曼丹、摩鹿加群岛为东洋。"①基本上概括了中国古籍中关于东、西洋的划分。以外，冯承钧言"当时所谓之西洋，泛指印度洋也"，亦即马欢所载"山之西大海，正是西洋也，番名那没黎洋"。以印度洋为准线，划分东、西洋，是通常的用法。至于"西洋"一词，则专指欧西各国，大西洋作为四大洋之一而专指一定之水域，是清以后的名称，并非郑和时代之"西洋"概念。

郑和下西洋的壮举是中国海洋文化与中国海外交通发展的必然结果，宋元以来我国海外交通发展为郑和航海奠定了基础②，而郑和七下西洋又进一步促使航海实践有了新的发展。

郑和在下西洋之前，曾调查勘验海道并绘制成图。据《海底簿》载："永乐元年，奉旨差官郑和、李兴、杨敏等，出使异域，前往东西洋等处。一一开谕后，下文索图、星槎、山峡、海屿及水势，图为一书，务要选取山形水势，日夜不致误也。"③《宁波温州平阳石矿流水表》载："永乐元年，奉旨差官郑和、李恺、杨敏等，出使异域，弓往东西二洋等处，开输贡累累，校正牵星图样，海岛、山屿、水势、图画一本，务要选取能识山形水势(之人)，日夜无歧误也。"④《顺风相送序》载："永乐元年，奉差前往西洋等国开诏，累次校正针路、牵星图样、海屿水势山形图画一本山为微簿。务要取选能谙针深浅更筹，能观牵星山屿，探打水色浅深之人在船。深要宜用心，反复仔细推详，莫作泛常，必不误也。"⑤

郑和下西洋之前还重新勘校并实际航海检验海图。明人巩珍在《西洋番国志自序》中所说："乃以针经图式付与领执。"⑥经过勘验校正的航海图在下西洋的航海实践中发挥了重要作用，同时又通过实践中总结校正重新制作了我们今天在《武备志》中所见的《郑和航海图》。

史载，郑和永乐元年(1403)出使过暹罗，永乐二年(1404)还出使过日本⑦，这些成为永乐三年(1405)大举下西洋的前奏，并积累了航海、外交等经验，保证了下西洋壮举的顺利进行。"郑和使日，对下西洋舟师是一次锻炼和考验。丰富了航海知识，积

---

① (明)佚名著，向达校注：《两种海道针经》，中华书局 1961 年版，第 7 页。

② 张维华、潘群：《郑和下西洋》，人民交通出版社 1985 年版，第 9—15 页。

③ 《海底簿》手抄本，见庄为玑著《古刺桐港》上册，厦门大学出版社 1989 年版，第 80 页。

④ 郑鹤声、郑一钧：《郑和下西洋资料汇编》下册，齐鲁书社 1989 年版，第 253 页。

⑤ (明)佚名：《顺风相送序》，(明)佚名著，向达整理：《两种海道针经》，中华书局 1961 年版，第 22 页。

⑥ (明)巩珍著，向达校注：《西洋番国志》，中华书局 1961 年版，第 6 页。

⑦ 潘群：《郑和使日问题初探》，载《文史哲》1982 年第 3 期。

累了外交经验，为下西洋作了准备”，“正是在此基础上，郑和下西洋舟师无后顾之忧，航行海外才有了保障”[①]。

1. 第一次下西洋

经过充分准备，为解决洪武末年海道不通以致影响朝贡、贸易以及各国外交使臣来往问题，同时也为了“踪迹建文”、巩固政权“以海屏陆”[②]，明成祖即有整顿海运之心。另外，借下西洋活动遣张士诚、方国珍余部出海也是另一重要目的。“西洋之遣，亦因高皇之绪而申之。太仓原有张氏所存海船，兵亦不少，既与海相习，便与海寇相通，倭亦乘之内犯，遂因尽驱之出洋。”[③]早在洪武四年十二月（1372 年 1 月），明廷即将方国珍旧部与沿海贫户，“充船户者，凡一十一万一千七百三十人，隶各卫为军”[④]。让张士诚、方国珍余部罢海运后参加郑和下西洋队伍，免除他们利用航海技术在海上为非作歹，乃至与倭寇勾结为害的忧患。

永乐三年（1405）六月，明成祖“遣中官郑和等赍敕往谕西洋诸国，并赐诸国国王金织文绮、采绢各有差”[⑤]。关于郑和第一次下西洋的人员及宝船数，历来颇有争议。“永乐三年，命内官监郑和暨王景弘、侯显等，帅师二万七千有奇、海舶二百八艘，赍敕谕金帛赍西洋琐里等三十余国，擒海寇陈祖义于三佛齐国，五年回。”[⑥]可见，永乐三年下西洋船数为 208 艘，领导人是郑和、王景弘、侯显等，随员是 27000 余人，所至西洋 30 余国，重要大事是于三佛齐擒海寇陈祖义，返国时间是永乐五年（1407）。

宣德六年（1431）春，郑和等立《娄东刘家港天妃宫石刻通番事迹记》碑中载：“和等自永乐初奉使诸番，今经七次，每统领官兵数万人，海船百余艘。自太仓开洋，由占城国、暹罗国、爪哇国、柯枝国、古里国抵于西域忽鲁谟斯等三十余国，涉沧溟十万余里。”而第一次下西洋的记载原文则为：“永乐三年统领舟师往古里等国。时海寇陈祖义等聚众于三佛齐国抄掠番商，生擒厥魁。至五年回还。”[⑦]同年冬，郑和等在福建长乐所立《长乐南山寺天妃之神灵应记》碑中载：“命和等统率官校旗军数万人，乘巨舶

---

① 张维华、潘群：《郑和下西洋》，人民交通出版社 1985 年版，第 20—21 页。

② 《明太宗实录》卷二三永乐元年九月辛卯条载顾成奏言称，“东南海道，虽倭寇时复出没，然止一时剽掠，但令缘海滨卫严加提防，亦无足虑，惟北虏遗孽”，“经国远谋当为远虑”，故明成祖以漠北为重。潘群《郑和使日问题初探》一文曾指出：“从海路上打通整个东西洋交通，以配合陆路上北方的边防，防止蒙古势力的死灰复燃。”《明太宗实录》卷二七四永乐二十二年八月壬子条云：“海外若榜葛剌、满剌加、忽鲁谟斯等处，新上朝命为王者殆三十国。……独北虏反覆数为边患，亲率六师征之驱诸绝漠之外，虏遂不敢南下。”即为总结之语。

③ （明）朱国桢：《皇明大政记》卷九，明崇祯刻皇明史概本。

④ 《明太祖实录》卷七〇，洪武四年十二月丙戌条，台湾“中央研究院”历史语言研究所 1962 年校印本。

⑤ 《明太宗实录》卷四三，永乐三年六月己卯条，台湾“中央研究院”历史语言研究所 1962 年校印本。

⑥ 嘉庆《直隶太仓州志》卷二四《兵防下・纪兵》，清嘉庆七年刻本。

⑦ （明）钱穀：《吴都文粹续集》卷二八《道观》，稿本。

百余艘，赍币往赉之，所以宣德化而柔远人也。自永乐三年奉使西洋，迨今七次，所历番国：由占城国、爪哇国、三佛齐国、暹罗国，直逾南天竺锡兰山国、古里国、柯枝国，抵于西域忽鲁谟斯国、阿丹国、木骨都束国，大小凡三十余国，涉沧溟十万余里。……永乐三年，统领舟师至古里等国。时海寇陈祖义聚众三佛齐国，劫掠番商，亦来犯我舟师，即有神兵险助，一鼓而殄灭之。至五年回。"[①]两碑所记的船数均为"海船百余艘"，人员是"官兵数万人"[②]，次数是"七次"，所抵国是"由占城国"抵"忽鲁谟斯、阿丹、木骨都束国"，所经国数及里数"大小凡三十余国，涉沧溟十余里"。

马欢《瀛涯胜览》载："宝船六十三只：大者长四十四丈四尺，阔一十八丈。中者长三十七丈，阔一十五丈。计下西洋官校、旗军、勇士、力士、通士、民稍、买办、书手，通共计二万七千六百七十员名：官八百六十八员、军二万六千八百二名。正使太监七员、少监十员、监丞五员。内官内使五十三员、户部郎中一员、都指挥二员。指挥九十三员、千户一百四十员、百户四百三员。教谕一员、阴阳官一员、舍人二名、余丁一名。医官、医士一百八十名。"[③]

太仓刘家港天妃宫碑载："正使太监郑和、王景弘，副使太监朱良、周满、洪保、杨真，左少监张达。"而长乐南山寺天妃碑载："正使太监郑和、王景弘，副使太监李兴、朱良、周满、洪保、杨真、张达、吴忠，都指挥朱真、王衡，正一住持杨一初。"立碑时间均为宣德六年(1431)，非永乐三年(1405)时之领导人员，然即此二碑所立时间相差十个月，领导人员姓名与人数亦有不同，更与马欢所载正使太监七员、少监十员、监丞五员、都指挥二员之数相异。可见，每次领导人员与官衔升迁均有变化，包括总人数和船只数亦皆相异。明人祝允明《前闻记》记载："永乐中遣官军下西洋者屡，当时使人有著《瀛涯胜览》、《星槎胜览》二书以记异闻矣。今得宣德中一事，漫记其概。……官校、旗军、火长、舵工、班碇手、通事、办事、书算手、医士、铁锚木舱搭材等匠、水手、民稍人等，共二万七千五百五十员名。"[④]这当为郑和第七次下西洋人员总数，与第一次下西洋"二万七千有奇"相近，而刘家港碑与长乐南山寺碑记载"数万人"是泛言之数，所以我们仍以《明史·郑和传》所载"二万七千八百余人"为准。

《明史·郑和传》载，郑和第一次下西洋"造大舶四十四丈广十八丈者六十二"，恐有误，是不可靠的。嘉庆《太仓州志》明确记载永乐三年(1405)郑和出使西洋时，"海

---

① (明)巩珍著，向达校注：《西洋番国志》，中华书局1961年版，第53—54页。

② 明巩珍《西洋番国志·自序》载："宣宗章皇帝嗣登大宝，普赉天下。乃命正使太监郑和、王景弘等兼督武臣，统领官兵数万，乘驾宝舟百艘，前往海外，开诏颁赏，遍谕诸番。"其船数、官兵数与两碑所载相同，都是宣德年间郑和第七次下西洋时的记载，由此亦可知第七次下西洋的船数与人数。

③ (明)马欢著，万明校注：《明钞本〈瀛涯胜览〉校注》，海洋出版社2005年版，第5—6页。

④ (明)巩珍著，向达校注：《西洋番国志》，中华书局1961年版，第56页。

舶二百八艘"。明末《南枢志》载:"南京城西北有宝船厂焉,创于永乐三年。"[①]距永乐三年六月奉诏出洋时间太近,短时间造不出规模宏大的六十二艘宝船,应该是各种船型的"海舶"皆有,包括平底的沙船在内也有可能。

郑和第一次下西洋"清海道"及对三佛齐的处理。"永乐三年正月戊午,遣行人谭胜受、千户杨信等往旧港招抚逃民梁道明等。旧港在南海,与爪哇邻。道明,广东人,挈家窜居于彼者累年。广东、福建军民从之者至数千人,推道明为首。指挥孙铉尝使海南诸番,遇道明子二奴,挟与俱来,遂遣胜受等偕二奴赍敕招谕之。"[②]洪武三十年(1397)八月,"以胡惟庸谋乱,三佛齐乃生间谍……是后使臣、商旅阻绝",三佛齐(即旧港)上盘据着海盗集团势力,阻塞了通往下西洋的"海道"。郑和根据他们不同的态度,采取"招抚"、"战擒"、"设官"等措施以打通中国下西洋通道。

对陈祖义集团先礼后兵。永乐四年(1406)七月,"旧港头目陈祖义遣子士良,梁道明遣侄观政及西干达哩耶回回哈直马合默等来朝,赐钞币有差"[③]。可见,明廷在永乐四年(1406)对陈祖义之子陈士良是礼遇的。直到郑和回国途中,"祖义率众来劫"方出兵与战,实出于不得已而为之,非好战之举。永乐五年(1407)九月,"太监郑和使西洋诸国还,械至海贼陈祖义等。初,和至旧港,遇祖义等,遣人招谕之,祖义诈降而潜谋要劫官军。和等觉之,整兵提备,祖义率众来劫,和出兵与战,祖义大败,杀贼党五千余人,烧贼船十艘,获其七艘,及伪铜印二颗,生擒祖义等三人。既至京师,悉命斩之"[④]。明廷对旧港还采取措施使此地区稳定并保证海道通畅,永乐五年(1407)九月,旧港头目施进卿遣婿丘彦诚朝贡。设旧港宣慰使司,命进卿为宣慰使,赐印诰、冠带、文绮纱罗。郑和第一次下西洋为明王朝与西洋各国的友好往来打开了海上通道,"海道由而清宁,番人赖之以安业"[⑤]。

郑和第一次下西洋出使的地区和国家,有占城、爪哇、苏门答剌、满剌加、三佛齐、古里等国。但据奚尔恩等《远东史》记载:"一四〇五年七八月间,郑和率大舰队由苏州航行南下,先至吕宋之林加延湾(Gcclb of ling ayan),又至马尼剌,而苏禄、布隆尼(编者按:即渤尼。),而至印度支那海岸之占婆(编者按:即占城。),复南行至爪哇、苏

① (明)范景文:《南枢志》卷一一三《朝贡部·西洋海道考》序,《中国方志丛书》华中地方第453号,台湾成文出版社有限公司1983年版,第3213页。

② 《明太宗实录》卷三八,永乐三年正月戊午条,台湾"中央研究院"历史语言研究所1962年校印本。

③ 《明太宗实录》卷五六,永乐四年七月条,台湾"中央研究院"历史语言研究所1962年校印本。

④ 《明太宗实录》卷七一,永乐五年九月壬子条,台湾"中央研究院"历史语言研究所1962年校印本。

⑤ 《娄东刘家港天妃宫石刻通番事迹记》,(明)巩珍著,向达校注:《西洋番国志》,中华书局1981年版,第51页。

门答剌，及马来半岛。一四〇七年十月或十一月间返国。”[①]可见，这次还出使至吕宋、苏禄、渤泥诸国，虽不见中国官方古籍记载，但国内亦有学者对此有所论述。郑和一行每到一地，先向当地国王或酋长宣读诏敕，再对其王、妃、臣、僚等加以赏赐，而后当地国王或酋长或有纳贡。最后，则为郑和一行将所带货物交换当地土产。

爪哇事件。郑和第一次出使，首达占城。自占城顺风南下 20 天抵爪哇。爪哇，“古者名阇婆国也”[②]，即今之印度尼西亚之爪哇岛，为南洋要冲，商业发达，人口稠密，物产富饶。永乐四年(1406)六月，郑和等至其地。当时“西王与东王构兵，东王战败，国被灭。适朝使经东王地，部卒入市，西王国人杀之，凡百七十人。西王惧，遣使谢罪。帝赐敕切责之，命输黄金六万两以赎。六年再遣郑和使其国。西王献黄金万两，礼官以输数不足，请下其使于狱。帝曰‘朕于远人，欲其畏罪而已，宁利其金耶?’悉捐之。自后，比年一贡，或间岁一贡，或一岁数贡”[③]。永乐五年(1407)九月，“爪哇国西王都马板遣使亚列加恩等来朝贡谢罪”[④]。

古里建碑。郑和第一次下西洋的终点是古里(CALICUT)，一度名科泽科德(KOZHIKODE)，今印度西南部喀拉拉邦北岸的卡利卡特。“古里，西洋大国，西滨大海，南距柯枝国，北距狼奴儿国，东七百里距坎巴国。自柯枝舟行三日可至，自锡兰山十日可至。诸蕃要会也。”[⑤]明洪武年间及明永乐元年，古里曾数遣使至中国朝贡。两国来往不断，关系密切。“永乐五年，朝廷命正使太监郑和赍诏敕赐其国王诰命银印，及升赏各头目品级冠带。宝船到彼，起建碑亭，立石云：‘去中国十万余里，民物咸若，熙皞同风，刻石于兹，永示万世。’”[⑥]永乐五年(1407)九月，郑和船队回国，古里等国遣使者随船来华，“比者牙满黑的等来朝贡方物。赐其使钞币、铜钱有差，仍命礼部赐其王锦绮纱罗、鞍马等物”[⑦]。此后，郑和下西洋船队经此地，并以此为中转站。

---

① 奚尔恩等：《远东史》第十六章《十五世纪时中国与马来西亚之交通》，转引自郑鹤声、郑一钧编：《郑和下西洋资料汇编》中册，齐鲁书社 1983 年版，第 931 页。

② (明)马欢著，万明校注：《明钞本〈瀛涯胜览〉校注·爪哇国》，海洋出版社 2005 年版，第 16 页。

③ (清)张廷玉等：《明史》卷三二四《外国传五·爪哇传》，中华书局 1974 年版，第 8403 页。据山本达郎《郑和西征考》谓，西王与东王之战系指当时东爪哇、麻喏八歇国承继王位之内乱。西王指麻喏八歇王，东五指其东邻 Balambangan 之 Bheuirabkumi。

④ 《明太宗实录》卷七一，永乐五年九月癸酉条，台湾“中央研究院”历史语言研究所 1962 年校印本。

⑤ (清)张廷玉等：《明史》卷三二六《外国传七·古里》，中华书局 1974 年版，第 8439—8440 页。

⑥ (明)马欢著，万明校注：《明钞本〈瀛涯胜览〉校注·古里国》，海洋出版社 2005 年版，第 63 页。(明)巩珍《西洋番国志·古里国》作“中国相去十万余里，民物熙皞同风”。(明)罗懋登《三宝太监西洋记通俗演义》卷一三第六十一回作“此去中国，十万余程，民物咸若，熙皞同情。永示万世，地平天成”。(清)查继佐《罪惟录》列传卷三六《外国列传·古里国》作：“去中国十万余里，民物熙皞，大同风俗，刻石于兹，永乐万世。”

⑦ 《明太宗实录》卷七一，永乐五年九月壬子条，台湾“中央研究院”历史语言研究所 1962 年校印本。

海难之事。据金国平、吴志良《葡萄牙史料中所见郑和下西洋之史实述略》[①]一文引1563年在印度果阿出版的葡萄牙语书籍的记载:“华人很早便在这一带航行了……来航的中国船只是那么多,据忽鲁谟斯人的记载,有时一次涨潮便有400只船进入哲朗(JERU,今称忽鲁谟斯)港口;还记载说,在古老(CHILAM)浅滩损失了200条中国式帆船(JUNCOS)。此事仍留在浅滩附近地方人的记忆中。”[②]王家史官巴罗斯记载:“在华人出于香料的原因征服那一带的时代,在本岛(锡兰)及陆地之间的通道内,一次起了瓦拉(VARA)风暴,塞拉(SEYLLA)及查尔德斯(CHARYBDES)人为之欢欣。在那个名叫古老(CHILAO)的地方,一天便损失了80艘帆船。”[③]郑和第一次航行是穿过古老浅,即靠印度半岛大陆一侧海岸行船。观察《郑和航海图》,在锡兰山与印度大陆之间有航线,但无说明。主要航线在锡兰山南侧。也就是说,郑和船队首航是沿着印度大陆海岸向科摩罗林角航行,因为浅滩危险的缘故,后必走锡兰山南部。

郑和第一次下西洋,由永乐三年(1405)六月己卯(7月11日)始,至永乐五年(1407)九月壬子(10月2日)还国。首次远洋航海就显示了忠心报国、敬业献身、敢为人先、科学探索、百折不挠、奋勇拼搏的伟大精神。郑和下西洋并非一帆风顺,是乘风破浪不畏艰险的创业壮举,是睦邻友好、崇尚和平、宣扬中华文化和耀威异域的外交、贸易行为。郑和一行返国后,明成祖于同年同月“己卯”即二十九日就进行了嘉奖,“赏使西洋官军旧港擒贼有功者”[④]。

2. 第二次下西洋

永乐五年(1407)九月,郑和第一次下西洋回国后不久,又开始了第二次下西洋的准备。“永乐五年九月乙卯,命都指挥王浩改造海运船二百四十九艘,备使西洋诸国。”[⑤]

永乐六年(1408)九月二十八日,明廷遣“太监郑和等赍敕使古里、满剌加、苏门答剌、阿鲁、加异勒、爪哇、暹罗、占城、柯枝、阿拨巴丹、小柯兰、南巫里、甘巴里诸国,赐其王锦绮纱罗”[⑥]。《明实录》所载永乐六年郑和出使凡13国:古里、满剌加、苏门答剌、阿鲁、加异勒、爪哇、暹罗、占城、柯枝、阿拨巴丹、小柯兰、甘巴里。《布施锡兰山佛

---

① 金国平、吴志良:《东西望洋》,澳门成人教育会2002年版,第210—246页。

② 加尔西亚·达·奥尔塔(Garcia da Orta):《印度香药谈》卷一,里斯本官印局—铸币局1987年版,第204—205页。

③ 巴罗斯(João de Barros):《亚洲旬年史之三》(ásia de João de Barros Terceira Década),里斯本,1563年,第26页。

④ 《长乐南山寺天妃之神灵应记》,(明)巩珍著,向达校注:《西洋番国志》,中华书局1961年版,第56页。

⑤ 《明太宗实录》卷七一,永乐五年九月乙卯条,台湾“中央研究院”历史语言研究所1962年校印本。

⑥ 《明太宗实录》卷八三,永乐六年九月癸酉条,台湾“中央研究院”历史语言研究所1962年校印本。

寺碑》所立时间为永乐七年二月一日。“封南海神为宁海伯。时，遣使往诸番国，神屡著灵，故封之。”①李献章《妈祖信仰研究》认为，“加封锡兰的南海神”是为郑和出使锡兰立碑的明成祖相应举措。② 由碑文与文献记载相互印证，郑和于永乐七年二月一日曾到达锡兰，何以永年六年九月癸酉条《明实录》的记载中没有“锡兰国”？《明史·外国传·锡兰山传》也仅言“永乐中”擒亚烈苦奈儿事，究竟是郑和第二次使西洋抑或是第三次使西洋在锡兰立的碑？

永乐六年（1408）九月，“再往锡兰山”是据王鸿绪《明史稿·郑和传》载“（永乐）六年九月，复命和偕景弘等往赉诸国，诸国皆恭顺如初，独锡兰山国王亚烈苦奈儿侮慢不敬，谋杀和，和觉而去。及和归，复经其地，遂诱和至国中……”，而王鸿绪《明史稿》是据万斯同《明史稿·郑和传》所载。因此“永乐六年九月再往锡兰”一说，张本、王稿、万稿《郑和传》归根结底是源本于《明太宗实录》永乐六年九月癸酉条。之所以漏载“锡兰山”，而且包括第一次下西洋以至第二次“再往锡兰”，原因是隐讳“迎佛牙”之事。而郑和第三次下西洋是永乐七年三月奉使③，永乐七年十二月离开中国④。至于在赐兰布施佛寺立碑时在永乐七年二月一日，时为郑和第二次下西洋归国时。永乐初年，郑和即已为佛家子弟，永乐三年初使西洋至锡兰时，据《大唐西域记》卷一一《僧伽罗国》条中明初人的《式修供养·注释》载：“大明永乐三年，皇帝遣中使太监郑和，奉香花往诣彼国供养。郑和劝国王阿烈苦奈儿敬崇佛道，远离外道。王怒，即欲加害。郑和知其谋，遂去。”可见，锡兰山国阿烈苦奈儿因不敬佛教，更不崇佛牙，永乐三年（1370）郑和首使西洋时，即因“佛道”事“即欲加害”使团，郑和第二次下西洋归国时于布施佛寺立碑以示崇敬佛教，明成祖于同年、同月、同日还加封锡兰的南海神表示对锡兰的友好。终因崇佛迎佛牙，郑和与阿烈苦奈儿发生战事擒获他，而后又放归锡兰，送回佛牙，另立新贤王。

郑和第二次下西洋时于永乐七年（1374）二月一日立《布施锡兰山佛寺碑》，其文如下：“大明皇帝遣太监郑和、王贵通等昭告于佛世尊曰：仰维慈尊，圆明广大，道臻玄妙，法济群伦。历劫河沙，悉归弘化，能仁慧力，妙应无方。惟锡兰山介乎海南，言言梵杀，灵感翕彰。比者遣使招谕诸番，海道之开，深赖慈佑，人舟安利，来往无虞，永惟

① 《明太宗实录》卷八八，永乐七年二月甲戌朔日条，台湾“中央研究院”历史语言研究所1962年校印本。

② 李献章著，郑彭年译：《妈祖信仰研究》，澳门海事博物馆1995年版，第120页。

③ 《郑和家谱·敕谕南京守备驸马都尉宋彪（琥）襄城伯李隆》条载：“永乐七年三月□日。”《敕谕海外诸番条》载“永乐七年三月□日”，转引自郑鹤声、郑一钧编：《郑和下西洋资料汇编》中册，齐鲁书社1983年版，第851—852页。

④ （明）费信著，冯承钧校注：《星槎胜览校注》前集《占城国》条载：“永乐七年……秋九月自太仓刘家港开船，十月到福建长乐太平港停泊，十二月于福建五虎门开洋，张十二帆，顺风十昼夜到占城国。”（中华书局1954年版，第1页）可见，永乐七年三月奉使，七月到太仓刘家港，十月到长乐太平港，十二月自五虎门开洋离开中国。

大德，礼用报施。谨以金银织金纻丝宝幡、香炉、花瓶、纻丝表里、灯烛等物，布施佛寺，以充供养。惟世尊鉴之。总计布施锡兰山立佛等寺供养：金壹仟钱、银伍千钱，各色纻丝伍拾匹、各色绢伍拾匹、织金纻丝宝幡肆对内红贰对黄壹对青壹对，古铜香炉五对、戗金座全古铜花瓶五对、戗金座全黄铜烛台五对、戗金座全黄铜灯盏五个、戗金座全朱红漆戗金香盒伍个、金莲花陆对、香油贰仟伍佰斛、腊烛壹拾对、檀香壹拾柱。时永乐七年岁次己丑二月甲戌朔日谨施。”①

此碑文既表达了中国与锡兰友好之谊，又表达了对佛尊的崇敬，感激了佛尊保佑下西洋的“海道之开，深赖慈佑，人舟安利，来往无虞”，祈佑不再像第一次下西洋在锡兰附近遭遇海难。实际上也包括对阿烈苦奈儿不尊佛道及佛牙的警告，为第三次下西洋至锡作了精神准备。

3. 第三次下西洋

关于第三次下西洋，“永乐七年统领舟师往前各国，道经锡兰山国，其王亚烈苦奈儿负固不恭，谋害舟师，赖神显应知觉，遂生擒其王，至九年归献。寻蒙恩宥，俾归本国”②。访问所至国家，这里仅说“前各国”，盖指前次永乐五年(1407)所往“爪哇、古里、柯枝、暹罗等国”；又说“道经锡兰山国”凡五国，如按《明实录》永乐六年(1408)九月癸酉条及《明史・外国传》所说，加上锡兰国，计 14 国。

4 次随从郑和下西洋的费信记载：“永乐七年，随正使太监郑和等往占城、爪哇、满剌加、苏门答剌、锡兰山、小呗喃、柯枝等国，开读赏赐，至永乐九年回京。”③此七国皆是费信亲临之地，其中有关锡兰山亚烈苦奈儿事，费信记道：“永乐七年皇上命正使太监郑和等赍捧诏敕，金银供器、彩妆、织金宝幡，布施于寺，及建石碑，以崇皇图之治。赏赐国王头目。其王亚烈苦奈儿负固不恭，谋害舟师。我正使太监郑和等深机密策，暗设兵器，三令五申，使众御枚疾走，夜半之际，信炮一声，奋勇杀入，生擒其王，至永乐九年归献阙下。寻蒙恩宥，俾复归国，四夷悉钦。”④

明马欢《瀛涯胜览》不载亚烈苦奈儿事，《明太宗实录》所载详情如下：“永乐九年六月乙巳，内官郑和等使西洋诸番国还，献所俘锡兰山国王亚烈苦奈儿并其家属。和等初使诸番，至锡兰山，亚烈苦奈儿侮慢不敬，欲害和，和觉而去。亚烈苦奈儿又不辑睦邻国，屡邀劫其往来使臣，诸番皆苦之。及和归，复经锡兰山，遂诱和至国中，令其子纳颜索金银宝物，不与，潜发番兵五万余劫和舟，而伐木拒险绝和归路，使不得相

---

① (明)巩珍著，向达校注《西洋番国志》，中华书局 1961 年版，第 50 页。原石今移置锡兰科伦坡博物馆。

② (明)巩珍著，向达校注：《西洋番国志》，中华书局 1961 年版，第 54 页。原石在今福建长乐市。

③ (明)费信著，冯承钧校注：《星槎胜览校注》前集目录，中华书局 1954 年版，第 1 页。

④ (明)费信著，冯承钧校注：《星槎胜览校注》前集《锡兰山国》条，中华书局 1954 年版，第 29—30 页。

援。和等觉之,即拥众回船,路已阻绝,和语其下曰:'贼大众既出,国中必虚,且谓我客军孤怯,不能有为,出其不意攻之,可以得志。'乃潜令人由他道至船,俾官军尽死力拒之,而躬率所领兵二千余,由间道急攻土(王)城,破之,生擒亚烈苦奈儿并家属、头目。番军复围城,交战数合,和大败之,遂以归。群臣请诛之,上悯其愚无知,命姑释之,给与衣食,命礼部议择其属之贤者立为王,以承国祀。"[①]

明末《天妃圣显录·显应》载梦示陈指挥全胜事,先是阿烈苦奈儿贼船数十只,将明兵截于中流,指挥陈庆因梦天妃告知,乘云雾溯流而上,陈庆于清晨到达上游,然后奔冲而下,大胜获俘贼首。[②] 但未记载陈庆因而获奖赏。

永乐十年(1412)七月,明廷"封耶巴乃那为锡兰山国王。先是,锡兰山国王亚烈苦奈儿以罪被执,上命择其支属贤者立之。至是,礼部言:'询其国人,咸谓耶巴乃那贤。'遂遣使赉诏及诰印封之,诰曰:'朕统承先皇帝鸿业,抚取华夷,嘉与万方,同臻至治。锡兰山亚烈苦奈儿近处河岛,素蓄祸心,毒虐下人,结怨邻境。朕尝遣诏使论诸番国至锡兰山,其亚烈苦奈儿敢违天道,傲慢弗恭,逞其凶逆,谋杀朝使,天厌其恶,遄被擒俘。朕念国中军民皆朕赤子,命简贤能为之统属。尔耶巴乃那修德好善,为众所推,今特封尔为锡兰山国王。于戏!惟诚敬可以立身,惟仁厚可以抚众,惟忠可以事上,惟信可以睦邻,其钦承朕命。永崇天道,无怠无骄,爰暨子孙世享无穷之福。钦哉!'时群臣皆请诛亚烈苦奈儿,上曰:'蛮夷,禽兽耳!不深诛。'至是赦之,亦遣归"[③]。

此役以少胜多、海陆并举、声东击西而获全胜,显示出郑和的军事才能,万斯同《明史稿·郑和传》说"和有智略,知兵习战",完全正确。就政治而言,郑和使团屡次以和为贵,尊重中锡友谊,尊重锡兰国人信仰,尤其是洞悉"佛牙"在佛教世界中的重要地位与象征意义,从而崇敬以获取广泛的支持。然而阿烈苦奈儿不仅不睦辑邻国,邀劫来往使臣,阻塞海道,而且"崇祀外道不敬佛法"、暴虐国人、"亵慢佛牙"。进一步"负固不恭、谋害舟师",举强兵侵犯,这一场军事冲突不可避免的爆发了。阿烈苦奈儿最终战败被俘,献于朝,后被明成祖释放归国而举贤者耶巴乃那为锡兰国王,未诛亦未留华,可见明廷仁厚宽容,全以睦邻友好为重。

这次郑和下西洋的动机之一是为了"迎佛牙"。"僧伽罗国,古之狮子国也,又曰无忧国,即南印度。其地多奇宝,又名曰宝渚。昔释迦牟尼佛化身名僧伽罗,诸德兼备,国人推尊为王,故国亦以僧伽罗为号也。以大神通力,破大铁城,灭罗刹女,拯恤危难,于是建都筑邑,化导是方,宣流正教。示寂留牙,在于兹土。金刚坚固,历劫不

---

① 《明太宗实录》卷一一六,永乐九年六月乙巳条,台湾"中央研究院"历史语言研究所1962年校印本。

② 陈献章著,郑彭年译:《妈祖信仰研究》,澳门海事博物馆1995年版,第122页。

③ 《明太宗实录》卷一三〇,永乐十年七月丙申条,台湾"中央研究院"历史语言研究所1962年校印本。

坏。宝光遥烛，如星粲空，如月炫宵，如太阳丽昼。凡有祷禳，应答如响，国有凶荒灵异，精意恳祈，灵祥随至。今之锡兰山，即古之僧伽罗国也。王宫侧有佛牙精舍，饰以众宝，晖光赫奕。累世相承，敬礼不衰。今国王阿烈苦奈儿，锁里人也，亵慢佛牙。大明永乐三年，皇帝遣中使太监郑和奉香花往诣彼国供养。郑和劝国王阿烈苦奈儿敬崇佛法，远离外道。王怒，即欲加害。郑和知其谋，遂去。后复遣郑和往赐诸番，拜赐锡兰山国王。王益慢，不恭，欲图害使者，用兵五万人，刊木塞道，分兵以劫海舟。会其下预泄其机，郑和等觉，亟回舟，路已阨绝，潜遣人出舟师拒之。和以兵三千夜由间道攻入王城，守之。其劫海舟番兵乃与其国内番兵四面来攻，合围数重，攻战六日，和等执其王。凌晨开门，伐木取道，且战且行，凡二十余里，抵暮始达舟。当就礼请佛牙至舟，灵异非常，光彩照曜，如前所云，訇霆震惊，远见隐避。历涉巨海，凡数十万里，风涛不惊，如履平地，狞龙恶鱼，纷出于前，恬不为害。舟中之人皆安稳快乐。永乐九年七月初九日至京师，皇帝命于皇城内装严栴檀金刚宝座贮之，式修供养。利益有情，祈福民庶，作无量功德。"①

此次郑和下西洋除了"迎佛牙"，还有寻建文帝的目的在。"是年（永乐七年）正月，命郑和领兵驾巨舰，自福建之长乐五虎门航大海西南行，抵林邑，又自林邑正南行至满剌加，以达西洋古里国，遂分航遍往支国，以取宝为名，或曰为寻访元朝玉玺，实以踪迹建文君，亦遣（胡）淡之意云。"②明成祖疑心建文帝流落海外，被佛教国家藏匿，锡兰是佛教世界中的著名国度，且有佛牙供养，佛徒建文至锡兰，也有可能。

明成祖信佛，郑和是佛徒，对佛尊崇，更对佛牙敬重，至锡兰迎佛牙是理想中的事。问题是要高规格，派何人同去？成祖是九五之尊，当然不能亲自去。任务就落在一人之下、万人之上的姚广孝身上，他既是能左右明成祖决策的谋士，又是吸收郑和为"菩萨戒弟子"的师尊，而且是钦封"僧录司左善世"，为中国佛教界最高领袖，姚广孝受命与郑和担负此特殊任务。

郑和第三次下西洋，永乐七年（1409）起程，永乐九年（1411）归国。其间，中外史籍记载到了锡兰，擒获了阿烈苦奈儿，并迎佛牙返至中国南京。姚广孝与郑和共同秘密完成此项使命，既寻玉玺与建文，又迎佛牙回国供养，最后还要"事竣，诣阙复命"。这是非同小可的大事，要直接面见明成祖汇报完成使命的详情。难怪"永乐九年"这一年，郑和完成任务后也确实回到家乡云南扫墓，并且是"奉命"的，也可说是明成祖对他任务完成的"最高奖赏"。《故马公墓志铭·附碑阴郑和题记》是如此记载的："马氏

---

① （唐）玄奘、辩机原著，季羡林等校注：《大唐西域记校注》卷一一《二十三国·僧伽罗国》，第880—881页。今按，此为永乐刻藏时附载，非本文。

② （明）赵士喆：《建文年谱》卷下，商务印书馆1935年版，第87页。

第二子太监郑和，奉命于永乐九年十一月二十二日到于祖宗坟茔，祭扫追荐。至闰十二月吉日回还记耳。”①

佛牙迎至中国后，据说供奉于南京静海寺，后来又让新立的锡兰国王耶巴乃那带回锡兰国以示对锡兰的友好。葡萄牙人1600年撰成的《沙勿略神甫生平》以及特林达著《东方精神之征服》记载葡人曾毁佛牙，“民间流传说四年后佛牙再度出现于世，被烧毁的佛牙仍系影骨”②。据吴之洪《〈布施锡兰山佛寺碑〉碑文及相关事实考》一文记述，他于2005年出访斯里兰卡时，“曾有幸朝见了名闻世界的‘佛牙塔’，佛牙塔里供养着斯里兰卡的国宝佛牙舍利”③。并且说，郑和锡兰带回来保存在大报恩寺塔中的建筑艺术图案，与锡兰王宫中的艺术图案惊人的相似，下西洋毫无疑问促进了中锡文化交流。

关于“踪迹建文”之事，据载，郑和在福建福州雪峰寺找到了建文帝，“三保下洋过之，泣拜于地，为之摩足，帝微嘱三保举事，泣对不能，别去”。史称：“(三宝太监)永乐中命下西洋，有奇功，密知建文踪迹，回朝皆奏不闻，史称其有隐忠云。”郑和拒绝了建文帝举事的要求，既不违背“建文正统”的观念，又未背叛明成祖，体现了忠君与爱国的一致性，避免了一场大分裂、大屠杀。④

占城国王的欢迎。安南曾侵占城，永乐四年(1406)明军曾助占城与安南攻战，永乐五年(1407)安南乱平，占城重获安南所侵地。因之，当郑和第三次下西洋，于永乐七年(1409)首达占城时，占城举国上下竭诚欢迎。“永乐七年己丑，上命正使太监郑和、王景弘等统领官兵二万七千余人，驾使海舶四十八号，往诸番国开读赏赐。是岁秋九月自太仓刘家港开船，十月到福建长乐太平港停舶，十二月于福建五虎门开洋，张十二帆，顺风十昼夜到占城国。其国临海有港曰新洲(今安南归仁)，西抵交趾，北连中国，他番宝船到彼，其酋长头戴三山金花冠，身披锦花手巾，臂腿四腕，俱以金镯，足穿玳瑁履，腰束八宝方带，如妆塑金刚状。乘象，前后拥随番兵五百余，或执锋刃短枪，或舞皮牌，槌善鼓，吹椰笛壳筒。其部领皆乘马出郊迎接诏赏，下象膝行，匍匐感沐天恩，奏贡方物。”⑤永乐八年九月，“占城国王占巴的赖遣使济标等贡象并金银器等物，赐济标等彩币有差，命礼部遣中官马彬送济标还，就赍敕赐其王锦绮有差”⑥。永乐十年八月甲子，“占城国王占巴的赖遣使部该济标等奉

① (明)巩珍著，向达校注：《西洋番国志》附录二，中华书局1961年版，第50页。

② 金国平、吴志良：《葡萄牙史料所见郑和下西洋之事实述略》，《东西望洋》，澳门成人教育会2002年版，第212—246页。

③ 《郑和研究》，2005年第4期，第41—45页。

④ 潘群：《郑和踪迹建文考》，杨允中主编：《郑和与海上丝绸之路》，香港城市大学2005年版，第43—75页。

⑤ (明)费信著，冯承钧校注：《星槎胜览校注》前集《占城国》，中华书局1954年版，第1—2页。

⑥ 《明太宗实录》卷一〇八，永乐八年九月癸酉条，台湾“中央研究院”历史语言研究所1962年校印本。

表，贡象及方物，赐彩币有差，部该济标奏请冠带，命礼部赐之”①。

满剌加王国的再建。满剌加（MALACCA）又名麻六甲、马六甲，马来文MALAKA，即今马来西亚马六甲。“永乐三年（1405）满剌加酋长拜里迷苏剌派使臣到明朝朝贡，明成祖封拜里迷苏剌为国王，并封满剌加国西山为镇国之山，亲制《镇国山碑铭》，勒石永示万世子孙。这一碑铭在郑和第一次下西洋时由郑和带到满剌加建立。由于暹罗发兵夺去明朝赐与印诰，故有郑和第三次下西洋于永乐七年（1409年）再至满剌加赐印、服事。”②据此论述，满剌加国非建立于永乐三年，且永乐七年是再建。而费信《星槎胜览》与马欢《瀛涯胜览》皆载：永乐七年，郑和赐印、服并建碑封域，遂名满剌加国。《明实录》又载，永乐三年九月癸卯诏封满剌加酋长拜里迷苏那为国王，并给与印诰。并于同年十月壬午，赐满剌加《镇国碑铭》。而后，印诰为暹罗发兵所夺。故又有永乐六年九月癸酉③，郑和奉诏使西洋各国包括至满剌加并于永乐七年十二月出发之举。郑和第三次下西洋时确有赐印、服诸事，这是因为永乐三年封满剌加国所赐印诰为暹罗发兵所夺，故有再赐之举，“是后暹罗莫敢侵扰”。但满剌加建国受明廷敕封，是在永乐三年。所以，郑和第三次下西洋至满剌加诸事，称之为“再建”。

九洲山等地采香。郑和下西洋除政治上“耀威异域”以及文化上“宣德化而柔远人”外，经济上采取朝贡贸易之重要举措是获取香料，故有人称郑和航海之路为“丝瓷之路”或“香料之路”。沉香、黄熟香甚至龙涎香等，均是采取的“宝物”之一。马欢与巩珍的著作中记载采香颇多，如于占城采伽蓝香、降真香，于爪哇采檀香，于旧港采黄速香、降真香、沉香，于暹罗采罗褐速香（罗斛香），于哑鲁国采黄速香、金银香，凡此等等，兹勿赘述。此处仅举马欢《瀛涯胜览》所载溜山国之龙涎香文称：“渔者常于溜处采得，如水浸沥青之样，嗅之不香，火烧腥气，价高贵，以银对易。”又说该国“土产降香不广”。

从费信《星槎胜览》中有《九洲山》与《龙涎屿》两条目看出，采香料在下西洋使命中的迫切需求。“九洲山（南海群岛中名九洲者不只一处，伯希和谓此九洲应在苏门答剌岛淡洋港之南，惟本条有其山与满剌加国接境语，所指者似马来半岛之九洲山）其山与满剌加国接境，产沉香、黄熟香，水（疑为林之讹）木丛生，枝叶茂翠。永乐七年，正使太监郑和等差官兵入山采香，得径有八九尺，长八九丈者六株。香清味远，黑花细纹，其实罕哉。番人皆张目吐舌，悉皆称赞天兵之力，赑赑之神，蛟龙走，兔虎奔

① 《明太宗实录》卷一三一，永乐十年八月甲子条，台湾“中央研究院”历史语言研究所1962年校印本。

② （明）马欢著，万明校注：《明钞本〈瀛涯胜览〉校注》，海洋出版社2005年版，第38页注5。

③ 《明太宗实录》卷八三，永乐六年九月癸酉条，台湾“中央研究院”历史语言研究所1962年校印本。

也。诗曰：九洲山色秀，远见郁苍苍。四面皆环海，满枝都是香。树高承雨露，岁久表祯祥。采伐劳天使，回朝献帝王。”①

香料之重要，“采伐劳天使，回朝献帝王”。郑和不惜劳苦，派官兵亲自入山寻找采伐，是因为皇帝的特需（包括性需）。特别是龙涎香，更是郑和下西洋满足明朝皇帝采购任务的重中之重。“龙涎屿独然南立海中，此屿浮艳海面，波击云腾。每至春间，群龙所集，于上交戏，而遗涎沫。番人乃架独木舟登此屿，采取而归，设遇风波，则人俱下海，一手附舟榜，一手楫水而至岸也。其龙涎初若脂胶，黑黄色，颇有鱼腥之气，久则成就大泥，或大鱼腹中剖出，若斗大圆珠，亦觉鱼腥。间焚之，其发清香可爱。货于苏门之市，价亦非轻，官秤一两，用彼国金银十二个；一斤该金钱一百九十二个，准中国铜钱四万九十(千)文，尤其贵也。诗曰：一片平方石，群龙任往还。身腾霄汉上，交戏海波间。吐沫人争取，拿舟路险难。边夷曾见贡，欢笑动天颜。”②海外龙涎屿专产龙涎香，郑和使团则专程至其地采购，目的是使皇帝“欢笑动天颜”，取得皇帝的欢心。“澳门之失，一失于龙涎香，二失于鸦片（烟）”③，可见香料对于明朝兴亡之重要。

慰劳下西洋官兵。除恩赐郑和返乡扫墓外，朝廷对广大官兵亦同样赏奖。当下西洋官军于永乐九年(1411)六月十六日回国后，明成祖“以奉使西洋官军航海劳苦，且去家日久，其至京者，命礼部引见赐劳，凡七百四十人，赐钞五千一百五十锭”④。同时，派专使至太仓基地慰劳广大官兵。“上以官军从郑和自番国还者，远涉艰苦，且有劳效，遣内官赵惟善、礼部郎中李至刚宴劳于太仓。己巳，赏官军使番还国者人钞十锭。”⑤永乐九年八月二十五日，“礼部、兵部奏议下西洋官军锡兰山战功升赏例”⑥。

4. 第四次下西洋

如果说郑和前三次下西洋只是为联络近邻友好，然而从第四次下西洋起就如《明史·外国传》“忽鲁谟斯”条所说：“永乐十年，天子以西洋近国已航海贡琛稽颡阙下，而远者尚未宾服，乃命郑和赍玺书往诸国。”跨越印度以西，航往波斯湾及其以远阿拉伯世界与东非之地。“永乐十年十一月丙申，遣太监郑和赍敕往赐满剌加、爪哇、占城、苏门答剌、柯枝、古里、喃渤利、彭亨、急兰丹、加异勒、忽鲁谟斯、比剌、溜山、孙剌

① （明）费信著，冯承钧校注：《星槎胜览校注》，中华书局1954年版，第21—22页。

② （明）费信著，冯承钧校注：《星槎胜览校注》，中华书局1954年版，第26—27页。

③ 金国平：《从龙涎香看停下西洋与澳门开埠的关系》，杨允中主编：《郑和与海上丝绸之路》，香港城市大学2005年版，第220—239页。

④ 《明太宗实录》卷一一六，永乐九年六月庚戌条，台湾“中央研究院”历史研究所1962年校印本。

⑤ 《明太宗实录》卷一一六，永乐九年六月戊午条，台湾“中央研究院”历史研究所1962年校印本。

⑥ 《明太宗实录》卷一一八，永乐九年八月甲寅条，台湾“中央研究院”历史研究所1962年校印本。

诸国王锦绮纱罗彩绢等物有差。”①

郑和第四次下西洋始于永乐十一年(1413)冬，永乐十三年(1415)七月八日归国。马欢就是以“通译番书”的身份在这一年随郑和“往西洋开读赏赐”的。据嘉靖二年(1523)《重修西安羊市大清真清净寺记》载，永乐十一年四月“郑和奉敕差往西域天方国，道出陕西，求所以通译国语可佐信使者”，亲至其寺，访得该寺掌教哈三，与之偕往西洋。“天方”即今沙特阿拉伯境内的麦加(MECCA)，伊斯兰教圣地，后又泛指阿拉伯。忽鲁谟斯及其以西地区，大率为伊斯兰教信仰的阿拉伯世界，哈三不仅精通当地的语言，也通晓他们的地理、风俗、人情，故郑和亲至西安请其随行。从此也可以看出，第四次下西洋远往波斯湾以西之地，是做了精心准备和安排的。

《长乐南山寺天妃之神灵应记》作“往忽鲁谟斯诸国”，文称：“永乐十一年统领舟师往忽鲁谟斯等国。其苏门答剌国有伪王苏斡剌寇侵本国，其王宰奴里阿比丁遣使赴阙陈诉，就率官兵剿捕。赖神默助，生擒伪王，至十三年回献。是年满剌加国王亲率妻子朝贡。”②满剌加国王率妻子等五百四十余人来华，见《明太宗实录》永乐九年七月甲申条记载，文称“永乐十三年”。此处称“是年”，恐是郑和搞错的。马欢是永乐十一年才随郑和往西洋，但他在《满剌加国》条载：“其头目蒙恩为主，携子挈妻赴京朝谢，进贡方物，朝廷又赐与海船回国守土。”③所言模糊不明，是听闻之词，然而决不是永乐十三年之事。恐怕郑和将永乐十三年擒获苏门答剌国王及其妻子归国，与满剌加国王并其妻子来华朝贡混为一谈而造成的讹误。

关于这次航行所经国家，《明太宗实录》记载的是 14 国，而马欢记载的是“占城国、爪哇国、旧港国、暹罗国、满剌加国、哑鲁国、苏门答剌国、那孤儿国小国、黎代国小国、南浡里国、溜山国、榜葛剌国、锡兰国、小葛兰国、柯枝国、古里国、祖法儿国、忽鲁谟厮国、阿丹国、天方国”④，凡 20 国。其中《明实录》所载的仅有占城、爪哇、满剌加、苏门答剌、喃渤里、溜山、柯枝、古里、忽鲁谟斯 9 国，缺彭亨、急兰丹、加异勒、比剌、孙剌 5 国。但《明史・外国传》中载永乐十年郑和所往之国有占城、爪哇、古里、南渤利、彭亨、急兰丹、加异勒、阿鲁、苏门答剌、忽鲁谟斯、溜山、比剌、孙剌 13 均有《传》载其事，惟《满剌加传》仅载：“(永乐十年)其侄(满剌加王侄)入谢。及辞归，命中官甘泉偕往，旋又入贡。十二年，王子母斡撒于的儿沙来朝。”⑤缺载永乐十年十一月丙申郑和

---

① 《明太宗实录》卷一三四，永乐十年十一月丙申条，台湾“中央研究院”历史语言研究所 1962 年校印本。

② (明)巩珍著，向达校注：《西洋番国志》，中华书局 1961 年版，第 55 页。

③ (明)马欢著，万明校注：《明钞本〈瀛涯胜览〉校注》，海洋出版社 2005 年版，第 37 页。

④ (明)马欢著，万明校注：《明钞本〈瀛涯胜览〉校注》，海洋出版社 2005 年版，第 4—5 页。

⑤ (清)张廷玉等：《明史》卷三二五《外国传六・满剌加》，中华书局 1974 年版，第 8417 页。

往赐满剌加事。

永乐十三年十月十九日，“古里、柯枝、喃渤利、甘巴里、满剌加、麻林、忽鲁谟斯、苏门答剌诸番国使臣辞归，悉赐钞帛及永乐通宝钱有差”①。显然，这是随郑和船于永乐十三年九月壬寅来朝贡的各国使臣。其中，甘巴里与麻林两国为《实录》永乐十年十一月丙申条缺载，马欢与费信、巩珍三人著作亦均未载。甘巴里（CAPE COMORIN），今印度南端之科摩林角，《郑和航海图》载其国，《明史》卷三二六《外国传·甘巴里》载：“（永乐）六年遣郑和使其地。……十二年遣使贡方物，十九年再贡遣郑和报之。宣德五年和复招谕其国，王兜哇剌札遣使来贡八年抵京师。”未见载有永乐十三年十月癸未辞归一事，恐尤侗作《外国传》时遗漏所致；亦未见《明太宗实录》载永乐十二年甘巴里入贡，恐尤侗将是年九月丁丑葛剌贡方物讹误所致。而麻林，即今坦桑尼亚之基尔瓦基西瓦尼，或译“麻林地”，为马赫迪里的省译，“地”是国之意。《郑和航海图》载之。“麻林，去中国绝远。永乐十三年遣使贡麒麟。将至，礼部尚书吕震请表贺……十四年又贡方物。”②永乐十三年九月十九日，赐麻林诸番国使臣钞币、袭衣③，永乐十三年九月庚申赐麻林诸番国使臣宴④，永乐十三年十月癸未麻林诸番国使臣辞归⑤，永乐十三年十一月庚子礼部尚书吕震请上表祝贺麻林国进麒麟将至⑥，永乐十三年十一月壬子麻林诸番国进麒麟等物⑦。永乐十四年十一月戊子朔麻林诸番国遣使贡方物⑧，此后，不见记载。

综上记载，郑和第四次下西洋，确实到了古里、柯枝、喃渤里、甘巴里、满剌加、麻林、忽鲁谟斯、苏门答剌、爪哇、占城、锡兰山、木骨都束、溜山、不剌哇、阿丹、剌撒、南巫里、沙里湾泥、彭亨、急兰丹、加异勒、比剌、孙剌、旧港宣慰司等 24 国，如果加上马欢所载之暹罗、哑鲁、那孤儿、黎代、榜葛剌、小葛兰、祖法儿、天方 8 国，共 32 国。这次访问，跨越了印度洋群岛，远至波斯湾以西，到达阿拉伯世界以及东非地区，可谓盛矣哉！

擒献苏门答剌伪王苏干剌。“永乐十一年，伪王苏干剌寇窃其国，王遣使赴阙陈诉请救，上命正使太监郑和等统率官兵剿捕，生擒伪王，至永乐十三年归献阙下，诸番

① 《明太宗实录》卷一六九，永乐十三年十月癸未条，台湾“中央研究院”历史语言研究所 1962 年校印本。

② （清）张廷玉等：《明史》卷三二六《外国传七·麻林》，中华书局 1974 年版，第 8451—8452 页。

③ 《明太宗实录》卷一六八，永乐十三年九月癸丑条，台湾“中央研究院”历史语言研究所 1962 年校印本。

④ 《明太宗实录》卷一六八，永乐十三年九月庚申条，台湾“中央研究院”历史语言研究所 1962 年校印本。

⑤ 《明太宗实录》卷一六九，永乐十三年十月癸未条，台湾“中央研究院”历史语言研究所 1962 年校印本。

⑥⑦ 《明太宗实录》卷一七〇，永乐十三年十一月庚子条，台湾“中央研究院”历史语言研究所 1962 年校印本。

⑧ 《明太宗实录》卷一八二，永乐十四年十一月有戊子朔条，台湾“中央研究院”历史语言研究所 1962 年校印本。

振服。”[①]《明太宗实录》载：“永乐十三年九月壬寅，苏门答剌国王宰奴里阿必丁遣王子剌查加那因等贡方物，太监郑和献所获苏门答剌贼首苏干剌等。初，和奉使至苏门答剌，赐其王宰奴里阿必丁以夺其位，且怒使臣赐不及已，领兵数万邀杀官军。和率众及其国兵与战，苏干剌败走，追至喃渤利国，并其妻子俘以归。至是，献于行在，兵部尚书方宾言：‘苏干剌大逆不道，宜付法司正其罪。’遂命刑部按法诛之。”[②]

苏干剌何以大逆不道？“其苏门答剌国王先被那孤儿国花面王侵掠，战斗中身中药箭而死。有一子幼小，莫能报仇。其王之妻与众誓曰：‘若有能报夫死之仇，复全其地，吾愿为妻，王主国事。’言讫，本处有一渔翁奋志而言：‘我亦能报。’遂领兵众，当先杀败花面王，复雪其仇。花面王被杀，其众退伏不敢侵扰。王妻不负前盟，与渔翁配合，称为老王，家室、地赋之政悉听老王裁制。永乐七年，老王效职进贡方物而沐天恩。永乐十年，复至其国。其先王之子长成，阴与部领谋杀义父，即渔翁也。夺其位，掌其国。渔翁有嫡子名苏干剌，领众挈家逃走消山，自立一寨，不时率众侵，复父仇。永乐十三年，正使太监郑和等船到彼，发兵擒获苏干剌，赴阙明正其罪。其王子荷蒙圣恩，常贡方物于朝廷。”[③]永乐十三年(1415)九月，赐苏门答剌王子剌查加那因等冠带等物，同年九月癸丑赐苏门答剌使臣钞币、袭衣，庚申赐苏门答剌使臣宴。[④] 十月，苏门答剌使臣辞归悉赐钞币、永乐通宝钱。[⑤] 永乐十四年(1416)十一月，苏门答剌贡方物、丙子赐宴[⑥]；十二月，苏门答剌使臣辞还命郑和等偕往[⑦]。此后，贡使不绝。

麻林国遣使贡“麒麟”。所谓“麒麟”，即长颈鹿(giraffe)，是索马里语 girı 的对音。古罗马人称为驼豹，中国古代又称驼牛，宋李石《续博物志》载：“拨拨力国有异兽名驼牛，皮似豹，蹄类牛，无峰，颈长九尺，身高一丈余。”长颈鹿原产非洲撒哈拉以南大部地区，拨拨力国即索马里古班平原临亚丁湾的柏培拉，又名伯贝拉。[⑧] 正因为是非洲的动物，为中国难见，故被视为瑞兽，含吉祥之意。郑和第四次下西洋，麻林使者进献此物被认为是朝廷应贺之大事。永乐十三年(1415)十一月，“行在礼部尚书吕震奏，麻林国进麒麟将至，请于至日率群臣上表贺。上曰：‘往者翰林院言五经四书及《性理

---

① (明)费信著，冯承钧校注：《星槎胜览校注》，中华书局 1954 年版，第 23 页。

② 《明太宗实录》卷一六八，永乐十三年九月壬寅条，台湾“中央研究院”历史语言研究所 1962 年校印本。

③ (明)马欢著，万明校注：《明钞本〈瀛涯胜览〉校注》，海洋出版社 2005 年版，第 44 页。

④ 《明太宗实录》卷一六八，永乐十三年九月庚戌条、癸丑条、庚申条，台湾“中央研究院”历史语言研究所 1962 年校印本。

⑤ 《明太宗实录》卷一六九，永乐十三年十月癸未条，台湾“中央研究院”历史语言研究所 1962 年校印本。

⑥ 《明太宗实录》卷一八二，永乐十四年十一月戊子朔条，台湾“中央研究院”历史语言研究所 1962 年校印本。

⑦ 《明太宗实录》卷一八三，永乐十四年十二月丁卯条，台湾“中央研究院”历史语言研究所 1962 年校印本。

⑧ (明)马欢著，万明校注：《明钞本〈瀛涯胜览〉校注》，海洋出版社 2005 年版，第 81 页注 2。

大全》书成，欲上表进，朕则许之。盖帝王修齐治平之道具于此，有益世教，可以表进。麒麟有无，何所损益？'遂已"。同月，"麻林国及诸番国进麒麟、天马、神鹿等物，上御奉天门受之，文武群臣稽首称贺曰：'陛下圣德广大，被及远夷，故致此嘉瑞。'上曰：'岂朕德所致，此皆皇考深仁厚泽所被及，亦卿等勤劳赞辅，故远人毕来。继今宜尽心秉德，进贤达能，辅朕为理。远人来归，未足恃也。'"[①]虽然明成祖一再谦让，但进献麒麟一事，确实引起了朝廷内外一致的欢呼，有人还专门绘画了麒麟进贡图。这些，实际上是对明廷外交政策的肯定，十分赞许明廷及郑和下西洋的远交战略方针。

立碑南京天妃宫。郑和第四次下西洋归国后，形成了"梯航万国悉来庭"的盛大局面。永乐五年(1407)九月，"新建龙江天妃庙成"[②]。永乐七年(1409)正月，乙丑又扩建成"宫"并赐封号与"庙额"[③]，永乐十四年(1416)四月六日，在天妃宫树立了《御制弘仁普天妃宫之碑》，青石材质，重约27吨，高5.9米，由碑冠、碑身、碑座三部分组成。明成祖亲撰碑文，凡699字，总结了元统治者"以夷俗自居"而只靠武力，不以礼法对待海外诸国，终致失国的历史教训，碑文可以说是当时明政府外交政策和郑和下西洋事件的纲领性文献。[④] 全文称："仰惟皇考太祖高帝肇域四海，幅员之广，际天所覆，极地所载，咸入版章，怀柔神人，幽明循职，各得其序。朕承鸿基，勉绍先志，罔敢弗怠。抚辑内外，悉俾生遂，夙夜兢惕，惟恐弗逮。恒遣使敷宣教化于海外诸番国，导以礼义，变其夷习。其初使者涉海洋，经浩渺，飓风黑雨，晦冥黯惨，雷电交作，洪涛巨浪，摧山倒岳。龙鱼变怪，诡形异状，纷杂出没，惊心骇目，莫不错愕。乃有神人飘遥云际，隐显挥霍，下上左右，乍有忽无，以妥以侑。旋有红光如日，煜煜流动，飞来舟中，凝辉腾耀，遍烛诸舟，熇熇有声。已而烟消霾霁，风浪帖息，海波澄镜，万里一碧，龙鱼遁藏，百怪潜匿，张帆荡舻，悠然顺适，悠忽千里，云驶星疾。咸曰此天妃神显示灵感，默加右相。归日以闻，朕嘉乃绩，特加封号，曰护国庇民妙灵昭应弘仁普济天妃，建庙于都城之外，龙江之上，祀神报贶。自是以来，神益显休应，视前有加。凡使者及诸番国朝重译而来者，海舶往还，驾长风，驭飞帆，蓦数万里，若履平地，略无波涛忧险之虞，歌吟恬嬉，咸获安济；或胶于浅，冒入险阻，则陵徙谷移，略无关阂，奇灵异效，莫可殚纪。今夫江湖之间，以环海视之，如池沼之多，猛风急浪，尚有倾樯破楫之

① 《明太宗实录》卷一七〇，永乐十三年十一月庚子条、壬子条，台湾"中央研究院"历史语言研究所1962年校印本。

② 《明太宗实录》卷七一，永乐五年九月戊午条，台湾"中央研究院"历史语言研究所1962年校印本。

③ 《明太宗实录》卷八七，永乐七年正月乙丑条，台湾"中央研究院"历史语言研究所1962年校印本。

④ 孟森：《明清史讲义》，中华书局1981年版，第14—15页。

患，而况于临无涯不测之巨浸也哉！然则，神之功于是为大矣。虽然，君国子民，其任在朕；而卫国庇民，必赖于神。阴阳表里，自然之道；沧溟渤澥，神之攸司。凡风霆雨露，寒暑燥湿，调变惟宜，易沴为祥，奠危为安，化险为夷，皆神之能，其可无文以著其迹？爰书其事，建碑于宫，并系以诗曰：湄洲神人濯厥灵，朝游玄圃暮蓬瀛。扶危济弱俾屯亨，呼之即应祷即聆。上帝有命司沧溟，驱役百怪降魔精。囊括风雨电雷霆，时其发泄执其衡。洪涛巨浪帖不惊，凌空若履平地行。雕题卉服皆天氓，梯航万国悉来庭。神庇佑之功溥弘，阴翊默卫何昭明。寝宫奕奕高以闳，报祀蠲洁腾碧馨。神之来兮佩珑玲，驾飙车兮旖霓旌。云为扆兮雾为屏，灵缤缤兮倏而升。视下土兮福苍生，民安乐兮神攸宁。海波不兴天下平，于千万世扬休声。永乐十四年四月初六日。”①

此碑现存，是“妈祖文化”中的瑰宝，也是南京郑和文化中的“明星”。妈祖作为航海女神兼和平女神，其文化具有广泛的世界性。我国 22 个省、市的 450 个县有《方志》记载了妈祖宫庙，香港之名就是天妃显灵红香炉港（红港）的转化，澳门葡名即“妈祖阁（妈阁）”的音译。台湾几乎每个市、县、乡、村都有妈祖庙，登记者共计有 783 座，约有 1400 万信徒。妈祖对海外侨胞而言，已成为母亲和祖国的化身。据统计，目前全世界共有妈祖宫庙 5000 多处，信奉妈祖文化者达 2 亿之多。而其中以南京天妃宫为敕建，规格最高。明成祖所立“御制弘普济天妃宫之碑”，不仅有历史意义，而且具有世界性文化影响。

5. 第五次下西洋

郑和第四次下西洋之后，自忽鲁谟斯远至阿拉伯世界以及东非各国悉纷纷来华朝贡。永乐十四年（1416）十一月，古里、爪哇、满剌加、占城、苏门答剌、南巫里、沙里湾尼、彭亨、锡兰山、木骨都束、溜山、喃渤利、不剌哇、阿丹、麻林、剌撒、忽鲁谟斯、柯枝等国家和地区及旧港宣慰司各遣使贡马、犀、象、方物，明廷赐上述诸国使臣宴。②十二月，各国使臣辞还，郑和与各国使臣偕行，故有郑和第五次下西洋之举。“永乐十四年十二月丁卯，古里、爪哇、满剌加、占城、锡兰山、木骨都束、溜山、喃渤利、不剌哇、阿丹、苏门答剌、麻林、剌撒、忽鲁谟斯、柯枝、南巫里、沙里湾尼、彭亨诸国及旧港宣慰司使臣辞还，悉赐文绮、袭衣。遣中官郑和等赍敕及锦绮纱罗、彩物偕往，赐各国王。仍赐柯枝国可亦里印诰，并封其国中之山为镇国山，上亲制碑文赐之，曰：王化兴天地流通，凡覆载之内举纳于甄陶者，体造化之仁也。盖天下无二理，生民无二心，优戚喜乐之同情，安逸饱暖之同欲，奚有间于遐尔哉？任君民之寄者，当尽夫子民之道。

---

① 俞明主编：《御制弘仁普济天妃宫之碑帖》，南京出版社 1999 年版。

② 《明太宗实录》卷一八二，永乐十四年十一月戊子条、丙申条，台湾“中央研究院”历史语言研究所 1962 年校印本。

《诗》曰:‘邦畿千里,惟民所止,肇域彼四海。’《书》云:‘东渐于海,西被于流沙,朔南暨声教,讫于四海。’朕君临天下,抚治华夷,一视同仁,无间彼此。推古圣帝明王之道,以合乎天地之心,远邦异域咸欲使之各得其所,盖闻风而慕化者,非一所也。柯枝远在西南巨海之滨,出诸番国之外,慕中华而歆王化久矣。命令之至,拳跽鼓舞,顺附如归,咸仰天而拜曰:‘何幸中国圣人之教沾及于我,乃数岁以来国内丰穰,居有室庐,食饱鱼鳖,衣足布帛,老者慈幼,少者敬老,熙然而乐,凌厉争竞之习无有也,山无猛兽,溪绝恶鱼,海出奇珍,林产嘉木,诸物繁盛,倍越寻常,暴风不兴,疾雨不作,札沴殄息,靡有害灾,诚王化之使然也。’朕揆德薄,何能若是?非其长民者之所致欤!乃封可亦里为国王,锡以印章,俾抚治其民。并封其国中之山为镇国之山,勒碑其上,垂示无穷。而系以铭曰:‘截彼高山,作镇海邦。吐烟出云,为下国洪庞。时其雨旸,肃其烦歊。作彼丰穰,祛彼氛妖。庇于斯民,靡灾靡沴。室家庆胥,优游卒岁。山之崭弓,海之深矣。勒此铭诗,相为终给。”[①]

郑和第五次下西洋,西域诸国进献了许多的奇禽珍兽。“永乐十五年统领舟师往西域。其忽鲁谟斯国进狮子、金钱豹、大西马。阿丹国进麒麟,番名祖剌法,并长角马哈兽。木骨都束国进花福鹿并狮子。卜剌哇国进千里骆驼并驼鸡。爪哇、古里国进麋里羔兽。若乃藏山隐海之灵物,沉沙栖陆之伟宝,莫不争先呈献。或遣王男,或遣王叔王弟,赍捧金叶表文朝贡。”[②]

永乐十七年(1419)七月十五日,为表彰此次下西洋官兵功绩,明成祖谕行在礼部臣曰:“将士涉历海洋,逾十数万里,经数十国盖亦劳矣。”下令都指挥人赏钞20锭,指挥人18锭,千百户卫所镇抚人16锭,火长人等人15锭,旗军人等人13锭。[③] 永乐十八年(1420)五月,又命行在礼部:“凡使西洋忽鲁谟斯等国回还旗官,二次至四次者俱升一级。于是升龙江左卫指挥使朱真为大宁都指挥佥事,掌龙江左卫事水军右指挥使唐敬为都指挥佥事,余升如例。”[④]

永乐十七年(1419)八月,明成祖御奉天门,西南之国以异禽来献,金幼孜作赋。[⑤]《明诗纪事·乙签》条载夏原吉作《圣德瑞应诗》、王直作《西南夷以麒麟狮子诸物来贡有旨赐观而赋此以进》诗。同时,当郑和返国近两月后又对来华进贡的17国使者以及阿鲁国王子、喃渤利王子遣使进行了赏赐。“永乐十七年九月丙午,满剌加等十七

---

① 《明太宗实录》卷一八三,永乐十四年十二月丁卯条,台湾“中央研究院”历史语言研究所1962年校印本。按此载柯枝镇国山碑文,史籍所载各有不同,当以此为准。

② (明)巩珍著,向达校注:《西洋番国志》,中华书局1961年版,第55页。

③ 《明太宗实录》卷二一四,永乐十七年七月戊午条,台湾“中央研究院”历史语言研究所1962年校印本。

④ 《明太宗实录》卷二二五,永乐十八年五月辛未条,台湾“中央研究院”历史语言研究所1962年校印本。

⑤ (明)严从简著,余思黎点校:《殊域周咨录》卷九《忽鲁谟斯》,中华书局1993年版,第318页。

国王亦思罕答儿沙等进金缕表文，贡宝石、珊瑚、龙延、鹤顶、犀角、象牙、狮子、犀牛、神鹿、天马、骆驼。阿鲁国王子假阿剌沙，喃渤利国王子沙者罕亦遣使贡方物。赐金织文绮袭衣、白金、铜钱、纻丝、纱罗、彩绢有差。壬子……宴阿鲁国王子、喃渤利国使臣于奉天门。”①

永乐十七年(1419)十一月，苏门答剌国王宰奴里阿必丁遣使马哈木沙、陪臣剌查干必剌等贡马及方物，赐冠带等物，命礼部赐宴。②

6. 第六次下西洋

永乐十九年(1421)郑和第六次下西洋，史籍记载各异，疑点颇多。英国学者孟席斯曾著书立说，力主永乐十九年(1421)郑和曾至美洲。③ 马光汝先生说:“郑和下西洋访问比剌、孙剌……比剌、孙剌既不是欧洲，也不是澳洲，是不是美洲?”罗宗真先生说:“早于郑和的中国人完全有可能远航世界，而到了明代郑和时期，其船队的组织和数量、航海的技术和设备，更是发达而完备。因此他们到达东非、绕过好望角，环球航行到美洲也是十分可能的。”朱鉴秋先生则持谨慎的态度，称郑和航海疑到达非洲，郑和航海很可能到过澳洲，郑和航海是否到美洲尚待深入研究。“从郑和航海的使命来说，其船队不可能有计划地主动到美洲探险。但郑和船队庞大，少则几十艘船，多则几百艘船，其中如有船遇到风暴，而被风暴吹到美洲的可能性是存在的。孟席斯先生称加勒比海有 1421 年沉没的中国古船，这如能被证实，则这些船很可能是被风吹到那里去的。”④据美国李兆良博士称，在美国北卡罗来纳州的一个小镇 Asheville 教堂侧的一处坟场出土一块“宣德金牌”，直径 7 厘米，上铸有“大明宣德委锡”六字。这是宣德年间赐给下属的一种身份证明，“委”即委任，“锡”即“赐”，合起来之意，即委任赐予的证明，疑似郑和第七次下西洋的遗物，尚待考证。⑤ 以上诸说皆颇有见解。

郑和第六次下西洋及郑和本人是否远航疑点颇多。“永乐十九年正月戊子，忽鲁谟斯、阿丹、祖法儿、剌撒、不剌哇、木骨都束、古里、柯枝、加异勒、锡兰山、溜山、喃渤利、苏门答剌、阿鲁、满剌加、甘巴里等十六国，遣使贡名马方物，命礼部宴劳之。”“永乐十九年正月癸巳，忽鲁谟斯等十六国使臣还国，赐钞币表里。复遣太监郑和等赍敕及锦绮纱罗绫绢等物，赐诸国，就与使臣偕行。”⑥“永乐二十年八月壬寅，中官郑和等

---

① 《明太宗实录》卷二一六，永乐十七年九月丙午条，台湾“中央研究院”历史语言研究所 1962 年校印本。

② 《明太宗实录》卷二一八，永乐十七年九月丙午条，台湾“中央研究院”历史语言研究所 1962 年校印本。

③ [英]加文·孟席斯著，师研群译:《1421:中国发现世界》，京华出版社 2005 年版。

④ 范金民、孔令仁:《睦邻友好的使者——郑和》，海潮出版社 2003 年版，第 212—219 页。

⑤ 参见陈建峰、王磊《“宣德金牌”能否证明郑和到过美洲》一文，《南京晨报》2006 年 7 月 14 日。

⑥ 《明太宗实录》卷二三三，永乐十九年正月癸巳条，台湾“中央研究院”历史语言研究所 1962 年校印本。

使诸番国还。暹罗、苏门答剌、阿丹等国悉遣使随和贡方物。”[①]据此，郑和于永乐十九年正月三十日奉使，至永乐二十年八月十八日返国，时间20个月，不合乎2年往返的规律。据郑和所立《娄东刘家港天妃宫石刻通番事绩记》与《长乐南山寺天妃之神灵应记》两碑记载：“永乐十九年统领舟师，遣忽鲁谟斯等国久待京师者悉还本国。其各国王益修职贡，视前有加。”[②]显然，没有记载这次出使的返国年月，与《明太宗实录》记载永乐二十年八月壬寅返国不同。

更奇怪的是，1983年10月于太仓县城厢公园“树萱斋”西壁内发现的《周闻墓志铭》(全文28行，满行27字，共669字)记载了周闻(即尚声远)一生的主要经历，其中提及5次参与下西洋活动的日期，即永乐七年、十一年、十五年、十九年和宣德六年。铭文中称：“辛丑继往，而中道取回。”[③]辛丑年即永乐十九年(1421)。又称：“甲辰又往，仁庙诏停止之。”甲辰即永乐二十二年(1424)，据《明史·成祖本纪》载：“(永乐二十二年正月)癸巳，郑和复使西洋。”又据《明史·仁宗本纪》载：“(永乐)二十二年七月(辛卯)，成祖崩于榆木川。……丁未，出夏原吉等于狱。丁巳，即皇帝位。大赦天下，以明年为洪熙元年。罢西洋宝船。”[④]

永乐二十二年(1424)初，成祖尚在位，郑和确曾奉诏“复使西洋”。“(永乐二十二年正月甲辰，)旧港故宣慰使施进卿之子济孙遣使丘彦成请袭父职，并言旧印为火所毁。上命济孙袭宣慰使，赐纱帽及花金带、金织文绮袭衣、银印，令中官郑和赍往给之。”[⑤]到永乐二十二年(1424)七月，成祖去世而仁宗即位释夏原吉而罢“西洋宝船”之役，《周闻墓志铭》之记载是正确的。问题在于，永乐十九年(1421)郑和与周闻等是否“继往而中道取回”?

明人费信于永乐七年、十年、十三年、宣德六年四次往西洋，独永乐十九年未见记载，《星槎胜览》前集与后集均缺载郑和第六次下西洋之事。马欢于永乐十一年、十九年、宣德六年以通事身份三次跟随郑和下西洋，在《瀛涯胜览·阿丹国》条，曾有记载，但由于版本的不同，颇有差异。据万明《明钞本〈瀛涯胜览〉校注》一书所载各钞本看，《三宝征夷集》本、《国朝典故》本、“淡生堂”本、“艺海汇函”本各钞本关于“阿丹国”条中的“永乐十九年”记载，除明钞“说集”本、“淡生堂”本作：“永乐九年，钦命正使太监李等赍诏敕冠衣赐其王酋，到苏门答剌国，分内官周(原作“用”)等驾宝船三只往

① 《明太宗实录》卷二〇五，永乐二十年八月壬寅条，台湾“中央研究院”历史语言研究所1962年校印本。

② (明)巩珍著，向达校注：《西洋番国志》，中华书局1961年版，第55页。

③ 张维华、潘群：《郑和下西洋》，人民交通出版社1985年版，第151页。

④ (清)张廷玉等：《明史》卷八《仁宗本纪》，中华书局1974年版，第108页。

⑤ 《明太宗实录》卷二六七，永乐二十二年正月甲辰条，台湾“中央研究院”历史语言研究所1962年校印本。

彼。”[①]《三宝征夷集》本作：“永乐十九年，钦命正使太监李等赍诏敕冠衣赐其王酋，到苏门答剌国，分内官周等驾宝船三只往彼。”[②]《国朝典故》本作：“分内官等领驾三只往彼。”1935 年商务印书馆版冯承钧校注本《瀛涯胜览・阿丹国》载：“永乐十九年，钦命正使太监李等赍诏敕衣冠赐其王酋，到苏门答剌国，分内官周领驾宝船数（黄本作三）只到彼。”[③]

由上可知：其一，明钞“说集”本与“淡生堂”本称“永乐九年”李兴到苏门答剌是讹误的，当为“永乐十九年”。其二，永乐十九年李兴是“钦命正使太监”，而非郑和。巩珍《西洋番国志・阿丹国》载：“永乐十九年上命太监李充正使赍诏敕往谕旨。”[④]《娄东刘家港天妃宫石刻通番事迹》中则未见此人，也就是说，宣德六年“春朔”时李兴尚未接受此次下西洋之任务。宣德六年“仲冬吉日”，加派至长乐南山寺，是列名第一的“副使太监”。可见李兴在第七次下西洋时权位之高，仅次于正使太监郑和与王景弘之下，所以向达先生校注说“李充正使”。当时，郑和似未到苏门答剌也未被任命是“正使太监”。而原定永乐十九年往忽鲁谟斯出使的太监是杨庆。“敕：太监杨庆等往忽鲁谟厮等国公干，合用各色纻丝纱锦等物，并给赐各番王人等纻丝等件。敕至即令各该衙门照依原定数目支给。仍令各衙门仔细点检放出，毋得纤毫透漏。故敕。永乐十八年十二月初十日。”[⑤]不知何故，在马欢等三书中未见此正四品高位的都知监太监。

因为永乐十九年十月郑和尚在国内，并未出行，陪同 16 国使臣返国的是洪保。十月十六日，明廷“敕：内官郑和、孔和卜花、唐观保。今遣内官洪保等送各番国使臣回还，合用赏赐并带去银两段匹铜钱等件。敕至即照依坐去数目关给与之，其官军原关粮赏，买到麝香等物，仍照依人数关给。该用军器等项，并随舡合用油麻等物，令各该库分衙门逐一如原料数关支。就令太监眼同打发，就拨海舡二只与之装载前去。仍发落各衙门仔细点检放出，不许纤毫夹带透漏。故敕。一下西洋去的内官合用盐酱茶酒油烛等件，照人数依例关支”[⑥]。

《明太宗实录》载：“永乐十九年夏四月己巳，诏曰：‘……永乐十九年四月初八日奉天等三殿灾（即奉天、华盖、谨身三殿火灾），朕怀兢惧，莫究所由……今诏告中外，

---

① （明）马欢著，万明校注：《明钞本〈瀛涯胜览〉校注》，海洋出版社 2005 年版，第 154、190 页。

② （明）马欢著，万明校注：《明钞本〈瀛涯胜览〉校注》，海洋出版社 2005 年版，第 80 页。万明注：正使太监李，应指李兴；分内官周，据《娄东刘家港天妃宫石刻通番事迹碑》、《福建长乐南山寺天妃灵应记碑》，应指副使太监周满。

③ （明）马欢著，冯承钧校注：《瀛涯胜览校注》，商务印书局 1935 年初版，第 55 页。

④ （明）巩珍著，向达校注：《西洋番国志》，中华书局 1961 年版，第 35 页。

⑤ （明）巩珍著，向达校注：《西洋番国志》，中华书局 1961 年版卷首附《敕书》，第 9 页。

⑥ （明）巩珍著，向达校注：《西洋番国志》，中华书局 1961 年版卷首附《敕书》，第 9—10 页。

凡有不便于民及诸不急之务者悉皆停止，用苏困弊，仰答天心，所有事宜条示于后：一、下番一应买办物件并铸造铜钱、买办麝香、生铜荒丝等物暂行。一、往诸番国宝舡及迤西、迤北等处买马等项暂行停止。一、修造往诸番舡只，暂行停住，毋得重劳军民。’”[①]这是永乐十九年(1421)四月份皇帝所颁的诏谕，毫无疑问应当遵旨行事，“往诸番国宝舡”只能暂行停止，就是已经出发的下西洋主帅的宝船也必须“中道取回”，但向达藏清初《针位编》残卷明确记载：“永乐十九年奉圣旨，三宝信官杨敏字佛鼎，洎郑和、李凯等三人，往榜葛剌等番邦，周游三十六国公干，至永乐二十三年，经乌龟洋中，忽遇风浪。”[②]

张维华、潘群主编《郑和下西洋》指出：“郑和一行于十九年冬成行，二十年八月回国，前后不足十个月，欲遍访榜葛剌、忽鲁谟斯、阿剌伯沿岸之祖法儿，非洲东岸之木骨都束与不剌哇，决无可能。试观一、二、三、四、五、七各次，历时均为一年半至两年。独此次仅九个月余，宁有是理。”[③]对此，冯承钧认为：“疑郑和先于十九年春率大腙宝船出发，洪保后于同年十月率分腙继往。”[④]前引“永乐十九年十月十六日”敕书明确地说郑和于此时尚地国内且供给洪保物料，洪保后来分□前往以及杨敏、李凯“周游三十六国公干”，忘却年月“至永乐二十三年”方返回福建都是可能的。但郑和似未成行，或出发后“中道返回”也并非没有可能。李兴充作“正使太监”，就是代替郑和为正使太监之意，此亦反证郑和并未下西洋。而杨敏、李凯从永乐十九年(1421)正月出发，到永乐二十三年(洪熙元年 1425)历经四年方回国，所经历地区待考。15 世纪 20 年代，明远洋船队就到达澳大利亚海岸似乎也在永乐十九年(1421)至永乐二十年(1422)郑和第六次下西洋范围内，那么永乐十九年(1421)达美洲说似乎也不能轻易否定。总之，永乐十九年郑和第六次下西洋之谜，还有待进一步探讨。

7. 第七次下西洋

永乐十九年(1421)明宫廷“三殿灾”之后，朝野震动，反对下西洋之声始不绝于耳。洪熙元年(1425)二月戊申，反对郑和下西洋的夏原吉罢宝船之役。“命太监郑和领下番官军守南京，于内则与内官王景弘、朱卜花、唐观保协同管事，遇外有事同襄城伯李隆、驸马都尉沐昕商议的当然后施行。”[⑤]“仁宗不务远略，践阼之初，即撤西洋取

---

① 《明太宗实录》卷二三六，永乐十九年四月己巳条，台湾“中央研究院”历史语言研究所 1962 年校印本。

② (明)马欢著，冯承钧校注：《瀛涯胜览校注》，商务印书馆 1935 年版，第 9 页。按乌龟洋在今福建省兴化湾外之南日岛与海坛岛之间。

③ 张维华、潘群：《郑和下西洋》，人民交通出版社 1985 年版，第 50 页。

④ 冯承钧：《中国南洋交通史》，商务印书馆 1937 年版，第 99 页。

⑤ 《明仁宗实录》卷七上，洪熙元年二月戊申条，台湾“中央研究院”历史语言研究所 1962 年校印本。

宝之船。"[①]

自洪熙元年(1425)八月至宣德元年(1426)十一月,郑和以总兵太监守备南京,但无正式名义,也不能专权理政,必须与内、外商议而后施行。其主要任务就是修理南京宫殿,执行内官监太监的职责,下西洋此时几乎成为"弊政"。

郑和的地位早在永乐时因"三殿灾"已非昔比;至仁宗洪熙时,虽有"领下番官军守南京"之命,地位却一落千丈;到宣宗时只是修理宫殿,仍要遭受谴责。"宣德元年四月壬辰,命司礼监移文谕太监郑和毋妄请赏赐。先是遣工部郎中冯春往南京修理宫殿,工匠各给赏赐,至是春还奏南京国师所造寺工匠,亦宜加赏。上谕司礼监曰:'佛寺僧所自造,何预朝廷事?(冯)春之奏,必(郑)和等所使,其遣人谕(郑)和,谨守礼法,毋窥伺朝廷。一切非理之事,不可妄有陈情。'"[②]

明廷新统治者对这位曾掌兵权下西洋的宦奴并不放心,而郑和则因不被重用怨命尤天,崇佛礼僧,实恋下西洋之举而"窥伺朝廷"。据《碧峰寺非幻庵香火圣像记》载:"至宣德改元,师主牛头。时灵监公(指郑和)深契往谒。……尝谓师曰:吾因经西洋番邦诸国,其往返叨安,感载皇上佛天之呵护,出己缗,命工铸金铜像一十二躯,雕妆罗汉一十八位,并古铜炉瓶及钟磬、乐师、灯供具等,今安于宅,尚虑后之乏人崇侍。逮候西洋回还,俱送小碧峰退居(庵)供奉,以为永远香火。"[③]

回教不信命运,而郑和被阉为宦寺改信受菩萨戒,此时又不被重用,更信佛天轮回之说,敬送供奉等物以求未来护佑。求佛心切反映心态的沉重,可见郑和其时遭遇坎坷。因而有郑和题请重修南京净觉寺为其子孙世守一事,为身后子孙作想了。但值得注意的是,郑和说"逮西洋还",这句话讲的时间是在"宣德改元",宣宗与仁宗不同,他并不保守,对郑和不信任是实,但主观上并不反对下西洋。是否下西洋?宣宗尚在犹豫,故有"毋窥伺朝廷"之训,但郑和自己却说"逮西洋还"以后必有下西洋之行,行后再将供奉佛尊之物送碧峰庵。所以,我们可以肯定,第七次下西洋的准备是在宣德初年。《郑和航海图》的绘制在郑和任守备之时[④],这也证明此时正在准备第七次下西洋。

宣德四年(1429)四月,明廷下令"南京修造海船",并于"湖广、江西二都司及直隶

---

① (清)张廷玉等:《明史》卷三三二《西域传四·坤城》,中华书局1974年版,第8626页。

② 《明宣宗实录》卷一六,宣德元年四月壬辰条,台湾"中央研究院"历史语言研究所1962年校印本。

③ 转引自庄为玑:《明下西洋郑和、王景弘两正使的卒事考》,见潘群主编:《郑和研究论文集》第一辑,大连海运学院出版社1993年版,第482页。

④ 徐玉虎:《〈郑和航海图〉绘制、内容及其庋藏之经过》,见纪念伟大航海家郑和下西洋580周年筹备委员会、中国航海史研究会编:《郑和研究资料选编》,人民交通出版社1985年版,第369页。

镇江诸卫，取军二万四千人供役，如例给粮，事毕放还”[①]。甚至“运粮官军，多调发营造并下西洋等项”工作，最终引起参加下西洋准备工作的官军纷纷“畏难而逃”[②]。

经过准备，第七次下西洋一切就绪，宣德五年(1430)六月九日，明廷正式下诏下西洋。“宣德五年六月戊寅，遣太监郑和等赍诏往谕诸番国，诏曰：‘朕恭膺天命，祗嗣太祖高皇帝、太宗文皇帝、仁宗昭皇帝大统，君临万邦，体祖宗之至仁，普辑宁于庶类，已大赦天下，纪元宣德，咸与维新。尔诸番国远处海外，未有闻知，兹特遣太监郑和、王景弘等赍诏往谕，其各敬须天道，抚辑人民，以共享太平之福。’凡所历忽鲁谟斯、锡兰山、古里、满剌加、柯枝、卜剌哇、木骨都束、喃渤利、苏门答剌、剌撒、溜山、阿鲁、甘巴里、阿丹、佐法儿、竹步、加异勒等二十国及旧港宣慰司，其君长皆赐彩币有差。”[③]具体仅载17国地名。核《明史·外国传》所载，此次下西洋缺古里、阿丹，多天方、默德那。若加上无方、默德那则计19国，尚缺1国；查《前闻记·里程》似缺占城，合计20国。

宣德五年(1430)五月四日，明廷敕令南京守备太监等放支与郑和、王景弘等。敕书称：“南京守备太监杨庆、罗智、唐观保、大使袁诚。今命太监郑和等往西洋忽鲁谋斯等国公干，大小舡六十一只，该关领原交南京入库各衙门一应正钱粮并赏赐番王头目人等彩币等物，及原阿丹等六国进贡方物给赐价钞买到纻丝等件，并原下西洋官员买到磁器铁锅人情物件，及随舡合用军火器纸劄油烛柴炭并内官内使年例酒油烛等物，敕至，尔等即照数放支与太监郑和、王景弘、李兴、朱良、杨真、右少监洪保等，关领前去应用，不许稽缓。”[④]

敕文载“大小舡六十一只”，“说集”本及《三宝征夷集》本《瀛涯胜览》载“宝船六十二只”，《客座赘语》载“宝船共六十三只”，各各相异，更与《明史·郑和传》载“造大舶修四十四丈、广十八丈者六十二”不同。明显地，是大小船只只有六十一艘，而非“宝船”一项就有“六十三只”，更不是“修四十四丈，广十八丈”的“大舶”六十二只。恐怕这里讲“六十一只”，加上宣德五年七月二十六敕文中载“尔以所造龙船”[⑤]，凡六十二只。因之，《明史·郑和传》作“六十二”，不是直接钞自明钞《说集》本《瀛涯胜览》：“宝船六十三号：大者长四十四丈四尺，阔一十八丈。中者长三十七丈，阔一十五丈。”[⑥]因

---

① 《明宣宗实录》卷五三，宣德四年四月庚子条，台湾“中央研究院”历史语言研究所1962年校印本。

② 《明宣宗实录》卷五五，宣德四年六月庚子条，台湾“中央研究院”历史语言研究所1962年校印本。

③ 《明宣宗实录》卷六七，宣德五年六月戊寅条，台湾“中央研究院”历史语言研究所1962年校印本。

④ (明)巩珍著，向达校注：《西洋番国志》卷首附《敕书》，中华书局1961年版，第10页。

⑤ 《郑和家谱·宣宗赐南京礼拜寺敕条》，郑鹤声、郑一钧主编：《郑和下西洋资料汇编》上册，齐鲁书社1980年版，第215页。

⑥ (明)马欢著，万明校注：《明钞本〈瀛涯胜览〉校注》，海洋出版社2005年版，第134页。

为，这两者含义亦不相同。明钞《说集本》说宝船六十三，其中大者才四十四丈四尺，而中者长三十七丈、阔一十五丈。《明史·郑和传》说的是六十二艘皆长四十四丈，广十八丈。可见，两书取材“史源”不同。这次下西洋的人数则应以《前闻记》所载为准：“官校、旗军、火长、舵工、班碇手、通事、办事、书算手、医士、铁锚木舱搭材等匠、水手、民稍人等，共二万七千五百五十员名。”①

为了保证此次远洋航行的顺利进行，取得物资保障，下敕给南京守备太监杨庆等购办。明宣宗还亲自作诗给正使太监郑和与王景弘两人，以示鼓励。《赐太监郑和诗》称：“惟皇上天眷有德，我朝皇命统万国。于穆皇祖御宸极，内外官使各效职。贤俊济济咸励翼，尔之致身自曩昔。给事黄门靡旦夕，服劳陡勤丹扆侧。皇祖嘉尔秉忠直，亦时骈蕃有龙锡。尔之中心益感激，天诏屡衔使绝域。茫茫鲸海际天碧，岛夷之蕃视麻麦。感恩慕德皆悦泽，梯航来归献玉帛。或万有一敢拒逆，尔时麾兵试一击。丑类骈首歼锋镝，遂致天威震蛮貊。仁孝出震承天历，付尔南京之管钥。式克恭慎谐静莫，朕嗣大统日兢惕。先朝谟烈惟允恭，抚绥四裔志弗释。命尔再使敷仁泽，尔行勿徐亦勿亟。勿怠勿骄桓整饬，敷宣朕志懋尔绩，庶期尔名光简册。”②这首诗概括了郑和的一生经历，始起宦官却突出了“皇祖（指明成祖）嘉尔秉忠直”，在下西洋中不怕难险、根据不同情况或“麾兵”或恩德，“遂致元威震蛮貊”，从而达到“感恩慕德，梯航来归献玉帛”之目的。接着指出，仁宗命他担任南京守备又尽职，而宣宗再次命他出使各国，一定要“勿怠勿骄”。实际上，对郑和提出了警告，既不能怠工又不能骄傲。又另任了王景弘为正使太监，与他平起平坐，对王景弘十分赞许。

《赐太监王景弘诗》称：“南夷诸国蟠海中，海波险远迷西东。其以习性皆颛蒙，浮深泳浅鱼鳖同。自惜不与中华通，维皇太祖天命隆。薄海内外咸响风，中兴功烈维太宗。泽及远迩如春融，明明皇考务笃恭。至仁怀绥靡不容，三圣相承盛德宏。日月所照悉服从，贡琛纳贽来无穷。昔时将命尔最忠，大船摩曳冯夷宫。躯役飞廉决洪濛，遍历岛屿凌巨谷。覃宣德意化崆峒，天地广大雨露浓，覆载之内皆时雍。朕今嗣统临外邦，继志述事在朕躬。岛夷仰望纷喁喁，命尔奉使继前功。尔往抚谕敷朕衷，各使务善安田农，相与辑睦戒击攻。念尔行涉春与冬，作诗赐尔期尔庸，勉旃尔庸当益崇。”③表达了宣宗继承太祖、太宗、仁宗三圣的遗志，宣德化于诸国，表扬了王景弘“昔时将命尔最忠”，命其奉使继前功，代表宣宗传达下西洋的目的，即“各善安田农，相与辑睦戒击攻”，特别指出王景弘之“庸”，即其功之常行，值得“益崇”。

---

① 《纪录汇编》卷二〇二《祝允明前闻记下西洋》，（明）巩珍著、向达校注：《西洋番国志》，中华书局1961年版，56页。

②③ （明）朱瞻基：《赐太监郑和诗》，郑鹤声、郑一钧编：《郑和下西洋资料汇编（增编本）》上，海洋出版社2005年，第67页。

宣宗赐王景弘之诗比警戒郑和“勿怠勿骄”要亲近得多，郑和在《长乐南山寺天妃之神灵应记》中说：“人能竭忠以事君，则事无不立，尽诚以事神，则祷无不应。和等上荷圣君宠命之隆，下致远夷敬信之厚，统舟师之众，掌钱帛之多，夙夜拳拳，唯恐弗逮，敢不竭忠于国事，尽诚于神明乎！师旅之安宁，往回之康济者，乌可不知所自乎？”[①]郑和立石表达了自己忠君爱国的广阔胸怀，表达了下西洋之所以一贯坚持的根本动力，向宣宗及后人立下了“遗嘱”。碑石还铭刻了郑和“七次下西洋”的目的、难险，所经“大小凡三十余国，涉沧溟十万余里”，“海道清宁”以及“简历”，达到“以贻永久”的愿望。碑记最后载“宣德六年仍统舟师往诸番国，开读赏赐，驻舶兹港，等候朔风开洋。思昔数次皆仗神明助佑之功，如是勒记于石。宣德六年岁次辛亥仲冬吉日正使太监郑和、王景弘，副使太监李兴、朱良、周满、洪保、杨真、张达、吴忠，都指挥朱真、王衡等立。正一主持杨一初稽首请立石”[②]。

关于郑和第七次下西洋还国一事，文献中没有明确记载，与郑和之死一样，各说不同。《明实录》记载：“宣德八年闰八月辛亥朔，苏门答剌国王宰奴里阿必丁遣弟哈利之汉等，古里国王比里麻遣使葛不满都鲁牙等，柯枝国王可亦里遣使加不比里麻等，锡兰山国王不剌葛麻巴忽剌批遣使门尔得奈等，佐法儿国王阿里遣使哈只忽先等，阿丹国王抹力克邦思儿遣使普巴等，甘巴里国王兜哇剌札遣使遐思力鉴等，忽鲁谟斯国王赛弗丁遣番人马剌足等，加异勒国王遣使阿都鲁哈蛮等，天方国王遣头目沙献等来朝贡麒麟、象、马诸物，上御奉天门受之。行在礼部尚书胡濙以麒麟瑞物，率群臣称贺，上曰：远方之物，朕非有爱，但念其尽诚远来，故受之，不足贺也。”[③]

一般而言，各国使节皆随郑和使团返回北京，故以宣德八年(1433)作为郑和七下西洋结束之年。明祝允明《前闻记》载此次往返历程：“宣德五年闰十二月六日龙湾开舡，十日到徐山，二十日出附子门，二十一日到刘家门。六年二月二十六日到长乐港，十一月十二日到福斗山；十二月九日出五虎门，二十四日到占城。七年正月十一日开舡，二月六日到爪哇；六月十六日开舡，二十七日到旧港；七月一日开舡，八日到满剌加；八月八日开舡，十八日到苏门答剌；十月十日开舡，十一月六日到锡兰山；十日开舡，十九日到古里国；二十二日开舡，十二月二十六日到忽鲁谟斯。八年二月十八日开船回洋，三月十一日到古里；二十日大舩船回洋，四月六日到苏门答剌；十二日开船，二十日到满剌加；五月十日回到昆仑洋，二十三日到赤坎，二十六到占城；六月一日开舡，三日到外罗山，九日见南澳山，十日晚望见望郎回山；六日(疑为“月”字)十四

① (明)巩珍著，向达校注：《西洋番国志》，中华书局1961年版，第54页。

② (明)巩珍著，向达校注：《西洋番国志》，中华书局1961年版，第55页。

③ 《明宣宗实录》卷一〇五，宣德八年闰八月辛亥朔条，台湾“中央研究院”历史语言研究所1962年校印本。

日到崎头洋，十五日到碗碟屿，二十日过大小赤，二十一日进太仓。七月六日到京，二十一日关赐奖衣宝钞。”①

关于郑和之死，郑鹤声《郑和年表》载，“宣德十年六十五岁”，“是年郑和卒”。按和之卒年，虽不见于史，然以情势推之，当在是年：（一）甲戌命罢采买营造诸使只敕南京守备襄城伯李隆、太监王景弘而无郑和。（二）因和之卒，南京守备乏人，以黄福参赞南京机务。（三）因和之卒，司礼监出缺，以王振为司礼监太监。”②郑一钧据《碧峰寺非幻庵火圣像记》说，郑和卒于古里。“盖其遗嘱，有本族户侯郑灼曰义，有侄曰珩，皆目击耳闻乎。不期宣德庚戌（五年，1430），钦承上命前往西洋，至癸丑岁（八年，1433），卒于古里国。有师宗谦、咸慕曩日惠，用以追悼，节次率领孙徒若干众，数诣（郑）宅建斋荐度。”清同治《上江两县志》云：“牛首山，太监郑和墓。永乐中，命下西洋。宣德初，复命，卒于古里，赐葬山麓。”③

又据郑和后裔说，带回来的非肉体而是辫子和靴子。所谓“辫子”，是依照清俗而言，实即头发。如果此说无误，郑和当逝世于宣德八年（1433）三月十一日至二十日之间。④

金国平、吴志良引《葡萄牙人航路》一书载：“80 或 90 年前他们在古里内有一个特殊商站（eximie negacia bantur）。古里王曾侮辱他们。一怒之下，他们集合了一支庞大的船队来古里，摧毁了它。”据此，金、吴二人提出一个设想：“郑和死亡是否与此役有关？”⑤

三　郑和下西洋的意义

郑和七下西洋不仅是古代中国的伟大壮举，而且也是世界历史上的重大事件，其意义不仅在中国留下了众多的历史经验和教训，而且推动了当时世界特别是东南亚社会的发展，是当时世界和平发展的重要保证。当下，郑和下西洋还具有宝贵的现实意义。

1. 国内意义

中国陆地辽阔，海岸线绵长，不仅具有悠久的黄土中原文化而且具有深厚的海洋

---

① 《纪录汇编》卷二〇二《祝允明前闻记下西洋》，（明）巩珍著、向达校注：《西洋番国志》，中华书局 1961 年版，第 56—57 页。

② 郑鹤声、郑一钧：《郑和下西洋资料汇编》上册，齐鲁书社 1980 年版，第 138 页。按郑和非司礼监太监，系内官监太监，此误。

③ 转引自庄为玑：《明下西洋郑和、王景弘两正使的卒事考》，收入潘群主编：《郑和研究论文集》第一辑，大连海运学院出版社 1993 年版，482—483 页。

④ 《纪录汇编》卷二〇二《祝允明前闻记下西洋》，（明）巩珍著、向达校注：《西洋番国志》，中华书局 1961 年版，第 57 页。

⑤ 金国平、吴志良：《500 年前郑和研究一瞥——兼论葡萄牙史书对下西洋中止原因的分析》，载《澳门研究》，2005 年第 2 期，第 146 页。

文化底蕴，有着海外交通发展的优秀传统。我国古代海洋文化，大体经历了先秦时期的蛮夷习俗阶段，秦统一前后的方士海观阶段，宋元明清“鼎盛时期”的“妈祖崇拜”阶段。先秦时期北方的“九夷”和南方的“蛮越”具有“断发文身”的海洋先民习俗，在一定程度上反映了吴越文化、闽越文化以及包括港澳台在内的南粤文化，皆属中国古代海洋文化范畴。[①]

方士海观，主要指战国时阴阳五行家驺衍(前306—前240)的海洋理论。驺衍认为：“儒者所谓中国者，于天下乃八十分居其一耳。中国名赤县神州。赤县神州内有九州，禹之序九州是也，不得为州数。中国外如赤县神州者九，乃所谓九州也。于是有裨海环之，人民禽兽莫能相通者，如一区之中者，乃为一州。如此者九，乃有大瀛海环其外，天地之际焉。”[②]

简单地说就是，全球陆地为海洋所环抱，共分九大州，每大州中分九小州，中国是九小州中之一州。这种学说，首先认为世界海洋面积大于陆地面积，其次认为全世界陆地面积又大于中国陆地面积，再次又认为中国陆地面积又为海所环抱。驺衍这种世界观大体是符合实际的，也是科学的。这种学说反映了先秦人民开发海洋的理想，反映了他们向海外探索、发展的强烈愿望和进取精神。正是这种海外开拓发展观，促进了秦代向海洋探索、向海外开拓的实践。具体反映在燕齐方士向海外求索长生不死之药的思想和实践上，反映在秦始皇数次巡海上，更集中反映在秦始皇派遣齐人方士徐福东渡至海外的远洋实践上。[③]

关于“妈祖崇拜”，史籍记载论述甚多。清人赵翼在《陔余丛考》中记载：“江汉间操舟者，率奉天妃，而海上尤甚。张燮《东西洋考》云，天妃，蒲之湄洲屿人。五代时闽都巡林愿之第六女，生于晋天福八年，宋雍熙四年二月二十九日化去。后尝衣朱衣，往来海上，里人虔祀之。宣和癸卯，给事中路允迪使高丽，中流遇风，他舟皆溺，神独集路舟得免，还奏，特赐庙号曰顺济。绍兴乙卯，海寇至，神驾风一扫而遁，封昭应崇福。乾道己丑，加封善利。淳熙间，加封灵惠。庆元、开禧、景定间，累封助顺显卫英烈协正集庆等号。又《夷坚志》，兴化军海口林夫人庙，灵异甚著，今进为妃云。则在宋时已封为妃也。《元史·祭祀志》，南海女神灵惠夫人，至元中以护海运有奇应，加封天妃，神号积至十字，庙曰灵慈，祝文云：年月日，皇帝遣某官致祭于护国庇民广济福惠明著天妃。又《续通考》云，至元十五年，封泉州神女护国明著灵惠协正善庆显济天妃，二十五年，加封广佑明著天妃。《七修类稿》亦谓至元中显灵于海，有海运万户

---

① 潘群：《中国古代海洋文化是吴文化之源》，《苏州市职业大学学报》2003年第3期。

② (汉)司马迁：《史记》卷七四《孟子荀卿列传》，中华书局1963年版，第2344页。

③ 潘群：《中国文化与海外交通》，江苏古籍出版社1994年版，第251—252页。

马合法忽鲁循等奏立庙，号天妃。顺帝又加辅国护圣庇民广济福惠明著天妃，是天妃之名，自有元始。何乔远《闽书》，载妃生卒与张燮同，又谓生时即能乘席渡海，人呼为龙女，升化后名其墩曰圣墩，立祠祀之。洪武五年，又以护海运有功，封孝顺纯正孚济感应圣妃，则又有圣妃之称。《七修类稿》则云，封昭应德正灵应孚济圣妃。《通考》，永乐中，建天妃庙，赐名宏仁普济天妃宫，有御制碑，正月十五、三月二十三日遣太常寺致祭，故今江湖间俱称天妃。天津之庙并称天后宫。相传大海中，当风浪危急时，号呼求救，往往有红灯或神鸟来，辄得免，皆妃之灵也。窃意神之功效如此，岂林氏一女子所能。盖水为阴类，其象维女，地媪配天则曰后，水阴次之则曰妃，天妃之名即谓水神之本号可，林氏女之说，不必泥也。张学礼《使琉球记》又云，天妃姓蔡，闽海中梅花所人，为父投海身死，后封天妃。则又与张燮、何乔远所记不同矣。成化间，给事中陈询奉命往日本，至大洋风雨作，将覆舟，有二红灯自天而下，遂得泊于岛，若有人告曰，吾辈为天妃所遣也。又嘉靖中，给事中陈侃奉使封琉球，遇风将覆，举舡大呼天妃，亦见火光烛船，船即少宁，明日有粉蝶飞绕舟不去，黄雀立柁楼食米，顷刻风起，舟行如飞，晓至闽，午入浙之定海。（俱见《七修类稿》）吾乡陆广霖进士云，台湾往来，神迹尤著，土人呼神为妈祖，倘遇风浪危急呼妈祖，则神披发而来，其效立应；若呼天妃，则神必冠帔而至，恐稽时刻。妈祖云者，盖闽人在母家之称也。”①

文化实际是生活方式，包括物质生活与精神生活两种方式。具体与海洋生活方式相连的为海洋文化。中国海外交通发展大致可分为四个阶段：第一阶段，秦以前为形成时期，其中尤以徐福航海东渡日本，标志着我国远洋航海划时代的进展。第二阶段，从两汉、魏晋南北朝直到隋代及唐前期为发展时期，汉使航程标志着航入印度洋到达印度，而唐代海外交通由南向西发展，越过印度洋，航行于波斯湾和阿拉伯半岛一带，跨越了“中印交往的伟大时代”，开创了八世纪到十三世纪的“中国和阿拉伯交往的伟大时代”。第三阶段，自唐代中叶始，下及五代十国、宋、元时期直至郑和下西洋前止，为我国海外交通发展的鼎盛时期，其中当以郑和下西洋为我国海外交通史盛衰的划时代变化的标志。第四阶段，自郑和下西洋之后，海权逐渐丧失，倭寇不断骚扰，西人东来中国，直到鸦片战争沦入半殖民地、半封建社会，是中国古代海外交通的衰落时期。② 由中国古代海洋文化底蕴与中国古代海外交通的发展可见，郑和下西洋继承并发展了中国海洋文化与海外交通的优秀传统，是中国走向海洋、征服海洋的杰出代表，是中国人民走向世界海洋的光辉壮举。

除了上述的大文化的意义之外，也有值得注重的具体意义。首先，明成祖发动

---

① （清）赵翼：《陔余丛考》卷三五《天妃》，商务印书馆1957年版，第760—761页。

② 潘群：《郑和下西洋简述》，载《澳门日报》，1994年4月26日特稿。

"靖难"之役推翻建文帝政权而建立自己的一统政治局面，以"圣明君主"自居，"出自对两汉唐宋伟大时代的缅怀和对蒙古人统治的痛恨"①，必须"耀威异域"②。一方面处理好国外国际环境的安定，另一方面"踪迹建文"及抓捕"逃散"的军民，如永乐元年正月"乙已，(朝鲜)遣还漫散军男女总三千六百四十九名"、"三月己亥，(遣)漫散军民总计一万三千六百四十一名"、"十一月辛丑，遣司译院副使张有信押漫散军赴辽东，凡二百三十名"③。

打击敌对的不稳定因素，保持巩固的一统局面。刚建立的"皇帝"位置，不能仅靠自守，必须大胆开拓进取。"自成祖以武定天下，欲威制万方，遣使四出招徕。由是西域大小诸国莫不稽颡称臣，献琛恐后。又北穷沙漠，南极溟海，东西抵日出没之处，凡舟车可至者，无所不届。"④从而获得国际承认的"合法"正统地位，维持"中国居内以制夷狄，夷狄居外以奉中国"的祖制传统。郑和下西洋的"外交"，正是为了巩固大明皇朝的统一，促进了国内局势的稳定。

其次，促进了经济发展，取得了国富民利的效果。刘大夏曾认为："三保下西洋费钱粮数十万，军民死且万计，纵得奇宝而回，于国家何益！此特一弊政，大臣所当切谏者也。"⑤其实，郑和下西洋虽然耗费不少资财，但也促进了国内经济建设，人民获利而富。明人严从简说："自永乐改元，遣使四出，招谕海番，贡献毕至，奇货重宝前代所希，充溢库市，贫民承令博买，或多致富，而国用亦羡裕矣。"⑥以束世澄教授统计，当时自南海诸国进口的物资总计如下："五金类共十七种。内有金珀、金、银。香类共二十九种。珍宝类共二十三种。动物类共二十一种。布类共五十一种。用品类共八种(金属品石在内)。药品类共二十二种(香类石在内)。颜料类共八种。食品类共三种(番盐、糖霜、胡椒)。木料类共三种。奴隶类共一种(黑奴)。"⑦而郑和下西洋期间的主要出口商品是7大类22种，具体包括：(一)食品类：茶叶、桔子。(二)日用品类：漆器、雨伞、丝棉、绸缎、湖丝、绸绢、纻丝。(三)金银货币类：金、银、铜钱。(四)工具类：铁鼎、铁铫、烧珠、金属制品。(五)瓷器类：青花瓷器、青瓷盘碗。(六)香料类：樟

① [美]费正清等著，陈仲丹等译：《中国：传统与变革》，江苏人民出版社1996年版，第169页。

② 潘群：《"耀兵异域"为"耀威异域"考》，载《传承文明　走向世界　和平发展：纪念郑和下西洋600周年国际学术论坛论文集》，社会科学文献出版社2005年版，第274—279页。

③ 吴晗：《朝鲜李朝实录中的中国史料》第一册，中华书局1980年版，第182、183、197页。

④ (清)张廷玉等：《明史》卷三三二《西域传四·坤城》，中华书局1974年版，第8625页。

⑤ (明)严从简著，余思黎点校：《殊域周知录》卷八《古里》，中华书局1993年版，第307页。

⑥ (明)严从简著，余思黎点校：《殊域周知录》卷九《佛郎机》，中华书局1993年版，第324页。

⑦ 纪念伟大航海家郑和下西洋580周年筹备委员会、中国航海史研究会编：《郑和研究资料选编》，人民交通出版社1985年版，第188页。

脑、麝香。(七)建材类:琉璃瓦、普通房瓦。[1] 如此规模巨大的进出口贸易,必然刺激经济的活跃并拉动生产的进展,给明政府带来很多利益。郑和下西洋归国满载“明月之珠,鸦鹘之石,沉南龙速之香,麟狮孔翠之奇,梅脑薇露之珍,珊瑚瑶琨之美,皆充舶而归”[2],又带回大量黄金、白银,“故国用充足”[3]。随之而来的各国贡使带来的贡品,源源不绝,“凡珠玉、锦罽、珍果、异香之属,充于后宫”[4]。据田培栋教授的看法:“明朝前期实行这种海外贸易开放政策,给明政府带来巨大的社会财富,具体说带来黄金二三十万余两,白银千余万两。仅这样的数字就大大超过了宋元时期市舶收入的十数倍,其他珍异奇宝、香药、胡椒、苏木等还未列入计算。”[5]这样盈利的效果,足使刘大夏“于国家何益”与“一大弊政”的说法就不攻自破了。当然,国富民利,也离不开当时劳动人民辛勤生产的贡献。

第三,在军事上巩固了海防,牢牢掌握了制海权。远洋开拓基地,抑或近海筑垒守御,这是海防问题上的一大关键问题。众所周知,明初海防重点在日本。如何处理“南倭”,是明初甚至整个明代海防的核心问题。因之,明成祖于永乐二年(1404)主动派遣郑和出使日本,一是为了解决大举下西洋的后顾之忧,二是通过以海屏陆来保证北面边防“五征漠北”的胜利。潘群称:“东西洋是一个整体,正如世界是个整体一样,从明帝国当时面临的形势来看,只有解决了作为海防重点的日本后顾之忧以后,然后才会有大举出使西洋之举。”同时引明人顾成之言:“东南海道,虽倭寇时复出没,然止一时剽掠,但令缘海兵严加提防,亦无足虑……经国远谋当为深虑。”因此下一步措施必然是大举南下“通西南海游朝贡”。从海上打通整个东西洋交通,“以配合在陆路上保证北方的边防,防止蒙古势力的死灰复燃”[6]。所以,明成祖军事上的战略思想是将边防与海防联成一体,又将东洋与西洋联成一体,是以“攻”为“守”,以远防近,支持远洋出访并在麻六甲、苏门答剌、古里、忽鲁谟斯等地建立航海战略基地,成为屯兵、运输、分舟宗、贸易多处合一的据点。这样一来,就获取了南海、印度洋、红海等处海域的制海权,把猖狂的流民及海盗一举平息,从而保证了和平。同时,对“倭寇”势力以及日本国形成威慑,使他们不敢轻举妄动,否则一战歼灭之。例如:永乐十五年(1417)六月,“遣人赍敕往金乡劳使西洋诸番内官张谦及指挥、千百户、旗军人等。

① 鹿世明:《郑和下西洋与中国对外贸易》,南京郑和研究会编:《走向海洋的中国人》,海潮出版社1996年版,第35页。

② (明)黄省曾著,谢方校注:《西洋朝贡典录校注》自序,中华书局2000年版,第7页。

③ 《明英宗实录》卷三〇〇,天顺三年二月丁卯条,台湾“中央研究院”历史语言研究所1962年校印本。

④ (明)罗曰褧著,余思黎点校:《咸宾录》卷四《西洋琐里》,中华书局1983年版,第106页。

⑤ 田培栋:《郑和下西洋性质与所获财富的估计》,潘群主编:《郑和研究论文集》,大连海运学院出版社1999年版,第172页。

⑥ 潘群:《郑和使日问题初探》,《郑和下西洋论文集》第一集,人民交通出版社1985年版,第196—205页。

初，谦等奉命使西洋诸番，还至浙江金乡卫海上，猝遇倭寇。时官军在船者才百六十余人，贼可四千，鏖战二十余合，大败贼徒，杀死无算，余众遁去”①。永乐三年（1405）十一月，“日本国王源道义遣使源通贤等奉表，贡马及方物，并献所获倭寇尝为边害者”②。这些，究其因都是下西洋的威力影响所致，保证了海防的安全。

2. 世界意义

郑和不仅是我国历史上的伟大航海家，而且也是世界航海史上的伟大航海家。彭德清同志说：“七下西洋，交通海外，名播宇内，功垂史册。”张维华教授说：“礼通海外，谊接近邻，经济互助，文化交流。”③都是从中国和世界两个方面评价郑和下西洋的功绩的。具体说来，首先，郑和下西洋促进睦邻友好，调解邻国间纠纷，维护和平环境。众所周知，郑和使团是“和平之旅”④，从不恃强凌弱，遇到邻国间纠纷，总是公平合理地调解，达到“四夷顺则中国宁”的目的，突出的例子就是调解暹罗与满剌加的矛盾。

《明史·满剌加传》载：“宣德六年，遣使者来言：‘暹罗谋侵本国，王欲入朝，惧为所阻，欲奏闻，无能书者，令臣三人附苏门答剌贡舟入诉。’帝命附郑和舟归国。因命和赍敕谕暹罗，责以辑睦邻封，毋违朝命。”⑤暹罗与满剌加矛盾已非一日，早在永乐七年时，郑和已奉命调解。据马欢《瀛涯胜览·满剌加国》条载：“此地属暹罗所辖，岁输金四十两，否则差人征伐。永乐七年己丑，上命正使太监郑和等赍诏敕赐头目双台银印、冠带袍服，建碑封城，遂名满剌加国。是后，暹罗国莫敢侵扰。其头目蒙恩为主，携子挈妻赴京朝谢，进贡方物，朝廷又赐与海船回国守土。”⑥

这里说“是后，暹罗国莫敢侵扰”，不完全正确。据《明宣宗实录》载：“宣德六年二月壬寅，满剌加国头目巫宝赤纳等至京，言：‘国王欲躬来朝贡，但为暹罗国王所阻。暹罗素欲侵害本国，本国欲奏，无能书者。今王令臣三人，潜附苏门答剌贡舟来京。乞朝廷遣人谕暹罗国王，无肆欺凌，不胜感恩之至。’上命行在礼部赐赍巫宝赤纳等，遣附郑和舟还国。令和赍敕暹罗国王曰：‘朕主宰天下，一视同仁。尔能恭事朝廷，屡遣使朝贡，朕用尔嘉。比闻满剌加国王欲躬来朝，而阻于王国。以朕度之，必非王意，皆王左右之人不能深思远虑，阻绝道路，与邻邦启衅，斯岂长保富贵

① 《明太宗实录》卷一九〇，永乐十五年六月己亥条，台湾“中央研究院”历史语言研究所1962年校印本。

② 《明太宗实录》卷四八，永乐三年十一月辛丑条，台湾“中央研究院”历史语言研究所1962年校印本。

③ 张维华、潘群：《郑和下西洋》卷首《题辞》，人民交通出版社，1985年版。

④ 吴京：《走向世界维护和平》，江苏省郑和研究会编：《睦邻友好的使者——郑和》，海潮出版社2003年版，第1页。

⑤ （清）张廷玉等：《明史》卷三二五《外国传六·满剌加》，中华书局1974年版，第8417页。

⑥ （明）马欢著，万明校注：《明钞本〈瀛涯胜览〉校注》，海洋出版社2005年版，第37页。

之道。王宜恪遵朕命，睦邻通好，省谕下人毋肆侵侮，则见王敬天事大，保国安民，和睦邻境，以副朕同仁之心。’”[①]由此可知，暹罗确有阻止满剌加王来华朝贡，欺凌满剌加之事。

郑和于第七次下西洋期间，忠实地执行了明成祖“睦邻通好”、“勿肆侵侮”的旨意，经过调解，使暹罗不再阻止满剌加来华朝贡以示友好的举动。宣德八年（1433）十月，满剌加国西里麻哈剌者率家属来朝，至南京，襄城伯李隆奏于朝。“上以天寒，命隆具令于南京休息，加厚待之，俟春暖来朝。”[②]宣德九年（1434）四月，满剌加国王西哩麻哈剌者及其弟剌殿巴剌头目文旦等来朝贡马及方物，命工部为修缮海舟。[③] 宣德十年（1435）四月一日，敕谕广东都司、布政司：“驾大八橹船送王还国，并遣古里、真腊等十一国使臣附载同回。”[④]毫无疑问，满剌加已不受暹罗所阻，两国关系趋于和解，这是郑和第七次下西洋期间调解邻国之间纠纷的实效。

其次，郑和下西洋目的之一就是向“西洋各番国”宣教化，“导以礼义，变其夷习”[⑤]，共享太平之福。15 世纪上半叶，即从 1405 年到 1433 年郑和七下西洋期间，明朝正处于强盛时期，中国传统文化的灿烂光辉照耀着世界。相对而言，亚非各国以至西欧尚未见“资本主义曙光”，有的国家尚处于原始社会末期向奴隶制转化的阶段。如印度地区的古里国，“其位以女腹为嫡，传之姐妹之子”，明显带有母系氏族社会的特征。就政教刑法说，尚无完备的政治和法律制度，如占城国“国有大潭，名曰鳄鱼，凡讼不决，令两造骑牛渡潭，曲者鳄鱼食之，直者屡过不食”[⑥]；真腊国通过以手置油锅中是否腐烂辨盗真伪等。就风俗习惯说，基本上无“礼”，如有的国家“男女皆裸形入池”[⑦]，“鱼非腐烂不食，酿不生蛆不为美”[⑧]，这些说明这些地区社会发展阶段显然落后于当时中国封建制强盛时期。经过郑和下西洋传播中国优秀传统文化以后，原来海外诸国从“不习冠疏礼义”改变成“仰慕中国衣冠礼仪”[⑨]。

再次，郑和下西洋，在前代航海技术的基础上，将传统中国航海水准推向顶点，促进了世界航海技术与阿拉伯航海技术的发展，第一次连通了中国经南海、印度洋、红

---

① 《明宣宗实录》卷七六，宣德六年二月壬寅条，台湾“中央研究院”历史语言研究所 1962 年校印本。

② 《明宣宗实录》卷一〇六，宣德八年十月丙寅条，台湾“中央研究院”历史语言研究所 1962 年校印本。

③ 《明宣宗实录》卷一一〇，宣德九年四月乙丑条，台湾“中央研究院”历史语言研究所 1962 年校印本。

④ 《明英宗实录》卷四，宣德十年四月壬寅朔条，台湾“中央研究院”历史语言研究所 1962 年校印本。

⑤ 俞明主编：《御制弘仁普济天妃宫之碑帖》，南京出版社 1999 年版。

⑥ （明）黄省曾著，谢方校注：《西洋朝贡典录校注》卷上《占城国》，中华书局 2000 年版，第 5—6 页。

⑦ （明）张燮：《东西洋考》卷一二《逸事考》，中华书局 1961 年版，第 246 页。

⑧ （清）张廷玉等：《明史》卷三二四《外国传五・占城》，中华书局 1974 年版，第 8392 页。

⑨ 罗谧、郑永涛：《从需要心理学角度谈郑和下西洋对亚非国家的影响》，江苏省郑和研究会编：《睦邻友好的使者——郑和》，海潮出版社 2003 年版，第 144—148 页。

海直至非洲东岸的航线，结束了中国与非洲之间的联系基本上由阿拉伯人中转的历史。郑和下西洋拉开了15、16世纪世界大航海活动或地理大发现时代的序幕，在全球化的航海活动中导夫先路，开世界文明交流之先河。① 1405年到1433年间郑和下西洋，确实使中国扬威海外，正如《剑桥中国明代史》所说："他们的旗帜飘扬在整个东南亚和印度洋，清楚地显示了明帝国的政治和军事优势。"②更重要的是下西洋的航线直到东非，沟通了亚非航路，为西人首先是葡萄牙人东来提供了前提。复次，郑和下西洋开发了南洋，为华侨定居奠定了基础。中国人侨居海外，唐、宋、元已逐渐肇始，至明初特别是郑和七下西洋后出现了大规模移居南洋的历史现象，下西洋官兵留居南洋群岛，与当地居民通婚之事并非偶然。如《瀛涯胜览·暹罗国》条载："若有妻与中国人通好，则置酒饭以待，同饮共寝，其夫恬不为怪，乃曰：'我妻色美，中国人喜爱。'"③可见，在母系氏族意识残余的风俗下，中国人与当地妇女通婚当不在少数。清胡炳熊《南洋华侨殖民伟人传》载殖民苏门答剌者、殖民菲律宾者、殖民爪哇者、殖民婆罗岛者、殖民缅甸者、殖民越南者、殖民暹罗者等等，介绍了华侨在南洋各地的概况。④ 总之，郑和下西洋，无论就中国历史或就世界历史而言，其意义是深远的。

第二节　江苏对郑和下西洋的贡献

一　物质支持

经过元末20多年的战乱，江苏地区社会经济遭到严重破坏。当时兵革连年，道路榛塞，人烟断绝。土地荒芜，民多逃亡，城野空虚。号称富饶的江南地区经济几为废墟。江南太仓元末时"第宅煨烬，乔木赭伐，为丘为墟，于是江河日益以涸，士民日益以窘。"⑤扬州被明太祖部将缪大亨攻克时，"城中居民仅余十八家"⑥。

明太祖深知：保国之道，藏富于民，民富则亲，民贫则离，民之贫富，国家休戚系焉。经过数十年的经营，江苏地区社会经济得到了恢复和发展。特别是建文朝实行宽政，减轻苏、松重赋，"苏松官田，悉准私税，用惩一时，岂可为定则，今悉与减免，亩

① 范金民：《郑和远航的世界历史地位》，载澳门大学澳门研究中心编：《郑和与海上丝绸之路》，澳门大学澳门研究中心2005年版，第2—17页。

② ［美］牟复礼、［英］崔瑞德编，张书生等译：《剑桥中国明代史》，中国社会科学出版社1992年版，第262页。

③ （明）马欢著，万明校注：《明钞本〈瀛涯胜览〉校注》，海洋出版社2005年版，第32—33页。

④ 郑鹤声、郑一钧：《郑和下西洋资料汇编》下册，齐鲁书社1989年版，第185—214页。

⑤ （明）陈伸：《太仓州事迹·序》，明崇祯十五年钱肃东刻本。

⑥ 《明太祖实录》卷五，至正十七年十月甲申条，台湾"中央研究院"历史语言研究所1962年校印本。

毋喻一斗”[①]。据《明史》载，“洪、永、熙、宣之际，百姓充实，府藏衍溢”[②]。“是时，宇内富庶，赋入盈羡，米粟自输京师数百万石，外府县仓廪积蓄甚丰，至红腐不可食。”[③]

单就太仓而言，元代即为贮粮之地，“岁运三百六十万石，供给京师”[④]。洪武初，设市舶司于“太仓黄渡”，号称六国码头，“四方谓之天下第一码头”[⑤]。永乐时，进一步繁荣发展，“薄海内外，靡敢不服，九夷百番，进贡方物，道途相属，次第来舶”。外国商人络绎不绝，“番商洋贾慕刘河口名，帆樯林立”[⑥]。太仓浏河老镇商行栈房林立，有接待外国商人的营方栈，有众多的布店、粮行、钱庄、当铺等，大型集贸市场里各色货物一应俱全。当时的浏河镇“江涛汹涌，万艘云集，鱼盐之利，闽越之货，为一郡饶，神宫舍壁照耀，最为壮丽”[⑦]。太仓工商业一片繁荣，连太仓土布也打入了国际市场，促使太仓棉纺织业迅速发展，“棉布女工，夏布男工，皆昼夜勤作”[⑧]。因之，太仓还出现了众多的纺织加工专业作坊，如轧花坊、染浆坊、踹布坊等等，今日太仓博物馆所藏的青石质石元宝，就是当年踹布坊踹匠用以研光布匹的专用工具。[⑨]

明初江苏地区的丝织业发达，据《明史》载，“南京有神帛堂供应机房，苏杭等府亦各有织染局，岁造有定数”[⑩]。

此外，明廷在南京、苏州、镇江等地都设有官营织染局，苏州织染局就“鼎新于洪熙”年间，南京织染局在当时官营手工业中规模最大，有织机300余张，工匠3000多人，年产丝织品5000多匹。苏南地区所生产的棉纺织品“土布”、“土印花布”和丝织品都被郑和船队带到西洋各国。[⑪]

据明人巩珍《西洋番国志》记载，郑和下西洋的物资，诸如纻丝、缎匹、银两、铜钱、麝香、粮食、军器、油麻、盐酱、茶酒、磁器、铁锅、火器、香烛等均由南京府库供应。[⑫] 南京的“云锦”，更是独领风骚。郑和下西洋带去给各国的精美丝织品，就有南京制造的

---

① (清)张廷玉等：《明史》卷四《恭闵帝本纪》，中华书局1974年版，第63页。

② (清)张廷玉等：《明史》卷七七《食货一·叙》，中华书局1974年版，第1877页。

③ (清)张廷玉等：《明史》卷七八《食货二·赋役》，中华书局1974年版，第1895页。

④ (明)佚名：《海道经》，《四库全书存目丛书》史部第221册，齐鲁书社1996年版，第188页。

⑤ (明)张采：《太仓州志·旧序》，明崇祯十五年刻本。

⑥ (清)金端表：道光《浏河纪略》卷二，《中国地方志集成·乡镇志专辑》，江苏古籍出版社1991年版。

⑦ (清)陆文藻：《新浏河志》，转引自王文清、沈嘉荣：《江苏史纲(古代卷)》，江苏古籍出版社1993年版，第619页。

⑧ (明)张采：《太仓州志》卷五，明崇祯十五年刻本。

⑨ 朱巍：《郑和下西洋与明代太仓经济社会发展》，载《传承文明　走向世界　和平发展：纪念郑和下西洋600周年国际学术论坛论文集》，社会科学文献出版社2005年版，第872—877页。

⑩ (清)张廷玉等：《明史》卷八二《食货志六·织造》，中华书局1974年版，第1997页。

⑪ 周志斌：《略论江苏对郑和下西洋的贡献》，载《传承文明　走向世界　和平发展：纪念郑和下西洋600周年国际学术论坛论文集》，社会科学文献出版社2005年版，804—810页。

⑫ (明)巩珍著、向达校注：《西洋番国志》卷首《敕书》，中华书局1961年版，第9—10页。

“云锦”与苏州等地制造的各种品目的丝织品。因此，江苏为郑和下西洋促进物质文化交流以及睦邻友好提供了物质支持，作出了贡献。

二　航船支持

郑和下西洋之所以能远行万里，重要的保证就是要有航海必须的船。我国造船事业起源甚早，“万斛船”早见记载并且在航海实践中不断被改进。宋周去非《岭外代答》载，其时远洋船“一舟容千人，舟上有机杼市井”。明杨荣于永乐十年(1413)七月所作《讨不庭》一诗载：“楼船稳驾元风轻，洪涛巨浪寂不兴。”[①]可见郑和下西洋时正使等官所乘的是“楼船”。曾随郑和下西洋的医官陈以诚临终作诗云：“九重每进千金剂，四海曾乘万斛船。”[②]连医官都乘“万斛船”，可见其时大船为数不少。当然，郑和船队各种船都有，如宝船、马船、粮船、坐船、战船、水船等等。[③] 各种船只如此之多，造船的地点相应也多，其他地方不说，现今江苏的太仓、靖江、仪征等地均设有大小不同的造船厂，但以工部所属的南京龙江造船厂规模最大，郑和下西洋使用的海船，有不少是这个厂制造的。[④]

据史料载，“南京城西北有宝船厂焉，创于永乐三年”[⑤]。万历时宝船厂尚存，时人顾起元说：“今城之西北，有宝船厂。”[⑥]《龙江船厂志》载：“宝船厂匠二名。洪武、永乐中，造船入海取宝。该厂有宝库，故取拨匠丁，赴厂看守。今厂中鞠为茂草，而匠丁之轮钱者如故。”[⑦]李昭祥《龙江船厂志》成书于嘉靖二十三年(1544)，如其所载，宝船厂已“鞠为茂草”，顾起元看到的“宝船厂”当是废厂。不过，郑和下西洋时的宝船厂确能造出四十四丈四尺、阔一十八丈的大宝船，对郑和下西洋作出了杰出的贡献。洪长倬先生在《宝船厂遗址及宝船尺度问题》一文中，“推断宝船厂的总面积至少与龙江船厂不相上下(龙江船厂的面积约为 468×1101 平方米，约 516300 平方米)，即在五十万平方米左右”[⑧]。他认为，永乐六年正月丁卯命工部造宝船四十八艘[⑨]，以及永乐十七

---

① (明)杨荣：《杨文敏公集》卷一，明正德十年刻本。

② (清)陈梦雷：《古今图书集成·博物汇编·艺术典》五三一《医部·医术名流列传》引《嘉兴府志》，上海中华书局 1934 年版。

③ 张维华、潘群：《郑和下西洋》，人民交通出版社 1985 年版，第 85—86 页。

④ 潘群：《明代南京的造船厂》，《江苏文化》1985 年 4 月 16 日。

⑤ (明)范景文：《南枢志》卷一一三《朝贡部》，《中国方志丛书》华中地方第 453 号，台湾成文出版社有限公司 1983 年版，第 3213 页。

⑥ (明)顾起元：《客座赘语》卷一《宝船厂》，中华书局 1971 年版，第 25 页。

⑦ (明)李昭祥撰，王亮功校点：《龙江船厂志》卷之三《官司志》，江苏古籍出版社 1999 年版，第 93 页。

⑧ 纪念郑和下西洋 580 周年筹委会：《郑和下西洋论文集》第二集，南京大学出版社 1985 年版，第 42 页。

⑨ 《明太宗实录》卷七五，永乐六年正月丁卯条，台湾“中央研究院”历史语言研究所 1962 年校印本。

年九月乙卯造宝船四十一艘[①],应该是宝船厂造的。

至于龙江造船厂的厂址,李昭祥《龙江船厂志》载:"洪武初,即都城西北隅空地,开厂造船。其地东抵城濠,西抵秦淮街军民塘地,西北抵仪凤门第一厢民住廊房基地(阔壹百叁拾捌丈),南抵留守右卫军营基地,北抵南京兵部苜蓿地及彭城伯张田。(深叁百伍拾肆丈)后因承平日久,船数递革。厂内空地,暂召军民佃种,止留南、北水次各一区,以便工作。畎浍中界,而厂遂分为前后矣。"[②]

王亮功先生考订,"可以确定东阔 138 丈(约 429 米)、南北深 354 丈(110 米)的龙江船厂厂区,就在今三汊河以北的下关地区。如以姜圩路、热河南路中、南段为双轴,则东近护城河,西至板桥路,南距晏公庙约百余米;由此向北 1100 米,即此北界(约在今东西向的姜圩路、二板桥支路附近;北距中山北路 500—600 米)。总面积约 710 亩(47.23 万平方米)。东面包括原南京造漆厂、南京起重机械厂、南医大二附院;西边包括原南京市工读学校、航务管理局、白云亭批发市场。南京市下关区少年宫、华东石油管理局等,均在其厂区范围内"[③]。由此可以看出,南京龙江造船厂的规模是很大的。另外,据《龙江船厂志序》载:"洪武初年,即于龙江关设厂造船,以备公用,统于工部,而分司于都水。"在洪武初年已开始造船,至永乐时期相关工人应颇具经验。永乐三年六月,郑和第一次下西洋所用船只,当为龙江造船厂所造。据《明太宗实录》载:"永乐二年,正月壬戌,命京卫造海船五十艘。癸亥,将遣使西洋诸国,命福建造海船五艘。"[④]在龙江造船厂习惯造平底沙船,而永乐三年"宝船厂"刚成立又来不及建造尖底大宝船的情况下,只好"命福建造海船五艘"。我们根据《明太宗实录》所载永乐元年至永乐十七年造船情况进行统计,知道此 18 年间凡建造或改造 2832 艘[⑤],其中京卫、苏州、镇江、扬州等江苏造船数目就很惊人。

苏州的船厂就建在太仓小北门外,"苏州府船场,在北门外,洪武五年靖海侯吴祯建"[⑥]。另外,太仓东门外的造船厂,也曾为郑和下西洋制作船具、蔑亶之类物品。淮安清江造船厂也是郑和下西洋用船的制造厂之一,船厂隶属工部都水司,有总场 4 所,分场 82 处,船工 3000 多人,每年造船 500 余艘。[⑦] 明人郎瑛《七修类稿》中载:"淮安清江

---

① 《明太宗实录》卷二一六,永乐十七年九月乙卯条,台湾"中央研究院"历史语言研究所 1962 年校印本。

② (明)李昭祥撰、王亮功点校:《龙江船厂志》卷之四《建置志》,江苏古籍出版社 1999 年版,第 97—100 页。

③ 王亮功:《龙江船厂遗址与宝船厂关系述论》,载《传承文明　走向世界　和平发展:纪念郑和下西洋 600 周年国际学术论坛论文集》,社会科学文献出版社 2005 年版,第 833 页。

④ 《明太宗实录》卷二七,永乐二年二月壬戌、癸亥条,台湾"中央研究院"历史语言研究所 1962 年校印本。

⑤ 张维华、潘群:《郑和下西洋》之《统计表》,人民交通出版社 1985 年版,第 78 页。

⑥ (明)李端修,桑悦纂:弘治《太仓州志》卷四《古迹》,见《汇刻太仓旧志五种》,清宣统元年刻本。

⑦ 张维华、潘群:《郑和下西洋》,人民交通出版社 1985 年版,第 77 页。

浦中草园地上有铁锚数枚，大者高八九尺，小亦三四尺者，不知何年之物，相传永乐间三保太监下海所造。雨淋日炙，无点发之锈，视之真如银铸，光泽犹日用于世者。”[①]同时之人严从简据此记载称，“必良铁为之，故其色精莹如此。举一物之坚巨，而他物可推矣”[②]。

南京也有不少郑和下西洋船舶遗物。“钟山书院大门右穿空地有大铁锚，二叉陷于土，一叉在上。相传是马三宝下西洋故物，不知何从至此。盖其地本东护龙河，水出升平桥，数百年前尚通舟楫，未可知也。……石城门外河摊，有铁锚数十，类有大于此者。按《客座赘语》载，城之西北有宝船厂，永乐三年三月，命太监郑和等行赏古里、满剌加诸国，宝船共六十三只，适当其地，则为三宝之物，益无疑矣。”[③]清人金鳌《金陵待征录》载：“钟山书院铁锚，或以为郑和遗物。按，《应天志·坊厢》有铁矛局坊，书院为前明铁厂鼓铸之所，兼及铁冶耳。石城城外卧地之矛甚多。”[④]可见，为配合南京宝船厂造船，有专制铁锚之冶铁处，不仅保证质量，而且数量颇多。新中国成立后，在南京宝船厂遗址作塘下的淤泥中发掘出大量与航船相关的物件。1957 年挖出巨型舵杆一根，铁栗木料，长 11.07 米；1965 年挖出绞关(又称盘车)木一段，残长 2.21 米；1974 年和 1975 年分别挖出铜锚、铁锚各一只，均系四爪，重约 300 公斤；1983 年又发现石臼一只，直经 70 厘米见方，臼内尚存油石灰少许，为船木嵌缝用。为迎接郑和下西洋 600 周年纪念活动，从 2003 年 8 月至 2004 年 7 月在六作塘中进行了发掘，面积达 19200 平方米，出土各类文物近 2000 件，特别是在塘内出土的两根巨型舵杆，长度分别为 10.1 米和 11 米，对复原宝船的长度和宽度有着直接的参考价值。另外，出土了四爪铁锚一只，高 1.5 米，下端分成四叉，上下各有一只铁环。塘内还出土了大量的棕绳，直径从 1.5 厘米至 11 厘米不等，最粗的棕绳由上百股小索绞合而成，坚固、致密。[⑤] 材料当来自紫金山。史料载：“洪武二十四年二月癸酉，命种桐棕漆树于朝阳门外种山之麓地。时以朝阳门外多隙地，故有是命。凡种桐棕漆树五千余万株，岁收桐油棕漆，以资工用。”[⑥]为了检验造船的质量，造好的船要在附近的江面上试航，今燕子矶三台洞附近江面，明朝称“稳船湖”，就是当年郑和宝船试航处。

综上所述，江苏在历史上对郑和下西洋所需航船的建造供给方面，毫无疑问是全

---

① (明)郎瑛：《七修类稿》卷四八，上海书店出版社 2001 年版，第 513 页。

② (明)严从简著，余思黎点校：《殊域周咨录》卷七《占城》中华书局 1993 年版，第 250 页。

③ (清)甘熙：《白下琐言》卷一，南京出版社 2007 年版，第 12 页。

④ (清)金鳌：《金陵待征录》卷一〇，《中国方志丛书》，台湾成文出版社有限公司 1983 年版。

⑤ 华国荣、祁海宁、骆鹏：《南京明代宝船厂遗址六作塘考古发掘纪要》，载《传承文明　走向世界　和平发展：纪念郑和下西洋 600 周年国际学术论坛论文集》，社会科学文献出版社 2005 年版，第 822—828 页。

⑥ 《明太宗实录》卷二〇七，洪武二十四年二月癸酉条，台湾“中央研究院”历史语言研究所 1962 年校印本。

力支持，作出重要贡献的。

三　下西洋的江苏人

随同郑和下西洋的江苏人也不在少数，惜历史文献遗佚殆尽，只有凤毛麟角的几位可以通过著作或地方志所载加以稽考。至于对郑和下西洋作出贡献的广大官兵和工匠、医士等江苏籍无名英雄更是难以考证，只能留在我们的心中。具体来说，物质制造的工匠以及造船事业的各类匠作人员，不少是江苏籍人。其次，是下西洋的官兵，不少是张、方余部，尤其是张士诚所部大率为江苏人，而郑和下西洋的官兵皆为卫所调来，其中不少是“水军卫所”人员。例如永乐十八年(1420)五月，朱棣“命行在兵部”凡使西洋忽鲁谟斯等国回还官旗二次至四次者，俱升一级。[①] 明宣宗时，“下西洋官军一万人，皆江南属卫，便于舟楫”[②]；“原下西洋官军一万余人久闲，可令协助”[③]。可见，南京驻防的下西洋官军“皆江南属卫，便于舟楫”，是郑和使团的骨干力量，江苏籍人占多数。可以说江苏是“下西洋的人才基地”[④]。

借助史料记载而有名籍可考的，主要有南京人巩珍、昆山人费信、常熟人匡愚、江阴人吴衍、太仓人郁震、常州人金安、太仓人周闻等。

巩珍，号养素生，士兵出身，著有《西洋番国志》一书。书中《自序》称：“宣宗章皇帝嗣登大宝，普赍天下。乃命正使太监郑和、王景弘等兼督武臣，统率官兵数万，乘驾宝舟百艘，前往海外，开诏颁赏，遍谕诸番。时愚年甫出幼，备数部伍，拔擢从事于总制之幕。往还三年……所至番邦二十余处。……凡所记各国之事绩，或目及耳闻，或在处询访，汉言番语，悉凭通事转译而得，记录无遗。”[⑤]据向达先生言：“巩珍的《西洋番国志》甚为罕见。黄虞稷的《千顷堂书目》以及出于《千顷堂书目》的《明史·艺文志》都未著录。该书首先见于钱曾的《读书敏求记》，可能为钱谦益绛云楼的劫余。清高宗弘历修《四库全书》，《四库全书总目提要》卷七十八史部地理存目七收有巩珍此书，根据的是浙江巡抚采集本，因为入存目，所以《四库全书》里没有此书。此后又见于彭元瑞的《知圣道斋读书跋尾》。彭元瑞以后，就很少有人著录或见到此书。新中国成立前一年始知天津周叔弢藏有巩珍的《西洋番国志》，即是彭氏《知圣道斋钞

---

① 《明太宗实录》卷二二五，永乐十八年五月辛未条，台湾“中央研究院”历史语言研究所 1962 年校印本。

② 《明宣宗实录》卷一〇，洪熙元年十月庚寅条，台湾“中央研究院”历史语言研究所 1962 年校印本。

③ 《明宣宗实录》卷一一，洪熙元年十一月癸卯条，台湾“中央研究院”历史语言研究所 1962 年校印本。

④ 周志斌：《略论江苏对郑和下西洋的贡献》，载《传承文明　走向世界　和平发展：纪念郑和下西洋 600 周年国际学术论坛论文集》，中国社会科学文献出版社 2005 年版，第 804—810 页。

⑤ (明)巩珍著，向达校注：《西洋番国志》卷首自序，中华书局 1961 年版，第 5—7 页。

本》。”[①]向先生认为，巩珍所说的通事，“多半指的是马欢，大概他也利用过马欢的纪录”。总之，巩珍的《西洋番国志》与马欢的《瀛涯胜览》、费信的《星槎胜览》是有关郑和下西洋的三部最初史料。三人中，二人隶籍江苏，应该说江苏人对郑和下西洋史料的保存功劳甚伟。

费信(1388—?)，字公晓，号玉峰松岩生，出生于昆山，本是太仓卫戍军。穆斯林世家子弟，通晓阿拉伯文。“年至二十二，永乐宣德间，巽往西洋，四次随征(从)正使太监郑和等至诸海外，历览诸番人物风土年产，集成二帙，曰《星槎胜览》。前集者，亲临目识之所至也。后集者，采辑传译之所实也。”[②]费信自永乐七年(1409)从第三次郑和下西洋始，第四次、第七次皆随郑和使团，中间永乐十年(1412)随少监杨敏分船出航，前后24年，行程8万余里，到达过20多个国家和地区，包括南亚、西亚和非洲东岸。宣德九年(1434)，47岁的费信回到家乡昆山整理文稿，于正统元年(1436)完成《星槎胜览》和《天心记行录》，“纪其风土人物，列序分咏，乃成《纪行》、《胜览》二书”[③]。可见二书的题材和内容是一致的。南沙群岛有“费信岛”，《暹罗国王迎接郑和图》上画有费信像。《星槎胜览》一书对郑和下西洋伟大壮举作了详实的记载，记载了15世纪亚非很多国家和地区的基本情况，对于科学技术史的研究也具有重要的参考价值。

匡愚，字希贤。世传名医家学，曾为常熟惠民药局医士，“以能医，被征从中使郑和使海外诸国，归老于乡”[④]。永乐三年(1405)六月，匡愚以其高明医术和文化修养，随同郑和首次出使西洋，医治出使人员的疾病。自太仓娄江出发，穿越台湾海峡，进入南海，到达占城，再至爪哇、苏门答剌，来到满剌加，稍作停留后，自印度半岛西南端的古里启程回航，归途中又访问了三佛齐，在那里他也参加了生擒海盗陈祖义战斗的救护工作，永乐五年(1407)九月回到南京。此后，他又先后参加了郑和第二、三次下西洋活动。[⑤] 他对所至诸国的山川形胜概貌作了记录，汇辑成《华夷胜览》[⑥]，记载涉及交趾、占城、爪哇、三佛齐、满剌加、苏门答剌、锡兰、暹罗、孛尼诸国。原书虽已佚散，然而张洪所著《华夷胜览序》，仍留存在《归田稿》卷三中，颇具参考价值。[⑦]

---

① (明)巩珍著，向达校注：《西洋番国志》，中华书局1961年版，第1页。

② (明)费信著，冯承钧校注：《星槎胜览校注》，中华书局1954年版，第9—10页。

③ 民国《太仓州志》卷二五《艺文》，民国八年刊本。

④ 康熙《常熟县志》卷二一《人物·方伎》，康熙二十六年刻本。

⑤ (明)吴纳：《思庵文粹》卷三，常熟市图书馆藏钞本。

⑥ (明)张洪：《归田稿》卷三《华夷胜览序》，常熟市图书馆藏钞本。

⑦ 张耀宗：《随郑和下西洋的医士匡愚》并附《华夷胜览序》原文，载《郑和下西洋论文集》第二集，南京大学出版社1985年版，第83—86页。

吴衍“能通译番书，尝从内监郑和、马宗道等宣谕赏赐海外，历西洋、暹罗、爪哇、吕宋、琉球、日本、天方等三十余国，经十余年乃还”①。

郁震，字鼎文，以医术召至京师，又精通武艺，两次随郑和下西洋。归国后，以功授苏州府医学正科，赐三品服致仕。

金安，曾作为阴阳官生随郑和下西洋。李维桢《王处士墓碑》载：“处士家毗陵，故乌氏裔，代有闻人。高王父金安公善为星。从中黄门三宝奴下西洋，望气知有风，购同人一壶，悬之，未几，风发舟覆，以壶免。”②

周闻（1385—1470），合肥人。曾任太仓卫百户，生前曾五次随郑和下西洋。永乐十二年（1414），周闻远航归来后，因功升为太仓卫右所副千户，世袭阶武将军，卒后葬于太仓。1983 年 10 月间，在太仓发现了《周闻墓志铭》，为研究郑和下西洋提供了重要史料。③

除以上诸位外，尚有苏州人祝允明《前闻记》、南京人顾起元《客座赘语》、吴县人黄省曾《西洋朝贡典录》诸书中记载了郑和下西洋的史实，为研究郑和下西洋提供了重要参考。④

---

① 光绪《江阴县志》卷三〇《识余》，《中国方志丛书》华中地方第 457 号，台湾成文出版社有限公司 1983 年版，第 3256—3257 页。

② （明）李维桢：《大泌山房集》卷一一二，《四库全书存目丛书》集部第 153 册，齐鲁书社 1997 年版，第 284 页。

③ 吴聿明：《周闻夫妇墓志铭考证与研究》，载《郑和下西洋论文集》第二集，南京大学出版社 1985 年版，第 70—82 页。

④ 周志斌：《略论江苏对郑和下西洋的贡献》，载《传承文明　走向世界　和平发展：纪念郑和下西洋 600 周年国际学术论坛论文集》，社会科学文献出版社 2005 年版，第 804—810 页。

第三章　明代江苏区域社会经济

第一节　农业

一　农业的恢复和发展

在元末20余年的战争纷乱中，江淮和江南地区屡经战火，是战争的重灾区，人口锐减，土地荒芜，社会经济遭受严重破坏。位于运河沿岸素以繁华著称的扬州城在元末战乱中“城中居民仅余十八家”[①]，至今扬州尚有“十八家”巷名。著名的工商业城市苏州“邑里潇然，生计鲜薄，过者增感”[②]。朱元璋曾说：“予尝历观田野，见人民凋敝，土地荒芜，失业者多，盖因久困兵革。如太平、应天诸郡乃吾渡江开创之地，供亿先劳之民，其有租赋，宜与量免。”[③]农业是国民经济的基础，也是封建国家赋税的主要来源。明初，恢复与发展农业经济成为朝廷的当务之急。为了恢复衰败的农村经济，朱元璋确立了“以农为本”和休养生息的基本国策，采取了一系列措施恢复和发展农村经济。

调整土地关系、鼓励流民垦荒是主要的措施之一。元末战乱使封建地主遭到了沉重打击，史载，“海内兵变江南北巨姓右族不死沟壑，则奔窜散处”[④]，“元季丧乱，版籍多亡，田赋无准”[⑤]。许多贵族和地主或死或逃，一些无地农民乘机占据一些无主土地，成为自耕农。洪武元年(1368)八月十一日，明廷诏令：“一各处荒闲田地，许令诸人开垦，永为己业。与免杂泛差役三年，后依民田起科税粮。一镇江府密迩京畿，供

---

① 《明太祖实录》卷五，至正十七年十月甲申条，台湾“中央研究院”历史语言研究所1962年校印本。

② (明)王锜：《寓圃杂记》卷五《吴中近年之盛》，中华书局1984年版，第42页。

③ (明)王圻：《续文献通考》卷三《田赋考》，《续修四库全书》第761册，上海古籍出版社2002年版，第505页。

④ (明)贝琼：《清江贝先生文集》卷八《送王子渊序》，《四部丛刊》本。

⑤ (清)张廷玉等：《明史》卷七七《食货志一・田制》，中华书局1974年版，第1881页。

给繁重，洪武元年租税灾熟不等，有司不须检踏，尽数蠲除，次年夏税亦与优免。一各处人民曩因兵燹抛下田土，已被有力之家开荒成熟者，听为己业，其业主回还，仰有司于附近荒田内验数拨付耕作，坟茔、房舍不在此限。”①从法律上，明廷认可了农民部分占有和耕种无主地的事实。洪武、永乐时，为了鼓励农民开垦荒地或垦复闲田，曾规定农民开垦田地即为己业，且永不征税，但到十五世纪中叶后，一律征租如民田。

民屯，多为移民屯垦，迁移窄乡之民就宽乡垦种。洪武元年(1368)八月，明廷令“免镇江租税避乱民复业者，听垦荒地，复三年”②。淮安、扬州二府是元末战乱的重灾区，人口逃亡殆尽，土地荒芜。洪武三年(1370)，朱元璋迁苏、松、杭、嘉、湖诸府之民4000余户“往耕临濠(今安徽凤阳)，给牛、种、车、粮，以资遣之，三年不征其税”。不久，再次迁移14万江南民户至凤阳府，在元末战争中人户减少较多的泗州、盱眙(今属江苏)，明初均属凤阳府，这次迁移的14万户中有相当一部分被安置到泗州和盱眙。洪武四年(1371)，为奖励屯田垦荒，明廷对淮安等府的屯田，“凡官给牛、种者十税五，自备者十税三。诏且勿征，三年后亩收租一斗”③。此后百余年中，陆续有众多江南民众被强行迁至淮安府境。淮安民间有“洪武赶散”的传说，明洪武年间，淮安府属各州县许多家族都是从江南苏州一带“奉旨”迁移而来。除了政府强制移民外，还有部分民众是自动移居到田多人少地区。位于长江口的崇明岛因受长江阻隔，在元末未受战火侵扰，许多民众逃留岛上得以保全。明初，社会安定后，一些岛上民户纷纷外移附近县市宽乡。

另外，为保证军粮的供应，减轻国家财政和百姓负担，明廷率先在南京推行军人屯田垦荒。“太祖初，立民兵万户府，寓兵于农，其法最善。又令诸将屯兵龙江诸处，惟康茂才绩最，乃下令褒之，因以申饬将士。”④后来，军屯在全国各地推广，军屯士兵来自各卫所，并由卫所管理。明政府向屯兵提供耕牛、种子和农具等生产资料，但军屯的土地属于国家官田，屯兵对土地和生产资料只有使用权，没有所有权。根据各卫所驻地和战守的需要，明代军屯分为边屯和营屯两类。“边屯，屯于各边空闲之地，且耕且战者也；营屯，屯于各卫附近所，且耕且守者也。”屯、守的比例，“边地，三分守城，七分屯种；内地，二分守城，八分屯种”。南京锦衣等42卫“原额屯田九千三百六十八顷七十九亩三分七厘零，见额屯田二万二千六百九十六顷六十六亩三分五厘，粮一十

① (明)傅凤翔：《皇明诏令》卷一《初元大赦天下诏》，《续修四库全书》第457册，上海古籍出版社1996年版。

② (清)张廷玉等：《明史》卷二《本纪第二·太祖二》，中华书局1974年版，第21页。

③④ (清)张廷玉等：《明史》卷七七《食货志一·田制》，中华书局1974年版，第1883页。龙江，指明南京仪凤门(今兴中门)外沿江一带。

五万一千五百二十五石七斗五升四合三勺，银一万二百六十六两四钱八分六厘三丝”①。由于军屯，南京各卫所皆设有粮仓，“城内西北皆仓，大锦衣卫仓（在崇霄道院）、小锦衣卫仓（今小仓）。其尤著者，大凡鼓楼以南仓十九，北十八，其在城外者不计，所以筹本富裕军储也”②。明政府通过军屯把耕种和战守有机地结合起来了，不仅将屯兵固定在耕地上从事生产，而且一定程度上减轻了政府供应军粮的压力。

在一些未开垦的湖塘坡岭地区，民众以新的方式开展造田运动，形成了围田、架田、涂田、沙田等。围田，又称圩田，沿江、滨湖或濒海地区筑堤围垦而成的田地。在江淮地区濒水田地常被水淹，有力之家审查地形，筑土作堤，环而不断，成为耕稼之田；架田，亦名葑田，在深水薮泽，以木缚为田丘，浮系水面，以封泥附木架上而长之，随水高下浮之，自不淹没，既无旱涝之灾，又有速收之效；涂田，是位于沿海滩涂之地；沙田，是江淮间泥沙淤涨田地，或滨江四围芦草繁密，以护堤岸，其地常润泽，可保丰熟。因沙田滨江，洪水涨落无常，故其田亩无常数，明廷不列入图册版籍，听民耕垦。

明初，在政府奖励垦荒、兴修水利、减赋免税等措施促进下，江淮、江南各府州农业生产逐步得到恢复和发展，耕地面积和人口均有所增加，社会经济很快走在全国前列。

二　农业生产力

1. 粮食作物品种的增加

明代江苏地区是全国举足轻重的粮食基地。“韩愈谓赋出天下，而江南居十九。以今观之，浙东西，又居江南十九，而苏、松、常、嘉、湖，五郡又居两浙十九也。考洪武中，天下夏税秋粮，以石计者，总二千九百四十三万余，而浙江布政司二百七十五万二千余，苏州府二百八十万九千余，松江府一百二十万九千余，常州府五十五万二千余，是此一藩三府之地，其民租比天下为重。其粮额比天下为多。今国家都燕，岁漕江南米四百余万石，以实京师。而此五郡者，几居江西、湖广、南直隶之半。自宣德、正统以来，每择任有心计重臣，巡抚其地，以司其岁入。盖以此地朝廷国计所资故也。窃以苏州一府计之，以准其余。苏州一府七县，其垦田九万六千五百六顷，而居天下八百四十九万六千余顷田数之中，而出二百八十万九千石税粮，于天下二千九百四十余万石岁额之内，其科征之重，民力之竭，可知也已。谚有之曰：苏松熟，天下足。”③

明代江苏地区粮食作物主要有稻类、麦类、薯类和豆类等。明正德年间，应天府

---

① （明）申时行等：《明会典》卷一八《户部五·屯田》，中华书局1989年版，第119页。

② 同治《上江两县志》卷七《考·食货》，《中国地方志集成》江苏府县志辑4，江苏古籍出版社1991年版，第159页。

③ （明）邱濬：《大学衍义补》卷二四《治国平天下之要·经制之义下》，京华出版社1999年版，第236页。

江宁县主要粮食作物有稻、麦和豆。具体而言,“南乡米出安德、凤西等乡,形圆长而色白,饭盛磁碗中,隐上有绿色。《金陵志》旧有珠子米,即此。今稻有二种,有秔稻、糯稻,惟出南乡者为佳。又有红稻、黑稻、旱稻、晚稻,品类颇多。香秔,七月熟,米粒小而性柔,类糯有红芒、白芒二种,以三五十粒入它米数升,炊之,芬芳可爱,然不宜多。又谓之‘香穤’,岁充贡。麦有大麦、小麦、穤麦、紫秆麦、舜哥麦。豆有黄豆、绿豆、黑豆、白藊豆、茶豆、豌豆、赤豆、江豆、蚕豆、刀豆,又有大红豆、小红豆,出安德乡岁充贡”①。嘉靖时,苏州府昆山县主要粮食作物也是稻、麦和豆类,且每类品种众多。“粳之属十有九,红莲、香粳、早粳、青芒、红芒、早白稻、不白稻、晚白稻、中秋白、红绿稻、金裹银、下马看、救公饥、薄十分、靠山黄、雪里拣、闪西风、麻子乌、黄粳仙;糯之属十有四,早糯、珠糯、榧子糯、小娘糯、虎皮糯、牛腿糯、羊脂糯、羊须糯、赶陈糯、香子糯、灶王糯、杨梅香、矮糯;麦之属四,大麦、小麦、穤麦、荞麦;豆之属八,白扁豆、紫罗豆、豌豆、蚕豆、江豆、刀豆、赤豆、毛豆。”②明万历时,扬州府属地区主要粮食作物有稻、麦、菽(豆)、黍、稷类。水稻品种有黄稑、乌节、大小香班籼及水赤籼、小白籼、龙爪籼、六月籼、齐梅籼等;麦分为大麦、小麦、荞麦。大麦有晚麦、淮麦等;小麦有春麦、短管、赤须、芦麦、比麦等。菽有大黄、大青、大紫、大黑等品种。黍有秔黍和糯黍。稷有秔粟、糯粟等。③

明代,水稻是江南地区最重要的粮食作物,其栽培水平在全国处于领先地位。在稻农世代选择和培育下,以苏州府为代表的江南地区涌现出众多水稻优良品种。嘉靖年间,仅苏州吴江县的粳、糯、稻品种即有百余种之多,其中糯稻 37 种、粳稻 70 种。④ 明人黄省曾在《理生玉镜稻品》中称,嘉靖时苏州地区有 38 个上好的水稻品种。在优质稻中,有大穗型的如三穗千、下马看等,有芳香型的如香粳、红莲、香子糯、十里香等,有柔软型的如一秬馨、瓜熟稻、羊脂糯等,有洁白型的如雪里拣(太湖青)、晚白、银条籼等,有宜粥型的如薄十分等,有滋补型的如血糯、鸭血糯等,有宜于酿酒的如金钗糯、鹅脂糯等。一些水稻品种还有特殊功能,可以因地因时而种植。如观音柳、丈水红、深水莲等可在易涝低洼地种植;乌口稻“谷色黑,秋初亦可莳,以备潦余补种”⑤,因其耐寒、耐迟栽,可在洪涝年份水退后补种。江南常州府的水稻“如白稻、粳稻、籼稻、早稻、晚稻、糯稻与他郡无异,香珠稻、红莲稻则产于武进者佳,而籼稻则岁以二十

① 正德《江宁县志》卷三《物产》,《北京图书馆古籍珍本丛刊》24,书目文献出版社 1998 年版,第724 页。

② 嘉靖《昆山县志》卷一《土产》,《天一阁藏明代方志选刊》,上海古籍书店 1981 年版。

③ 万历《扬州府志》卷二〇《物产》,《北京图书馆古籍珍本丛刊》25,书目文献出版社 1998 年版,第350 页。

④ 嘉靖《吴江县志》卷九《特产》,《中国史学丛书三编》第四辑 50,台湾学生书局 1987 年版,第 460—463 页。

⑤ 高燮初主编:《吴地文化通史》,中国文史出版社 2006 年版,第 742 页。

石为上供焉”。此外，应天府六合县水稻品种有 46 种，扬州府泰州也有品种 35 种。[1] 小麦品种，嘉靖时苏州吴江县有 14 种，常州府江阴县有 16 种。[2]

明代江苏各地注重优良品种的培育，稻、麦等粮食作物的单位面积产量不断提高，水稻亩产高的达到了三石左右，低的亩产也有一石多。“仅秋禾一熟，一亩之收不能至三石，少者不过一石有余。”[3]明后期，随着麦作的发展，江南地区稻、麦二熟制进一步推广。明代起，地处大运河沿岸和太湖稻作区中心的无锡逐渐繁荣起来，逐渐成为当时闻名全国的四大米市之一，江南各州县的许多稻米都在此贸易集散。

此外，玉米、番薯、花生等农作物也开始推广种植。明隆庆六年(1572)，玉米被进贡明廷，被称为御麦。崇祯时，苏州吴县称玉米为西番麦[4]，江南民众又称玉米为珍珠米。番薯，又称山芋、红苕、红薯、地瓜等，一般称作甘薯，万历年间由菲律宾吕宋传到中国福建漳州、泉州一带。万历三十六年(1608)长江下游旱灾，徐光启听说番薯是一种很好的救荒作物，请人从福建莆田把薯蔓插植在木桶中，春暖后连木桶运到上海栽种，此后番薯传播到长江南北各地。因此，有人认为，徐光启是将番薯引种到长江流域的第一人。徐光启在《农政全书》中还专门介绍了数种薯种越冬方法，其中最主要的有两种：一是用稻草筑成二尺见方的坑，坑底和坑周围用稻草堆实。坑中堆种薯，缚竹为架，罩在种薯上。上面再覆盖稻草。二是堆尺余厚稻草垫底，上铺尺余草木灰。种薯埋在草木灰里，再用灰秽覆盖，并铺上厚厚的稻草。[5] 番薯易种多产，灾荒年间充作粮食的效用仅次于米、麦。

花生，又名落花生，亦名长生果，明代由国外引种中国。明后期，江南的常熟县和江北高邮一带均有花生种植。明代江苏有关花生种植较早的记录是明弘治十六年(1503)刻印的《常熟县志》：“落花生，三月栽，引蔓不甚长。俗云花落在地，而子生土中，故名。霜后煮熟可食，味甚香美。”[6]万历《扬州府志》载：“落花生，《高邮志》名地果，又名无花果，以不花而实也，即滴花生。”[7]

---

① 康熙《常州府志》卷一〇《物产》、康熙《六合县志》卷七、崇祯《泰州志》卷一《职方典》。

② 嘉靖《吴江县志》卷九《物产》、嘉靖《江阴县志》卷六。

③ (清)顾炎武：《日知录集释》卷一〇《苏松二府田赋之重》，上海古籍出版社 2006 年版，第 607 页。

④ 崇祯《吴县志》卷二九《物产》，《天一阁藏明代方志选刊续编》本，上海书店 1990 年版。

⑤ (明)徐光启撰，石声汉校注：《农政全书校注》卷二七《树艺·甘藷》，上海古籍出版社 1979 年版，第 690 页。

⑥ 弘治《常熟县志》卷一《土产》，《四库全书存目丛书》史部第 185 册，齐鲁书社 1996 年版，第 37 页。

⑦ 万历《扬州府志》卷二〇《风俗志·物产》，《北京图书馆古籍珍本丛刊》25，书目文献出版社 1998 年版，第 351 页。

2. 经济作物的广泛种植

为鼓励百姓种植桑、麻等经济作物，明廷规定："凡民田五亩至十亩者，栽桑、麻、木棉各半亩，十亩以上者倍之。麻亩征八两，木棉亩四两。栽桑以四年起科。不种桑，出绢一匹。不种麻及木棉，出麻布、棉布各一匹。"[①]洪武二十四年(1391)二月，朱元璋"命种桐棕漆树于朝阳门外钟山之麓，时以朝阳门外多隙地，故有是命，凡种桐棕漆树五十余万株"[②]，所收桐油、棕油漆等作为修造海船之用。吴江县"桑以育蚕，明洪武二年诏，课民种桑，吴江境内凡一万八千三十三株，宣德七年至四万四千七百四十六株"[③]。

明代，松江是著名的棉花、棉布生产和贸易的集散中心，邻近松江的苏州府昆山、太仓、常熟和常州、江阴等州县也是江南棉花种植和棉纺织业的重要地区，昆山、常熟、太仓与松江地区已经形成一个沿江、沿海棉花专业种植区。当时"高者麦，低者稻，平衍者则木棉桑枲，皆得随宜树艺，庶乎人无遗力，地无遗利，遍野皆衣食之资矣，此百世经常之大利也"[④]。昆山县"连亘嘉定迤东沿海之地，号为冈身。田土高仰，物产瘠薄，不宜五谷，多种木棉"[⑤]。太仓州的棉花自元代引种后，到明代已广泛种植，成为乡村主要经济作物。"太仓、嘉定东偏，谓之东乡，土高不宜水稻，农家卜岁而后下种，潦则种禾，旱则种棉花、黄豆，比间以纺织为业，机声轧轧，子夜不休。贸易惟棉花、布。"[⑥]明末，太仓州"地宜稻者亦十之六七，皆弃稻袭花"[⑦]，有的地方，实行稻、棉轮作制，具有"草根溃烂，土气肥厚，虫螟不生"的效果，实现了稻、棉双丰收。太仓"州地秋熟多种花，次稻、豆，杂花沟。春熟多麦，次草"[⑧]。

明代，长江北岸与常熟、江阴等地隔江相望的通州(今江苏南通地区)滨江、沿海地区，棉花也开始推广种植。通州濒江临海，土壤、气候适宜棉花生长。"通州棉花畅销徐、淮、山东，已用布袋，每袋六十斤，称之为驮，驴马载运北去。"[⑨]明代中期，从江南引进织造技术、有力地促进了南通土布业的发展。

伴随商业性农业的发展，明后期江南太湖流域成为全国蚕桑业主要生产基地。

---

① (清)张廷玉等:《明史》卷七八《食货志二・赋役》,中华书局 1974 年版,第 1894 页。

② 《明太祖实录》卷二〇七,洪武二十四年二月癸酉条,台湾"中央研究院"历史语言研究所 1962 年校印本。

③ 乾隆《吴江县志》卷五《特产》,《中国方志丛书》华中地方第 163 号,台湾成文出版社有限公司 1975 年版,第 155 页。

④ (明)张瀚:《松窗梦语》卷四《三农纪》,上海古籍出版社 1986 年版,第 64 页。

⑤ (明)归有光著,周本淳校点:《震川先生集》卷八《论三区赋役水利书》,上海古籍出版社 1981 年版,第 167 页。

⑥ (清)陈梦雷等编撰:《古今图书集成・方舆汇编・职方典》卷六七六《苏州府部》,上海中华书局 1934 年版,第 115 册,第 25 页。

⑦ 崇祯《太仓州志》卷一五,转引自洪焕椿编:《明清苏州农村经济资料》,江苏古籍出版社 1988 年版,第196 页。

⑧ 崇祯《太仓州志》卷五,转引自洪焕椿编:《明清苏州农村经济资料》,江苏古籍出版社 1988 年版,第 196 页。

⑨ 林举白:《近代南通土布史》,张謇与南通研究中心筹备组 1984 年刊印稿,第 7 页。

明《便民图纂》中江南百姓采桑喂蚕图

由于种棉、栽桑养蚕的经济效益高于粮食作物，一些农民将稻田、粮地改为棉田或桑地。苏州、无锡一带栽桑养蚕之风日盛。每年蚕忙的季节，太湖上船只南来北往，多是运送蚕桑的。① 当地农谚云："上半年靠蚕，下半年靠田。"种桑养蚕成为江南许多农家增加收入的重要途径。明洪武初，苏州府属六县（长洲、吴县、吴江、昆山、常熟、崇明）"栽桑一十五万一千七百零七株，蓝靛七千三百六十七斤有奇。弘治十六年，农桑二十四万九百零三株，科丝一万一千五百三十二两五钱一分，折绢六百四十匹。又人丁丝绢一万二千五百五十匹各有奇"②。洪武十年（1377），常熟县"栽桑八千七百一十四株。弘治中，至一万二千四百二十五株，科丝四百十三两三钱七分二厘，折绢二十二匹二丈九尺。岁纳苏州府织造局丝一万九千六百九十一两一钱七分五厘，岁纳京库绢二千四百九匹，黄白各半"③。另外，长江北岸的扬州府地区的江都县、仪真县、泰兴县、高邮州、宝应县、如皋县、通州等地均有一定数量的土地种桑养蚕。扬州府"额设桑二万三千八百七十五株，科丝不等。其丝一万六千四百五十二两五钱，每丝不等折绢一匹，其绢八百四十一匹二丈四尺零，丝六十四两五钱。官桑三十四株，民桑二

① （明）潘之恒：《三吴杂志》卷七《游洞庭山记》，万历刻本。

② 乾隆《苏州府志》卷一一《田赋四》，乾隆十三年（1748）刻本。

③ 万历《常熟县私志》卷三《叙赋》，民国抄本。

万三千八百四十一株。江都县桑二千七百六十株,每株科丝二钱一分七厘五毫,其丝六百两三钱,每丝二十两折绢一匹,共绢三十匹零丝三钱”①。

随着经济作物棉花、桑树等的广泛种植,经济作物占用大量粮田,明后期,江南耕作制度进一步朝多熟制发展。多熟制是以提高粮食产量为出发点,在一定面积的田地中尽可能生产更多的粮食,采用轮作制如稻—麦、稻—春花(蚕豆、油菜等)、稻—豆、稻—荞麦等方式,其中最引人注目的就是双季稻的发展。双季稻虽在唐宋以前已出现,但主要以再生双季稻为主,明中后期,连作双季稻得到发展。“南方平原,田多一岁两栽两获者。其再栽秧,俗名晚糯,非粳类也。六月刈初禾,耕治老稿田,插再生秧。其秧清明时已偕早秧撒布,早秧一日无水即死,此秧历四、五两月,任从烈日旱干无忧,此一异也。”②在双季稻的基础上再加上各种小麦,发展为麦—稻—稻的三熟制。粮田多熟制的发展,促进了单位面积产量的提高,缓解了由于桑、棉推广种植而导致的粮食减产。“凡高仰田可棉可稻者,种棉二年,翻稻一年”,实行棉稻轮作。另外,还有棉田间作,“预于秋冬耕熟地穴种麦,来春就于麦陇中穴种棉。但能穴种麦,即漫种棉,亦可刈麦”。除小麦之外,棉田间作套种的作物还有大豆、芝麻、玉米等。

明代后期,江南农民在实践中根据当地具体的自然环境和经济状况,形成了一条以水稻栽种为主,蚕桑养殖为辅,水稻、蚕桑、鱼畜等有机结合、综合经营的发展之路。除了蚕桑、棉花等经济作物外,苏州一带还开始种植茶叶、烟草、药材等经济作物。“烟草,向无此种,明季始种。”③苏州虎丘山所产中草药不少,“草部则有半夏、香薷、百部、葶苈、豨莶、野葛、益母、车前、夏枯、镜面、天茄之属;木部则有茯苓、枸杞、楮实、辛夷、皂夹、棕榈、蔓荆子、五加皮、槐实、枫叶脂、桑寄生、梧桐泪之类”,“芝草多生后山”。“蜡生虎丘冬青树上,人割取之。”“甘草出虎丘花园子,因不生雀瓮。……虎丘延袤七里,独无蚻,有甘草生其地,蚻畏之也。”④

三 兴修水利

1. 南北水情

江苏地区濒江临海,自古水系发达,有“水乡”之誉。长江将全境分成南北,境内河网密布,港汊纵横,江河湖海相通,南有太湖,北有骆马湖、洪泽湖、高邮湖等湖泊。

① 万历《扬州府志》卷四《赋役志下·杂赋》,《北京图书馆古籍珍本丛刊》25,书目文献出版社 1998 年版,第 70 页。

② (明)宋应星:《天工开物》卷上《乃粒第一·稻》,广东人民出版社 1976 年版,第 14 页。

③ 乾隆《苏州府志》卷一二《物产》,乾隆十三年(1748)刻本。

④ (清)顾禄:《桐桥倚棹录》卷一二《药产》,上海古籍出版社 1980 年版,第 170 页。

依地势和主要河流的分布状况，主要的湖泊河流大致分为沂沭泗水系、淮河下游水系、长江和太湖水系等三大流域。

南宋建炎二年(1128)，黄河南徙，开始了其长达700余年的夺淮入海的历史[①]，也使江淮地区水情较前变得更加复杂。每到洪水季节，黄河、淮、沂、沭、泗诸河流将大量上游来水汇流到洪泽湖流域，由于这一地区地势平坦低洼，经常酿成严重的水涝灾害。长江以南主要是太湖水系，着重解决太湖下游支流出海、出江等问题，以避免雨季造成的内涝之灾。

水利不仅影响着农业生产的丰歉，而且关系着广大百姓的生命和财产安全，明朝统治者十分重视水利事业的建设。有明一代，江苏地区各级地方政府在大江南北大力治水，修建了不少重要水利工程。

2. 治水工程

修凿胥溪运河、胭脂河

朱元璋建都南京后，南京成为全国的政治、经济和军事中心，城市人口增长迅速，“四方贡赋，由江以达京师，道近而易”[②]。当时经济富庶的江南苏州、松江等地是明代漕粮及日用品的主要供应地，“两浙赋税漕运京师，岁费浩繁”。当时江南粮赋运抵南京主要有两条水路：一条是由运河用船运至丹阳后，弃船登陆，用车运往南京，中途转驳费工、费时；另一条“由江以达京师”，沿长江溯流而上运到南京，长江风大浪高，特别是台风季节运输船舶时有倾覆，为了使吴、浙漕运避开长江之险安然运达京师，朱元璋决定“疏凿运河，以通于浙”，遂派人考察两浙至南京的山川，对胥溪运河进行整治，并开凿了胭脂河。

胥溪运河开凿于春秋战国时期，当时吴王阖闾为讨伐楚国，采用伍子胥的建议开凿“胥溪”。由于胥溪运河所经地段是太湖与长江之间的丘陵地区，地势东低西高，沿丘陵设置堰埭，通过分级筑坝拦截和蓄积地表水入堰而形成水道，由堰坝利用地形和水面的高差而形成若干梯级航道，船只只需在过坝时用人力或畜力挽拽，使本无水源的丘陵地区得以水运。北宋单锷在《吴中水利书》中说，宋代胥溪运河“春冬载二百石舟，而东则通太湖，西则入长江。……而制牛于堰上，挽泄船筏于固城湖之侧，又常设监官，置廨宇，以收往来之税”[③]。北宋吴江大堤修筑后，江南太湖水不再汇入江流，胥溪河东泄流水对太湖流域产生严重威胁，水上运输也深受影响。

---

① 清咸丰五年(1855)，黄河自河南兰封(今兰考)铜瓦厢决口北徙，夺山东大清河入海。从此，黄河不再行经安徽和江苏，与运河改在山东交叉。

② (清)张廷玉等：《明史》卷七九《食货志三·漕运·仓库》，中华书局1974年版，第1915页。

③ (宋)单锷：《吴中水利书》，《丛书集成新编》本，台湾新文丰出版有限公司1985年版，第45页。

洪武二十五年(1392),朱元璋征调大批民工,疏浚高淳县境的胥溪运河,并在东坝镇修建可启闭的石闸(命名广通镇,又名东坝)以节制水流、缓解胥溪河的威胁,恢复了太湖流域与石臼湖间的水路交通,提高了江南至南京之间的漕运能力。同年,朱元璋派人"疏凿溧阳县银墅东坝河道,自十字港至沙子河凡三千九百六十丈,又沙子河至胭脂坝凡三百六十丈,计役嘉兴等府、州、县民丁三十五万九千七百人"①。

洪武二十六年(1393),朱元璋"命崇山侯李新开溧水胭脂河,以通浙漕,免丹阳输挽及大江风涛之险"②。李新,濠州人,早年追随朱元璋,屡立战功。明朝建立后,他先后负责营造南京明孝陵、鸡鸣山帝王庙等工程,被封为"崇山侯"。李新奉旨开凿胭脂河后,到溧水实地考察,发现胭脂河工程基本为石方工程。他让民工采用李冰开都江堰的古老方法凿石,即用铁钎先在岩石上凿缝,用麻嵌在缝中,浇上桐油,点火焚烧,待岩石烧热,泼上冷水,利用热胀冷缩的原理使岩石裂开,然后将石块撬开运走。工程十分艰难,在圣命不可违的情况下,李新严厉督工,"舍平陆,焚石凿之,役而死者万人"③,最终按时完工。

胭脂河位于今天南京市溧水县境,全长7.5公里,在胭脂岗(因石皆赤而得名)上向下开凿,深30余米、底宽约20米的河道。在开凿胭脂河时,工匠们巧妙地将两处石质最硬、地势最高的地方留下来,作为行人的通道。河成之后,将巨石下端凿通以通舟楫,桥因势而成,故名"天生桥"。天生桥既方便了交通,又减少了不少石方工程,还节省了造桥的费用,可谓一举三得。天生桥南桥在明代嘉靖七年(1528)倒塌,现仅余北桥。现今,胭脂河天生桥一带风光旖旎、神奇秀丽,被誉为"小三峡",成为溧水重要的历史文化旅游景点。

通过整治胥溪运河、开凿胭脂河两大水利工程,太湖、石臼湖、秦淮河三个流域联通起来,大大缩短了航程,改善了运输条件。太湖流域的船可通过胥溪运河越东坝,再经固城湖、石臼湖,由胭脂河进入秦淮河,进抵南京;芜湖、当涂、宣城等地的船只也可经石臼湖、胭脂河、秦淮河,到达南京。长江下游主要粮食产区通过水路联成一体,有力地促进了江南地区经济、文化的交流和发展。

永乐元年(1403),为免除江、浙水患,将东坝石闸改为土坝,固城湖与苏南航运中断。苏州民谣说:"固城湖边东坝倒,北寺塔上飘稻草。"意即东坝一倒,固城湖及上游洪水倾泻而下,会淹没苏州域内的北寺塔一带,可见东坝在防洪抗涝中具有重要地位。正统六年(1441)大水,东坝溃决,水淹常州、苏州两府许多州县。正德七年

---

① 《明太祖实录》卷二二一,洪武二十五年九月戊申条,台湾"中央研究院"历史语言研究所1962年校印本。

② (清)张廷玉等:《明史》卷八六《河渠四·运河下》,中华书局1974年版,第2104页。

③ 万历《溧水县志》卷四《杠梁·天生桥》,溧水县政协2003年,第89页。

(1512)，为截断胥河，彻底免除太湖水患，高淳东坝增筑加高，水位落差增至3丈多。胥河改变流向，淹没良田10余万亩。嘉靖三十五年(1556)，为防止洪水漫溢，又在东坝东约5公里处筑下坝，以抬高下游水位，形成第二道防洪屏障。两坝修筑使胥河逆向西流，大量良田沦为泽国，人户大减，高淳县由7乡72里减至仅41里。

整治漕运河道

明成祖迁都北京后，全国的政治中心转至北京，南方大量的粮食物资需要北运，漕运方向发生了变化。京杭大运河贯穿江苏南北腹地，明代各运河段有不同的称谓："淮、扬至京口以南之河，通谓之转运河，而由瓜、仪达淮安者，又谓之南河，由黄河达丰、沛曰中河，由山东达天津曰北河，由天津达张家湾曰通济河，而总名曰漕河。"[①]为了改善航运条件，提高运输能力，明政府对京杭大运河各段分别进行了整治，其施工段绝大部分位于今江苏境内。

承担漕运的京杭大运河经过江淮地区，漕运安全关系到明王朝的根本利益，因此明廷通过各项措施以"保漕"。"保漕"的同时，明廷还面临着"护陵"的重任。明王朝的开创者朱元璋原籍凤阳，祖籍在泗淮之地，黄河南流夺淮入海后，威胁到明王朝凤阳皇陵、泗水祖陵的安危。既要"保漕"，又要"护陵"，还要治黄、治水，这些无疑增加了江淮治水的难度和复杂性。

1. 整治徐淮运道

开凿南阳新河。明代，徐州北至临清一段黄河屡决，而徐州南至清河一段又以黄河为运道，漕运常因河道淤塞而阻。终明一代，治河、治运工作交互进行。明嘉靖六年(1527)，黄河决于山东曹、单、城武等县，"冲入鸡鸣台，夺运河，沛地填淤七八里，粮艘阻不进"。当时，左都御史胡世宁鉴于河水"漫入昭阳湖，以致流缓沙淤"的情况，提出于"(昭阳)湖东滕、沛、鱼台、邹县间独山、新安社地别凿一渠，南接留城，北接沙河，不过百余里。厚筑西岸以为湖障，令水不得漫，而以一湖为河流散漫之区，乃上策也"[②]。

嘉靖七年(1528)正月，总督河道右都御史盛应期奏请明廷于昭阳湖东另开一条新运河。盛应期认为，"沛县迤北河道，地形庳下，泥沙易集，以故累浚累塞。今询之官民，咸称昭阳湖东自北进汪家口，南出留城口，约长一百四十余里，可改运河。北引运河之水，东引山下之泉，内设蓄水闸，旁设通水门及减水坝，以时节缩，较之挑浚旧

① (清)张廷玉等:《明史》卷八五《河渠志三·运河上》,中华书局1974年版,第2078页。

② (清)张廷玉等:《明史》卷八三《河渠志一》,中华书局1974年版,第2030页。

河劳逸远甚，且可为永久之利”①。蓄水闸、通水门及减水坝分别为通船节制闸、进水闸和溢流坝，是当时运河上的常见建筑物。北引运河之水即由戴村坝引来的汶水和金口坝引来的泗水，东引泉应指沙河、薛河等引来的东山诸泉水。盛应期的计划既解决了运道在湖西被水淹，移至湖东而以防止黄河泛滥，并借容蓄的洪水以保护运道，同时规划了保证新运河航运相应的工程措施。这条运河位于湖东丘陵边缘，地势较高，可避黄河冲淤之害。可工程只进行了一半，因旱灾，“言者请罢新河之役”，在工程已过半的情况下被迫停工，盛应期也被罢免。

嘉靖四十四年(1565)七月，沛县境内黄河决口，河水“漫昭阳湖，由沙河至二洪，浩渺无际，运道淤塞百余里”。次年春，督理河漕的朱衡查勘河道，见“盛应期所凿新河故迹尚在，地高，河决至昭阳湖不能复东”，乃决计继续开凿，并“身自督工，重惩不用命者”。隆庆元年(1567)五月，“新河成，西去旧河三十里”。“新河自留城(沛县境)而北，经马家桥、西柳庄、满家桥、夏镇、杨庄、朱梅、利建七闸，至南阳闸合旧河，凡百四十里有奇。又引鲇鱼诸泉及薛河、沙河注其中，而设坝于三河之口”②。朱衡又浚旧河自留城以下，抵境山、茶城50余里，由此与黄河会合。又“筑马家桥堤三万五千二百八十丈，石堤三十里。……于是，黄水不东侵，漕道通而沛流断矣”③。朱衡新开河道后称“南阳新河”或“夏镇新河”，大批漕船由此顺利北上，极大地方便了漕运。

明代，京杭大运河徐州至清河段借黄河行运，黄河南徙前这段运道原是泗水故道。此河段在徐州东南有徐州洪、吕梁洪两处险要地段，虽屡经整治，未有根本改善，漕船仍时常遇险。隆庆三年(1569)七月，河决沛县，茶城段淤塞，粮船2000余艘被阻滞在徐州以东的邳州一带。总理河道翁大立建议另凿新运河以避开徐州上下黄河之险，后因“黄落漕通”，此计划被搁置。万历二十一年(1593)，济宁至徐州一带大水泛滥成灾，运河决堤，漕运受阻。总理河道舒应龙主持开挖韩庄中心沟40里，通彭河水道入泇河以泄各湖积水。这项工程把微山湖一带广大水域与泇河连通起来，此为韩庄新河，后成为泇运河的一段。万历二十八年(1600)，总理河道刘东星继续开凿泇运河，并在万家庄、台家庄、侯家湾、良城等“山岗高阜”之处“力凿成河”；在韩庄以北“傍(微山)湖开支河四十五里”，因“地多砂石，工艰未就”④。万历三十二年(1604)，总河侍郎李化龙继续舒、刘任上未完工程，由夏镇南面的李家口引水合彭河，经韩庄湖口，合泇、沂诸河东南至邳州直河口，长260余里，避黄河之险300余里。此后，总河侍郎

① 《明世宗实录》卷八四，嘉靖七年正月乙酉条，台湾“中央研究院”历史语言研究所1962年校印本。

② (清)张廷玉等：《明史》卷八五《河渠志三》，中华书局1974年版，第2088页。

③ (清)张廷玉等：《明史》卷八三《河渠志一》，中华书局1974年版，第2039页。

④ (清)张廷玉等：《明史》卷八七《河渠志五》，中华书局1974年版，第2124—2125页。

曹时聘再加展拓，建坝修堤，置邮驿、设兵巡、增河官、立公署，泇运河完全代替了留城至黄河段的运河和徐州至直河口段黄河。

泇河发源于鲁南山区，源头分东、西两支，南流至泇口镇（今邳州西北）与薛河、彭河诸水东流汇入沂水，至邳州入黄河，黄河夺泗淮入海前为泗水支流。泇运河是从夏镇（今属山东）南开渠，东南经韩庄、台儿庄入江苏境，利用原有一段伽河及湖泊洼地，至邳州直河口入黄河，全长 260 里。泇河开成后，不仅避开了徐、吕二洪，而且运道径直，水源充足，漕运条件大为改善。万历三十二年（1604），由泇河新运道通过的漕船已占三分之二，后人总结了泇河"六善"："泇河开而运不借河（指黄河），河水有无听之，善一。以二百六十里之泇河，避三百三十里之黄河，善二。运不借河，则我为政得以熟察机宜而治之，善三。估费二十万金，开河二百六十里，视朱衡新河事半功倍，善四。开河必行召募，春荒役兴，麦熟人散，富民不扰，穷民得以养，善五。粮船过洪，必约春尽，实畏河涨，运入泇河，朝暮无妨，善六。"①

泇河开成之后，黄河运道仍未废弃，"每年三月初，则开泇河坝，令粮艘及官民船由直河进。至九月内，则开吕公坝，入黄河，以便空回与官民船往来，至次年二月中则塞之，半年由泇、半年由黄，此两利之道也"。新旧运河间的交替过程时间不长，主要是重载船走泇河新运道，空载船行安流后的黄河。

天启三年（1623），河决徐州青田大龙口，徐、邳、灵、睢诸河同时淤塞。两年后，漕储参政朱国盛又在泇河以下由邳州直河口东岸的马颊口起，开凿了一条避开邳州、宿迁之间黄河刘口、磨儿庄、直口诸险，下达宿迁骆马湖由董口入黄的运道，名"通济新河"，全长 28 公里。从此，宿迁以北的运道，基本上做到了"黄运分立"。明人"避黄行运"的目的直到明末也未完全实现，仍有近 200 里的行程需要"以河代运"。直到清康熙年间开挖了中运河，再避黄河之险 180 余里，除黄、淮、运交汇处外，黄河和运河基本脱离，"以河代运"的局面才最终结束。

2. 整治黄淮运口

黄河夺淮入海后，与大运河交汇于淮安附近。为防止黄河泥沙淤塞，不得不筑坝阻遏河水南侵。同时运高淮低，为防止运河水走泄入淮而干涸滞运，宋元时曾在淮运交汇处筑堰闸加以控制，蓄运河水以利船运，到明初，这些闸堰已荡然无存。为通航需要，洪武元年（1368），在淮安新城东门外建仁字坝，封堵与黄河相交的运口，出入淮扬运河船只在坝前卸下货物，用辘轳或车盘绞拉过坝，出入黄河。随着漕运量增加，永乐二年（1404）又增筑义、礼、智、信四坝，与仁字坝合称"淮安五坝"，五坝主要用树

① （清）张廷玉等：《明史》卷八七《河渠志五》，中华书局 1974 年版，第 2125 页。

木、枝条等材料等筑成，故被称为软坝。

“淮安五坝”修成后，江南运河到淮安后，不能直通淮河，需经陆运过五坝，才能入淮到达清河，“劳费甚巨”。为了减少运口船只等候的时间和北上漕船逆流行驶航程，永乐年间平江伯陈瑄总督漕运，经实地勘察，认为：“淮城西管家湖西北，距淮河鸭陈口仅二十里，与清江口相值，宜凿为河，引湖水通漕，宋乔维岳所开沙河旧渠也。”①永乐十三年(1415)春，在陈瑄主持下开凿清江浦，沿宋乔维岳所开沙河故道，自淮安城西管家湖，凿渠20里，导引湖水由鸭陈口入淮。至五月，工程竣工，这段新漕渠被命名为“清江浦”。永乐十四年(1416)，陈瑄“于湖内修筑长堤，以便纤挽，谓之‘新路’，通湖桥口三处”②。

为了节制水位，陈瑄在清江浦上修建了移风、清江、福兴、新庄和板闸五道水闸。新庄闸最北，位于清口南岸，因正当南运口而知名，又称头闸或大闸，明中叶改建，名“通济闸”或“天妃闸”，东南距淮安50里；福兴闸又名二闸，距新庄闸20里(后改建为10里)；清江闸距福兴闸5里(后改建15里)；移风闸距清江闸15里，距淮安城20里；板闸在淮安城西10里。船过闸时，五闸迭为启闭。清江水闸位于淮河与运河交汇处，当黄河水涨时，即闭闸，于闸口筑软坝，所有船只盘坝。

这样，运河与淮河、黄河基本分开，只在新庄闸即清口平交。从此，江南来的漕船可以直达淮安，既免除陆运之苦，又“免过坝及风涛之险”。但一般情况下仅允许漕船和朝鲜贡船通过，普通官民船仍需从“淮安五坝”车盘过坝。万历十年(1582)，督漕尚书凌云翼“以运船由清江浦出口多艰险，乃自浦西开永济河四十五里，起城南窑湾，历龙江闸，至杨家涧出武家墩，折而东，合通济闸出口。更置闸三，以备清江浦之险”③。

3. *疏浚淮扬运河*

淮安至扬州段运河简称淮扬运河，古称邗沟，宋代称扬楚运河，明人将清江以下江淮运河称为南河，近代又称里运河。淮扬运河处于江淮间，明代时，淮扬运河以西地势低平，有大片湖泊，诸如邵伯湖、武安湖、新开湖、甓社湖、津湖、泛光湖、白马湖等大小不一的24个湖泊。运河连接这些湖泊，并以湖泊作为航道。因湖面广阔，湖浪翻船事故经常发生。自宋代开始，为改善航行条件就作了一些河湖分离的工程。明初，为防止河湖东溢，在运河东岸连续修筑了东堤，进一步修筑了一些河湖分离工程。

洪武年间，宝应人柏丛桂据他自己多年治河经验和实地考察结果，提出“必有重堤，左右翼夹，与湖隔离，运道乃安”的治河主张。明廷采纳其建议，发淮扬民夫5万

① (清)张廷玉等：《明史》卷八五《河渠志三》，中华书局1974年版，第2081页。

② (明)王琼著，姚汉源、谭徐明注释：《漕河图志》卷一，水利电力出版社1990年版，第53页。

③ (清)张廷玉等：《明史》卷八五《河渠志三》，中华书局1974年版，第2094页。

余人在"淮、扬之间,筑高邮湖堤二十余里,开宝应倚湖直渠四十里,筑堤护之"[①]。

永乐五年(1407),陈瑄再增修诸湖长堤,堤顶筑纤道。宣德七年(1432),陈瑄再筑高邮、宝应一带氾光、白马诸湖长堤,并在高邮河堤内凿渠40里,堤顶为纤道。成化七年(1471),于老堤旁筑重堤。弘治三年(1490),户部治河侍郎白昂发民夫筑堤,"北三里之杭家嘴,至张家沟而止。长竟湖,广十丈,深一丈有奇。而两岸皆壅土为堤,桩木砖石之固如湖岸。首尾有闸与湖通,岸之东为闸四,涵洞一,每湖水盛时,使从减杀焉。以三年三月始事,凡四阅月而成。自是舟经高邮者,人获康济。白公因采众议,闻之上,名曰'康济河'"[②]。全河计长45公里,因在湖外新开凿,形如月,又称"月河"(亦称越河)。为使来往船只避免湖面风涛,又在东堤开了四闸一涵,使湖水泛溢时有所宣泄而不至破堤。

万历十二年(1584),为避开泛光湖之险,漕抚王廷瞻依照康济河的模式开凿宝应月河(又名"弘济河")。月河自宝应南门外至新镇,长约36里,"筑其东新土堤,培其西旧土堤。原为潭者四,皆甃以石,余皆护以桩笆。南北建石闸二,以通舟航出入,而南闸外又筑拦河坝,北闸外又筑束水堤。中建滚水石坝,以疏泄水势,而坝之东则又开浚支河,令其水得从射阳、广洋走而入海"。万历十六年(1588),总河潘季驯又自弘济河北端开河20里,北至黄浦。万历二十八年(1600),总河刘东星又开邵伯月河9公里及界首月河1800余丈,以避邵伯湖及津湖之险。

至此,经过一系列的整治,除了局部河段外,淮扬运河基本完成了湖运分离,形成了一条独立于高邮、宝应湖群之外的南北直达的里运河水道,减少了湖浪覆舟的风险,促进了江淮水运交通发展。为保护运河使东堤河水东泄,修建了一些坝闸和泄水河,通过它们泄洪入海,但由于泄水量有限,湖东里下河地区洪涝频繁。

4. 整治通江运口

明代,运河穿江的问题始终是一个大问题。长江北岸运河口主要有瓜洲、仪真和白塔河三处。明初,这三个运口都是运河过江的通道,需经常疏浚方能畅行。

瓜洲运河口开凿于唐代开元年间,此后一直是南北运河过江主要通道。明初,江浙一带的粮食由江南运河口出,可以便捷地由此入运河。由于运河口处高于长江水位,历来筑坝限制河水走泄,因坝还要通船,故称"车船坝",古称堰埭。洪武三年(1370),重修10余座堰坝以节水通运。瓜洲运口如"瓜"字形,分为三支,中支有堤坝相隔与江不通;东支叫东港,与江相通;西支叫西港,也与江相通。永乐元年(1403),

---

① (清)张廷玉等:《明史》卷八五《河渠志三》,中华书局1974年版,第2080页。

② (明)刘健:《高邮州新开康济河记》,(明)杨宏、谢纯:《漕运通志》卷一〇,方志出版社2006年版,第302页。

对瓜洲各坝河道进行了全面的疏浚。永乐九年(1411),陈瑄组织疏浚通坝河道时,还在河道临江处设置了两座减水闸,使运河来水适时蓄泄。

仪真运河口早在东晋永和年间(345—356)就已经开通,尽管瓜洲运口是江南来船过江的捷径,但长江上游湖广、江西等地区漕粮沿江而下,入仪征运口要比瓜洲运口近得多,所以它一直被保留下来,且屡经改造。

白塔河口是另一条过江通道。宣德六年(1431)九月,陈瑄在疏浚扬州城南仪真瓜洲运河时,于城东开白塔河通大江。白塔河开成后,运口东移,江南漕船改"从常州府西北孟渎河过江,入白塔河至湾头达漕河,以省瓜洲盘坝之费"。在瓜洲运口不很通畅时,白塔河是替代路线,明后期白塔河多次疏浚,并修建水闸。景泰至成化年间,又在白塔河口之东,泰兴附近开浚了北新河(泰兴新河),南通长江。漕船可由常州德胜新河过江入北新河,经泰州坝达扬子湾,直入运河。万历年间分淮入江,疏凿了芒稻河和人字河。江南漕船有时也由三江营入夹江,通过芒稻、人字两河北运。

5. 治理江南运河

江南运河又称"江南河"、"浙西运河",是京杭运河的南段。北起江苏镇江,绕太湖东岸达苏州,南至浙江杭州。明代江南漕船主要由镇江北渡,若镇江、丹阳间运河水浅,则从常州北出孟渎、德胜两河出江。不过,从孟渎等河出江,需溯江航行数百里方抵瓜洲运口,不如从镇江北渡便捷。明代,整治江南运河,主要对镇江、丹阳间河段进行修浚,治理镇江、丹徒间通江港道,引水通运,整治丹阳练湖,蓄水济运。

明代,镇江、丹徒一带有京口、新港和甘露三港通江,港口设闸,蓄水通舟,成为江浙漕舟北运的咽喉。但因江沙淤积,经常淤塞不通,历史上多次浚治。永乐中,"浚镇江京口、新港及甘露三港,以达于江。漕舟自奔牛溯京口,水涸则改从孟渎右趋瓜洲,抵白塔,以为常"①。此后,两道交替行运,成为惯例。

江南运河镇江至常州段,"地势高仰,水浅易泄,盈涸不恒,时浚时壅",是明代江南运河面临的主要问题。唐宋以来,一直把丹阳练湖作为济运水柜,作为解决该段水浅的主要手段。宋代在江南运河入江口修建京口闸,在常州建奔牛闸和吕城闸,其间是江南运河较高的一段,练湖成为这段运河的主要供水水源,人称"湖水一寸,益漕河一尺"。元代,随着练湖湖区淤积和围垦,其济运作用减小。为提高练湖的济运作用,明洪武、建文、正统和弘治年间先后对练湖进行了疏浚,严禁佃种。当时的练湖"周四十余里,分上下二湖,界以中埂,见有石闸三座,盖引上湖之水以渐达之下湖;更有石闸三座,石础(溢洪道)一座,则引下湖之水以渐达之运河;又有函洞一十二处,则引

① (清)张廷玉等:《明史》卷八六《河渠志四·运河下·海运》,中华书局1974年版,第2104页。

上、下湖之水以达之田间。函洞以时启闭,则民间之旱涝无虞,闸座以时启闭,则运河之蓄泄有备”①。通过涵闸控制上下湖水位,引上湖之水到下湖,引上湖之水到运河,引下湖灌溉农田,但以济运为主,时有“七分济运,三分灌田”之说。明中后期,一些权贵不断霸占湖滩进行围垦,湖地逐渐被围十分之七。

孟渎河和德胜新河由于练湖淤塞和围垦,其济运功能日益减弱,常州至镇江段运河时常淤塞。为保漕运,明廷疏浚了常州附近的孟渎河。孟渎河,唐元和八年(813)由常州刺史孟简在原有渠道上修凿而成,全长41里,其作用是引长江潮水接济运河和灌溉农田,后屡经修治,明代扩建为引潮兼通船的运河,对京杭运河的全线畅通发挥了重要作用。永乐年间,通政张琏发民工10万人,浚常州孟渎河,使漕船可由奔牛至江口北上。“漕舟自奔牛溯京口,水涸则改从孟渎右趋瓜洲,抵白塔,以为常。”②同时,在河道入江口建闸,江潮上涌时开闸,潮落之始闭闸,使水不至于回退,以保持水量和水位。

宣德六年(1431),疏浚德胜新河40里,开辟了江南运河另一条通江水道。此河由常州之西的运河上开口向北入长江,入泰兴北新河,由泰州坝至扬子湾入淮扬运河,比入白塔河更为便利。江南运河常镇段与孟渎,德胜新河并通,使江南运河更为畅通。

6. 修筑洪泽湖大堤

洪泽湖位于淮安西南部,现为我国五大淡水湖之一。洪泽湖原是泄水不畅的洼地,后潴水成湖,古称破釜塘。相传,隋大业十二年(616),隋炀帝下江南,天旱水浅,舟行困难。当龙舟行至破釜塘时,突降大雨,水涨船高,龙舟顺利通行。炀帝大喜,以为“洪福齐天,恩泽浩荡”,将破釜塘改名为洪泽浦,唐代始名洪泽湖。

东汉建安五年(200),为防淮水东漫成灾,广陵太守陈登主持建筑从老坝头至武家墩土堤30里,称“捍淮堰”,因堤近高家村一带,亦称“高家堰”,此为洪泽湖大堤修筑之始。以后历朝均有修筑,特别是明清时期对高家堰进行了大力修筑,高家堰的修筑与明清对黄河、淮河和运河治理密切相关。

永乐十三年(1415),陈瑄修凿清江浦时,修筑了洪泽湖武家墩至周桥之间的大堤。嘉靖四十四年(1565),潘季驯出任总理河道,前后历时27年。在“束水攻沙”的治河方针指导下,主持了黄河下游两岸一系列堤防建设。万历六年至十七年(1578—1589),潘季驯决定“蓄清刷黄济运”,通过加高高家堰堰堤,抬高洪泽湖水

---

① (清)顾祖禹撰,贺次君、施和金点校:《读史方舆纪要》卷二五《南直七·练湖》,中华书局2005年版,第1262页。

② (清)张廷玉等:《明史》卷八六《河渠志四·运河下·海运》,中华书局1974年版,第2104页。

位，蓄淮河的清水，冲刷清口以下的河床泥沙，并及时给里运河补水，从而保证漕运的畅通。1578 年，高家堰大修时，仅高 4 米左右，长 60 里。以后为了抬高淮河水位，大堤一直加高到 10 米左右，延长至 60 多公里。大堤初为土堤，后改作砖堤、石堤。

洪泽湖大堤直立条石墙护面，自明万历八年(1580)开始建造，经明清两朝屡次修筑，至乾隆十六年(1751)全线石工才基本告成。至此，洪泽湖大堤已全部建成，北起淮阴码头镇，南迄洪泽蒋坝镇。石工墙全长 60 多公里，形成“堤堰有建瓴之势，城郡有釜底之形”。据有人粗略统计，洪泽湖大堤使用了千斤条石有 6 万多块，达 60 万立方米以上，且规格统一，筑工精细。大堤高 8—10 米，底宽 50—150 米，顶宽 10—30 米，这些都超过了万里长城，因此有“水上长城”之称。洪泽湖大堤是国内仅次于四川都江堰的第二大古堰，也是世界上最长、最古老、规模最大的有坝引水工程，展示了我国古代水利建设的高超技艺。

为防洪，修筑洪泽湖大堤时，还修建了减水坝闸和减水河。康熙十六年至十九年(1677—1680)间，靳辅大修洪泽湖大堤，接筑了周家桥以南大堤 20 余公里，创建武家墩、高良涧、周家桥、古沟东、古沟西及塘梗等六座减水坝溢洪，后又改滚水石坝三座并天然土坝两座。乾隆年间，增建二滚水石坝，废除天然土坝，总称“山盱五坝”。

潘季驯加高高家堰后，洪泽湖成为淮河洪水停蓄的空间，由此也带来了新的问题，即洪泽湖水位上升，回水使湖区上游的泗州城和明祖陵被淹。万历二十年(1592)，泗州积水久不消退，潘季驯因此被削职为民。“束水攻沙”的方略遭到明廷上下的质疑，甚至有人提议废毁高家堰。万历二十四年(1596)，继任总理河道的杨一魁为缓解泗州淹城之灾，动用民工 20 万，实施了分黄入海和导淮工程。杨一魁在清河以上开新河，分流黄河入海；在高家堰建闸，导淮入运河；并疏浚清口，恢复淮河清口出水能力。杨一魁为黄河和淮河下游行洪找到新的出路，更重要的是，导淮入运，最后流入江海。

尽管明清政府大力治理黄淮，终因黄强淮弱，始终未能改变下游泥沙淤积状况的恶化。康熙十九年(1680)，淮河大水，泗州城沉没于洪泽湖底。咸丰元年(1851)，黄淮并涨，淮河在蒋坝附近决口，流经宝应、高邮等洼地至芒稻河，在三江营入长江，形成入江水道，从此淮河改道入江。咸丰五年(1855)，黄河改道北去，淮河故道即成废黄河。

太湖水系的治理

太湖下游出水道主要是“三江”，《尚书·禹贡》有“三江既入，震泽(太湖古称)底定”的记载。人们一般所说的“三江”是指由太湖东北出海的娄江(又称刘家河，今称浏河)、东向出海的淞江(吴淞江)和东南出海的东江(黄浦江前身),其中吴淞江为主流。古代,东江东南流经今天的澄湖、白蚬湖以及淀泖地区入海,明代东江入海河道湮塞,东江逐渐演变成黄浦江。宋元时,吴淞江日趋缩小,黄浦渐大。明初因水量增大,称大黄浦。明代,放弃疏浚吴淞江,而分流其水往南北,吴淞江南移,与黄浦合流于南跄浦口。明代后,淞江的排水地位逐步由黄浦江所代替,今天的吴淞江、黄浦江、浏河是古代太湖"三江"演变的结果。

明代,太湖水系"通江达海,经流则太湖,东一支直出松江、嘉定为吴淞江;又东北一支直出昆山、太仓为刘家河;又东北一支直出常熟为白茆塘。常熟又北一支,直抵大江,为福山塘。水由太湖,而泄于江海,则可以无患。……海口不通,一遇天雨连绵,出泄不及,则田与江河涨成一壑,而患始不可拯矣"[①]。当时,吴淞江、刘家河和白茆河三条江河是太湖流域的主要出水口,它们的通畅与否直接影响到江南地区社会经济的稳定和民众生命财产的安危。明代,整治太湖下游泄洪水道是江南水利主要任务,明政府多次对太湖水系的主要河道进行疏浚和加固。明代江南重赋,许多江南官僚士大夫认识到兴修水利是提高农业收成、增加收入的重要途径。明万历年间,曾任常熟知县的耿橘说:"东南之难,全在赋税,而赋税之所出,与民生之所养,全在水利。盖储泄有法,则旱涝无患,而年谷每登,国赋不亏也。计常熟县民间田租之入,最上亩不过一石二斗,而实入之数,不过一石,乃粮之重者,每亩至三斗二升,而实费之数,殆逾四斗。是什四之赋矣。以故为吾民者,一遇小小水旱,辄流散四方,逋负动以数万计焉。赋不可减,岁不可必,元元其何以堪?而惟有水利大兴,俾岁时无害,为今日救时之急务。"[②]

永乐初年,江南水灾不断,户部尚书夏原吉两次受命前往治水。夏原吉到达江南后,考察了江南水情和地理形势,提出了自己的治水方案:"盖浙西诸郡,苏、松最居下流,嘉、湖、常三郡土田下者少,高者多,环以太湖,绵亘数百里,受纳杭、湖、宣、歙诸州溪涧之水,散注淀山等湖,以入三泖。顷为浦港湮塞,汇流涨溢,伤害苗稼。拯治之法,要在浚涤吴淞江诸浦,导其壅塞,以入于海。但吴淞江延袤二百五十余里,广一百五十余丈,西接太湖,东通大海,前代屡疏导之。然当潮汐之冲,沙泥淤积,屡浚屡塞,不能经久。自吴江之长桥至夏驾浦,约一百二十余里,虽云通流,多有浅狭之处。自夏驾浦抵上海县南跄浦口一百三十余里,湖沙渐涨,潮汐沙壅障,茭芦丛生,已成平陆。欲即开浚,工费浩大。且滟沙淤泥,浮泛动荡,难以施工。臣等相视,自嘉定之刘

① (明)周木《代牟都御史草苏松水利疏》,(明)管一德:《皇明常熟文献志》卷一六,转引自洪焕椿:《明清苏州农村经济资料》,江苏古籍出版社1988年版,第314页。

② (明)耿橘:《常熟县水利全书》卷一《大兴水利申》,明万历刻本。

家港，即古娄江，径通大海；常熟之白茆港，径入大江，皆系大川，水流迅急，宜浚吴淞江南北两岸安亭等浦港，以引太湖诸水入刘家、白茆二港，使直注江海。又淞江大黄浦，乃通吴淞江要道，今下流壅遏难流，傍有范家浜至南跄浦口，可径达海，宜浚令深阔，上接大黄浦，以达泖湖之水。此即《禹贡》三江入海之迹。俟既开通，相度地势，各置石闸，以时启闭。每岁水涸之时，修筑圩岸以御暴流。如此则事功可成，于民为便也。”①

夏原吉认为，治水关键是疏浚下游河道，使洪水畅流入海。因泄水干道吴淞江严重淤塞，应着力疏浚白茆河、刘家河及其支流，即引吴淞江水自刘家河入海，挑浚范家浜。在夏原吉主持下，先后完成了以下水利工程：疏浚白茆浦、福山塘、黄径（南通太仓州，北至昆承湖）、耿泾等，筑起斜堰工程，导昆承、阳城诸湖水由白茆河入大江；疏浚刘家港，开浚昆山县夏家浦、新洋江，挑浚顾浦、安亭、千墩等浦，引吴淞江水北由刘家港入海；在河口修建坝闸，控制泄水和涨潮，加固围堤。

永乐二年（1405），夏原吉采纳华亭县人叶宗行等“浚范家浜引浦水入海，禁濒海民毋作坝以遏其流”的建议，放弃浚深吴淞江（今苏州河），征调10余万民工，在吴淞江东南侧，南起南广福寺，北迄南跄浦口，疏浚范家浜，总计开挖河道12000余丈。范家浜上接大黄浦（原为吴淞江支流），引淀山湖水自南跄口入海，它改变了历史上太湖下游泄洪水道的基本格局。此后，太湖流域洪水通过黄浦、范家浜，再经吴淞口入海，黄浦江逐渐成为太湖流域泄洪主要河流，时有“黄浦夺淞”之说。

吴淞江、黄浦江、刘家河三江并治，是夏原吉江南治水的首创，为以后治水者提供了有益的借鉴。在江南治水期间，夏原吉“布衣徒步，日夜经画。盛暑不张盖，曰：‘民劳，吾何忍独适。’事竣，还京师，言水虽由故道入海，而支流未尽疏泄，非经久计。明年正月，原吉复行，浚白茆塘、刘家河、大黄浦。……九月工毕，水泄，苏、松农田大利”②。

宣德五年（1430），周忱以工部右侍郎巡抚江南，再次对太湖水利进行了大力整治。在总结前人治水经验的基础上，他采取“制淞入浏”的办法，由夏家浦疏导吴淞江水入浏河出长江，以代吴淞江下游的疏浚，又从范家浜导淀泖水经黄浦江入海。同时，他还主持疏浚了吴淞江下游水道，利用新泾、莆江塘导吴淞江入黄浦江，组织百姓疏浚吴淞江、昆山顾浦、常熟奚浦等沿江、沿海河道，所需费用以济农仓的余米支付。治水江南期间，周忱经常亲自到江上，立表于江心，到工地监督工程。疏浚太湖出水口的同时，重建高淳东坝，阻止胥溪之水进入太湖。

---

① （明）夏原吉《苏松水利疏》，（明）陈子龙等编：《皇明经世文编》卷一四，中华书局1962年版，第104—105页。

② （清）张廷玉等：《明史》卷一四九《夏原吉传》，中华书局1974年版，第4150　4151页。

芙蓉湖曾是江南一大湖，位于太湖之北，地跨武进、无锡、江阴三县，明代芙蓉湖南北80里，湖面辽阔，但时常泛滥成灾。为治理好芙蓉湖，周忱借鉴北宋水利专家单锷《吴中水利书》中的治水措施，立足三吴全局，实行综合整治。首先整修了鲁阳等5堰，筑上下两坝，以阻上游来水，同时“穿百凌于震泽，以导下流”，再筑围成圩。经过综合整治，终使浩淼之区成为膏沃之壤，圩田纵横20多里，周围60余里，其中农田108000多亩。正统八年(1443)，周忱还疏浚了镇江到常州间的运河及其支流，重建了孟渎河闸和黄田闸。为防江潮挟带的泥沙淤塞运河，创制了双橹刷沙快船，尾部捆绑铁扫帚，趁潮落时在河中摇船急行，沙随潮去，有效地治理了泥沙沉积河底的弊病，也节省了疏浚费用。

天顺二年(1458)崔恭任应天巡抚，大力疏浚吴淞江。崔恭认为，在故道上疏浚吴淞江，“虽浚必合，莫若从新地凿之”。新道西自大盈浦，东到吴淞江巡司共22000丈，宽14丈，深2丈。东北方面又从曹家河开新河至新场，长3万余丈。同时，对黄浦江及其支流进行整治，取得了一定的成效。

正德十六年(1521)，巡抚李充嗣、工部郎中林文霈主持疏浚白茆河。当年十月动工，新开江口至双庙段3556丈，又疏浚双庙至常熟县东仓。全长共17391丈，深1.5丈，宽3.3丈，次年四月完工。嘉靖二年(1523)，林文霈又组织对阳澄湖下游港浦以及太湖东北入江水道的疏浚。

隆庆四年正月(1570年2月)，时任应天巡抚的海瑞奏请以工代赈疏浚吴淞江。同年二月，他以同样方式又疏浚了白茆河，“活饥民十三万”，垦江、河熟田40余万亩。海瑞对吴淞江的治理，以花费少、工期短、收效大而为后世人赞赏，“瑞锐意兴革，请浚吴淞、白茆，通流入海，民赖其利。”①

万历五年至八年(1577—1580)，巡按御史林应训在张居正的大力支持下负责太湖水利工程的施工。林应训认为，太湖下游虽有黄浦江、刘家河等泄洪，但仍水患不断，与历史上的主要泄水道吴淞江淤塞有关。因此，他主张以吴淞江为重点，在浚通吴淞江下段的基础上，重点治理吴淞江中段，兼疏黄浦江、白茆港等水道，先后疏浚吴淞江140里，黄浦江90多里，白茆港45里，以及其它港浦数十处。这是一次对太湖水道较为全面的治理，提高了太湖流域的泄洪能力。

明政府通过对太湖流域水利治理，促进了江南社会经济的稳定发展和繁荣，也保证了富庶的江南源源不断地向明朝廷提供钱粮，进而为明王朝的长治久安奠定雄厚的物质基础。

---

① (清)张廷玉等:《明史》卷二二六《海瑞传》，中华书局1974年版，第5931页。

修筑海堤

早在秦汉时，中国沿海民众即在沿海修筑堤岸以防潮汐危害，海堤不断扩展，由短塘扩为长塘，再由土塘改为石塘。苏北多称海堤为"海堰"，江南地区则称"海塘"。江苏海塘以长江口为界，以北海岸线为苏北海堤，受海岸线变迁的影响较大；以南沿海称苏松海塘，其中太仓、常熟两县既有海塘，又有江塘。

江苏南北沿海地区均属冲积平原。12 世纪时，苏北海岸线尚在今盐城县治到东台县治附近，古代长江口的广陵潮如同今天钱塘江的钱塘潮一样闻名于世。西汉时，淮阴辞赋家枚乘在《七发·观涛》中以"鸟不及飞，鱼不及回，兽不及走"描写了汹涌澎湃的广陵潮，说明汉代人们在扬州尚能看到壮观的海潮。由于黄河、淮河和长江泥沙的淤积，经过数百年，大片海域变为平原，苏北海岸线东移了 50—60 公里。同样，苏南海岸线也因长江泥沙的淤积也不断东移。

江苏沿海海堤建设已有千余年的历史，由北向南不断修筑扩建，北部海州一带成陆较早，形成了古捍海堰、永安堤等江苏早期的古海堤。唐宋时，苏北中部海岸线较为稳定，陆续修建了常丰堰、范公堤。通州启(东)海(门)一带，成陆较晚，且海岸蚀淤多变，除沈公堤、嵇公堤等之外，多数为明朝以后修筑。江苏江南地区海塘主要是常熟、太仓等地海塘，明清两代屡有整修。

江苏历史上最早的海塘修建于连云港的海州湾，因为海州成陆甚早，经济开发也历史悠久。南北朝时，北齐杜弼在海州主政，"于州东带海起长堰，外遏咸潮，内引淡水"[①]。隋开皇九年(589)，县令张孝征修筑西捍海堰，该海堰位于"东海县北三里，南接谢禄山(今南城西山)，北至石城山，南北长六十三里，高五尺"。隋开皇十五年(595)，东海县令元暖又筑东捍海堰，在"东海县东北三里，西南接苍梧山，东北至巨平山，长三十九里。……外足以捍海潮，内足以贮山水，大获浇溉"[②]。唐开元二十四年(726)，海州刺史杜令昭筑永安堤，民获其利。北宋至和年间，沈括代理东海县令时也在石台山一带兴修海堰工程。明代，海州一带海堰多次修整。洪武初年，王规从海州南云台的大岛山至凤凰城(今南城)依山势修筑了一道长达 500 里的捍海堰，史称"王公堰"。明洪武、弘治、万历年间，还耗费数千金对隋朝修建的万金坝进行整修。万历时，海州通判唐伯元还修筑了大村堰。

唐大历二年(767)，时任淮南西道黜陟使的李承巡视盐城，发现沿海一带风暴潮严重威胁着盐场和农田的安全，组织民众沿东冈堤修筑了一条捍海堰，抵挡潮水内灌。该海堤北起盐城，南抵海陵，全长 140 余里，有效地抵御了海上风潮来袭，保证了

① (唐)李百药：《北齐书》卷二四《杜弼传》，中华书局 1974 年版，第 353 页。

② (宋)乐史撰，王文楚等点校：《太平寰宇记》卷二二《河南道二十二·海州》，中华书局 2007 年版，第 463 页。

堤内农作物的丰收，故人们称之为“常丰堰”。北宋天禧五年(1021)，范仲淹任泰州西溪镇盐仓监官，掌管盐税。他见唐代所修常丰堰堤因年久失修而坍毁，建议修复并加以扩建，得到转运副使张纶的支持。新堤建成后，人们为纪念范仲淹建堤功绩，称之为“范公堤”。明朝，对“范公堤”继续进行维修和扩建。洪武二十三年(1890)，发生大潮汐，范公堤多处被毁，百姓死者3万多人，明廷令苏、松、淮、扬四府组织人力整治海堤。次年，明廷调集苏州府长洲、常熟、吴县民丁38000余人修筑通州一带海堤圩岸。[①] 永乐九年(1411)，海潮毁坏海门至盐城的多处海堤，陈瑄率领40万兵士修复了坍毁海堤18000余丈。

成化十五年(1479)二月，巡盐御史杨澄筑泰州堤百余里，60日而成，植以万柳，百姓得其利，因呼“杨公堤”。隆庆年间，通州盐运分司判官包柽芳，从石港旧范公堤缺口起，将马塘等地围入堤内，南至石港场，筑新堤20里，人称“包公堤”。

万历十五年(1587)，海门县知县姜天麒主持修筑新岸，人称“姜公堤”。这道新岸在“沈堤”(宋海门知县沈起修筑)之北约5里，东起吕四场，西到余中场。同时，还修筑了石港新堤，堤北起于五总附近，抵货隆与沈公堤相接。万历四十三年(1615)，巡盐御史谢正蒙巡视范公堤，分段加以整修。崇祯四年至六年(1631—1633)，洪水冲决范堤，海防同知刘斌奉旨整修范公堤。

明代，苏州府属的常熟、太仓等州县濒江临海，沿江海建有海塘和江塘。随着长江河口向东延伸和海洋潮流不断变化，堤防的作用不仅仅是阻挡海潮，海塘线的界定以海潮为依据，堤防的名称有了“江堤”和“海塘”之分。苏州地区海塘以江阴界泾口(今属张家港市境)为界，以上为江堤，以下则为海塘(1949年后，以福山口为界，以上是江堤，以下为海塘)。

洪武年间，明政府在南起嘉定县界，北至太仓刘家河间修筑海塘1810丈、高1丈、基广3丈、面广2丈。[②] 嘉靖二十二年(1543)，江南海塘再次大修。太仓知州冯汝弼筑刘家河至常熟县江塘50余里，并增高、筑厚刘家河至嘉定海塘1856丈。明代，太仓海岸线尚未完全稳定。明后期，由于长江河口水势变化很大，在汹涌的江流和海潮的冲蚀下，太仓江岸发生了一连串的崩塌，甘草市和浏河堡相继塌入长江之中，后经加固沿线海塘，坍海现象才有所缓解。

---

① 《明太祖实录》卷二〇七，洪武二十四年正月癸巳条，台湾“中央研究院”历史语言研究所1962年校印本。

② 万历《嘉定县志》卷一四《水利考》，《四库全书存目丛书》史部第209册，齐鲁书社1996年版，第85页。

3. 治水理论

归有光《三吴水利录》

归有光(1506—1571),字熙甫,号震川,明代昆山(今江苏昆山市)人。35岁中举后,8次应进士试,皆落第。嘉靖四十四年(1565),年近60岁才中进士,授湖州长兴知县。隆庆四年(1570),任南京太仆寺丞,不久积劳成疾,卒于任上。嘉靖年间,归有光长期寓居嘉定安亭江上,读书讲学,人称"震川先生",著有《震川先生集》40卷。归有光是明后期吴中地区经世致用的代表人物,关注民生和社会问题,主张任贤使能、抗御倭寇、兴修水利,撰写了不少经世致用的论著。

归有光寓居嘉定安亭时,江南太湖堤防多年失修,水旱成灾。他"潜心先贤治水方略,遍访故家野老",实地考察,于嘉靖二十五年(1546)编成《三吴水利录》。《三吴水利录》全书共4卷,附1卷,前3卷收录了历史上郏亶、郏乔、苏轼、单锷等水利专家关于三吴水利论著7篇,第4卷收录其自撰的《水利论》等水利文章,多有独到的见解,提出了循本治根的治水思想,认为"吴中治水,应专力于松江(今吴淞江)",并精心绘制了多幅地图。因吴淞江东西贯穿昆山县境,归有光曾作了长时间的实地考察,其所撰写的《水利论》等有较高的理论价值。《三吴水利录》为研究太湖流域水利提供了较系统的资料,成为治理苏松地区水利的重要参考和借鉴。然而,《三吴水利录》问世之初并没有得到应有的重视。隆庆三年(1569),应天巡抚海瑞在疏浚吴淞江、白茆河时,受到归有光《三吴水利录》的启发,采纳了他的一些治水主张,对吴淞江进行了大规模的疏浚,成效显著。

徐有贞治河和水箱试验

徐有贞(1407—1472),初名理,字符玉,吴县(今江苏苏州市)人。历经正统、景泰、天顺三朝,因协助英宗朱祁镇复辟有功而受宠,权倾朝野,诬杀功臣良吏。后来,他本人也在宦海内讧中失宠被贬。徐有贞一生荣辱沉浮、功过毁誉参半,被正统史家们列为奸臣,但他作为一个水利专家,在诸多方面颇有建树。

正统年间,黄河山东段屡决,威胁到沙湾运道。景泰三年(1452),徐有贞以左佥都御史赴山东张秋治河。"河决沙湾七载,前后治者皆无功。廷臣共举有贞,乃擢左佥都御史,治之。至张秋,相度水势,条上三策:一置水门,一开支河,一浚运河。"[①]徐有贞主持的治黄水利工程从景泰四年(1454)底兴工,至景泰六年七月竣工,深受当地

---

① (清)张廷玉等:《明史》卷一七一《徐有贞传》,中华书局1974年版,第4561页。

百姓赞誉。“昔也，沙湾如地之狱；今也，沙湾如天之堂。”①此外，徐有贞还参与了其它一系列水利工程。在总结治河经验时，他说：“上制其源，下放其流，既有所节，且有所宜，用平水道。由是水害以除，水利以兴。”②在山东治黄成功的同时，他还在山东进行了水箱放水实验，较法国科学家彭赛列等人进行同类实验早400多年，成为世界上最早做水箱放水实验的人。

徐有贞的水箱放水实验是景泰年间在山东张秋治河时所做。将两个完全相同的等容水箱，盛满同质同量的水，一个水箱底开一大孔，另一个水箱开数小孔，令所有小孔面积之和等于大孔面积。作放水实验，测试哪个水箱的水先放完。实验目的就要测定小孔的放水系数。实验结果发现，当小孔直径小于1英寸时，放水系数会随孔径的减小而稍有增加；当两水箱的水面高度与小孔面积相同时，孔口形状与孔缘不同的锐利程度均会影响到放水系数，矩形小孔的放水系数最大，先将水箱内的水放完。明人方以智在其《物理小识》中记载，“徐有贞张秋治水，或谓当浚一大沟，或谓多开支河，乃以一瓮窍方寸者一，又以一瓮窍之方分者十，并实水，发窍，窍十者先竭”③。

四　户口、田赋、赋役

1. 户口和里甲

户口

元末战乱，版籍亡佚，户籍残破。明初对户籍进行重新整理，以此作为核实户口、征调赋税的依据。“太祖籍天下户口，置户帖、户籍，具书名、岁、居地。籍上户部，帖给之民。有司岁计其登耗以闻。”④

洪武三年(1370)，朱元璋下诏，户部籍天下户口，并置户贴。登记的主要内容是籍贯、丁口、姓名、年龄等。为防止假冒、伪造，政府将户贴以字号编为勘合，用半印钤记。对于洪武初年的户帖样式，明代江阴人李诩在其《戒庵老人漫笔》中作了详细介绍。“一户某　府　州　县　乡　都　保附籍　户计家　口　男子　口成丁不成丁　妇女　口大小　事产基田瓦草屋　右户帖付某　收执。准此。洪武三年十一月　日。此帖人罕得见矣，余从一处觅来，录之以备典故。周围梅花阑，大不满二尺，号数处用部印合同半钤，年月日下空处用全印，后有一大部字，印下花押，直连者三，又横并者三，无

① (明)谢肇淛：《北河纪》卷三《治水功成题名记》，《影印文渊阁四库全书》第576册，台湾商务印书馆1983年版，第611页。

② (明)徐有贞：《敕修河道工完碑略》，(明)陈子龙辑：《明经世文编》卷三七，中华书局1962年版，第287页。

③ (明)方以智：《物理小识》卷二《地类·治水开支河》，商务印书馆1937年，第50页。

④ (清)张廷玉等：《明史》卷七七《食货志一》，中华书局1974年版，第1878页。

官吏职衔姓名。背后沿边，县刊一小牵长腔宕印于其上，首行云‘江阴县提调官’，下分注‘知县钱文德、县丞傅学。’第二行‘司吏麋宗文。’第三行‘典史朱贯道。’每人皆有花押。末行‘洪武三年十一月　日。’”①

黄册由明初户帖演进而来，将户口、田产和赋税三者合一，又称“赋役黄册”。黄册以户为主，分里编造户口档案，详列每户丁口、事产、乡贯、名姓等具体情况，作为征收赋税的根据，其中送往户部的封面为黄色，故称为“黄册”。明代黄册一直存放于“周遭四十里，中突数洲”宁静又安全的南京后湖（即今玄武湖）。明洪武十四年（1381）推行黄册制度，规定各地每 10 年编造一次赋役册籍，共 4 套，其中 3 套用青色封面（称青册），由布政司、府（州）、县各存 1 套，1 套用黄色封面（称黄册）上交中央户部。据《后湖志》记载，每大造黄册一次，全国大约要向黄册库解送黄册六万余本，因此后湖黄册库存册数量巨大。弘治三年（1490），库藏黄册 772900 余本，到万历二十年（1592），后湖收贮黄册已有 1531458 本②，同时还收藏全国丈量土地绘制的鱼鳞图册。该库初由户部侍郎代管，明都北迁后，由南京户科给事中一员和户部清吏司主事一员专管。明中叶以后，随着政治腐败和黄册制度日趋废弛，后湖黄册库的管理也每况愈下。明朝亡后，后湖黄册也损毁殆尽。“南京后湖贮各省户口、田粮册，有明终始计一百七十万本。南渡后，用以造甲点火，至本朝仅存万历间及崇祯五年者。朝议谓：‘每本四五斤，鬻之可得四万缗。’”③

明代户籍分军籍、民籍、匠籍和灶籍。军户分为校尉、力士、弓箭兵（地方武装，掌地方巡戒）等；民户分为儒户、医户、阴阳户（堪舆为业）等；匠户分为厨役、裁缝、马船等。“人户以籍为断，禁数姓合户附籍。漏口、脱户，许自实。里设老人，选年高为众所服者，导民善，平乡里争讼。其人户避徭役者曰逃户。年饥或避兵于他徙者曰流民。”④

表 1　明代江苏地区 6 府 1 州户口统计表⑤

府名	时间	户数（户）	人口数（人）
应天府	洪武二十六年（1393）	163915	1193620
	弘治四年（1491）	144368	711003
	万历六年（1578）	143597	790513

① （明）李诩：《戒庵老人漫笔》卷一《半印勘合户帖》，中华书局 1982 年版，第 34—35 页。

② 韦庆远：《明代黄册制度》，中华书局 1961 年版，第 93 页。

③ （清）查慎行：《人海记》卷上《后湖册》，《续修四库全书》第 1177 册，上海古籍出版社 2002 年版，第 198—199 页。

④ （清）张廷玉等：《明史》卷七七《食货志一》，中华书局 1974 年版，第 1878 页。

⑤ （明）申时行等：《明会典》卷一九《户口》，中华书局 1989 年版，第 124—129 页。

续表

府名	时间	户数(户)	人口数(人)
苏州府	洪武二十六年(1393)	491514	2355030
	弘治四年(1491)	535409	2048097
	万历六年(1578)	600755	2011985
常州府	洪武二十六年(1393)	152164	775513
	弘治四年(1491)	50121	228363
	万历六年(1578)	254460	1002779
镇江府	洪武二十六年(1393)	87364	522383
	弘治四年(1491)	68344	171508
	万历六年(1578)	69039	165589
扬州府	洪武二十六年(1393)	123097	736165
	弘治四年(1491)	104104	656547
	万历六年(1578)	147216	817856
淮安府	洪武二十六年(1393)	80689	632541
	弘治四年(1491)	27978	237527
	万历六年(1578)	109205	906033
徐　州	洪武二十六年(1393)	22683	180821
	弘治四年(1491)	34886	354311
	万历六年(1578)	37841	345766

通过对表1中的数据分析,我们可以发现,多数府县的人户数弘治年间较洪武年间反而有所减少。其中,应天府因永乐年间迁都北京造成人户大量减少,苏州、常州、镇江等府农户大量逃亡逃避赋役是导致登记在册人户减少的重要原因。另外,朱棣为夺取皇权进行了4年的“靖难之役”,战争使长江以北的淮安、扬州两府人口大量伤亡,“靖难兵起,淮以北鞠为茂草……至天顺间为最衰。成、弘继盛,正德以后又减。……户口增减,由于政令张弛。故宣宗尝与群臣论历代户口,以为‘其盛也,本于休养生息,其衰也,由土木兵戎’”①。

明初朱元璋对苏州等府实行重赋政策,以致“天下之农民固贫矣,而苏、松之农民比于天下,其贫又加甚焉”。明中后期,江南许多农户在人口、赋役等沉重压力下大量逃亡。以苏州府太仓州为例,洪武年间,见丁授田16亩。洪武二十四年(1391),黄册

① (清)张廷玉等:《明史》卷七七《食货志一》,中华书局1974年版,第1881页。

原额 67 里、8986 户。宣德七年(1432)造册,只有 10 里、1569 户,经核查实际户口仅存 738 户,其余为逃绝虚报之数。时任江南巡抚的周忱说:"户虽耗而原授之田俱在,夫以七百三十八户而当洪武年间八千九百八十六户之税粮,欲望其输纳足备而不逃去,其可得乎? 恐数岁之后,见户皆去而渐至于无征矣。"周忱对农户大量逃亡的现象进行了认真的分析,列出了农民逃避赋役 7 种方式:"一曰大户苞荫,二曰豪匠冒合,三曰船居浮荡,四曰军囚牵引,五曰屯营隐占,六曰邻境蔽匿,七曰僧道招诱。……苏、松人匠,丛聚两京。乡里之逃避粮差者,往往携其家眷,相依同住,或创造房居,或开张铺店,冒作义男女婿,代与领牌上工。……一户当匠,而冒合数户者有之;一人上工,而隐蔽数人者有之。兵司马不敢问,左右邻不复疑,由是豪匠之生计日盛,而南亩之农民日以衰矣。"①

应天府高淳县也存在农户逃亡现象。"及明太祖定鼎金陵,念畿辅供助独勤,屡行蠲减,然不为定例也。嗣后民困征输,欲鬻田以办税,竟无受者,而富者唯利于官田,于是业官者伪作民田售之,田归富家,粮遗本户,由此不胜逋积,逃亡接踵,则久有所谓逃亡赔米,贻害无极矣。"②肥沃之田或为官田,或为虚田,产去粮存,百姓被迫逃亡。高淳县地处丹阳、固城、石臼三湖之滨,宋元以后多筑圩田,地势低洼,屡遭水淹。正德年间,高淳大水,为保下游常州、苏州良田,先后淹没大片农田,地去而赋存,农民仍要继续按原额交纳粮赋,无疑加重了负担。

明代各级政府为征派赋役编造的户口籍册有黄册与白册两种。黄册以户为主,详载各户的人丁状况,凡属同一业户而坐落不同的土地皆登载于黄册中,官方即以此定户等,以户等征派徭役。白册是明代地方经征赋役官吏私编的征税派役簿册。黄册编造时,少数编造人员常和官吏串通舞弊,私自涂改捏造,致使人户、田地与实际不符。为此,主管官吏常另编一册作为征赋派役的依据。因是私编,不报户部,故名白册,也称"实征黄册"。

里甲

从洪武三年(1370)起到洪武十四年(1381),明廷在全国范围内基本建立起里甲组织。洪武十四年(1381),"诏天下府州县编赋役黄册,以一百一十户为一里,推丁多者十人为长,余百户为十甲。甲凡十人,岁役里长一人,管摄一里之事。城中曰坊,近城曰厢,乡都曰里。凡十年一周,先后则各以丁数多寡为次,每里编一册,册首总为一图,鳏寡孤独不任役者,则带管于百一十户之外,而列于图后,名曰'畸零'。册成,一

---

① (明)周忱:《与行在户部诸公书》,(明)陈子龙:《明经世文编》卷二二,中华书局 1962 年版,第 174—176 页。

② 康熙《高淳县志》卷八《赋役考》,中国科学院图书馆选编:《稀见中国地方志汇刊》第十二册,中国书店 1992 年版。

本进户部，布政司及府、州县各存一本”[①]。明政府规定，十年轮役一遍，称为“排年”。里甲内的民户相互了解，互作保证，既便于控制，又便于催征钱粮、排定农民徭役的时间和次序。里成为县以下乡村政权基层权力机构，而以前的设置的乡、都等机构不再成一级政权机构。“里长者，里之长也。天下之势，自下而上，甲首上有里长，里长上有县令，县令上有郡守，郡守上有藩司，藩司上有六卿，而天子加焉。”[②]明初，在农村地区实行里甲制，里甲制是明初基层社会最基本的组织建制，明黄册制度即在此基础上得以施行。据嘉靖年间应天府各县编户：上元二百三里，江宁七十四里，句容二百五十一里，溧阳二百二十六里，溧水二百五十二里，江浦二十四里半，六合一十七里，高淳四十里。[③]

里甲的主要职能有：协助政府征赋派役和调处民事纠纷；管理本里人丁事产；清勾军匠，追捕逃犯；支应“上供物料”等。“里设老人，选年高为众所服者，道民善，平乡里争讼。”老人“于民最亲，于耳目最近，谁善谁恶，洞悉之矣”。朱元璋还规定老人可以上京面圣，反映乡里实况。里甲以“老人、里长、甲首”组成了法律裁定团，除了一些刑事案件（如杀人等）外，负责着里甲日常的民事裁定。一般来说，“诉不出里”，“凡民间户婚、田土、斗殴相争一切小事，须要经由本里老人理决，若系奸盗、诈伪、人命重事，方许赴官陈告”[④]。而乡里老人解决纠纷矛盾的依据以乡规民约为主、国家律典为辅，并一直延续至清末乃至民国时期。

明代，里甲承担治安、社会教化和管理等职能。正德、嘉靖以后，各地进行赋役制度改革，田赋丁银逐步由民收民解改为官收官解，徭役也始由政府出银雇佣里甲催征钱粮，管理户口的职能逐步丧失，其主要职能由催收钱粮转为维护治安，许多地区在里甲制的同时建立了保甲制。嘉靖三十二年（1553），东南地区倭寇猖獗，南京给事中张永宪建议防御之策，“立保甲，团结乡民，协力战守”。里甲以帮助政府征赋派役为主，而保甲主要以缉捕奸盗、维护社会治安为主。明代保甲一般以十家为一甲，十甲为一保，有的地方保甲户数并不固定。如天启时，苏州府行保甲法，“以十二家为一甲，甲有长，十二家各长一月，岁一周复，以乡约之法辅而行之”[⑤]。保甲长的选举也不是以资产为标准，而是由“才力为众所服者”。

---

① （明）申时行等：《明会典》卷二〇《户口二·黄册》，中华书局1989年版，第132页。

② （明）叶春及：《石洞集》卷一〇《里役论》，《影印文渊阁四库全书》第1286册，台湾商务印书馆1986年版，第576页。

③ （明）闻人诠修，陈沂纂：《南畿志》卷四《郡县志》，《北京图书馆古籍珍本丛刊》第24册，书目文献出版社1998年版，第76页。按，明永乐十九年（1421）迁都北京后，以应天府南京为南畿，其下直辖郡邑包括今江苏、安徽、上海等省市。

④ 杨一凡：《洪武法律典籍考证》，法律出版社1992年版，第155—156页。

⑤ 同治《苏州府志》卷一四七《杂记四》，《中国地方志集成》江苏府县志辑10，江苏古籍出版社1991年版，第737页。

2. 田赋

田与地在不同时期和地区有着不同的概念，在北方，田指熟田，地则指垦荒地。而在南方，田指低凹下去的，适宜耐水的水稻等作物，地是高凸出来的，适宜种桑、豆、烟、棉花等耐旱作物。除田、地以外，还有山和塘等。

明代田地，大致可分为官田、民田两大类。“明土田之制，凡二等：曰官田，曰民田。初，官田皆宋、元时入官田地。厥后有还官田，没官田，断入官田，学田，皇庄，牧马草场，城壖苜蓿地，牲地，园陵坟地，公占隙地，诸王、公主、勋戚、大臣、内监、寺观赐乞庄田，百官职田，边臣养廉田，军、民、商屯田，通谓之官田。其余为民田。”[①]还官田，指田地一度赐给官员或由民承种，后因事还官的田地。没官田，即籍没之田。明代，凡“民间有犯法律复籍没其家者，田土令拘收入官”，称为“没官田”。明初，这种没官田以江南为最多，主要是支持和依附张士诚集团的贵族和地主的田地，苏州一地仅没官田就有 280 万亩[②]，明代，苏州府是当时江南诸府中官田比例最高的。弘治十五年(1502)，苏州府官田占总田地比例高达 62.99%，而全国平均比例仅有 14.15%(详见表 2)。

表 2　弘治十年(1497)苏州府官民田与全国官民田数比较表[③]

官民田地	苏州府(亩)	全国总数(亩)	苏州府(百分比)	全国(百分比)
官　田	9778635	59845692	62.99	14.15
民　田	5746362	362960197	37.01	85.85
合　计	15524997	422805889	100	100

官田是中国封建土地所有制主要形式之一，也称公田，是指封建政府和皇室贵族占有、控制的耕地和荒地，广义上的官田是相对于民田而言的。明代官田名目繁多，一般都只缴田赋，免丁徭役，以租佃给农民耕种为主。到明中叶后，随着卫所军官对屯田的霸占和阶级矛盾的尖锐，大量屯田日趋民田化。

民田包括地主所有和农民所有两种。地主所有即大、中、小地主所拥有的土地，主要指王公、贵族、勋戚、官僚、商贾、寺观僧道等占有的土地。农民所有指自耕农和半自耕农所拥有的小块土地，亦即直接生产者的小额土地。这些农民所有的小块土地，多系从前代继承的祖产，或者是他们自己开荒占有的土地。这些小土地所有者的经济地位是很不稳固的，常因赋役、债务、地租及天灾等原因破产，被迫出卖土地。民田根据其形成和用途可分为以下几种：民赋田是民间恒产，可自由买卖转让，承担田

① (清)张廷玉等：《明史》卷七七《食货志一》，中华书局 1974 年版，第 1881 页。

② (清)顾炎武：《天下郡国利病书》原编第四册《苏上》，《四部丛刊三编》本，上海商务印务馆 1936 年影印版。

③ (明)申时行等：《明会典》卷一七《田地》，梁方仲：《中国历代户口、田地、田赋统计》相关统计。

赋;农桑地,适合栽种桑树田地;芦课地,产芦苇之地;河淤地,河边淤积的土地。田塘,有积水的土地;灶地,作为盐场的土地。

表 3 明代江苏地区府州田亩统计表[①]

府名	时间	总田亩(顷)	官田(顷)	民田(顷)
应天府	洪武二十六年(1393)	72701		
	弘治十五年(1502)	69974	19964	50009
	万历六年(1578)	69405		
苏州府	洪武二十六年(1393)	98506		
	弘治十五年(1502)	155249	97786	57463
	万历六年(1578)	92959		
常州府	洪武二十六年(1393)	79731		
	弘治十五年(1502)	61777	9041	52736
	万历六年(1578)	64255		
镇江府	洪武二十六年(1393)	38452		
	弘治十五年(1502)	32722	10356	22365
	万历六年(1578)	33817		
扬州府	洪武二十六年(1393)	42767		
	弘治十五年(1502)	62297	7934	54362
	万历六年(1578)	61084		
淮安府	洪武二十六年(1393)	193330		
	弘治十五年(1502)	101713	5039	96033
	万历六年(1578)	130826		
徐州	洪武二十六年(1393)	28341		
	弘治十五年(1502)	30012	203	29808
	万历六年(1578)	20167		

明代与田地紧密联系的是鱼鳞图册,它是明政府为征派赋役而编制的土地登记簿册,因所绘田亩形状如鱼鳞,故称鱼鳞图册。早在南宋绍熙年间,即出现了鱼鳞图册,而全国范围内普遍推行鱼鳞图册则始于明朝洪武年间,至清渐废。

---

① (明)申时行等:《明会典》卷一七《户部四·田土》,中华书局1989年版;(明)王圻纂辑:《续文献通考》卷三《田赋考》,《续修四库全书》第761册,上海古籍出版社2002年版。

洪武年间，朱元璋为了建立赋役制度，多次在全国范围组织进行绘制鱼鳞图册的工作。明廷派人到全国各地主持或由地方官员组织人力，逐田度量，核实田亩。据各县税粮多少，将一县分为若干区，每区又按土地的自然形态分为若干地段，由粮长率里长、甲首进行丈量，以田地为主，编排字号，详列土地面积地形、四边、土质优劣及上中下三等税则。有的图册还有“分庄”一栏，为记载土地买卖时粮差过户或父子兄弟析产之用。各州、县、都、里将所辖境内的田地图编在一起，再按照一定的规律编列字号，订成一册，各州县年终统一造册解府汇编成一府总册。

明代绘鱼鳞图册包括总图和分图两部分。总图以乡为单位绘制。绘制时，按土地自然排列，“田地以丘相挨，如鱼鳞之相比，或官或民，或高或圩，或肥或瘠，或山或荡，逐图细注，而业主之姓名随之，年月卖买，则年有开注。人虽变迁不一，田则一定不移，是之谓‘以田为母，以人为子’”①。分图按每块土地的形状如实地加以简单的描绘，“或系方田、或凹田、或斗田、或凸田、或靴田、或蛇田、或月牙田、或豸角田、或牛角田、或长湾、或一字，形状不一，务须明白书写”②。同时要注明土地面积、周围四边，现业或原业主人，并编成字号。

明政府通过鱼鳞图册掌握土地不动产，进而控制税赋的来源。它的编制使赋役的征收具备了可靠的根据，防止了产去税存或有产无税的弊端，使政府税赋有了保证。但明代中叶后，鱼鳞图册与实际逐渐不相符合。

明代赋税沿袭唐宋以来的两税法，分夏税和秋粮两次交纳。“洪武时，夏税曰米麦，曰钱钞，曰绢。秋粮曰米，曰钱钞，曰绢。弘治时，会计之数，夏税曰大小米麦，曰麦荍，曰丝绵并荒丝，曰税丝，曰丝绵折绢，曰税丝折绢，曰本色丝，曰农桑丝折绢，曰农桑零丝，曰人丁丝折绢，曰改科绢，曰棉花折布，曰苎布，曰土苎，曰红花，曰麻布，曰钞，曰租钞，曰税钞，曰原额小绢，曰币帛绢，曰本色绢，曰绢，曰折色丝。秋粮曰米，曰租钞，曰赁钞，曰山租钞，曰租丝，曰租绢，曰粗租麻布，曰课程棉布，曰租苎布，曰牛租米谷，曰地亩棉花绒，曰枣子易米，曰枣株课米，曰课程苎麻折米，曰棉布，曰鱼课米，曰改科丝折米。万历时，小有所增损，大略以米麦为主，而丝绢与钞次之。”③夏税不过当年八月，种类包括米、麦、钱钞和绢；秋粮不过次年二月，包括米、钱钞、绢，所纳“大略以米麦为主，而丝绢与钞次之。”明代田地赋税分上、中、下三等九则，赋额登录黄册，由户部掌管，各地方布政司、府、县负责征收。

夏、秋两税之外，明代农民还要承担另一项赋税——草料。草料包括草和料，草

---

① （清）顾炎武：《天下郡国利病书》原编第七册《常镇》，《四部丛刊三编》本，上海商务印书馆 1936 年影印版。

② （清）顾炎武：《天下郡国利病书》原编第八册《江宁庐安》，《四部丛刊三编》本，上海商务印书馆 1936 年影印版。

③ （清）张廷玉等：《明史》卷七八《食货志二・赋役》，中华书局 1974 年版，第 1894 页。

主要指稻草，料有黄豆、黑豆，均为供应政府和军队饲养的牲畜和战马。“国初，光禄寺、牺牲所、御马监并象、马、牛、羊房等草料，俱于民间照田粮科征解纳，官军草料亦如之。”[①]洪武三年(1370)七月，明廷谕旨：“应天、宁国等六府地近京师者，各输草束，每重租田一顷十六束，轻租田倍之。”[②]洪武二十三年(1390)，明廷又制定了详细的草料输纳办法。“官田每顷草料七包半，民田加倍，俱起运赴京，定场交纳。”各处仓场收积草料，“草于本处官司照田粮征收，料于秋粮内折纳”[③]。料以秋粮折纳，包含在秋粮之内，马草按田粮征收，为田赋之外的加征。

表 4　明代江苏地区六府一州夏税、秋粮表[④]

府名	年份	夏税							秋粮		马草(包)
		麦(石)	丝绵折绢(匹)	农桑折绢(匹)	税丝折绢(匹)	税丝(两)	税(钞锭)	绢(匹)	米(石)	钱钞(锭)	
应天府	洪武二十六年(1393)	11260						1406	320616		
	弘治十五年(1502)	11654	1214	43					215159		376458
	万历六年(1578)	11654	1214	43					215159		376458
苏州府	洪武二十六年(1393)	63500						14157	2746990	2321	
	弘治十五年(1502)	53663	697	67			3267		2038323		537809
	万历六年(1578)	53665	640		12555	10247	4392		2038894		538414

① (明)申时行等：《明会典》卷二五《户部十二・草料》，中华书局1989年版，第175页。

② 《明太祖实录》卷五四，洪武三年七月壬子条，台湾“中央研究院”历史语言研究所1962年校印本。

③ (明)申时行等：《明会典》卷二九《户部十六・征收》，中华书局1989年版，第219页。按，明末清初顾炎武《天下郡国利病书》原编第九册《凤宁徽》载：“每草十斛为一包。”

④ (明)申时行等：《明会典》卷二四《户部十一・税粮一》、卷二五《户部十二・税粮二》，中华书局1989年版。

续表

府名	年份	夏税							秋粮		马草（包）
		麦（石）	丝绵折绢（匹）	农桑折绢（匹）	税丝折绢（匹）	税丝（两）	税（钞锭）	绢（匹）	米（石）	钱钞（锭）	
常州府	洪武二十六年（1393）	119320						1394	533515		
	弘治十五年（1502）	154387	1573	24					606954	24	714343
	万历六年（1578）	154393	1573	24					606954	24	714369
镇江府	洪武二十六年（1393）	80896						357	243150		
	弘治十五年（1502）	54958	205	3					134876		120784
	万历六年（1578）	54958	205	3					143252		120784
扬州府	洪武二十六年（1393）	57710							240096	251	
	弘治十五年（1502）	39922	841			4			206603	5204 贯	349236
	万历六年（1578）	39925	842			7			206603	5408 贯	349226
淮安府	洪武二十六年（1393）	201220							153490		
	弘治十五年（1502）	228872		1461					166423		454720
	万历六年（1578）	228872		1461					166423		454720

续表

府名	年份	夏税							秋粮		马草（包）
		麦（石）	丝绵折绢（匹）	农桑折绢（匹）	税丝折绢（匹）	税丝（两）	税（钞锭）	绢（匹）	米（石）	钱钞（锭）	
徐州	洪武二十六年（1393）	62300						3142	79340		
	弘治十五年（1502）	67158		2538	3025				79858		10
	万历六年（1578）	67158		2538	3025				79858		10

3. 江南重赋问题及赋役改革

明初，江南富户"甲第连云，膏腴相接"。当时著名富户沈万三"故集庆富家也，赀钜万万，田产遍吴下"[①]。洪武三年(1370)，户部奏言浙西多富户巨室，仅苏州一府"民岁输粮一百石以上至四百石者四百九十户，五百石至千者五十六户，千石至二千石者六户，二千石至三千八百石者二户，计五百五十四户，岁输粮十五万一百八十四石"。朱元璋说："富民多豪强，故元时代此辈欺凌小民，武断乡曲，人受其害，宜召之来，朕将勉谕之。"[②]为抑制江南豪强地主，朱元璋通过查抄、强制迁徙等手段打击江南豪强地主势力，特别是对江南苏州、松江等府实行"重赋"政策。

洪武年间，"太祖定天下官、民田赋，凡官田亩税五升三合五勺，民田减二升，重租田八升五合五勺，没官田一斗二升。惟苏、松、嘉、湖，怒其为张士诚守，乃籍诸豪族及富民田以为官田，按私租簿为税额。而司农卿杨宪又以浙西地膏腴，增其赋，亩加二倍。故浙西官、民田视他方倍蓰，亩税有二三石者，大抵苏最重，松、嘉、湖次之，常、杭又次之。洪武十三年，命户部裁其额，亩科七斗五升至四斗四升者减十之二，四斗三升至三斗六升者俱止征三斗五升，其以下者仍旧。时苏州一府，秋粮二百七十四万六千余石，自民粮十五万石外，皆官田粮"[③]。许多江南豪族富户土地被罚以重赋，甚至亩税二三石者。洪武时，苏州府田赋从元代88万石增至明初270余万石[④]，增加了原

① (明)董谷：《碧里杂存》卷上《沈万三秀》，《丛书集成新编》第88册，台湾新文丰出版有限公司1985年版，第38页。

② 《明太祖实录》卷四九，洪武三年二月庚午条，台湾"中央研究院"历史语言研究所1962年校印本。

③ (清)张廷玉等：《明史》卷七八《食货志二·赋役》，中华书局1974年版，第1896页。周良霄先生认为，所谓的"江南重赋"根本不存在，造成这一假象的根源在于该地区存在着大量官田，因而使赋税数字同其他地区相比显得要高，但在实际负担上并非如此。明代地主阶级对"重赋"大加渲染和批评，实则是要使官田变成民田，以利于他们的兼并(《明代苏松地区的官田与重赋问题》，《历史研究》1957年10期)。

④ (清)陆世仪：《苏松浮粮考》，《丛书集成三编》第19册，台湾新文丰出版有限公司1997年版，第435页。

额两倍以上。常州府，从元代49.6万石增至65.2万石[①]，约增31%。洪武二十六年(1393)，当时全国每亩平均负担田赋3.46升，而苏州府承担高达28.53升，是全国平均数的8.2倍，常州府也有8.19升，是全国平均2.3倍多。[②] 明初江南赋税畸重乃是当时特定历史条件下的产物，造成此现象的原因是多方面的，既有宋元以来的历史原因，也有明初特殊的政治原因。

明初，对苏、松等江南诸府的重赋政策激起江南士民的强烈不满，他们常以拖欠赋税等方式进行反抗。一些地方官员为了减轻江南过重赋税，上书乞请减赋，苏州知府金炯因此惨遭杀身之祸。洪武十年(1377)，金炯任苏州知府，"以全府税粮官、民田轻重悬殊，相去十倍者，欲均为一则，以便输纳"，并"建言均田便宜数条"，该建议得到户部尚书滕德懋的赞同。明太祖派人暗访，得悉金炯家民田少于官田，勃然大怒，诛杀金炯[③]，并以盗用军粮罪杀滕德懋。同样，无锡籍言官周衡也因批评朱元璋重赋而被杀。"太祖尝下诏免江南诸郡秋税，复税之。右正言周衡进曰：'陛下有诏已蠲秋税，天下幸甚，今复征之，是示天下以不信也。'上曰：'然。'未几，衡告归省假。衡，无锡人，去金陵甚近，与上刻六日后复朝参，衡七日失期。上怒曰：'朕不信于天下，汝不信于天子矣。'遂命弃市。"[④]

洪武三十一年(1398)，朱元璋死后，皇太孙朱允炆继位，一改其祖严刑酷法的政策，实行宽政。建文二年(1400)二月，建文帝下诏："江、浙赋独重，而苏、松准私租起科，特以惩一时顽民，岂可为定则以重困一方。宜悉与减免，亩不得过一斗。"[⑤]明成祖即位后，尽废建文宽政措施，江南之赋复重。永乐时，江南各府逃赋严重。苏州府从永乐二十年(1422)至洪熙元年(1425)欠粮392万石。到宣德时，已高达790万石。[⑥]为解决江南各府巨额逋赋，明宣宗派遣周幹巡视苏州、常州等江南府县。周幹奏报："苏州等处人民，多有逃亡者。询之耆老，皆云由官府弊政困民所致。如吴江、昆山民田，亩旧税五升，小民佃种富室田亩，出私租一石，后因没入官，依私租减二斗，是十分而取八也。拨赐公侯、驸马等项田，每亩旧输租一石，后因事故还官，又如私租例尽取之，且十分而取其八，民犹不堪，况尽取之乎？尽取则无以给私家，而必至冻馁，欲不

① (清)顾炎武：《天下郡国利病书》原编第七册《常镇》，《四部丛刊三编》本，上海商务印书馆1936年影印版。

② 梁方仲：《中国历代户口、田地、田赋统计》乙表36《明洪武、弘治、万历三朝分区平均亩田征粮额》，上海人民出版社1980年版，第346页。

③ 同治《苏州府志》卷一四六《杂记三》，《中国方志丛书》华中地方第5号，台湾成文出版有限公司1970年版，第3447—3448页。

④ (明)徐祯卿：《翦胜野闻》，《丛书集成新编》第85册，台湾新文丰出版有限公司1985年版，第248页。

⑤ (清)张廷玉等：《明史》卷七八《食货志二》，中华书局1974年版，第1896页。

⑥ (明)赵用贤：《议平江南粮役疏》，(明)陈子龙：《明经世文编》卷三九七，中华书局1962年版，第4288页。

逃亡,不可得矣。乞命所司,将没官之田及公侯还官田租,俱照彼处官田起科,亩税六斗,则田地无抛荒之患,而小民得以安生。”[①]宣德五年(1430)二月,明廷下诏:“旧额官田租亩一斗至四斗者各减十之二,四斗一升至一石以上者减十之三。”宣德七年(1432),再下减租令:“自宣德七年为始,但系官田塘地税粮,不分古额近额,悉依宣德五年二月二十二日勅谕恩例减免。”[②]改科减征令使苏州、松江等府赋税得到一定程度的减轻。时任江南巡抚的周忱与苏州知府况钟,“曲计减苏粮七十余万,他府以为差,而东南民力少纾矣。……正统元年令苏、松、浙江等处官田,准民田起科,秋粮四斗一升至二石以上者减作三斗,二斗一升以上至四斗者减作二斗,一斗一升至二斗者减作一斗。盖宣德末,苏州逋粮至七百九十万石,民困极矣。至是,乃获少苏”[③]。

明周忱像

宣德、正统年间,周忱还对江南赋役制度进行了改革,以缓解江南赋税逋欠现象。由于明初苏州府田赋科繁杂,造成了征税的困难,进而导致税赋的混乱和不均,同一类土地按不同科则征收赋税的现象大量存在,同块土地不同科则也屡见不鲜。针对官田、民田征耗不均及科则不一的情况,周忱在总结前人经验的基础上进行了赋税征收制度的改革。

均损耗。明成祖迁都北京后,南方很大一部分税粮要通过大运河运抵北京。这种漕运制度,起初是漕军和民户各承担一半。当时,漕运沿途既有损耗,又遭遇到与漕运相关官吏的勒索和盘剥,漕粮运输成本居高不下,常要以3石米的代价才能将一石米运抵至京交仓,即便苏松民户运粮到南京交仓,每石米也要加收损耗6斗。江南各府的官田,除了负担沉重的税粮外,还要负担苛重的税粮运费摊派。此外,这种沉重的税粮运费常被摊派到贫弱下户身上,而缙绅豪富不负担或很少负担加耗。周忱整顿这种不合理的漕粮加征制度,不论大户和小户,同律交纳,并把耗米作为平衡负担、保证税收、维持地方开支、弥补亏空、赈灾济荒的重要财源。

设立济农仓。依科则征收的税粮称为“正米”,为漕运沿途种种开销而加派的税粮为“耗米”。这种不分大户、小户,将耗米随同正米按一定比例征收的方法叫“平米

① (清)顾炎武著,陈垣校注:《日知录校注》卷一〇《苏松二府田赋之重》,安徽大学出版社2007年版,第581页。
② 《明宣宗实录》卷八八,宣德七年三月庚申条,台湾“中央研究院”历史语言研究所1962年校印本。
③ (清)张廷玉等:《明史》卷七八《食货志二·赋役》,中华书局1974年版,第1897页。

法”。“平”有负担公平、均平的意思。征收耗米一般比较宽裕，在支付了正米和各种开销之后余留部分称余米，存放在济农仓内①，作为地方开支以及弥补地方财政赤字。除用于赈济之外，岁有羡余，凡因纲运、风漂、盗夺而遭受的损失皆从余米中补给，秋收后抵数还官。另外，修圩、筑岸、开河、浚湖所支口粮，也从济农仓开支，且不必偿还。日常农民遇急事，也可从济农仓借贷，若逾期不偿，将不再借贷。

折征。在不改变沉重科则的前提下均平税粮，以田赋改征折色银而均平赋役。明代税粮以米、麦等实物为主，称为本色，而把米、麦等物折合成钱、布、绢等征收称作折色。周忱的折征方法，主要是让科则重的田地承担较轻的折色征收，如以金花银②、布匹等折征；科则较轻的田地，让他们负担较重的本色交纳，如以白米、糙米等征收。周忱“请检重额官田、极贫下户两税，准折纳金花银，每两当米四石，解京兑俸，民出甚少，而官俸常足。嘉定、昆山诸县岁纳布，匹重三斤抵粮一石”③。

此外，周忱还革除粮长制弊端，改进田赋漕运方式，建立并完善了税粮的征收、贮藏、运输过程中的各种规章制度。江南重赋的实质是官田太多且科则过重，周忱既没有奏减官田数额，也没有降低官田科则，他的改革没有根本解决官田重赋的问题，但通过均耗、折征以及完善田赋输纳手续等手段，既保障了国家财赋收入，又使百姓赋役负担稍许均平。

宣德以后，明政府逐渐改变了不许改动官民田科则的政策。宣德五年闰十二月（1431年1月），苏州知府况钟奏请将抛荒、抄没、改科的官田等土地2900余顷，照依民田起科。官田既已抛荒，国家对其所有权名存实亡，若依民田起科，把虚有其名的所有权转给佃耕者，以增加政府的财政收入。

正德以后，“田粮无论官民，合为一等”的呼声日渐高涨，苏州府“官民一则”的改革起步较早。嘉靖年间，昆山人顾鼎臣乡居期间，目睹江南田赋种种弊端，出仕后多次奏疏皇帝，要求清理江南田赋，但一直未果。嘉靖十六(1527)，升任礼部尚书的顾鼎臣再次要求清理江南田赋。“苏、松、常、镇、嘉、湖、杭七府财赋甲天下，而里书豪强欺隐洒派之弊，在今日为尤多，以致小民税存产去，大户有田而无粮，害及生民，大亏国计。”④嘉靖帝采纳顾的建议，时任应天巡抚的欧阳铎奉旨将顾鼎臣的建议付诸实践，改革江南田赋。

欧阳铎改革江南田赋主要包括两个方面：一是清理税源，确定田赋征收原则；二

① 济农仓设于宣德七年(1432)，是年江南农业丰收，周忱令各府县以官钞籴米设仓贮藏，共贮米70余万石。

② 明代金花银原意为足色而面有金花的上好银两，后主要指税粮折收的银两(又名折色银或京库折银)。

③ (清)张廷玉等：《明史》卷一五三《周忱传》，中华书局1974年版，第4214页。

④ 《明世宗实录》卷二〇四，嘉靖十六年九月戊戌条，台湾“中央研究院”历史语言研究所1962年校印本。

是整顿田赋收支，改革地方财政。他曾自述与周忱赋役改革的区别："昔周文襄据田以行法，吾当因法以补田。令府州县各总其亩之额，而丈量田以正亩；括其征米、征银之凡，而计亩均输之。"计亩均输的具体作法即是对原黄册上登载科则不作改动，而是用耗米和金花银来调整不同科则官、民田地的负担。欧阳铎的赋役人称"征一法"，又名"牵耗法"、"摊耗法"、"均摊法"。"科则不易其旧，而比其最重者与其最轻者，稍以耗损益推移之。重而不能尽损者，为递减耗米，派轻赍，折除之以阴见轻；轻而不能加益者为征本色，递增耗米，加乘之以阴见重。"[①]通过计亩均输本色米和折色银等改革措施，客观上达到了"田不分官民，税不分等则"的扒平田税科则的目的，基本实现了官民田科则的均衡，几乎取消了官民等则差别，官民田地一则起科。

当时，江南推行"征一法"最有成效的是苏州府。时任苏州知府的王仪曾是顾鼎臣的门生，对欧阳铎的征一法改革贯彻最力。"铎乃与苏州知府王仪尽括官、民田裒益之。履亩清丈，定为等则。所造经赋册，以八事定税粮：曰元额稽始，曰事故除虚，曰分项别异，曰归总正实，曰坐派起运，曰运余拨存，曰存余考积，曰征一定额。又以八事考里甲：曰丁田，曰庆贺，曰祭祀，曰乡饮，曰科贺，曰恤政，曰公费，曰备用。以三事定均徭：曰银差，曰力差，曰马差。著为例。征一者，总征银米之凡，而计亩均输之。其科则最重与最轻者，稍以耗损益推移。重者不能尽损，惟递减耗米，派轻赍折除之，阴予以轻。轻者不能加益，为征本色，递增耗米加乘之，阴予以重。推收之法，以田为母，户为子。时豪右多梗其议，鼎臣独以为善，曰：'是法行，吾家益千石输，然贫民减千石矣，不可易也。'顾其时，上不能损赋额，长民者私以己意变通。由是官田不至偏重，而民田之赋反加矣。"[②]

在欧阳铎和王仪的积极推动下，苏州府各县官民一则赋税改革得到广泛推行。吴县"将各斗则与金花田耗裒益扣算牵摊，每亩正耗米三斗四升四合"[③]。通过清田，各县还清查出大量隐田隐粮。常熟县在知县冯汝弼的督促下，经过 3 个多月的丈田清税，清理出埋没、飞诡田 1900 余顷，山地、海沙、滩荡 730 多顷。[④] 又依据土质不同定田赋为四则，最重亩科 3 斗 2 升。[⑤] 吴江县在清理粮额的基础上，将全县平米除去部分法定免征耗米外，"每亩摊正耗米三斗七升六合"。清理荡溇，共有正粮约 912 石

① (清)陈梦雷，蒋廷锡等编：《古今图书集成·经济汇典·食货典》卷一四五《赋役部总论八》，《古今治平略二·明朝田赋》，上海中华书局 1934 年影印本。

② (清)张廷玉等：《明史》卷七八《食货志二》，中华书局 1974 年版，第 1900—1901 页。

③ 崇祯《吴县志》卷七《田赋》"嘉靖十七年知府王仪摊耗丈量田地册"条，《天一阁藏明代方志选刊续编》第 15 册，上海书店 1990 年版，第 641 页。

④ 嘉靖《常熟县志》卷二《田赋志》，《北京图书馆古籍珍本丛刊》27，书目文献出版社 1998 年版，第 1001 页。

⑤ 嘉庆《常昭合志》卷三《田赋》，清嘉庆二年(1797)刻本。

4 斗，另立一则征收，只征正米，不加耗；科租地 5474 余石，也另立一则，每平米 1 石，派征本色米 5 斗 3 升，折色银 2 钱 3 分 5 厘，折率 2 石当银 1 两。① 昆山县除低洼地外，“每亩均摊三斗三升五合”，“歉薄之田，二斗二升”②。长洲县经过丈量，“每亩摊平米三斗七升五合”③。

常州知府应槚在欧阳铎支持下在辖区推行田赋改革。应槚的改革方案不同于苏州府“官民一则”，而是推行“官民各一则”。首先，将各县官田平米总额均摊于一县官田，民田平米总额均摊于一县民田，“各自通融均派”，其实质就是官民各一则。其次，将各县折色银，验粮均派，每石本色米，摊折色银若干钱。

嘉靖三十二年(1553)，常州府无锡县率先实行“官民一则”。知县王其勤奉命清丈田地，在此基础上，“竟并官民田地”，依土质、地势不同“均为三则”④：地势平坦的官民田，亩科 1 斗 9 升 5 合；地势稍高的官民田，亩科 1 斗 6 升 3 合；地极高的官田，亩科 1 斗 3 升 8 合。⑤ 不久，江阴县也“奏定官民田合为一则”，平田每亩科粮 1 斗 7 升，滩山每亩科粮 4 升 1 合余，取消了官民田科则差别。嘉靖四十一年(1562)，靖江县知县冯文澜实行“通融减科”改革，平田每亩征 1 斗 6 升 3 合。⑥隆庆二年(1568)，武进县也实行官民一则起科，每亩均科平米 2 斗 1 升 5 合余，“自是官田之则遂废”⑦。

自嘉靖末至万历年间，江南“官民一则”的田赋改革已成大势所趋，应天、镇江等府县也进行了官民一则的均田、均粮运动。嘉靖十七年(1538)，溧阳知县吕光洵对全县土地进行核查，“其法，令民自量，图画造册，里长类总，造县查算，谓之‘手实册’”。在清查的基础上，将田地分为田、地、山塘三类起科：官田包括麦、米正耗在内，按亩均摊，亩科米 1 斗 6 升 3 合；官地，亩科米 1 斗；官山塘涧，科 1 升 5 合。民田，包括劝米、马草、盐钞等杂派按为均派，亩科米 4 升；民地，亩科米 1 升 5 合；民山塘涧，亩科米 3 合。隆庆三年(1569)，海瑞在应天府进一步推行官民一则起科的改革。溧阳县“合县官民田地山塘涧，汇为一则，每亩均粮相同”；田每亩均摊平米 8 升 4 合余，地每亩均摊平 3 升 2 合余，山塘涧每亩均摊平米 5 合余。⑧ 上元县土地清丈后，“官民悉用扒平，粮差悉取一则”⑨。江南镇江府改革较晚，直到万历三年(1575)九月，镇江府在巡

---

① 乾隆《吴江县志》卷一二《田赋》。

② (明)归有光著，周本淳校点：《震川先生集》卷八《论三区赋役水利书》，上海古籍出版社 1981 年版，第 169 页。

③ 万历《长洲县志》卷二《田赋》，广陵书社 2006 年版，第 23 页。

④⑥ 万历《重修常州府志》卷四《额赋》。

⑤ 万历《无锡县志》卷九《田赋》。

⑦ (清)顾炎武：《天下郡国利病书》原编第七册《常镇》，《四部丛刊三编》本，上海商务印书馆 1936 年影印版。

⑧ 嘉庆《溧阳县志》卷六《食货志·田赋》，《中国方志丛书》华中地方第 470 号，台湾成文出版有限公司 1983 年版，第 137 页。

⑨ 万历《上元县志》卷二《田赋》，《南京文献》第 8 号，南京通志馆 1948 年铅印版，第 9 页。

抚应天都御史宋仪望的奏请下，“官民田地照亩起科”，“均为一则”[①]。至万历九年(1581)张居正在全国推行一条鞭法时，江南大部分府县已基本上完成“官民一则”的田赋改革。

欧阳铎改革与周忱改革一脉相承，不去祖宗所定税则，而只是在其规定的原额中总计平均分配，然后计亩征收，以达到均平负担的目的。所不同的是，欧阳铎扩大了范围，把人丁徭役负担亦折算在内，使役与赋逐渐合一。“至巡抚欧石江公时，事亦增，役亦繁，而人丁亦不能支矣。于是有均摊米与人丁均编，而赋役两途遂合为一。”[②]欧阳铎的改革将里甲诸项并入秋粮，名曰“均摊”，牵耗带征、摊入秋总征，简单易行，成为后来“一条鞭法”的前奏。

明初的赋役制度是将赋和役分别征收，赋以土地为对象征收，按田亩计算；役以人为对象征收，分为按丁和按户征收两种。在征收内容上，主要是征收实物和劳役。明朝中后期，随着田地集中和商品经济的发展，“一条鞭法”应运而生。万历九年(1581)，张居正在清丈全国土地的基础上下令在全国推行“一条鞭法”。“一条鞭法者，总括一州之赋役，量地计丁，丁粮毕输于官。一岁之役，官为佥募。力差，则计其工食之费，量为增减；银差，则计其交纳之费，加以增耗。凡额办、派办、京库岁需与存留、供亿诸费，以及土贡方物，悉并为一条，皆计亩征银，折办于官，故谓之一条鞭。立法颇为简便。嘉靖间，数行数止，至万历九年乃尽行之。”[③]“一条鞭法”化繁为简，把各州、县一切征项包括田赋、徭役、杂税等合并一项征收，把过去按丁、户征收的力役改为折银征收(户丁银)，部分地丁银摊入地亩中征收(“一条鞭法”还没有把力役全部摊入田赋，只是部分摊入)；“官收官解”即把原来“民征民解”的赋税、徭役改为由官府募集；“出银代役”即将原来“里甲十年一役”的轮充制度改为每年编审一次且扩展至县，还可用交纳银两代替服役。

“一条鞭法”实行后，役银由户丁负担的部分减少，摊派到田亩部分增加，国家增派的徭役负担落到土地所有者身上。“一概征银”即无论田赋或力役一律折银缴纳，差役由政府雇人充当。这是我国税收史上由实物税向货币税转变的一次重大改革。清初继承明制，继续实行此法。雍正年间，在这一基础上进一步改革，最终实现了“摊丁入亩”。

明初，里甲的一项重要职能是催征钱粮，并在里甲制基础上建立了粮长制度。洪武四年(1371)九月，朱元璋下诏建立粮长制度，“命户部令有司料民土田，以万石为

---

① 《明神宗实录》卷四二，万历三年九月庚申条，台湾“中央研究院”历史语言研究所1962年校印本。

② 万历《上元县志》卷一二《艺术志》，《南京文献》第9号，南京通志馆1948年铅印版，第95页。

③ (清)张廷玉等：《明史》卷七八《食货志二·赋役》，中华书局1974年版，第1902页。

率，其中田土多者为粮长，督其乡之赋税。且谓廷臣曰：'以此良民治良民，必无侵渔之患矣。'"[①]粮长多由田土多的地主担任，"督其乡之赋税"的征收和解运。粮长制的设立是为了加强对田赋的控制，通过粮长可以避开"县—里—甲"等地方机构，减少税收损耗。洪武十九年(1386)，苏州府常熟县秋粮40余万石，有粮长30多人，每名粮长督粮人均13000余石。[②] 明代并非在全国各地均推行粮长制，仅在田赋较多省份设立粮长。[③] 洪武二十六年(1393)，明廷规定：每年七月二十日以前，凡设有粮长的地方，官府要委官一员，率众粮长赴京面听皇帝宣谕，并领一种二关联单式文册的"勘合"。粮长回乡后，督甲首，甲首督本甲人户完纳税赋。最后，粮长将各里甲税粮集中一起，率里长及运粮人户，车载船运将粮赋解运到缴纳地点仓库。各仓库收到粮长交纳的税粮后，要在粮长的勘合上填注其交足粮数，并盖印证明，称为"通关"。粮长取得通关后，到户部注销，户部保留通关资料存档备查。

由于粮长常赴京受到皇帝的召见，有的还得到提拔，出任官员。永乐迁都北京后，粮长见到皇帝的机会渐少，勘合由南京户部宣谕发放。明太祖朱元璋本想通过设置粮长"以良民治良民"，但由于积弊丛生，加上粮长包赔制，一些粮长甚至因此而倾家荡产。洪武初，常熟人王均才"为万石长，岁久以粮事，而田悉废"[④]。宣德后，一些粮长利用自己的权势敲诈百姓，中饱税粮，"作奸犯科，民受其害"，严重影响到田赋的正常征收秩序，各地纷纷要求取消粮长制。因法纪废弛，有的地方以里长代行粮长之责，有的地方则改行"朋充制"，亦叫"串名法"，因大地主不愿当粮长，由几家中小地主联合担任。殷实大户中多属缙绅地主，他们有免役特权，无需承担差役；没有绅衿名分而有势力的大户，也纷纷买通官府，逃免此役；于是，粮长苦役便无情地转嫁给"中产人家"。正德初年，苏州人沈周说："近年，民家有田二三百亩者，官师报作粮长、解户、马头，百亩上下亦有他差。"[⑤]由于"巨室"隐蔽田产，脱赖粮差，就让小户承担，小户不堪重负，纷纷弃田逃亡，最后负担全落在粮长身上由粮长包赔，许多粮长因此而破产。

江南赋粮通过漕运到达北方，以满足边防军队及朝廷之需。明初，为配合北伐，朱元璋命江南苏州等九府，运粮300万石到汴梁。永乐年间，会通河疏浚后，明政府

---

① 《明太祖实录》卷六八，洪武四年九月丁丑条，台湾"中央研究院"历史语言研究所1962年校印本。

② 钱伯城、魏同贤、马樟根主编：《全明文》卷三一《朱元璋三一·一臣民倚法为奸》，上海古籍出版社1992年版，第678页。

③ 梁方仲：《明代粮长制度》，上海人民出版社2001年版，第56页。

④ 中国文物研究所、常熟博物馆：《新中国出土墓志·江苏(壹)常熟》五三《明故王(均才)孺人程氏(妙真)墓志铭》，文物出版社2006年版，第53页。

⑤ (明)沈周：《客座新闻》卷三《桑民怿嘲富翁》，《续修四库全书》第1167册，上海古籍出版社2002年版，第108页。

在沿线的淮安、徐州、兖州、临清、济宁、德州等地设立规模较大的粮仓，规定江南各地农民到指定粮仓交粮，如规定苏州、松江、宁国等府运粮到徐州交仓，应天、常州、镇江、扬州、徐州等府州民众运粮至山东临清交仓。

宣德六年(1431)，平江伯陈瑄提出，江南民众运粮到各粮仓，往返需要一年，延误了农业生产。他建议，让江南百姓运粮至淮安、瓜洲，兑给卫所，官军运载至北京，百姓负担官军路费和口粮，这样军民两便。陈瑄的建议很快为明廷采纳，称之为"兑运"。如果兑运不尽或百姓不愿让官军兑运，仍由百姓自运到指定运河沿岸粮仓，名曰"支运"。"官军兑运民粮加耗则例，以地远近为差。每石，湖广八斗，江西、浙江七斗，南直隶六斗，北直隶五斗。民有运至淮安兑与军运者，止加四斗，如有兑运不尽，仍令民自运赴诸仓，不愿兑者，亦听其自运。军既加耗，又给轻赍银为洪闸盘拨之费，且得附载他物，皆乐从事，而民亦多以远运为艰。于是兑运者多，而支运者少矣。"①到成化七年(1471)，百姓支运的粮食全部改为兑运，"官军长运遂为定制"。

明代漕运的管理，最高行政长官初为运粮总兵官，后为漕运总督，总督以下设有粮道监兑主事、巡漕御史、押运参政、督运参将、运粮把总指挥等。到明成化年间，漕运机构日益完善。规定："总督漕运都御史一人，驻淮安；理刑刑部主事二人，亦驻淮安；管厂工部主事二人，驻清江浦；监仓户部主事四人，分驻淮、临、徐、德；管河工部郎中二人，一驻安平镇，分理济宁以北，一驻高邮，分理济宁以南；管洪工部主事二人，一驻徐州洪，一驻吕梁洪。后又设管闸工部主事二人，一驻沛县，一驻济宁；管泉工部主事一人，驻宁阳；提举二人，一驻清江浦，一驻临清，儧运粮储，镇守地方；总兵官一人，协同漕运参将一人，皆驻淮安，而又时差户部主事，赴监兑分转卫所官军；把总十三人，押拨运军。"②到嘉靖二十二年(1543)，明政府将河道官和运粮官也做了明确分工，具体为："(漕粮)兑毕过淮过洪，巡抚、漕司、河道各以职掌奏报。有司米不备，军卫船不备，过淮误期者，责在巡抚。米具船备，不即验放，非河梗而压帮停泊，过洪误期而漂冻者，责在漕司。船粮依限，河渠淤浅，疏浚无法，闸坐启闭失时，不得过洪抵湾者，责在河道。"③

为使漕运顺利，明政府还对漕运河道加以治理。永乐年间，陈瑄等开泰州白塔河，自淮安至临清间修筑河闸。万历年间，潘季驯采取"以水治水、束水攻沙，导河入海"等良策，即借助黄河、淮河水力冲浚河身，减少黄河泛滥，让泥沙随水冲走，保证漕运通畅。

---

① (清)张廷玉等：《明史》卷七九《食货志三·漕运》，中华书局1974年版，第1917页。

② (清)傅维鳞：《明书》卷六九《河漕志》，《四库全书存目丛书》史部第38册，齐鲁书社1996年版，第699页。

③ (清)张廷玉等：《明史》卷七九《食货志三·漕运》，中华书局1974年版，第1922页。

明代江苏淮扬地区沿海分布着许多盐场，淮盐成为内河水运的大宗货源。明代对食盐控制很严格，继承了元代盐引法，即盐商向政府缴纳税款，由政府发给凭证——盐引，盐商凭盐引到盐场取盐。明后期，为解决边境驻军的口粮问题，明廷实行"开中法"，即商人输粮供边塞军士食用，朝廷给付商人盐引，商人凭盐引到指定盐场和指定地区贩盐。由于这种盐引较单纯交钱购买盐引的价格要低，当时，活跃于淮安、扬州一带的盐商积极参与明廷开展的盐粮互换活动，获利颇丰。

4. 徭役

明初的役法按人户、丁口和产业状况编派。军户负担兵役，匠户承应工役，一般民户之役大体分三类，"以户计曰甲役，以丁计曰徭役，上命非时曰杂役。皆有力役，有雇役"。洪武元年(1368)，朱元璋即在南直隶地区实行均工夫。"田一顷，出丁夫一人，不及一顷者，以他田补足之，名曰均工夫。"洪武三年(1370)七月，应天、淮安、扬州、苏州、常州、镇江和徐州等府州先后编成《均工夫国册》。"每岁农隙赴京，供役三十日遣归。田多丁少者，以佃人充夫，而田主出米一石资其用。非佃人而计亩出夫者，亩资米二升五合。"①

明代徭役主要分为里甲和杂役。里甲又称为正役，每年由里长率甲首十名应差，定期轮换，其职责是"催征钱粮"、"勾摄公事"(有关拘传罪犯、诉讼诸事)。杂役，也称"杂泛"，是供地方官府役使的差役，由里按户等派遣，祗候、禁子、弓兵、厨役、斗库等役使属常役。此外，还有修河、修仓、运料、砍柴、抬柴、站夫等临时性役使，"因事编佥，岁有增益"。

各地普遍性杂役是隶卒，又称隶兵，包括祗候(又称皂隶)、禁子(狱卒)、弓兵等。狱卒看管监狱；弓兵有的守卫衙门，有的维持治安。皂隶分为两种：一种被称为随从皂隶，主要伺候官员个人；另一种被称为公使皂隶，主要在各级政府衙门执行公差的。洪武元年(1368)，明廷对各府州县衙门杂役数作了明确规定，应天府祗候20名，禁子30名，其他府州县以秋粮为准。府一级，秋粮20万石以上，祗候20名，禁子15名；10万石以上，祗候18名，禁子13名；10万石以下，祗候15名，禁子10名。州县一级，秋粮10万以上，祗候15名，禁子10名，弓兵30名；5万石以上，祗候13名，禁子8名，弓兵30名；5万石以下，祗候10名，禁子7名，弓兵30名。② 除隶兵外，还有铺兵、馆夫、驿夫、水夫、车夫、轿夫、膳夫、门子等杂役。大运河有挽船的洪夫、管闸的闸夫、挑

---

① (清)张廷玉等：《明史》卷七八《食货志二·赋役》，中华书局1974年版，第1904页。

② (明)申时行等：《明会典》卷一五七《兵部》四〇《皂隶》，中华书局1989年版，第808页。祗候，又称祗应、皂隶，有事听从官府派遣，服杂役，无事在衙门伺候官吏；弓兵、民壮属各地巡检司者，司巡查治安；禁子，狱卒，在监狱看守罪犯的人；斗库，供州县地方官役使的差役；门子，在官衙中侍候官员的差役，非指看门人。

河的浅夫、护堤的堤夫等。

明代，明廷对统治集团各个阶层给予不同程度的徭役优免权。“里甲均徭（杂泛差役）皆以丁田派，但里甲概不优免，而均徭有优免。”①对功臣之家，除均工夫役外，包括里甲正役、水夫、驿传等一概优免。

明代黄册和里甲制建立以后，杂役的编佥是根据黄册上登载的各里甲人户的户等，临时量户点差。上户派以重差，下户派以轻差。但是量户点差权在里长，所以经常发生里长贪污受贿，“放富差贫”现象，上户派轻差甚至不当差，下户当重差甚至一户数差。为避免这一弊端，明中叶出现了杂役编佥的新办法——均徭法，徭役与田赋逐渐合一。正统元年（1436），按察佥事夏时在江西创行均徭法，将经常性差役从杂役中划出，成为一种徭役。因按户等人丁编排，均输徭役，故称“均徭”，明弘治时在全国推行。均徭轮役与里甲正役一样以里为单位，按甲轮流当差。凡省、府、州、县衙门的杂色差役以及杂项劳役的折价，都属均徭。弘治、正德年间，除亲自服役者外，一部分均徭折成银两缴纳。以身服役“入庸”者曰“力差”，出钱出物代现役，即“入其庸之值”以代役者曰“银差”。南直隶应天府至少在景泰二年（1451）前已开始推行均徭法。该年南京国子监祭酒吴节在报告中称：“应天府属县编审均徭人户，充膳夫一百名。”②南京国子监膳夫原由300名囚徒充当，此后将其中100名改由应天府属县编审均徭人户充当。天顺二年（1458），崔恭任应天巡抚，将均徭法推广苏州、松江等府县。成化二十一年（1485），因南京国子监服膳夫役的100名应天府属县均徭人户纷纷逃亡，有人建议改向苏州、松江、常州、徽州、宁国五府征银，每名1年解银12两，闰年加1两，以充雇役之费。③ 此后，南京国子监膳夫可纳银代役。

均徭中各种杂役，负担重的为重差，负担轻的称为轻差。明嘉靖年间，应天府高淳县徭役分上、中、下差三种，上差即重差，下差即轻差。全县有“上差一十四差，四十七名。长安门仓脚三名，南京光禄寺养羊户二名，南京兵部额设皂隶七名，南京户部盐仓秤库二名，南京光禄寺库子一名，江东驿馆夫一名，龙江水马驿馆夫二名，江宁驿馆夫一名，大胜驿馆夫一名，宣课司巡栏四名，都税司巡栏六名，县学斋夫六名（今改四名），膳夫六名（今改二名），本县额设皂隶一十一名；中差二十差，一百七十名。南京鲥鱼厂门子一名，本府直堂弓兵十名，本府挑册夫三名，本府门子一名，本府儒学门子一名，神乐观膳夫二名，南京通政司铺兵二名，本府司狱司禁子一名，清军衙门皂隶

① 万历《重修常州府志》卷五《钱谷》，南京图书馆编：《明代孤本方志专辑》，线装书局2003年版。

② （明）黄佐：《南雍志》卷三《事纪》，《四库全书存目丛书》史部第257册，齐鲁书社1996年版，第104页。

③ （明）章懋：《枫山章先生集》卷一《举本监弊政疏》，《丛书集成新编》第67册，台湾新文丰出版有限公司1985年版，第642页。

二名，本县预备仓斗级十名，本县永丰仓斗级四名，广通镇巡栏二名，龙江关库秤一名，本县直堂皂隶一十五名，本县急递铺十处共司兵六拾名，本县直堂弓兵十名，后守册夫十名，府府前铺兵二名；下差一十六差，六十四名。本县门子二名，本县看监禁子八名、库子四名，本县俸给仓斗级六名，高淳接递船夫六名，本县各官马夫五名，本县儒学库子二名、斗级二名、门子三名，府馆门子二名，察院门子四名，税课局巡栏八名，高淳渡夫二名，广通镇坝夫十名，广通镇公馆门子二名，山川社稷坛夫二名”①。从上述高淳县上、中、下差役的区分可以看出，上差是南京各衙门的差役，中差多是本府各衙门差役和本县各仓斗级，下差则是本县各衙门差役，服役地方的远近成为差役轻重主要标准之一。“在州县者易当，在府运者难当，在三司者尤难当。盖在下之差，居家应役，使用既少，且不妨耕；在上之差，使用浩大，既解正身，又要雇人。”②

均徭一些杂役实际劳务远超过其规定范围。扬州府仪真县，“本县耳房库子二名，差为极重。每岁二名，必以七八户朋编，岁费银七八千两。凡一切无名縻费，官衙用度，衣服饮食，馈送往来，折乾私礼，门书日用酒馔，俱出本役，往往破家丧躯，犹不免觉察罪祸，灭门者多矣”③。苏州地区“使客往来，厨传不绝。其久留地方者，日有薪炭、鲑菜、膏油之供，加以馈送之资，游宴之费，罔不取给，此民之重困者”④。均徭中最重的杂役是服役距离远、花费大的解户。明廷除向各地征收赋税外，还征收各种地方特产“土贡”（又称上供物料）或这些实物的折银，解运这些“土贡”或其折纳纳银赴京的职役被称为“解户”。明后期，均徭和里甲成为民户两大徭役负担，有的地方里甲正役负担超过均徭。淮安府海州，隆庆时均徭银力二差共银 2976 两，而里甲银高达 8372 两。⑤ 均徭与里甲正役不同，里甲以户作为派役对象，而均徭以人丁所在户等高下派役。均徭法推行后，出现了诸多弊端。各里甲贫富不等，而徭役负担量相等；《均徭文册》记载的丁产不实，造成徭役负担不均。明嘉靖、隆庆以后，全国各地逐渐推行“一条鞭法”，把田赋、杂税和徭役合并，一律征收银两。

江苏各地推行“一条鞭法”的时间先后不一，一些地方官员在实践中根据当地实际形成了各具特色的“一条鞭法”，其实质和方向是一致的。嘉靖四十五年（1566），常州府武进县谢师严订立《征粮一条编法》，总征内容包括夏税、秋粮、物料和徭役，将以往各项分别派征，改为一图十甲丁粮数总征，分限纳完。“先是夏税、秋粮派征款项繁

① 嘉靖《高淳县志》卷一《赋课・徭役》，《天一阁藏明代方志选刊》本，上海古籍书店 1963 年版。按，原文“察院门二四名”，似乎不合理，“二”疑为“子”误。

② （明）李士翱：《钦奉敕旨陈言民情疏》，（明）陈子龙：《明经世文编》卷二〇九，中华书局 1962 年版，第 2195 页。

③ 隆庆《仪真县志》卷六《户口考》，《天一阁藏明代方志选刊》本，上海古籍书店 1963 年版。

④ （明）王鏊：《吴中赋税书与巡抚李司空》，（明）陈子龙：《明经世文编》卷一二〇，中华书局 1962 年版，第 1152 页。

⑤ 隆庆《海州志》卷三《户赋》，《天一阁藏明代方志选刊》本，上海古籍书店 1962 年影印版。

杂，设有县总分派，其间不无缓急。县阴操其权，与各粮长为市，以至侵欺赔补，不均甚。不惟粮长率至破家，而积逋亦无由追偿，征输之弊于斯之矣。至是悉烛其弊，尽革县总之分派，不问缓急，总征在官，悉令贮库。时又立总由以严比较，设直总以督里甲，分收解以平苦乐，均官民以杜挪移，制实征册以防隐漏，均前所未有。……其总由给当年总催里长，制仿青由，而所载则一图十甲丁田银米之数，如某甲丁田若干，算共该粮徭银粮若干，以定限次，每限应完若干，注其定数，已完若干，未完若干，空其款数，时一开征，即将总催随比随注，查对严追。"①

隆庆三年(1569)六月，海瑞任应天巡抚，推行"一条鞭法"。"海公瑞巡抚南畿，概小民困于徭役之不均也，乃立划一之法，以一县繁简适中为准，总计徭役几何，当用雇值几何，于是概一县之田，除一切优免外，总计田亩几何，一亩当出雇值几何，不论官、民(田)，惟按户计亩，按亩收值，其编差徭，官自办雇，遂以其式，颁诸郡县，一体行之。"②海瑞自己也说："均徭银力二差，近日题准总一条鞭概编银，不得已而为补偏救弊之法，一时良法也。"③海瑞一条鞭法的主要内容是以概县之田，承当概县之役，从而废除排甲轮役制；按亩征银，差徭官自雇募，百姓免除了力差；赋役改革相配合，在丈量田地、扒平田地科则的基础上，实施一条鞭法。隆庆四年(1570)，高淳县知县邓楚望在贯彻实施海瑞一条鞭法时，先丈地均粮，算出该县共有应纳平米48861石，实征只有45988石，缺额2873石；又因"筑坝阻水，废田十万余亩，悬虚米八千五百石，累民包赔。"以"里甲官银"抵补失额平米，将里内原派各项物料，编入一条鞭内，"将原派里甲官银内，扣除一千四百三十六两五钱。……每银一两，准米二石，该除平米二千八百七十三石"。同时，将10万余亩废田的悬虚米，"照丈实田地及山塘湖滩沟池等项"④加派带征，实际是对现有土地的加征。

万历初年，兵宪蔡国熙在常州府推行一条鞭法。"万历初，兵道广平蔡公(国熙)仿江右条编法……其法先总概州县每年银差若干，其力差应出雇役银若干，其繁苦而应加增者，明为加增，共该银若干。次总一州县实在丁田若干，除优免外，将一岁合用之数，均派丁田，并入秋粮征办。应解者官自发解，应雇者官自给值。并里甲每田一亩，大约共输银一分五厘有奇，百姓不知有徭里之差矣。"⑤

万历十三年(1585)，扬州府江都县知县涂梦桂按户等征银，推行一条鞭法。"合

---

① 万历《重修常州府志》卷六《钱谷三·征输》，南京图书馆编：《明代孤本方志专辑》，线装书局2003年版。

② (明)刘仕义：《新知录摘抄·一条边》，《丛书集成新编》第88册，台湾新文丰出版有限公司1985年版，第292页。

③ (明)海瑞：《海瑞集》上编六《应天巡抚时期·督抚条约》，中华书局1962年版，第249页。

④ 乾隆《高淳县志》卷七《赋役志·赋额》，《故宫珍本丛刊》第89册，海南出版社2001年版。

⑤ (清)顾炎武：《天下郡国利病书》原编第七册《常镇》，《四部丛刊三编》本，上海商务印书馆1936年影印版。

四差(里甲、均徭、驿传、民壮)共银若干,汇分上中下三等则(上上丁银十两、递减至二两、一两五钱、又减至一两以及七钱、五钱,下至二钱五分、最下一钱五分),征银贮库,官为募役应差,一时称便。继又改每丁概征银一钱五分九厘,免分上中下等则,因著为令。"①

明后期的"一条鞭法"改革简化了征收项目,废止了里甲排年轮役制,将原来户丁负担的里甲役、均徭,改由田或田丁负担。规定力役可以折银征收,增加了从事农业生产的劳动力,削弱了农民对官府的人身依附关系。"一条鞭法"的推行使明政府财政状况得到改善,但"行之十余年,规制紊乱,民不复遵行"。

五 人户迁移

明代移民主要集中在洪武、永乐年间,移民主要有三种类型:向南北二京和朱元璋故乡凤阳迁移的内聚型移民;自狭乡向宽乡迁移的开发型移民;向边地迁移成边型移民。洪武年间,朱元璋曾进行了大规模地人口迁移,苏州、松江等江南府县是重要的人口迁出地区,而江淮地区淮安、扬州、徐州等地则是人口重要迁入地区。明代江苏各地人口都有不同程度的增长,其中徐州地区增长最快,年平均增长率达 7‰,淮安、扬州等地人口年平均增长率为 4‰—5‰,江南诸府年均增长率 3.4‰。②

1. 南京城

明初,南京作为首都,成为移民的主要输入地区。朱元璋"定鼎金陵,驱旧民置云南,乃于洪武十三等年起取苏、浙等处上户四万五千余家,填实京师,壮丁发各监局充匠,余为编户,置都城之内外,名曰'坊厢'"③。洪武二十四年(1391),"令选取各处富民,充实京师"④。明初南京移入居民主要有:驻守军队及其家属,约 45 万人;各地征调而来的承担京城各种劳役输作的脚夫 2 万户,合其家属约 10 万人;各地迁入百姓约 15 万人;各类政府官员及其家属约 1 万余人。这样,洪武年间南京城外来常住人口有 80 余万,若再加上有十几万全国各地来京的轮班工匠,南京城外来人口则有 90 余万人。⑤

永乐年间,"南京地区移入者主要为安南与鞑靼、女真等边族领袖。永乐十九年以前南京仍为首都,边族领袖每愿归附后住居于首都,因此常有移入南京之事。而安

---

① 乾隆《江都县志》卷六《赋役》,《中国地方志集成》江苏府县志辑 66,江苏古籍出版社 1991 年版,第 70 页。

② 曹树基:《中国人口史》第四卷,复旦大学出版社 2000 年版,第 275 页。

③ (明)顾起元:《客座赘语》卷二《坊厢始末》,中华书局 1987 年版,第 64 页。

④ (明)申时行等:《明会典》卷一九《户部六·富户》,中华书局 1989 年版,第 130 页。

⑤ 葛剑雄、曹树基、吴松弟:《简明中国移民史》,福建人民出版社 1993 年版,第 347 页。

南工匠与才德之士之赴南京，也是因为朝廷想加意绥怀之”[①]。安南(今越南)古称交趾，五代后独立建国。永乐四年(1406)，朱棣乘安南内乱出兵征服，改安南为交趾，纳入大明版图，设置交趾布政使司。永乐五年(1407)九月，“癸酉，交趾总兵官新城侯张辅遣送交趾诸色工匠七千七百人至京，上念南土远来不耐寒，命工部悉给锦衣”[②]。永乐年间，交趾地方官先后征调2万余名能工巧匠至南京城，供朝廷役用。宣德三年(1428)，因交趾内乱，明廷放弃交趾，此后交趾不再从属中国。

永乐十九年(1421)，明成祖迁都北京后，南京成为人口主要输出地。当时南京卫所有17卫1所10万将士(合家属约30万人)北调至北京周边驻防，另外“取民匠户二万七千以行，减户口过半，而差役实稀”。直到正德年间，明武宗南巡之后，南京城市经济逐渐繁荣，大量外来工商业人口涌入，“其人或为流寓，或系邻封。此等通天下皆有，惟南都为最多”[③]。南京由衰落政治中心发展成为全国性工商业大都市，人户也有了较大增加。

2. 江南地区

洪武年间，为医治战争创伤、稳定社会秩序，同时抑制江南地主豪强势力，朱元璋先后数次对江南地区进行了大规模移民，苏州、松江等江南府县是民户移出的重点地区之一。早在吴元年(1367)十月，朱元璋军队攻克平江，为惩罚苏州士绅对张士诚的支持，“乙巳，置苏州卫指挥使司，徙苏州富民实濠州”[④]。洪武三年(1370)六月，朱元璋谕旨中书省：“苏、松、嘉、湖、杭五郡，地狭民众，细民无田以耕，往往逐末而食不给。临濠，朕故乡也，田多未辟，土有遗利，宜令五郡无田产者往临濠开种，就以所种田为己业……徙者凡四千余户。”[⑤]洪武七年(1374)，“徙江南民十四万实中都，以善长同列侯吴良、周德兴督之”[⑥]。正德《姑苏志》记载：“盖洪武以来，罪者谪戍，艺者作役，富者迁实京师，殆去十之四五。”[⑦]清人赵翼说：“江苏诸郡，每岁冬，必有凤阳人来，老幼男妇成行逐队，散入村落间乞食，至明春二三月间始回。其唱歌则曰：‘家住庐州并凤阳，凤阳原是好地方。自从出了朱皇帝，十年倒有九年荒。’以为被荒而逐食也，然年不荒，亦来行乞如故。《蚓庵琐语》云：‘明太祖时，徙苏、松、杭、嘉、湖富民十四万以实

---

① 徐泓：《明永乐年间的户口迁移》，(台湾)科学委员会研究汇刊《人文及社会科学》1991年第1卷第2期。

② 《明太宗实录》卷七一，永乐五年九月癸酉条，台湾“中央研究院”历史语言研究所1962年校印本。

③ 万历《上元县志》卷一二《艺文志·庄议》，《南京文献》第9号，南京通志馆1948年铅印本，第96页。

④ 《明太祖实录》卷二六，吴元年十月乙巳条，台湾“中央研究院”历史语言研究所1962年校印本。

⑤ 《明太祖实录》卷五三，洪武三年六月辛巳条，台湾“中央研究院”历史语言研究所1962年校印本。

⑥ (明)袁文新、柯仲炯：《凤阳新书》卷五，明天启元年(1621)刻本。

⑦ 正德《姑苏志》卷一四《户口》，《北京图书馆古籍珍本丛刊》26，书目文献出版社1998年版，第233页。

凤阳,逃归者有禁,是以托丐潜回省墓探亲,遂习以成俗,至今不改。'理或然也。"①

3. 淮扬地区

江淮地区的扬州、淮安、徐州等地因元末战乱,人户"逃毙殆尽"。明初,扬州"查理户口,土著始十八户,继四十余户而已,其余皆流寓尔,盖兵火之余也"②。明代大量外来移民迁入淮扬地区。元末战乱中,一些民众逃到崇明岛避难,明朝建立后,一些崇明岛居民纷纷迁回。洪武二十五年(1392),"苏州府崇明县滨海之田为海潮淹没,民无田耕者凡二千七百户。上命徙其民于江北屯种,官给牛粮资之"③。崇明岛这些"无田者"迁入长江北岸的通州、海门一带。明代扬州府江都县邵伯镇当地陈、王、徐、高、梁、阮、吴、程等13族姓中大部分由外地迁移而来,其中原籍可考的有浙东3族、江西2族、徽州1族、山西2族、山东1族,13族中有5族明确记载是明初由外地迁居而来。④ 苏北滨海灶户"率多吴民,相传张士诚久抗王师,明祖怒其负固而迁恶于其民,摈之滨海,世服熬波之役以困辱之"⑤。

至今江淮地区民间一直有"洪武赶散"的传说,即明洪武年间江南对淮扬地区的移民。"元末张士诚据有吴门,明主百计不能下,及士诚兵败身虏,明主积怒,遂驱逐苏民实淮扬两郡。"⑥洪武年间,扬州府属江都、泰兴、兴化、宝应等县均有不少居民从江南苏州等府迁移而来。泰县人夏兆麐说:"吾邑氏族由苏迁泰者十之八九。"元末朱元璋与张士诚作战,命常遇春攻泰州,决高家堰水淹,"是时泰州既遭焚杀之殃,复受沉沦之祸,居民非死则徙尔。明太祖乃下诏移苏郡之人以实泰邑。此今之泰人所为多由苏迁泰者也"⑦。

明洪武年间的苏州移民渡江后,首先集中于泰州、兴化等地,然后向盐城、山阳、宝应、涟水等处扩散,向北推进到海州、泗阳一带,遍布于苏北各个地方。⑧ 从语音学角度来看,苏州移民在苏北平原最大聚居区是兴化和三泰(泰州、泰县和泰兴)。兴化方言至今保留着不少吴语痕迹,三泰地区的方言也保留了一些吴语语言特点。兴化人祖籍多苏州,"兴化人祖先多于明代自苏州迁去,皆云老家在阊门。……明太祖得

---

① (清)赵翼:《陔余丛考》卷四一《凤阳丐者》,商务印书馆1957年版,第920—921页。

② 嘉靖《惟扬志》卷八《户口志》,《天一阁藏明代方志选刊》本,上海古籍书店1963年版。

③ 《明太祖实录》卷二一六,洪武二十五年二月庚辰条,台湾"中央研究院"历史语言研究所1962年校印本。洪武八年以前,崇明隶属扬州府。

④ 曹树基:《中国移民史》第五卷,福建人民出版社1997年版,第33页。

⑤ 康熙《两淮盐法志》卷一五《风俗·灶俗》,台湾学生书局1966年版,第1189页。

⑥ (民国)《续修盐城县志》卷一四《杂类》,《中国地方志集成》江苏府县志辑59,江苏古籍出版社1991年版,第467页。

⑦ (民国)夏兆麐:《泰县氏族略》。

⑧ 吴必虎:《历史时期苏北平原地理系统研究》,华东师范大学出版社1996年版,第60页。

天下后大量移民，使众寡略等，自宜以江南之庶调剂江北之荒。然谓所移者皆阊门则殊不可信”①。扬州人至今还把睡觉称为“上苏州”，这或许是早年移民日夜思念、梦回故乡在方言上的反映。

明初淮安府桃源县（今江苏泗阳县）由江南迁来翁、朱、卢、吴等25族，其中由苏州迁来的有21族，席、唐、吴、朱四族分别由苏州东洞庭山、昆山、句容、吴县枫桥迁入。② 宝应县朱、刘、乔、王等名门望族也多是明初由苏州迁入。③ 江苏滨海县境“居民大都是‘洪武赶散’迁来盐阜地区的后裔，据现存家谱记载，大部分人家都自认为是洪武赶散迁来苏北的，而后从县境西、南两面迁入，主要来自盐城、北沙、阜宁、凤谷、益林、草埝、沟墩一带。居住在滨淮乡、临淮乡一带的沈、王二姓，先辈都是明初由苏州阊门被赶散下来的。……沈姓始祖原居昆山，明初戍淮，由昆山徙淮安。清康熙年间（1662—1722）先人沈轼从淮安来沈滩（今滨淮乡境）兴家立业，垦殖草滩”④。

明清时期，淮扬百姓许多自称其祖来自“苏州阊门”，这一现象部分地也反映了“洪武赶散”的后裔憎恨朱元璋、拥戴张士诚的情结。但也有学者认为，“驱逐苏民实淮扬二郡”的说法不足信，“洪武赶散”与苏北各地移民关系不大，明初江淮移民主要是基于经济利益而形成的自发移民。曹树基先生统计，洪武九年（1376）至洪武二十六年（1393），扬州府人口从51万增加至74万，年平均增长率约为22‰，新增人口主要是外来移民，新增移民达到14万人。⑤ 苏北扬州、淮安二府在明代初年至少接收了57万以上的移民，其中部分来自苏州，部分来自其他地区。明代洪武年间，“苏北接受的各种外来移民达81.4万人之众，占当时苏北淮安、扬州、徐州三地总人口（含军籍人口）的近50%。如此众多人口的迁入，为苏北经济的恢复和发展提供了基本的劳动力资源”⑥。

明代徐州地区的移民主要来自北方山西等地。“过长江，一直向北，皆为苏州人移民区，走睢宁，人们都说自己为山西人之后。”⑦

---

① 顾颉刚：《苏州史志笔记》，江苏古籍出版社1987年版，第85页。

② 民国《泗阳县志》卷二一《氏族》，《中国地方志集成》江苏府县志辑56，江苏古籍出版社1991年版。

③ 陈守实：《宝应史事》（稿本，藏宝应县方志办），转引自曹树基：《中国移民史》第五卷，福建人民出版社1997年版，第344页。

④ 滨海县地方志编纂委员会编：《滨海县志》，方志出版社1998年版，第1012页。

⑤ 曹树基：《中国移民史》第五卷，福建人民出版社1997年版，第37页。

⑥ 曹树基：《中国移民史》第五卷，福建人民出版社1997年版，第43页。关于明代苏北移民问题可参阅吴必虎：《明初苏州向苏北的移民及其影响》，《东南文化》1987年第2期；黄继林：《有关苏北“洪武移民”的几个问题》，《江苏地方志》2001年4期。

⑦ 曹树基：《明代初年长江流域的人口迁移》，《中华文史论丛》第47辑，上海古籍出版社1991年版，第87页。

4. 移民边疆

云南。明人称："滇中沃野千里，地富物饶。高皇帝既定昆明，尽徙江左诸民以实之，故其地衣冠文物，风俗言语，皆与金陵无别。"①明初，明军平定云南后，留守云南士兵多由作战转入戍边屯垦，并建立了军户。镇守云南的明军许多为江淮人，他们的妻儿等家属也随之来滇。例如正德《云南志》载："鲁氏，金陵人，随父戍姚安中屯千户所。年十七适陈友忠，生子广。三岁，友忠战死交趾，鲁时年二十，人劝再适，鲁以死自誓。孀居六十余年，卒。"②云南永昌（今云南保山）、楚雄、大理等地均有不少江南移民。明初，永昌府一带"迁江南人入居此地，故其习尚与江宁相仿佛，是以俗号'小南京'"③。楚雄县"自前明洪武十六年傅、沐二公平定后，留兵戍守，太祖又徙江南闾右之民以居之，复有宦游贾人籍大都南人较多，故俗亦多类南，其简朴相沿"④。洪武十五年（1382）后，沐英曾在南京征召大批工匠赶到云南。云南通海县《王氏家谱》称："始祖名考伯，原籍南京，世居南京高石坎柳树湾竹子巷。明洪武初年，随沐英军来滇。"云南弥勒县一些百姓也称其先祖明初从南京柳树湾迁居至云南。⑤

贵州。安顺地区素为"滇之咽喉，黔之腹地，蜀广之唇齿"。洪武年间，来自江淮的数十万精锐明军驻防于这一地区，建立了"三分守卫，七分耕种"的军屯。为了让士兵安心戍边屯田，明廷将他们的家属也从江淮一带迁来，至今安顺一带仍分布着上百个明代屯兵戍守贵州边疆的将士后裔组成的村落，这些村寨仍保留着江淮一带的风俗、衣着服饰、建筑风格乃至语言习惯，这些"屯堡人"后裔都称自己的祖籍是南京应天府，自称"南京人"⑥，他们形成独特的移民——屯堡文化⑦。黔南兴义府居民"多明初平黔将卒之后，来自江南，尚有江左遗风"⑧。

甘肃。明初为了加强西北边防，对甘肃、青海地区驻军并进行军屯，内地汉族人口大批迁居甘肃、青海一带。甘肃临潭县古称洮州，"此间汉、回人士，问其由来，不出

---

① （明）谢肇淛：《五杂组》卷四《地部二》，《明代笔记小说大观》本，上海古籍出版社2005年版，第1556页。

② 正德《云南志》卷二二《列女》，《云南史料丛刊》第六卷，云南大学出版社2000年版，第297页。

③ 光绪《永昌府志》卷八《风俗》，《中国方志丛书》第28号，台湾成文出版社1967年版，第47页。

④ 宣统《楚雄县志》卷二《地理·风俗》，《中国方志丛书》第39号，台湾成文出版社1967年版，第29页。

⑤ 陈济民：《金陵掌故》，南京出版社1991版，第256—257页。据陈济民先生考证，明代明宫城附近确实曾有"柳树湾"地名，清代这一带改为满洲八旗兵驻防营，人称"蓝旗街"。"高石坎"为今南京"石门坎"，"柳树湾"即在今天的南京城东南角。关于明初云南移民，可参阅郝正治：《汉族移民入滇史话——南京柳村湾高石坎》，云南大学出版社1998年版。

⑥ 蓝勇：《明清时期云贵汉族移民的时间和地理特征》，《西南师范大学学报》（哲学社会科学版）1996年2期。

⑦ 参阅翁家烈：《夜郎故地上的古汉族群落屯堡文化》，贵州教育出版社2002年版；郑正强：《最后的屯堡——一个汉移民社区的文化探究》，贵州人民出版社2001年版。

⑧ 宣统《兴义府志》卷四〇《风土志·风俗》，清宣统元年（1909）贵阳文通书局铅印本。

南京、徐州、凤阳三地，盖明初以勘乱来此，遂占地为土著；其有家谱者，大都皆都督佥事、指挥佥事，及千户、百户之后。……宋氏，明指挥佥事宋忠之后……自云系徐州屯头村人。若赵、若马、若杨皆自谓南京纻丝巷人。此间有民歌曰：‘你从哪里来？我从南京来。你带得什么花儿来？我带得茉莉花儿来。’洮州无茉莉花，其为移民记忆中语无疑也”[①]。

青海。据青海一些民间族谱记载，其祖为明初从“南京竹子巷”迁来的，“竹子巷”是音译，另有苎丝巷、珠玑巷、主司巷、珠市巷、朱子巷、珠子巷、竹丝巷、诸市巷、猪市巷等多个异名，“南京竹子巷”成为青海汉族族源的记忆符号，承载了丰富的文化内涵。[②] 青海民和县一些宗谱记载，其先祖于明朝洪武年间来自陕西、山西、南京、扬州等地。峡门乡石家庄《石氏源流》碑文记载：“石氏祖籍南京主司巷人，洪武年间来西域……后居腰路、石家庄、峡门。”《赵氏世系源流》碑文记载：“赵氏始祖椒实蕃衍其丽，不意其肇南京，流迁甘肃。”李二堡乡周姓家族宗谱称：“（原籍）直隶扬州府，受封百户，于洪武十六年九月前来西宁府。”川口地区张、王、李、刘、曹、狄等姓家族，相传祖上原是南京人，因在洪武九年（1376）上元节扎糊一个大脚猴骑马的花灯，被认为影射侮辱明太祖的马皇后（大脚）而降罪举族充军。今日民和方言，有不少吴越词汇，这也证明以上记载和口传的信实与可靠。[③] 青海化隆县当地部分回族自称：“原是南京珠玑巷人，于洪武初年因触犯皇室，连同大批汉族一起被发配来青海的。”[④]湟中县西堡乡花园钟氏于清乾隆十二年（1747）三月修立的墓碑记载：“予始祖千户职，明洪武十八年由扬州江都迁居湟中，迄今三百五十年矣。”[⑤]明初自江南迁至青海高原的汉族后裔如今已遍及青海东部各县。

第二节　手工业

明代江苏各地手工业发达，其中最主要的手工行业有丝织业、棉纺织业、盐业、造船业、刻书业、陶瓷业和折扇等在全国居于领先地位。

---

① 顾颉刚：《西北考察日记》，甘肃人民出版社 2002 年版，第 217—218 页。

② 霍福：《“南京竹子巷”与青海汉族移民——民族学视野下民间传说故事的记忆和流变》，《青海师范大学民族师范学院学报》2006 年第 2 期。

③ 民和回族土族自治县地方志编纂委员会编：《民和县志》，陕西人民出版社 1993 年版，第 570 页。

④ 化隆县地方志编纂委员会编：《化隆县志》，陕西人民出版社 1994 年版，第 657 页。

⑤ 湟中县地方志编纂委员会编：《湟中县志》，青海人民出版社 1990 年版，第 357 页。

一　丝织业

1. 官营丝织业

明代，江南地区是全国蚕桑和丝织业最发达的地区。特别是明代中后期，江南地区已成为全国最重要的丝织业中心。明代江南太湖流域种桑养蚕几乎是每个农户的主要家庭副业，丰富的蚕桑资源为江南丝织业的发展和繁荣提供了有利条件。明代江南丝织业形成了城市（包括府城、州城和县城）、市镇和农村三个生产层次。

南京、苏州等城市是官营丝织业的中心城市。南京丝织业历史悠久，早在三国时，孙权即在建康（南京）设立"织室"机构。孙权夫人即能织锦，王宫中有千余名从事丝织的宫女。东晋末年，刘裕在建康设立专为皇室织作的官署——锦署。宋、元时代，南京逐渐成为全国主要的丝织业中心之一。宋代，朝廷在南京、润州（镇江）、常州设"织罗务"机构，主管丝织生产和征集官用丝织品。元代，南京设立的官办织造机构为东织染局和西织染局。"东织染局，至元十七年于城东南隅前宋贡院立局，有印。设局使二员，局副一员，管人匠三千六户，机一百五十四张，额造缎匹四千五百二十七段，蝋丝一万一千五百二斤八两，隶资政院管领；西织染局，至元十七年于旧侍卫马军司立局，设官与东织染局同。"[①]

明代的官营织造大致可分为中央和地方两大系统。"两京织染，内、外皆置局。内局以应上供，外局以备公用。南京又有神帛堂、供应机坊。苏、杭等府亦各有织染局，岁造有定数。"[②]"两京织染，内外皆置局"意指北京和南京均设有内织染局和工部织染局（外局）。内、外之名，因隶属不同而起，内织染局属宦官二十四衙门之一，内织染局大使由太监担任，称管事、织造太监等。外局工部织染所属工部都水清吏司，大使、副使各一人，由工部属官出任。[③] "内局以应上供，外局以备公用"，地方织局岁造缎匹以备赏赐。内、外织染局分属宦官衙门和工部管理，动用住坐和轮班人匠，局内生产，地方织染局隶属地方政府，采用民间机户领织的形式生产。明初南京作为首都的 50 多年间，官营丝织业发达，分工精细，品种繁多。当时南京城内有 100 多个工商行业，其中与丝织业相关的行业就有 20 多个，官营丝织业以织造高级的锦缎、素缎和绫、罗、纱、绢为主，尤以织金锦和金银线织成的彩色妆花缎最为精工。

南京内织染局，又称南局，"额设织机三百余张，有军民人匠三千余名。每十年一题，料造进宫各色绢布五万匹，内阔生绢染练生熟绢二万匹，南京承运库关支。白布

---

① 至正《金陵新志》卷六上《官守志 · 历代官制》，《宋元方志丛刊》第六册，中华书局 1990 年版，第 5592 页。

② （明）申时行等：《明会典》卷二〇一《织造》，中华书局 1989 年版，第 1009 页。

③ 范金民：《明代官营丝织业三题》，《中国社会经济史研究》2001 年 4 期。

一万六千匹，苎布一万四千匹，南京甲字关支，合用物料苏木，南京丁字库关支。靛青、红花、乌梅、小粉、槐花、明矾、五倍子，俱行上江二县召买。嘉靖十四年以后七年一题，隆庆四年仍旧以十年为例”①。洪武时，“置蓝靛所于仪真、六合，种青蓝以供染事。未几悉罢。又罢天下有司岁织缎匹。有赏赉，给以绢帛，于后湖置局织造”②。

南京官营织造除内织染局外，还有神帛堂、供应机房。神帛堂是专门织造祭祀绢帛的工场，属南京司礼监管辖，“额设织机四十张，食粮人匠一千二百余名。今(明万历年间)存八百余名。每十年一次料造，共该帛一万三千六百九十段，每帛一段，用串五细丝一十七两，共该丝一万四千五百四十五斤十两，并白榜纸、降真香等料。本部委官料计支给，如遇缺乏，行应天府支天财库铜钱，令铺户办纳。”③神帛堂位于皇城厚载门(今南京后宰门)一带。“神帛堂，在驻防城北安门内。”④明南京供应机房原系专门承造临时派织任务的工场，“原备不时织造，工料取之南工部”⑤。民间机房从官府领受经费，织造额外加织的上供织物，包括纻丝、纱罗、缎匹及各色御用袍服。明后期，朝廷加派任务激增，令供应机房开织，使“原备不时织造”的临时工场几乎成为经常性生产单位，规模不断扩大。正德八年(1513)，户、工二部官员声称：“机房岁造，动至数万”。明万历以后，由于派织浩繁，南京“内织染局与供应机房，岁费数万金”⑥，数万银两作为织造经费，可见数量之多。嘉靖时，供应机房年产仅“各色缎匹一千六百匹”，到明末崇祯时，供应机房产纻丝、纱、罗等达到3.8万余匹，超过往昔数倍。北京定陵出土的丝织品中就标有“南京供应机房造上用”字样，直至明末，“南京供应机房纻丝纱罗共三万四千二百九十匹，上用纻丝纱罗四千二百九十匹”⑦，表明其时南京供应机房仍在生产。明南京“供应机房”，据明万历年修《上元县志》所附“京城图”，其位置大致位于在今南京竺桥一带。清朝，该处成为江宁织局的局外机房，即所谓“小织造”。“南京供应机房太监一员，则本库外差，有敕谕关防，所谓汉府织造是也。其署汉庶人高煦遗址。”⑧供应机房在明汉王府遗址，即清初江宁织局所在地(今南京汉府街一带)。“供应机房”最初建立的地点可能是在竺桥，汉王朱高煦被废为庶人后，其王府遗址扩建为供应机房。

明代的官营织造，每年除有额定的缎匹造解任务外，还有许多“添派”以织造各类

---

①③ (明)申时行等:《明会典》卷二〇八《工部二十八》，中华书局1989年版，第1037页。

② (清)张廷玉等:《明史》卷八二《食货志六·织造》，中华书局1974年版，第1997页。

④ 同治《上江两县志》卷一三《秩官》，《中国地方志集》江苏府县志辑4，江苏古籍出版社1991年版，第245页。

⑤ 《明神宗实录》卷四八九，万历三十九年十一月己酉条，台湾“中央研究院”历史语言研究所1962年校印本。

⑥ 《明神宗实录》卷四九九，万历四十年九月辛丑条，台湾“中央研究院”历史语言研究所1962年校印本。

⑦ (明)孙承泽:《思陵典礼纪》卷四，《丛书集成新编》第120册，台湾新文丰出版有限公司1985年版，第38页。

⑧ (明)刘若愚:《酌中志》卷一六《内府衙门织掌·内承运库》，北京古籍出版社1994年版，第113页。

缎匹，主要利用各地徭役工匠进行无偿劳动。这些供役的工匠通过匠户制度强征而来，以不同的劳役形式编入织染局。明代的南京织染使用的工匠以住坐匠为主，其他地方织染局以存留匠为主，即固定在局内生产的人匠。在织染局供役的工匠，有军、民匠之分。“住坐民匠”是直接从民间征发而来，隶于匠籍，属工部所管。“住坐军匠”隶于军籍，属都司卫所。军匠一般是在军中供役，有时也有部分因需而派遣到其他官局作场服役。南京内织染局的“军匠”，即其供役之一种。住坐人匠每月享有月粮和直米待遇，军匠待遇优于民匠，因住坐民匠大都“各有本色作行”，还可自营生计。住坐人匠服役时间，规定一月上工 20 日，歇 10 日，比轮班值役的人匠，役期要长得多。嘉靖时，南京内织染局军民人匠 2785 名，分作两班上工，支米 3593 石，但户科官员巡查发现，实际上班只有 530 人，支米仅 1600 余石，其余人匠钱粮皆被内监侵占，其中内使浦智侵占 36 个工匠的钱粮。①

南京内织染局住坐人匠的来源，除本地的匠籍机户就地供役外，很多是来自外地的能工巧匠。南京神帛堂的住坐人匠，洪武时定额为 400 户，后太监安宁奏增 40 户，因“具免杂差”，“奸民利之，夤缘窜籍”，正德年间曾增至 1114 户。正德十六年(1521)，对投充神帛堂的匠役尽行追究。嘉靖二年(1523)，奉诏“从正德时投充者革去 189 名，而该监仍复护留”，结果“查照旧例复 440 户之数，余尽革之”。由此可知，神帛堂役匠中“自行投充者”，占很大的比重，其原因是神帛堂的匠役照规定“俱免杂差”。“南京兵仗局前厂原额军民三百六十七名，其后军匠收补太滥。嘉靖九年，清查裁减过半，除民匠外，仍留六百三十四名。”②嘉靖年间，庞嵩代理任应天府尹时，“留都(南京)民苦役重，力为调剂，凡优免户及寄居客户、诡称官户、寄庄户、女户、神帛堂匠户，俾悉出以供役，民困大苏”③。

“供应机房”使用的工匠是“应用机户”，而非“住坐人匠”。这种所谓的“应用机户”是官局以外的民间机户，他们是官局指派或选定来应差的，专门承造临时的“派织”任务。明代官局织造在使用“住坐人匠”和“存留匠”的同时，还可临时雇募工匠，称为雇役。天启七年(1627)，南京官营织局奉旨终止织作。

南京地方织染局为完成岁造缎匹的贡纳，在本身力量难以完成织造任务时，常以“市买”方式向民间机户搜罗丝织品。明皇室和政府所需丝织品的相当部分是通过向民间“市买”，甚至南京官局还“出备工价，雇觅在京高手”。由于官营织染局的腐败，宫廷和政府所需丝织品逐渐改由机房领织或向民间“市买”。但“市买”并非是主要形

---

① (明)邓球：《皇明泳化类编》财用卷八九，《北京图书馆古籍珍本丛刊》50，书目文献出版社 1998 年版，第 930 页。

② (明)申时行等：《明会典》卷二〇八，南京工部“虞衡清吏司”，中华书局 1989 年版，第 1036 页。

③ (清)张廷玉等：《明史》卷二八一《庞嵩传》，中华书局 1974 年版，第 7215 页。

式，当时最盛行的是机户“领织”的形式。所谓“领织”，即官局通过中间包揽人利用民间机户为官局加工织造缎匹，这些领织的机户和织匠都是民间的丝织手工业者。“领织”实际成为官府对民间丝织手工业进行控制和掠夺的一种手段。嘉靖二十四年(1545)，明廷“诏取后湖赎银，发机户织造太庙乐舞生祭服”①。当时“领织”不仅流行于南京、苏州、杭州等城市，而且还在南直隶各府州县推行。

除在南京设有织染局，苏州、常州、镇江等地也设有织染局，“岁造缎匹数目”都有规定。“直隶苏州府纻丝一千五百一十六匹，闰加一百三十九匹；松江府纻丝一千一百六十七匹，闰加九十七匹；常州府纻丝二百匹，闰加一十七匹；镇江府纻丝一千四百四十匹，闰加一百二十匹。……扬州府纻丝一百三十一匹，阔生绢七百一匹，绸三百匹，共一千一百三十二匹，闰加七十二匹，今征纻丝二百三十匹，闰加一匹，生绢七百一匹，吐丝七百一两，闰俱不加。”②

明代苏州是全国丝织业的中心城市之一，官营丝织业也很兴旺。苏州织染局肇创于洪武初年，“鼎新于洪熙”。洪熙元年(1425)，苏州织染局曾进行扩建，时有房屋300间，匠丁1700余名。嘉靖二十六年(1547)时，苏州织染局在局工作的各色人匠计667名，并起用苏州卫军匠13人，每人给本卫食粮8斗。③

明前期，苏州织染局“间行间止”，当织局生产停止后，就由民间机户“领织”。明中期后，朝廷对江南不断坐派丝织品，原有织局在无法承受繁重织造任务时，通过民间机户“领织”，而袍服仍由织局承织。嘉靖时织染局重修，集中名类工匠在织局生产，其中内织作87间，分为东纻丝堂(天字号)、西纻丝堂(地字号)、纱堂(元字号)、横罗堂(黄字号)、东后罗堂(宇字号)、西后罗堂(宙字号)六堂。大堂两旁为厢户，额设织机173张。织作之外，还有掉作14间，打线作72间。织染局后有避火园池、真武殿、土地堂，另有碑、亭、井、榭等建筑。苏州织染局岁造纻丝1534匹，闰月加造139匹，所造缎匹“俱青红二色，花素相半”④。苏州织造局岁造丝织品主要供应宫廷内消费，“只供内府之用，赏给诸项，概隶之府，而局不与焉”⑤。苏州织造局生产的缎匹不供应市场，故无所谓成本核算。万历年间，不能满足朝廷所需时也向民间收买，“江南收买，定委贤能府佐，慎选殷实机户，如式制造”⑥。天启七年十一月二十六日(1628

① 《明世宗实录》卷二九七，嘉靖二十四年三月癸亥条，台湾“中央研究院”历史语言研究所1962年校印本。

② (明)申时行等：《明会典》卷二〇一，中华书局1989年版，第1010页。

③ (清)孙佩：《苏州织造局志》卷三《官署》附嘉靖二十六年(1547)文徵明《重修织染局记》及卷四《机张》、卷七《段匹》、卷一〇《人役》，江苏人民出版社1959年版。

④ 正德：《姑苏志》卷一五《土贡》，《北京图书馆古籍珍本丛刊》26，书目文献出版社1998年版，第253页。

⑤ (清)孙佩：《苏州织造局志》卷四《机张》，江苏人民出版社1959年版，第17页。

⑥ 《明神宗实录》卷三八三，万历三十一年四月戊申条，台湾“中央研究院”历史语言研究所1962年校印本。

年1月2日)，明廷“命撤苏杭织造。谕工部曰：连年加派络绎，水旱频仍，商困民扰，苦不聊生，朕甚悯焉，今将苏杭织造暂行停止，朕不忍以被组绣工重困此一方民”①。

明代后期，苏州等地由于官局织造日趋衰落，机户包揽领织的生产有较大发展。苏州织染局“机不繁多，而匠亦甚少”，每年分派的织造任务相当部分由民间机户领织。明代苏州领织主要是通过中间人的包揽，这类中间包揽人大多是比较富裕和有一定实力的机户。中间人向官府预领织造的银两，买丝置料，然后发给机户承领包织。机户领织分为两类：一种是中间包揽人直接领取包织缎匹银两；另一种是机户领取丝料，包织完成后缴回丝织成品。

洪武年间(1368—1398)，苏州织造局由地方官员督造；永乐年间(1403—1424)，明政府“遣中官监督，而祖制始变”②。为了管理苏州织染局，设有各种官役：大吏一员、副使二员、司吏、堂长、写字、高手、扒头、染手、结综、掉络、接经、画匠、花匠、绣匠、折缎匠、织挽匠、苏州卫军匠等。明后期，太监督造成为一大苛政，织造太监恣意搜括，致使民间丝织业屡遭打击和压制。

苏州丝织锦缎如海马、云鹤、宝相花、方胜之类，“五色眩耀，工巧殊过，犹胜于古。宣德间，尝织画锦堂记，如画轴；或织词曲，联为帷幛。又有紫白、落花、流水，充装潢卷册之用”。上品名清水，次帽料，又次倒挽，“四方公私，集办于此”。罗则有素有花，花纹者为贵，素次之。另有刀罗、河西罗。纱则素者银条，花纹者名夹织，另外，还有金缕诸品种，“其轻狭而谷文者曰绉纱”。绫则自郡城以至各县皆有。绢则“郡中多织生绢，其熟者名熟地，四方皆尚之。花纹者名花绢，又有白生丝织成，缜密如蝉翼，幅广有至四尺余者，名画绢；又有罗底绢，稍厚而密”③。

2. 民间丝织业

明朝中后期，随着南京官营丝织业的发展，丝织技艺逐渐传播到民间，南京民间丝织业也开始逐步发展起来，民间丝织业的规模和产量甚至超过了官营丝织业，形成了纺织品市场。当时生产的丝织品主要有缎、纱、罗、绢等。缎又称纻丝，有花纹、光素之分；纱有花纱、绢纱、紧纱、银条纱、土纱、包头纱之别；罗中又分花罗、素罗、府罗、河西罗和刀罗；绢分为云绢、素绢、生绢和熟绢。④ 一些民间手工艺人能够织出花样复杂、色彩精美的丝织品，堪与官营织品相媲美。随着南京民间丝织业得到发展，涌现

① 《崇祯长编》卷三，天启七年十一月己丑条，《明实录》附录之四，台湾“中央研究院”历史语言研究所1962校印本。

② (清)孙佩：《苏州织造局志》卷二《职员》，江苏人民出版社1959年版，第4页。

③ 正德《姑苏志》卷一四《土产》，《北京图书馆古籍珍本丛刊》26，书目文献出版1998年，第244页。

④ 正德《江宁县志》卷三《铺行·物产》，《北京图书馆古籍珍本丛刊》24，书目文献出版社1998年版，第726页。

出一批从事丝织业而致富的机户(手工作坊)。晚明居住在南京武定桥的李松村经营丝织业,“择人任时,收其赢利,不三四年,果大饶裕”①。成化年间,明廷规定民间丝织手工业者必须到官府登记,且每年须在官办织染局中服一定时间的徭役。后因轮班役匠不断逃亡,改用征银代役的办法,由官局织造用银雇役顶代,织匠逐渐摆脱封建桎梏和人身依附关系,成为较为自由的独立手工业经营者。成化五年(1469),明廷工部奏:“南京轮班各色人匠,虽皆取以供应朝廷造作之用,中间谙晓本艺者十无二三。以此先准南京工部左侍郎范理奏,令各出备工价顾觅在京高手造作供应。经今三十余年,彼此两得其便。”②由于南京附近农村没有蚕桑基地,所以明代南京丝织业的主要原料生丝等主要依靠浙江嘉兴、湖州等府供应。明代南京民间手工业的发展主要是依靠个体小生产者自身的努力,它不同于官营手工业,官营手工业可以依靠国家政权力量调拨工匠和原材料,在一定时期内存在并得到发展。南京民间丝织业由于远离原料产地故发展受到很大制约。明代南京从事丝织业的人户称为“机户”。生产所用丝,皆从外地贩运而来。城南铜作坊为丝客经常往来之地,“丝客寓此,每晨卖丝”,故将铜作坊改称之“丝市”。③

明代的苏州城西半城属吴县,东半城则属长洲县,两县的民间丝织业都很发达。嘉靖时,苏州城中丝织业已集中到府城的东半部,“绫锦纻丝纱罗绸绢,皆出郡城机房,产兼两邑(吴、长洲两县),而东城为盛,比屋皆工织作,转贸四方,吴之大资也”④。明末朱国桢说:“(苏州)多以丝织为生,东北半城,大约机户所居。……东半城,贫民专靠织机为业,日往富家佣工,抵暮方回。”⑤明代苏州丝织业逐渐由家庭手工业向工场手工业转化,洪熙、宣德年间,苏州吴江“邑民始渐事机织,犹往往雇群人织挽。成、弘以后,土人亦有精其业者,相沿成俗。于是盛泽、黄溪四五十里间,居民悉逐绫绸之利,有力者雇人织挽,贫者自织而令其童稚挽花,女工不事纺绩,日夕治丝,故儿女自十岁以外皆蚤暮拮据以糊其口,而丝之丰歉,绫绸价之低昂,即小民有岁无岁之分也”⑥。万历二十九年(1601)七月,应天巡抚曹时聘说:“吴民生齿最烦,恒产绝少,家杼轴而户纂组。机户出资,织工出力,相依为命久矣。……浮食其民,得业则生,失业

---

① (明)何良俊:《何翰林集》卷二三《李松村生圹志铭》,《四库全书存目丛书》集部第142册,齐鲁书社1997年版,第185页。

② 《明宪宗实录》卷六四,成化五年闰二月壬午条,台湾“中央研究院”历史语言研究所1962年校印本。

③ 康熙《江宁县志》卷三《街坊巷》。

④ (明)杨循吉:嘉靖《吴邑志》卷一四《土产·物货》,广陵书社2006年版,第105页。

⑤ (明)朱国桢:《皇明史概·皇明大事记》卷四四《矿税》,《续修四库全书》第431册,上海古籍出版社2002年版,第171页。

⑥ 乾隆《吴江县志》卷三八《风俗·生业》,《中国方志丛书》华中地方第163号,台湾成文出版社有限公司1975年版,第1132页。

则死。臣所睹记，染坊罢而染工散者数千人，机户罢而织工散者又数千人，此皆自食其力之良民也。”[①]由此可见，明朝万历年间苏州民间丝织业之盛和织工之众。有人估计，明末苏州民间机户是苏州官局工匠3倍，约有3万人。[②]

太湖流域江南市镇是广大农村地区手工业品和农副产品主要集散地，明代江南许多市镇的丝织业十分繁荣。明苏州府吴江县的盛泽、震泽等镇即以丝织业为主的市镇。盛泽是江南最大的丝绸集散地，有“日出万绸，衣被天下”之称，其产“盛绸”成为进献皇室的贡物。明小说家冯梦龙在《醒世恒言》中描绘了苏州吴江盛泽镇丝织业兴盛的景象：“苏州府吴江县离城七十里，有个乡镇，地名盛泽，镇上居民稠广，土俗淳朴，俱以蚕桑为业。男女勤谨，络纬机杼之声，通宵彻夜。那市上两岸绸丝牙行，约有千百余家，远近村坊织成绸匹，俱到此上市。四方商贾来收买的，蜂攒蚁集，挨挤不开，路途无伫足之隙；乃出产锦绣之乡，积聚绫罗之地。江南养蚕所在甚多，惟此镇处最盛。有几句口号为证：东风二月暖洋洋，江南处处蚕桑忙。蚕欲温和桑欲干，明如良玉发奇光。缫成万缕千丝长，大筐小筐随络床。美人抽绎沾唾香，一经一纬机杼张。咿咿轧轧谐宫商，花开锦簇成匹量。莫忧入口无餐粮，朝来镇上添远商。”[③]随着江南农村种桑养蚕的发展，在南京、苏州、杭州和市镇丝织业的影响和带动下，丝织业也成为江南众多农户的主要副业，有的地方甚至成为农家主业。

二　棉纺织业

明代，松江是当时全国棉纺织业的中心，与之毗邻的苏州府属各县棉纺织业也很繁荣，各县生产的棉布行销全国各地，有的甚至远销日本等国。苏州府出产的棉布“以嘉定、常熟为盛”[④]。常熟棉布北运，远销蓟、辽、山、陕、齐、鲁等地区。常熟棉布“工有精粗”，工细者出售，甚至“工粗而杂恶亦售”[⑤]。正德年间，苏州府出产8种布：木绵布、药斑布、苎布、缣丝布、棋花布、斜纹布、麻布、黄草布，不同棉布各有产地。其中“木绵布诸县皆有之，而嘉定、常熟为盛。苎布，绩苎为之，漂而熟者名洗白。生者，为生苎，通行天下出太仓者为上，昆山次之”[⑥]。明代文人归有光在谈到家乡昆山时

---

① 《明神宗实录》卷三六一，万历二十九年七月丁未条，台湾“中央研究院”历史语言研究所1962年校印本。

② 许涤新、吴承明主编：《中国资本主义发展史·中国资本主义萌芽》，人民出版社1985年，第149页。洪焕椿先生认为，明末苏州丝织业雇工近一万人（《论十五—十六世纪江南地区资本主义生产关系的萌芽》，中国人民大学中国历史教研室编：《中国资本主义萌芽问题讨论集》续编，三联书店1960年版，第253页）。

③ （明）冯梦龙：《醒世恒言》卷一八《施润泽滩阙遇友》，齐鲁书社1993年版，第217页。

④ 正德《姑苏志》卷一四《土产》，《北京图书馆古籍珍本丛刊》26，书目文献出版社1998年版，第244页。

⑤ 嘉靖《常熟县志》卷四《食货志》，《北京图书馆古籍珍本丛刊》26，书目文献出版社1998年版，第1053页。

⑥ 正德《姑苏志》卷一四《土产·造作》，《北京图书馆古籍珍本丛刊》26，书目文献出版社1998年版，第244—245页。

说:“土人专事纺绩。”[①]常州府属各县以无锡所产为他邑所不及,境内织布机杼之声遍及村落。

明代手工棉织技术从江南传到了江北的通州,因此通州地区棉花种植和加工发展很快,并成为通州农家的主要副业。棉纺织业还促进了通州大青种植和制靛染色业的发展,南通土布成为染制蓝印花布的理想坯布,明中叶后通州种蓝制靛业蔚然成风。通州每年要向明廷上交土靛作为贡品,海门县作为土贡的蓝靛一年就有近千斤,而通州的土贡蓝靛则达3500多斤。明朝中期随着制靛业的发展,通州地区乡村集镇中的染坊兴旺发达,“刘蓝为染缸、染布、线,大获利”。

明代棉纺织技术较前代有了进一步发展,从原棉到棉布主要经过擀、弹、纺、织四道工序。

明《天工开物》棉纺织插图

擀,是将原棉去籽。明前期,这道工序沿用了元轧棉搅车(也称轧车)来完成。明后期,在实践的基础上江南百姓不断改进棉纺织工具,出现了“句容式”和“太仓式”改进型轧花车。明人徐光启说:“今之搅车以一人当三人矣。所见句容式,一人可当四人;太仓式,两人可当八人。”[②]明代“太仓式”轧车“高二尺五寸,三足。上加平木板,厚七八寸、横尺五,直杀之板上,立二小柱,柱中横铁轴一,粗如指;木轴一,径一寸,铁轴透右柱,置曲柄。木轴透左柱,置员木约二尺,轴端络以绳,下连一小板,设机车足。用时右手执曲柄,左足踏小板,则员木作势,两轴自轧;左手喂干花轴罅,一人日可轧百十斤,得净花三分之一。他处用碾轴或搅车,惟太仓式一人当四人。九月中,南方贩客至,城市男子多轧花生业”[③]。可见明代“太仓式”单人轧车已利用了辗轴、曲柄、杠杆、

① (明)归有光著,周木淳校点:《震川先生集》卷八《论三区赋役水利书》,上海古籍出版社1981年版,第167页。

② (明)徐光启:《农政全书》卷三五,上海古籍出版社1979年版,第977页。

③ (清)陈梦雷:《古今图书集成》第798册,经济汇编考工典第218卷,上海中华书局1934年影印版,第4页。

飞轮等原理，使一人一日可轧花三十多斤，生产效率在全国处于领先水平。

弹，是将去籽棉花弹松。明初，沿用元代“以竹为弓，以绳为弦”的木棉弹弓，明后期改进成“以木为弓，蜡丝为弦”①。常州府无锡“兴宁乡之寺头，有某氏者，以弹棉花起家，久遂殷富”②。

纺，纺纱前先把棉花制成管状棉条，时称拼条，然后再将棉条纺成纱。明代江南五府仍普遍使用元时出现的纺纱工具——手摇纺车。徐光启《农政全书》所载木棉纺车已有三锭，“轮动弦转，莩维随之，纺人左手握其绵筒，不过二三”。终明之世，这种纺车的装置，似未超过三锭。③

织，是棉纺织生产的最后一道工序。由棉纱到织成棉布，还须经过若干基础准备工作，所用工具如纬车、拨车、经架、线架、轩床等。明代江南继续使用元代流行投梭织布机，明后期，织机有了改进，在织机安装了足踏板和棹杼的钓竿。织工操作时，双脚踏动踏板，使用通过钓竿传到杼，杼受钓竿牵动后可等速上下移动运行。当时一般织机都有缯的装置，移综、开交由足踏板完成，左手打纬，右手投梭。一架织布机的构造必须能完成开口、投梭、打纬、移综、放经、卷布 6 种工作，才能织出布匹。织工投梭时，不能同时打纬；织工打纬时，则不能移综；卷布时，织工必须停止一切织纬工作；放经时，织工要离开机座。这种织机手足并用，织工较易疲劳，费时多而成布少。由于右手投梭，臂力有限，故所织布匹幅宽不过 8 寸，产量不过日产两丈左右。

明末清初，苏州一种专织高档产品的织花机。机顶装置花楼，多置缯面，特穿经线。织造花布时，需要两三人同时配合工作，一人在机顶花楼上提经，一人在下织纬，二人协调工作使经纬交织一致，织出的布美价高。④ 与此同时，与织布相配套的漂染、压平、踹光（踹坊）等行业也日趋繁荣。当时江南棉布踹染业中心在松江，但苏州的踹染业也有相当的规模。踹坊又称踹布场，所雇工人称为踹匠。起初，踹坊是染坊的附属部分，后来随着棉纺织业发展和进一步专业化分工，踹坊与染坊分离，成为一个独立的行业。

三　制盐业

明代，制盐业是政府重要产业和税源，明廷对盐的生产和销售严密监控，实行政府专卖政策。“国家财赋，所称盐法居半者，盖岁计所入止四百万，半属民赋，其半则

---

① （明）徐光启：《农政全书》卷三五，上海古籍出版社 1979 年版，第 977 页。

② 康熙《无锡县志》卷二五《杂识》。

③ 严中平：《中国棉纺史稿》，科学出版社 1955 年版，第 25 页。

④ 段本洛、张圻福：《苏州手工业史》，江苏古籍出版社 1986 年版，第 47 页。

取给于盐策，两淮岁解六十八万有奇。”①官府征发灶户制盐，灶户隶于匠籍，所产盐官收官运，民间制盐业受到压制。明代后期，随着官营制盐业的日趋衰落，盐的产销开始向民间转变。

明代江苏地区制盐业主要是生产海盐。明代江苏地区东部沿海各州、县都汲海水制煎、晒海盐，隶属“两淮盐区”。淮河以南为淮南盐区，淮河以北为淮北盐区，所产海盐统称“淮盐”，以粒大色白而著称，在国内外享有盛誉。两淮产盐量最高，行销市场也最广，对明政府财政收入贡献尤大。

早在元至正二十六年(1366)，朱元璋“置两淮盐官”。吴元年(1367)，朱元璋以军饷之需，“立盐法，置局设官，令商人贩鬻，二十取一，以资军饷”②。洪武初年，明廷在全国产盐地“次第设官”，全国设有两淮、两浙、长芦、山东、福建、河东6个“都转运盐使司”。明代两淮都转运盐使司设于扬州城，下辖3个分司：泰州、淮安、通州。两淮都转运使司还设有仪真、淮安坝两个批验盐引所，批验所是产盐区到行盐各区间建立的盐引检验机关。

明代两淮盐场有30处，盐区分司还在各处盐场驻设盐课司，设大使和副使各一人。泰州分司治泰州北关，领10个盐场：富安场、安丰场、何垛场、梁垛场、东台场、栟茶场、角斜场、丁溪场、草堰场、小海场；通州分司治通州，领10个盐场：丰利场、马塘场、掘港场、石港场、西亭场、金沙场、余西场、余中场、余东场、吕四场；淮安分司，治淮安安东县，领10场：白驹场、刘庄场、伍佑场、新兴场、庙湾场、莞渎场、板浦场、临洪场、徐渎浦场、兴庄团场。③

两淮都转运使司下辖11个巡检司：白塔河巡检司、安东坝巡检司、西场巡检司、西溪巡检司、安丰巡检司、海安巡检司、掘港巡检司、石港巡检司、庙湾巡检司、长乐巡检司、临兴巡检司。巡检司的主要职责是负责各盐场的社会治安，并“掌巡捕盗贼，奸宄之事”。两淮“每个盐场有团、有灶。每灶有户、有丁，数皆额设。每团里有总催，即元百夫长，数亦有定。一团设总催十名，每名有甲首。户丁煎盐有缺，行有司佥补，除免杂徭役。又有水乡灶户，乃居远亭场，不谙煎晒，用价买办盐课者”。明两淮总催“泰州分司额设三百八十名，通州分司额设四百三十名，淮安分司额设四百名”④。

明代产盐区实行划区行引法，官运官卖，或令商买引取盐，在指定区域贩卖。洪

---

① (明)李汝华：《附户部题行十议疏》，(清)陈子龙等：《明经世文编》卷四七四，中华书局1962年版，第5203页。

② (清)张廷玉等：《明史》卷八〇《食货志四·盐法》，中华书局1974年版，第1931页。

③ (明)申时行等：《明会典》卷三二《户部十九·课程一·盐法一》，中华书局1989年版，第226页。按，正德二年(1507)，白驹场盐课司改属泰州分司。

④ 嘉靖《惟扬志》卷九《盐政志》，《天一阁藏明代方志选刊》本，上海古籍书店1963年版。

武元年(1368)定制，盐每 400 斤为一引，后称“大引盐”。弘治时，改办“小引盐”，以 200 斤为一引。明代运盐行盐都有严格的区域界限，淮盐所通行区域有南直隶的应天、宁国、太平、扬州、凤阳、庐州、安庆、池州、淮安九府和滁、和二州，江西、湖广两布政司辖区，河南之河南、汝宁、南阳三府及陈州。正统中，贵州亦食淮盐。江南松江、苏州、镇江、常州诸府主要为两浙盐行销区域，徐州、邳州等地则为山东盐行销区。

明代食盐的生产者称为“盐户”、“灶户”，有专门户籍，世守其业，不能随便更改。嘉靖时，两淮盐场“泰州分司灶户四千七百一十二，灶丁一万三百一十四；通州分司灶户四千六百三十四，灶丁一万三千一十四；淮安分司灶户六千一百七十，灶丁一万四千七百二十二。嘉靖十八年闰七月，海潮淹没灶丁男妇一万五千四百七十九名，口议处委官各设法招抚，过逃移复业并民人投克灶户六百四十名，买给过灶妻二千三百二十三名，赈济过见在灶丁四万四千九百三十三名”①。

明两淮盐区灶户煎盐图　(明)嘉靖《两淮盐法志》卷一《图说》

明初，从事盐业生产的灶户待遇比较优厚，煎盐的铁盘、柴薪草荡、摊晒灰场等都由政府提供。“明初仍宋、元旧制，所以优恤灶户者甚厚，给草荡以供樵采，堪耕者许开垦，仍免其杂役，又给工本米，引一石。置仓于场，岁拨附近州县仓储及兑军余米以待给，兼支钱钞，以米价为准。”②以盐场为单位划拨荡地，按盐场荡地总额及灶丁数额平均分拨。由于各盐场灶丁及荡地多少不一，故每丁分得荡地数额也有所差别。洪

---

① 嘉靖《惟扬志》卷九《盐政志》，《天一阁藏明代方志选刊》本，上海古籍书店 1963 年版。

② (清)张廷玉等：《明史》卷八〇《食货志四·盐法》，中华书局 1974 年版，第 1937 页。

武年间，编充灶丁，每丁拨给草荡一段，令其自行砍伐，煎盐办课，不得互相侵夺。各场草荡面积载于簿记，弘治、嘉靖年间并刊入盐法志书。定例五年一次清丁审荡，不许商夺灶利、民占灶业。即使同场同总灶户，非逢清审亦不得私相授受。两淮盐场草荡"泰州分司富安等十场原额共二万五百六十四顷五十亩，通州分司丰利等十场原额共二万二千八十三顷八十二亩一分六厘六丝，淮安分司白驹等十场原额共一万三千二百三十四顷四十亩"①。然而，各盐场灶民多侵占草荡，开垦为田，明廷进行多次清查荡地，令将所占、买荡地尽数还官，分配纳盐无荡之灶丁照名分拨管，给帖执照，其余荡地则招抚逃亡复业灶户。正德元年(1506)，清查灶丁原给草荡，凡灶丁见在者给予领业，灶丁逃亡者拨给增出空丁或投充人役顶补遗课。万历后期，盐区垦荡积谷之风渐兴，运司、分司图升租之利，竞相给帖征银。万历四十四年(1616)，户部尚书李汝华奏请禁垦草荡，蓄草煎盐。

明初，定两淮运司每年盐课数额。按盐场每丁年办大引盐10引为标准，照煎晒丁数额确定每个盐场产额及额课。明两淮盐课，"洪武间岁办，盐场三十处，岁办(大引)盐三十五万二千五百七十六引一百斤零；弘治间岁办，每岁改办小引盐七十万五千一百八十引，内本色常股盐三十九万一千八百二十五引，存积盐二十五万八百二十九引，折色盐六万二千四百八十五引；万历六年岁办，小引盐七十万五千一百八十引，内常股盐四十九万三千六百二十六引，存积盐二十一万一千五百五十四引；岁解太仓余盐银六十万两"②。

正额之盐称"正盐"，余盐乃正额之外勤灶增产之盐。正盐指岁办的正额，用于上供、开中、输边等项用途，任务固定，不能更动；盐的销售，由政府发卖盐引，交商人至引区内贩卖。发售盐引时，正额不足，以余盐给予。盐户余盐，是正盐的补充。洪武初年，规定每引盐给米一石，或支钱钞，以米价为准。后定淮、浙盐每引二贯五百文。明代盐政有"开中法"，又称"中盐法"，明政府为解决北方边防军队粮饷问题，规定商人输入北方边镇粮仓米粮若干给予相当盐引，纳米于边境，领盐于内地。

明前期，"煮海为盐"一直是淮盐的主要生产方式，灶户主要利用芦苇作为燃料熬盐。"煮海为盐"又叫"煎盐"，生产工艺流程主要为：开辟亭场、摊灰曝晒、淋灰取卤、石莲试卤、备足柴草、锅熬锹煎。其中锅熬锹煎是"煮海为盐"最后也是最关键的一道工序。其关键设备是盘铁和锅，盘铁又叫铁盘，为大型铁铸煎盐工具。明人陆容说："凡煎烧之器，必有锅盘。锅盘之中，又各不同。大盘八九尺，小者四五尺，俱用铁铸。

---

① 嘉靖《惟扬志》卷九《盐政志》，《天一阁藏明代方志选刊》本，上海古籍书店1963年版。

② (明)申时行等：《明会典》卷三二《户部十九·课程一·盐法一》，中华书局1989年版，第227页。

大止六片，小则全块。”[①]灶户以盘铁煎盐，其规制小于宋元。自子时至亥时一昼夜谓之一伏火，可烧干6次，成盐6盘，每盘50公斤，立为产盐定数。灶户煎毕，场官按时数计其产盐数量而令其纳之公仓。

明代后期，淮盐还逐步向晒盐发展，这是淮盐生产技术史上一次重大革命。晒盐一改多年来以柴草为燃料“煎盐”的生产方式，代之以阳光、风力来蒸发制盐，制盐成本大大降低。早期晒盐通常是以砖砌结晶池晒盐，除砖铺结晶池外，四旁有相应的泥池，纳潮后，从头道、二道直至九道池，用以蒸发成卤，每一砖池旁有一小砖卤井。下雨，即引卤入井蓄储。待天晴时，将卤水引入砖池摊晒，结晶成盐。夏日从早到晚可成盐，春秋需两日，冬季需三四天亦能成盐。在使用砖池的同时，还出现了泥池结晶工艺，其重点是修滩，即如何将滩地做得平整、结实而不渗漏。晒盐生产技术具有节省能源、费用等优点，使两淮盐区一跃而为当时全国最大的产盐区。

弘治年间，山阳人、户部尚书叶淇奏改开中之法，实施运司纳银制度，即召商开中引盐，纳银与盐运使司，类解户部太仓以备应用。此后，因商人只需在运司所在的地方纳银，就可中盐，故“耕稼积粟无所用，遂辍业而归”。不但两淮赴边屯垦的商人退归南方，而且在全国最重要的西北垦区的土著商人也迁至两淮。因为明代，淮北盐场发明了滩晒制盐法，这种方法与煎盐相比，花工少，成本低，产量高，盐质好，使淮盐在我国盐业生产上迅速独占鳌头。明朝后期，随着制盐技术的提高，两淮盐业产量不断提高，但同时由于制盐技术的简单化、小型化，灶户私置工具生产私盐屡禁不止，私盐数量激增。万历时，两淮盐运司每年盐额70万5千小引，而私盐产量却高达300万引。故明户部指出：“今日两淮盐才行五分之一，而私贩实夺其五分之四。”[②]由于大量私盐的泛滥，使明官营制盐业逐步衰落和瓦解。万历年间，明朝廷被迫同意两淮盐课全部折色，即每年向灶户征收一笔折色银和向盐商征收一笔税赋外，灶户可以自由生产和卖盐，民间制盐业得到发展。

四　印刷业

明代，南京、苏州等地刻书印刷业十分发达。明人胡应麟说：“吴会、金陵擅名文献，刻本至多，巨帙类书咸会萃焉。海内商贾所资，二方十七，闽中十三；燕、越弗与也。然自本方所梓外，他省至者绝寡。虽连楹丽栋，蒐其奇秘，百不二三。盖书之所出而非所聚也。……余所见当今刻本，苏、常为上，金陵次之，杭又次之。近湖刻、歙

---

① （明）陆容：《菽园杂记》卷一二，《明代笔记小说大观》本，上海古籍出版社2005年版，第492页。

② （明）袁世振：《两淮盐政编·盐法议八》，（明）陈子龙等：《明经世文编》卷四七六，中华书局1962年版，第5234页。

刻骤精，遂与苏、常争价。”①

明代刻书，分为三大系统：官刻、家刻、坊刻。官刻本与家刻本的印书动机都是非营利性质，而坊刻本则完全不同，是以营利为目的的民间私人出版事业。

明代南京官营雕版印刷业实力雄厚，是当时全国雕版印刷业中心之一。② 明初内府及国子监印书，尽刻于金陵。朱元璋定都南京后，作为全国的政治、经济、文化中心，南京出版印刷业得到进一步巩固和发展。南京国子监凭借皇家图书馆的丰厚藏书和得天独厚的人才优势，在印刷方面成绩突出，所印图书统称为“南监本”。据不完全统计，明代南京国子监所刻书累计 271 种，分制书、经、史、子、文集、类书、韵书、杂书、石刻 9 大类。南监先后汇编刊印了《二十一史》、《资治通鉴》、《通鉴纪事本末》、《通鉴前编》、《通鉴纲目》、《贞观政要》、《通典》、《通志略》、《文献通考》、《古史》、《南唐书》等历史典籍，出版了虞世南、欧阳询等著名书法家所写的《百家姓》、《千字文》等法帖，在科技和农业方面有《天文志》、《营造法式》、《农桑撮要》、《农桑衣食》、《栽桑图》、《算法》、《河防通议》等，医书有《大观本草》、《脉诀刊误》、《寿亲养老新书》等。这些书籍多采用宋朝以来 700 年间积聚的旧版，有些则采用明刻新版。

私家刻书的“家刻本”兴盛于嘉靖(1522—1566)以后，当时流行翻刻旧版书籍。“家刻本”刊刻者多为藏书大家，注重善本且精校刊刻，故所刻书可与宋版书相媲美，吴县人袁褧“嘉趣堂”翻刻的《六臣注文选》为其中佼佼者。万历之后，私家刻本更盛，陈仁锡、胡文焕、毛晋等著名刻书家相继出现，成为中国历史上私家刻书业的高峰。

明后期南京民间刻书业日益兴盛。南京民间刻书印刷起源于五代，经过宋、元两代的发展，到明代达到鼎盛。作为官僚缙绅、文人墨客的云集之地，南京对书籍的需求量很大，客观上也促进了南京民间刻书业的发展，南京成为当时全国四大印书业中心之一。晚明南京有私人书坊近百家，是全国民间书坊最多的地区，这些书坊以赢利为目的，集出版与书店功能于一体。明代南京书坊吸引了一批来自全国各地的刻版能工巧匠，其中最有名的是徽派刻工。明代南京民间书坊刻书的内容和品种，多为民间所需的各种评话、小说、戏曲、传奇等通俗读物。归纳起来，主要有三类：一类是制艺，也就是为参加科举的学子们提供阅读参考的八股文；二类是时务书籍，也就是有关当时社会政治、经济、文化的热门书籍；三类是文学作品，特别是贴近市民生活、反映市民生活的通

---

① (明)胡应麟:《少室山房笔丛》卷四《甲部・经籍会通四》，上海书店 2001 版，第 42—44 页。

② 关于明代南京和江南地区刻书业，前人已有不少研究成果。如沈燮元:《明代江苏刻书事业概述》，《学术月刊》1957 年第 1 期；张秀民:《明代南京的印书》，《文物》1980 年第 11 期；张秀民:《中国印刷史》，上海人民出版社 1989 年版；李致忠:《明代刻书述略》，《文史》第 23 辑；范金民:《明清江南商业的发展》，南京大学出版社 1998 年，第 41—42 页；李伯重:《明清江南的出版印刷业》，《中国经济史研究》2001 年 3 期；许涤新、吴承明:《中国资本主义发展史・中国资本主义的萌芽》，人民出版社 1985 年版。

俗小说，如《金瓶梅》、《水浒传》、《三国演义》、《西游记》、"三言"、"两拍"等。戏曲作品在书坊刻书中所占比重也较大，由于戏曲特别适合舞台演出，所演唱的都是广大百姓所熟悉的生活，大部分由伶工们辗转传抄，或全本，或单出，南京各书坊大量印刻了这类作品。此外，还有一些医书、经书、文集、尺牍、琴谱、绘画等书籍。

明代后期，金陵书坊林立，鳞次栉比，"多在三山街及太学前"，家族经营、世代相传为其特点。其中唐姓书坊最多、周姓书坊次之，陈姓书坊也有数家。明清时期，众多徽州籍出版家活跃于金陵，其中以徽州休宁人胡正言和汪廷讷成就最高。明末清初徽州休宁人胡正言(1584—1674)，寓居南京鸡笼山下，开设"十竹斋"，兼营刻书业。在前人基础上，他创造了"饾版"和"拱花"两种制版印刷形式，开启了中国彩色套版印刷的先河，并将徽派版画艺术推到一个崭新阶段。1627 年，胡正言辑印了中国历史上第一部大型国画彩印画册《十竹斋画谱》。1644 年，另一部套色画集《十竹斋笺谱》问世。胡正言对金陵派版刻插图技艺的成熟，有着积极的影响。徽州休宁人汪廷讷(1573—1619)在金陵书坊、刻书业也很有成就。他以经营盐业致富，后定居金陵，筑环翠堂书肆，聘请了徽州刻工为其镌版，刻书自娱，汪氏环翠堂所刻图书今天流存下来的有 30 余种。除上述汪、胡二氏之外，值得一提的徽籍刻书家还有汪应鹏和郑思鸣等人。徽派刻书风格对南京刻书业产生较大影响，除了徽籍刻工外，还与金陵徽籍刻书家的大力倡导和努力分不开的，南京书坊引进徽籍画家、刻工和出版家促进了金陵刻书业的繁荣发展。

明代苏州刻书业也很繁荣，是明代中国四大图书集散地之一。当时，苏州阊门一带集中了一批刻书印刷手工作坊。据张秀民先生《中国印刷史》考证，明后期苏州有书坊 37 家[①]，它们不仅印书数量大，而且质量好，畅销全国各地。当时苏州袁褧的嘉趣堂、昆山叶盛的箓竹堂、吴县黄省曾兄弟、长洲陈仁锡等都是知名刻书家。其中，苏州府常熟县毛晋的"汲古阁"是当时民间刻书业的杰出代表，所谓："比闻充栋虞山翁，里中又得小毛公。搜求遗逸悬金购，缮写精能镂板工。"[②]

毛晋(1599—1659)，原名毛凤苞，字子九，后改名晋，字子晋，号潜在，晚号隐湖，世居常熟迎春门外七星桥。毛晋自青年时期即喜爱刻书、印书，为了满足刻书的需要，他四处搜罗古籍善本。曾经在门口悬榜，上书："有以宋椠本至者，门内主人计页酬钱，每页出二百；有以旧抄本至者，每页出四十；有以时下善本至者，别家出一千，主人出一千二百。"一时间，远近的士农工商争相前来售书，湖州书舶云集于七星桥毛氏

---

① 张秀民：《中国印刷史》，上海人民出版社 1989 年，第 369—372 页。

② (清)吴伟业：《梅村集》卷四《汲古阁歌》，《影印文渊阁四库全书》第 1312 册，台湾商务印书馆，第 39 页。

之门。人称"三百六十行生意,不如鬻书于毛氏"①。毛晋最后购得书籍8400余册,珍本甚丰。其藏书"上下三楹,始子终亥十二架,中藏四库书及释道两藏,皆南北内府所遗,纸理缜滑,墨光腾剡,又有金、元人本,多好事家所未有"。正因为有连楹充栋的珍本、善本作底本,使毛晋刻书远比同时代的其他民间刻家规模更大,书籍质量也在众家之上。毛晋一生刻书数十年,共刻书600余部。不仅刻书抄书,毛晋还售书。他建立了一套完善的经营机构,从编稿、刻印、售卖,每个环节分工细致,全部由自己成立的机构运作完成。

无锡活字印刷业也很有名,明代最有名的活字出版家华燧和安国均为无锡人。华燧(1439—1513),字文辉,号会通,"少于经史多涉猎,中岁好校阅异同,辄为辨证,手录成帙。遇老儒先生,即持以质焉。或广坐通衢,高诵琅琅,旁若无人。既乃范铜板锡字,凡奇书难得者,悉订正以行,曰:'吾能会而通之矣。'"②华燧设立会通馆,所印书版心下方有"会通馆活字铜板印"字样。会通馆印书可考者约15种,大部分为活字铜板,其中多种版本均出版于弘治十三年(1500)以前,在印刷史上尤显珍贵。

安国(1481—1534),字民泰,无锡人,"居积诸货,人弃我取,赡宗党,惠乡里。乃至平海岛,浚白茅河,皆有力焉。父死,会葬者五千人。尝以活字铜版印《吴中水利通志》。……富几敌国,居胶山,因山治圃,植丛桂于后冈,延袤二里余,因自号桂坡。好古书画彝鼎,购异书。"③安国设桂坡馆印书晚于会通馆,正德、嘉靖年间,先后排印《初学记》、《东光县志》、《吴中水利通志》、《古今合璧事类备要》、《颜鲁公文集》、《重校鹤山先生大全文集》、《初学记》等书,有的既有刻本又有活字本。

五 造船业

明初,江苏地区的造船业十分发达,为郑和七下西洋奠定了基础。当时,南京、清江、太仓等地官营造船业均颇具规模,其中以南京的龙江船厂和淮安清江船厂规模最大,也是郑和下西洋船舶的主要制造基地。官营船厂为封建政府所有,直属工部管辖,生产任务由国家下达,所造船只全部由国家支配,其工匠来源、料价征取、生产管理直接由封建政府遣官监管。明代江苏官营造船场承担了当时全国大部分漕船的修

---

① 郑德懋:《汲古阁主人小传》,袁咏秋、曾季光主编:《中国历代图书著录广选》,北京大学出版社1997年版,第593页。

② (清)叶德辉:《书林清话》卷八《明华坚之世家》,岳麓书社1999年版,第174页。张秀民认为,华燧是中国最早铜活字使用者(《张秀民印刷史论文集》,印刷工业出版社1988年版,第236页。也有学者对此提出反对意见,认为华氏所用者为"铜板锡活字",而非真正意义上的铜活字(辛德勇《重论明代的铜活字印书与金属活字印本问题》,《燕京学报》第23卷,北京大学出版社2007年版,第99—154页)。

③ (清)叶德辉:《书林清话》卷八《明安国之世家》,岳麓书社1999年版,第175页。

造任务，有学者认为，明代江苏承造了全国90%以上的漕船和大量海船，为明朝的漕运和海运提供了强有力的物质保证。[①]

明初，南京龙江船厂是当时全国最大的几个造船厂之一，郑和七次下西洋的许多船舶均由南京龙江船厂和宝船厂所生产。洪武初年，明政府在江阔水深的南京龙江建造了龙江船厂。朱元璋"定鼎金陵，环都皆江也。四方往来，省车挽之劳，而乐船运之便。洪武初年，即于龙江关设厂造船，以备公用，统於工部，而分司於都水。"[②]当时龙江船厂征调了来自南直隶(包括今天江苏、上海、安徽)、浙江、江西、湖广、福建等地的船工数百户，将他们依行业分为四厢，各司其职。龙江船厂的工匠分为船木梭橹索匠、船木铁缆匠、舲匠、棕蓬匠等不同工种，仅用于制造海船风蓬的蓬工房就达60间，成为当时全国造船业的主要基地。随着南京龙江造船业的发展，龙江镇"市廛辐辏，商贾萃止，竹木油麻蔽江而下，称沿江重镇"[③]。

洪武二十四年(1391)，朱元璋令在南京朝阳门蒋山(今南京紫金山)南坡建立树木苗圃。"种桐、棕、漆树于朝阳门外、钟山之麓，时以朝阳门外多隙地，故有是命。凡种桐、棕、漆树五十余万株。"[④]经过数十年生长，到永乐年间，这些树木皆已长大成材，为制造下西洋船所利用。此外，上新河位于南京西南江东门外，隔夹江与江心洲相望，明朝曾在此建有"皇木场"，是南京著名的木材集散地，龙江等船厂所需的大量高质量木材都在此储存。

明初为了郑和下西洋，在南京靠近长江边的地方建有专门生产下西洋"宝船"的宝船厂。过去有人常把龙江船厂和宝船厂误为同一个"龙江宝船厂"，实际上它们是两个船厂，均不同程度承担了郑和下西洋船舶生产的任务。明代南京龙江船厂"东抵城壕，西北抵仪凤门"，位于秦淮河以北，大约在今南京定淮门外附近。而宝船厂位于秦淮河南岸，紧靠江心洲夹江中保村附近，因地处古龙江一带，俗称"龙江宝船厂"。随着明成祖迁都北京和大规模下西洋活动的终止，南京造船业也逐渐衰落。到明嘉靖年间，原来龙江船厂区"鞠为密草"，造船匠户也由400户减至不足200户[⑤]，篷作房、索作房、缆作房等均踪迹难寻。"南京城西北有宝船厂焉，创于永乐三年。"[⑥]南京

---

① 邱树森主编:《江苏航运史》，人民交通出版社1989年版，第136页。

② (明)欧阳衢:《龙江船厂志序》，(明)李昭祥:《龙江船厂志》，江苏古籍出版社1999年版。

③ 同治《上江两县志》卷四《水考》，《中国地方志集成》江苏府县志辑4，江苏古籍出版社1991年影印版，第109页。

④ 《明太祖实录》卷二七，洪武二十四年二月癸酉条，台湾"中央研究院"历史语言研究所1962年校印本。

⑤ (明)李昭祥撰，王亮功校点:《龙江船厂志》卷三《官司志》，江苏古籍出版社1999年版，第92—93页。

⑥ 嘉靖《南枢志》卷一一三《朝贡部》，《中国方志丛书》华中地方第453号，台湾成文出版有限公司1983年版，第3213页。

宝船厂原有船坞(古称作塘)现今仅存3座遗址。作塘是郑和下西洋宝船的制造工场,2003年8月至2004年7月,经国家文物局批准,南京博物院组成考古队,对位于中保村附近的宝船厂遗址六号作塘进行了抢救性考古发掘,出土各类文物2000余件。[①] 2006年7月,在宝船厂遗址上建成了"宝船厂遗址公园"。

龙江船厂是当时中国规模最大的船厂,隶属工部都水司,由工部派司官1员,"或员外郎,或主事,随时承委,禅代靡常"。正德十三年(1518),议准都水司主事1员,居厂专理造船事务。督理主事或员外郎之下,还有龙江提举司提举1员,副提举2员,典史1员。不久,副提举、典史先后裁废。除了督管官吏外,龙江船厂还有作头45

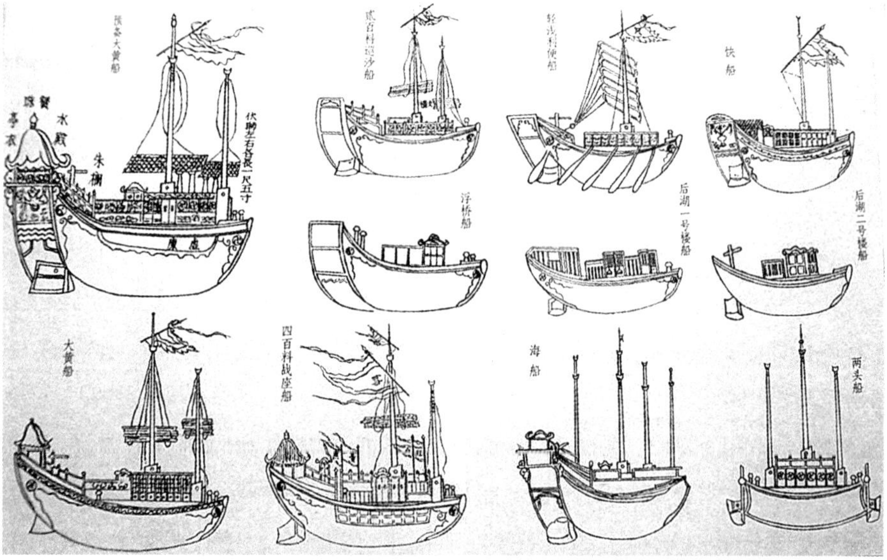

明代南京龙江船厂所造的各类船只(明版画)

名,由匠户中"丁力有余,行止端悫者充之",负责"统率各匠,督其役而考其成"[②]。

龙江船厂内部管理严格、分工细密。船木梭橹索匠、船木铁缆匠、艌匠、棕篷匠4类工匠之下,又分为船木匠、装修、雕銮作、铁作、上铁作、索作、油漆作、旗作、铜作、染作等30余种。[③] 这些造船工匠从事强制性徭役劳动,没有人身自由,稍有不从,即遭处罚。一些管理官吏常借故克扣工银,"匠工所得者仅十之六七耳",一些工匠因不堪劳累,不断以逃亡来逃避徭役。对于各类船只式样、工序、用料、用工及价银,明廷都有明确规定。

① 华国荣、祁海宁、骆鹏:《南京明代宝船厂遗址六作塘考古发掘纪要》,《传承文明 走向世界 和平发展:纪念郑和下西洋600周年学术论坛论文集》,社会科学文献出版社2005年版,第822—828页。

② (明)李昭祥撰,王亮功校点:《龙江船厂志》卷三《官司志·提举》,江苏古籍出版社1999年版,第93页。

③ (明)李昭祥撰,王亮功校点:《龙江船厂志》卷七《考衷志·稍食》,江苏古籍出版社1999年版,第137—252页。

表5　龙江船厂额定造船种类数量表[①]

船式及型号	数量(只)	船式及型号	数量(只)
北京预备黄船	10	三板船	11
南京大黄船	15	划船	15
南京小黄船	36	400料摆搭浮桥船	5
200料匾浅黄船	10	400料巡座船	1
400料战座船	2	200料巡沙船	5
200料战船	38	200料一颗印巡船	15
150料战船	12	九江式哨船	14
100料战船	16	安庆式哨船	16
轻浅利便船	50	后湖船	12
大胜关哨船	2	抽分座船	1
金水河渔船	2	合计	288

永乐初年，大运河经过疏浚全线通航，需要大量漕运船只。平江伯陈瑄督漕运，"议造浅船二千余艘"，开始在淮安清江浦建立船厂。"永乐初，江南粮饷，民送于淮，官军运船俱于淮安常盈仓转输，此厂之所由建也。"[②]清江提举司在清江浦河南岸23里兴建了清江督造船厂，其管理机构设于淮安城内。船厂初设于清江浦，后与临清州卫河厂并设，嘉靖初裁卫河厂总隶清江。万历四十四年(1616)，南京各卫船修造于龙江厂，天启元年(1621)，复归清江厂。

清江的造船厂隶属于南京工部都水司，管理官吏除了提举、副提举、典史外，还有场官36员，下辖清江厂、京卫厂、中都厂、直隶厂、卫河厂5处，分场82处。"清江厂界山阳、清河二县间"；"京卫厂三十有四，东至头牌楼，西至都司庙，长六里，凡南京各厂皆在此。中都厂十有二，凡凤阳各厂皆在此。直隶厂十有八，凡淮安、大河二卫及归德、徐邳、寿泗、扬州、庐州、滁州各厂皆在此。卫河厂十有八，即山东厂也，东至都司庙，西至部厂，长五里，凡山东、天津、通州诸厂皆在此。其凤阳直隶厂，地起黄泥冈至韩信城，凡十五里，在明季地已蹙其半"[③]。明代通州、天津、临清、淮安、江南造船厂皆集中于淮安府清江一带。清江船厂规模较大，分工也很细，工匠分为舱匠、箬篷匠、竹匠、索匠、船木匠、铁匠、芦篷匠、油灰匠等8个种类，仅淮安府辖的清江厂轮班造船

---

① (明)李昭祥撰，王亮功校点：《龙江船厂志》卷二《舟楫志·制额》，江苏古籍出版社1999年版，第28—33页。

② (明)席书：《漕船志》卷一《建置》，方志出版社2006年版，第33页。

③ 同治《重修山阳县志》卷四《漕运》，《中国地方志集成》江苏府县志辑55，江苏古籍出版社1991年版，第61页。

各类工匠就有6000余人,“岁造五百六十只,靡金逾五万”[①]。明后期,随着商品经济的发展,从成化二十一年(1485)到嘉靖四十一年(1562)间,明廷逐渐废除轮班匠制度,实行以银代役制。清江船厂应役的轮班工匠主要来自苏州、淮安、扬州等府,“二年一班,每班三个月,无力者上工,有力者每班纳银一两八钱,以为造船木价额料之需”[②]。

表6 清江船厂弘治三年至嘉靖二十三年间造船数量统计表[③]

年代	造船数(只)	年代	造船数(只)	年代	造船数(只)
弘治三年	516	正德四年	556	嘉靖七年	412
弘治四年	390	正德五年	483	嘉靖八年	330
弘治五年	480	正德六年	579	嘉靖九年	480
弘治六年	536	正德七年	521	嘉靖十年	464
弘治七年	480	正德八年	500	嘉靖十一年	472
弘治八年	678	正德九年	652	嘉靖十二年	561
弘治九年	498	正德十年	514	嘉靖十三年	500
弘治十年	451	正德十一年	594	嘉靖十四年	546
弘治十一年	627	正德十二年	560	嘉靖十五年	487
弘治十二年	599	正德十三年	483	嘉靖十六年	546
弘治十三年	494	正德十四年	545	嘉靖十七年	494
弘治十四年	581	正德十五年	474	嘉靖十八年	553
弘治十五年	535	正德十六年	624	嘉靖十九年	559
弘治十六年	534	嘉靖元年	462	嘉靖二十年	592
弘治十七年	548	嘉靖二年	510	嘉靖二十一年	520
弘治十八年	577	嘉靖三年	436	嘉靖二十二年	544
正德元年	547	嘉靖四年	438	嘉靖二十三年	537
正德二年	541	嘉靖五年	408	合　　计	28534
正德三年	536	嘉靖六年	450		

全国各地漕运船只在此修造,此外船厂还承造了部分遮洋海船。明代,清江、河下、板闸镇为山阳县西北三大镇。随着清江船厂的兴盛,附近的河下镇形成了数

① 天启《淮安府志》卷一九《艺文志》,方志出版社2009年版。

② (明)席书:《漕船志》卷四《人匠工办》,方志出版社2006年版,第77页。

③ (明)席书:《漕船志》卷三《船纪》,方志出版社2006年版,第58—60页。

十个造船原料加工与专业市场，手工业工人及采卖各种物料的牙商、贩夫运脚数以万计。河下镇成为当时造船物资的集散地，至今河下镇的街巷里，还可看到打铜巷、钉铁巷、估衣巷、竹巷、绳巷等街巷名。在清江与河下间的板闸镇，设立淮安榷关，与户部分司、工部抽份厂分工负责，分别征收南北过往客商的百货、农副产品、船料的流转税。

元代，朱清、张瑄以太仓为基地大力发展海运，太仓造船业也随之兴盛。洪武五年(1372)，靖海侯吴祯在太仓小北门建造苏州府造船场。[①] 太仓还是明初郑和下西洋的基地和起锚地。太仓州东门外的造船厂曾为郑和下西洋制造船具、篾亶之类。《明成祖实录》记载有苏州府船场分别于永乐元年、四年、六年、七年建造海船的史实，而此期间郑和连续三次出使西洋，太仓船场所造船也有不少参与了郑和远航活动。太仓造船业的发展还带动了相关行业的兴盛，如冶铁锻造、竹木加工等手工行业的发展。

除上述的南京龙江、淮安清江、苏州太仓三地造船厂外，明代仪真(今江苏仪征)也设有造船厂。仪真位于长江与运河交汇处，是南来北往船舶必经要津。为了方便船舶修造，明政府设立了仪真船厂，修造内河漕船和遮洋船。

六　制扇业

南京号称中国长江流域的“四大火炉”之一。每至炎炎夏日，酷暑难耐，扇子自然成为人们消暑纳凉的必需品，扇业由此兴旺。明初，南京已是全国的制扇中心，“金陵折扇”又称宁扇，居苏扇、杭扇、川扇、岳扇等流派之首，制作技艺闻名遐迩。南京折扇手工作坊多集中于通济门外，分工明确，从扇面、扇骨等各有分工。史载，正宗的“金陵折扇”需要二十个工匠、数十道工序才能完成。

折扇既可扇风消暑，也能遮阳，若在扇面上绘画、题诗，折扇又成为一件不可多得的艺术品。明朝折扇又名“聚骨扇”、“折叠扇”、“聚头扇”。明永乐中，朝鲜国入贡折扇，明成祖“喜其卷舒之便，命工如式为之。自内传出，遂遍天下”[②]。明代江南科举大比之年，来南京参加科举的士子都要选购一些高档的折扇，待科考结束时带回，闲暇时在其上钤印题诗作画，或自己收藏，或馈赠亲友。明清时期，南京夫子庙、三山街一带集中了众多销售金陵折扇的店铺，各种质地、规格、档次应有尽有。南京所制折扇十分精巧，畅销全国各地，时有“南京折扇名天下”之说。至今，南京城通济门外仍有

---

① 弘治《太仓州志》卷四《古迹》，《日本藏中国罕见地方志丛刊续编》第3册，北京图书馆出版社2003年版，第104页。

② (清)刘廷玑：《在园杂志》卷四《扇》，中华书局2005年版，第182页。

"扇骨营"的地名,明代这一带居民多以制作扇骨为业,故名。扇骨形长脚方,雕刻字画,常用老棕竹、湘妃竹、樱桃木等制成,所制扇面用杭连纸者称"本面",用京元纸者称"苏面",以张庆元所制为佳。明代南京制扇业中还涌现出一些技艺高超的民间手工艺人。李昭、李赞、蒋诚三人为弘治、正德年间人,均以擅制折扇扇骨饮誉南京。明末清初制扇艺师仰侍川,南京人,擅长制作折叠扇,人称"仰氏扇"。明中期姚二、王孟仁等以善画扇面而著名,当时王孟仁的画与李昭的扇骨被誉为"二绝"。明人周晖称:"李昭、李赞、蒋诚制扇骨极精工。"①

明代苏州制扇业发达,精致的苏扇以历史悠久、品种繁多、制作精巧而著称。苏州所制的扇子可归纳为折扇、檀香扇和绢宫扇三大类。苏州是檀香扇的发源地,以檀香木制扇,散发出天然香味。绢宫扇主要为女士所执,有圆形、六角形、长方形、腰圆形等形状。苏州制作扇子扇面绘以山水、花鸟、人物等画或题名人诗句,古色古香,极具观赏性,历来是文人雅士或淑女闺秀不可或缺的掌中宝物。2006 年 5 月 21 日,国务院公布了"第一批国家非物质文化遗产名录",江苏省共有 37 项非物质文化遗产入选,"苏州制扇技艺"名列其中。

苏扇是苏州折扇、檀香扇、绢宫扇、纸团扇的总称。苏州折扇扇骨材料十分讲究,取材以竹为主,兼及象牙、玳瑁、紫檀、乌木等,"今吴中折扇,凡紫檀、象牙、乌木者,俱目为俗制,惟以棕竹、毛竹为之者,称怀袖雅物,其面重金,亦不足贵,惟骨为时所尚。往时名手有马勋、马福、刘永晖之属,其值数铢。近年则有沈少楼、柳玉台,价遂至一金,而蒋苏台同时尤称绝技,一柄至直三四金,冶儿争购如大古董,然亦扇妖也"②。其中的水磨骨折扇,竹皮滋润,晶莹光洁,尤为上品。其竹骨除要经过煮、晒、烤、刮、拖、倒、磨等工艺流程外,还要用浸湿的木贼草磨光晾干,用榆树叶打磨提光,最后上白蜡,其成品竹皮滋润悦目,匀细光洁,色黄晶莹,富于天然之美,经久不变。如在上再刻以书画,更是锦上添花。苏扇柄造型古朴,花色种类繁多。檀香扇经过锯片、组装、锼拉、裱糊等十余道工序精制而成。扇骨拉花,千变万化,烙画浓淡相宜;两旁大骨雕刻山水人物,飞禽走兽,玲珑剔透;扇面绘画富丽大方,轻盈馥郁,香气袭人,久负盛名。以毛竹制作的吴中折扇,造型别致,再经过水磨等技术加工,晶莹光洁,富有情趣。竹刻名家李文甫、濮仲谦、陈定生等均曾操刀苏扇,有大量传世佳作,这些早期竹刻艺人集竹刻家和制扇艺人于一身,扇骨成为吴门竹刻艺术的主要载体。明代苏州

① (明)周晖:《金陵琐事》卷三《良工》,《中国方志丛书》华中地方第 440 号,台湾成文出版社有限公司 1983 年版,第 404 页。

② (明)沈德符:《万历野获编》卷二六《玩具·折扇》,《明代笔记小说大观》本,上海古籍出版社 2005 年版,第 2596 页。

竹刻作坊集中在陆墓，入清以后，发展到城内桃花坞一带。

苏州折扇的扇面有“画面”和“素面”两种。“画面”由画工绘制而成，“素面”则有意留出空地，供书画家笔耕。明中叶，朝鲜、日本、越南等国使节和商人皆远道来苏州，以素扇出重金求文徵明、唐寅、祝允明的书画，以为至宝。苏州自古是书画之乡，吴门画派源远流长，苏州书画家们精细入微的绘画风格使小品式扇画艺术得到了淋漓尽致的施展。如明代大画家唐寅的《枯木寒鸦图》和董其昌的行书扇面，分行布白，疏宕透逸，颇具特色。

明苏州唐寅所绘扇面

七　宜兴制陶业

宜兴，战国时称“荆溪”，秦汉时置为“阳羡”，晋时又改为“义兴”，隋唐一直沿用“义兴”这个名称。宋太平兴国时，为避宋太宗赵光义之讳，遂改称“宜兴”。宜兴制陶业有着悠久的历史，早在5000年前的新石器时代这里就开始制陶，至汉代则大量生产日用陶器。

宜兴是以盛产紫砂陶器而闻名于世，宜兴紫砂陶始现于明代中晚期。紫砂茶具由陶器发展而来，属陶器茶具的一种。它坯质致密坚硬，取天然泥色，大多为紫砂，亦有红砂、白砂。这种陶土含铁量大，有良好的可塑性。紫砂茶具的色泽，可利用紫砂泥泽和质地的差别，经过澄、洗等工序，使之出现不同的色彩，可使天青泥呈暗肝色，蜜泥呈淡赭石色，石黄泥呈朱砂色，梨皮泥呈冻梨色等；另外，还可通过不同质地紫泥的调配，使之呈现古铜、淡墨等色。优质的原料，天然的色泽，为烧制优良紫砂茶具奠定了基础。紫砂茶壶耐寒耐热，泡茶能保茶香无异味，且传热慢，不烫手，用它炖茶，也不易爆裂。

明人周高起在《阳羡茗壶系》一书中把供春与宜兴金沙寺僧列为紫砂壶的重要创始人，尊为“陶壶鼻祖”。时宜兴“金沙寺僧，久而逸其名矣。闻之陶家云：僧闲静有致，习与陶缸瓮者处，抟其细土，加以澄炼，捏筑为胎，规而圆之，刳使中空，踵传口、柄、盖、的，附陶穴烧成，人遂传用”①。供春，又称龚春，生活于明正德、嘉靖年间，宜兴人，因家境贫寒，早年曾为宜兴进士提学副使吴颐山的书童，因随主人陪读于宜兴金

① （明）周高起：《阳羡茗壶系·创始》，《丛书集成续编》第90册，台湾新文丰出版有限公司1988年版，第597页。

沙寺，见寺中老僧制作砂壶，暗中学习，闲时常帮寺里老僧抟坯制壶。时寺中有株参天银杏，盘根错节，树瘤多姿。他朝夕观赏，乃摹拟树瘤，制成“树瘿壶”。供春在实践中逐渐改变了前人单纯用手捏制的方法，改为木板旋泥并配合竹刀，烧造的砂壶造型新颖、雅致，质地薄而硬。供春明代即名声显赫，人称“供春之壶，胜如金玉”。供春壶成为紫砂壶的时代象征，其作品为后世所推崇和仿造。明人张岱说：“宜兴罐，以龚春为上，时大彬次之，陈用卿又次之。锡注，以王元吉为上，归懋德次之。夫砂罐，砂也；锡注，锡也。器方脱手，而一罐一注价五六金，则是砂与锡与价，其轻重正相等焉，岂非怪事！一砂罐，一锡注，直跻之商彝、周鼎之列而毫无惭色，则是其品地也”[①]。

阳羡壶“自明季始盛，上者至与金玉等价”[②]。明代一把上好紫砂壶，甚至可抵中人一家之产，常与黄金争价。“至名手所作，一壶重不数两，价重每一二十金，能使土与黄金争价。世日趋华，抑足感矣。”[③]明末文人李渔也说：“茗注莫妙于砂，壶之精者又莫过于阳羡。”紫砂壶成为名器名陶，形成了壶艺、诗词、书画、篆刻相兼于一体的紫砂茗壶，成为中国茶文化的重要组成部分。

从嘉靖、万历至明末是紫砂壶发展的高峰期，出现了“四名家”和“壶家三大”。“四名家”即董翰、赵梁、元畅、时朋。董翰以文巧著称，其余三人则以古拙见长。董翰始创菱花式壶，赵梁则制作提梁式壶。“壶家三大”指时大彬及其两位高足李仲芳、徐友泉，“陶肆谣曰：壶家妙手称三大。谓时大彬、李大仲芳、徐大友泉也”[④]。

时大彬（1573—1648），宜兴人，时鹏之子。为供春之后最著名的陶艺大师，承上启下，发展了紫砂艺术。他对紫砂陶的泥料配制、成型技法、造型设计与铭刻等方面均有深厚造诣，确立了至今仍为紫砂业沿袭的用泥片和镶接等高难技术体系。时大彬“初自仿供春得手，喜作大壶。后游娄东，闻眉公与琅玡太原诸公品茶施茶之论，乃作小壶，几案有一具，生人闲远之思，前后诸名家并不能及，遂于陶人标大雅之遗，擅空群之目矣”[⑤]。时大彬的艺术创作态度严肃，每遇不满意的作品，即自行毁弃，传世作品有菱花八角壶、提梁大壶、朱砂六方壶、僧帽壶等。

李仲芳（1573—1644），紫砂名家李茂林长子，为时大彬“高足第一”。“其父督以敦古，仲芳尝手一壶，视其父曰：‘老兄，这个如何？’俗因呼其所作为老兄壶。后入金坛，卒以文巧相竞。今世所传大彬壶，亦有仲芳作之，大彬见赏而自署款识者。时人

① （明）张岱：《陶庵梦忆》卷二《砂罐锡注》，山东画报出版社2006年版，第36页。
② （清）吴骞：《桃溪客语》卷三，《续修四库全书》第1139册，上海古籍出版社2006年版，第548页。
③ （明）周高起：《阳羡茗壶系·序言》，《丛书集成续编》第90册，台湾新文丰出版有限公司1988年版，第597页。
④ （明）周高起：《阳羡茗壶系·别派》，《丛书集成续编》第90册，台湾新文丰出版有限公司1988年版，第598页。
⑤ （明）周高起：《阳羡茗壶系·大家》，《丛书集成续编》第90册，台湾新文丰出版有限公司1988年版，第597页。

语曰:李大瓶,时大名。"①

徐友泉(1576—1643),自小拜时大彬为师,对紫砂工艺在泥色品种的丰富多彩方面有杰出贡献,代表作有汉方、扁觯、小云雷、提梁卣、蕉叶、莲方、菱花、鹅蛋、分裆索耳、美人、垂莲、大顶莲、一回角、六子等款式。泥色应用上有海棠红、朱砂紫、定窑白、冷金黄、淡墨、沉香、水碧、榴皮、葵黄、闪色、梨皮等色调。他一生虚心探索壶艺,晚年恒自叹曰:"吾之精,终不及时之粗。"②

八 铸钱业

洪武初,"置宝源局于应天府,铸'大中通宝'钱,凡五等:一两、五钱、三钱、二钱、一钱,重各如之。令户部及行省铸'洪武通宝'钱。宣德九年(1434),令南京工部铸'宣德通宝'钱。弘治十八年(1505),铸'弘治通宝'钱。嘉靖八年(1529)、二十一(1542)等年,铸'嘉靖通宝'钱"③。

明洪武通宝

明中叶后,伴随商品经济的长足进展,钱荒日益严重,铸钱铜料不敷使用,明政府数次下令销毁民间铜器来铸钱,并允许将唐宋时期旧钱投入流通,南京太仆寺甚至将大内旧铜器也用于铸钱。明政府规定前朝旧钱币值以二当一,而实际上,旧钱通常每枚重一钱左右,即使磨损,其 2 枚也超过明代制钱 1 枚,在名义价值跌落实际价值以下时,人们便将其熔化,改铸新钱。因而弘治后,流通中的前代旧钱逐渐减少,民间私铸铜钱现象日趋严重。熔销历代旧钱主要是翻铸作伪,从中牟利,所以明中期后代替旧钱的私铸钱占有很大比重。江南苏州、松江一带成为私铸铜钱重要地区。景泰七年(1456),有人奏报:"近年在京买卖,惟用永乐钱,其余不用,以致在外,苏、松等处纷纷伪造来京贩卖,其钱大小不一,俱各杂以锡铁等物,致使在京军匠人等,亦私铸造,日趋于诈。"④这些私钱以永乐通宝形式出现于市场。成化后,私铸进一步扩大到常州、镇江等地,钱质也越来越差。由于明廷只禁私铸,不禁私钱流通,所以禁止铜钱私铸的成效甚微。

南京民间私铸现象也屡禁不止。"南都自开国至嘉靖中,开局铸钱,独洪武、宣德、弘治、嘉靖四种耳。正、嘉中,民间用古钱,其后悭滥之极,至剪铁叶、锡片伪为之,后乃稍稍厌弃,而更用'开元通宝'钱。至今上十年前,始用'万历通宝'钱,而与嘉靖、

---

①② (明)周高起:《阳羡茗壶系・名家》,《丛书集成续编》第 90 册,台湾新文丰出版有限公司 1988 年版,第597 页。

③ (明)顾起元撰,陈稼禾点校:《客座赘语》卷四《金陵古今铸钱》,中华书局 1987 年版,第 113—114 页。

④ 《明英宗实录》卷二六八,景泰七年七月甲申条,台湾"中央研究院"历史语言研究所 1962 年校印本。

隆庆制钱相兼行使，自后工部遂议就局铸造矣。庚子、辛丑间，又别造大厂，与宝源局并行鼓铸，增多至百二十余炉。于是户部与操院亦议并铸，久之京府亦别起炉备铸钱于常平仓矣。所铸之钱既多，而行钱止于都城之内，久则钱益多而其直反贱，诸军役、匠作应受钱者，咸不乐三七搭支。又铜商以抽税多，故昂其直，而部所给之铜价不可增，则铜不时至。于是用减所增铸炉，斥停铸者各归其家，而私铸之犯者众矣。向也未行广铸，局中供役者不过世业旧工，自广铸而召募多人，于是拨砂、看火、醒眼、错边之法人人具晓之。身既不隶于官而无所牟利，则往往私铸以市，而其钱颇与官铸者埒，且又减其直以雠于市之贸钱者，而私钱乃盈地。至官以法禁之，小民以死抵突，不可止也。”①

第三节 商 业

一 交 通

江苏地区自古水陆交通发达，濒江临海，长江、京杭大运河、淮河等大江大河将南北河湖连接起来，形成了发达的水上交通网络。到明代，江苏地区与全国各地的水陆交通四通八达，促进了与各地的经济文化交流。

明初交通运输的恢复和发展。洪武元年(1368)，统一全国的战争尚未结束，朱元璋即着手整顿交通，修驿道，建驿馆，“置各处水、马站及递运所、急递铺”，形成了一个以南京为中心通向全国各地的驿道网络。“自京师达于四方，设有驿站，在京曰会同馆，在外曰水马驿、并递运所，以便公差人员往来，其间有军情重务，必给符验以防诈伪。至于公文递送，又置铺舍以免稽迟及应役人等，各有事例。”全国各地的水马驿站、递运所及急递铺成为明代三大邮驿机构，它们日夜不停地为国家的政治、军事、经济、文化服务，在巩固封建政权中发挥了巨大作用。

明代驿道承袭元制，并在其基础上有所改进。明初，驿传“惟军机事务，以符验以驿，余并禁止”。鉴于元朝驿站混乱的教训，朱元璋规定“非军国重事，不许给驿”。洪武二十六年(1393)，颁布《应合给驿条例》，加上附加条件共 12 条，限定了符合驿马驿船条件的人员，他人一律不得“擅自乘驿传船马”，违者重罚。宣德时，“京官卒皆给驿”，“许进表官得官驿舍”。随着“给驿”范围的扩大，驿传递送的项目不再限于官府文书，还包括递送各种贡品、押运逃兵等。为提高公文传递的效率，明初增设了递运

① (明)顾起元撰，陈稼禾点校:《客座赘语》卷四《铸钱》，中华书局 1987 年版，第 108—109 页。

所，专司物资运输，与水马驿、急递铺并行。水马驿“递送使客，飞报军情”。急递铺专司传送官府公文。

明朝江苏地区驿站，经过局部调整、迁移、撤销和添设，至万历初年，共有约33处。①

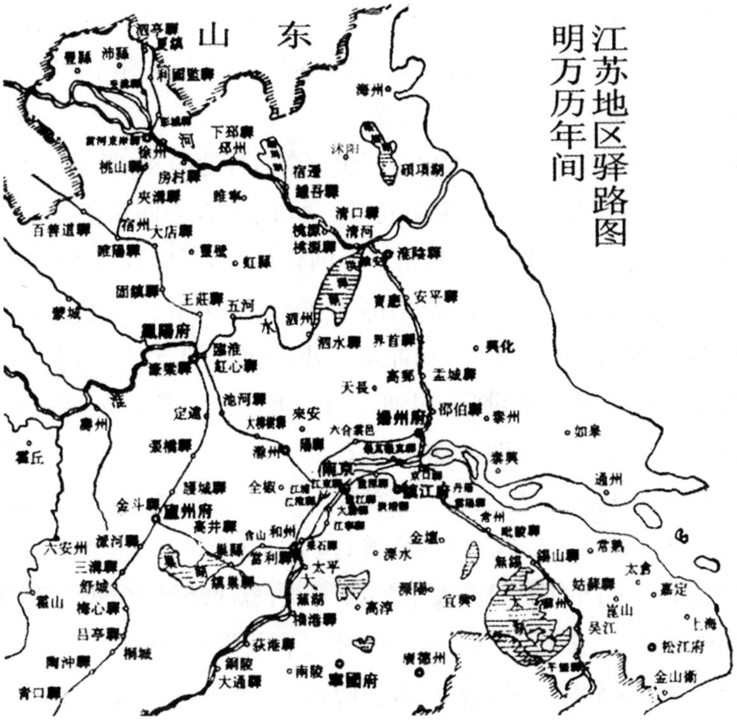

明万历年间江苏地区驿路图

应天府：龙江水马驿、江东马驿、大胜驿、江宁马驿、龙潭水马驿（嘉靖四十五年革，万历三年复）、云亭驿、堂邑驿、江淮驿。

淮安府：淮阴驿、清口水驿、桃源水驿、下邳驿、钟吾驿。

扬州府：广陵驿、邵伯驿、仪真水驿、孟城驿、界首驿、安平驿。

苏州府：姑苏驿、平望驿。

常州府：毗陵驿、锡山驿。

镇江府：炭渚驿（嘉靖四十五年革，万历三年复）、京口驿、云阳驿。

徐州：利国监驿、黄河东岸马驿、桃山马驿、彭城马驿、房村驿、夹沟驿、泗亭驿（隆庆元年移夏镇）。

递运所，设有大使、副使各一人，主要掌管运送粮草物资。明万历时，南直隶有应

① （明）申时行等：《明会典》卷一四五《兵部二十八·天下见设水马驿》，中华书局1989年版，第737—738页。

天府龙江递运所和松江府云间递运所。此前，江苏地区各府州曾设置多个递运所，但先后被废革。如淮安府旧有山阳县淮北下关，清河县清河、小村坊，沭阳县桑墟庄、郭家庄，海州驼峰、庐家庄，赣榆县下分水岭、中冈等地递运所俱革。万历元年，淮安府的淮安、邳州、桃源、辛庄各递运所俱革。扬州府旧有邵伯、界首和仪真递运所万历元年革。苏州府旧有胥门递运所，万历九年革，事归姑苏驿。常州府旧有奔牛坝递运所，万历九年革，事归毗陵驿。镇江府旧有通津递运所，万历九年革，事归京口驿。徐州旧有徐州、沛县各递运所，万历元年俱革。①

明代以京师为中心，京师驿务中枢会同馆与全国各地的驿、所、铺、舍机构形成全国的驿传网络。明初，改南京公馆为会同馆。永乐初，设会同馆于北京。正统二年(1437)，分设北京会同馆(北馆六所)、南京会同馆(南馆三所)，设大使一员、副使二员，内以副使一员分管南馆。② 水陆驿站，水置船，陆用牛、马、车。洪武二十六年(1393)规定，“凡马驿设置马驴不等，如冲要去处，或设马八十匹、六十匹、三十匹，其余虽非冲要，亦系径行道路，或设马二十匹、十匹、五匹。大率上马一匹，该粮一百石；中马一匹，该粮八十石；下马一匹，该粮六十石”③。

关于驿、所、铺的运力配备，具体而言马驿大体60里或80里一置，凡属交通要道视重要程度，分设马30匹、60匹、80匹不等；递运所车辆不等，大车能载10石者，每车设人夫三名，牛三头；小车则设人夫一名，牛一头；急递铺每10里一设，每铺设铺司1人，铺兵少则4—5人，多则10人。就铺所附近青壮男子中选充，每铺设日晷，一昼夜分为100刻，遇公文到铺，不问多寡，必须随即递送。每三刻行一铺，昼夜需行300多里，不能按时抵达者将受笞鞭，传递紧急公文时悬铜钟以警行人让路，驿站闻铃即供应或备马接运。对于驿运及纳费办法规定如下：凡经往过客，正官一员支行列米3升，从人1名支米2升，宿顿使客支米5升。出差官员随从人员，一品级官员配10名，二品8人，三四品6人，五六七品4人。行李随带限一匹马10斤，驮驮者一匹不许超过60斤。有时，没有紧急公务，有的驿馆也代客运货。明嘉靖年间，徽州休宁人叶权过南京上新河驿馆，自大江口至江东门10里而远，跨驴至门，驿馆索10余钱。几年后过驿，因江岸坍塌，原有驿馆坍入江中，雇驴3—4钱即可。④

明初，南京作为京师，其水陆交通发达，四通八达水陆诸路多达十余条。“南都则长江上下，皆可以方舟而至。且北有銮江、瓜洲，东有京口，而五堰之利，或由东坝以

---

① (明)申时行等:《明会典》卷一四七《兵部三十·驿传三递运所》，中华书局1989年版，第754页。

② (明)申时行等:《明会典》卷一四五《兵部二十八·驿传一会同馆》，中华书局1989年版，第735页。

③ (明)申时行等:《明会典》卷一四五《兵部二十八·水马驿上》，中华书局1989年版，第736页。

④ (明)叶权:《贤博编》，中华书局1987年版，第7页。

通苏、常，或由西坝以通宣、歙，所谓取之左右逢其源者也。自古都会得水利者，宜亡如金陵。”“金陵绾毂两畿，辐辏四海。由京师而至者，其路三：陆从滁阳、浦口截江而抵上河，一也。水从邗沟、瓜洲溯江而抵龙潭，二也。从銮江、瓜埠溯江而抵龙江关，三也。由中原而至者，其路三：从寿阳、濡须截江而抵采石，一也。从灵璧、盱眙而抵乌江，二也。从皖之黄口截江而抵李阳河，三也。由上江而至者三：陆从采石、江宁镇而抵板桥，一也。从姑孰、小丹阳而抵金陵镇，二也。水从荻港、三山顺流而抵大胜港，或径抵上新河，三也。由下江而至者其路五：陆从云阳走句曲而抵淳化镇，一也。京口起陆过龙潭而抵朝阳关，二也。舟至栖霞浦，走花林而抵姚方门，三也。水从京口溯江而抵龙江关，四也。又陆从湖州、广德、溧水而抵秣陵镇，五也。”①

建成了以南京为中心的全国驿道网与通驿的有 8 条大干线，纵横各 1 万余里，并建立了仓储运输设施。同时，南京还新修或重修了主要干道：龙江口迎宾道、钟山路，江东大道，沿江营堡联结道、牛首山大道，通京口驿道、上元县至丹阳石铺大道、淳化大道，通庐州驿道、浦滁驿道，通宿州驿道、通扬州驿道，通凤阳驿道等 13 条交通要道。明代南京城内的街道也进行了重新建设，修建了 48 条街道，纵横条陈，坦平宽阔，首次出现了路幅可容九轨的大街，通济门至汉西门等街道还铺设石板路。

高邮盂城驿

---

① （明）顾起元撰，陈稼禾点校：《客座赘语》卷二《水利》、《南京水陆诸路》，中华书局 1987 年版，第 57、48 页。

江苏高邮县南门馆驿巷至今仍然保存着一座明朝孟城驿。孟城驿设置于明洪武八年(1375),永乐元年(1403)重修。孟城驿是一座水陆两用驿站,有正厅5间,后厅5间,库房3间,廊房14间,神祠1间,前鼓楼3间,照壁牌1座。明嘉靖前,孟城驿有船18条,马14匹,床铺60张,水夫170名,马夫14名。嘉靖三十六年(1557),倭寇进犯高邮,驿房遭焚毁。隆庆二年(1568),重新修建,直至清亡,其间屡经整修,现存建筑大部分为清代重建。现有关部门在明孟城驿旧址基础上建立了邮驿博物馆,为研究我国古代邮驿制度和文化提供了重要的实物见证。

在宋、元时代海洋运输的基础上,明代江苏地区远洋航运业也得到进一步发展。明初,有“六国码头”之称的太仓刘家港成为离南京最近的通海港口,明太祖为追歼蒙元在北方的残余势力,将刘家港确立为海运军漕基地。洪武五年(1372),靖海侯吴桢于太仓卫城北门外修建苏州府船场,建造运输漕粮的海舶和作战用多橹快船,成为长江入海口重要的造船厂。永乐年间,郑和七下西洋以太仓刘家港为基地,开创了世界航海史的壮举。郑和远洋航海前后历时30余年,有力地促进了太仓对外贸易和造船业的兴盛。

明前期实行严厉的海禁政策,禁止民间海外贸易,民间海洋运输受到抑制。隆庆元年(1567),随着东南沿海倭寇基本平定,明廷部分开放了海禁,准贩东、西二洋,但民间对日贸易仍行禁止。随着海禁政策的废弛,江苏沿海民间海外贸易日益兴盛,形成远洋航线和国内近海航线。

远洋航线一路通往日本,由于晚明仍禁止民间对日贸易,但东南沿海有许多商人在巨额利润诱惑下对日“走私”贸易;另一路通往东南亚,或以马尼拉为中转站向美洲各地的贸易,或以马六甲为中转站,向欧洲各地的贸易。

国内近海航线一路由太仓、上海或海州沿海岸线北行,至山东、京津和东北等地区;另一路由太仓、上海沿海岸线南行,至浙江、福建、广东等地。

二 城镇商业

1. 税课

明代商税征收部门,“有都税,有宣课,有司,有局,有分司,有抽分场局,有河泊所。所收税课,有本色,有折色。税课司局,京城诸门及各府州县市集多有之。……抽分在南京者,曰龙江、大胜港……河泊所惟大河以南有之。……凡税课,征商估物货;抽分,科竹木柴薪;河泊,取鱼课。又有门摊课钞,领于有司。太祖初,征酒醋之税,收官店钱。即吴王位,减收官店钱,改在京官店为宣课司,府县官店为通课司。凡商税,三十而取一,过者以违令论。……初,京师军民居室皆官所给,比舍无隙地。商货至，或止于舟，或贮城外，驵侩上下其价，商人病之。帝用命于三山诸门外，濒水为屋，名‘塌房’，以贮商货。永乐初定制，嫁娶丧祭时节礼物、自织布帛、农器、食品及买既税之物、车船运己货物、鱼蔬杂果非市贩者，俱免税。准南京例，置京城官店塌房。……洪熙元年，增市肆门摊课钞。宣德四年，以钞法不通，由商居货不税，由是于京省商贾凑集地、市镇店肆门摊税课，增旧凡五倍。两京蔬果园不论官私种而鬻者，塌房、库房、店舍居商货者、骡驴车受雇装载者，悉令纳钞。……舟船受雇装载者，计所载料多寡、路近远纳钞。钞关之设自此始”①。

明代江苏地区城镇商业贸易兴盛，明政府于交通要冲设置税务机关。明代江苏地区的商税征收机构主要有应天府都税司、江东宣课司、聚宝门宣课司、龙江宣课司、朝阳门分司、句容县税课司、六合县税课司、常州府税课司、镇江府税课司、淮安府税课司、扬州府税课司（嘉靖十一年兼管邵伯税课司）、瓜洲税课司、仪真县税课司、高邮州税课司、通州税课司、泰州税课司、徐州税课司等。钞关是设于内河水路要冲的税关，以往来船舶为征收对象，初设时专收钞，故称钞关，后改收银，仍名钞关。“其倚势隐匿不报者，物尽没官，仍罪之。于是有漷县、济宁、徐州、淮安、扬州、上新河、浒墅、九江、金沙洲、临清、北新诸钞关，量舟大小修广而差其额，谓之‘船料’，不税其货。惟临清、北新则兼收货税，各差御史及户部主事监收。自南京至通州，经淮安、济宁、徐州、临清，每船百料，纳钞百贯。”②宣德年间，长江下游 10 个钞关中，江南就占 5 个，它们分别是镇江、江宁、常州、苏州和松江；江北又占 2 个，它们分别是扬州和仪真。“国初止有商税，未尝有船钞，至宣德间始设钞关。……浒墅关本色钞五百八十六万余贯，钱一千一百七十三万余文，折色船料正余银三万九千九百余两。……淮安本色钞三百万余贯，钱六百万余文，折色船料正余银二万二千七百余两。扬州本色钞一百六十九万余贯，钱三百三十八万余文，折色船料正余银一万二千九百余两。”万历六年(1578)课钞，“应天府商税门摊等课钞、共三百三十六万六千三百八十二贯六百一十七文。余钞九百六十三万九千三百五十余贯，江东瓜埠巡检司船料钞一十二万一千五百二十四贯，南京五城兵马司房钞一百六十一万八千四百三十八贯八百文，龙江、石灰山、大胜三关船料钞五十万三千六百八贯……苏州府税等钞六十九万二千一百八贯一百二十一文……常州府税课等钞二十四万二千八百六十六贯八百七十一文，铜钱四十八万五千七百三十九文；镇江府税课等钞三十三万八百五十六贯三百四十文……淮安府税课等钞二百二十六万九千八百六十三贯一百五十二文；扬州府税课等钞八十六万七千二百七十六贯七百六十文……徐州税课等钞三十四万三千九百一

① （清）张廷玉等：《明史》卷八一《食货志五・商税》，中华书局 1974 年版，第 1974—1976 页。

② （清）张廷玉等：《明史》卷八一《食货志五・商税》，中华书局 1974 年版，第 1976 页。

十七贯二百文。”[①]

明代，在全国各地水域和沿海地区设置河泊所，征收渔课。万历年间，江苏地区的河泊所有数处，如应天府龙江里外河泊所，六合县瓜埠三汊河泊所，常州府西隔沙子湖河泊所，淮安府山阳县河泊所，扬州府泰州于溪河泊所。万历前，所设河泊所先后有被废革者，如苏州府的沙头河泊所，镇江府金坛县长荡湖河泊所，淮安府盐城县河泊所、安东县傅湖等河泊所、沭阳县河泊所，海州河泊所，邳州宿迁县河泊所、睢宁县河泊所，扬州府江都县河泊所，高邮州河泊所、宝应县河泊所、兴化县河泊所、通州河泊所。万历六年(1578)，江苏地区各府渔课数，应天府钞九万九千四十九贯一百三十文，苏州府钞二千一百七十四贯四百文，常州府钞三万四千九百八十一贯九百五十五文，铜钱六万九千九百六十四文，镇江府钞五千一百六十四贯，扬州府钞一十二万一千五百一贯三百三十二文。[②]

2. 城市商业

明代江苏地区涌现了南京、苏州、扬州、淮安等区域中心城市，它们或为政治中心、经济中心，或为交通运输和军事中心，对于区域乃至全国的政治经济和社会生活都发挥了重要的作用。

南京

南京曾为六朝古都，明初再度成为全国的都城。洪武年间，朱元璋数次徙民京师，“起取苏、浙等处上户四万五千余家，填实京师”，其中壮丁发各监局充当工匠，余为编户，安置在都城内外，名为“坊厢”。“有人丁而无田赋，止供勾摄而无征派。”此时南京民户激增，南京城人户处于鼎盛时期。明成祖北迁后，南京降为留都，“取民匠户二万七千以行，减户口过半，而差役实稀”[③]。南京城人户大为减少，经济因此一度中衰。作为留都，南京仍居住着许多明朝达官贵族，在政治、经济、文化和军事等方面在全国仍享有突出的地位。明中后期，伴随着江南地区商品经济的发展，南京城市商业日趋繁荣，并渐至鼎盛状态，时有“财赋出于东南，而金陵为其会”之说。经过多年的恢复和发展，到正德年间，一度中衰的南京经济才再度兴盛起来。清人缪荃孙亦说：“前明(南京)之盛，在武宗(正德皇帝)南巡之后。”[④]经过一段时间的恢复和发展，到明万历时，南京“生齿渐繁，民居日密”，繁华区更是“比舍无隙地”，“五方辐辏，万国灌

---

① (明)申时行等:《明会典》卷三五《户部二十二·课程四·钞关》，中华书局1989年版，第255页。

② (明)申时行等:《明会典》卷三六《户部二十三·课程五·鱼课》，中华书局1989年版，第258—264页。

③ (明)顾起元撰，陈稼禾点校:《客座赘语》卷二《坊厢始末》，中华书局1987年版，第64页。

④ (清)缪荃孙:《秦淮广纪》卷二《纪盛》，商务印书馆1924年版。

输。三服之官，内给尚方，衣履天下，南北商贾争赴”[①]。

明代南京商业贸易可分为集市贸易、铺户贸易等形式，这是当时城市商业的主要形式。

集市贸易。明初，南京城东起大中桥，西至三山门，南起聚宝门，北至内桥一带，是全城最繁华的商业区。为了方便客商，明朝政府特地在三山门、江东门等滨江之处建立了榻房，“商人至者，俾悉贮货其中，既纳税从其自相贸易”。洪武年间，南京有13处规模较大的集市：“大市，在大市街，旧天界寺门外，物货所聚。大中街市，在大中桥西。三山街市，在三山门内，斗门桥左右，时果所聚。新桥市，在新桥南北，鱼菜所聚。来宾街市，在聚宝门外，竹木柴薪等物所聚。龙江市，在金川门外，柴炭等物所聚。江东市，在江东门外，多聚客商船只、米麦货物。北门桥市，在洪武门街口，多卖鸡鹅鱼菜等物。长安市，在大中桥东。内桥市，在旧内府西，聚卖羊只牲口。六畜场，江东门外，买卖马牛驴骡猪羊鸡鹅等畜。上中下塌坊，在清凉门外，屯卖缎匹布帛茶盐纸蜡等货。草鞋夹，在仪凤门外，江边屯集筏木。”[②]这些集市多位于交通要道和街道人口来往密集区，方便了广大市民购买日用商品。

铺户贸易。铺户“或开铺面于市中，或作行商出入”。明初，南京“建立街巷，百工货物买卖各有区肆”[③]。城内还辟有市廊和廊房供铺户买卖之用，而廊下作为行人道。南京“自长安街至大中、三山，抵水西门，路甚整洁，民居两廊可步，尤便行人”[④]。当时还有各种市廊：花铺、鼓铺、扇铺、床铺、麻铺、表背、手帕、包头、香蜡、生药、纸铺、故衣等。另外还有如绸缎廊、糖坊廊、估衣廊、明瓦廊等均是如此，这些铺店多为外来人户开设，其中不少是前为店铺后为作坊，他们既是手工业者，又是商人。今天位于南京中山南路西侧的明瓦廊即因明初这一带经营明瓦而得名，明瓦廊是明初南京城主要商道之一，路面较宽，中间是官廊，商铺栉比，是商业繁华之地。明瓦是民间盖房嵌于窗户或天棚上的一种透明瓦，用半透明蛎、蚌等的壳，磨成薄片制成。由于南京远离海边，不产海蚌、海蛎之类，要获得它们就得千里迢迢从海边运来，加之其壳硬脆而易碎，加工成本很高，所以明代南京许多明瓦是用羊角代替，将羊角熬煎成胶，再挤压成薄片而成。这种明瓦成本低，且坚固耐用。当时明瓦廊就有多家羊角制作明瓦的作坊，同时还有销售明瓦的铺户。

明代南京不同的行业铺户分布于不同的区域，经营同种商品的作坊和铺店往往

---

① （明）张瀚：《松窗梦语》卷四《商贾记》，上海古籍出版社1986年版，第74页。

② （明）王俊华纂修：《洪武京城图志》，《南京文献》第3号，南京通志馆1947年版，第31—33页。

③ （明）顾起元撰，陈稼禾点校：《客座赘语》卷一《市井》，中华书局1987年版，第23页。

④ （明）张瀚：《松窗梦语》卷二《东游记》，上海古籍出版社1986年版，第28页。

集中在同一条街坊上。“南都大市为人货所集者，亦不过数处，而最夥为行口，自三山街西至斗门桥而已，其名曰果子行。它若大中桥、北门桥、三牌楼等处亦称大市集，然不过鱼肉蔬菜之类。如铜铁器则在铁作坊；皮市则在笪桥南；鼓铺则在三山街口，旧内西门之南；履鞋则在轿夫营；帘箔则在武定桥之东；伞则在应天府街之西；弓箭则在弓箭坊；木器南则钞库街，北则木匠营。盖国初建立街巷，百工货物买卖各有区肆，今沿旧名而居者，仅此数处。其他名在而实亡，如织锦坊、颜料坊、毡匠坊等，皆空名无复有居肆与贸易者矣。城外惟上新河、龙江关二处为商帆贾舶所鳞辏，上河尤号繁衍。近年以税重，客多止于鸠兹，上河遂颇雕攰，人有不聊生者。其人家产女，旧多美丽，士大夫、士人之求妾者趣焉，近亦寥寥。时之盛衰，亦可叹也。”①

作为明王朝在南方地区的政治中心，南京是封建地租、赋税和封建徭役的集中地。城中贵族官僚、绅士、士兵等均依赖由赋税转化而来的俸禄、监粮、军粮为生。随着明后期政权的动荡和内外交困，远离政治中心、繁华安逸的南都成为许多官僚士大夫向往的安乐窝。其时，南京“吏部不与铨选，礼部不知贡举，户部无敛散之实，兵部无调遣之行”②。虽无实权，但也免去一些政务之辛劳，避免了一些争权夺利的伤害。许多贵族、官僚来到南都颐养天年，大量财富也随之流入，刺激了南京商业的繁荣。同时，坊厢制和铺户制的改革也有利于商业的繁荣。万历时，适应商品经济的发展，神宗皇帝革除了明初以来妨碍工商业者流动的坊厢制和铺户制。坊厢夫银摊入田亩，铺行买办则“尽度变为平买”，一定程度上减轻了工商业者的经济负担，促进了工商业的发展。

永乐十九年(1421)，明都城北迁，明成祖“取民匠户二万七千以行，减户口过半”③。若以洪武末年南京城市人口60多万计算，迁都后人口已不足30万。明后期，随着城市工商业的发展，城市工商业人口比例大量增加。“京师为五方所聚，要皆贸易迁徙之民及在监游学之士而已，而移家者固未数数也。”④明人顾梦游在《秦淮感旧》中称南都“城内连云百万家”。同时代福建人谢肇淛也说：“金陵街道极宽广，虽九轨可容。近年生齿渐蕃，民居日密，稍稍侵官道以为廛肆，此亦必然之势也。天造草昧，兵火之后，余地自多，奕世承平，户口数倍，岂能于屋上架屋，必蚕食而充拓之。”⑤连明初空旷荒凉的城西北地区，此时也已是“僧寮尼舍，群取偏匿者不可记极”，新增人口主要是外来工商业者。

---

① (明)顾起元撰，陈稼禾点校：《客座赘语》卷一《市井》，中华书局1987年版，第23页。
② (明)顾起元撰，陈稼禾点校：《客座赘语》卷二《两都》，中华书局1987年版，第36页。
③ (明)顾起元撰，陈稼禾点校：《客座赘语》卷二《坊厢始末》，中华书局1987年版，第64页。
④ (明)吴应箕：《留都见闻录》下卷《时事》，《秦淮夜谈》1994年第9辑，第28页。
⑤ (明)谢肇淛：《五杂组》卷三《地部》，《明代笔记小说大观》本，上海古籍出版社2005年版，第1528页。

早在宣德年间，苏州、松江两府一些农民为了逃避沉重赋役来到城市，“出其乡则足以售其巧”。他们“从聚两京，乡里之逃匿粮差者往往携其家眷相依同住，或创造房居，或开张铺店”[①]。嘉靖年间，御史司马泰一次就清查出2300外来人户。“都人产薄差繁，困苦已极。却有流移诸色人户置屋置产，交结缙绅，侵夺民间生理，以致富厚不赀，或寄庄于图里，或挂名于行当。影射安享，并无差役。猾者开张当铺，违禁取利，不下数千百家。县差绝不相及。一经告发，百计寅缘，求脱先年。御史司马泰具题，比照宛、大二县事例，查出流移二千三百余户。咨行户部转行本府，编入两县坊甲。”[②]

大量外来人户来南京开店设铺，从事工商业活动，原来的专业街坊，不能容纳越来越多的店铺。那些人口集中的街巷，铺店不断开设，有的盖屋建房为店，而更多的则是搭篷贸易者，出现“侵官道以为肆”的现象。“由礼部西出三山门，所经皆通衢，可容九轨。后以民之居肆者，增置篷搭，以便贸易。部因其输税，听之，不为限制。于是，层垒构架，曩之通衢，化为夹巷，不可方轨。”[③]外来人户搭篷开店侵占道路，以致影响交通。一些外地的工商业者为维护自身的利益、联络乡谊，还建立起自己的同乡会馆。据现存的资料，南京最早建立会馆的是福建莆田人，他们在明嘉靖年间在金陵修建了莆田文献会馆。广东潮州会馆也是明朝所建，清初由南京迁至苏州。[④] 明代南京工商业“客多主少”，在社会安定时，市场一片繁荣，一旦出现动乱，外省人离开，繁荣也随之消失。明初清末，南京遭到战乱破坏，南京城“十室九空，库藏如洗”，交通运输也呈现“驿无马，水无船”的衰败景象。

明代，南京城各种与人们日常生活密切相关的手工业种类齐全。正德年间，江宁县的铺行有：缎子、表绫、丝绵、布绢、零布、绒线、改机、腰机、包头、手帕、纻线、罗、纱、绉纱、打线、荷包、枕顶、故衣、重纸、抄纸、零纸、纸扇、扇面、扇骨、表背、经书、画、冥衣、纸马、翠花、染纸、卖铁、铁锅、倒金、金箔、金线、打银、笔、倾银、卖铜、打铜、铜线、碎铜、底皮、船板、打锡、酒坊、磨坊、柴炭、墨、桐油、果子、停塌、油烛、生漆、靴、医药、生药、熟皮、颜料、卖纱、厨子、销金、活猪、活羊、鸡鹅、干鱼、盐、染坊、木匠、瓦匠、鲜鱼草席、卖木、卖竹、斜木、木桶、包索、盒柤、毡、卓器、冠带、头巾、网巾、裁缝、茶食、打绦、天平、米豆、料砖、麻伞、铜锭铰、纸金银锭等。[⑤] 据不完全统计这些铺行约有百余种之多，且每一类行业有铺户数十个，大多是与老百姓衣食住行等日常生活密切相

---

① （明）周忱：《与行在户部诸公书》，（明）陈子龙等：《明经世文编》卷二二，中华书局1962年版，第174页。

② （明）周晖：《金陵琐事》卷三《御史奏查流移》，《中国方志丛书》华中地方440号，台湾成文出版社有限公司1983年版，第330—331页。

③ （明）顾起元：《雪堂随笔》卷三《朱兰嵎墓志铭》，《四库禁毁书丛刊》集部第80册，北京出版社2000年版，第275页。

④ 吕作燮：《南京会馆小志》，《南京史志》1984年第5期。

⑤ 正德《江宁县志》卷三《铺行》，《北京图书馆古籍珍本丛刊》24，书目文献出版社1998年版，第723页。

关的行业铺户。明人何良俊说,南京城中"糖食铺户约有三十余家"[①]。这些铺户经营的商品中,既有本地生产的,更多的是由外地输入,且大多是市民生活所必需的日用品。

明后期,一些文人在其文艺作品中对当时南京工商业的繁荣和市民生活均有不同程度地反映。明成化太仓人桑悦在《南都赋》中对南京商业的繁盛赞美道:"斗门、淮清之桥,三山、大中之街,乌嬴、白圭之俦,骈背项兮交加,日中贸易,哄哄咤咤。云间之布、雅安之茶、吴会玉棚之灯、勾漏石床之砂、翠聚琼台之馆、曲连淮阴之车,万货各离其乡土,何聚会之纷拏。反兮如潮之汗漫,覆兮类汐之荣查,来无趾兮得得,散无声兮参参,虽殊途其货殖而一致于金镁。"[②]

明代苏州著名画家仇英所绘《南都繁会图卷》,为我们生动地展现了当时南京市场繁华和市民生活的场景。画面上,街巷纵横,店铺栉比。据王宏钧、刘如仲两位学者统计,画面上仅商招幌子就有109种,如义兴油坊、涌和布庄、绸绒老店、铜锡老店、雨伞、头发老店、靴鞋老店、立记川广杂货、西北两口皮货发售、东西两洋货物俱全、木行、大生号生熟漆、枣庄、应时细点名糕、杨君达家海味果品、万源号通商银铺、书铺、裱画、画寓、药材、人参发兑、茶社、酒楼等。[③]

明代南京工商业铺户在封建统治下承担各种赋役。明初,南京进行大规模城市建设,官衙所需工役浩繁,因而铺户以当行为主、买办为辅。明南京将工商业铺户据不同行业限定在不同的区域,各行各业,各有区肆。对所有铺店产业、人丁和经营状况加以登记,编成三等九则,作为控制铺户的手段和征调科敛的根据。在官府严格的编审制度下,铺户商人无法逃避繁重的征调和差役。南京城十二廊是铺户集中地区,"达官健吏,日夜驰骛于其间"[④]。

明朝建都南京后,对朝贡贸易免征关税。商业繁荣,大批商品货物通过南京集散。洪武初年,在南京龙江关和大胜港两地设立了抽分竹木场,抽分竹木场是专征竹木柴炭货税的税关。抽分初为抽取实物,即按一定的比例收取所运之货物(主要竹木为大宗),抽分所得供政府营建之用,后来也有折银钱抽纳。抽分的税率是:芦柴、茅草、稻草等三分取一,杉木、软篾、黄藤等三十分取二,松木、杉板杂木、柴炭等十分取二。[⑤]

---

① (明)何良俊:《四友斋丛说》卷一二,中华书局1984版,第99页。

② (明)桑悦:《南都赋》,《明文海》卷一,中华书局1987年版,第7页。

③ 王宏钧、刘如仲:《明代后期南京城市经济的繁荣和社会生活的变化——明人绘〈南都繁会图卷〉的初步研究》,《中国历史博物馆馆刊》1979年第1期。

④ (明)顾起元撰,陈稼禾点校:《客座赘语》卷一《风俗》,中华书局1987年版,第26页。

⑤ (明)申时行等:《明会典》卷二〇四《抽分》,中华书局1989年版,第1023页。

苏州

明初洪武年间，苏州数度迁徙富户和工匠至南京、凤阳和北京等地。“盖洪武以来，罪者谪戍，艺者作役，富者迁实京师，殆去十之四五。近年则又不能无脱漏及流徙他境耳。”[①]随着生产的不断发展，苏州社会经济逐渐恢复。“吴中素号繁华，自张氏之据，天兵所临，虽不被屠戮，人民迁徙实三都、戍远方者相继，至营籍亦隶教坊。邑里萧然，生计鲜薄，过者增感。正统、天顺间，余尝入城，咸谓稍复其旧，然犹未盛也。迨成化间，余恒三四年一入，则见其迥若异境，以至于今，愈益繁盛，闾檐辐辏。”[②]成化时人莫旦说，苏州“列巷通衢，华区锦肆，坊市綦列，桥梁栉比，货财所居，珍异所聚”[③]。万历时，四方客商云集苏州，“苏州为江南首郡，财赋奥区，商贩之所走集，货财之所辐辏，游手游食之辈，异言异服之徒，无不托足而潜处焉。名为府，其实一大都会也”[④]。苏州“市廛间，商贾填溢，四方之人，等于土著”[⑤]。

发达的手工业和便捷的交通奠定了明代苏州商业繁盛的基础。苏州地处大运河和娄江的交汇处，内河航运便利。“渡江而西，走皖鄂，逾彭蠡，行楚、蜀、岭南”，经运河“北接齐豫”，直达北京。经运河南至杭州，“远连交广”。明代苏州是江南商业贸易最为繁荣城市之一，是当时全国的工商业中心。当时，苏州阊门号为“天下第一码头”，来自全国各地、操不同方言的商人来到苏州进行商业贸易。明代苏州阊门一带“民饶商聚”，“虹桥跨濠以通行，旅错趾骈，无问昏旦……城内外从桥而达者日不下亿万”[⑥]。晚明苏州人唐伯虎在《阊门即事》中描述了当时苏州阊门一带繁盛景象：“世间乐土是吴中，中有阊门更擅雄。翠袖三千楼上下，黄金百万水西东。五更夜市何曾绝，四远方言终不同。若使画师描作画，画师应道画难工。”[⑦]许多外地商人在苏州建立了会馆，其中岭南会馆创建于万历年间，位于阊门外山塘桥西；三山会馆创建于万历年间，位于万年桥大街。[⑧]

明万历年间，意大利传教士利玛窦来到中国，游历了中国各地，他这样描绘眼中的苏州：“这是中国成语说的‘上有天堂，下有苏杭’那两个城市中的一个。它是这个地区的最重要的城市之一。以它的繁华富饶，以它的人口众多和以使一个城市变得

---

① 正德《姑苏志》卷一四《户口》，《北京图书馆古籍珍本丛刊》26，书目文献出版社 1998 年版，第 233 页。

② （明）王锜：《寓圃杂记》卷五《吴中近年之盛》，中华书局 1984 年版，第 42 页。

③ （明）莫旦：《苏州赋》，道光《苏州府志》卷一三一《集文一》，道光四年（1824）刻本。

④ （明）姜良栋：《镇吴录》，转引自韩大成：《明代社会经济初探》，人民出版社 1986 年版，第 241 页。

⑤ 康熙《苏州府志》卷二一《风俗》，康熙三十二年（1694）。

⑥ 道光《苏州府志》卷二九《津梁》，道光四年（1824）刻本。

⑦ 陈伉、曹惠民编注：《唐伯虎诗文书画全集》，中国言实出版社 2004 年版，第 341 页。

⑧ 苏州历史博物馆等编：《明清苏州工商业碑刻集》，江苏人民出版社 1981 年版，第 327 页。

壮丽所需的一切事物而闻名。它位于一条平静的清水河上,或者可以更恰当地说是位于一个湖(即太湖)上,吹拂着和风。这里的人们在陆地上和水上来来往往,像威尼斯人那样;但是这里的水是淡水,不像威尼斯的水那样又咸又涩。街市和桥都支撑在深深插入水中的独木柱子上,像欧洲的式样。经由澳门的大量葡萄牙商品以及其他国家的商品都经过这个河港。商人一年到头和国内其他贸易中心在这里进行大量的贸易,结果是在这个市场上样样东西都没有买不到的。从陆路进城只有一个入口,但从水路进城则有好几个入口。城内到处是桥,虽很古老但建筑美丽,横跨狭窄运河上面的桥都是简单的拱形。在中国没有别的地方能找到更多的奶油和奶制品,也没有更好的米酒了,它们都输往北京和全国。这个商业中心离海约有两天的路程,严加设防,是本地区八个城市中最主要的一个。"①

明后期,苏州西城是商业活动最为繁荣地区之一。"商贾多聚于西,故东旷西狭";"吴民不置田亩,而居货招商,阛阓之间,望如绣锦,丰筵华服,竞侈相高而角利锱铢,不偿所费"②。"城中与长洲东西分治,西较东为喧闹,居民大半工技,金阊一带,比户贸易;负郭则牙侩辏集。"③苏州阊门、胥门以西是苏州商业繁华地区。"自胥(门)及阊(门)迤逦而西,庐舍栉比,殆等城中,此侨客居多。"④

由阊门、虹桥而西至枫桥,也是商业繁荣区。这一带有濒临运河的重要关卡——浒墅关,商业繁荣,店铺林立。"吴阊至枫桥,列市二十里。"⑤各类商品云集,"枫桥之粜豆,南濠之鱼盐、药材,东西汇之林簰,云委山积"⑥。明清小说中记载粮商米粮皆投枫桥牙家发卖,"枫桥是柴米牙行聚处"。明末吴县人王心一说:"尝出阊市,见错绣连云,肩摩毂击,枫江之舳舻街尾,南濠之货物如山,则谓此亦江南都会矣。"⑦"豆麦自上江来,皆泊枫桥、上塘等处,其多万斛,岁时常然也。"⑧

城内外市集贸易。阊门内月城市阛阓坊"两京各省商贾所集之处,又有南北濠、上下塘,为市尤繁盛"⑨。长洲县大市定期为祀神而开设的庙会,初只有松花、猛将、关

---

① [意]利玛窦撰,何高济、王遵仲、李申译,何兆武校:《利玛窦中国札记》,中华书局1983年版,第338页。

② (明)曹自守:《吴县城图说》,(清)顾炎武:《天下郡国利病书》原编第五册《苏下》,《四部丛刊三编》本,上海商务印书馆1936年影印版。

③ 崇祯《吴县志》卷一〇《风俗》,《天一阁藏明代方志选刊续编》第15册,上海书店1990年版,第892页。

④ (明)曹自守:《吴县城图说》,(清)顾炎武:《天下郡国利病书》原编第五册《苏下》,《四部丛刊三编》本,上海商务印书馆1936年影印版。

⑤ 康熙《松江府志》卷五四《遗事下》,康熙二年(1663)修刊本。

⑥ (清)陈梦雷:《古今图书集成·方舆汇编·职方典》卷六七六《苏州府风俗考》,上海中华书局1934年版。

⑦ 崇祯《吴县志》王心一序,《天一阁藏明代方志选刊续编》第15册,上海书店1990年版,第17—18页。

⑧ 嘉靖《吴邑志》卷一四《特产上》,广陵书社2006年版,第105页。

⑨ 正德《姑苏志》卷一八《乡都》,《北京图书馆古籍珍本丛刊》26,书目文献出版社1998年版,第276页。

王、观音等会。万历时,“创为五方圣贤会”,五龙堂、东仓、娄门、葑门、专诸巷、康王庙、丁香巷、北营、胥门、虎豆寺、枫桥、白莲桥、洞泾里、黄路庵、南濠等20余处。会期在5月,届时“优伶伎乐,粉墨绮缟,角觝鱼龙之属,缤纷陆离,靡不毕陈,香风花霭,迤逦日夕,翱翔去来,云屯雾散,此则会之大略也”①。

扬州

扬州是明清时期京杭大运河沿岸重要的工商业城市。元至正十七年(1357),朱元璋所部占据扬州,命张德林镇守,“德林以旧城虚旷难守,乃截城西南隅,筑而守之”②。张德林修筑扬州城池,“约十里,周围一千七百七十五丈五尺,高倍之。门五:曰海宁,今曰大东;曰通泗,今曰西门;曰安江,今曰南门;曰镇淮,今曰北门;曰小东,即是门,今仍旧名。南北水关二,引市河水以通于濠。今之新城,即宋大城之东南隅,明嘉靖三十四年乙卯,知府吴桂芳始议兴筑,后守石茂华踵成之。自旧城东南角起,折而南,循运河而东,折而北,复折而西,极于旧城之东北角止。东与南北三面,约八里有奇,计一千五百四十二丈。门七:曰挹江,今曰钞关;曰便门,今曰徐宁;曰拱宸,今曰天宁;曰广储;曰便门,今曰便益;曰通济,今曰缺口;曰利津,今曰东关。沿旧城城濠南北水关二,东与南二面,即以运河为城濠,北面作濠,与旧城连,注于运河,此旧城、新城之大略也”③。扬州新、旧城是一个整体的两个部分,至明万历年间,扬州城已“人烟浩穰,游手众多”,全城至少有40余万人。④

明代扬州滨运河、临大江,交通运输业十分发达,来自全国各地的富商巨贾云集于此,以盐、木等为主要贸易货物。“扬,水国也。北吞淮泗,西连滁濠,南浮金焦,东汇海壖,非江北一大都会哉!聚四方之民,新都(新安)最,关以西(陕西)、山右(山西)次之。”⑤明中后期,扬州“秦腔、歙语满街巷”,“四民自士农工贾而外,惟牙侩最多。俗云经纪,皆官为给帖,凡鱼盐豆谷觅车船、雇骡马之类,非经纪关说则不得行。常值之外,另与‘用钱’,扬州、瓜(洲)、仪(真)经纪不可万数”⑥。“徽人在扬州最早,考其时代,当在明中叶。故扬州之盛,实徽商开之。扬,盖徽商殖民地也,故徽郡大姓,如汪、程、江、洪、潘、郑、黄、许诸氏,扬州莫不有之,大略皆因流寓而著籍者也。而徽扬学

① (明)王稚登:《吴社编》,《苏州文献丛钞初编》本,古吴轩出版社2005年版,第324页。

② 《明太祖实录》卷五,至正十七年十月甲申条,台湾“中央研究院”历史语言研究所1962年校印本。

③ (清)李斗:《扬州画舫录》卷九《小秦淮录》,广陵书社1984年版,第178页。

④ 曹树基:《中国人口史》,复旦大学出版社2005年版,第312页。

⑤ 万历《扬州府志》序,《北京图书馆古籍珍本丛刊》25,书目文献出版社1998年版,第6页。

⑥ 万历《扬州府志》卷二〇《风物志·风俗》,《北京图书馆古籍珍本丛刊》25,书目文献出版社1998年版,第348页。

派，亦因以大通。”[①]到清初，徽商成为两淮盐商的主力。

淮安

明设淮安府，治山阳县淮城。淮安城由新旧城组成，旧城建于东晋时期，新城为元末张士诚据守淮安时所筑。嘉靖三十九年(1560)，为抵御倭寇，漕运都御史章焕修建联城，在新旧城间建一新城，称为“联城”，亦称“夹城”。明代，淮安城市经济的繁荣和发展与漕运事业的兴衰密不可分，淮安是当时南北大运河漕运转输中心，有“运河之都”之称。明清两代均在淮安派驻漕运总督，督理漕政。“凡湖广、江西、浙江、江南之粮艘，衔尾而至山阳，经漕督盘查，以次出运河。虽山东、河南粮艘不经此地，亦皆遥禀戒约，故漕政通乎七省，而山阳实咽喉要地也。”[②]明代，南粮北运，初以海运为主，永乐初改以海、河兼运，后则以河运为主。

明永乐年间恢复漕运后，为保证漕运畅通和安全，始设漕运总兵官掌漕运河道之事，正二品衔，河道由漕总兼任，首任为平江伯陈瑄。为了“免过坝及风涛之险”，陈瑄于永乐十三年(1415)循宋乔维岳所开沙河故道，自淮安城西管家湖，凿渠数十里，导引湖水由鸭陈口入淮，这段新漕渠被命名为“清江浦”。为了节制水位，还在清江浦上修建了移风、清江、福兴、新庄 4 道闸。清江浦开后，本为山阳县“闲旷之地”，很快便成为“侨民宿贾，巨室鳞次”的通都大埠。“清江浦”也成为这一商埠的地名，而清江浦河则与淮扬运河一起，被称为“里运河”。

为适应漕运需要，陈瑄还在淮安、徐州、临清、德州等漕运重镇建筑了中转粮仓——转搬仓，接收民船送来的漕粮，转搬仓由户部分司负责监督管理。淮安转搬仓建于清江闸以南，有 40 区仓房，皆“坚基广厚，倍于常制”，可储存 150 万石漕粮。明漕运制度虽屡有改变，但于沿运河广置粮仓、收储漕粮的原则始终未变。

景泰二年(1451)，设立专职漕运官员——漕运总督。首任漕运总督为副都御史王竑，并兼巡抚淮、扬、庐、凤四府及徐、和、滁三州，驻扎淮安，与漕运总兵官、参将同理漕事。此后，屡经变化，至万历七年(1579)，始成“总督漕运都兼提督军务巡抚凤阳等处兼管河道”的职衔，“漕司领十二总(即把总)、十二万军(漕军)，与京操十二营军(守卫京师的十二团营的军队)相准”[③]。

成化年间(1456—1487)，漕运组织日趋完善，设漕运都御史 1 人，理刑主事 2 人，皆驻淮安。其职责是每当漕期，刑部派主事 1 员或员外郎 1 员，处理军民交兑纠纷或

---

① (民国)陈去病:《五石脂》,转引自张海鹏、王廷元主编:《明清徽商资料选编》,黄山书社 1985 年版,第 109 页。

② 光绪《淮安府志》卷八《漕运》,《中国方志丛书》华中地方 398 号,台湾成文出版社有限公司 1983 年版,第 396 页。

③ (清)张廷玉等:《明史》卷七九《食货志三·漕运》,中华书局 1974 年版,第 1922 页。

运军犯法等案件，官员每3年一换。管厂（指管理清江等船厂）的工部主事2人，驻清江浦。监仓（负责粮仓漕粮保管事宜）的户部主事4人，分驻淮安、临清、徐州、德州。设提举2人，一驻清江浦，一驻临清，攒运（指催促漕运）粮储，镇守地方；总工官1人，协同漕运；参将1人，皆驻淮安。成化七年(1471)，设总理河道于山东济宁，与总漕平行，此后，河道与漕司分成两个系统，成为常设。嘉靖三十六年(1557)，由于倭寇骚扰，于淮安增设提督军务以加强护漕的武装力量。嘉靖四十年(1561)，提督军务之职归辖漕运总督。

明政府在清江浦创办当时全国最大的内河漕船厂——清江督造船厂（简称清江船厂）。厂址设于清江浦河沿岸，处于山阳、清河二县之间，其中心位置东去山阳淮安城、西去清河县城各30里。清江船厂后来发展到拥有4个大厂、80个分厂，工匠牙商人役近万，厂房延绵20余里，成为当时全国造船中心之一。

陈瑄总理漕运之前，今淮安清河、清浦地区地广人稀，自清江浦疏凿、四道闸修建、转搬仓落成和造船厂投产之后，人户日增，工商业逐渐繁荣。江西、湖广、浙江的民运粮船到此卸粮以入转搬仓；各地漕船在此停泊，接受漕运部门的盘查、验放；许多随船的货物在此装卸，千万艘粮船的船工水手、漕运官兵、南来北往的商人都云集于此，他们在这里交易，旅客在这里盘桓，促进了淮安的商业发展和经济繁荣。淮安很快成为"侨民宿贾，巨室鳞次"，"居人数万家，夹河二十里"的通商大埠，淮安城西运河岸边，店铺、摊贩绵延数里。"民惮远涉，百物取给于远商。……若布帛盐鹾诸利薮，则皆晋徽侨寓，大力者负之而趋矣。"①外地商人不仅在淮安经营盐业，布帛、绸缎业也多为外地商人经营，"淮郡有耕无织"，淮城"民居栉比，无机杼声"，城内居民"服饰所需，仰给于远方者十居八九"。

淮安城内外，漕督居城，仓司屯卫，星罗棋布，店肆酒楼，鳞次栉比，人户稠集，市井繁荣，俨然省会。特别是由于建署于此的总督漕运部院、巡抚衙门和总兵府都是中央一级衙门，属吏、卫漕兵丁众多，大大增加了对商业的需求量。山阳城南一直到清河马头镇，酒楼饭庄面馆饼铺、茶食店熏烧摊、小吃棚叫卖担，填街塞巷；青旗沽酒舫、红板卖鱼船，穿梭不歇；水上河岸，十余万人赖此谋生，昼夜喧嚣，市不夜息。"清淮八十里，临流半酒家。""淮浦高楼高入天，楼前贾客常纷然。歌钟饮博十户九，吴歈不羡江南船。"②这些歌谣皆反映了当时商业饮食服务业的盛况。当时，淮安城西南万柳池畔的清溪馆就是一个送别赴漕亲人的饭菜馆。南来的漕船停泊于淮安旧城南角楼，从水门入城办理过关手续。当时，漕船不畏过江，但畏过湖，督粮官兵亲友们往往送

① 天启《淮安府志》卷二《舆地志》。

② （明）蔡昂：《淮阴曲》，（清）丁晏原辑：《山阳诗征》卷七，陕西人民出版社2009年版。

过高宝湖才放心。他们常在淮安清溪馆设宴祝贺、欢送，“解囊沽酒以饯北上者，故清溪馆之名传布南北”。

淮安的榷关始设于明代，且有3处：“一为户部钞关，驻板闸。一为户部储粮。一为工部抽分，驻清江浦。”①户部钞关征收商品货物税，“凡淮地所造一应货物，并各处来淮安发卖之物，皆有税，名曰商税”。户部储粮是商品粮食税。工部抽分是抽船料税，如竹、木、铁钉、麻、油等造船、修船物料，皆商人贩卖货物，抽其税“以供造漕船之用”。后来演变成抽民间造船税。康熙九年（1670），清政府将“储粮”、“抽分”合并为淮安榷关。明后期，淮安城漕运咽喉地位逐渐为清江浦所取代。清江浦距淮安城仅30余里，有与漕运总督官阶相同的河道总督驻节，清江浦繁华与淮安城不相上下。

此外，明代江苏地区的仪真、徐州、无锡等城市工商业均有不同程度的发展。

仪真（今江苏仪征），南有长江，东濒大运河，是淮南盐运的重要枢纽。明初，曾在瓜洲设立淮南盐业批验所，“掣盐渚上，冠盖络绎，商贾繁盛，居民殷阜，第宅蝉联，甲于扬郡”②。洪武十六年（1383），明廷移建批验所至仪真县南的一坝、二坝间，隶属两淮转运司，此后，仪真城市经济日益繁荣。到嘉靖年间，仪真县已经“一邑数万家”，“地居江海襟吭之会，故自江以南，近接吴楚，远极蜀黔闽粤之徼裔，水浮陆走、贡篚漕艘、货贾鹾商所通属，竹箭木材、麻丝布绮、粳粟器殖所转输，东西际万里，寸产尺供，辐集乎京师，莫不于是乎达之。故县上下仅一水，凡绕折不数里间，津梁束跨若杼织甍连，阁引市巷廛肆相逦迤，人肩摩而舟尾衔，井渠户坫檐阿之勾轧鳞合栉比，立镈之壤弃闲担载，掣挽诺呼向答颎喝，朝昏不绝，即名都巨镇，其盛鲜或过之”③。

徐州是明代南北大运河的“咽喉命脉所关，最为紧要”④，号称“五省通衢”。作为明代京杭大运河的重要枢纽，漕运及河运贸易成为当时徐州商品流通的主要形式和经济发展的主要支柱，时“江淮以南之贡赋及四夷方物上于京者，悉由于此，千艘万舸，昼夜无息”⑤。明政府在徐州设有漕粮储运的广运仓，使徐州成为既是民船的交粮地，又是官兵接运处，舟车云集，贸易兴旺。作为物资的集散和转运枢纽，徐州城内店、肆、场、栈林立，街、巷、坊、市不断增加。为与四乡的交通联系，还在泗水和黄河上分别用铁索系舟修建了大浮桥（原名万会桥）和小浮桥（云集桥），每日按时启闭，以利

① 同治《重修山阳县志》卷四《关榷》，《中国地方志丛书》华中地方第414号，台湾成文出版有限公司1983年版，第68页。

② 嘉庆《瓜洲志》卷首《凡例》，民国十二年（1923）铅印本。

③ （明）尹台：《皇明增筑月城记》，隆庆《仪真县志》卷一四《艺文考》，《天一阁藏明代方志选刊》本，上海古籍书店1963年影印版。

④ 《明神宗实录》卷一九一，万历十五年十月乙亥条，台湾“中央研究院”历史语言研究所1962年校印本。

⑤ 正统《彭城志》卷五，明抄本。

船和行人通行。漕运不仅推动了徐州漕船修造业和盐包擎捆业的发展，还促进了徐州的商业发展。当时徐州“一切布、帛、盐、铁之利，悉归商”。外来的手工业工匠也很多，“凡百工技艺之徒，悉非土著”①。景泰五年(1454)，为了便于储粮护仓，方便运输，扩建了徐州城的东部，将原来城外的广运仓括进城内。明代京杭大运河于徐州附近与黄河交汇，徐州、淮安间的运河借用黄河的水道，故黄河每有决堤，徐州附近及以南的河运均要受到严重影响，这也是徐州附近运河数度改道的关键，频繁的水灾成为制约徐州经济进一步发展的重要因素。

3. 市镇经济

市镇，地方史志中常称为“镇市”，是农村集市贸易、商贾凑集处和城乡商品贸易的集散地。明代，江苏地区农村市镇经济在宋元的基础上得到长足发展，一些专家和学者对江苏地区市镇经济的研究取得不少优秀成果。② 明代江苏南北地区的民众对集市的称谓也不尽一致，“郊外民居所聚谓之村，商贾所集谓之镇”③。有市镇“可方州郡”④，或“不减城市”⑤，江南有的地方称市为墟，如吴江县芦墟镇、丹徒县黄墟镇等。江淮地区市镇有的称“集”，有的称“店”，也有称“场”。总体而言，江南地区比江淮地区的市镇经济要发达一些，其市镇数量和规模均超过江淮地区，江淮地区的市镇数量和繁荣程度不及江南市镇。

市镇、集墟等都带有明显的农村色彩，大多集墟没有常设店铺，除了定期或不定期集市外，和一般农村无异。市分为不定期市、半定期市、定期市、常市(又称日市)。据集市贸易的规模和数量，又可分为大市、小市和庙会。据集市所在的不同，又分为城集、乡集、山市、庙市和寺市。凡集市在城者，称“城集”，在乡者为“乡集”。

庙会又称庙市，因其贸易场所一般在寺庙附近而得名。最初庙市是专为祀神而设，为善男信女供应香纸、食品等商品，后来逐渐发展为规模较大的日用百货集市。每年一次或两次，一次几天或数天不等。庙会规模比一般集市为盛。江阴的观音会在广福寺中，每年六月十九日为会期，“六月十九日，广福有观音会，远方贾客互与居

---

① (清)陈梦雷:《古今图书集成·方舆汇编·职方典》卷七七一《徐州风俗考》，上海中华书局1934年版。

② 傅衣凌:《明清时代江南市镇经济的分析》，《历史教学》1964年第5期；刘石吉:《明清时代江南市镇研究》，中国社会科学出版社1987年版；樊树志:《明清江南市镇探微》，复旦大学出版社1990年版；韩大成:《明代城市研究》，中国人民大学出版社1991年版；范金民:《明清时期苏州市镇的发展特点》，《南京大学学报》1990年4期；王振忠:《明清徽商与淮扬社会变迁》，生活·读书·新知三联书店1996年版；吴滔:《略论明清南京地区的市镇发展》，《中国农史》1999年3期；吴海涛、金光:《略论明清苏北集市镇的发展》，《中国农史》2001年第3期。

③ 正德《姑苏志》卷一八《乡都》市镇村附，《北京图书馆古籍珍本丛刊》26，书目文献出版社1998年版，第276页。

④ 乾隆《吴江县志》卷四《镇市村》、嘉靖《吴江县志》卷一《地理志》。

⑤ 弘治《吴江志》卷二《市镇·黎里镇》，《中国方志丛书》华中地方第446号，台湾成文出版社有限公司1983年版，第79页。

民为市甚盛，尽月乃已”，届时“吴会、金陵、淮、楚之商，迎期而集，居民器用多便之，既月而退，岁六月十九日以为节”①。

市镇的形成，有的因手工业而繁荣，有的因地理位置优越，以交通发达而闻名。集市因贸易商品不同，又分为牛市、米市、布市、丝市、猪市等。市镇作为一个经济实体，是农村与城市之间的重要纽带，对促进社会经济发挥了重要作用。明中后期，随着经济的发展，江苏南北各地市镇、集墟数量有了不同程度的增加。

明代海州“弘治前，军民屋宇鳞次相比，衣食饶裕，弦歌之声不绝。自刘六、刘七之乱，再经荒疫，乡村残落，而城郭军民亦渐死徙，至今不可再复。……海州地广而盗贼多窃伏草野，故民聚数十家而为镇，其散在各村以便田事者不过四五家，皆与镇为声援。镇设老人二人以主勾摄游徼，大镇倍之，亦古者闾胥党正之遗意也。择老成晓事者以充是役，而官制其纠戒之，令使不为害，则词讼可平，盗贼可息矣。”②海州因刘六、刘七的农民起义的影响和战火破坏，社会经济萧条，以至于“数十家而为镇”，与江南市镇的繁华不可同日而语。

江苏地区农村市镇形成于宋，但真正发展和兴盛是在明清时期。据正德《姑苏志》记载，当时苏州府吴县有1市6镇、长洲县有5市4镇、昆山县有4市5镇、常熟县有9市5镇、吴江县有3市4镇、太仓州有10市4镇。③ 应天府在弘治到万历年间，也涌现了一批市镇，句容县有6市4镇，江宁县有14市4镇、上元县有9市5镇、溧水有5市4镇。④

江苏南北地区水网密布，市镇或依水而建，或处于水陆交通要冲，成为邻近乡村农副产品和手工业品集散地。明代后期，江苏市镇工商业日益繁盛，将广大农村地区与县城、大城市之间的生产、流通与消费有机地联通起来。以苏州府吴江县为例，震泽镇，元时村镇萧条，居民仅数十家，至明成化时增至300—400家，嘉靖时则倍之；平望镇，明初居民止千家，自弘治后居民日增，成为苏州府大镇；盛泽镇，明初为村，居民仅50—60户，成化年间，“居民附集，商贾渐通，后遂成镇”⑤。嘉靖时，盛泽已发展成为一个“居民百家”，以绫绸为业的“市”。万历、天启年间，盛泽由市升为镇，到明末清初，已跃为吴江诸镇第一。黎里镇，“至元始成聚落，明成、弘间为邑巨镇，居民千百家，百货并集，无异城市”。到嘉靖时，黎里已“地方四里，居民二千余家，货物贸易不

① 嘉靖《江阴县志》卷二《市镇》，《天一阁藏明代方志选刊》本，上海古籍书店1963年影印版。

② 隆庆《海州志》卷一《街市》、《集镇》，《天一阁藏明代方志选刊》本，上海古籍书店1962年影印版。

③ 正德《姑苏志》卷一八《乡都》，《北京图书馆古籍珍本丛刊》26，书目文献出版社1998年版，第276—289页。

④ 参阅弘治《句容县志》卷一《坊厢》、正德《江宁县志》卷五《市镇》、万历《上元县志》卷四《建置志·市镇》、万历《溧水县志》卷一《镇埠》。

⑤ 乾隆《盛湖志》卷上《沿革》，《中国地方志集成》乡镇志专辑11，江苏古籍出版社1992年版，第374页。

减城市”[1]，人口达到万人以上。

明江淮地区扬州、淮安府属各州县漕运、盐运发达，许多市镇的形成均与盐业生产和运输关系紧密，一些市镇因漕运和盐业而兴盛，一般盐场场署所在地都形成镇集。[2] 为了管理盐场财产，场集一般驻有盐官，并设有街市，它们为常市，与一般农村墟集不同。通州石港镇，是淮南盐场之一，洪武年间，信国公汤和在此建土城，在镇的东南、西北分别设迎晖门、来熏门、豫丰门、拱极门。此后，石港镇日渐繁荣，有鱼市和粮食市场，并成为盐业集散地。通州小海场，“自南闸穿场有三里街，厦屋渠渠，开典当者七家，富庶甲于诸场”[3]。清初，明代繁华的东台镇和庙湾镇还分别升格立县，东台镇升为东台县城，庙湾镇升为阜宁县城。

江淮沿海的一些产盐区市镇的名称多与盐业生产、管理和运输关系密切，其市镇名称中常有“团”、“灶”、“总”、“仓”、“丿”等。“团”是盐区生产组织，灶户“聚团共煎”海盐。每个盐场下设若干团，每团下辖若干灶户，旧时以“团”为地名的。“灶”是灶民煎盐的重要设施，境内一些市镇因“灶”而名。“总”，是盐场灶民聚居的单位。明初大规模的“洪武赶散”，移民来到荒漠的海滨烧盐，为了对散居在沿海的灶民实施管理，各场设总若干，以次为序。“仓”，即盐仓。“丿”是明后期及清代灶民煮盐的主要生产工具之一，其形同铁锅，比锅略浅，径圆 3 尺，深 3 至 4 寸，一些市镇也以“丿”命名。另外，煎盐用的盘铁，点卤成盐用的皂角等均在市镇地名中有所反映。

淮安位于黄、淮、运河和通京大道交汇处，漕运总督、河道总督、两淮盐运使司淮北分司、淮安榷关监督均在淮安建署驻节，管理漕运、河务、盐务和榷税事务，清江浦河沿岸，逐渐形成了淮城、河下、板闸、钵池、清江浦、王家营、韩城、新庄、码头等市镇，呈现出前未有的繁荣盛况。

淮安河下镇是明清时期两淮运河沿岸著名市镇，为“山阳县境内淮郡城外第一大聚落”。明初，扬州设有两淮盐运使司，下辖通州、泰州、淮北三分司，淮北盐运分司初设署涟水，明中期迁至河下镇，而淮北批验盐引所也改驻河下镇。淮北“产盐地在海州，掣盐场在山阳”，河下镇成为淮北盐运的必经之地。河下镇“盐、漕、河、关四利咸沾其益”，形成“东襟新城，西控板闸，南带运河，北倚河北，舟车杂还，夙称要冲，沟渠

---

① 嘉靖《吴江县志》卷一《疆域》，《中国史学丛书三编》第四辑，台湾学生书局 1976 年版，第 97 页。

② 王振忠：《明清淮扬徽商与淮扬社会变迁》，生活·读书·新知三联书店 1996 年版，第 106 页。

③ （清）林正清：《小海场新志》卷八《风俗志·习俗》，《中国地方志集成》乡镇志专辑 17，上海古籍出版社 1992 年版，第 230 页。

外环，波流中贯，东西广约五六里，南北袤约二里”的格局，计有22条街、91条巷、11坊。[①] 同时，众多徽州和山西盐商纷纷移居河下镇，他们在河下开店修路，建别墅，筑园林。河下镇商业的十分繁盛，市廛相连，店铺鳞次栉比，涌现西湖嘴市、姜桥市、相家湾市、罗家桥市、古菜桥市、米市、柴市、兰市等市场，人称“小扬州”。当时，河下镇“富有无堤，甲于诸镇，明邱琼山诗所谓‘扬州千载繁华景，移在西湖嘴上头’是也”[②]。

表7 明代江苏地区各县市镇集墟数量统计表

县名	时间	市镇(集墟)数	资料来源
上元	嘉靖	4镇	嘉靖《南畿志》卷四《郡县志一·城社》
	万历	37(镇5市32)	万历《上元县志》卷四《建置志·镇市》
江宁	正德	18(镇4市14)	正德《江宁县志》卷五《市镇》
	嘉靖	4镇	嘉靖《南畿志》卷四《郡县志一·城社》
	万历	23(镇4市19)	万历《江宁县志》卷二《建置志·镇市》
句容	弘治	7(镇1市6)	弘治《句容县志》卷一《镇市》
	嘉靖	2镇	嘉靖《南畿志》卷四《郡县志一·城社》
溧阳	弘治	2镇	弘治《溧阳县志》卷一《疆域·镇埠》
	嘉靖	2镇	嘉靖《南畿志》卷四《郡县志一·城社》
江浦	嘉靖	4(镇1市3)	嘉靖《南畿志》卷四《郡县志一·城社》
六合	嘉靖	10(市8集2)	嘉靖《六合县志》卷一《地理志·坊市》
	万历	17(市7集10)	万历《六合县志》卷一《地理志·坊市》
高淳	嘉靖	8(镇1市7)	嘉靖《高淳县志》卷一《坊乡》
盱眙	成化	2镇	成化《中都志》卷四
	正德	14(镇2集12)	正德《盱眙县志》乡里、镇集
	嘉靖	14(镇2集12)	嘉靖《南畿志》卷八《郡县志五·城社》

① (民国)王光伯原辑、程景韩增订:《淮安河下志》卷一《疆域》、卷二《巷陌》,《中国地方志集成》乡镇志专辑16,江苏古籍出版社1992年版,第284页。

② (清)吴锡麒:《还京日记》“乾隆五十八年十月十九日日记”条,《小方壶斋舆地丛钞》第5帙,杭州古籍书店1985年版。按,邱濬(1421—1495),字仲深,号深庵,明广东琼州琼山县(今属海南)人。著名政治家,世人以“琼山”尊之。邱濬《过山阳县》诗曰:“十里朱旗两岸舟,夜深歌舞几时休。扬州千载繁华景,移在西湖嘴上头。”西湖嘴即淮安城西北河下镇西湖嘴,此处为淮安西湖出口处,今有湖嘴街。

续表

县名	时间	市镇(集墟)数	资料来源
山阳	正德	24(镇 3 市 16 集 5)	正德《淮安府志》卷五《规制一·街市·坊镇》
	嘉靖	17(镇 3 市 14)	嘉靖《南畿志》卷三二《郡县志二十九·城社》
	天启	31(镇 5 市 17 集 9)	天启《淮安府志》卷三《建置志》
盐城	嘉靖	14(镇 9 市 5)	嘉靖《南畿志》卷三二《郡县志二十九·城社》
	万历	23(镇 10 市 13)	万历《盐城县志》卷一《镇阜》、卷二《廛市》
	天启	25(集 12 市 13)	天启《淮安府志》卷三《建置志》
清河	正德	7(镇 5 市 2)	正德《淮安府志》卷五《规制一·街市·坊镇》
	嘉靖	7(镇 5 市 2)	嘉靖《南畿志》卷三二《郡县志二十九·城社》
桃源	正德	10(镇 6 集 4)	正德《淮安府志》卷五《规制一·街市·坊镇》
	嘉靖	10(镇 6 集 4)	嘉靖《南畿志》卷三二《郡县志二十九·城社》
	天启	11(镇 6 集 5)	天启《淮安府志》卷三《建置志》
安东	正德	9(镇 3 市 6)	正德《淮安府志》卷五《规制一·街市·坊镇》
	嘉靖	9(镇 3 市 6)	嘉靖《南畿志》卷三二《郡县志二十九·城社》
	天启	9(镇 3 市 6)	天启《淮安府志》卷三《建置志》
沭阳	正德	15(镇 11 市 4)	正德《淮安府志》卷五《规制一·街市·坊镇》
	嘉靖	10 镇	嘉靖《南畿志》卷三二《郡县志二十九·城社》
	天启	45(镇 20、集 25)	天启《淮安府志》卷三《建置志》
海州	正德	16 镇	正德《淮安府志》卷五《规制一·街市·坊镇》
	嘉靖	15 镇	嘉靖《南畿志》卷三二《郡县志二十九·城社》
	天启	44 镇	天启《淮安府志》卷三《建置志》
赣榆	正德	2 镇	正德《淮安府志》卷五《规制一·街市·坊镇》
	天启	19 镇	天启《淮安府志》卷三《建置志》
邳州	正德	25(镇 2 市 10 集 13)	正德《淮安府志》卷五《规制一·街市·坊镇》
	嘉靖	15(镇 2 集 13)	嘉靖《南畿志》卷三二《郡县志二十九·城社》
	天启	33(镇 9 集 24)	天启《淮安府志》卷五《建置志》
宿迁	正德	1 市	正德《淮安府志》卷五《规制一·街市·坊镇》
	嘉靖	2 市	嘉靖《南畿志》卷三二《郡县志二十九·城社》
睢宁	嘉靖	13(镇 4 集 9)	嘉靖《南畿志》卷三二《郡县志二十九·城社》

续表

县名	时间	市镇(集墟)数	资料来源
吴	正德	6(镇5市1)	正德《姑苏志》卷一八《乡都》
	嘉靖	8(镇6市2)	嘉靖《南畿志》卷一二《郡县志九·城社》
	崇祯	7(镇6市1)	崇祯《吴县志》卷二《市镇》
长洲	正德	9(镇4市5)	正德《姑苏志》卷一八《乡都》
	嘉靖	8(镇4市4)	嘉靖《南畿志》卷一二《郡县志九·城社》
昆山	弘治	7(镇5市2)	弘治《昆山县志》卷三《市镇》
	正德	9(镇5市4)	正德《姑苏志》卷一八《乡都》
	嘉靖	9(镇5市4)	嘉靖《南畿志》卷一二《郡县志九·城社》
	万历	9(镇5市4)	万历《昆山县志》卷一《市镇》
	康熙	12(镇9市3)	康熙《苏州府志》卷六《市镇》
常熟	正德	14(镇5市9)	正德《姑苏志》卷一八《乡都》
	嘉靖	14(镇5市9)	嘉靖《南畿志》卷一二《郡县志九·城社》
	嘉靖	16(镇4市12)	嘉靖《常熟县志》卷二《市镇志》
	康熙	22(镇5市17)	康熙《常熟县志》卷五《市镇》
太仓州	弘治	14(镇4市10)	弘治《太仓州志》卷一《市镇》
	正德	14(镇4市10)	正德《姑苏志》卷一八《乡都》
	嘉靖	14(镇4市10)	嘉靖《南畿志》卷一二《郡县志九·城社》
吴江	弘治	7(镇4市3)	弘治《吴江志》卷二《市镇》
	正德	7(镇4市3)	正德《姑苏志》卷一八《乡都》
	嘉靖	11(镇1市10)	嘉靖《吴江县志》卷一《疆域·街市乡村附》
	康熙	17(镇7市10)	康熙《吴江县志》卷三《疆域》
武进	成化	3市	成化《毗陵志》卷二《地理二·坊市》
	嘉靖	5(镇3市2)	嘉靖《南畿志》卷二〇《郡县志十七·城社》
无锡	成化	9市	成化《毗陵志》卷二《地理二·坊市》
	弘治	10市	弘治《无锡县志》卷一《地理》
	嘉靖	9(镇7市2)	嘉靖《南畿志》卷二〇《郡县志九·城社》
宜兴	成化	4市	成化《毗陵志》卷二《地理二·坊市》
	嘉靖	6(镇4市2)	嘉靖《南畿志》卷二〇《郡县志九·城社》
	万历	18市	万历《宜兴县志》卷一《舆地志·市镇》

续表

县名	时间	市镇(集墟)数	资料来源
江阴	成化	6市	成化《毗陵志》卷二《地理二·坊市》
	嘉靖	34(镇12市22)	嘉靖《江阴县志》卷二《市镇》
靖江	嘉靖	5市	嘉靖《南畿志》卷二〇《郡县志九·城社》
仪真	嘉靖	3镇	嘉靖《南畿志》卷二八《郡县志二十五·城社》
	隆庆	10(镇5市5)	隆庆《仪真县志》卷三《建置考·镇市》
江都	嘉靖	14(镇7市7)	嘉靖《惟扬志》卷七《公署志》
泰兴	嘉靖	2镇	嘉靖《南畿志》卷二八《郡县志二十五·城社》
	万历	10(镇7市3)	万历《泰兴县志》卷一
高邮	嘉靖	5镇	嘉靖《南畿志》卷二八《郡县志二十五·城社》
	隆庆	38(镇7市31)	隆庆《高邮州志》卷一《疆域志·镇市》
兴化	嘉靖	4镇	嘉靖《南畿志》卷二八《郡县志二十五·城社》
宝应	嘉靖	5镇	嘉靖《南畿志》卷二八《郡县志二十五·城社》
泰州	嘉靖	10(镇6市4)	嘉靖《南畿志》卷二八《郡县志二十五·城社》
如皋	嘉靖	7(镇4市3)	嘉靖《南畿志》卷二八《郡县志二十五·城社》
	万历	11(镇4市7)	万历《如皋县》卷二《乡都·镇市》
通州	嘉靖	8(镇6市2)	嘉靖《通州志》卷一《地理·市镇》
丹徒	正德	10(镇4市6)	正德《丹徒县志》卷一《坊市·乡都》
	嘉靖	10(镇4市6)	嘉靖《南畿志》卷二四《郡县志二十一·城社》
丹阳	嘉靖	5镇	嘉靖《南畿志》卷二四《郡县志二十一·城社》
徐州	正统	8(镇1集7)	正统《彭城志》卷一《坊郭乡镇》
	弘治	18(镇1集17)	弘治《重修徐州志》卷二《闾里志》
	嘉靖	19(镇2集17)	嘉靖《南畿志》卷六一《郡县志五十八·城社》
丰	嘉靖	5集	嘉靖《南畿志》卷六一《郡县志五十八·城社》
沛	嘉靖	3集	嘉靖《南畿志》卷六一《郡县志五十八·城社》
	万历	5(市2集3)	万历《沛志》卷六《舆地志》

第四章　晚明社会的矛盾与冲突

第一节　武宗南巡

一　宁王之乱

弘治十八年(1505),年仅15岁的少年朱厚照(1491—1521)即皇帝位,是为明武宗。“以明年为正德元年,大赦天下,除弘治十六年以前逋赋。”[①]在太监刘瑾等的诱导下,少年天子喜爱运动和游戏的顽童天性得到充分展现。明武宗遍游宫中,架鹰犬,观歌舞,为角觝之戏,把“豹房”当作常居和戏耍之所。他还在宫中与宦官们一起开设酒馆,“酒望云:‘本店发卖四时荷花高酒。’犹南人言‘莲花白酒’也。又有二扁,一云‘天下第一酒馆’,一云‘四时应饥食店’”[②]。武宗还在宫中开设宝和等六店,扮作商人,与六店贸易,“争忿喧诟,既罢,就宿廊下”[③],甚至经常微服行游京师。朱厚照“耽乐嬉游,昵近群小”,不理朝政,朝廷大权旁落于太监刘瑾等人之手,刘瑾则恃宠专横,结朋树党,无恶不作。

明武宗像

正德十四年(1519)三月,明武宗发布南巡谕旨:“今南行巡狩,宜急修黄马快船以备用。”此谕一出,立即招致朝野一片反对之声,翰林院修撰舒芬、兵部武选郎中黄巩等140余位文武官员纷纷上疏谏阻武宗南巡。武宗大怒,将反对南巡官员全部罚跪并杖于阙下。重杖之下,“呼号之声,彻于中

① (清)张廷玉等:《明史》卷一六《本纪十六·武宗》,中华书局1974年版,第199页。

② (清)褚人获:《坚瓠补集》卷三《酒馆扁对》,《清代笔记小说大观》本,上海古籍出版社2007年版,第1816页。

③ (清)朱彝尊:《日下旧闻》卷三五《宫室》,北京古籍出版社1985年版,第546页。

禁”[①]。三月二十五日，“杖舒芬等百有七人于阙下。是日，风霾昼晦。……戊寅，杖黄巩等三十九人于阙下，先后死者十一人”[②]。尽管群臣反对，但明武宗仍“决意南巡，群臣忧惶，计无所出”[③]。

不久，江西南昌爆发了“宸濠之乱”。朱宸濠乃明太祖第17子宁献王朱权之玄孙，第4任宁王，弘治十年(1497)袭封宁王于南昌。朱宸濠以大明藩王身份恣意妄为，“尽夺诸附王府民庐，责民间子钱，强夺田宅子女，养群盗，劫财江、湖间”，曾被明廷革去护卫，后经贿赂权宦刘瑾才得以恢复。他见明武宗无子嗣，便萌生夺取皇位的企图，积极密谋反叛。他用金钱广交结朝中权贵，“遣奸人卢孔章等分布水陆孔道，万里传报，浃旬往返”[④]。

正德十四年(1519)六月十四日，朱宸濠声称“奉太后密旨，令起兵入朝”，散发檄文，指斥“武宗无道且非朱氏血胤”，集兵6万公开反叛明朝廷，诛杀不附从的守土地方官，迅速控制了王都南昌，随即攻陷南康、九江等地。七月一日，朱宸濠与李士实、刘养正等率兵6万人出江西，顺江而下围攻安庆，威逼留都南京，并企图割据南京，称帝一方。

朱宸濠反叛后，明武宗颁布诏书，列数朱宸濠种种罪恶，将其废为庶人，同时谕旨南和伯方寿祥、南赣巡抚王守仁分驻江西要塞汇剿叛军。王守仁与吉安知府伍文定急召各府州县“起兵勤王”，七月二十日，官军攻克南昌，七月二十六日在樵舍明政府军以火攻，叛军大败，朱宸濠等被擒，其“妃嫔皆赴水死，将士焚溺者三万余人”。前后仅43天，朱宸濠即兵败被擒。

二 武宗南巡

明武宗素好游山玩水，久存南下游玩之心，宁王朱宸濠的反叛，正好为他提供了南巡借口。正德十四年(1519)八月二十二日，在江彬等人的怂恿和支持下，明武宗不顾众大臣的坚决反对带着宠姬和大队人马沿京杭大运河南下，踏上了“南征”路途。其时王守仁正准备将朱宸濠押解北京，“丁亥，次涿州，王守仁捷奏至，秘不发”[⑤]。

十一月六日，明武宗至徐州。十一日，“上御龙舟自徐州顺流而下。乙巳，至淮安清江浦，幸监仓太监张阳第时，上巡幸所至，捕得鱼鸟以分赐左右，受一脔一毛者各献金帛为谢。至是，渔于清江浦者累日，南京及河南、山东、淮扬等处文武官皆以迎送车驾，戎服徒行，道路间无复贵贱”。时随驾护行的江彬等人不时假借圣旨“有所征索，

---

① (清)毛奇龄:《明武宗外纪》，上海书店1982年版，第23页。

②⑤ (清)张廷玉等:《明史》卷一六《本纪十六·武宗》，中华书局1974年版，第211页。

③ 《明武宗实录》卷一七二，正德十四年三月癸丑条，台湾“中央研究院”历史语言研究所1962年校印本。

④ (清)张廷玉等:《明史》卷一一七《列传五·诸王二》，中华书局1974年版，第3594页。

旗牌官拷缚郡县长吏不异奴隶，通判胡琮惧而自缢。南京守备成国公朱辅见彬即长跪，总兵镇远侯顾仕隆稍不为屈，彬怒，数窘之”。江彬还“遣官校四出至民家，矫传上旨，索鹰犬、珍宝、古器，民惴惴不敢致诘，或稍拂之，辄捽以去”。二十四日，“上至淮安府，屏侍卫，徒步入城，幸总兵官顾仕隆第”；“己未，上至宝应县，渔于泛光湖”。此时，明武宗虽已在“南巡”途中，吏科给事中张云、十三道御史孙乐等官员仍以“天下诸司朝觐，请上旋跸”①，明武宗置之不理。

十二月一日，明武宗“至扬州府，先是太监吴经至扬选民居壮丽者改为提督府，将驻跸焉。经矫上意刷处女、寡妇，民间汹汹。有女者一夕皆适人，乘夜争门逃匿者不可禁”。时任扬州知府蒋瑶不顾个人安危，至吴经处，恳请其停止在扬州“选秀女”。吴经大怒，说：“汝小官敢尔，汝头颈欲斫邪？”蒋瑶不为所动，镇静地说：“小官苟逆上意，自分必死，但百姓者朝廷之百姓，倘激生他变，恐将来责有所归。”吴经大怒，逐之出门。

当时，吴经“密觇寡妇及娼家，夜半忽遣骑卒数人开城门，传呼驾至，令通衢然炬光如白日。经遍入其家捽诸妇以出。有匿者，破垣毁屋必得乃已，无一脱者，哭声振远近。寻以诸妇分送尼寺寄住，有二人愤恚不食死，（蒋）瑶为具棺殓之。自是诸妇家皆以金赎乃侍归，贫者悉收入总督府”。一些负责选秀的贪官污吏乘机敲诈，百姓苦不堪言。

十二月二日，明武宗“以数骑猎于（扬州）府城西，遂幸上方寺，自是数出猎，以刘姬谏而止。总兵周神奉旨至泰州搜取鹰犬，城中骚然，皆逃匿不敢出，乃括居民百余人充猎手，东循草场大猎三日，仅得獐兔数只。复欲猎海滨，值道潦乃止。……癸未，上渔于仪真之新闸，因视大江，命江彬摄祭。明日，幸民黄昌本家，阅太监张雄及守备马炅所选妓，以其半送舟中。乙酉，上渡江。丙戌，上至南京。丁亥，上祭南京太庙。戊子，祭奉先殿”②。

自正德十四年十二月二十六日至南京，直至正德十五年闰八月十二日离开，明武宗驻跸南京前后长达9个月时间。其间，明武宗除了祭祀太庙、奉先殿和孝陵外，既没有去“奉天征讨”叛乱，也很少巡视民情，大部分时间沉溺于吃喝游乐中。

正德十五年（1520）闰八月八日，明武宗在南京“受江西俘。丁酉，上自南京旋跸。是夕，发龙江。辛丑，上在仪真，命都督李琮祭旗。……壬寅，上渔于江口，次日如瓜洲，避雨民家。是夜宿望江楼”。闰八月十八日，明武宗“自瓜洲渡江至镇江，登金山，巡幸退休大学士杨一清宅”③。“次日，再次幸杨宅。……庚戌，上发镇江。壬子，上再

---

① 《明武宗实录》卷一八〇，正德十四年十一月甲寅条，台湾“中央研究院”历史语言研究所1962年校印本。

② 《明武宗实录》卷一八一，正德十四年十二月戊子条，台湾“中央研究院”历史语言研究所1962年校印本。

③ 杨一清（1454—1530），字应宁，号邃庵，别号石淙，原籍安宁（今云南安宁市）人，明中叶著名的政治家。20岁时，其父杨景病故，“卜葬京口，遂即丹徒家焉”。晚年致仕，归京口闲住，著有《杨一清集》。

宿望江楼。癸丑，上至扬州，仍寓总督府。”①

正德十五年(1520)九月一日，明武宗至扬州，“遣都督宋彬祭旗纛之神于蕃厘观。戊午，上自扬州北还。庚申，上至宝应，复渔泛光湖，镇守太监丘得索进贡物不得，以铁索系知府蒋瑶，窘辱备至，数日乃得释。辛酉，上驻跸淮安，都御史丛兰总兵官顾仕隆等进贺功金牌花红彩帐。上戎服簪花，鼓骑入城。过山阳县学，入焉，视廊庑肖像。移时，复入教官舍，取《资治通鉴》等书以出。先是有司治故尚书金濂第，以俟临幸，是夜止濂第。……癸亥，上在淮安，左右竞进菊花，旗牌官遂缘此贵取于民，城中大扰。……丙寅，上至清江浦，复幸太监张杨第，逾三日，上自泛小舟渔于积水池，舟覆溺焉，左右大恐，争入水掖之而出，自是遂不豫”②。

正德十五年(1520)十二月，明武宗返回北京，“先命礼部上献俘礼，上常服御奉天门，钟声止；上乘舆，作乐，登午门楼；上升座，乐止。鸣鞭讫，文武百官入，班北向立，唱排班班齐贺，俘献讫，退。……初，上北还，每令濠舟与御舟卸尾而行，尝欲放之湖以待自擒，众谏乃止”③。最后，明武宗令朱宸濠自尽，然后焚尸扬灰。不久，明武宗也染病而亡，年仅31岁，后葬于北京昌平金岭山东北的“康陵”。

三　禁猪令

明武宗南巡从扬州至南京的途中，曾发布一道荒唐圣旨：禁止全国养猪、杀猪。“上至仪真时，巡幸所至，禁民间畜猪，远近屠杀殆尽，田家有产者，悉投诸水。是岁，仪真丁祀，有司以羊代之。”④

明武宗的这道“禁猪令”充满愚昧、迷信思想和滑稽可笑的逻辑。理由有二：一是认为猪很肮脏，不干净，是疾病来源，食猪肉要生疮疾；二是因为“杀猪”一语发音和“杀朱”相同，故他对“杀猪”一词十分忌讳。“时武宗南幸至扬州行在，兵部左侍郎王□(宪)抄奉‘钦差总督军务威武大将军总兵官后军都督太师镇国公朱’钧帖：‘照得养豕宰猪，固寻常通事，但当爵本命，又姓字异音同，况食之随生疮疾，深为未便。为此省谕地方，除牛羊等不禁外，即将豕不许喂养及易卖宰杀，如若故违，本犯并当房家小发极边永远充军。’”⑤所谓“当爵本命”之“爵”为明武宗自封为镇国公的爵位，“本命”指武宗生肖属猪，“武宗生于弘治四年，辛亥年”，“既而又姓”。明皇室姓朱，“朱”和

---

① 《明武宗实录》卷一九〇，正德十五年闰八月癸丑条，台湾“中央研究院”历史语言研究所1962年校印本。

② 《明武宗实录》卷一九一，正德十五年九月丙寅条，台湾“中央研究院”历史语言研究所1962年校印本。

③ 《明武宗实录》卷一九四，正德十五年十二月己丑条，台湾“中央研究院”历史语言研究所1962年校印本。

④ 《明武宗实录》卷一八一，正德十四年十二月己卯条，台湾“中央研究院”历史语言研究所1962年校印本。

⑤ (明)沈德符：《万历野获编》卷一《禁宰猪》，《明代笔记小说大观》本，上海古籍出版社2005年版，第1929—1930页。

“猪”同音，说“猪”字既即有损明皇帝的尊严，加之武宗属猪，因此养猪、卖猪、杀猪等均被视为对皇权尊严的挑战。明武宗将百姓养猪、吃猪肉视为对君主的大逆不道行为，对违反“禁猪令”者处罚十分严厉，违禁者及其一家老小发往极边充军。尽管百姓对“禁猪令”十分反感，但慑于皇威，人们不得不服从。

有人从心理学角度分析，“禁猪令”颁布可能与当时明武宗强烈心理压力和焦虑有关。正德年间，宦官专权，吏治极其败坏，土地兼并严重，大量流民游荡各地，起义、兵变不断，明王朝处于动荡和危机四伏中。同时，明武宗大婚后，一直无嗣，各地藩王虎视眈眈，蠢蠢欲动，时刻准备取而代之。内忧外患使明武宗时刻感受到无形心理压力，即使在南巡途中寻欢作乐时，其神经仍处于高度紧张状态。看到猪每天被人们宰杀吃肉，他臆想自己有朝一日也会被人宰杀。禁止人们杀猪，一定程度上使他在心理上得到一种莫名的慰藉和安全感，这也许正是武宗发布“禁猪令”的心理动因。

明武宗的“禁猪令”发布于正德十四年十二月间，次年三月因礼部奏报国家的正常祭典都要用牛豕羊三牲，而猪肉绝迹，不得不以羊代替，实在不成礼法。武宗也只好悄悄取消禁令，“内批仍用豕”。“禁猪令”前后推行不过3个月左右，结果草草收场。

四 驻跸南京

正德十五年(1520)六月，驻跸南京的明武宗驾幸牛首山，“宿马诸军夜惊，左右皆不知。上所在大扰，久之乃定，传者或谓江彬将为逆云”[①]。半夜时分，兵士惊哗，武宗不知所向，费了好长时间才被找到。时南京城内外谣言四起，称这次牛首山事件是边帅江彬阴谋发动的一次未遂军事政变。

江彬，宣府人。正德六年(1511)，“京畿贼起，京军不能制”。明朝廷被迫调边兵镇压，江彬奉调入京。江彬为人狡黠强悍，魁硕有力，善骑射，经常谈兵于帝前，因而为明武宗所赏识，提拔为都指挥佥事，自由出入豹房，随同起卧，深得武宗的宠信。正德间，武宗出游、巡幸皆由其护卫，“权势莫与比，遂扈帝以行”。明武宗驻跸南京期间，江彬率兵随护，拥兵自重，飞扬跋扈。南京的大大小小的官员们对他都十分害怕。“成国公朱辅为长跪，魏国公徐鹏举及公卿大臣皆侧足事之。惟参赞尚书乔宇、应天府丞寇天叙挺身与抗，彬气稍折。”[②]

应天府丞寇天叙，“字子惇，榆次人。由乡举入太学。与崔铣、吕柟善。登正德三年进士，除南京大理评事，进寺副。累迁应天府丞。武宗驻南京，从官卫士十余万，日费金万计，近幸求索倍之。尹齐宗道忧惧卒，天叙摄其事，日青衣皂帽坐堂上。江彬使者至，

---

① 《明武宗实录》卷一八七，正德十五年六月丁巳朔条，台湾“中央研究院”历史语言研究所1962年校印本。

② (清)张廷玉等：《明史》卷三〇七《江彬传》，中华书局1974年版，第7888页。

好语之曰：'民穷官帑乏，无可结欢，丞专待谴耳。'彬使累至皆然，彬亦止。他权幸有求，则曰：'俟若奏即予。'禁军攫民物，天叙与兵部尚书乔宇选拳勇者与搏戏。禁军卒受伤，惭且畏，不敢横。其随事禁制多类此。驾驻九月，南京不大困者，天叙与宇力也"①。

明武宗驻跸南京期间，常为回京还是继续南下苏杭犹豫不决。然而一天夜里，武宗在南京的居室中突然落下一个状如猪头、外表绿色的东西。此外，在南京关押民女的浣衣局内，有人也发现一些房间墙上挂有似人头的东西。史载："时有物状如猪头堕于上前，其色绿，拘留妇人之所，满壁皆有若人头悬挂于上。"②这些事情是否真实发生过，无法考证，但明政府在编纂的《武宗实录》中将此事予以记载。明武宗南京住所戒备森严，一般人难以进入。若确有其事，"绿色猪头"极有可能是有机会接近武宗的人故意制造的政治事件，借以对武宗发出警告和恐吓，使武宗陷入恐慌之中，而猪头染成绿色则或许为了增加神秘和恐怖感。

"牛首山"兵变谣传和"绿色猪头"事件相继出现后，加剧了明武宗的紧张恐惧心理，返回北京成为其必然选择。"十五年六月幸牛首山。诸军夜惊，言彬欲为逆，久之乃定。时宸濠已就擒，系江上舟中，民间数讹传将为变。帝心疑，欲归。"③同时，一批勾结朱宸濠反叛的官员急需处理，皇位继承问题也要回京寻求解决之法，这一切都迫使武宗放弃游幸苏杭而北归。

正德十五年闰八月八日（1520 年 9 月 23 日），明武宗在南京"受江西俘"。在南京城外一广场上，竖起"威武大将军"的旗纛。明武宗令军队四面围住，解开朱宸濠的桎梏，从囚笼中放出，亲自擂鼓令士兵重新绑缚，放入囚笼，然后高奏凯歌入城。为表彰自己的"功勋"，他降敕道："总督军务威武大将军总兵官朱寿，统领六师，扫除边患，累建奇功，特加封镇国公，岁支禄五千石，着吏部如敕奉行！"对此，后人以诗讥讽道："国事看同儿戏场，侈心太甚几成狂。纵囚伐鼓夸威武，笑柄贻人足哄堂。"④当晚，明武宗带着朱宸濠及其参与反叛的数千俘虏由南京龙江旋跸。

明武宗是明代一个颇具个性色彩的皇帝，所行之事多荒谬不经，深为后世人诟病。南巡途中，一路游山玩水，不时驻留打猎、捕鱼、拜访致仕官员和太监。其南巡之行并未起到平定叛乱、稳定社会的作用，反而给沿途百姓带来了无尽的骚扰和沉重的经济负担，进一步加剧了社会矛盾和危机。所到之处，文武百官迎送车驾，"近淮三、

---

① （清）张廷玉等：《明史》卷二〇三《寇天叙传》，中华书局 1974 年版，第 5356 页。

② 《明武宗实录》卷一八八，正德十五年七月辛丑条，台湾"中央研究院"历史语言研究所 1962 年校印本。

③ （清）张廷玉等：《明史》卷三〇七《江彬传》，中华书局 1974 年版，第 7889 页。

④ （民国）蔡东藩：《明史演义》第五十三回，时代文艺出版社 2001 年版，第 367 页。

四百里间无得免者"[①]。当时都给事中汪元锡谏称:"(留都)供亿繁费,使牒旁午。奸宄冒官校,少女充离宫。陛下不以宗社为重,事事逸游,岂能长保天下。"[②]南巡途中,明武宗"选秀女"、"禁猪令"等都使百姓日常生活受到极大干扰,打乱人们正常生活秩序。同时南巡期间,明廷许多奏疏未得到及时批复,一些政治要务也被一再延误,以致"镇巡重任,日久缺人办事,征免钱粮,赈恤贫困,事多稽滞,人心不安"[③]。

明代高邮人王磐(号西楼)以亲身见闻创作了散曲《朝天子·咏喇叭》二首,嘲讽明武宗南巡沿途骚扰百姓的种种情景:"喇叭、唢哪,曲儿小,腔儿大。官船来往乱如麻,全仗您抬声价。军听了军愁,民听了民怕,哪里去辨什么真共假。眼见的吹翻了这家,吹伤了那家,只吹的水净鹅飞罢。"这支曲子原题作《咏舟中喇叭》,题下小注云:"武宗南巡,中官骚动,西楼因有此作。"[④]这首散曲不是一般的咏物之作,而是一篇精心构思、托物讽世的作品。作者借咏官船上的鼓吹、喇叭,对宦官贪得无厌的行径进行了有力嘲讽。武宗南下时,运河上官船多用发音洪亮的喇叭为号角。"正德间,阉寺当权,往来河下者无虚日。每到辄吹号头,齐丁夫,民不堪命。"他们用吹喇叭为号令,征集丁役,派差索供,拷剥百姓。这些往来如织的官船,其中有许多并非官差,而是太监擅作威福,趁机中饱私囊。总之,武宗南巡对于明王朝无疑是雪上加霜了,进一步加剧社会矛盾和政治危机。

第二节　嘉靖御倭战争

一　嘉靖倭患

日本,中国古代称其为"倭",至唐代因其近东海日出而得今名。中日两国是一衣带水的邻邦,两国政府及民间的友好往来源远流长。然而,自元世祖忽必烈两次远征日本失败后,两国关系便出现了裂痕。从公元14世纪开始,日本进入了南北朝分裂时期(1333—1392),诸侯割据,互相混战。一些在内战中失败的封建诸侯、武士浪人和落魄政客纠集日本西部的走私商人,不断到中国沿海(北自辽东,南到广东)进行武装走私和抢劫活动,严重地破坏了两国的传统友谊,历史上将这些人称为"倭寇"。清

① 《明武宗实录》卷一八〇,正德十四年十一月辛丑条,台湾"中央研究院"历史语言研究所1962年校印本。

② (清)张廷玉等:《明史》卷二〇三《汪元锡传》,中华书局1974年版,第5355页。

③ 《明武宗实录》卷一九一,正德十五年九月丁卯条,台湾"中央研究院"历史语言研究所1962年校印本。

④ (明)蒋一葵:《尧山堂外纪》卷九四《国朝·王磐》,《四库全书存目丛书》子部第148册,齐鲁书社1995年版,第444页。

人黄遵宪认为，元成宗时中国沿海已经出现海寇。[①]

朱元璋定都南京后，与其争夺天下的方国珍、张士诚等军事集团相继败亡，他们的残余势力逃亡海上，常勾结倭寇报复明政府。他们“焚民居，掠货财，北自辽海、山东，南抵闽、浙、东粤，滨海之区，无岁不被其害”。为防御倭寇，朱元璋推行海禁政策，“片帆不许入海”，强迁海岛居民。太仓的黄渡市舶提举司也被关闭，绝其贡使，禁止沿海人民私自出海。洪武年间，沿海地区进行大规模的海防建设，广建卫所，在长达万里的海岸线上修筑数十座城池以御倭。

洪武二年(1369)夏四月，“倭寇出没海岛中，数侵掠苏州、崇明，杀略居民，劫夺货财，沿海之地皆患之。太仓卫指挥佥事翁德帅官军出海捕之，遇于海门之上帮，及其未阵，麾兵冲击之，斩获不可胜计，生擒数百人，得其兵器海艘。命擢德指挥副使，其官校赏绮币白金有差，仍命德领兵往捕未尽诸寇”[②]。同年八月，“倭人寇淮安，镇抚吴祐等击败其众于天麻山，擒五十七人。事闻，赐祐等绮帛有差”[③]。洪武七年(1374)七月，“倭夷寇海州，百户何达率兵击之，斩二十四人”[④]。

明前期，由于国力强盛，重视海防措施，虽偶有倭寇骚扰，尚未酿成大患。然而，自正统后，随着明朝政治的腐败、海防的削弱，倭寇侵扰频繁。至嘉靖年间，海防设施年久失修，加之军队管理和士兵军事素质的下降，倭寇气焰日炽。“追承平久，船敝伍虚。及遇警，乃募渔船以资哨守。兵非素练，船非专业，见寇舶至，辄望风逃匿，而上又无统率御之。以故贼帆所指，无不残破。”[⑤]一些海防卫所士兵数量不到定额的一半，且世袭军官大多为纨绔子弟，根本不能领兵作战，“无能之将以统无制之兵”，倭寇“纵横往来，如入无人之境”。嘉靖三十一年至三十八年间(1552—1559)，东南沿海地区倭患无论规模还是频率明显加剧，是倭乱最为剧烈的8年。“倭遂大呼长驱，堕名城，杀长吏，虏士女，焚宫室，而吴越淮扬瓯闽之间大困矣！”[⑥]倭寇给沿海民众带来深重的痛苦和灾难，“所至荡然，靡有孑遗”。江苏地区从沿海的海州、盐城、通州、海门、崇明到沿江的太仓、常熟、昆山、江阴、靖江、扬州，再到内地的高邮、兴化、淮安、宜兴、溧水等地都均遭到倭寇侵袭，甚至大明王朝的陪都南京也遭到倭寇的围攻。

---

① 黄遵宪《日本国志》上卷之卷五《邻交志上二·华夏》载，日本后二条帝乾元元年(1302)，“命大宰府筑石砦于博多海滨，造兵船，以严海防。……然于时禁不通商，海船往来，皆奸利小民。元亦悬禁，久之，遂流为海寇”。(天津人民出版社2005年版，第121页)

② (清)谷应泰：《明史纪事本末》卷五五《沿海倭乱》，中华书局1977年版，第839页。

③ 《明太祖实录》卷四四，洪武二年八月乙亥条，台湾“中央研究院”历史语言研究所1962年校印本。

④ 《明太祖实录》卷九一，洪武七年七月甲戌条，台湾“中央研究院”历史语言研究所1962年校印本。

⑤ (清)张廷玉等：《明史》卷三二二《外国三·日本》，中华书局1974年版，第8352页。

⑥ (明)宗臣：《宗子相集》卷一三《赠督台王公平倭序》，《影印文渊阁四库全书》第1287册，台湾商务印书馆1986年版，第138页。

1. 嘉靖三十二年(1553)

闰三月,倭寇“连舰数百,蔽海而至”,大举侵扰江南,各地同时告警。

四月,倭寇犯太仓城,攻城不克,四处劫掠,烧毁民舍。“有萧显者,尤桀狡,率劲倭四百余,屠上海之南汇、川沙,逼松江而军。余众围嘉定、太仓,所过残掠不可言。”①不久,明将王忬派兵突袭这股倭寇,将萧显斩首,其余逃往浙江沿海。同月,一股倭寇劫掠海州,杀百姓200余人。

五月,“时诸倭巢穴既毁,王直、徐海等奔散四出,倏忽千里。于是,自台、温、嘉、湖、宁、绍、苏、松、淮、扬十郡,俱罹其害,同时告急。俞大猷、汤克宽虽智勇可任,而江南人素柔软,倭挥只刀,银光耀日,望风奔溃,倒戈就戮,死者相枕,捆载而去。……廉谨者又以吴人善谤,束手不敢动一钱给赏,遂致公私坐困,战守无策,寇来不支。……自闰三月登岸,至六月旋,留内地凡三月”②。江南许多州县卫所俱被攻陷,钱仓、粮库被掠,“乡镇焚荡略尽,向来所称江南繁盛安乐之区,骚然多故矣”③。

十月,海倭300余人突犯上海县、太仓州等处,复入常熟县福山港袭扰,常熟知县王铁率军民奋力抵御,倭寇败逃而去。

2. 嘉靖三十三年(1554)

三月,倭寇2000余人分掠苏州、松江等地,劫掠民船,入海趋江北,大掠江北海门、如皋、通州、泰州等地,焚掠各盐场。

四月,扬州卫千户洪岱、文昌龄和泰州所千户王烈督兵驰援通州,在通州西门外三里桥遭遇倭寇,双方展开激战,3人皆战死。“初,通州河之役,贼兵仅百余人,盐徒及胁从者千余人。时参将解明道拥众兵居城中,扬州府同知朱裒、仪真守备张寿松军城外,凤阳巡抚郑晓发兵往援,檄原任都指挥月轮将之,轮辞以非朝命,不至;乃更檄两淮运判马仑、原任守备陈津、往会千户洪岱等,合战城内。外兵无策应者,岱等孤军败,与千户文昌龄、王烈皆死。”④

3. 嘉靖三十四年(1555)

四月,广西壮族田州土司瓦氏夫人率广西“狼兵”⑤7000余人进驻苏州一带,以加强江南地区抗倭的军事力量。瓦氏用兵“能以少击众,十出而九胜”,“可死而不可败”。瓦氏狼兵屡败倭寇,明廷诏赏瓦氏等银20两、纻丝2表里。本月,倭寇由通州

---

① (清)谷应泰:《明史纪事本末》卷五五《沿海倭乱》,中华书局1977年版,第848页。

② (明)佚名撰:《嘉靖东南平倭通录》,《中国野史集成》第24册,巴蜀书社2000年版,第537页。

③ 《明世宗实录》卷四〇〇,嘉靖三十二年七月戊申条,台湾“中央研究院”历史语言研究所1962年校印本。

④ (明)佚名撰:《嘉靖东南平倭通录》,《中国野史集成》第24册,巴蜀书社2000年版,第539页。

⑤ “狼兵”,又叫“俍兵”,起源于明中期,是当时壮族土司组建的地方武装。通常与湘西土家族的士兵合谓为“狼土兵”,由于作战勇敢凶狠,故称。“狼兵”主要分布在广西西北部、贵州南部和湘西地区。明代有“广西狼兵雄于天下”

的余东场、海门县的东夹港登岸，流劫狼山、利河等乡镇。另一股倭寇分众劫掠常熟、江阴村镇，兵备任环和知县王铁率军民围剿倭寇，斩敌首50余级，烧倭船27只。

五月，倭寇千余人乘舟30余艘登陆，突犯苏州青村，攻城不克，遂分众劫掠：一路由苏州齐门北马头而北，转掠浒墅关、长洲等地；一路由胥门、木渎而南，转掠吴县横塘等地，常熟、江阴、无锡等县也受到袭扰。本月，一股倭寇自山东日照流窜至淮安、赣榆等地，海州、沭阳、桃源等地也遭劫掠。明官兵在清河县马头镇将这股倭寇歼灭，斩敌首41级。

六月，"倭进据江阴蔡注闸，分众犯唐头，知县钱錞统狼兵御之。遇贼于九里山。时已薄暮，雷雨大作。伏兵四起，狼兵悉奔。惟余錞及民兵八人尽死于贼。按臣上其事，诏赠錞光禄光卿，荫一子，赐祭立祠死所"①。

七月，一股不到百人的倭寇由浙江上虞登陆后，昼伏夜行，翻山越岭从皖南一路烧杀至留都南京城下。"嘉靖乙卯年(1555)夏，倭三十六人抵(南京)南郭外的樱桃园。部遣官兵数百人，帅以指挥蒋钦、朱湘御之。时天暑，士皆解衣甲避暍庐中，若大树下，官袒轃呼庐饮，不虞倭之猝至也。倭徐以数人衣丐者服，若荷担者来，官兵问：'倭至乎?'应曰：'远未至。'益弛而不为备。已数十人突持刃大呼而前，其便旋如风，士袒跽而受歼。先是二官掘大坎，深丈阔数尺者于营后，防卒之奔。至是，奔者皆堕坎中，累累积几满。倭不及刃，取所贮火药倾其上爇之，须臾皆糜烂死，倭徐徐引去。二兵官以阵亡闻。承平久，人不知兵，执殳而出，声嘶股战，势固然也。矧将又不知兵，何惑其以卒予敌。……兵岂有不战而自精者哉!"②"贼而东犯江宁镇，指挥朱襄、蒋陞率众迎拒，不能御，襄战死，陞创堕马，官兵死者三百余人。"③

这股倭寇转而进攻秣陵关，守将罗节卿、徐承宗望风而逃，倭寇"乃径犯南京，兵部尚书张时彻、侍郎陈洙等闭城不敢出"。史载，倭寇在袭扰南京前，还向城内派遣间谍，刺探军情以为内应，足见这股倭寇训练有素，非一群乌合之众。倭寇直趋南京，"其酋衣红乘马张黄盖，整众犯大安德门。我兵自城上以火铳击之，贼沿外城小安德门、夹冈等门往来窥觇。会城中获其所遣谍者，贼乃引众由铺岗趋秣陵关而去"④。

(接上页)的说法，抗倭战争中狼兵发挥重要作用。其战法自成一家，以7人为一伍，各伍独立作战。每伍中有4人专事击刺，有3人专事割敌首。冲锋时，一人突前，同伍左右之人皆大呼夹击，予以支持。一伍向前，则左右各伍都予以支持，全队密切配合，并以执钩镰枪者居前，执毒弩者守卫于两侧，形成尖刀式队形，发挥长短兵器的作用。抗倭名将戚继光的鸳鸯阵法就是在学习狼兵的作战阵法基础上演练而编制成的。

① 中国历史研究社编：《倭变事略》之一《嘉靖东南平倭通录》，上海书店1982年版，第21页。

② (明)顾起元撰，陈稼禾点校：《客座赘语》卷二《樱桃园》，中华书局1987年版，第45页。

③④ 《明世宗实录》卷四二四，嘉靖三十四年七月丙辰条，台湾"中央研究院"历史语言研究所1962年校印本。

对此次倭寇袭扰南京一事，当时南京文人周晖记述道："乙卯年，倭贼从浙江严、衢过饶州，历徽州、宁国、太平而至南京，才七十二人耳。南京兵与之相对两阵，杀二把总指挥，军士死者八九百。此七十二人不折一人而去。南京十三门紧闭，倾城百姓皆点上城，堂上诸老与各司属分守各门。虽贼退，不敢解严。夫京城守备不可谓不密，平日诸勋贵骑从呵拥，交驰于道，军卒月请粮入万，正为有事务耳。今以七十二暴客扣门即张皇如此，宁不大为朝廷辱耶？倭贼既杀败官兵，即日宿于板桥一农家，七十二人皆酣饮沉睡。此时，若有探细入侦其实，当夜遣一知事将官潜提三四百人而往可以掩杀都尽，但诸公皆不知兵，闻贼则盛怒而出，一有败衄，则退然沮丧遁迹匿形，唯恐不密。殊不知，一胜一负乃兵家之常。古人亦有因败为功者，此正用计之时也，而乃甘于自丧，何耶？且又不用细作，全无间谍，遇着便杀，杀败即退，不知是何等兵法也。"[①]尽管顾起元和周晖二人所记倭寇人数不一（一说 36 人、一说 72 人），但这股倭寇在明军追杀下到南京时已不足百人。数百明官兵不敌数十个倭寇，除了战术指挥不当外，与明官兵军事素质和战斗力低下也不无关系，还有人则认为朱襄等兵败被杀与其"袒裼纵酒"有关。[②]

八月、九月间，袭扰南京的这股倭寇又从秣陵关进犯溧水，"众皆靡然，溃城一空，邑人李佛保挺身与倭寇力战，死于募军桥"。在溧水县杨林桥，"典史林文景率兵迎遏，不能御。署县县丞赵珠臣弃城走，（寇）遂由小北门入城，宴饮民家，信宿乃去。……溧水倭流劫，趋宜兴，至屺亭关，闻官兵自太湖出，取道官路桥黄土，越武进境，抵无锡惠山寺，一昼夜奔一百八十里。我兵追及，急击之，贼夜走望亭。次日，至浒墅关。……会柘林。贼为风飘旋者，三百余，进据陶宅港。巡抚曹邦辅虑二贼合，且为大患。乃亲督副使王崇古会集各部兵扼其东路，四面蹙之。贼逃至五龙，复至海湾山。我兵随地与竞，颇有斩获。太仓卫指挥张大纲被杀，兵卒伤亡甚众。时佥事董邦政把总娄宇督沙兵守陶宅，邦辅计陶宅贼据险且众，未可进兵，乃召邦政宇以沙兵助剿，一战斩首十九级。贼始惧。奔吴舍，欲潜走太湖，我兵觉，追及于杨林桥。尽殪其众。此贼自绍兴高埠窜走不过六七十人，流劫杭严徽宁太平至犯留都，经行数千里，杀戮及战伤无虑四五千人。凡杀一御史，一县丞，二指挥，二把总，入二县，历八十余日始灭"[④]。

这股倭寇转战江南各地，十分熟悉各地民情和地理，善于隐匿，灵活机动，了解明军心理弱点，熟悉中国语言。"其酋皆黄衣红盖"，也非日本装束，并遣间谍于南京城

① （明）周晖：《金陵琐事》卷四《倭贼》，《中国方志丛书》华中地方第 440 号，台湾成文出版社有限公司 1983 年版，第 435—437 页。

②④ 中国历史研究社编：《倭变事略》之一《嘉靖东南平倭通录》，上海书店 1982 年版，第 21、23—24 页。

配合其行动，这些说明这股倭寇中定有一些中国人参与其中。

4. 嘉靖三十五年(1556)

四月，倭寇3000余人犯镇江、瓜洲、仪真，焚漕粮3400余石，复攻扬州，杀死同知朱裒、都指挥张恒、千户罗天爵、曾沂，后扬州"盐贾善射者却之"。不久，这股倭寇流劫至江南圌山(今丹徒东)、山北等港，在镇江江面，杀镇江千户沈宗玉和王世忠。本月中旬，常熟福山港部分水兵因把总指挥姜旦贪残而叛降倭寇，并引寇入内地劫掠。[①]

5. 嘉靖三十六年(1557)

四月，"江北倭寇大至，自海洋二洲、掘港、吕四场等处登岸，凡二千余人，流劫海门县"。"倭至通州，攻城不克，遂分二路西行，犯如皋、泰兴。是日，有倭舟七艘自金沙登岸。"[②]在如皋白蒲镇，明军将这股倭寇击溃。

五月，倭寇转掠扬州、淮安、高邮、宝应等地，"泰州倭转掠扬州、山东及徐州，官兵御之，皆溃。……高邮倭入宝应县，信宿而去，突犯淮安府，掠船四十余艘，旋复入宝应县，烧毁官民廨舍"[③]，后自庙湾出海而去。这股倭寇对江北各州县民众生命财产造成了严重危害，宝应县城"民罹刀铤死者千余人，公私庐舍悉毁"[④]。

六月，淮安兵备副使于德昌督兵合剿倭寇于安东县(今江苏涟水县)，参将刘显率苗兵出战，斩其首领，倭溃败，明兵乘胜追击，斩敌百余人，残余倭寇由刀门港乘船逃走。

6. 嘉靖三十八年(1559)

四月，倭船数百艘转掠扬州，"贼初利江南富厚，独王直知淮扬多大贾，始浸寻于江北，每至，属厌而去。巡抚李遂素有略，阅兵通州，闻之，即赴泰州，以副使刘景韶兵扼如皋"[⑤]。刘景韶挑选战车数百，扼守如皋，以截阻倭敌西向。倭寇知如皋有备，转攻通州。明军总兵邓城派兵抵御，官兵大败，指挥张谷被杀，倭寇乘势进占如皋白蒲，刘景韶等率兵追至白蒲，连战皆捷，斩敌数百，"初自南沙登岸犯通州倭，至是剿绝"。

五月，明军将一股倭寇合围于庙湾(今江苏阜宁南)。时倭寇依据点固守，巡抚李遂以"数战兵疲，宜围困之，贼日久无食，且水陆断其行道，可收全胜。"倭寇被围庙湾后，刘景韶督兵填埋濠堑，用各种办法试图逼出倭敌，但倭寇始终据险固守不出。于

---

① 《明世宗实录》卷四三七，嘉靖三十五年七月戊午条，台湾"中央研究院"历史语言研究所1962年校印本。

② 《明世宗实录》卷四四六，嘉靖三十六年四月壬寅条，台湾"中央研究院"历史语言研究所1962年校印本。

③ 《明世宗实录》卷四四七，嘉靖三十六年五月庚申条，台湾"中央研究院"历史语言研究所1962年校印本。

④ 道光《重修宝应县志》卷一《城池》，《中国方志丛书》华中地方第406号，台湾成文出版社有限公司1983年版，第70页。

⑤ (明)谈迁：《国榷》卷六二，中华书局1958年版，第3922页。

是，“景韶约二十四日水陆进击之，是日夜大雨，倭乃潜遁入舟，我兵进据其巢，追奔至虾子港，颇有斩获，余倭无几，不能战，因乘风之便开洋而去，于是江北倭寇尽以平之”①。

七月，一股倭贼突犯江北，由海门县七星港登岸流劫，过金沙西亭，进犯扬州。参将丘升率兵奋力抵御，先后败倭于邓家庄、仲家园，斩敌数百。丘升后因轻敌冒进，摔落马下为倭所杀。

八月，“江北倭自邓家庄败后，沿海觅舟不得，我兵尾之于刘家桥白驹沙等处。寇馁甚，奔庄，我兵围之。时刘显兵至江北，兵令显先登，各营继进，纵火冲击，自辰至酉，巢破，斩二百十四级。贼奔白驹沙。我兵追击，又败之，于七灶茅花墩。共斩首四百余级，尽殄焉”②。同时，明军在淮安东姚家荡、庙湾等地大胜倭寇，歼敌数千，残敌东逃出海。此后，大规模的倭寇活动在长江南北有所减少，江浙一带的倭寇在明军民不断打击下，逐渐南窜至广东、福建一带，但东南沿海倭患到明隆庆年间才真正平息。

二 军民御倭

明政府为加强东南沿海各省抗倭指挥，先后设立6个总督备倭都司，总督备倭都司作为一级行都司，实际上是都司的下一级机构，总督备倭都指挥也从属于各省都司的都指挥。当时江苏地区隶属于南直隶，下辖金山总督备倭都司和扬州总督备倭都司。金山总督备倭都司下辖金山卫、太仓卫、镇海卫；扬州总督备倭都司下辖扬州卫、高邮卫、仪真卫、大河卫、淮安卫。正统前，总督备倭都司各官员职责划分并不明确，此后，明确总督备倭官的主要职责是组织沿海卫所军队抗击来犯的倭寇。嘉靖后期至万历前期，由于倭寇深入腹地，占据城池，杀掠地方，明政府在沿海一带，还设置了巡抚、总督，指挥军队征剿倭寇。

嘉靖三十一年(1552)，明世宗为加强抗倭力量，更定官制，创设提督于浙江，继而加提督于苏松巡抚，又设总督兼理将官，自副总兵、参将、守备、把总而下，共增设将官20余员。同年七月，恢复设置巡视浙江等处地方兼提督军务一职，以佥都御史王忬充任。嘉靖三十三年(1554)，以李天宠代王忬，并任命南京兵部尚书张经总督军务，负责东南地区抗倭事宜。嘉靖时，地方防御系统的将领结构是“总兵—参将—把总”三级体制。其中，把总有3种：水兵把总、陆兵把总和游兵把总。它们分别负责水战、陆战以及巡哨、应援等军事行动。

---

① 《明世宗实录》卷四七二，嘉靖三十八年五月甲午条，台湾“中央研究院”历史语言研究所1962年校印本。

② 中国历史研究社编：《倭变事略》之一《嘉靖东南平倭通录》，上海书店1982年版，第47页。

1. 筑城御倭

面对倭寇的不断袭扰，嘉靖年间，大江南北民众纷纷捐资修筑、加固城墙，以提高御敌能力。

修筑昆山城

嘉靖十七年(1538)，昆山人顾鼎臣(1473—1540)“轸念昆山滨海，土城日就圮，有警变无城可守”，奏请明廷加筑沿海州县城池，以防倭寇侵扰。但他的建议未被采纳，明廷只同意在他的家乡昆山试筑。于是从嘉靖十八年(1539)二月起，在旧城基础上，改用砖石重新修筑，至十九年(1540)五月竣工。新城周长 2387 丈，高 2.8 丈，阔 1.4 丈，雉堞(箭垛)4587 个。六座城门也重建，并新建 5 座水门，作为水路关卡。

嘉靖三十三年(1554)四、五月间，倭寇数千人围攻昆山县城，官兵逃遁。昆山士民在知县祝乾寿和地方士绅组织领导下奋起自卫，同仇敌忾，坚守昆山城 40 余天，最后以倭寇败退而告终。

倭寇攻城前，派许多奸细潜入城内做内应。祝乾寿下令在城内搜捕奸细，“凡来历不明之人悉系狱……奸细放火受缚者八人……奸细或伏桥下，或栖树杪，或隐庵刹，或潜林墓，夜聚晓散，其踪无为常”。四月十七日，倭寇攻城，“负云梯数十乘，攻北、东、东南三门，势甚危迫。有登梯者，城夫以长脚钻御之，贯其头颅，犹忍痛上。他贼以燕尾截城夫舂指，城夫亦弗言，痛持钻如故。一时蹑梯之贼遂皆夺气，下匿坟庵。将复攻，乾寿使勇夫夺其梯，火其庐，贼乃遁去”。

面对倭寇的不断围攻，知县祝乾寿与“乡宦朱隆禧、王任用、孙云，举人归有光、丁允亨、秦沾等筹划便宜鼓励。监生吴谏，生员张光绍、潘蔚卿、晋日亨、陈准、柴秩、柴辅元，武举郭宠韬等，擐甲跨马与贼接战，屡有斩获。且率士民，悉办捍御，城得不破。时贼欲据昆山为巢穴，故苏州各县皆被攻围，而昆山尤急，以昆山为苏郡州县适中之地，得此为巢，则沿海诸邑声援俱绝，进可以蚕食苏常诸郡，退可以拒援兵也，非乾寿措置有方，鲜不殆矣。……贼围县城四十余日，赖县尹祝乾寿多方捍御，歼其渠，贼遂大惧，十八日，解围宵遁。于是各县之围皆解”①。

昆山县城“自四月初七日至五月廿五日，孤城被围四十五日。临城攻击，大小三十余战。以不教之民，当日滋之寇，内无张巡、许远之略，外无蚍蜉蚁子之援，城之不陷，皆天也。其六门并被攻，被杀男女五百余人，被烧房屋二万余间，被发棺冢四十余口，是皆就耳目之所睹记者言之。其各乡村落，凡三百五十里，境内房屋，十去八九，

① (明)郑若曾:《江南经略》卷二下,《影印文渊阁四库全书》第 728 册,台湾商务印书馆 1983 年版,第 137 页。

男妇十失五六，棺椁三四，有不可胜计而周知者”①。

明朝廷得昆山军民抵抗倭寇围城的捷报后，嘉奖昆山士民，并急檄沿海各州县修筑城池。知县祝寿乾又在原六城门内增造月城，再增建敌楼26座，窝铺25座。昆山百姓为纪念顾鼎臣的筑城功绩，建“顾文康公崇功专祠”，并立碑纪事。

王铁倡筑常熟城

王铁(1516—1555)，字德威，顺天人，嘉靖二十九年(1550)进士。嘉靖三十一年(1552)，王铁出任常熟知县时，倭寇猖獗，他除浮费、轻徭赋，以防备倭寇为务。每日校阅士伍，又选良家子弟数百，立耆长，编成“耆民兵”，亲挽强弓教练，熔寺庙大钟造兵器。

嘉靖三十二年(1553)，鉴于常熟屡遭倭寇侵扰，王铁倡议修筑城墙御倭。全县绅民纷纷响应，捐资助建。“致仕山东按察副使顾玉柱捐金助之，邑中巨室皆划地分筑。沅州判官王鲁独任西门城楼，工费最巨。又得巨室谭氏所献四万金，遂倚以集事。凡五月毕工，周一千六百六十六丈有奇，高二丈四尺，厚加三之一，内外皆有渠，外渠之广倍于内，惟西北环山而垣，无水关。城门凡七：东曰宾汤，西曰阜成，南曰冀京，东南曰迎春，东北曰望洋，西北曰镇海，在山巅者曰虞山门。”②现藏常熟碑刻博物馆的石碑《重建常熟县城记》，赞颂了王铁率吏民筹资筑城的丰功伟绩，由翰林院学士瞿景淳撰文，文徵明书写并篆额。

此次修筑常熟城过程中，常熟地方绅士积极捐资捐物，最多的当属常熟唐市谭照、谭晓兄弟。当时，官银和募集款项仅够筑城费之半，谭照、谭晓兄弟闻知后，深明大义，将4万余金捐献出来筑城。数月后，城墙加固工程竣工，成为护卫常熟民众生命财产安全的重要屏障。当地人民为纪念谭氏兄弟，曾在小东门外城门口建有专祠，兄弟并祠，称为“谭半城”。

常熟县城修竣不久，倭寇来袭。王铁身先士卒，率士民守城督战。城中发现有倭寇内应，王铁立即派人捕杀奸细，陈尸城上示众，倭寇因失内应被迫退逃。

嘉靖三十四年(1555)四月，倭寇自三丈浦分掠常熟、江阴等地。参政任环令王铁与指挥孔焘分统官民兵3000，围剿倭寇于鹿苑，破其寨，斩敌首150余级，焚倭船27艘。五月二十四，倭寇流劫常熟城南，王铁与乡居邑人江西参政钱泮率“耆民兵”乘船追击，不幸中倭寇埋伏。“铁陷淖，瞋目大呼，腹中刃死。泮被数枪，杀三贼而死。时三十四年五月也。诏赠泮光禄卿，铁太仆少卿，并荫锦衣世百户，遣官谕祭，立祠死

① (明)归有光著，周本淳校点：《震川先生集》卷八《昆山县倭寇始末》，上海古籍出版社1981年版，第183页。

② 光绪《常昭合志稿》卷四《城垣》，《中国地方志集成》江苏府县志辑22，江苏古籍出版社1991年版。

所，岁时奉祀。”[①]

王其勤修筑无锡城

嘉靖年间，倭寇“频年至”，无锡危城难守。嘉靖三十三年（1554）二月，无锡知县王其勤号召全县士民出钱出力筑城御倭，“七十日而成，周围十八里。……凡一千七百八十三丈六尺一寸，高二丈一尺，上为马街，数步一舍，舍宿守卒，数舍一台，台便瞭望，乃易四门之名，东曰靖海，南曰望湖，西曰试泉，北曰控江。其上重楼，东曰对育，南曰抚董，西曰序成，北曰企辰”[②]。

修筑江阴城

江阴有“扼塞键钥”之称，元末龙凤三年（元末红巾军韩林儿的年号）始筑土城，“甃砖石加女墙，周九里三十步，高一丈五尺四。……岁久夷为平地。正德元年，知县刘纮始修西南二门。六年，知县王铁复裒民筑之，城还其旧，东南北各为水关，悉甃以石。明年，流贼薄城，居民赖以保障。十年，知县万玘修北水关。……（嘉靖）二十八年，知县毛鹏始改砖城。三十一年，知县钱錞闻倭寇浙中亟，甃城完北隅之缺，义士黄銮输银六千造城三百余丈。倭至，民得无患。三十三年，知县金柱合四城而甓之，高二丈二尺，四周长计一千三百九十六丈一尺，计九里十三步。改北门为澄江门，增子城四，黄銮、任其三，徐洽、许登等各捐赀佐役。又设城铺三座，敌楼、窝铺二十二座”[③]。嘉靖三十五年（1556），倭寇来攻，攻城40余日，无功而退。

吴桂芳筑扬州外城

嘉靖三十四年（1555），扬州知府吴桂芳等开始筑扬州外城（即新城）。新扩南、东、北三面周长约十多里，同时增筑扬州外城，扬州有外城自此始。嘉靖三十七年（1558），倭寇侵袭扬州，扬州军民奋力守城，当时在扬州经商的数百商人共推阎金为首参与守城战斗。一部姓商人善射，用长弓重矢“射杀其渠魁，倭闻陴间多塞上人语，又识矢，疑非边外劲弓不能发，遂宵遁去，境保无失者”[④]。吴桂芳将筑城御倭的经验转告巡抚郑晓，在郑晓发动下，如皋、海门、泰州、瓜洲等地也纷纷加固城池以保卫民众的生命财产安全。

---

① （清）张廷玉等：《明史》卷二九〇《王铁传》，中华书局1974年版，第7437页。

② 光绪《无锡金匮县志》卷四《城郭》，《中国地方志集成》江苏府县志辑24，江苏古籍出版社1991年版，第69页。

③ 道光《江阴县志》卷一《建置·城池》。据《明史》卷二九〇《钱錞传》，嘉靖三十三年（1554），江阴知县为钱錞，直至嘉靖三十四（1555）年六月，钱錞抗倭战死。故金柱继任江阴知县不应早于嘉靖三十四年六月，《县志》所载嘉靖三十三年知县金柱修城事，时间有误。

④ 万历《扬州府志》卷一八《人物志·义烈列传》，《北京图书馆古籍珍本丛刊》25，书目文献出版社1998年版，第330页。

盐城县筑城

江北盐城县，“明永乐十六年，驻备倭指挥杨清、守御千户冯善重修，始易为砖城，而新筑月城，建东、西、北城楼三座，盖其城止东西北三门，云西有水西门，城高二丈二尺一寸七步，南北径二里一百八十步，池深九尺，列铺二十八座，额设盐城守御所官军防守。嘉靖三十六年，本府检校祝署篆盐城，闻海上倭寇张甚，申请重修，修甫竣时，三十八年，倭寇大至，距城半里许，一酋跃马冲北城门上，竞射之，酋中流矢而去，寇遂从庙湾下海”①。

溧水筑石城

嘉靖三十四年(1555)，“倭犯溧水城，几陷。勇士李佛保死之”。当时面对倭寇的嚣张气焰，“众皆靡然，溃城一空”，李佛保奋力抵抗，最后战死于募军桥。嘉靖三十七年(1558)，知县曾震筑溧水城，将旧城改建为石城，“高三丈，广如旧”②。

2. 抗倭群英

明代嘉靖年间，面对倭寇的猖獗，大江南北军民积极投入到抗倭斗争，涌现出许多抗倭英雄和可歌可泣的英雄事迹。

任环苏州抗倭

任环(1519—1558)，字应乾，明潞安府长治(今山西长治)人。任环从小习武，饱读诗书。早在潞安府学就读时，他即在学舍墙壁上书写“营私者无上，亏行者无亲”十个大字，并常以“充海阔天高之量，养先忧后乐之心”③自勉，愿以天下为己任，为国为民尽职尽力。嘉靖二十三年(1544)，任环进士及第，历任黄平、沙河、滑县等地知县，并有政声。

嘉靖三十二年(1553)，任环出任苏州同知，负责地方治安和军事。他积极筹建乡勇，加强城防，并奏请明廷调遣骁勇善战的广西狼兵前来协防。四月，倭寇犯太仓，任环率兵驰援，“遇贼，短兵接，身被三创，几殆。……已而复至，裹疮出海击之。怒涛作，操舟者失色。环意气弥厉，竟败贼，俘斩百余。复连战阴沙、宝山、南沙，皆捷。擢按察佥事，整饬苏、松二府兵备”。不久，倭寇“掠常熟，环率知县王铁破其巢，焚舟二十七。未几，贼掠陆泾坝，都督周于德败绩。环偕总兵官俞大猷击败之，焚舟三十余”④。

---

① 万历《盐城县志》卷二《建置志·城池》，《北京图书馆古籍珍本丛刊》25，书目文献出版社1998年版，第817页。

② 万历《溧水县志》卷一《邑纪下》、卷六《忠节传》、卷四《城濠》，故宫博物院孤本，《溧水古今》第十九辑，溧水县政协2003年版。

③ 乾隆《长治县志》卷一四《忠烈》，乾隆二十八年(1763)刻本。

④ (清)张廷玉等：《明史》卷二〇五《任环传》，中华书局1974年版，第5418页。

嘉靖三十四年(1555)四月,倭寇进犯苏州城,“举火焚枫桥六昼夜”,“烈风大作,烟焰蔽天,不辨咫尺,哭声遍城内外”。城外百姓逃往城内,可城门紧闭以防倭寇间谍混入。任环得知后,下令打开城门,让四乡百姓进城避难,同时组织官兵击退了倭寇的进攻。后以战功卓著,晋升右参政。

嘉靖三十五年(1556)六月,倭寇又自浒墅关袭扰枫桥,时任苏松太兵备副使任环、总兵汤克宽率领军民奋战,全歼寇贼6000余人。任环平时训练严格,与士兵同甘共苦,作战时身先士卒。“环在行间,与士卒同寝食,所得赐予悉分给之。军事急,终夜露宿,或数日绝餐。”战场上,任环怀必死决心,随时准备以身许国。“尝书姓名于肢体曰:‘战死,分也。先人遗体,他日或收葬。’将士皆感激,故所向有功。”[①]嘉靖三十一年至三十四年间,任环在苏州“首尾五载,勤劳四任,艰难百战,斩敌数千”。因为战功卓著,任环屡受朝廷的嘉奖和晋升。嘉靖三十七年(1558),任环病逝,年仅40岁。任环死后,嘉靖皇帝令地方官建祠,以褒忠烈。苏州寒山寺附近,民众为纪念任环修建了“任公祠”,每年春秋祭祀。

抗倭状元——沈坤

沈坤(1507—1560),字伯生,号十洲,楚州(今江苏淮安)河下镇人,明嘉靖二十年(1541)赐状元及第。嘉靖年间,奸佞当道,沈坤为人耿直,因不愿折腰权贵,长期不为朝廷重用,曾任翰林院修撰和南京国子监祭酒。

嘉靖三十四年(1555),沈坤因母病故居家守孝。时淮安民众屡遭倭寇骚扰,明官兵抗倭不力,沈坤义愤填膺,散尽家财,招募乡勇千余人,亲自操练,保卫乡土,被当地群众称为“状元兵”。[②] 在沈坤的领导和指挥下,状元兵屡败倭寇。是年春,倭寇由宝应北犯楚州,沈坤率乡兵布阵城外,“率众力战,身犯矢石,射中其酋,倭始退”[③]。不久,大批倭寇再次进犯楚州,倭寇手挥长刀进攻,沈坤挑选精壮士兵手持长竹,配合明军与倭寇作战,大败倭寇。

嘉靖三十八年(1559)四月,倭寇复至,沈坤与巡抚李遂率兵御倭城东,先设伏于柳蒲湾,又掘陷坑数百于敌人必经之地姚家荡。战斗中,倭寇退至柳蒲湾,遭伏击,夺路回窜,纷纷落入姚家荡的陷坑,歼灭倭寇800余人,后就地掩埋,形成一大土堆,名曰“埋倭墩”。同年八月,因沈坤抗倭有功,巡抚李遂上书嘉靖皇帝,赞扬他“才兼经略,功收御侮”,并荐任北京国子监祭酒。未及赴京上任,遭人诬陷,沈坤被治罪下狱。

---

① (清)张廷玉等:《明史》卷二〇五《任环传》,中华书局1974年版,第5419页。

② (清)阮葵生《茶余客话》卷二一《嘉靖三状元》,中华书局1959年版,第649页。

③ 同治《重修山阳县志》卷二一《杂记二》,《中国方志丛书》华南地方第414号,台湾成文出版社有限公司1983年版,第292页。

嘉靖三十九年(1560),沈坤屈死狱中。[①] 为了褒扬沈坤抗倭的功绩,淮安姚家荡民众为沈坤修建"报功祠",并在他居住过的河下竹巷街修建了"状元楼"以纪念。

唐顺之

唐顺之(1507—1560),字应德,又字义修,人称"荆川先生",武进(今江苏常州)人,明代著名散文家。嘉靖八年(1529)会试第一,授翰林院编修,后因不愿依附张璁被罢职,又因上疏请见太子而触怒明世宗,被削职为民,隐居山中10余年。

嘉靖年间,倭寇侵扰长江南北,烧杀淫掠,东南沿海民众深受其害。嘉靖三十七年(1558),年过半百的唐顺之临危受命,"往南畿浙江与总督胡宗宪协谋讨贼"。他誓言:"一月贼不平,请拿将官;三月贼不平,请拿郎中(顺之自称)。"十一月二十三日途经常州,过家一宿,次日即起程奔赴浙江前线。

在抗倭前线,为了研究剿寇之策,他泛海数百里,视察险要,了解倭寇出没之地。面对倭寇的猖獗气焰,他力主御敌于海上。"御贼上策,当御之于海。纵使登陆,则内地咸受祸。"他多次亲率水师出海迎敌,斩获颇众。当时,倭寇常伪装成渔民,掳掠渔船混入内地,官军不能分辨。为此,明朝廷下令严禁渔民出海捕鱼。唐顺之要求明廷应取消这一禁令,"兵荒之后,民鲜生理,处置得宜,何患之有!"同时采取保护渔民和防范倭寇伪装的相应措施。有人称赞这一措施:"渔禁驰后,吾民出渔,辅以兵船。既保渔民,并以击贼。收其渔税,益我军饷。渔唱弥高,寇烽转熄。荆川韬略,允称妙绝。"

嘉靖三十八年(1559)四月九日,倭寇2000余人侵入崇明三片沙一带,守将卢镗令守兵四处设伏。次日清晨,守军奋力合击,倭寇大败而逃,取得了"三片沙大捷"。战果颇丰,"犁翻贼船三只,打破贼船四只,生擒真倭一名,共斩真倭一百一十三颗,缴获倭器倭衣三百四十六件,倭寇溺水死者不计其数"[②]。嘉靖年间,明军在海上抗倭用兵历来是"只击归贼,不击来贼"。所谓"击归贼",是指在陆上阻击,三片沙之战首次采取"击贼之来,又击之于海"的战略。

三片沙大捷后,巡抚李遂让其督战盘踞庙湾的倭寇,唐荆川领军在离贼巢15里的地方扎营。根据倭寇盘踞的庙湾城坚墙厚,唐荆川与李遂商定,南北两路,水陆夹攻,用火器打船破墙,并定下赏格。黎明诸军移营,唐荆川身披甲胄,逼近敌巢。一声

---

① (明)谈迁《国榷》卷六三"嘉靖三十九年三月戊寅"条载:"南京山东道监察御史林润等,劾国子祭酒沈坤居乡暴酷,截胡銮手,纠众防倭,擅杀不知名人为败卒,私盐抽引,逼夺人产。遂削坤籍,逮入京。坤跌宕负气,不谐里党,倭患作,倡乡兵,稍犯辄榜笞之,多怨。而给事中胡应嘉仇坤,布流谣构之于润,俱无指实,所截胡銮手固亡恙也,他皆类此,坤竟狱死,士论冤之。"(中华书局1958年版,第3936页)

② (清)陈子龙等:《明经世文编》卷二五九《唐荆川家藏集一·三沙报捷疏》,中华书局1962年版,第2743页。

令下，大炮、鸟铳齐发，墙毁船摧，倭尸垒墙壁间。庙湾一战，明军共得倭寇首级46颗，烧毁、击沉倭船13条。八月，明将刘显率部在白驹场茅花墩斩倭600人，从庙湾、三片沙脱逃之倭被全歼。

嘉靖三十八年(1559)十一月，唐顺之因抗倭功绩擢为右佥都御史，代理凤阳巡抚。当时，他因长年奔波剿倭，积劳成疾，勉强赴任，并抱病奔赴通泰沿海前线布防筹饷。嘉靖三十九年(1560)，他不顾重病缠身，坚持率船从太仓出发，巡视江海。四月，病逝于通州(今江苏南通)。[①] 临终前，他仍不忘抗倭与赈济灾民，手书："岁荒民饥，有司宜加意作糜分赈，弗以本院物故，遂草率了事也。"[②]

刘景韶

刘景韶，字子成，号白川，湖广武昌府崇阳县人，生卒年不详。能文善武，性格沉稳且智谋过人，是凤阳巡抚李遂麾下一员得力干将。他治军严明，注重休养生息，爱护百姓，从不扰民，深受百姓爱戴。嘉靖二十三年(1544)中进士。嘉靖三十三年(1554)春，倭寇进犯南通、如皋、泰兴一带，大肆劫掠、屠杀。浙江海防兵备副使刘景韶奉巡抚唐顺之之命，至如皋、海安一带布防，重建海安城墙。海安土墙"周六里许，水关三座，城门三座，曰镇宁、曰泰宁、曰永安"。嘉靖三十八年(1559)四月，刘景韶率军民抗倭于海安城下，斩敌120人。接着，刘景韶率部先后在丁埝、如皋等地对倭作战，连战连捷。不久，倭寇再次来犯，刘景韶同边将邱陞设伏于西场，不久倭寇向西场进犯，刘景韶命骑兵分两路从左右包围，杀死、活捉倭寇300余人。余敌逃至仲家园(西场东郊)，刘景韶率兵围困3昼夜，共歼敌1527人，活捉15人。战后，西场人聚埋倭寇尸骨，封土作冢，名"平倭冢"。嘉靖三十九年(1560)春，如皋知县童蒙吉作《刘公平倭冢记》，刻石立碑于冢前。[③] 西场一战前后，刘景韶驰骋通、如、扬、淮等地，衣不解甲3月之久，共歼灭倭寇3000余人，缴获兵器辎重数以万计。扬州、泰州、宝应、海安等地的百姓建生祠供奉其画像以纪念其平倭业绩。

李遂

李遂(1504—1566)，字邦良，丰城(今江西丰城)人，嘉靖初年进士，后因触怒嘉靖皇帝，被革职除名。嘉靖三十六年(1557)，倭寇骚扰江北，经朝臣保举，博学多才、长于用兵的李遂官复原职，以右佥都御史驻守淮安，巡抚凤阳等四府，负责江北地区剿寇军事事务。当时，淮安、扬州地区屡遭倭患，加之连年水灾，明廷不断驱使民夫日夜

---

① (清)张廷玉等：《明史》卷二〇五《唐顺之传》，中华书局1974年版，第5424页。

② (明)丁元荐：《西山日记》上，齐鲁书社1995年版，第686页。

③ 此碑至今犹存。2005年8月12日，海安县西场镇建成"刘景韶平倭纪念馆"，馆内竖立着刘景韶画像，东侧玻璃罩内存放"刘公平倭冢记碑"。历经四百多年风雨，碑文虽已剥落模糊，仍不失为传世珍宝，现为江苏省政府文物保护单位。

向京城运输木材，民不聊生。李遂到任后，恤民节用，请饷增兵，谋划攻守之计。

嘉靖三十八年(1559)四月，倭寇由海上大举进犯海门，形势危急。他与部属分析敌情，认为："贼趋如皋，其众必合，合则侵犯之路有三：由泰州逼天长、凤、泗，陵寝惊矣；由黄桥逼瓜(洲)、仪(真)，以遥南都，运道梗矣。若从富安沿海东至庙湾，则绝地也。"他运筹帷幄，制订了围剿、堵截倭寇的作战计划，指挥士兵"连战丁堰、海安、通州，皆捷"，迫使倭寇"沿海东掠"，保证了留都南京、中都凤阳等地的安全及漕运的通畅。当倭寇流窜至淮安城东时，他指挥部队深夜入城突袭倭寇。其间屡败倭敌，交战20余次，斩敌3800多人。[①] 今天在南通狼山的山腰四角亭中立有一块"抚台平倭碑"，碑文记述了明嘉靖年间李遂领导江北军民抗倭斗争功绩和史实。[②]

钱錞

钱錞(1524—1555)，字鸣叔，号鹤洲，钟祥县(今湖北钟祥)人。嘉靖二十九年(1550)进士，知江阴县。"初至官，倭已炽。三十三年入犯，乡民奔入城者万计，兵备道王从古不纳。錞曰：'民死不救，守空城奚为！'遂开门纵之入，而身自搏战于斜桥，三战却之。"[③]

嘉靖三十四年(1555)六月，"倭据蔡泾闸，分众犯塘头。錞提狼兵战九里山，薄暮，雷雨大作，伏四起，狼兵悉奔，錞战死"。明代江阴文人李诩曾专门撰文以纪念这位因抗倭而牺牲的江阴县令，文称："始闻倭信时，各乡民拥入城者几万计，王公将不纳，钱公独挺身任之，而民得以不及于难。王与任公同入城，万民齐声呼曰：'惟苏州任兵爷救得小民，王兵爷在此，我等无靠。'哭声震天，余所亲见，诚哉莫作乱离人也。识者曰：'钱公之决于死，亦王公有以激之，当日因倭势大悍，王公不欲出战，仅侥幸城中。钱公愤然跃马，慷慨赴之，卒陷不测。使王肯上下同心，以保民为计，钱公岂遽及此哉！'"[④]

抗倭义士——席上珍

嘉靖三十四年(1555)，大股倭寇乘战船数十艘，窜犯靖江。登陆后，烧杀劫掠，并气势汹汹地向县城进犯。此时，知县应昂不在城内，县丞孙京吓得不知所措，下令关闭城门。危急之时，武艺高强的秀才席上珍走进县衙，向县丞请求率众抗击倭寇。县丞孙京却说："日辰不利，宜少需。"席上珍愤怒地说："寇逼门庭，何需为?"不顾县丞阻挠，毅然率领乡勇和壮士百余人从东门杀出，斩杀倭寇数十人，追至秦家桥，因后援不

---

① (清)张廷玉等：《明史》卷二〇五《李遂传》，中华书局1974年版，第5419—5422页。

② "抚台平倭碑"原在山路旁，1965年移至狼山南坡山腰的四角亭中，1982年被列为江苏省文物保护单位。

③ (清)张廷玉等：《明史》卷二九〇《钱錞传》，中华书局1974年版，第7437—7438页。

④ (明)李诩：《戒庵老人漫笔》卷四《江阴邑令战死》，中华书局1982年版，第130页。

继、寡不敌众，席上珍英勇牺牲。[①]

曹顶

曹顶（1514—1557），出身于通州余西场盐民之家，幼时发际有三顶，人皆呼为“顶儿”，遂以为名。[②] 曹顶生性豪爽，胆略过人，曾受雇作船工运盐，后在通州城内一面店干活。嘉靖三十二年（1553），愤于倭寇骚扰掳掠，毅然应募加入抗倭队伍，随即参加江上阻倭战斗，大败倭寇，首立战功。翌年四月，倭寇 3000 余人侵犯通州城，全城惶然，曹顶请率水兵 500 人移驻城外御倭，坚持 20 余日，冲锋陷阵斩倭首近百余级，身伤 10 余处，最后援兵到达，终解通州之困。[③] 明廷论功行赏，他辞官不受，解甲回乡以做面食为生。曹顶退伍不退志，嘉靖三十六年（1557）四月，倭寇再犯通州，曹顶提刀跃马，奋勇追击，至单家店（今通州市平潮镇）北街头，因天雨路滑，战马失蹄，将他掀落于堑壕之中，为倭寇所杀，时年 44 岁。人们将他安葬于通州城南，并修建了“曹公祠”以纪念这位抗倭英雄。[④]

此外，江苏其他各地也涌现出不少抗倭英雄，东台的葛天民、江阴的杨成、大丰盐民戴选、东台栟茶（今属如东）盐场缪滂等，或与倭寇拼死搏斗，或统率乡兵杀敌建功，他们都为明代抗倭战争作出了自己的贡献。

三　嘉靖倭乱的性质

嘉靖倭寇与明前期倭寇的人员构成虽然有所区别，但其掠夺、侵略的本质是一致的。嘉靖以后，倭寇主要以中国东南沿海为主要活动地区，进行走私贸易，是由中国人和日本人组成的混合部队。[⑤]

嘉靖年间，倭寇的构成及其入侵规模发生了根本性的变化。伴随东南沿海地区商品经济的发展，沿海出洋从事海外贸易的商人日益增多。一些中国人如王直、徐海等与倭寇勾结，组成武装海盗集团，故有人说“盖江南海警，倭居十三，而中国叛逆居十七也”[⑥]。嘉靖时的倭寇相当部分是中国沿海地区从事走私贸易的商民，他们利用

---

① 光绪《靖江县志》卷一三《忠义》，《中国地方志丛书》华中地方第 464 号，台湾成文出版社有限公司 1983 年版，第 254 页。

② （明）谈迁：《国榷》卷六一，中华书局 1958 年版，第 3831 页。

③ 乾隆《直隶通州志》卷一五《人物志下・曹顶传》，乾隆二十年（1755）刻本。

④ 1996 年，江苏省通州市平潮镇进行旧城改造时，在 204 国道东侧、电视转播台毗邻处辟地近 200 平方米，建成“曹顶纪念园”，并将原塑在平潮汽车站门前广场上的曹公铜像移置于园中。

⑤ ［日］大隅晶子：《十六、十七世纪的中日葡贸易》，《东京国立博物馆纪要》1988 年第 23 期，第 279 页，转引自樊树志：《“倭寇”新论——以“嘉靖大倭寇”为中心》，《复旦学报》2000 年第 1 期。

⑥ 《明世宗实录》卷四〇三，嘉靖三十二年十月壬寅条，台湾“中央研究院”历史语言研究所 1962 年校印本。

明廷“畏倭如虎”的心理,“袭倭服、旗号”以便与日本从事海外走私贸易。明人严从简称:“近日东南倭寇,类多中国之人。”①明人张瀚说:“时值贵官居近侍,迭相蒙蔽,而时宰宠赂公行,官邪乱政,小民迫于贪酷,困于饥寒,相率入海,为之奸细。中有狡猾如王五峰、徐碧溪、麻叶之徒,皆我华人。”②嘉靖时,南京太仆寺章焕也说:“比者,江南之变起于内地游民利贼,重货为之乡导,而我兵仓猝无备,徒手搏战于沟塍、沮洳之乡,故每出辄败。……外贼易见,内贼难知,今以海外蛮夷而深入内境,凡我之动静曲折,无不知者,谁为之也?又其始至千人四布,无一知者,及鸣号而须臾毕集,贼固善匿,匿之谁也,此东南之变皆奸民釀之也。夫治外贼以兵,治内贼以诚。”③这些人充当倭寇的向导,引狼入室,对东南沿海的侵扰尤为猖獗,长江南北屡遭倭寇蹂躏。“倭寇非内逆无以逞狼贪之志,内逆非倭寇无以遂鼠窃之谋。”④曾任总督漕运、兵部侍郎并亲身参加抗倭的郑晓说:“倭奴藉华人为耳目,华人藉倭奴为爪牙,彼此依附,出没海岛,倏忽千里,莫可踪迹。”⑤明昆山人归有光说:“访得贼中海岛夷洲真正倭种,不过百数。其内地亡命之徒固多,而亦往往有被劫掠不能自拔者。近日贼抢娄塘、罗店等处,驱率居民挑包。其守包之人,与吾民私语,言是某府州县人,被贼胁从,未尝不思乡里。但已剃发,从其衣号,与贼无异。欲自逃去,反为州县所杀。以此只得依违,苟延性命。愚望官府设法招徕,明以丹青生活之信。务在孤弱其党,贼势不久自当解散。此古人制夷遏盗之长策也。”⑥

明人郑若曾说:“今之倭寇,动计数万,皆托言倭人,而其实出于日本者不下数千,其余则皆中国之赤子无赖者,入而附之耳。……吾之攻杀者有限,而民之附益者无穷,几何而有宁日哉!故愚以为今之当事者,当一面督兵截杀以治其流,一面重抚百姓以治其本。……此今日不可不为之计者也。”⑦他认为,民众之所以依附倭寇,“不乐其生”,是因为赋役繁重,官吏贪酷,使民无以为生,故不得不铤而走险,依附倭寇。治人心,正人心,使民不依附倭寇,进而孤立倭寇,这才是消灭倭寇的根本之计。

嘉靖时,东南沿海王直、徐海等中国海盗勾结倭寇,他们相互利用,结成松散的利益共同体,并以倭寇的名义行动,但具有丰富作战经验的日本武士始终是海盗集团中作战的中坚力量,真倭在每次重大行动中起着决定性作用,大部分中国海盗实际上是仆从,或被胁迫、诱骗入伙为盗。王直等在日本有基地的海盗颇受日本当地大名的重

---

①⑤ (明)郑晓:《今言》卷三,中华书局1984年版,第136页。

② (明)张瀚:《松窗梦语》卷三《东倭纪》,上海古籍出版社1986年版,第58页。

③ 《明世宗实录》卷四一三,嘉靖三十三年八月庚午条,台湾“中央研究院”历史语言研究所1962年校印本。

④ (明)郑若曾:《筹海图编》卷一一《经略一·除内逆》兵部尚书杨博又题云条,中华书局2007年版,第676页。

⑥ (明)归有光撰,周本淳校点:《震川先生集》卷三《论议说·备倭事略》,上海古籍出版社1981年版,第74页。

⑦ (明)郑若曾:《筹海图编》卷一一《经略一·叙寇原》,中华书局2007年版,第671—672页。

视，尽管有时中国海盗头目王直、徐海、萧显等也率真倭入寇中国，但总体而言，倭寇并不受王直、徐海等的指挥和调遣。“盖倭以剽劫我中国人为利. 而我中国奸人则往往以得主倭为利。”[①]倭寇因有王直等汉奸的参与指挥而得实惠，王直等汉奸只不过是日本大名逞其“狼贪之志”的工具而已。从这个意义而言，明代御倭战争是中国人民反对外族入侵的正义战争。[②]

20 世纪 80 年代以后，一些学者对传统“嘉靖抗倭是抵御外侮的、正义的战争”等提出不同观点。[③] 一些日本学者甚至将明御倭战争说成是中国的国内战争，有为日本倭寇侵略中国开罪之嫌。有学者认为，嘉靖年间所谓“倭寇”，从头目到兵众都是中国人；他们为了冲破明朝的“海禁”政策被迫拿起武器，他们的斗争对中国社会发展具有进步意义，被镇压是历史的悲剧。嘉靖“倭寇”实质上是由中国海商领导，广大破产农民、手工业者和其他下层人员参加的一场反对海禁的斗争，是中国资本主义萌芽产生的标志，斗争迫使朝廷作出了有限的开放；嘉靖“倭寇”从首领到基本成员大部分是中国人，仅有为数不多的真倭，也受中国商人支配，故嘉靖“倭寇”不是外族入侵。[④]“戚继光、俞大猷在平倭战争中崭露头角，战功显赫，后人对他们表示敬仰是可以理解的。但是，求证于史实，他们从事的并不是一场抵御外患的战争，而是一场平定内乱的战争。……‘嘉靖大倭寇’的实质是海禁与反海禁的斗争，要从根本上解决问题，政府必须放弃海禁政策。……所谓倭患也就烟消云散了。”[⑤]

就其实质而言，嘉靖年间的抗倭同明初的抗倭没有什么区别，都是正义的、反侵略自卫战争，并不是“中国封建社会内部的阶级斗争”。“抗倭战争的胜利，是中国广大爱国军民与戚继光为代表的抗倭将领共同奋斗的结果。特别应该注意的是广大群众的贡献。……真正的最雄厚的力量存在于广大人民群众之中，抗倭斗争的胜利，是中国人民反对外来侵略的光辉一章。”[⑥]反海禁是抗倭的措施之一，并不是海禁引发倭寇，而是倭寇侵扰导致海禁。

王直等作为海盗同所谓“资本主义萌芽”无关，更谈不上“是中国历史上资本主义萌芽的时代标志之一”，他们伙同倭寇劫掠沿海居民，对资本主义萌芽的产生和中国社会的发展没有促进作用和进步意义。同时，王直也没有把掠夺来的大量财富投入

---

① （明）陈子龙等：《明经世文编》卷三八三《议防倭·闽粤防倭》，中华书局 1962 年版，第 4153 页。

② 范中义：《明代海防述略》，《历史研究》1990 年第 3 期。

③ 林仁川：《明代私人海上贸易商人与“倭寇”》，《中国史研究》1980 年第 4 期；陈抗生：《嘉靖“倭患”探实》，《江汉论坛》1980 年第 3 期；戴裔煊：《明代嘉隆间的倭寇海盗与中国资本主义的萌芽》，中国社会科学出版社 1982 年版。

④ 陈抗生：《嘉靖“倭患”探实》，《江汉论坛》1980 年第 3 期。

⑤ 樊树志：《“倭寇”新论——以“嘉靖大倭寇”为中心》，《复旦学报》2000 年第 1 期，第 37—46 页。

⑥ 南炳文、汤纲：《明史》，上海人民出版社 2003 年版，第 454 页。

国内工商业，转化为资本主义的原始积累，而是转往日本的大本营，以求寄人篱下。汪直等与倭寇勾结从事海外贸易，并煽动、组织他们入侵我国东南沿海，进行劫掠活动，其罪恶与真倭有过之而无不及，明政府对他们进行严厉地镇压，是正义的行动，符合广大人民群众的愿望和根本利益。

第三节 社会危机与冲突

一 晚明政治的腐败

明朝中后期，政治腐败，皇帝昏庸，荒怠政事，大臣结党营私，派系倾轧，权力斗争十分激烈。弘治十八年(1505)，明武宗朱厚照即位后，立即重用他在东宫时的内侍刘瑾、马永成、高凤、罗祥、魏彬、丘聚、谷大用、张永等8人，人称“八虎”。其中刘瑾最为得宠，也最为骄横跋扈。明武宗整日游乐，大权旁落刘瑾等人手中。刘瑾除领内行厂外，还是司礼监太监兼总督团营，结朋树党，狼狈为奸，无恶不作。

明世宗朱厚熜即位之初，虽进行了一些改革，但不久便迷信道教，深居简出，不问朝政，以致严嵩擅权17年之久，政治日益腐败，民怨沸腾，国力大衰。

明神宗朱翊钧即位前10年，因年幼，权力完全操控于首辅张居正，张居正成为实际上的最高统治者。张居正死后，明神宗得以亲政，却长期怠政，以生病为由不肯上朝。史载，至万历四十六年六月，“时帝不视朝已三十载，朝政积弛，庶官尽旷”[①]。明神宗对朝政十分懈怠，但爱财如命。万历二十四年(1596)，为了攫取更多的财富，明神宗直接派出大批宦官到全国各地充当矿监税使，对工商业者进行敲诈勒索。当时，江苏南北税监四布，徐州有陈增、淮安有鲁保、京口有高寀、仪真有暨禄、苏州有孙隆。江南地区是全国工商业最发达地区，也是受害最重的地区。南直隶巡按御史刘曰梧在给明神宗的奏疏中说：“以臣所属，上有湖口，中有芜湖，下有仪扬。旧有部臣，新设有税监，亦云密矣。湖口不二百里为安庆，安庆不百里为池口，池口不百里为荻港，荻港不百里为芜湖，芜湖不数十里为采石，采石不百里为金陵，金陵不数十里为瓜步，瓜步不数十里为仪真，处处收税。长江顺流扬帆，日可三四百里，今三四百里间五六委官拦江把截，是一日而五六税地，谓非重征迭税可乎？”[②]运河沿线的浒墅、扬州、淮安等地均设关，仪真与京口(今江苏镇江)，仅一江之隔，要抽税两次。明政府在大江南北工商重镇，水陆要道，遍设税卡，巧取豪夺，严重阻碍了商品流通，制约了工商业的

① (清)张廷玉等：《明史》卷二四〇《何宗彦传》，中华书局1974年版，第6252页。

② 《明神宗实录》卷三五九，万历二十九年五月甲寅条，台湾“中央研究院”历史语言研究所1962年校印本。

健康发展。

明熹宗朱由校只是一个顽童，年幼无知，宦官魏忠贤利用熹宗这一性格，独揽大权，致使明朝政治更加腐朽。史载："（熹宗）性好走马，又好作水戏，种种机械，出人意表。又好盖房屋，凡斧斤之类，皆躬自操之，虽巧匠不能过也。忠贤每欲有所处分，即令王体乾等伺其经营鄙事时，从旁奏请。听毕，便曰：'你们用心行去，我知道了。'所以太阿下移，而忠贤辈得以操纵如意也。"①

二 东林党、复社文人的反阉党斗争

1. 东林党的形成

明万历十一年（1583），吏部文选郎顾宪成在"争国本"中因主张立朱常洛为太子，违背神宗旨意，被"削籍里居"。顾宪成（1550—1612），字叔时，号泾阳，世称东林先生，无锡人。万历三十二年（1604），他在常州知府欧阳东风、无锡知县林宰等的支持下，修复了北宋著名理学家杨时讲学的东林书院，并撰写对联："风声、雨声、读书声，声声入耳；家事、国事、天下事，事事关心。"表明了东林书院的办学宗旨与方针。顾宪成与高攀龙、钱一本等人讲学其中，他们"讽议朝政，裁量人物"，抨击保守派的腐朽政治。当时，"士大夫抱道忤时者，率退处林野，闻风响附，学舍至不能容"，"朝士慕其风者，多遥相应和"②。在朝在野的各种政治代表人物、三吴士绅以东林书院为中心很快就形成了一个有影响的政治集团——东林党。东林书院成为他们团结同志、进行政治斗争的基地。

"东林党"不是现代意义上的政党，其"党"的意义上更接近于"派系"、"宗派"和"朋党"等词义。"东林党"之名是其政治反对派对他们的贬称，东林诸君子并不以此自称。在他们看来，君子"群而不党"，"结党"是为正人君子所不齿的。他们以文会友，以友辅仁，志同道合，力图通过读书、讲学、议政等方式，唤起民心，挽救社会的危机，以达到治国平天下的政治理想。

东林党人是东南发达地区中小地主和工商业者利益的代言人，提出了在当时具有进步意义的政治经济主张。政治上，反对大官僚地主的专制统治，要求政治改革，"大破常格，公天下以选举"③，给中小地主参与政治的权利和机会，主张举贤任能，破格选用，以人才治国；经济上，主张保护和发展工商业，提出"贫富两便"的经济思想，反映了工商业者的呼声和利益，反对皇室、勋贵、权臣利用特权攫取土地、扩张经济势

① （清）文秉：《先拨志始》卷上，《续修四库全书》第437册，上海古籍出版社2006年版，第614页。

② （清）张廷玉等：《明史》卷二三一《顾宪成传》，中华书局1974年版，第6032页。

③ （清）张廷玉等：《明史》卷二三一《钱一本传》，中华书局1974年版，第6039页。

力，反对矿监税使对百姓的剥削和压迫，积极支持凤阳巡抚李三才等反对税监的斗争；在学风上，主张自由讲学、结社，提倡“治国平天下”的“有用之学”，并以此作为评价、衡量一切思想学说的标准，一定程度上打破了传统经院哲学脱离实际、言之无物的不良学风。

李三才(？—1623)，字道甫，顺天通州人。万历二年(1574)进士，历官户部主事、山东佥事、河南参议、大理少卿。万历二十七年(1599)，以右佥都御史总督漕运，巡抚凤阳诸府。时徐州税监陈增、仪真税监暨禄和盐课扬州鲁保等横行无忌，“延引奸徒，伪锲印符，所至若捕叛亡，公行攘夺。而增尤甚，数窘辱长吏。独三才以气凌之，裁抑其爪牙肆恶者，且密令死囚引为党，辄捕杀之，增为夺气”。李三才制裁矿监税使爪牙，并劾治宦官陈增，使陈增气焰有所收敛。李三才弹劾陈增参随程守训，获赃款数十万，处斩守训及其党羽，百姓拍手称快。李三才还屡次奏陈矿税之害，责备神宗派遣矿监税使危害百姓：“陛下爱珠玉，民亦慕温饱；陛下爱子孙，民亦恋妻孥。奈何陛下欲崇聚财贿，而不使小民享升斗之需；欲绵祚万年，而不使小民适朝夕之乐。自古未有朝廷之政令、天下之情形一至于斯，而可幸无乱者。”[①]要求明神宗奋发有为，不要“溺志货财”，“罢除天下矿税”，明神宗置之不理。对于李三才的言行，东林党人十分钦佩，顾宪成还前往淮安，对他的行动表示支持，并结为至交。

2. 东林党反阉党斗争

天启年间，秉笔太监魏忠贤利用明熹宗少不更事，独揽朝政，提督东厂，其爪牙田尔耕掌锦衣卫事，许显纯掌北镇抚司狱。魏忠贤恣意批红，权倾朝野，朝廷大政听任魏忠贤裁决，而齐、楚、浙诸党则争相依附阉党势力。各地官吏极力讨好魏忠贤，媚之者称他为“九千岁”，并争相为其修建生祠，“曲意献媚，务穷工作之巧”。每一祠之费，“多者数十万，少者数万，剥民财，侵公帑，伐树木无算”，当时全国“总计建祠共四十所”[②]。天启六年(1626)十月，孝陵卫指挥李之才在南京修建魏忠贤生祠。天启七年(1627)一月，应天巡抚毛一鹭、巡按王珙在苏州虎丘建魏氏生祠。六月，总漕尚书郭尚友于淮安建生祠。

东林党人不畏魏忠贤权势，与其展开了坚决的斗争。天启四年(1624)六月，东林党人杨涟率先上疏参劾了魏忠贤24条罪状。九月，高攀龙上奏弹劾阉党骨干崔呈秀巡按淮扬间贪赃枉法。一时群僚响应，“交章论魏忠贤不法”。

天启五年(1625)，魏忠贤利用手中大权，大举反扑，令厂卫特务大肆搜捕、迫害东林党人。“当是时，东厂番役横行，所缉访无论虚实辄糜烂”，“民间偶语，或触忠贤，辄

---

① (清)张廷玉等：《明史》卷二二二《李三才传》，中华书局1974年版，第6062页。

② (清)文秉：《先拨志始》卷下，《续修四库全书》第437册，上海古籍出版社2006年版，第637页。

被擒僇，甚至剥皮、刲舌，所杀不可胜数”①。阉党罗织罪名，将杨涟、左光斗、魏大中、袁化中、周朝瑞、顾大章等逮捕入狱，6 人先后惨死于狱中，时称“六君子”。

天启六年(1626)，魏忠贤再兴大狱，逮捕东林党人高攀龙、周顺昌、周起元、缪昌期、李应昇、周宗建、黄尊素 7 人。高攀龙投水而死，其余 6 人皆死于狱中，史称为“后七君子”。病逝 3 年的李三才也被削籍为民，追夺诰封。魏忠贤党羽还编撰了《东林点将录》、《东林天鉴录》、《东林籍贯录》等书，提供东林党人名单，按名捕杀、斥逐。魏忠贤又命人编纂《三朝要典》，借“红丸、梃击、移宫”三案，捣毁东林书院，打击东林党，东林党人被杀殆尽。明思宗朱由检继位后，清算阉党的倒行逆施，魏忠贤畏罪自缢，阉党迫害东林党人行动方告停止。

3. 复社

面对阉党对东林党人的残酷镇压，江南士大夫没有屈服于淫威，复社、应社、畿社等文人社团继续东林党人的未竟事业和理想。复社是明末江南士大夫的政治集团，以苏州太仓人张溥为首的复社成员以“嗣响东林”自许，民间也多称他们为“小东林”。

复社领袖张溥像

崇祯二年(1629)，在吴江知县熊开元的支持下，张溥集各地名士，在吴江尹山召开复社成立大会。张溥以“兴复古学，务使为用”为宗旨，将全国 16 个文社合并，取《易》“剥穷而复”之义，形成了“合诸社为一”的复社。复社逐渐从一个地方性的文人社团，发展成为一个全国性的文人团体。复社的主要领导人张溥、张采均为太仓人，他们曾同窗共读，“形影相依，声息相接，乐善规过，互推畏友”，时人称他们“娄东二张”。

崇祯三年(1630)，江南各地生员汇聚金陵参加乡试，其中很多人为复社成员，复社首领张溥决定借机召开金陵大会。“崇祯三年，庚午乡试，诸宾兴者咸集，天如又为金陵大会。是科主裁为江右姜居之曰广。榜发，解元为杨廷枢，而张溥、吴伟业皆魁选，陈子龙、吴昌时俱入彀。陈际泰、夏曰瑚亦举于其乡，其他同盟列荐者数十余人。”②

金陵大会和会后科举考试的实绩，对团结一般生员、举人，树立张溥和复社的威望发挥了很大作用。此次乡试，复社成员杨廷枢、张溥、吴伟业、陈子龙、吴昌时等人

① (清)张廷玉等:《明史》卷三〇五《魏忠贤传》，中华书局 1974 年版，第 7820 页。

② (清)陆世仪:《复社纪略》卷一，《续修四库全书》第 438 册，上海古籍出版社 2006 年版，第 494—495 页。

皆中举。次年的会试中,复社成员太仓人吴伟业得中会元,张溥、夏曰瑚等人进士及第。由于会试主考官是内阁首辅周延儒,因而复社诸君子与周延儒结下不解之缘,成为周延儒的门生。吴伟业作为张溥门人,两年科考接连告捷。远近士子都以为投入张溥门下科考必然高中,出于功利目的纷纷加入复社,功利主义使复社鱼龙混杂,成员结构发生了微妙变化。日本学者井上进对明人所著的《复社姓氏录》、《复社姓氏》进行了考证校补,计算出当时复社总人数为3043人,与《复社纪略》记载复社第一次大会时的680人相比,增加了约4.5倍。①

崇祯六年(1633)春,复社成员在苏州虎丘召开大会。山东、江西、湖广、福建、浙江等地数千名成员络绎而至,围观者更是不计其数,盛况空前,声震朝野,有人惊叹此乃300年来未有奇观。“虎丘大会先数月前,传单四出,期会约结。至日,山左、江右、晋、楚、闽、浙以舟车至者数千余人,大雄宝殿不能容,生公台、千人石,鳞次布席皆满,典庖司醖,辇载泽量,往来丝织,游人聚观,无不诧叹,以为三百年来未尝有也。”②

复社反阉党的斗争矛头主要指向顾秉谦和阮大铖。崇祯初年,昆山籍阉党成员顾秉谦“坐交结近侍,入逆案中,论徒三年,赎为民。二年,昆山民积怨秉谦,聚众焚掠其家。秉谦年八十,仓皇窜渔舟得免,乃献窖藏银四万于朝,寄居他县以死”③。当时,复社领袖张溥、张采等在家乡领导士民进行了这场反对阉党顾秉谦的斗争。

阮大铖(1587—1646),安徽怀宁(今安徽怀宁)人,字集之,号圆海,明末戏曲作家。天启年间,官给事中,依附魏忠贤,造《百官图》攻击东林党人。崇祯初年,清查“阉党逆案”,阮大铖因“交结近侍罪”被剥夺官职,永不叙用。回到家乡怀宁,他建立中江社,企图与复社抗衡。不久,他来到南京,周游于文士之间,出没于优伶之中,撰写了《春灯谜》、《燕子笺》等词曲剧本,进行歌舞演出。他与风流倜傥的侯朝宗有世交,并通过他结交复社名士,不惜重金撮合侯朝宗与秦淮名妓李香君的姻缘。

当时,不少复社名士聚集于南京,秦淮河、雨花台、桃叶渡一带,都留下他们活动的踪影。他们对于“阉党逆案”中人阮大铖招摇过市,企图东山再起,十分不满。崇祯十一年(1638),复社名士吴应箕与顾杲(顾宪成孙)谈及此事,顾杲大义凛然地表示,不惜身死也要为民除此大害。于是,吴应箕在陈贞慧家中起草了声讨阮大铖的檄文,以顾杲、陈贞慧、吴应箕的名义征求各地复社成员的签名支持。

崇祯十二年(1639),复社人士利用金陵乡试的机会,在冒辟疆的淮清桥桃叶渡寓所,召开大会,声讨阮大铖。会议公推周钟、周立勋、徐孚远为盟主,正式发表《留都防

---

① [日]井上进:《复社姓氏校录附复社纪略》,日本京都大学人文科学研究所《东方学报》第64册,1992年版。

② (清)陆世仪:《复社纪略》卷一,《续修四库全书》第438册,上海古籍出版社2006年版,第496页。

③ (清)张廷玉等:《明史》卷三〇六《顾秉谦传》,中华书局1974年版,第7846页。

乱公揭》。《留都防乱公揭》由吴应箕起草，顾杲领衔居首，黄尊素之子黄宗羲列次衔，在公揭上签名的有 142 人。

《留都防乱公揭》声势夺人，猛烈抨击了阮大铖的罪状。“杲等读圣人之书，附讨贼之义，志动义慨言与愤俱，但知为国除奸，不惜以身贾祸，若使大铖罪状得以上闻，必将重膏斧锧，轻投魑魅。即不然，而大铖果有力障天，威能杀士，杲亦请以一身当之，以存此一段公论，以寒天下乱臣贼子之胆！”①《公揭》张贴于南京夫子庙、桃叶渡等街巷，书坊也有出售。一时，南京社会反响强烈，市井议论纷纷。阮大铖遭此迎头痛击，被迫隐匿于南京南郊牛首山，不敢入城。复社成员则欢欣鼓舞，扬眉吐气。

崇祯十七年(1644)三月，北京陷落后，复社成员各奔东西，有所分化。除少数如钱谦益、吴伟业等入仕清朝外，更多的复社君子如吴应箕、陈子龙等投入抗清斗争。

三　晚明民变、兵变

明后期，政治黑暗，宦官专权，税监四处搜括民财，社会矛盾日益尖锐，民变、兵变不断，正是这些兵变、民变最终汇聚成明末农民大起义洪流推翻了明王朝的专制统治。

1. 农民起义

刘六、刘七起义。刘六名宠，刘七名宸，霸州文安(今属河北)人，与齐彦名等在霸州等地打家劫舍，时称“河北响马”。正德五年(1510)十月，刘六、刘七在霸州率数十人起义，附近贫苦农民纷起响应，义军迅速发展到万余人，于山东起事的杨虎也率所部同刘六等人会合。次年三月，接连攻下河北、山东数十州县，提出“建国扶贤”的口号，制订了先取河北、河南，扩充兵马，再占南京，建立政权的战略方针。

正德六年(1511)十一月，义军南下，进攻徐州不克。南进宿迁，俘虏淮安知府刘祥，“杀高邮等卫官军 300 余人，执指挥陈鹏”。继续南下，后刘六战死，刘七率部继续战斗。义军本想进攻南京，因明官军防范严密，便改变计划，东攻仪真、瓜洲、镇江等地，并进逼通州狼山、常熟福山，一度完全控制了长江下游江面，“三过南京，往来如入无人之境”。他们进攻通州、泰州、如皋，准备由淮安北归，但被扬州官军击退。义军以南通狼山为根据地，不断出击常州、江阴等地。正德七年(1512)七月，在通州狼山，刘七余部被占优势的官军包围，“刘七势迫，遂赴水死。彦名为宣府游兵小旗张鉴斩首。刘晖擒获余贼及庞文宣等，解京伏诛。贼逸而北者，高云追斩之，皆尽”②。席卷河北、河南、山东、山西、湖广、南直隶等省，以流动作战为特点的刘六、刘七农民起义军最终被明军镇压。这次起义前后历时 3 年，波及今天江苏的大片地区，极大地冲击了明朝政府的统治秩序。

① 《留都防乱公揭》，转引自谢国桢：《明清之际党社运动考》，中华书局 1982 年版，第 150 页。

② (清)谷应泰：《明史纪事本末》卷四五《平河北盗》，中华书局 1977 年，第 679—680 页。

太湖农民起义。万历十六年(1588)五月,太湖农民殷应采等利用太湖"港渎纵横,芦苇蓊翳"的有利条件,揭竿起义。"湖盗往往窥秋冬之隙,相扇而起。戊子岁,饥民流盗,贼公负,而殷应采等遂以五月,乘夏水,操舟十余艘,往来茭渎、沙塘港之间。……殷应采益慓悍,亡所顾忌,身常服鲜红袍,推择镇江比丘一人为长,诸酋皆称长官,其姓名唯恐人知。有如苏、常事觉,则秘匿于浙中,湖南索急,则鼠窜于湖北,自以为汉法,乌奈我何也。"①起义农民夺取附近富户的财产,多次打败官军,后在明官军镇压下起义失败。

扬州、通州灶丁因饥荒劫掠富户。万历八年(1580)春,"雨雪连旬,禾黍不入,(扬州)百姓至取草根树皮以为食,食不足,辄饥饿死道上,槥车相望。而是时,钱法亦壅滞,商贾不通,灶丁皆束手,不得煮海以为盐。于是,聚党数百人,白昼大都之中劫僧人,而夺之米"。万历十六年(1588)三月,因久雨,通州"灶丁不得煮海,而百姓亦皆穿空,至食不厌糟糠,辄忍饥饿死,死不可得,辄自缢死。自缢死者常十二三,饥饿死十七八,国门之外,死人如乱麻也。于是,诸灶丁相与谋曰:'吾等饥饿、抢略亦死,等死,然宁抢略,抢略岂遂尽死乎?'是日,即聚党数百人,直走孙公庙,略彭取守等,已走蔡家店,略崔瑞鸣,因止舍北堤,欲入城,监门帅城上卒,锐炮如雷,复走北门外,略张禄"。饥饿的灶丁抢掠富户粮食和财物,人数迅速增至600—700人。② 后经地方当局安抚,饥民骚乱才得以平息。

2. 苏州市民抗税斗争

嘉靖二年(1523),苏州市民爆发了反对织造太监张志聪的斗争。"萧景腆为长洲尉。有织造太监张志聪恣横,长洲令郭波持之,志聪愤,执而倒曳之车后。景腆率所部官兵直前追夺,手批志聪,落其帽。市民观者,咸张气,梯屋飞瓦,群掷志聪,志聪遁去。吴中为景腆立'仗义英风'之碑于长洲县门。"③

作为明朝丝织业中心的苏州是抗税斗争最为激烈的城市之一。万历二十七年(1599),苏杭织造太监孙隆兼管税务,一些苏州地方恶棍"多纳贿给札,营充委官","分别水陆要冲,篱轩张盖,遇贩遇商,公行攫取,民不堪命",甚至"只鸡束菜"皆要纳税。"矿税繁兴,万民失业,均之取怨也,而税尤甚焉。有陆二者,往来吴中,以卖灯草为活计。万历二十八年,税官如狼如虎,与强盗无异。陆之草价不过八两,数处抽税,

---

① (明)瞿九思:《万历武功录》卷二《湖盗殷应采列传》,《续修四库全书》第436册,上海古籍出版社2006年版,第155页。

② (明)瞿九思:《万历武功录》卷二《扬州通州饥灶列传》,《续修四库全书》第436册,上海古籍出版社2006年版,第163页。

③ (清)赵翼:《陔余丛考》卷二〇《苏州击阉不始于颜佩韦》,商务印书馆1957年版,第395—396页。

用银半之。船至青山，又来索税，囊中已罄。计无所出，取灯草上岸，一火焚之。此举可谓痴绝，而心之怨恨也为何如哉？"①

孙隆与苏州豪绅丁元复等相互勾结，在参随黄建节的策划下，对中小工商业户横征暴敛。孙隆原任苏杭提督织造，熟悉丝织业内情，规定每张绸机要纳税银三钱，织缎一匹，缴税银五分；织纱一匹，纳税银二分。而且规定缎纱出卖前，须到玄妙观交税盖印，方能出售。额外的税收盘剥，进一步激怒了苏州市民。当时苏州有一首民谣唱道："四月水杀麦，五月天杀禾。茫茫阡陌殚为河，杀麦杀禾犹自可，更有税官来杀我。"孙隆对苏州机户和机工"广派税额"，"参随黄建节交通本地棍徒汤莘、徐成等十二家委查税，擅自加增，又妄议每机一张税银三钱，人情汹汹，讹言四起"②。许多机户被迫"杜门罢织"，不少染坊、牙行也关门，大批织工失业，"吴人罢市，行路皆哭"。万历二十九年(1601)六月，苏州终于爆发了葛成领导的反对税监孙隆的斗争。

六月初，"素抱侠骨"的昆山机工葛成与徐元、顾云、钱大、陆满等数人在苏州丝织业行会所在地苏州玄妙观聚会，共商行动步骤、联络暗号和纪律誓言，大家公推葛成为首。葛成要求参与行动的织工视其"手中芭蕉扇所指"而动，誓言："吾宁拼死救此一方，但当死清白，汝辈勿染一钱尺帛，不杀棍，不逐孙，不休。"③

六月六日(7 月 5 日)，抗税市民"诣玄妙观，为首六十人，名曰：团行。明日不呼而集者万人"。时值盛夏，炎炎烈日，葛成手执蒲扇，聚众誓神：只与税监作对，不取百姓一钱。随后，行动队伍分为 6 队，分头进发。"每队一人前行，摇蕉扇为号，后执绞棍随之。""千人奋挺出，万人夹道看。斩尔木，揭尔竿，随我来，杀税官。"愤怒的市民包围官署，焚烧税卡，将斗争的矛头直指孙隆及其爪牙。队伍出葑门朝觅渡桥进发，恰好此时孙隆的参随黄建节正指挥属下收税，市民一拥而上将其打死。中午，愤怒的市民又将税棍徐怡春乱石打死，并准备进城清算其他税官。有掠物者辄挤之火，张空拳往来，惟罪人是讨，四民寝食不惊，欢声沸溢。④ 葛成对市民说："今日之事，为朝廷除民害也。若因以为利，则天下其孰能说之。有听吾约束者从，否则去。众皆许诺。"⑤

---

① (明)周晖：《金陵琐事》卷三《焚灯草》，《中国方志丛书》华中地方第 440 号，台湾成文出版有限公司 1983 年版，第 405—406 页。

② 《明神宗实录》卷三六一，万历二十九年七月丙午条，台湾"中央研究院"历史语言研究所 1962 年校印本。

③ (明)蒋以化：《西台漫记》卷四《纪葛贤》，《北京图书馆古籍珍本丛刊》66，书目文献出版社 1995 年版，第 277 页。

④ (清)陈继儒：《白石樵真稿》卷二二《偶书·书葛道人》，《四库禁毁书丛刊》集部第 66 册，北京出版社 2000 年版，第 393—394 页。按，陈继儒书中记载此事发生六月三日，但后又在其撰写的《吴葛将军墓碑》中记载为六月六日。(清)文秉：《定陵注略》卷五《军民激变》(北京大学出版 1986 年影印抄本)，也记此事发生于六月六日。

⑤ (清)陈继儒：《吴葛将军墓碑》，苏州历史博物馆等编：《明清苏州工商业碑刻集》，江苏人民出版社 1981 年版，第 383 页。

葛成率民众先到汤莘家，“焚其庐室长物，执其家人榜之通衢”[①]。一时，葛成“义声大震，从者益广”[②]。

七日、八日，市民抗税监斗争继续发展。七日，潘行禄、周仰云、顾松、郭岩、顾洋、张宜及孙顾等税棍的房屋均被市民焚毁。抗税市民“若狂三昼夜”，斥责吴县知县孟习孔为阉党，包围税监衙门，孙隆吓得翻墙逃走，连夜乘小船逃往杭州。

这次苏州民变行动中，市民们纪律严明，抗税有理有节，以至于当时的应天巡抚曹时聘在事后奏疏中也承认：“不挟寸刃，不掠一物，预告邻同里，防其沿烧，殴杀窃取之人，抛弃买免之财。有司往谕，则伏地请罪曰：若辈害民已甚，愿等而甘心焉，不敢有他也。及汤莘等被责枷示，一挥而散。……赤身空手不怀一丝，止破起衅之家，不及无辜一人。……原因公愤，情有可矜。”在广大市民反对税监的强大压力下，苏州知府朱燮元不得不将汤莘等人逮捕入狱，随后百姓渐散。不久，明朝地方政府“下令捕诸为乱者”，葛成“挺身诣府自首，愿即常刑，不以累众”，主动承担所有的责任，并称：“倡义者我也，以我正法足矣。若无株连平民，株连则必生乱。”[③]葛成、徐元、顾云、钱大、陆满等先后被捕入狱。

葛成入狱时，“哭泣送之者万人。其以酒食相馕者，日以千计。辞不获，悉以散于诸囚。四方商贾之慕义者，醵百金遗之，坚却不受。曰：‘我罪人也，焉用诸。’皆再拜而退，归而尸祝之，祠于江淮之间”。万历四十一年(1613)，被关押12年的葛成“逢肆赦得释，复为编氓”。出狱后，苏州民众“嘉葛成义”，尊称他为“葛贤”、“葛将军”。当时“有新安富商程尚甫者，敬而爱之，赠一艾姬，成笑而纳焉。居浃旬，绝不与私，备装遣还其母家，再适人”[④]。崇祯三年(1630)，葛成病逝，葬于苏州虎丘山塘街，当地民众建祠以纪念这位领导市民反抗税监的平民英雄。明末清初，文学家陈继儒撰写的《葛将军墓碑记》，记述了葛成的生平事迹。关于葛成英雄事迹的文学作品，如剧作家蕲宽成的《蕉扇记》、李玉的《万民安》等深受百姓欢迎。

当时，致仕回乡的申时行也目睹了此次苏州民变。事后，他总结了引发此次事变的教训，要求明廷引以为戒。“万历辛丑，吾郡城盖有民变云。初矿税诏下，各省直俱遣内臣，纷纷四出，而奸黠无赖之徒百计夤缘，窜入参随名籍，从中簸弄，所在狼贪虎噬，商民不胜其苦。独江南税事并属织造，不特遣，而一时罢闲官吏多以攀援进者，所

---

①③ (清)文秉：《定陵注略》卷五《军民激变·苏州民变》，北京大学出版社1986年影印抄本。

② (清)陈继儒：《吴葛将军墓碑》，苏州历史博物馆等编：《明清苏州工商业碑刻集》，江苏人民出版社1981年版，第383页。按，碑文又载，当时“有窃得一古鼎者，成即缚而杀之。于是义声大震，从者益广。”

④ (清)陈继儒：《吴葛将军墓碑》，苏州历史博物馆等编：《明清苏州工商业碑刻集》，江苏人民出版社1981年版，第384页。按，不过，陈继儒在《白石樵真稿》卷二二《偶书·书葛道人》中称：葛贤“初七闻变，始偕其兄入郡观异事，不觉为义所激，挺身以应上官之求。”葛贤并未参与事变组织准备活动，真正主谋是王秩老人。

在关津各有委官。时税官王建节据葑门外之灭渡桥，无论往来商贾即乡民持只鸡、匹布入市者，皆见侵剥，众不胜愤愤，欲群殴之。而黠者更相与谋曰：‘税官率以贿进，从大家借贷得之，此祸本也，盍共掊击之！’仍集数百人先击杀王税官，而次及大户，又次及搢绅家，扑人至死，尸诸市，并燔其室庐，城中大扰。时太守山阴朱公某已擢任，未行，余以书趣之，令亟出抚谕。而葛臣(成)者自诡首倡，挺身服罪，众稍解散。翌日始定，然磔裂死者数人，焚荡者数家，几有揭竿挺锄之变。而抚臣方坐句容，闻变而来，中途而返，若以吾郡为殴脱者，殊可怪也！往时抚臣周文襄(忱)来，皆驻吾郡城，而宋抚台某始移驻句容，避过客应酬之扰。余在阁中尝撰敕有驻劄苏州语，遂复其旧，又数年而朱抚台某以句容为便，竟不奉敕，后遂因之，使郡城之兵皆番直抚院于句容，郡中无一卒可使者，猝遇民变，任其猖狂，而莫之谁何。”①

1601年苏州民变后，明廷罢免了孙隆，刘成接任苏、松、常、镇税监。然而，不到一年，刘成再施淫威，盘剥织工和商民，苏州市民在管文领导下再次掀起反对刘成的斗争。直到明光宗即位，停罢矿监税使，苏州市民才停止抗税斗争。

3. 苏州、常州等地民众反阉党斗争

明天启年间，阉党专权，大肆迫害东林党人，苏州市民十分同情他们的不幸遭遇，并以实际行动积极支持他们。

天启六年(1626)三月十五日，当锦衣卫缇骑至苏州逮捕东林党人周顺昌时，苏州士民闻讯，“咸愤怒，号冤者塞道”。数日后，当缇骑正式宣读逮捕周顺昌圣旨时，“不期而集”的数万名城乡民众，“咸执午时香为周吏部乞命”。诸生文震亨等请应天巡抚毛一鹭“以民情上闻”，遭到拒绝，锦衣卫缇骑斥责道：“今日事与秀才何与?”并举手中器械攻击质问的诸生。“忽人丛中一人从人肩上跃出，拽拳奔堂上，急持尉之捉械者。诸尉竞抨之，人丛中复有四人继出，一跃登堂，遂与诸尉殴。首一人者，即颜佩韦，余四人者，马杰、沈扬、杨念如、周文元也。五人持问尉：‘此旨从何出?’尉曰：‘实是魏上公命我来。’于是五人大呼：‘共击杀伪旨者。’值天雨，来者各以伞屐，喧声震地，堂下万屐齐掷，诸尉伏抚按胁下曰：‘爷救我。’抚按复趋匿诸尉后曰：‘老先生毕竟是驾上人。’逡巡，俱却入署内，士民喧从之。”②除缇骑李国柱当场惊堕毙命外，其余的吓得落荒而逃。事后，素得民心的苏州知府寇慎和吴县知县李文瑞“曲为解谕”，抗议民众始散。周顺昌为避免事态进一步扩大，损害民众利益，“乃自诣吏，又三日北行”赴狱。

---

① (明)申时行：《赐闲堂集》卷四〇《杂记》，《四库全书存目丛书》集部第134册，齐鲁书社1995年版，第821—822页。

② (明)黄煜汇编：《碧血录》卷下《人变述略》，《丛书集成新编》第120册，台湾新文丰出版有限公司1985年版，第61页。

苏州市民声援周顺昌事件后，魏忠贤令毛一鹭严惩为首者。颜佩韦、马杰、沈扬、杨念如、周文元5人“挺身自投”，声称：“渠魁、胁从皆我也，无波及。”最后，5人慷慨就义。阉党倒台后，苏州士民为他们的义举所感动，捐资将5人合葬于虎丘旁，题曰：“五人之墓”。时年方26岁的苏州文人领袖张溥在5人墓前“扼腕墓道，发其志士之悲哉”，愤而写下了著名的《五人墓碑记》。张溥饱含激情地讴歌了5人“激昂大义，蹈死不顾”的高尚情操。“五人者，盖当蓼洲周公之被逮，激于义而死焉者也。……亦以明死生之大，匹夫之有重于社稷也。”①

就在苏州市民声援周顺昌的同一天，苏州城外也爆发了声援黄尊素事件。当日，逮捕黄尊素的锦衣卫缇骑也遭到市民的攻击，缇骑失去了驾帖（逮捕人的凭证），只得放弃此次逮捕行动。②

苏州市民痛打锦衣卫缇骑的消息很快传遍江南各地，极大地鼓舞了江南民众反抗阉党的斗争，在江阴、常州也爆发了数千人反抗锦衣卫缇骑逮捕东林党人李应升的行动。

天启六年（1626）三月，阉党矫旨逮捕李应升，家乡父老数千人云集河岸，挥泪大骂“魏奸贼”，其中有些年轻人高呼：“入京城，杀魏忠贤。”李应升被押至江阴衙署时，有“垂髫少年十人，各挟短棒，直呼入宪署，杀逆校尉，诸尉踉跄越墙奔窜。一卖蔗童子十余岁抚髀曰：‘我恨极矣！’遂从一肥尉后，举削蔗刀脔其片肉，掷以饲狗”③。李应升被押到府城常州时，数千常州市民义愤填膺，大声责问锦衣卫：“李官忠臣，何忽见其就逮？”众人振臂高呼欲杀旗尉。明人蔡士顺目睹了这一事件，他回忆道：“府尊即往晓谕，嘱余促仲达至。余翊捍同行，填街塞巷，马不能前，仲达下马拜求，众方解散。”④尽管朝廷内外许多人士大力营救，李应升还是被阉党以穿红绣鞋（即烧红的铁靴）的酷刑残害至死，年仅34岁。

现代著名文学家鲁迅先生在谈到明末阉党大肆迫害东林党人而激起民众痛击时说：“老百姓虽然不读诗书，不明史法，不解在瑜中求瑕，屎里觅道，但能从大概上看，明黑白，辨是非，往往有决非清高通达的士大夫所可几及之处的。”⑤

---

① （明）张溥：《七录斋文集》卷六《五人墓碑记》，《四库禁毁书丛刊》集部第182册，北京出版社2000年版，第525页。按，《五人墓碑记》中记载“周公之被逮，在丁卯三月之望”，丁卯年即1627年，而周顺昌早在天启六年（1626）六月死于狱中，“丁卯”应为“丙寅”之误。

② （清）张廷玉等：《明史》卷二四五《黄尊素传》，中华书局1974年版，第6363页。

③ （清）赵吉士：《寄园寄所寄》卷六《焚麈寄》，《四库全书存目丛书》子部第155册，齐鲁书社1995年版，第217页。

④ （清）李逊之：《三朝野记》卷三，《续修四库全书》第438册，上海古籍出版2006年版，第60页。

⑤ 鲁迅：《“题未定”草之九》，《鲁迅全集》第六卷《且介亭杂文二集》，人民文学出版社2005年版，第449页。

4. 徐州、南京民间秘密宗教的反政府活动

明代民间秘密宗教屡禁不止，到万历年间“天下处处盛行”，秘密宗教成为民间反抗政府的重要思想武器。

徐州赵古元之乱。万历二十八年(1600)冬，“江南传闻淮、沛间大盗起，且如赤眉黄巾，旦夕扰宇内。”时浙江山阴(今浙江绍兴)人赵一平与妻王氏编成《指南经》等书，赵一平先至杭州，后到徐州，并改名为赵古元，自称是宋朝皇室后裔，与孟化鲸等人在徐州丰县、沛县等地招集逃亡的流民准备起义。由于计划泄露，主要首领陆续被捕。同年十一月，赵古元等被押至北京处死。万历二十八年(1600)，“税监陈增横于彭城，诸无赖猬集，颇从古元习其教。抚院李修吾侦得，密遣健卒搜捕，尽获其徒党。李欲张大其功，上捷于朝，云古元造反，窥伺神器，乃又改其名曰‘赵赶朱’，意且将图革命，而徐州兵备郭光复又附会其说，益侈言立擒大逆，朝野之福。时四明当国，田任丘秉枢，皆谓事小不足当封拜重典，且古元祸首，逸去未获，遂迟其赏。未几，古元复亡命三辅，至宝坻县被获，讯验具伏，法司会谳用妖言律，古元、王氏、陈天宠三人枭示，余或论斩遣戍有差。……次年辛丑外计，郭光复坐浮躁降级，以获古元功复原职，独不及中丞，自是中丞益不平，与朝端如水火。……李中丞极力描写，谓古元为宋朝苗裔，生有异姿，题诗见志，伪帖总兵十万，约以二月二日八路齐起，先取淮扬，次取徐州，次取金陵、燕都，精兵十万，夹杂粮船帮内，其反状甚真。总皆风影之词，毫无佐证。比近畿获古元，则事在刑曹，情状毕现，有识者益笑李说之诞，而李亦咋舌退矣。若天绪之僭帝号擅拜官，且谋震惊陵寝，戕害公卿，逆谋显著，此岂可同日语哉?”①

南京刘天绪之乱。万历三十四年(1606)十月，“南中获妖人刘天绪，本河南永城县人，流寓凤阳临淮县朱龙桥。尝奉无为教主，妄言近桥有退骨塘，入浴其中即脱骨成佛，里民王宗、张名、吴凤龙等皆信从之，各署伪号，有十二天、十二佛、十二星之名，久之徒党日众，至千余人。天绪遂怀不轨，自称为辟地定夺乾坤李王，与南京寡妇岳氏通奸，与宗等约曰：‘若等以十一月朔旦，从我至神烈山拜天，即有蒙气上腾，如无此气，即吾无帝分。’至期，宗等如言与天绪登山，升志公说法台拜天，望气无所见。既下山至朝阳门外，果见黑气一道，状如天河，自西北至于东南。宗等遂信为真主，相与定谋购造弓刀器械、勇巾红服。天绪又自号龙华帝主，岳氏为观音，僭封为后，岳氏子用赭帛书封护国将军，又伪封王宗等十余人为国公、侯伯、将军、指挥等官，约于是月二十三日长至节乘百官谒陵举事。会其党操府家丁陈维岳、张应登等惧事发祸及，先期告变。御史李云鹄密捕尽获之，实讯以闻，事下兵部。方妖民事起，南本兵孙钅以承

---

① (明)沈德符:《万历野获编》卷三〇《叛贼·妖人赵古元》,《明代笔记小说大观》本，上海古籍出版社2005年版，第2695—2696页。

平日久，人不知兵，南中十羊九牧，思乱者众，宜一大创之。上意以为然，而署南刑部大老力欲轻之，仅从妖言律，置刘天绪一人于斩，余悉宽贷。上不悦，以逆状甚显，岂得仅比妖言，驳发北刑部。乃以徐州赵古元例上请，天绪等二名锉尸，余五人坐斩，而赦其余，犹用妖言律也。……妖党蔓延，充遍南北，白莲等教在在见告，致烦兴师动众，灭而复起者数年"①。

5. 南京刘瑯兵变和振武营兵变

明后期，南京军备废弛。作为南都禁卫军的"营兵"，"旧制京营兵十万有奇，今（万历年间）大教场营见存兵止六千有奇，小教场营兵止九千一百有奇，神机营兵止二千五百有奇，巡逻游巡营兵止三千六百有奇，新江口营兵止五千八百有奇，皆旧所立营也。倭变朝鲜，添设陆兵营兵一千八百，水兵营一千七百。又因妖人刘天绪变，兵部添设标营、颛属参赞，营兵一千三百有奇，此近年所立营也"。但形同虚设，"大都旧营徒手寄操居什之二，老稚疲癃居什之九。新营近亦强弱居半，概不足恃。若江北浦口营兵二千名，池河营兵三千名，皆名存实亡。以国家根本重地，营卫如此，是可不为深虑哉"②。

以市区治安力量而言，明初南京未设"巡逻马步军"，"相传正德以前，闾里间窃盗颇少，至强盗尤稀闻。嘉靖末年而剽劫纵横，见任士大夫有被其害者，乃始奏置巡逻官军。自此各街巷要处皆有队伍，一有警迹，传哨四路，飞马赴之，盗多畏避。自后法久渐弛，官军偷惰，浸不如前。迩年复议撤马军营操，地方防御益单，盗贼益肆矣。余谓营操不过霸上、棘门之儿戏耳，有何实用！正宜使其哨守地方，隄防盗贼，犹不至虚豢此马也。顷稍议买马拨补其半，而巡捕官又创为海巡之议，撤各队马随班于所驻之衙门，或有径行卖放者，马军竟不能复。一遇大盗，区区三四步军，望风奔迸，安能扞御！可为深虑"③。

南京各卫所军人，"尪羸饥疲色可怜，与老稚不胜衣甲者，居其大半"④。卫所士兵的逃亡导致军队空虚，所剩的都是些老弱之辈，战斗力受到极大削弱，前述的嘉靖三十四年(1555)夏"南京樱桃园之役"就是明证⑤。晚明的政治腐败、武备废弛以及拖欠军饷等导致南京发生多起兵变事件。

刘瑯兵变。正德十四年六月（1519 年 7 月），江西宁王朱宸濠声称"奉太后密旨，

---

① （明）沈德符：《万历野获编》卷三〇《叛贼·妖人刘天绪》，《明代笔记小说大观》本，上海古籍出版社 2005 年版，第 2696—2697 页。

② （明）顾起元撰，陈稼禾点校：《客座赘语》卷二《营兵》，中华书局 1987 年版，第 46 页。

③ （明）顾起元撰，陈稼禾点校：《客座赘语》卷二《巡逻》，中华书局 1987 年版，第 49 页。

④ （明）顾起元撰，陈稼禾点校：《客座赘语》卷二《勾军可罢》，中华书局 1987 年版，第 46 页。

⑤ （明）顾起元撰，陈稼禾点校：《客座赘语》卷二《樱桃园》，中华书局 1987 年版，第 45 页。

令起兵入朝”，散发檄文，集兵6万公开反叛明廷。朱宸濠杀害不顺从的地方军政官员，很快控制了王都南昌，随即攻陷南康、九江等地。

七月一日，朱宸濠率兵出鄱阳湖，浮江而下，进攻安庆，进逼留都南京，形势危急。此时，担任南京守备太监的刘瑯，“纳宸濠重赂，谋为内应”。当时，南京“城中人谓瑯交通宁王，为之内应。瑯乃遣人缉捕流言者，治以军法，众益惊惧。于是给事中孙懋等具疏，请罢瑯归私第，勿令与机务，其侄南京锦衣卫指挥刘奇亦勿令管事。不报”[①]。同时，南京“太监廖銮之侄指挥铠持兵率家丁分布城中，瑯复托为察奸，执无罪者戮之，城中人人皆忧”[②]。“瑯守备南京，虐焰张甚，欲自托于濠，阴遣弟璋事之。濠以为南京有瑯，浙江有（毕）真，下之如反掌耳。瑯闻濠举逆，集家丁百余，以棺贮火药军器出城，欲为濠应。事泄乃已。”[③]

朱宸濠率兵进攻安庆时，以为南京有刘瑯做内应，扬言南京旦夕可下。时任南京兵部尚书的乔宇及时觉察到刘瑯等人的阴谋，表面谈笑自如，暗地“携客燕城外，密察地险易，置戍守。综理周密，内外宴然”[④]。其后，“诘瑯用事者。瑯惧不敢动。宇乃大索城中，斩所伏壮士三百人，悬首江上。濠失内应，且知有备，不敢东”[⑤]。

刘瑯配合朱宸濠叛乱的兵变行动最后虽以失败而告终，但它是明朝中后期宦官和藩王势力相勾结对抗中央政权的一次重大事件，反映了明后期政治危机的不断加深。以南京兵部尚书乔宇为首的南京军事当局沉着冷静，果断地挫败了刘瑯团伙的内应兵变行动，功不可没，有力地配合了江西王阳明等对朱宸濠叛军的军事行动，为明王朝在东南地区的社会稳定和经济繁荣作出了贡献。

振武营和池河营兵变。明前期实行兵农合一的卫所制度，“边腹内外，卫所棋置，以军隶卫，以屯养军”。卫卒平时负犁耕作，战时荷枪作战，亦兵亦农。至明嘉靖年间，由于政治腐败、克扣军饷等原因，士兵逃匿渐多，“故勾军无虚岁，而什伍日亏”[⑥]，“东南沿海卫所军政不举，武备尽弛”。明朝廷转而推行募兵制，“军外募民为兵，屯外赋民出饷”[⑦]。

嘉靖二十四年（1545），为加强沿江、沿海对倭寇的防御，明廷在南京设置振武营。其士兵“简诸营锐卒充之，益以淮、扬矫捷者，用防海警（所募御倭之兵）”。“初议选各

① （明）王世贞：《弇山堂别集》卷九七《中官考八》，中华书局1985年版，第1841页。
② 《明武宗实录》卷一八二，正德十五年正月丙申条，台湾“中央研究院”历史语言研究所1962年校印本。
③ （明）王世贞：《弇山堂别集》卷九七《中官考八》，中华书局1985年版，第1844页。
④ （清）张廷玉等：《明史》卷一九四《乔宇传》，中华书局1974年版，第5132页。
⑤ （清）龙文彬：《明会要》卷三二《职官四》，中华书局1956年版，第542页。
⑥ （明）顾起元撰，陈稼禾点校：《客座赘语》卷二《勾军可罢》，中华书局1987年版，第46页。
⑦ （清）张廷玉等：《明史》卷九〇《兵二·卫所》，中华书局1974年版，第2196页。

营精锐，不足益以四方矫健。然京卒怯脆，中选者不及十一二，其所团聚，大抵皆恶少游手无赖者。”①嘉靖后，“东南倭乱兵变相乘，江南出示募兵，以佐军旅缓急”。因土著谨厚、富实之家都不愿意应募，乃只好“招一切无赖，使纨绔将之以对敌”。一时光棍、游食之徒充塞行伍，故振武营“多无赖子”。南京招募浙江义乌兵备倭，屯驻于南京龙江关。“倭事息，此兵遂不可撤。其人多矫悍，间有事故死亡，若归故土者，雇倩本地恶少年冒充之，而享其糈。地方毫无所益，而岁费钱谷几十万。……尤可恨者，群聚剽市人之物，或公然为劫盗，奸乱无所不至。”②

嘉靖三十九年(1560)二月二十一日，振武营士兵发动了震动朝野“庚申兵变”(农历庚申年)。其导火索是南京军事管理当局减少月粮，逾期仍不发放军饷。“旧例，南京各营官军月米，有妻者一石；无妻者，减十之四。春秋二仲月，每石予折色银五钱。及马坤为南京户部尚书，奏减折色银为四钱，诸军始怨。懋官性刻削，各月各卫送支册，必诘其逃亡多寡，又奏停补役军丁妻粮，诸军益不堪。……比岁大侵，米石至银八钱。军中争求复折色原额，不见理。每月常以初旬给各军。是月已再旬，懋官犹未支给。”二月二十一日，一直心存不满的振武营士兵终于爆发，他们将户部督储侍郎黄懋官府宅团团围住。黄懋官闻变，慌忙跳墙逃跑，摔倒在地，愤怒的士兵将其抓住痛打致死。士兵们还不解恨，将黄的尸体拖至南京北门桥附近的一座牌坊上悬挂示众，恣意羞辱。他们要求南京兵部尚书张鳌出面处理欠饷事件，从速发放所欠军饷。张鳌畏惧，未敢露面。诚意伯刘世延只好出面安抚哗变士兵，对他们保证：“只要你们停止闹事，听从我的安排，将及时发放所欠军饷。”这样，哗变士兵们才暂时安定下来。次日，士兵们再次来到南京内守备厅，要求发放欠饷。兵部侍郎李遂说：“昨日黄侍郎之变遂亲见，其自越墙死，各军特不当残辱之。据此，闻奏不得称叛，因麾乱军退，众求赏。……若求复妻粮月粮原额，即可得，求赏不可得，朝廷在上，尔辈欲何为者，乃令人各给银一两以补减折粮饷。”③士兵们在要求得到部分满足后始散。

明人何良俊目睹了兵变经过，并对事件前因后果作了详细的描述和分析。“庚申岁，南京兵变，殛杀黄侍郎懋官，悬其尸于大中桥牌坊上，大众喧哄，憾犹未释，自下攒射之。南京大小九卿，集议于中府。大众拥至中府，诸公惶遽无措，逾垣而出，去冠服，僦蹇驴，奔迸逸去，人情汹汹。是日苟不定，若至夜中，一放火烧劫，则事不可解，而贻祸于朝廷者不小矣。幸刘诚意招诱至小校场，户部出银四万分给之，众稍定。是日，余适携酒于鸡鸣寺，请袁吴门尊尼，在寺后冈上，亲望见军士以枪杆击魏国纱帽，

---

①③ 《明世宗实录》卷四八一，嘉靖三十九年二月丁巳条，台湾“中央研究院”历史语言研究所1962年校印本。

② (明)顾起元撰，陈稼禾点校：《客座赘语》卷一《浙兵》，中华书局1987年版，第27页。

诚意慰谕，移时乃稍稍散去。此事余在南都，备知其始末。盖黄侍郎在户部，不知大体，但欲为朝廷节省。是岁南京适大疫，死者甚众，各卫支粮时，军士有死者，则报开粮。黄侍郎见各卫粮数内无开粮者，则怒责掌印指挥曰：'各卫死人，汝卫中独不死人耶？'此语喧传于里巷中。又军士娶妻，收妻粮者，每一查勘，动经数月。故军士怨入骨髓，则黄侍郎之死，实不为过。但系是朝廷大臣，而军卒擅自杀之，此亦坚冰之渐也，安可置而不问。苟以为罪不加众，当先下一诏令，暴黄侍郎之罪，赦诸军无死，继遣科道二人勘处，封御杖，杖为首者数人其乱逆尤甚者。杖死，然后抚谕诸军，申明约束，晓以大义，则人心自定。若守备与参赞机务者，则受朝廷重寄，祖宗根本之地，系以安危，如户部果刻减军粮，当豫先闻奏。若素能抚驯将士，结之以恩，临时晓谕，人心帖服。今既不能发奸于未变之先，又不能弥乱于既变之后，国家大事，几为所败，此虽挫尸，犹不足赎罪。纵时宰私其亲昵，或纳其重贿，犹当逮至京师，罪而释之。余时在南京，日使人侦探，问驾帖曾到否。乃竟寂然不问，使国法大坏。何以警各镇？何以告四方？何以示来世耶？"[①]

明代文人王世贞在其《石头变》中也以逼真的手法再现了这次兵变的过程，诗言："石头众儿郎，晨起各汹汹。劲足扶老拳，立蹴肥司农。可怜肥司农，七尺气如虹。小如一狐雏，引脰悬高空。捋撦大司农，蒲伏中山公。鹄立群公卿，鼠窜血肉中。九日不解甲，十日不开营。金帛捆载来，坊市无人行。黄纸诏书下，朝鼓何瞳瞳。尽赦诸军罪，追夺司农名。"昔日神气活现、鱼肉士兵的官吏在石头城士兵哗变中丑态百出，王世贞最后以"弱者饿欲死，强者醉詈天。时无贺六浑，焉知散财结少年"作结，意味深长，颇有警世醒世之意。[②]

除了拖欠军饷，酿成兵变的另一原因是传言朝廷将裁撤振武营，官兵担心将来生活无着，故铤而走险，发动兵变。"振武营卒多无赖子，督储侍郎黄懋官稍裁抑之，遂哗殴懋官至死。"[③]局势稍定后，南京军事当局立即逮捕兵变为首者 25 人。振武营兵变后，传言"朝廷将尽诛各营兵"，因此一些参与兵乱的官兵暗地里相约"欲叛入海"。李遂得到这一信息后，即与尚书张鏊商讨对策，认为"诸叛卒虽从宜抚处，而首恶未诛，非法也。……给各军安家小票各一纸，以安众心"。同时，他密派人到振武营刺探兵变具体发生的经过及详情，最后确定了周山等 25 人为策划兵变的骨干分子。三月十六日，将这些兵变骨干分子全部逮捕下狱，并驰奏朝廷议决处分。兵部议决："叛军戕杀大臣，逼胁府、部，当即时斩首枭示。"朝廷三法司会同科道官员详议，认为应依照

---

① （明）何良俊：《四友斋丛说》卷一二《史八》，《明代笔记小说大观》本，上海古籍出版社 2005 年版，第 951—952 页。

② （明）王世贞：《弇州山人续稿》卷二《石头变》，明万历刊本。

③ （清）龙文彬：《明会要》卷五八《兵一》，中华书局 1956 年版，第 1116 页。

谋杀制命使臣律,“俱斩,秋后处决”。四月七日,明廷“论南京叛军罪,首恶周山等三人论斩系狱,发滕彪等二十一人戍边卫”①。四月二十二日,明廷总结振武营兵变教训,重新设立都御史一员,提督南京粮储,由督漕右副都御史章焕担任,将南都军粮均改为本色发放。“事闻,褫懋官官,止诛叛卒三人,而三人已前死。兵自此益骄。隆庆元年七月,罢振武营,以其卒分隶二教场及神机营。”②

嘉靖四十年(1561)五月二十七日,南京江北的池河营士兵亦因军饷问题兵变。池河营设于江北,其兵由南京飞熊、英武、广武三卫军组成,共3000多人。“江北旧有池河营,专城守,护陵寝。”“每岁春秋分番操守,计在营凡四月,月给粮三斗。后以军装什物、往来僦赁之费不给,复人给帮丁一名,助银六钱,相沿二十余年矣!时英武卫千户吴钦谓帮丁非制,请于南京兵部革之。军怒,遂缚钦于营台,群殴之。”时任南京兵部尚书的江东得知后,立即派人安抚各军,答应帮丁如故,吴钦获释。不久,南京军事当局逮捕为首的9人,交由相关部门处理。同时,南京科道官杨铨、刘行素等奏疏明廷,弹劾江东“治兵无纪,举措乖张,昏庸谬妄。”朝廷回复:“东宜别用,把总余忠等六人宜革任,首恶送南京法司讯治,并追逮其遗漏者。仍行内外守备,申明法纪,帮丁既有旧例,不必议革。”③

振武营和池河营兵变或为饷银被扣减,或是传言部队将被裁撤,士兵被迫为生计而兵变,没有明显的政治动机。欠饷、克扣军饷现象在晚明十分普遍,“不才之武将以赂而出其门,则必克军饷,或缺伍而不补,或逾期而不发,兵奈何不疲”④。明代卫所制度到嘉靖年间,随着时间的推移,军官与士兵逐渐形成两个对立的阶层,军官高高在上,士兵则备受军官欺凌和奴役,士兵逃亡和兵变不断。由于兵饷被克扣,许多军士“皆苦于饥馑,迫于贪残,不能聊生,逃亡相踵”⑤。而士兵逃跑或死亡,军官不上报,仍以空名支饷,瓜分月粮,士兵们愤而发动兵变也就在所难免了。

第四节 西学东渐及中西文化冲突

一 晚明西方传教士来华

天主教是西方基督教的三大派别之一。基督教形成于公元1世纪前后的西亚巴

① 《明世宗实录》卷四八一,嘉靖三十九年二月丁巳条,台湾“中央研究院”历史语言研究所1962年校印本。

② (清)龙文彬:《明会要》卷五八《兵一》,中华书局1956年版,第1116页。

③ 《明世宗实录》卷四九六,嘉靖四十年五月丙戌条,台湾“中央研究院”历史语言研究所1962年校印本。

④ (清)张廷玉等:《明史》卷二一〇《王宗茂传》,中华书局1974年版,第5557页。

⑤ (明)徐阶:《请处宣大兵饷》,(明)陈子龙等辑:《明经世文编》卷二四四,中华书局1962年版,第2546页。

勒斯坦地区,奉耶和华(耶稣)为救世主,后被罗马帝国定为国教,在欧洲广泛传播。11世纪,基督教分裂为天主教(又称罗马公教)和东正教,罗马教皇为天主教的最高统治者。16世纪,欧洲爆发了轰轰烈烈的反对罗马天主教廷的宗教改革运动,从天主教中又分裂出许多新的教派,统称为“新教”(现今我国所称的基督教多指“新教”),天主教遂成为基督教的一个支派。

1534年,为挽救日趋衰弱的天主教,西班牙人依纳爵·罗耀拉(Lgnacio de Loyola)在法国巴黎创立了耶稣会(Society of Jesus),为罗马教廷反对宗教改革效犬马之劳。为摆脱天主教在欧洲传播的困滞局面,罗马教廷将把目光投向遥远的东方古国——中国,派遣了一批耶稣会传教士前往传教布道,以扩大天主教在东方的影响。嘉靖三十六年(1557),葡萄牙占领澳门后,澳门很快成为天主教传向中国的根据地。嘉靖年间,首批耶稣会传教士进入中国内地传教,由于他们的生活习惯、穿着打扮等与普通中国百姓差异甚大,进展缓慢。

1583年9月,意大利籍耶稣会士利玛窦(Matteo Ricci)经广东地方政府允准进入内地传教。利玛窦总结了以往传教成效不大的原因,在实践中运用入乡随俗、融入中国传统儒家文化的传教策略。他还按中国习俗,取了一个中文姓名“利玛窦”,取号“大西域山人”和“西泰”。他身穿儒服,蓄发留须,学习中国语言、文字,阅读中国文化典籍,广交中国官僚士大夫和社会各界人士,努力融入当地社会生活。为了传教布道,他还通过传授西方天文、数学、地理等自然科学知识以博取士大夫的信任和好感。

利玛窦像

二 利玛窦三进南京

南京为明朝留都,地处东南,交通便利,文人墨客、官僚士大夫云集,且远离政治控制较严密的北京,因而成为西方传教士传教的首选之地。万历年间,利玛窦先后三次到南京。

1595年5月31日,利玛窦从南昌顺江而下第一次抵达南京。他对古都南京城之美丽和壮观惊叹不已:“这座都城叫做南京(Nankin),但葡萄牙人是从福建省居民那里得知这座神奇城市的名字的,所以把该城叫做Lankin;因为该省的人总把‘N’读成是‘L’。作为地方长官的驻地,它有另一个名字,通称为应天府。在中国人看来,论秀丽和雄伟,这座城市超过世上所有其他的城市;而且在这方面,确实或许很少有其他城市可以与它匹敌或胜过它。它真正到处都是殿、庙、塔、桥,欧洲简直没有超过它们的类似建筑。在某些方面,它超过我们的欧洲城市。这里气候温和,土地肥沃。百姓精神愉快,他们彬彬有礼,谈吐文雅,稠密的人口中包括各个阶层;有黎庶,有懂文化的贵族和官吏。后一类在人数上和尊贵上可以与北京的比美,但因皇帝不在这里驻跸,所以当地的官吏仍被认为不能与京城的相等。然而在整个中国及邻近各邦,南京被算作第一座城市。它为三重城墙所环绕。其中第一层和最里面的一重,也是最华丽的,包括皇宫。宫殿依次又由三层拱门墙所围绕,四周是濠堑,其中灌满流水。这座宫墙长约四、五意大利里。至于整个建筑,且不说它的个别特征,或许世上还没有一个国王能有超过它的宫殿。第二重包围着皇宫在内的内墙,囊括了该城的大部分重要区域。它有十二座门,门包以铁皮,门内有大炮守卫。这重高墙四周差不多有十八意大利里。第三重和最外层的墙是不连续的。有些被认为是危险的地点,他们很科学地利用了天然防御。很难确定这重墙四围的全长。当地讲了一个故事:两个人从城的相反两方骑马相对而行,花了一整天时间才遇到一起。这座墙将可提供该城如何庞大的一些概念,同时城是圆形,所以比其他任何形状都容有更大的空间。这重墙内,有广阔的园林、山和树木,交叉着湖泊,然而城中居民仍然占有它的大部分。如果不是目睹,人们简直难以相信它,然而仅仅该城的警卫就有四万名兵士。该地位于北纬32度,从数学上计算它的纬度,它几乎正在全国的中央。前面提到的那条河流(指扬子江),沿着城的西侧流过。人们不禁疑问,它的商业价值对于该城,是否比它秀美的装饰更加是一笔资财。它冲刷着城岸,有几处流入城内,形成运河,可以行驶大船。这些运河是现在居民的祖先所开凿的,费了艰巨和长期的劳动。"①

在南京,利玛窦在一位医生的帮助下见到友人刘五,刘五将他引荐给一些南京的朋友和士大夫。利玛窦试图在南京城内建立一所教堂,作为传教场所。得知旧识徐大任已升任南京工部侍郎的消息后,利玛窦立即携带礼物拜访了徐大任,以期得到他的帮助和支持。然而,徐大任害怕承担责任,以外国人定居南京会引起民变为由拒绝了利玛窦在南京开设教堂的请求,并要求利氏尽快离开南京前往别处。徐大任还派人警告利氏的房东,不准让外国人居住。6月16日,利玛窦为避免麻烦只好乘船离开南京,28日回到南昌。②

万历二十六年(1598)七月,利玛窦在礼部侍郎王弘海的陪同下再次来到南京。此时,正值日本丰臣秀吉引兵入侵朝鲜,明廷唯恐日本转而进攻中国,对境内外国人的行动实行严格控制。就在利玛窦到达南京后不久,城中几个刺探情报的日本间谍被抓获,南京政府规定:不得窝藏任何服装、形迹可疑的人。南京城内没有人敢接待、

---

① [意]利玛窦、金尼阁著,何高济、王遵仲、李申译:《利玛窦中国札记》,中华书局1983年版,第286—288页。

② 林金水:《利玛窦与中国》,中国社会科学出版社1996年版,第41—42页。

留宿利玛窦，他只好住在城外一条船上，拜访友人也要乘夜色悄悄进城。时任应天巡抚的旧友赵可怀热情地邀请利氏到其句容的府邸做客，利玛窦向他赠送了一些从欧洲带来的礼物，他们一起讨论了数学问题和欧洲情况。在那里度过十余天后，利玛窦继续北上，前往北京。

1599年2月，利玛窦第三次到达南京。此时，丰臣秀吉已死，日本军队撤回国内，南京城内政治气氛已大为和缓，利玛窦在南京购买一处房屋作为住宅。由于他在文人士大夫中的较高声誉，南京许多名士慕名前来拜访，利玛窦住所一时成为"南京士大夫聚谈之处，士人视与利玛窦订交为荣，官吏陆续过访。所谈者天文、历算、地理等学，凡百问题悉加讨论，有著名道士某被折服而去"①。当时坐落于南京秦淮河畔的瞻园主人魏国公徐弘基也邀请利玛窦前往游玩。利玛窦喜出望外，欣然前往，受到盛情接待。园中的一切景物都使他赏心悦目，园林渗透的东方人灵性和技巧使他赞叹不已："假山里开凿了一座奇异的山洞，内有接待室、大厅、台阶、鱼池、树木和别的胜景。"②利玛窦还向南京文人士大夫展示了世界地图和地球仪，其上的纬度、经度、南极、北极、昼夜平分线、赤道等等对于他们来说都是崭新的知识。不久，利玛窦又购得南京一处官庙，由于当地人传言庙中有魔鬼，无人敢居住，所以利氏以便宜的价格购得，与同来的意大利耶稣会传教士郭居静（Lazzaro Cattaneo）一起居住，他在厅中设立了一个祭台，供奉天主圣像，这便是南京创建天主教堂之始。南京的一些官僚士大夫如徐光启、李之藻、杨廷筠等在利玛窦的影响下先后受洗入教。通过与南京社会各阶层的交往，利玛窦进一步加深了对中国文化的了解和敬意。在南京给朋友写的信中，他说："中国是一个和地球其他国家、其他民族都不相同的国度。中国人勤劳聪明，尊崇文字，讨厌战争。他们富有天分，但又对自己民族的宗教迷信抱有很多怀疑。"③

1600年利玛窦到北京后，将南京的教务交由郭居静管理。万历三十五年（1607），意大利耶稣会传教士王丰肃（Alfonso Vagnoni）开始主持南京教务。万历三十九年（1611），王丰肃在南京建起中国第一座大型天主教堂，其壁刻记载："一六一一年五月三日耶稣会诸神甫在中华古国之南京建筑之第一教堂。"教堂建立后，王丰肃于堂中公开举行弥撒，影响日渐扩大，教徒增至数百人。继任利玛窦出任中国传教区会长的龙华民（Nicholas Longobardi）曾评价道："南京传教所乃当时中国全国最发达

---

① ［法］费赖之著，冯承钧译：《在华耶稣会士列传及书目》，中华书局1995年版，第37页。

② ［意］利玛窦、金尼阁著，何高济、王遵仲、李申译：《利玛窦中国札记》，中华书局1983年版，第357页。

③ ［日］平川祐弘：《利玛窦传》，光明日报出版社1999年版，第295—296页。

的传教所之一。”[①]南京逐渐成为耶稣会在中国活动的主要城市和西学传播的重要地方，也成为中西文化发生激烈冲突的地方。

三 南京教案

随着王丰肃等人传教活动的开展，南京天主教信徒越来越多，由此也引起一些明朝保守派官僚的强烈不满。礼科给事中余懋孳言：“自利玛窦东来，而中国复有天主之教。乃留都王丰肃、阳玛诺等，煽惑群众不下万人，朔望朝拜动以千计。夫通番、左道并有禁。今公然夜聚晓散，一如白莲、无为诸教。且往来壕镜，与澳中诸番通谋，而所司不为遣斥，国家禁令安在？”[②]不久，沈㴶、晏文辉也先后上疏要求朝廷查禁天主教。

万历四十四年(1616)五月、八月、十二月，南京礼部侍郎沈㴶前后3次上奏万历皇帝，参劾耶稣会传教士，要求禁教。沈㴶强调“夷夏之防”，“职闻帝王之御世也，本儒术以定纪纲，持纪纲以明赏罚，使民日改恶劝善，而不为异物所迁焉。此所谓一道同风，正人心而维国脉之本计也。”三次奏疏中，沈㴶罗列了南京传教士们的种种“罪状”：

第一，假借周济之名，笼络民心，企图谋反。“丰肃神奸，公然潜住正阳门里、洪武岗之西，起盖无梁殿，悬设胡像，诳诱愚民。从其教者，每人与银三两，书写其家人口、生年、日月。云有咒术，后有呼召，不约而至，此则民间歌谣遍传者也。每月自朔望外，又有房虚星昴四日为会期，每会少则五十人，多则二百人，此其自刻《天主教解要略》中明开会期，可查也。踪迹如此，若使士大夫峻绝不与往还，犹未足为深虑。然二十年来，潜往既久，结交亦广，不知起自何人何日，今日习以为故，尝玩细娱而忘远略，比比是矣。臣若更不觉察，胡奴接踵于城阃，虎翼养成而莫问。一朝窃发，患岂及图？……尤可恨者，城内住房既据洪武冈王地，而城外又有花园壹所，正在孝陵卫之前。夫孝陵卫以卫陵寝，则高庙所从游衣冠也。龙蟠虎踞之乡，岂狐鼠纵横之地？而狡夷伏藏于此，意欲何为？”

第二，不祭祀祖宗，破坏君臣父子纲常伦理。“臣又闻其诳惑小民，辄曰：‘祖宗不必祭祀，但尊奉天主，可以升天堂，免地狱。’夫天堂地狱之说，释道二氏皆有之。然以之劝人孝悌，而示惩夫不孝不悌造恶业者，故亦有助于儒术尔。今彼直劝人不祭祀祖先，是教之不孝也。由前言之，是率天下而无君臣；由后言之，是率天下而无父子。”

第三，私自修改历法，变乱中国道统。明历法“推算渐到差忒，而彼夷所制窥天窥日之器，颇称精好。以故万历三十九年，曾经该部具题，欲将平素究心历理之人，与同

---

① [法]费赖之著，冯承钧译：《在华耶稣会士列传及书目》，商务印书馆1995年版，第89页。

② (清)张廷玉等：《明史》卷三二六《外国七·意大里亚》，中华书局1974年版，第8460页。

彼夷开局翻译。……是举尧、舜以来，中国相传纲维统纪之最大者，而欲变乱之。此为奉若天道乎？抑亦妄干天道乎？……而可据以纷更祖宗钦定、圣贤世守之大统历法乎？”指斥传教士开局翻译西书是“不思古帝王经大法所在，则不知彼之妖妄怪诞，所当深恶痛绝者，正在此也”①。沈㴶接连上奏，要求禁教、逮捕天主教教士和信徒，但奏疏并未引起明廷的重视。

七月九日，未等皇帝颁布谕旨，北京礼部尚书兼东阁大学士的方从哲便下达了逮捕传教士的命令。十九日午夜，北京的邸报和命令传送到南京。一些得到讯息的信徒立即跑到教堂，表示愿为教而牺牲。他们把教堂的圣像和圣器包起来，藏到一信徒家中。此时，南京只有王丰肃和谢务禄（Alvaro Semedo）两位传教士。谢务禄是万历四十一年（1613）被派至南京，开始主要学习中国语言文学，随后协助王丰肃进行传教活动。二十一日黎明时分，南京巡城御史孙光裕和沈㴶派明官兵包围了天主教教堂，士兵们先把王丰肃带至沈㴶处审问，同时将正生病的谢务禄关押于教堂一房间内。次日，沈㴶派兵再次搜查了南京城外传教士的花园住所，带走了教堂里一些服务人员和信徒，把谢务禄等人投入监狱。

八月二十四日，沈㴶又逮捕了钟鸣礼、张寀等人，他们皆因刊印揭稿而被捕。沈㴶在十二月的奏疏中说：“尤可异者，各衙门参彼之疏，尚未得旨，而庞迪峨（Diego de Pantoja）、熊三拔（Sabatino de Ursis）等亦造疏揭，差其细作钟鸣礼、张寀赍持前来，诈称已经奏进，刊刻投递。”②实际从北京带揭稿到南京的只有张寀，钟鸣礼是从杭州赶到南京帮助营救传教士的。拘捕南京数十名天主教传教士和信徒后，沈㴶一面关押审讯传教士和教徒，一面给万历皇帝奏疏，急切等待皇帝下旨处理这些传教士。沈㴶拆毁南京的天主教堂，拷打审讯被捕的王丰肃及信徒，谢务禄因病虽未受刑，但也受到连续数小时的审讯。

十二月，沈㴶第三次上奏，报告了拘捕西方传教士一事，请求万历帝速下旨处理。“伏乞皇上即下明旨，容臣等将王丰肃等依律处断，其煽惑徒众，在本所捕获钟鸣仁等，及续获到细作钟鸣礼、张寀等，或系勾连主谋，或系因缘为从，一面分别正罪，庶乎法纪明而人心定，奸邪去而重地亦永清矣。臣无任激切待命之至。”③月底，一些保守派官僚上书朝廷，表示支持沈㴶禁教主张，明廷一时充满浓厚的排外气氛。在这种情况下，万历皇帝颁布了驱逐传教士出境的诏谕，“王丰肃等立教惑众，蓄谋叵测，可递送广东抚按，督令西归。其庞迪峨等，礼部曾言晓知历法，请与各官推演七政，且系向

① （明）徐昌治编，夏瑰琦点校：《圣朝破邪集》卷一《南宫署牍》，香港建道神学院1996年版，第57—67页。
② （明）徐昌治编，夏瑰琦点校：《圣朝破邪集》卷一《南宫署牍》，香港建道神学院1996年版，第66页。
③ （明）徐昌治编，夏瑰琦点校：《圣朝破邪集》卷一《南宫署牍》，香港建道神学院1996年版，第67页。

化来，亦令归还本国”[①]。

南京教案后，龙华民赶到北京，与庞迪峨、熊三拔、徐光启等商讨对策，考虑到辩护奏疏一时不能很快传达皇帝手中，决定先散发辩护揭稿，揭露对传教士的不公正待遇。同情传教士的徐光启、杨廷筠、李之藻等人或上疏为其辩护，或帮助隐匿躲藏，以图挽救危局。万历皇帝谕旨下达后，徐光启在京深感一时无法挽回，“驰函沪、宁友好，以西士相托”，并规劝“庞、熊两司铎，自动南下，由礼部派人护送。两司铎乃没有受押解的痛苦，安抵澳门”。龙华民、毕方济（Francesco Sambiasi）等未被指名驱逐的传教士便藏匿在徐光启家中。

南京教案后，“中国教徒之袒护西士者，不仅光启一人。之藻、廷筠亦与有力焉。惟光启在朝，上疏陈辩，之藻、廷筠居家，隐为藏匿，法虽不同，其为爱护则一也。自王丰肃、谢务禄等被捕后，国内西士咸惶恐失措，苦无置身者，之藻、廷筠俱请至其家隐匿而安之”。有人将南京拘捕教士教徒的消息告诉杨廷筠，他说：“师弟相从义也，居恒闻道，自谓生死不渝，一朝临难而弃之，宁惟不慊于情，即学问亦非矣。”“之藻、廷筠不顾朝廷之忌，而护西士，其果敢之气，盖与光启同也。”杨廷筠家居杭州，“屋里藏匿教士六七人。李之藻官在高邮，每天写信，拜托友救护西士”[②]。

王丰肃、谢务禄二神甫在被拘禁数月后，重新提审。王丰肃“衰甚，不能立，以板畀之行，仍受杖刑十，谢务禄因病免杖责”。王丰肃“受杖，创甚，月余始愈，彼等之房屋、器具、书籍概被没收”。事后，王丰肃回忆道：“将我辈囚置于一狭小之木笼中，项手带链，发长，衣服不整，示我辈为外来蛮夷。一六一七年四月三十日如是囚置，从狱提至法堂，加贴封条。……三桌前导，上陈上谕，禁止一切华人与我辈交通。如是离南京，囚处木笼三十日。”[③]万历四十五年（1617）三月，王丰肃、谢务禄二人被关在木笼中押往广东。经过 30 天长途颠簸，抵达广州。次年，二人与北京的庞迪峨、熊三拔一起送往澳门。

到 1617 年底，受南京教案影响，北京和南京的教堂均被关闭，一些未被驱逐的耶稣会士纷纷避居杭州，后来王丰肃、谢务禄在从南京押至澳门的途中，也曾在杭州逗留。1624 年，教案基本平息，王丰肃改名高一志，“复入南京，行教如故，朝士莫能察也”[④]。谢务禄也改名为曾德昭，再度潜入内地进行传教活动。据张维华统计，南京教案两次行动共逮捕传教士王丰肃、谢务禄及华人教徒 14 人，另有 5 名儿童。其中，除

---

① 《明神宗实录》卷五五二，万历四十四年十二月丙午条，台湾“中央研究院”历史语言研究所 1962 年校印本。

② 张维华：《南京教案始末》，《晚学斋论文集》，齐鲁书社 1986 年版，第 502—503 页。

③ [法]费赖之著，冯承钧译：《在华耶稣会士列传及书目》，商务印书馆 1995 年版，第 92 页。

④ （清）张廷玉等：《明史》卷三二六《外国七·意大里亚》，中华书局 1974 年版，第 8461 页。

王丰肃、谢务禄为西方传教士外，其余都是中国人。[①] 另据《入华耶稣会士列传》、《明清间耶稣会士译著提要》两书记载，受南京教案牵连的还有庞迪峨、熊三拔两位传教士，共有 30 名教徒被捕。

这些教徒被捕后，表现都很镇定，表示愿为教献身。教徒们“皆无愧于其神甫，无谋自救或轻其缧绁而自辩无罪者。有数人且欣然受拷讯，惟愿为信仰而苦刑，惟恐不能殉教而死”。被捕的教徒中有二人死于狱中，其一为 22 岁的夏玉，南京人，入教 5 年，德行素著，被西方传教士称为“为宗教而死于狱中之第一人”[②]。另外一些中国教徒大多被充军发落。南京教案中，另有一名叫阳玛诺传教士被明廷列入通缉驱逐名单，但当南京礼部前往抓捕时，他已逃往澳门。

万历四十五年(1617)三月，沈㴶又命上元、江宁两县开验林斐理棺墓，此时距林斐理病逝已有 4 年多。林斐理是与王丰肃一起来华的一名传教士，曾在韶州、南京等地传教，万历四十一年(1613)病逝，葬于南京。

纵观南京教案前后经过，究其原因是多方面的，既有政治的，也有思想文化的；既有沈㴶个人恩怨，也有晚明社会因素。

第一，中西文化价值观的冲突是酿成教案的根本原因。晚明耶稣会士来华，是当时中国对外关系中的大事。当时，朝廷官僚士大夫对这一事件有着截然不同的两种看法，代表着两种不同的价值观。

以沈㴶为代表的禁教派认为，天主教来华传教会“暗伤王化”，耶稣会教义“志将移国，抑且潜通利货，以诱贪愚”[③]。儒家传统的君臣父子，伦常有序，与西洋教义的一神论思想水火不容，应当彻底清除洋教。天主教要求人们信奉天主、不祀祖宗，有违儒家纲常名教，是“率天下而无君臣，由后言之，是率天下无父子。”指责西方传教士以“大西洋”与“大明”相对抗，“诡称天王”，企图“驾轶”于“天子”之上。同时，传教士在中国到处以传教为名，有窥视之嫌；私改历法，创邪说淆视听；聚男女信徒于一堂，是伤风败俗之举，有违纲纪。如果不及时禁教，最终将危及明王朝的统治。

以徐光启、李之藻、杨廷筠为代表的官僚士大夫则站在西方天主教一边，予以反击。南京教案后，徐光启从邸报上看到沈㴶禁教奏疏后，立即上《辩学章疏》，为天主教辩护。徐不仅公开承认自己是天主教徒，且声明被拘的传教士是无辜的，他们都是有学问和修养的人，绝不致邪教惑众。建议朝廷翻译教典，查证有无邪说；召集僧道

① 张维华：《南京教案始末》，《晚学斋论文集》，齐鲁书社 1986 年版，第 504 页。

② [法]费赖之著，冯承钧译：《在华耶稣会士列传及书目》，商务印书馆 1995 年版，第 91 页。

③ (明)徐昌治编，夏瑰琦点校：《圣朝破邪集》卷五《明天体以破利夷僭天罔世》，香港建道神学院 1996 年版，第 261 页。

相互辩论，明辨是非。认为耶稣会士来华是“补益王化，左右儒术，救正佛法”，更重要的是“数年之后，人心世道，必渐次改观”[①]。耶稣会来华传教士传播的西方文明不仅无损传统文化，且可以为我所用，发扬光大中华传统文明，特别是西方先进的科技技术，有助于挽救国家存在的多重危机。

第二，南京教案是晚明改革与保守两派官僚斗争的具体表现。晚明正直清流派官僚的核心是东林党人，他们主张改革明王朝腐败的政治经济政策，代表着当时社会变革的进步力量；而以沈一贯等代表浙党的保守势力则反对东林党人改革主张，并千方百计地迫害东林党人和正直官员。万历四十二年(1614)，浙党人物方从哲入主内阁，参与政务，曲意逢迎明神宗及阉党的种种倒行逆施，压制打击东林党人。

当时一些东林党和清流派官员同情支持天主教活动，甚至与传教士交往密切，如后来知名的东林党人曹于汴、邹元标等人都对西方传教士持欢迎态度。曾任礼部尚书的东林党人冯琦怀着对现实变乱的种种疑惑，主动向利玛窦请教学问。以反矿税监使著名的冯应京甚至曾将天主教推崇为“救世良方”，并个人出资翻刻利氏的《天主实录》。作为浙党人物的沈漼相机而动，发动南京教案，企图通过禁教打击天主教，进而间接地打击东林党人，为自己捞取政治资本。

第三，佛教与天主教的冲突也是其中一个因素。南京教案发生前，南京名僧莲池禅师，见天主教在华传播，人数越来越多，抢夺了佛教领地，十分嫉妒，便著文驳斥天主教义，声言佛法最高，要以佛法排斥天主教言论。当时，作为利玛窦学生的徐光启撰文反驳莲池的观点。莲池死后，作为既是佛教徒、又曾是莲池禅师弟子的沈漼自然对这次论战记忆犹新，从宗教感情上对天主教、徐光启等怀有较深的敌意。利玛窦死后，南京的一些佛徒见反对天主教时机已到，暗中贿赂、怂恿沈漼上疏明廷立即查禁天主教，以达到驱逐西方传教士、维护佛教领地及其利益的目的。

第四，与沈漼个人的政治野心有关。万历四十三年(1615)，沈漼被派到南京，任南京礼部侍郎，执掌部事。任京官多年，却被委派到南京任一个闲职，沈漼心中自然不悦。到南京不久，他很快以其特殊的政治嗅觉，注意到西方传教士王丰肃等人的种种“不轨”行为，将矛头指向了西方传教士和西学。他希望通过表达对中国传统礼仪的热忱维护，得到皇帝的赏识，并得到晋升机会。在行为动机上，为求仕途，迎合政治需要，这与晚明党争政局十分吻合。教案发生后，保守派甚嚣尘上，沈漼也借此青云直上，经方从哲推荐出任北京礼部尚书兼东阁大学士。因神宗、光宗二帝相继驾崩，故于天启元年(1621)才到任。在任一年内，他勾结宦官魏忠贤，为非作歹，成为阁臣

① (明)徐光启撰，王重民辑校:《徐光启集》卷九《杂疏·辩学章疏》，中华书局1963年版，第433页。

依附阉党的第一人，被东林党人比为宋朝奸臣蔡京。

第五，明政府担心天主教犹如白莲教等邪教形成燎原之势，最后一发不可收拾。在驱逐西方传教士过程中，朝廷把天主教视为与民间的白莲教一样有可能推翻政府统治的邪教势力，必欲灭之而后快。因为元末白莲教农民大起义的巨大威力在明统治者心理上打下了很深的烙印。一些反对天主教的人也利用统治者这一心理，斥责天主教士。礼科给事中余懋孳说："留都王丰肃、阳玛诺等，煽惑百姓不下万人。朔望朝拜动以千计。……其处南中者，夜聚晓散，效白莲，无为之尤。……今日解散党灯，严饬关津，诚防微之大计。"①

1616 年发生的南京教案虽然前后时间不长，规模不大，但它对明末清初的中外关系尤其是中西思想文化的冲撞有着深刻影响。作为早期教案的代表，南京教案与近代教案有着明显不同和本质区别。南京教案发生时，天主教入华不久，其信徒和影响都比较有限。传教过程中，传教士们还带来一些西方先进的科学技术知识，促进中西文化交流。南京教案的矛盾冲突仅局限于上层官僚士大夫阶层，普通下层民众几乎与教案无关，南京教案除驱逐西洋教士的目的外，对一般中国人的影响不大。而近代教案则规模更大，斗争也更为激烈，反对天主教的主体大多是中国下层农民，他们人数成千上万，反对西方传教士依仗帝国主义势力对中国人民的侵略和蹂躏，具有鲜明的反帝爱国主义性质。

---

① 《明神宗实录》卷五四七，万历四十四年七月戊子条，台湾"中央研究院"历史语言研究所 1962 年校印本。

第五章 明代江苏文化

第一节 学校教育

明朝建立后，恢复了从中央到地方的官学教育系统，在南京设立了国子监，地方建立了府学、州学、县学等各级官学，同时，民间义学、私学、社学等也得到相当的发展，成为官学的有益补充。

一 南京国子监

早在元至正二十五年(1365)，朱元璋即以集庆路儒学为国子学。吴元年(1367)，定国子学为正四品衙门，设祭酒、司业、博士等官职。洪武十四年(1381)，朱元璋下诏于南京鸡笼山下新建国子学，原国子学改为应天府学，并将江宁、上元两县县学合并移入。洪武十五年(1382)三月，南京国子学改称“国子监”。

明代南京国子监规模宏大，“东至小教场，西至英灵坊，北至城坡土山，南至珍珠桥”[①]。环境幽雅宜人，左为覆舟山，右为鸡鸣山，北有玄武湖，南有珍珠桥。校内建筑除射圃、仓库、疗养所、储藏室外，教室、藏书楼、学生宿舍和食堂就有2000余间。校内建筑以正堂、支堂、孔庙为主体。正堂名“彝伦堂”，中设“御座”，两侧设祭酒、司业“公座”，两厢设有五厅(绳愆厅、博士厅、典籍厅、典簿厅和掌馔厅)。支堂位于正堂后，是教学和管理六堂(率性、修道、诚心、正义、崇志、广业诸堂)。孔庙位于正学之东，庄严肃穆，松柏成荫。

明初，南京国子监是当时世界上最大的学府之一，也是明廷培养官吏的主要学

① (明)黄佐:《南雍志》卷七《规制考·建制本末》,《续修四库全书》第749册,上海古籍出版社2006年版,第235页。

府。国子监学生待遇优厚,膳食、衣服、被褥、冠履皆由国家供给。学生统称“监生”,又称太学生,分官生和民生两类。按其来源分为举监、贡监、荫监、例监等,举监是指参加乡试及第的举人进入国子监学习,在监生中身份、地位最高。明初,国子监监生学满毕业后可入仕,也可参加科举而入仕。宣德以后,政府官员选拔逐渐侧重于科举进士科,国子监生地位逐渐丧失。洪武年间,国子监官、民生每年一般约为1000—2000名,其中洪武二十六年(1393)人数最多,达8124名。永乐年间,国子监学生增长迅速,永乐二十年(1422)达到9972名,是明代南京国子监人数最高年份。当时,南京国子监“延袤十里,灯火相辉。规制之备,人文之盛,自有成均未之尝闻也”①。随着明朝政治中心的北移,南京国子监的学生数量逐渐减少,有时甚至不到千人,到嘉靖时每年基本维持在1000—2000名。② 除了中国学生外,还有日本、高丽、琉球、暹罗等国学子来此求学。

国子监学生每日课程以四书、五经为主兼及律令、书数、御制大诰等,还设习字及习射两科。教课由祭酒、司业、博士及助教等担任。除每月朔、望两日休息外,每日进行晨、午两课。晨课由祭酒率领属官出席,祭酒主讲,学生静听。午课主要为会讲、复讲、背书、论课等,由博士、助教担任。习字以二王、智永、欧、虞、颜、柳为蓝本。习射则每月朔、望练习。监内规则也很严格,备有集愆簿,记载学生所犯过失,并按其次数多寡而定处罚的轻重。平时对监生上课、起居、饮食、衣服、澡浴及告假出入等都有详细规定。③南京国子监不仅为明王朝培养了不少人才,而且还搜集出版了许多图书资料。

永乐元年(1403),明成祖朱棣于北京另设一所国子监。永乐十八年(1420),以北京国子监为京师国子监,而南京原有的国子监改称南京国子监,此后形成了明史上“南监”和“北监”之分。明成祖迁都北京后,南京国子监逐渐衰落,建筑日趋破败,其间虽屡经修葺,但规模日小。清顺治九年(1652),南京国子监改为江宁府学。咸丰年间,太平军攻占南京,江宁府学毁于战火。

二　府州县学

朱元璋建立大明政权后,即着手完善各级地方官学。洪武二年(1369)十月,朱元

---

① (明)黄佐:《南雍志》卷七《规制考·建置本末》,《续修四库全书》第749册,上海古籍出版社2006年版,第235—236页。

② (明)黄佐:《南雍志》卷一五《储养考》,《续修四库全书》第749册,上海古籍出版社2006年版,第386页。按,关于明初国子监学生人数,学者多有考证,华东师范大学吴宣德研究员对《南雍志》所载洪武二十六年南京国子监学生数为8124名提出了质疑,认为应为1800余人。参见其《〈南雍志〉洪武二十六年太学生人数证伪》一文,http://www.myqf.net/gengyusuoji/taixueshengshu.htm。

③ (清)张廷玉等:《明史》卷六九《选举一》,中华书局1974年版,第1676—1679页。

璋谕令中书省臣曰："学校之教，至元其弊极矣。使先王衣冠礼仪之教混为夷狄，上下之间，波颓风靡，故学校之设名存实亡。况兵变以来，人习战斗，惟知干戈，莫识俎豆。朕恒谓治国之要，教化为先，教化之道，学校为本。今京师虽有太学，而天下学校未兴，宜令郡县皆立学，礼延师儒，教授生徒，以讲论圣道，使人日渐月化，以复先王之旧，以革污染之习，此最急务，当远行之。"[①]洪武十五年(1382)，明廷又颁"禁例十二条于天下，镌立卧碑，置明伦堂之左。其不遵者，以违制论"。至此，江苏地区各府、州、县、卫所皆建儒学，"无地而不设之学，无人而不纳之教"。

明初，应天府于南京设立府学，"置一堂四斋，以上元、江宁二县学省入，增二斋训导及生员廪膳之数。永乐六年，庙学灾。宣德七年，守臣襄城伯李隆、府尹史怡重建，少傅杨荣为之记。成化七年复毁，提学御史严铨复建，即尊经阁为后堂，尹鲁崇志成之。弘治间，尹秦崇以石堤障秦淮水"[②]。其后正德、嘉靖间屡有增建和修缮。

苏州府学"泮宫"牌楼

苏州府学是中国最早的一所地方官学，由北宋名臣范仲淹创办，开后世地方府学之先河。明代苏州府学在宋代基础上日臻完善，形成左庙右学、庙学合一的两组建筑群：左路以大成殿为中心的孔庙建筑群，南北向，四进院，孔庙前设棂星门，门北由仪门、两庑和大成殿组成殿庑；右路是以明伦堂为中心的府学建筑群，包括教授厅、讲堂、泮池、泮桥、敏贤堂、七星池、七星桥、书斋、杏坛、尊经阁(藏书楼)、射圃、观德亭、义道正山亭、先贤祠等建筑。两组建筑群左右对称协调，井然有序，校舍、池塘、假山、小溪、花木拱卫其间，形成布局严谨、殿宇宏伟、气势磅礴的建筑特色。明常州府儒学

① 《明太祖实录》卷四六，洪武六年十月辛巳条，台湾"中央研究院"历史语言研究所1962年校印本。

② 万历《应天府志》卷一八《学校志》，《四库全书存目丛书》史部第203册，齐鲁书社1996年版，第509—510页。

“成化间，重新创建。弘治十四年，巡按御史袁经、知府连盛建素王宫坊于灵星门外。正德七年，知府李嵩增饬号舍八十余楹，立泮宫坊于仪门外，规模视旧有加焉”①。

府、州、县学是在府、州、县衙门所在地设立的官办学校，因多附设文庙，故府、州、县学也称庙学。“府设教授，州设学正，县设教谕，各一。俱设训导，府四，州三，县二。生员之数，府学四十人，州、县以次减十。师生月廪食米，人六斗，有司给以鱼肉。学官月俸有差。”②对于府、州、县学每年的招生名额，明廷规定：府学生员 40 人，州学生员 30 人，县学生员 20 人。生员未入学以前，不论年龄大小，一律称童生，或儒童。童生入学须通过童试，合格者方能入学，成为生员，俗称秀才。由于学宫内多有一个半椭圆形的水池——泮池，故入学又称“入泮”。宣德元年(1426)，重新规定生员数量，南北两京府学的廪膳生、增广生各 60 人，其他各府学廪膳生、增广生各 40 人，州学廪膳生、增广生各 30 人，县学廪膳生、增广生各 20 人。正统十二年(1147)，对于各级学校于定额之外增取生员，附在廪膳生、增广生之后，称为附学生。附学生没有明确的数量限制，视各级学校具体情况而定。明代各级官学的廪膳生政府每月供给每人“食米六斗”外，还免费供应鱼肉，除其本身享有徭役特权外，并能荫免其家差徭“二丁”。③正统后，由于明代地方官学生员一再增加，地方各级官学开始出现三种资格生员：凡生员初入学的称为附学生，增广生、廪膳生则以岁考、科考两次考试中名列高等的生员递补。明代地方官学中廪膳生所占比例较小，占大多数的增广生和附学生不能享受廪食的待遇。与总人口相比，明代能够接受官学教育的仍属极少数人，且他们多为城镇士绅和地主子女，穷苦农民子弟很少。

卫是明代军队编制名称，防地可包括数府，一般驻在某地，即称“某卫”。卫下设千户所和百户所，大约 5600 人称卫，1120 人称千户所，112 人为百户所。卫所军士世袭为军，大部分屯田，小部分驻防。成化年间，明廷制定卫学之例，规定卫学以卫为单位设置，以培养军人子弟为职。四卫以上军生 80 人，三卫以上军生 60 人，二卫、一卫军生 40 人。

府、州、县学的教师均系正式的国家工作人员，由吏部任命，且有严格的编制。明代府州县学的日常教学主要是经、史、礼、律、书、乐、射、算、御等课程。一般而言，儒学经史作为主课，由府学中的教授、州学中的学正和县学中的教谕亲自主讲。明初，生员分二等：有府州县学舍之生员，有乡里学舍之生员。上课也是要按照排定的课程

---

① 正德《常州府志续集》卷三《文事·学校》，《中国方志丛书》华中地方第 419 号，台湾成文出版社有限公司 1983 年版，第 121 页。

② (清)张廷玉等：《明史》卷六九《选举一》，中华书局 1974 年版，第 1686 页。

③ (明)申时行等：《明会典》卷七八《学校》，中华书局 1989 年版，第 452 页。

表执行，一般是“侵晨学经史、学律，饭后学书、学礼、学乐、学算，晡后学射，有余力，或习为诏、诰、笺、表、碑、版、传、记之属”①。

明代地方官学经费一方面有官府津贴，另一方面有固定的学田作为其经费来源，明后期随着地方官学生员的不断增加，学田成为教育经费的主要来源之一。洪武十五年(1382)，明廷规定，凡府、州、县有入官的地租，都要分拨给所属的学校，南京应天府学为一千六百石，其他府学为一千石，州学八百石，县学六百石。各级官学管理严格，为检查学生的学习成绩，地方官员每月要对在校生员进行一次全面的测验，事后要把成绩登记在记分簿上，呈报有关部门存档。明廷对府州县学的教学质量也有严格监督，每年都要委派巡按御史或相关的官员对府州县学的学生进行“岁考”。对生员的思想控制也非常严厉，生员不准议论朝政，违者将受到严惩。

三　书　院

明前期，官学盛行，政府对书院不甚重视，书院相对冷寂，江苏地区新建书院仅有洪武十八年(1385)在丹徒建立的濂溪书院和景泰年间建立的练湖书院。明正德以后，随着王阳明心学的兴起，私人讲学活动的频繁，江苏地区的书院随之兴盛起来，嘉靖、万历时书院达到极盛。湛若水(1466—1560)，字元明，号甘泉，增城(今广东增城)人，弘治进士，曾任编修、南京国子监祭酒、礼部侍郎，官至南京礼、吏、兵三部尚书。他一生热心于讲学和办学，从学者甚众，先后创办南京新泉书院、江浦新江书院、扬州甘泉书院。此外，泰州的王艮、常熟的何云、常州的江惟青、苏州的邢参等都是晚明书院讲学的名师。

明代书院发展路途坎坷，先后遭到四次禁毁，但不久都得到恢复，明后期江苏地区新建书院颇多。建于成化年间(1465—1487)的有扬州资政书院、江阴延陵书院，重修的有苏州文正书院、无锡东林书院、泰州安定书院。建于弘治年间(1488—1505)的有常熟虞溪书院、江浦石洞书院、宜兴东坡书院。建于正德年间(1506—1521)的有常州道南书院、无锡二泉书院、丹徒清风书院、淮安仰止书院及忠孝书院、金坛龙山书院。建于嘉靖年间(1522—1566)的有江宁崇正书院、新泉书院，高淳高淳书院，句容南轩书院，江浦新江书院，苏州金乡书院，盐城正学书院，扬州维扬书院、甘泉书院，淮安节孝书院，徐州彭东书院、彭西书院、养正书院，沛县仰圣书院，通州崇川书院、通川书院、忠孝书院，海州崇正书院、明道书院、石棚书院、伊卢书院，石港文正书院，江阴

① (清)全祖望:《鲒埼亭集外编》卷二二《记七·明初学校贡举事宜记》,《续修四库全书》第1429册,上海古籍出版社2006年版,第664页。

梧溪书院，无锡崇正书院，铜山正谊书院，溧阳嘉义书院等。①

明隆庆六年(1572)，常州知府施观民在原晋陵县衙旧址上创建龙城书院。万历年间，士大夫讲学蔚然成风。万历七年(1579)，首辅张居正以书院“群聚党徒”、“空谈废业”，禁毁天下书院，龙城书院被迫停办。“原任常州知府施观民，以科敛民财、私创书院，坐罪褫职。而是时士大夫竞讲学，张居正特恶之，尽改各省书院为公廨，凡先后毁应天等府书院六十四处。”②万历三十一年(1603)，常州知府欧阳东风在龙城书院旧址建先贤祠讲学，以避书院之名。天启年间，魏忠贤擅政，下令禁办书院。常州知府曾樱多次上表坚称“龙城系课文之所，非讲学之地”，“故独得不毁”。

无锡东林书院

无锡东林书院是晚明江苏地区影响最大的书院，在中国思想、文化、教育史上有着重要的地位。东林书院原为北宋知名学者杨时讲学之所，万历三十二年(1604)，无锡顾宪成、高攀龙等人捐资于故址重建，并与钱一本等讲学其中，一时成为大江南北文人荟萃之地，“每月集吴越士绅会讲三日，远近赴会者数百人”③。顾宪成为东林书院撰写的名联“风声、雨声、读书声，声声入耳；家事、国事、天下事，事事关心”更成为

① 江苏省地方志编纂委员会:《江苏省志·教育志》，江苏古籍出版社2000年版，第55页。

② (清)夏燮:《明通鉴》卷六七，岳麓书社1999年版，第1884页。

③ (清)高廷珍:雍正《东林书院志》卷七《高攀龙行状》，《四库全书存目丛书》史部第246册，齐鲁书社1996年版，第832页。

东林人士的理想追求，他们关注现实，抨击宦官专权和官场腐败。天启四年(1624)，魏忠贤下令关闭东林书院，进而禁毁全国书院，直到崇祯即位，各地书院才相继恢复。

四 社 学

社学始创于元朝，明代沿袭元制，倡兴社学，教化乡民。明初，诏令地方政府督办社学，“凡三十五家皆置一学，愿读书者尽得预焉”[①]。“今京师及郡县皆有学，而乡社之民未睹教化。宜令有司更置社学，延师儒以教民间子弟，庶可导民善俗也。”[②]洪武十六年(1383)，再次下诏：民间设立社学，官府不得干预。江苏地区社学由此大兴。洪武时，南京城每坊厢各建一社学，“择耆旧为之师”[③]。洪武八年(1375)，苏州府城乡共建社学730所。[④] 明代江阴县共有370里，社学“自城市以达乡都，无里无之”，江阴社学“养正书馆在儒学东、中街北向，旧为社学，岁久为民侵据，知县黄傅厘复之，改今名。拓地增庐，立师设约，萃童蒙之，有颖质者并肄业其中。政暇，亲为训迪，一时乐育者左右趋之，视诸社学为特盛。前为门，中为厅，厅后四周为书房，又后为院，院有轩，周垣凡六十丈五尺。东门社学在县治东隅里仁坊，弘治七年建，前为门，门之北为厅，为川堂，为寝室，周为从屋，周垣凡三十四丈。弘治十年，知县黄傅修。正德十三年，本府推官王钧重修。西门社学在县治西南，天庆门内。弘治十年，知县涂祯建。北向为门，正中为堂，堂后为轩，轩左右为寝室、庖、湢，周垣凡二十三丈七尺。各乡社学，正德十年知县万玘率令创设，惟夏港、青阳、竹塘、华墅四大镇稍稍修举，其他未及也”[⑤]。昆山县“社学在儒学东，成化四年提学御史陈选立。弘治四年，知县杨子器重修，正堂五间，东西斋阁五间，外门三间”[⑥]。

明代社学分官办和民办，明初社学主要由各级地方官府兴办，明后期民办社学越来越多。官办社学经费由官费出资，民办社学经费由社仓、社田出资，或由地方绅民捐资。一般而言，30余户人家即置社学一所。社学学生的入学年龄一般限制在15岁以下，入学时无需经过考试，招生数额也没有限制，凡自愿读书者均可入学。社学的学生不同于府州县学的生员，入学后，一切费用自理。社学教师一般由政府出面从民

---

① (清)全祖望：《鲒埼亭集外编》卷二二《记七·明初学校贡举事宜记》，《续修四库全书》第1429册，上海古籍出版社2006年版，第664页。

② 《明太祖实录》卷九六，洪武八年正月丁亥条；卷九七，洪武八年二月丙午条，台湾“中央研究院”历史语言研究所1962年校印本。

③ 万历《应天府志》卷一八《学校志》，《四库全书存目丛书》史部第203册，齐鲁书社1996年版，第512页。

④ 正德《姑苏志》卷二四《学校·社学》，《北京图书馆古籍珍本丛刊》26，书目文献出版社1998年版，第360页。

⑤ 嘉靖《江阴县志》卷七《学校记第五·社学》，《天一阁藏明代方志选刊》本，上海古籍书店1963年影印版。

⑥ 嘉靖《昆山县志》卷二《学校》，《天一阁藏明代方志选刊》本，上海古籍书店1963年影印版。

间聘请。这些社学教师被学生尊称为“师训”。社学的课程主要是《百家姓》和《千字文》,还有经、史、历、算、《论语》、《孟子》、《大诰》、律令等,其课程设置既有启蒙性质,又兼顾基础知识和多样性。

地方政府与社学只存在监督关系,对社学中的教师和学生没有任何形式的考核或测验。社学中的优秀学生,可以通过考试进入府州县学继续进行学习,成为一名官办学校的学生,其他人则在完成基础教育后进入社会。

第二节　科举考试

明廷正式设科取士始于洪武三年(1370),诏曰:“自今年八月始,特设科举,务取经明修行、博通古今、名实相称者。朕将亲策于廷,第其高下而任之以官。使中外文臣皆由科举而进,非科举者毋得与官。”由此,各省举行乡试。洪武十七年(1384),“始定科举之式,命礼部颁行各省,后遂以为永制”①。科举制度发展到明代,已经形成一个完善的考试体系:童试、乡试、会试、殿试。

一　童　试

童试,又称“童生试”,应试者不分年龄大小,即便白发苍苍的老人,也统称为“童生”。明代童生试包括县试、府试和提学院道试(清代称“院试”)三个阶段。县试在各县进行,由知县主持;各县所取童生汇聚府城参加府试,由知府主考;提学院道试由各省提学院道官员主考,明代南直隶的督学官多由御史充任。通过提学院道试者即可进入所在地的府、州、县学,统称生员。在官办府、州、县学就读的生员分廪生(由国家按月发给伙食补助费)、增生(不给伙食补助费)、附生(初进学的附学生员)三等。生员久不能中举,便逐步由附生升增生,由增生升廪生,再由廪生选贡生。贡生分拔贡(每 12 年考选 1 次)、岁贡(每年选 1 次,按在学时间依次选补)、恩贡(无定期)、优贡(无定期)、副贡(每 3 年选 1 次,由乡试取得副榜的生员中选送)。顾名思义,贡生系贡举到国子监成为太学生,而实际并不入监读书,不过是取得太学生的资格,一方面可以直接参加乡试,一方面可以通过“诠选”出任官职,主要担任地方学校的教官。

二　乡试、会试

洪武十七年(1384)三月,礼部颁布《科举成式》,正式确立明代科举制度。《科举

---

① (清)张廷玉等:《明史》卷七〇《选举二》,中华书局 1974 年版,第 1695—1696 页。

成式》规定："凡三年大比，子、午、卯、酉年乡试，辰、戌、丑、未年会试。……乡试，八月初九日第一场，试《四书》义三道，每道二百字以上；经义四道，每道三百字以上，未能者许各减一道。《四书》义主朱子《集注》；经义《诗》主朱子《集传》，《易》主程、朱《传》、《义》，《书》主蔡氏《传》及古注疏；《春秋》主左氏、公羊、谷梁、胡氏、张洽《传》，《礼记》主古注疏。十二日第二场，试论一道，三百字以上；判语五条，诏、诰、章、表、内科一道。十五日第三场，试经史策五道，未能者许减其二，俱三百字以上。次年礼部会试以二月初九日、十二日、十五日为三场，所考文字与乡试同。乡试，直隶府、州、县则于应天府，在外府、州、县，则于各布政司。……其会试中式者，三月朔日赴殿试。"①

乡试于应试年秋八月举行，故又称"秋闱"。参加乡试的士子，一是国子监生员及府、州、县学生员学成者，二是尚未获得一官半职的知识分子及从九品以下的低级政府工作人员。同时，他们须经政府相关部门认定为"性质敦厚，文行可称者"，方可获准参试。明代，江苏地区士子在南京夫子庙的江南贡院参加乡试。② 考官是由翰林及进士出身的官员临时担任，乡试每次连考三场，每场三天。开考前，每名考生分配贡院内一间独立考屋，称为"号舍"。开考时，考生提考篮进入贡院，考篮内盛放日常生活用品，经检查后方可对号入座，然后贡院大门关上，考试结束前不得离开，吃、喝、睡均在号舍内。试卷阅毕，乡试的主考官按朝廷规定排定录取名次，然后张榜公布录取名单。凡榜上有名者，即考中了举人，夺得乡试第一名的称为"解元"。乡试中举又称"乙榜"，也叫"乙科"。新科举人不仅具备入仕的资格，而且还可继续参加会试，以博取更高的功名。

会试即集中会考之意，是中央级考试，于乡试次年春二月由礼部举行，又称"礼闱"、"春闱"。会试也是连考三场，每场三天。明初，会试在南京江南贡院举行，迁都北京后，在北京贡院举行。中试者即为"进士"或"贡士"，第一名称"会元"。会试后，贡士还要参加由皇帝亲自主持的复试，一般只是形式，以表示选拔官吏的最后决定权还是掌握在皇帝手中。殿试试期一天，皇帝依成绩确定进士的录取等第和名次，等第分一、二、三甲。一甲三人，第一名状元，第二名榜眼，第三名探花，称"赐进士及第"；二甲若干人，称"赐进士出身"；三甲若干人，称"赐同进士出身"。一甲和二、三甲中优异者进入翰林院，明后期逐渐形成"非进士不入翰林，非翰林不入内阁"的惯例。

---

① 《明太祖实录》卷一六〇，洪武十七年三月戊戌朔条，台湾"中央研究院"历史语言研究所1962年校印本。

② 南京江南贡院是中国古代最大的科考考场，位于南京城东南，始建于南宋孝宗乾道四年(1168)。明代相当于今天江苏、安徽、上海市两省一市区域内士子的乡试及明初全国性会试均在此举行。随着与考士子的不断增多，明清两代不断扩建江南贡院，至清光绪年间江南贡院考试号舍已有2万余间。清末，废止科举制度，江南贡院停用。1918年，除留下贡院内的明远楼、衡鉴堂和一部分号舍作为历史文物外，其余部分全部拆除，辟为市场。1989年，南京有关部门在江南贡院的原址之上创立"江南贡院历史陈列馆"。

三　南北榜事件

洪武三十年(1397)二月春,南京会试,朝廷命翰林院学士刘三吾、吉府纪善白信蹈为主考官,录取了宋琮等51名进士。三月经廷试后,以陈郊为第一名、尹昌隆为第二名,刘谔为第三名,是为"春榜"。因所录取51人全系南方人,故又称"南榜"。发榜后,落第的北方考生十分不满,联名上书朱元璋,控告主考官刘三吾等皆南方人,"私其乡",有压制北人、偏袒南人之嫌。朱元璋命侍读张信等"再考落卷中文理长者第之",但仍没有北方人及第。此时,又有人告发张信等人受刘三吾等嘱托,故意将陋卷呈报。朱元璋大怒,追定考官刘三吾为蓝玉党,以老戍边;白信蹈、张信等被凌迟处死;宋琮等也被充军边地。六月,朱元璋"亲赐策问,擢韩克忠、王恕、焦胜等六十一人及第有差,授第一名韩克忠为翰林修撰,第二名王恕为编修,第三人焦胜为行人司副,进士陈性善为行人,陈诚为检讨"①。是为"夏榜",因此次所录取61人全系北方人,也称"北榜"。这一重大科场案,史称"南北榜事件"或"春夏榜事件"。建文初,"三吾召还,久之卒。琮起刑部检校。乡人杨士奇辈贵显,琮无所攀援。宣德中犹以检讨掌助教事,卒官"②。

"南北榜事件"是朱元璋实行文化专制、打击和压制江南地主政策的继续。明代,会试考卷均为密封,主考官并不知晓每名考生是南方人还是北方人,刘三吾等只是凭考卷文字水平确定录取名单,尽管所取均为南方人,但他们主观上并无歧视北方考生之意,况且为人正派的刘三吾等深知朱元璋诛杀成性,其冒死舞弊的可能性甚小。明代,南方经济和文化教育水平整体高于北方地区,择优录取南方考生也属正常,这也是春榜两次考官阅卷后的共识。明初,元朝残余势力逃亡塞外继续反抗明朝,朱元璋出于笼络北方士子、稳定北方社会需要,利用"南北榜事件"以实现这一政治目标。"南北榜事件"还开明王朝南北取士之先例,洪熙元年(1425),杨士奇定南北录取名额,"南人十之六,北人十之四"。宣德元年(1426)七月,又进一步确定会试分南、北、中三卷,"北卷则北直隶、山东、河南、山西、陕西;中卷则四川、广西、云南、贵州及庐、凤二府,徐、滁、和三州;余皆属南卷"③。"分为南、北、中卷,以百人为率,则南取五十五名,北取三十五名,中取十名。"④明代"分省取士"制度对于巩固明王朝在北方地区的统治起到了积极作用。

---

① (明)王世贞撰,魏连科点校:《弇山堂别集》卷八一《科试考一》,中华书局1985年版,第1546页。

② (清)张廷玉等:《明史》卷一三七《刘三吾传》,中华书局1974年版,第3942页。

③ (清)查继佐:《罪惟录》志卷一八《科举志》,浙江古籍出版社1986年版,第824页。

④ (清)张廷玉等:《明史》卷七〇《选举二》,中华书局1974年版,第1697页。

明代江苏地区经济繁荣，文化教育发达，江苏地区士子在科举考试中优势明显。如果不是明初的“南北榜事件”对南北取士的名额限定，江南考取进士的人数当更多。江苏地区科第领天下之先，除家学渊源、经济实力等原因外，整个地区的文化、教育水平较高也是一个重要因素。据何炳棣先生统计，明代江苏地区共录取进士 2721 名，在全国名列第 2，仅次于浙江，明代“最后 50 或 40 年间”江苏取代浙江，在全国科举中独占鳌头。“从长远观点来看，江苏具有多样无与伦比的优势。虽然在明代大部分时期，全省三分之二的北部地区在科举竞争方面相当不力；但长江以南各府，经济和文化都有显著的发展。由于地理位置得天独厚，苏南无疑是全国最重要的商业地区。日益多样化的经济进一步刺激了手工业和产业，特别是松江府和苏州府的棉纺织业。……多样化的经济所创造的有报酬的职业，使苏南成为国内最富庶的地区。从 15 世纪后半期以来，该地区富甲海内，这在当时出现一些杰出藏书家、出版家和鉴赏家中可以得到部分反映。如果说苏南不是人文渊薮的中心，那它至少也是为数至多的文学家和艺术家生长的地方。……与浙江不同，浙江总的说来是人才输出的省份，江苏则是接纳人才和财富最多的两个地区之一。到明代最后半世纪，各方面都表明，江苏在科举竞争中已经赶上、并且注定要超过浙江。”①

第三节　自然科技成就

一　天文学

明朝建立后，设立天文机构——太史院，颁行了历书。朱元璋还将元大都的天文官陆续调至南京，成立司天监，后改名钦天监。钦天监颁行的《大统历》是在元朝《授时历》的基础上稍作改动而成的。②

洪武二年(1369)，依照元代制度设立回回司天监，麦加历学专家马德鲁丁被礼聘为司天监监正。次年，回回司天监改称回回钦天监。马德鲁丁死后，长子继任回回钦

① ［美］何炳棣著，王振忠译：《科举和社会流动的地域差异》，中国地理学会历史地理专业委员会《历史地理》编辑委员会：《历史地理》第 11 辑，上海人民出版社 1993 年版，第 301—305 页。但沈登苗先生在《明清全国进士与人才的时空分布及其相互关系》一文(《中国文化研究》1999 年冬之卷)中统计，明代江苏共录取进士 2977 人，清代江苏共取进士 2949 人，明清两朝共录取 5926 名。

② (清)张廷玉等：《明史》卷三一《历一·历法沿革》，中华书局 1974 年版，第 517 页。按，历法的变动，如把元大都所见日出日没时刻或昼夜时刻更改为南京的时刻，以洪武十七年(1384)为历元而去掉《授时历》的岁实百年消长之法等。所谓岁实，是指一岁的日数，即回归年长度，科学证明，它不是永恒不变的，而是随时间的变化而变化的。元代郭守敬接受这一概念，并应用于《授时历》中，规定百年消长一分。

天监监正，编译完成《回回历法》3 卷；次子马哈麻出任回回钦天监监副，洪武十六年(1383)译成《明译天文书》。洪武三十一年(1398)，回回钦天监被撤销，改设回回历科。洪武年间，朱元璋还征元太史院张佑、回回司天监黑的儿等 14 人以及原上都回回司天台郑阿里等 11 人至南京讨论历法。不久，又遣使往西域聘请专家，与回回司天监的天文学家合作翻译阿拉伯天文学家的著作。

南京紫金山天文台保存的明代"简仪"

洪武十八年(1835)，明政府将北京的宋、元时代观测天象的仪器搬运至南京鸡笼山上，建立了一座由当时钦天监管理的钦天台，即国家观象台。今天南京紫金山保存下来的明代简仪，是当时仿制元代郭守敬所制简仪而成。在常熟，也保存有明武宗朱厚照正德元年(1506)制成的石刻天文图。这一天文图是依照苏州宋代石刻天文图制成，修订了原天文图中许多错误，反映了当时星图的绘制水平比宋代有所进步。这件石刻天文图和紫金山天文台保存的简仪都成为展现明代江苏地区天文成就的珍贵文物。

历法是中国古代天文学的主要部分，明以前封建统治者虽禁民间私习天文，但未禁私习历法。明王朝不仅禁民间私习天文，还禁止民间私习历法，这就严重地限制了天文学的发展。"国初学天文有厉禁，习历者遣戍，造历者殊死，至孝宗弛其禁，且命征山林隐逸能通历学者以备其选，而卒无应者。"①

《郑和航海图》是郑和下西洋时所绘制，保留了明代航海天文学方面的许多宝贵资料，也代表了明代地图的绘制水平。郑和第七次下西洋是在明宣德六年(1431)至宣德八年(1433)间，其分船队曾到过天方(今沙特阿拉伯吉达港)，但在《郑和航海图》中却没有标注，而图首标有建于洪熙元年(1425)的净(静)海寺，由此推断，该图大致绘制于 1425—1430 年间，即在郑和第六次下西洋回国后的 9 年休息期间，但究竟出于何人之手，尚有待考证。总体来说，《郑和航海图》是郑和远洋船队的火长、阴阳官们集体智慧的结晶，是他们远洋航海实践的经验总结。原图收录于明人茅元仪编辑的《武备志》卷二四〇，原名《自宝船厂开船从龙江关出水直抵外国诸番图》，后人简称为《郑和航海图》。原图共 24 页，包括序 1 页、地图 20 页、《过洋牵星图》2 页、空白 1

① (明)沈德符：《万历野获编》卷二〇《历法·历学》，《明代笔记小说大观》本，上海古籍出版社 2005 年版，第 2449 页。

页。该图不仅有普通的航海地图，而且有颇为完备的牵星（即通过观察北极星等星辰的海平高度来确定海上船舶在南北纬度上所处的位置）记载，在4幅《过洋牵星图》上标明了沿途所见天空星象和数据，以保障远洋航行的安全和准确。《郑和航海图》是中国第一部关于海洋地理的世界地图，也是我国最早详细记载牵星术的重要图籍。它既总结了郑和下西洋的牵星经验，又继承了宋元时代的牵星技术。

二 地理学

1. 郑若曾辑撰《筹海图编》

郑若曾（1503—1570），字伯鲁，号开阳，昆山人。嘉靖十四年（1535），以生员资格入府学，后被推荐到京师国子监就读，成为贡生，曾师从魏校、湛若水、王守仁等名家。“幼有经世志，凡天文、地舆、山经、海籍，靡不得其端委。……嘉靖中，以诸生入北雍，闱中拟元者再，竟不遇。”而后归居乡里，潜心钻研学问。嘉靖年间，倭寇骚扰东南沿海地区，总制胡宗宪任剿倭总指挥，广招有识之士。郑若曾善言兵事，自倭患初起即绘制了多幅沿海形势图，为胡宗宪所赏识，延入幕府参赞机务，助其平倭，“叙功论授锦衣世荫，不受，归而著书”[①]。

嘉靖三十八年（1559），为总结御倭战争中的经验教训，在胡宗宪的支持下，郑若曾开始撰写《筹海图编》，嘉靖四十一年（1562）三月，书稿付梓刊行，标明“郑若曾辑”。隆庆六年（1572），郑若曾之子郑应龙、郑一鸾再次刻印出版，作者仍为郑若曾。天启四年（1624），胡宗宪孙胡灯、曾孙胡维极为彰扬祖先之功绩，将嘉靖初版的《筹海图编》再次刻印，改署“胡宗宪辑议”。清康熙三十一年（1692），郑若曾的五代孙郑起泓为了反击胡氏子孙的欺世盗名行为，再度刻印，重新更正作者为郑若曾。

《筹海图编》记载了明代御倭战争中的许多重要史料，是研究明代中日关系史不可缺少的资料。全书13卷，图文结合，各类图（地图、船舶、武器图）172幅，正文约30万字，主要叙述了沿海地理形势，明代海防部署，海防方略，选兵、择将、治军原则，海战器具，中日交往史，倭寇劫掠沿海的历史，倭寇入侵的时间和路径、武器装备，战略战术以及平倭功绩等。

《筹海图编》注重记载地理形势，详述了自广西至辽东的沿海重要岛屿、要塞，长江下游两岸的军事要地，并绘有详细的沿海地图和海防图。指出：“不按图籍，不可以知阨塞；不审形势，不可以施经略。”[②]

---

① 道光《昆新两县合志》卷二六《文苑一·郑若曾传》，《中国地方志集成》江苏府县志辑15，江苏古籍出版社1991年版，第402页。

② （明）郑若曾，李致忠点校：《筹海图编·凡例》，中华书局2007年版，第11页。

《筹海图编》列举了明朝沿海卫所、巡检司等防务部署，有的卫所还列出当时守卫官军的数字，结合《沿海山沙图》和《沿海郡县图》，明代沿海防务状况便一目了然。加强海防，抵御倭寇是《筹海图编》论述的重点，书中辑录了当时一些文臣武将提出的御倭政治措施和军事谋略，第一次系统地提出了中国海防思想。政治上，郑氏认为百姓安居乐业是巩固海防的根本，提出了"良吏优于良将，善政优于善战"的思想。军事上，主张实行海陆结合，攻守结合，军民结合，利用近海、海岸和陆上要点、多层次歼敌方略；反对据守海港而不敢出洋御敌作战，强调"防海之制，谓之海防，则必宜防之于海"，海防"则必宜防之于海"，实行"哨贼于远洋"，"击贼于近洋而勿使近岸"①的方针。在近海建立御敌第一道防线，击敌于将至；在海岸要害之处预设要塞，进行堵截，建立第二道防线，击敌于将登；严守要害城镇，坚壁清野，使敌进无所攻，退无所掠，击敌于疲困，歼敌于城下，并详列了守城的具体方法。提出城市防守上要攻守结合，"攻之中有守，守之中有攻；攻而无守则为无根，守而无攻则为无干"②。

《筹海图编》对选兵、择将、军队训练、赏罚纪律等一系列治军原则均有论述，建立一支能征善战的军队是巩固海防必要条件。选兵第一可用的是"乡野老实之人"，择将则凡"可为海防之裨者，皆招致之"，练兵首要在"练心"，使"人心齐一"。主张练乡兵，寓兵于农。

《筹海图编》总结了明初以来的沿海防御经验和教训，为后人筹划海防提供了有益借鉴。它是研究明代抗倭战争的重要文献资料，书中论述海防、日本诸事多系作者耳闻目睹，并详加考证，翔实可信。书中以一卷篇幅介绍了当时武器装备，包括各种战船、火器和冷兵器，并绘有图样，成为宋代《武经总要》之后对武器装备论述最详的一部兵书。

郑若曾一生著述甚丰，除《筹海图编》外，还撰有《江南经略》、《皇明分省地理志图考》、《海防一览》、《万里海防图论》、《江防图考》、《黄河图议》、《海运图说》、《日本图纂》、《朝鲜图说》、《安南图说》、《琉球图说》等，这些著作都配有地图，成为研究明代中国和东亚历史地理的重要资料。郑若曾所绘海防图，海的位置都居上方，陆地居下，这是采用中国绘画以"远景为上，近景为下"的原则布局的，成为中国古代海防图的代表作。

2. 徐霞客与《徐霞客游记》

徐霞客(1587—1641)，名弘祖，字振之，南直隶江阴(江苏江阴)人，其好友陈继儒因他酷爱旅行，常风餐露宿于山林野泽之间，给他取别号"霞客"，从此，人们多称他"徐霞客"。

---

① (明)郑若曾，李致忠点校：《筹海图编》卷一二上《经略三·御海洋》，中华书局2007年版，第763—772页。

② (明)郑若曾，李致忠点校：《筹海图编》卷一二上《经略三·严城守》，中华书局2007年版，第803页。

徐霞客像

徐霞客出身于仕宦世家，自幼“特好奇书，侈博览古今史籍及舆地志、山海图经以及一切冲举高蹈之迹，每私覆经书下潜玩，神栩栩动”。少负奇志，尝说：“丈夫当朝碧海而暮苍梧，乃以一隅而自限耶？”[①]科举乡试未中后，他不再应试，自22岁开始出游，此后30余年间，游历数万里，东渡普陀，北游幽燕，南达闽粤，西北直攀太华之巅，西南远涉云贵边陲，足迹遍及大半个中国，今天江苏、浙江、安徽、福建、江西、广东、广西、贵州、云南、四川、湖南、湖北、河南、陕西、山西、河北、山东、上海等省市均留下他的足迹，可谓“踯躅三十年，足踏天下半”。55岁时，徐霞客身染重病，“两足俱废”，被人送回家乡，半年后去世。徐霞客是我国古代唯一真正把旅行考察作为终生事业的知识分子，在旅行、探险的同时，几乎每天都记录所经过路线及沿途所见所感。

徐霞客病重回乡后，无力整理自己的游记手稿，将手稿委托给外甥季梦良来整理。徐霞客去世后，先由王忠纫校正编次，继由季梦良“遍蒐遗帙，补忠纫之所未补，因地分集，录成一编”[②]，初名《徐霞客西游记》，当时已有残缺。明末清初，江阴战乱不已，《游记》手稿遭劫难，季氏再加整理，又缺《滇游日记》首册。康熙二十三年(1684)，徐霞客庶子李寄(因养育于李氏，故姓李)据曹骏甫、史夏隆抄本重加整理，补入若干缺篇，世称“李本”。康熙四十一年(1702)，徐霞客族孙徐镇进一步对“李本”进行编订，与各种手抄本对比校勘，考其缺失，订其异同，然后刻印出版，《徐霞客游记》的第一个刻本面世，该版本一直流传至今。不过此版本仍然不够完备，尚缺考察太湖、泰山、孔陵、南京、荆溪、勾曲、罗浮、京师、盘山、闽州、漳州等地的游记和《滇游日记》首册。嘉庆十三年(1808)，藏书家叶廷甲又对“徐本”进行了校勘，并增辑补编一卷，其中收集了不少徐霞客及其亲友的诗文、题赠等。此后，陆续刻印的各种版本达10余种，但皆以“叶本”为底本。民国初，著名地质地理学家丁文江专门撰写了《徐霞客先生年谱》，编绘了旅行地图，重新印行《徐霞客游记》。

《徐霞客游记》是徐霞客根据自己的亲身经历用日记体撰写的一部光辉著作，生动、详实地记录了中国丰富的地理、地质、水文、气候、植被等自然资源和地理景观，包含了大量风土人情、社会人文等方面的内容，为历史地理学的研究提供了许多重要资料。今天，国内外专家和读者盛赞徐霞客为“千古奇人”，称《徐霞客游记》为“千古奇书”、“古今一大奇著”。英国的科技史专家李约瑟在其《中国科学技术史》一书中评价

---

① (明)陈函辉:《霞客徐先生墓志铭》,(明)徐霞客:《徐霞客游记》,团结出版社2002年版,第706页。

② (明)徐霞客:《徐霞客游记序》,团结出版社2002年版,第1页。

道："他的游记读来并不像是17世纪的学者所写的东西，倒像是一位20世纪的野外勘测家所写的考察记录。"[①]《徐霞客游记》自从问世以来，一直受到国内外广大学者和读者的欢迎，并给予了很高的评价，今天已形成研究徐霞客及其《游记》的学问——徐学[②]。《徐霞客游记》主要具有以下科学价值：

一、系统地考察了我国西南地区的喀斯特地貌（亦称石灰岩地貌），对峰林、洞穴、溶沟、石芽、石梁、圆洼地、地下河道、落水洞、天生桥、地热等地貌景观的分布、类型、变化、特征和成因皆作了详细记录和分析研究，是我国和世界上最早的有关岩溶地貌的珍贵文献，比西方同类记载早100多年。

二、对大江河流及源头、走向进行了认真的探索，打破了传统的一些错误说法，并纠正了前人研究中的不足和地方志记载的错误。尤其是指出了长江的正源是金沙江，而不是岷江，大胆地否认了流传千年的"岷山导江"的论断[③]，为后来进一步探求长江源头开辟了新方向。关于河流对岩石侵蚀，他认为"江流击山，山削成壁"，"两旁石崖，水啮成矶"，"山受啮，半剖为削崖"，生动地描写了河流对地表的侵蚀。

三、对一些奇特的自然地理现象作了科学解释。如以福建宁洋溪与建溪为例，说明二水发源的山岭高度相等，但距海的远近不同而决定了二者流速的快慢，即所谓"程愈迫，则流愈急"。在天台山考察时，认为岭脚与山顶花开时间不同是气温影响的结果，这一解释符合现代科学理论。

三　农　学

明代江苏的农业技术，在前代的基础上得到进一步发展，人们引进和扩种高产的新作物，通过精耕细作提高了土地利用率和单位面积产量，一些地方出现的堤塘综合利用，成为现今"生态农业"的先河。同时，江苏地区农学更趋发达，涌现出一些农学家和农书。

1. 黄省曾及其农学著作

黄省曾（1496—1546），字勉之，吴县（今江苏苏州）人。"少岁与其兄散金购书，喜谈经济学。王文恪公鏊、杨仪部循吉皆为延誉，至称乡贡时名已满长安。"[④]1531年乡试中举，后屡举进士不第，遂弃去。自此，醉心于浏览山川，足迹遍于五岳，故自号五

---

① [英]李约瑟：《中国科学技术史》第5卷地学第1分册，科学出版社1976年版，第62页。

② 朱钧侃、倪绍祥主编：《徐学概论——徐霞客及其〈游记〉研究》，江苏教育出版社1999年版。

③ "岷山导江"的说法出自儒家经典《尚书·禹贡》，到徐霞客生活的年代，这个说法已经1000多年，几乎成了当时的定论。

④ 乾隆《长洲县志》卷二四《人物三》，《中国地方志集成》江苏府县志辑68，江苏古籍出版社1991年版，第279页。

岳山人,人称“五岳先生”。

黄省曾以诗文知名,曾师从王守仁、湛若水,学诗于李梦阳,有《五岳山人集》38卷行世。他“好谭经济”,著有多部农学著作,主要有《稻品》(又称《理生玉镜稻品》)1卷、《蚕经》(又称《养蚕经》)1卷、《种鱼经》(又称《养鱼经》、《鱼经》)1卷、《艺菊书》(又称《艺菊谱》)1卷,4本农书被合称为《农圃四书》,此外还有《芋经》(又称《种芋法》)1卷、《兽经》1卷,黄省曾的农学主张和贡献集中体现在这些著作中。[①] 除了农学著作,他还撰写了经史类著作,如《〈申鉴〉注》是较为重要的史学著作,《西洋朝贡典录》是涉及西洋地理与中西交通方面的重要著作。

《稻品》是一部水稻品种志,是在弘治《姑苏志》“土产”部分的基础上加以增补而成,并列举了34个水稻品种的性状、播种期、成熟期、经济价值以及别名等。《稻品》中所记载水稻品种主要以苏州地区的水稻品种为主,它是现存最早的一部水稻品种专志。[②]

《蚕经》是明代江南地区第一本关于种桑养蚕的专著,对太湖流域农家种桑养蚕的经验作了全面总结和概括。全书分为艺桑、宫宇、器具、种连、育饲、登蔟、择茧、缲拍、戒宜等九个部分,除“艺桑”外,其余8部分多是关于养蚕的内容,故此书名为《蚕经》。“艺桑”部分主要介绍了地桑、条桑品种,嫁桑、接桑方法,桑园管理,桑牛防治、桑下种蔬、桑叶市场价格预测等。“宫宇”即蚕室,蚕室的设置要求安静保暖,防止潮湿。“器具”即有关种桑养蚕的工具,有桑刀、方筐、圆箔、火箱等项。“种连”即蚕种的繁育,包括选种、浸种和浴种。“育饲”必须使用干叶,雨中所采桑叶必须晾干方可喂饲。“登蔟”即上蔟,将熟蚕收集,移放到蔟具上,让其吐丝营茧。“择茧”要求茧细长而莹白,否则淘汰。“缲拍”即缫丝。“戒宜”即养蚕的注意事项。

《鱼经》是一部集养鱼、品鱼于一体的鱼学专著。全书分三篇,分别记载了鱼苗繁殖、养鱼方法及鱼的种类,介绍了鲤鱼、鳟鱼、草鱼、白鲢、鲻鱼等的繁殖方法。鲻鱼本是一种海洋鱼类,生活在海水和河水交界处。长江口渔民于潮泥地上开挖池子,待春季涨潮的时候,捕捉一寸来长的鲻鱼鱼苗,然后放入池中进行人工养殖,至秋季鲻鱼就有一尺来长,这是海鱼淡水养殖的最早记载。养鱼方法着重于在凿池和喂食两个方面。鱼池必须凿两个,这样做的好处有三点:一可以蓄水;二卖鱼的时候,可以去大而存小;三还可以解泛,一个鱼池泛时,这个鱼池里的鱼可以投放到另一个鱼池中去。鱼池凿好以后,不可以沤麻,不可以投放碱水、石灰,还要避免鸽粪;水不宜太深,深则

① 曾雄生:《黄省曾的农学贡献与吴地的农学传统》,原载高燮初主编:《吴文化资源研究与开发》,苏州大学出版社1995年版,第302—314页。

② (明)黄省曾:《理生玉镜稻品》,《丛书集成初编》本,上海商务印书馆1935年版。

水寒而鱼难长，但池之正北，应挖得特别深，以便于鱼儿集中；三面要有阳光，则鱼易长。池中应设洲岛，让鱼不断环绕运转，使鱼生长迅速。池旁种芭蕉，芭蕉上的露水滴入水中以解泛；种楝树，楝子落入池中可以喂鱼；搭上葡萄架，可以免除鸟粪；四周种上芙蓉，可以避免水獭。喂鱼一日两次，定时定量，给小鱼喂草必须幼嫩，冬季可以不喂。

《艺菊书》是一部种菊专书，全书包括贮土、留种、分秧、登盆、理缉、护养等六目。《芋经》是一本介绍种芋的著作，全书分为名、食忌、艺法、事四个部分，广泛地汇辑了自古历史文献中有关芋、芋名、种类及食芋注意事项等。主要部分"艺法"汇录了历代农书中种芋之法，叙述了明代种芋的方法及选种、整地育苗、栽种塘土等。芋在中国古代被视为重要的粮食作物，《芋经》是我国历史上唯一的种芋专著。

2. 马一龙及其《农说》

马一龙(1499—1570)，字负图，号孟河，溧阳人。嘉靖二十六年(1547)进士，官至国子监司业，后因母病，辞官归乡。正统、天顺年间，因不堪苛捐杂税，溧阳一带农民纷纷外出谋生，致使大片田地荒芜。马一龙招募农民耕种这些荒地，并和农民一起参加田间劳动，他采用分成制的办法，把田地收获的一半分给佣工。根据自己的农事经验，撰写了《农说》一书，对前人农学理论既有继承又有发展，是中国古代不可多得的一部农业理论专著。

《农说》继承了中国传统重农思想和"三才"理论[①]，针对当时农村社会弃农经商现象，马一龙阐述了君、民、食、农、力的关系，提出"农为治本，食乃民天"。重视知识(智力)的作用，他认为一个好农夫必须智力和体力兼备，"上农者，智力并至"，农夫的"智"即深谙农事道理，"力"即"勤于农事"。智力作用表现在知时(即天时)、知土(即土性)和知其所宜(即农作物)三个方面。一个农夫只有很好地理解天时、土性和农作物三者关系，才能做到事半功倍。"合天时、地脉、物性之宜，而无所差失，则事半而功倍。"他还用阴阳、气的学说阐述了天时、地脉与农业生产三者之间的关系，"知时为上，知土次之。知其所宜，用其不可弃。知其所宜，避其不可为，力足以胜天矣"[②]。

《农说》全面系统地论述了农作物从育种到田间管理的一系列过程，种子的质量好坏对农业生产的收成有很大影响，总结了一套独特的种子处理方法。马一龙发展

---

① "三才"一词最早见于《易经·系辞下》："易之为书也，广大悉备，有天道焉，有人道焉，有地道焉。""三才"理论是讲天、地、人的变化与关系的，其运用于中国农业生产中，为精耕细作的优良传统奠定了理论基础，对中国传统农业生产产生了深远的影响。

② (明)马一龙：《农说》，《四库全书存目丛书》子部第38册，齐鲁书社1995年版，第28页。

了传统农业注重精耕细作的理论，借用阴阳学说，从积聚阳气的要求出发，提出“冬耕宜早，春耕宜迟”。有关土壤耕作的深度问题，他最早提出了“启原宜深，启隰宜浅”的理论。所谓“原”是指地势较高而干燥的土地，耕作时应深耕。所谓“隰”是指地势较低且湿润的土地，遇到这种土地应浅耕。土壤耕作时积聚阳气的几种方法，包括晒垡、火攻、水耕等。晒垡是利用阳光暴晒耕起的土地，这是我国自古以来稻田耕作中的传统经验。耕翻晒垡，通过阳光的作用转阴为阳，这样有利于农作物的生长，火攻即烧土，即在地里放火烧土以克地中凝结阴气，从而达到“蓄阳”的效果。水耕指在稻田里先干耕，再灌水进行耕耙，马一龙认为水是阴气的精华，遇火就会相互融化。

马一龙认为，农作物的生长需依靠肥力来保障，而连年种植的田地，土地肥力必然衰退。如果要想取得较好的收成，需要对土地追加肥料，认为基肥是保持土地肥力的根本，必须在适当的时候给土地追加适量的肥料，但过量的肥料也会使作物受害。灌溉和烤田是水稻田间管理中的关键性措施，灌溉是预防旱害的重要措施，也是维持与滋养农作物生命的必要条件。烤田是指在水稻不同的生长发育阶段和遇到疯长的情况下，根据需要排去稻田积水，使阳光暴晒田面，经过一段时间再上水灌溉。烤田可促进作物的根系发育，控制无效分蘖，使庄稼基干健壮，有利于作物的生长。水稻田间管理中，重视中耕除草，即“耘荡”。这样不仅可以除草，而且可以固苗。田里的浮泥容易使稻苗滋长横根，而浮泥以下是紧实的土层，顶根扎不下去，这样稻苗就不能充分吸收土壤里丰富的养料，所以茎叶可能长得很茂盛，但抽穗不多，收成也不好。“耘荡”则可以解决这个问题，抑制横根，促进顶根，使稻苗吸收更多的养料，提高每株稻苗的穗粒数。

马一龙继承了前人关于作物病虫害的气候生成学说，认为病虫害的生成与天时有关，稻田中常见的害虫有五种：食根的害虫、食茎节的害虫、食叶的害虫、食苗心的害虫及食穗的害虫。五种病虫害分别由于田间五种不同的恶劣气候而产生，主要是稻田的五种湿热交蒸的状况而产生。针对五种病害虫，提出了三种防治方法：一是在栽秧前先把田中的水排掉；然后再灌以新水，这样可使田里的热气散发而秧苗无害；二是用稀疏的梳耙在阳光下将稻苗叶上的露水拂去；三是将石灰、桐油撒在苗叶之上，也可防虫治虫。尽管马一龙这些关于病虫害生成的解释并不符合现代科学，但其提出防治方法还是行之有效的。

3. 邝璠刻印《便民图纂》

弘治年间，吴县知县邝璠刻印《便民图纂》，这是一部反映江南太湖流域农业生产、面向普通农家的通俗性农书。①

邝璠（1465—1505），字廷瑞，山东任丘（今属河北）人。弘治进士，曾任吴县知县，任上主持刊刻了《便民图纂》，推广农事，邝璠是否为该书作者有待考证。《便民图纂》共16卷，卷一“农务之图”，绘水稻从种至收15幅图；卷二“女红之图”，绘有下蚕、纺织、制衣16幅图，每图都附有吴语竹枝词。前两卷31幅耕织插图均出自当时知名刻家傅汶光、李桢、李援、曾中、罗锜等人之手，真实地反映了明代人们的社会生活。《便民图纂》后14卷为文字叙述部分，内容可归纳为以下几个方面：在“耕获”、“蚕桑”、“收养”、“树艺”等卷中，介绍了粮食、油料、蚕桑、蔬菜、瓜果、树木等农作物的栽培，特别是果树的栽培、嫁接、治虫、采果等方面的知识；在“制造类”卷中，介绍了酒、醋、酱、乳制品、脯腊、腌渍、烹调、晒干食物和食物贮藏等，内容丰富，尤其是在食物贮藏方面创新不少，介绍了各种日用品制造、使用、保管等知识；此外，书中还收集了宋、元、明三朝治病的食疗药方250剂，分内科、外科、妇科和儿科，有风、寒、湿、暑等13门，具有珍贵的实用价值。

《便民图纂》耕获图

四 中医药

明代江苏地区传统中医药学发达，各府州均设有惠民药局或医学所。洪武三年（1370），扬州府于城门内设惠民药局，有司吏2名，并设提领。洪武十七年（1384），徐州府在州前街开设惠民药局，设内科和外科，制售少量中成药和中药饮片。万历二十四年（1596），明代医药学家李时珍药学专著《本草纲目》在南京首次刻印。在中医临床实践中，江苏地区涌现出薛己、陈实功、王肯堂、缪希雍、吴有性等中医药名家。

1. 薛己与《薛氏医案》

薛己（1488—1558），字新甫，号立斋，吴县（今江苏苏州）人，出身于中医世家。其

① （明）邝璠著，石声汉等校注：《便民图纂》，农业出版社1959年版。

父薛铠，字良武，府学诸生，精医理，弘治中曾任太医院医官，以儿科及外科见长，著有《保婴撮要》。薛己作为中医临床大家，对外科、内科均有较深造诣，又旁通妇、儿、五官诸科。1506年，薛己补为太医院院士，后升任御医和南京太医院院使。薛己致仕后，仍常到江南各地行医，同时勤于著述，留下不少中医药著作，主要著作收入《薛氏医案》。

《薛氏医案》是一部久负盛名的医学丛书，薛己对一些中医名著的注释发挥更是影响深远。《薛氏医案》汇集了薛己及其父所撰写和校注的医书共24种，又称《薛氏医案二十四种》。[①] 合刊的24部医书，医经有《十四经发挥》、《难经本义》，本草有《本草发挥》，诊断有《敖氏伤寒金镜录》，伤寒有《伤寒钤法》，综合性医书有《平治荟萃》、《明医杂著》，内科有《内科摘要》，外科有《外科发挥》、《外科心法》、《外科枢要》、《痈疽神秘验方》、《外科经验方》、《外科精要》，妇科有《校注妇人良方》、《女科撮要》，儿科有《钱氏小儿直诀》、《陈氏小儿痘疹方论》、《保婴撮要》、《保婴金镜录》，骨伤科有《正体类要》，口齿科有《口齿类要》，眼科有《原机启微》，麻风专著有《疠疡机要》。

明中叶，"河间"、"丹溪"之学盛行，多用寒凉，薛己为纠时弊，主张温补，发挥"东垣"之学而成一家之言。薛己治病，善用温补肾阳之剂，是明代"温补派"创始者，后世赵献可等遵其学说而形成中医温补派。《四库全书总目》评论薛己治病："务求本原，用八味丸、六味丸直补真阳真阴，以滋化源，实自己发之。其治病多用古方，而出入加减，具有至理，多在一两味间见神明变化之妙。"[②]

2. 陈实功与《外科正宗》

陈实功（1555—1636），字毓仁，号若虚，通州（今江苏南通）人，外科正宗派创始人，其代表作《外科正宗》在中医外科学术领域有着重要地位。[③]《外科正宗》共4卷，卷一总论外科疾患的病源、诊断与治疗，卷二至卷四分论外科100余种常见疾病，首论病因、病理，次叙临床表现，再详论治法，并附以典型病例，书中还绘有插图30余幅，描述了各种重要疮肿的部位和形状。陈实功兼顾内外，注重外治，强调"开户逐贼"，"使毒外出为第一"，以扩创引流。他主张加强营养，反对无原则的禁忌，这些主张在普遍重视内治的晚明时期具有进步意义。《外科正宗》中记载药方广泛，集唐宋以来外科外敷内服方药之大成，记录了当时多种外科先进技术，如截肢、鼻息肉摘除、气管缝合、咽喉部异物剔除术以及用枯痔散、枯痔钉、挂线法治疗痔瘘等方法。书中还记载了多种肿瘤治疗方法，如对乳癌的描述和愈后判断，全面具体，切合实际，其所

---

① （明）薛己等撰，张慧芳、伊广谦校注：《薛氏医案》，中国中医药出版社1997年版。

② （清）纪昀总纂：《四库全书总目提要》卷一〇四《子部十四·医家类二》，河北人民出版社2003年版，第2641页。

③ （明）陈实功：《外科正宗》，中医古籍出版社1999年版。

创制的和荣散坚丸、阿魏化坚膏能缓解恶性肿瘤患者之症状，延长生命。《外科正宗》介绍了中医外科学的病因、病机、诊断和治疗原则，有许多外科疾病的诊治方法和治验医案，图文并茂，以"列症最详，论治最精"见称，是一部中医外科理论和临床实用价值的中医名著。

3. 王肯堂与《证治准绳》

王肯堂(1549—1613)，字宇泰，自号念西居士，金坛人。自幼好医学，嘉靖四十五年(1566)，其母病危，"常、润名医，延致殆遍，言人人殊，罕得要领，心甚陋之，于是锐志学医。既起亡妹于垂死，渐为人知，延诊求方，户履恒满"①。曾任福建参政，晚年辞职回乡，边研习医学，边给民众治病，成功地为患者施行切除术、落耳再植术；通过"以惊驱惊"，治愈一富家子弟因科举得中惊喜过度而得的精神病。治病之余，他撰写医书，广泛收集历代医药文献并结合临床经验，用10余年时间编成《证治准绳》。

《证治准绳》全书分六科，即《杂病证治准绳》8卷、《类方证治准绳》8卷、《伤寒证治准绳》8卷、《疡医证治准绳》6卷、《幼科证治准绳》9卷、《女科证治准绳》5卷，共44卷。内容涉及内、外、妇、儿、五官等临床各科的证论方治，论述各科证治尤详，故名《证治准绳》，又因所论内容为6种，故又有《六科证治准绳》和《六科准绳》之称。

《证治准绳》是一部集明以前中医学之大成的名著，内容丰富，有"医家圭臬"之称，可使"不知医不能脉者，因证检书而得治法"。书中对各种疾病的症候和治法叙述"博而不杂，详而有要"，为后世中医学者所推崇。除《证治准绳》外，王肯堂还著有《医镜》4卷、《新镌医论》3卷、《郁冈斋笔尘》等书，辑有《古代医统正脉全书》44种，今人统辑为《王肯堂医学全书》。

4. 缪希雍及《神农本草经经疏》等

缪希雍(1546—1627)，字仲醇，号慕台，常熟人，后迁居金坛。父早亡，幼年孤苦。17岁患疟疾，自阅医书，得方治愈，遂立志从医，搜求医方，研究药道，博涉各种医书，尤精本草之学，认为"神农本经，譬之六经；名医增补别录，譬之注疏。本经为经，别录为纬"。缪希雍医德高尚，医术精湛，治病多奇效，行医以"生死人，攘臂自快，不索谢"为宗旨。传存著作有《先醒斋医学广笔记》、《神农本草经经疏》、《本草单方》。②

《神农本草经经疏》30卷，集录各种中草药物1400余种。卷一载读经疏引和"续序例上"，包括原本药物气味生成指归、药性主治参互指归、药性简误指归、论七方本义、论十剂本义、五脏苦欲补泻论、治法提纲、药性差别论等33首医论。卷二载诸病应忌药总例和"续序下"，包括阴阳表里虚实、五脏六腑虚实、六淫、杂证、妇人、小儿、

---

① (明)王肯堂：《证治准绳·自叙》，中国中医药出版社1997年版，第3页。

② 任春荣主编：《缪希雍医学全书》，中国中医药出版社1999年版。

外科七门病证的病机和用药宜忌。卷三至卷三十，则按《证类本草》将药物分为玉石部、草部、木部、人部、兽部、禽部、虫鱼部、果部、米谷部、菜部等十类。

《本草单方》共19卷，记载了内、外、妇、儿各科199种病证，录方4005个，引用医著400余种。所载方剂均言其出处、处方配伍、药物炮制、加减禁忌等，这些方剂都为古代和当时实用而有效的名方、单方、秘方，有很高的临床参考价值。

《先醒斋医学广笔记》共4卷，卷一至卷三汇集了缪氏对内、外、妇、儿等科常见病的治疗心得、临床验案及有效药方。其中，中风治法大略、伤寒治法大要、吐血三要法和甘寒滋润滋阴治脾等，突出反映了缪氏的学术思想。卷四收录的炮炙大法和用药凡例，记述了439种常用药物的炮炙方法及丸散膏丹汤的制法、煎服法等。

5. 吴有性与《温疫论》

吴有性(1592—1672)，字又可，吴县(今江苏苏州)人。崇祯十四年(1641)，瘟疫遍及山东、河南及江南各地，医生们束手无策，时年49岁的吴有性目睹了肆虐的瘟疫给广大百姓带来的深重灾难，强烈的社会责任感促使他对瘟疫的病因及传染情况进行深入的考察和研究，翌年写成《温疫论》2卷。

《温疫论》是我国第一部有关传染病著作，是中医发展史的一次重大突破，为以后温病学派的发展奠定了学术基础。吴有性在《自序》中认为，“温疫之为病，非风、非寒、非暑、非湿，乃天地间别有一种异气所感”[①]。温疫的致病因子是“异气”，又称“杂气”和“戾气”等，并将温病、瘟疫和伤寒截然分开，突破了前人“六气学说”的束缚，在中国第一次提出机体抗病功能不良、感染戾气为发病原因的新论点。戾气是物质性的，可采用药物制服。虽然戾气“无形可求，无象可见，况无声复无臭，何能得睹得闻”，但它是客观存在的物质，又进一步指出“物之可以制气者药物也”。戾气的传播途径主要是通过空气与接触，由口鼻进入而致病。戾气有特异性，只有某一特异的戾气才引起相应的传染病。《温疫论》重视机体抵抗力的重要性，“正气充满，邪不可入”，机体抵抗力强，则能减少传染发病的可能性。提出传染病“有天受，有传染”，“天受”就是空气传染，“传染”就是接触传染。书中记载了不少当时治疗传染病的新方法，后世中医学者在《温疫论》的基础上发展形成了中医温病学说。

五　建筑艺术

明代江苏建筑艺术取得了长足进步，建筑工程技术有了进一步提高。明代南京城、明孝陵、金陵大报恩寺塔和江南园林等建筑集中地体现了明代江苏建筑艺术的最

---

① (明)吴又可著，曹东义、杜省乾校注：《温疫论译注》，中医古籍出版社2004年版。

高成就，其中明孝陵和苏州古典园林如今已成为世界文化遗产。①

1. 明孝陵

洪武三十一年(1398)闰五月十日，朱元璋“崩于西宫”，享年71岁。当时南京已进入夏季，朱元璋遗体停灵七天后即下葬，与皇后马氏合葬于明孝陵。明孝陵位于南京城东紫金山南麓独龙阜玩珠峰下。早在洪武十四年(1381)，朱元璋即命中军都督府佥事李新主持陵墓的营建工程，因朱元璋主张“以孝治天下”，遂定名为“孝陵”。为营建孝陵，明廷先后调派10余万工匠，其附属工程一直到永乐初年才竣工，前后延续30余年。

明孝陵规模宏大，建筑雄伟，参照了唐宋以后帝王陵墓形制并有所增益，现存孝陵遗迹大致可分为神道和陵寝建筑两大部分。

神道从下马坊至孝陵正门，包括神烈山碑、大金门、四方城、神道石刻和御河桥。下马坊即孝陵的入口处，是一座二间柱的石牌坊，额上刻“诸司官员下马”六个楷字。坊东36米处为神烈山碑，嘉靖十年(1531)立，正面“神烈山”3字为阴文双钩浅刻。下马坊西北750余米处为明孝陵第一道正南大门——大金门，现存券门洞3个，中门较高。大金门正北70米处是永乐十一年(1413)明成祖朱棣为其父朱元璋所立的“大明孝陵神功圣德碑”，碑身高8.84米，碑上楷书阴刻2746字，碑文由朱棣撰写，记述了朱元璋一生的丰功伟绩，该碑是南京地区最大的一块古碑。原有碑亭，其顶现已毁，仅存方形四壁，俗称“四方城”。其西北过御河桥是通向陵墓的神道，两侧有6种12对共24件石兽，依次为狮、獬豸、骆驼、象、麒麟、马，每种两对，一立一蹲，南北相对。石兽尽处，神道折向正北至棂星门，长250米，置一对石望柱(华表)和四对各高3米的石翁仲(石刻人像)，石翁仲文臣、武将各两对，一对年轻无须者和一对年老有须者。明孝陵保存下来的石刻，雕琢朴实细致，纹饰精美，是明初石刻艺术的代表作，具有重要的历史和艺术价值。棂星门现已坍毁，仅存6个石柱础。经棂星门绕至孙陵岗(今梅花山)北麓，御河上有并列的5孔石板桥，现存3孔。

孝陵陵寝主体建筑包括文武方门、御碑殿、享殿、方城、明楼、宝城等，都是按照中轴线布局，体现了中国传统的建筑风格。孝陵正门在御河桥北200米，原有文武方门五间，三大两小。清同治时改为一道门，门额青石阴刻楷书“明孝陵”，为曾国藩手书。1998年，南京市有关部门恢复文武大门原貌，五门、黄瓦、朱门、红墙。文武方门后原有

---

① 苏州园林以拙政园、网师园、留园、沧浪亭、狮子林、环秀山庄等为代表，集中了江南园林建筑的精华，分别代表了宋、元、明、清不同时代的建筑风格。1997年，被联合国教科文组织列入《世界文化遗产名录》。2000年11月，苏州艺圃、藕园、沧浪亭、狮子林和退思园5座园林作为苏州古典园林的扩展项目被批准列入《世界遗产名录》。2003年7月，明十三陵和明孝陵作为明清皇家陵寝的一部分收入《世界遗产名录》。

东西两井,东井废,西井保存,井亭仅存柱础。不远处为御碑亭,亭内陈列着清代皇帝谒陵时留下的墨迹碑刻,其中以康熙皇帝手书"治隆唐宋"碑最为突出。御碑亭处原为孝陵享殿前的中门,即孝陵门,在它的左右两侧原建有御厨、宰牲亭、具服殿等建筑,今皆毁,仅存柱础等。清代在原石须弥座上修建了御碑亭。御碑亭后是孝陵的主建筑享殿,即孝陵殿旧址,现仅存 3 层须弥座台基,上有大型柱础 56 个,可见当时建筑规模之宏大,现有建筑为同治年间修建的三小间享殿,规模已大为缩小。享殿后百余米过大石桥,就是方城,它是一座东西长 75.26 米、高 16.25 米、南北宽 31 米的城堡式建筑,又称明楼,是明孝陵最后一重建筑。方城由巨型的条石堆砌而成,正中开拱门式斜隧道,出隧道东西各有石级可登城顶。城顶原建有宫殿式建筑明楼,明楼顶部及木质结构已毁,现仅存四面砖墙,南面有拱门 3 个,另三面各有拱门一道。方城后面建筑在独龙阜玩珠峰上的宝顶,又称宝城,即明太祖地下宫殿所在地,地宫南石壁上横刻"此山明太祖之墓"七个大字。宝城是个直径约 400 米的圆形大土丘,依山势高低起伏,下砌巨石,上用明砖垒筑,厚实坚固。

明清两代政府对明孝陵的保护都十分重视。为了守护孝陵,明朝廷内设神宫监,外设孝陵卫 5000 多士兵日夜守护。崇祯十四年(1641),明朝廷在孝陵立"禁约碑",重申严格保护孝陵的条例,任何破坏者将被严惩。明代孝陵,亭阁相接,享殿巍峨,陵园内植松 10 万余株,养鹿千头,每头鹿颈间挂有"盗宰者抵死"的银牌。在孝陵的东侧,还有朱元璋长子朱标的陵墓,史称东陵。清朝廷为笼络广大汉族民心,对明孝陵很注意保护,康熙、乾隆帝每次南巡路过南京时都亲往谒陵,并特设守陵监 2 员、陵户 40,拨给司香田若干。

明孝陵代表了明初皇家建筑和石刻艺术的最高艺术成就,是中国陵墓建筑和陵墓文化的缩影,直接影响了明清帝王陵寝形制,此后明清帝王陵寝基本按照南京明孝陵的规制和模式营建。明孝陵从起点下马坊至地宫所在地的宝顶,纵深 2600 多米,沿途分布着 30 多处不同风格、用途各异的建筑物和石雕艺术品,整体布局宏大有序,单体建筑厚重雄伟,细部装饰工艺精湛,凝聚了明代工匠们的才智。明孝陵在建制和布局上较前代有许多创新。如改方丘为圆坟,外建圆形宝城,新创明楼,神道依山势回转。还将唐、宋诸陵寝上、下二宫制合二为一,自陵门以内到神厨、神库、殿门、享殿,与东西庑纳入平面长方形的方城之中。明孝陵至今已有 600 余年,1961 年 3 月被中华人民共和国国务院宣布为第一批全国重点文物保护单位。2003 年 7 月,联合国教科文组织世界遗产委员会第 27 届会议将明孝陵和北京十三陵作为明清皇家陵寝的扩展项目正式列入《世界遗产名录》。①

2. 金陵大报恩寺塔

1843 年时的南京大报恩寺琉璃塔(西方画家素描)

明代,金陵大报恩寺及九级琉璃塔位于南京聚宝门外秦淮河畔长干里。长干里历史悠久,早在孙吴时即建有佛教寺塔。东吴赤乌十年(247),康居(西域古国,约在今巴尔喀什湖与咸海之间)高僧康僧会由海路抵达东吴都城建业(今江苏南京),传播佛法,致佛舍利。为供奉佛舍利,东吴大帝孙权修建初寺及阿育王塔,是为江南佛教塔寺之始。② 东吴末年,建初寺为孙綝"毁除之,塔亦同尽"。晋太康间,重修建初寺,名为长干寺,并造三级塔。时僧人慧达(刘萨诃)在寺基下发现一只铁箱,铁箱内套有银箱,银箱内又套金箱。金箱内收藏着多枚晶莹圆润的佛祖舍利及佛祖指甲、头发等物。慧达重建阿育王塔,盛装舍利供奉塔中,最外层为坚固的石函,函内放置铁壶,壶内放置银坩,坩内放置金镂罂,罂内再放置一只琉璃碗,碗内盛装舍利。南朝萧梁时,梁武帝萧衍对长干寺双塔进行改造,将舍利分为两份,每份都用金罂、玉罂层层盛装,分别放入两座由黄金、宝石制成的七宝小塔中,最外层用石函封固。这两个石函连同各种宝物分别放入两座塔的地宫之中,使得地宫之中"珍宝充积"。唐长庆四年

① 介绍和研究明孝陵历史和概况的相关书籍主要有:(民国)王焕镳:《明孝陵志》,南京出版社 2006 年版;姚迁主编:《明孝陵》,文物出版社 1981 年版;季士家主编:《明孝陵志新编》,黑龙江人民出版社 2002 年版;王前华等编:《明孝陵史话》,南京出版社 2003 年版。

② (梁)释慧皎撰,汤用彤校注:《高僧传》,中华书局 1992 年版,第 14—16 页。

(824),润州刺史李德裕将长干寺阿育王塔地宫打开,发现了21枚舍利。其中11枚迁往润州,余10枚留在原地。宋天禧元年(1017),重修长干寺,并改称天禧寺。宋大中祥符年间,建圣感塔。元至元二十五年(1288),诏改天禧寺为"元兴天禧慈恩旌忠教寺",改塔名"慈恩塔",元末寺塔毁于战火。

洪武年间,工部侍郎黄立恭疏请募修寺塔,费金2.5万两。永乐六年(1408),寺塔全毁于火。永乐十年(1412),朱棣敕工部征天下良工重建寺、塔,赐寺名"大报恩寺",并亲制碑文。① 大报恩寺塔工程役使工匠近10万余人,按皇宫标准营建。地基先钉入粗大木桩,然后焚之成炭,再用铁轮滚石碾实,木炭上加铺一层朱砂,以防潮、杀虫。至宣德三年(1428),全部工程才完成。

大报恩寺琉璃塔位于大报恩寺大殿后,建造于永乐十年(1412)六月,至宣德六年(1431)八月完工,前后19年而成。宝塔共有9级,高约78米,为当时南京的最高建筑,甚至数十里外长江上也可望见。塔身白瓷贴面,拱门琉璃门券。门框饰有狮子、白象、飞羊等佛教题材的五色琉璃砖。琉璃塔建成后,九层内外共设146盏篝灯。宣德间,诏选行童百名,连续点灯,昼夜长明,名"长明灯"。白天与日争辉,夜晚则烟火腾龙,蔚为大观。"灯盏蜊壳制成,内置油盘,灯芯直径盈寸,附有机栝,燃时引入檐内,既则旋机使出,不劳攀援也。按,建筑时,不施架木,造一层,四周壅土一层,随建随壅,至九层,则亦堆壅九层,始终在平地建造,及工竣,复将所壅土除去,而塔身始现。"②史载,建造此塔烧制的琉璃瓦、琉璃构件和白瓷砖,均一式三份,建塔用去一份,其余两份编号埋入地下,以备有缺损时,上报工部,照号配件修补。③ 刹顶镶嵌金银珠宝。角梁下悬挂风铃152个,日夜作响,声闻数里。嘉靖四十五年(1566),大报恩寺遭受雷击被焚毁,塔及禅院幸存。此后,万历二十八(1600)塔顶重修,康熙三十八年(1699)、嘉庆七年(1802)清廷先后拨款修缮。咸丰六年(1856),占据南京的太平军"觊其塔顶为黄金所铸,用火药轰之,复挖空塔座下基地,数日塔倒,寺遭焚毁"④。

明初至清中叶,金陵大报恩寺塔是南京城最负盛名的标志性建筑,被誉为"天下

① 明人沈德符认为,大报恩寺是朱棣为太祖孝慈马皇后所建。"南京报恩寺逼近聚宝门外,其塔高入云表,文皇竭天下之力,十六年始成,当时为报太祖孝慈后罔极大恩,因以为名。然帝城胜概,一览无遗,万一风尘之警,城阃尽闭,宁不寒心。昔人云兀术登雨花台,则城中飞走皆不能遁。况此塔高于雨花台二三倍耶?"(《万历野获编》卷二四《畿南三大》,《明代笔记小说大观》本,上海古籍出版社2005年版,第2541页)

② (民国)张惠衣:《金陵大报恩寺塔志·大报恩寺塔说明》,南京出版社2007年版。

③ 1958年,在琉璃塔附近出土了大批琉璃构件,其上多带有墨书的字号标记,现分藏于中国历史博物馆、南京博物院和南京市博物馆。2004年后,南京市政府开始筹划复建事宜,2007年,大报恩寺遗址公园正式启动建设。2008年8月6日,南京博物馆考古专家对南京大报恩寺遗址北宋长干寺地宫进行考古发掘,在地宫内发现1.3米高的神秘铁函,铁函里有一尊金光闪耀的鎏金七宝阿育王塔。

④ (民国)张惠衣:《金陵大报恩寺塔志·大事记》,南京出版社2007年版,第128页。

第一塔”,成为海内外游客来金陵必游之地,文人墨客留下许多赞颂诗词。金陵大报恩寺塔还是国内唯一有史料记载的琉璃宝塔,其独特的艺术价值和观赏价值在海内外享有很高的知名度,尤其是该塔采用的琉璃艺术是明代中国建筑艺术成就的代表。

3. 江南园林艺术

明代中后期,随着城市工商业经济的繁荣和发展,官僚士大夫、富商巨贾造园之风日盛,精致的私家园林在南京、苏州、扬州、无锡等城市星罗棋布,并日臻完美,形成了独特的地方风格。明清江南私家园林是中国风景式古典园林艺术的最高水平代表,对北方私家和皇家园林都产生不同程度的影响。[①] 江南是中国古典私家园林分布最为密集的地区,主要具有三个显著特点:叠石理水[②];花木种类众多,布局有法;建筑风格淡雅、朴素。

南京园林

明代南京城,初为都城,后降为留都,官绅商贾云集,私家园林众多。明初,开国元勋徐达家族在南京即拥有东园、西园、魏公南园、魏公西园、四锦衣东园、万竹园、三锦衣北园、金盘李园、九公子家园、莫愁湖园等大小私家园林 10 处。[③] “最大而雄爽者,有六锦衣之东园;清远者有四锦衣之西园;次大而奇瑰者,则四锦衣之丽宅东园;华整者魏公之丽宅西园;次小而靓美者,魏公之南园与三锦衣之北园。”[④]徐达死后,长子袭魏国公,其余子孙多在南京都督府锦衣卫任职,故称之“锦衣”。

东园是南京一处规模较大的游憩园,距聚宝门(今南京中华门)不远,园中有心远堂、一鉴堂、小蓬莱等建筑,当时“园之衡袤几半里,时时得佳木”。民国时,在东园遗址上改建为“白鹭洲公园”。

号称“金陵第一园”的瞻园,始建于明代。明太祖朱元璋称帝前,该园为吴王府。朱元璋称帝后,将它赐予“开国第一功臣”中山王徐达,成为徐达府邸西园,园以石胜,又有亭台池馆。清朝乾隆皇帝巡江南时曾驻跸于此,瞻园的现有匾额即乾隆亲笔所题,太平天国时期曾为东王杨秀清的府邸。瞻园是南京仅存的一组保存完好的明代

---

① 参阅周维权:《中国古典园林史》(第二版),清华大学出版社 1999 年版;童寯:《江南园林志》,中国建筑工业出版社 1984 年版。

② 古代中国园林设计中以石材造景称为“叠石”,以水造景称“理水”。水是流动的,不定形的,与山的稳重固定恰如其分地形成鲜明对比,水中的天光云影、周围景物的倒影、水中的游鱼、荷花睡莲等,使园景生动活泼,所以有“山得水而活,水得山而媚”之说。由于水无定形,它在园林中的形态是由山石、驳岸等来限定,所以叠石与理水在中国园林设计中是不可分割的一对组合。

③ (明)顾起元撰,陈稼禾点校:《客座赘语》卷五《金陵诸园记》,中华书局 1987 年版,第 160 页。

④ (明)王世贞:《弇州续稿》卷六四《文部·记·游金陵诸园记》,《影印文渊阁四库全书》第 1282 册,台湾商务印书馆 1986 年版,第 835 页。

金陵第一园——瞻园

古典园林建筑群，与无锡寄畅园、苏州拙政园和留园并称为“江南四大名园”。

万竹园位于南京城西南，近城根处，为徐达后人徐继勋宅园，园中多种竹，“幽篁成荫，群鹭飞翔”，故名。后为官员王尧封、张文晖、许长卿分而有之，园中多植花木修竹，尤以绣球花著名。

此外，南京城内还有同春园、武定侯园、市隐园、武氏园、王贡士杞园、宅傍园、乌龙潭园等私家园林。① 同春园，乃明齐王朱榑后裔所修，园中宽广宏饬，绿树掩映，有嘉瑞堂、荫绿堂、藻鉴阁、玉亭漱，叠石为山，广栽牡丹、芍药等。市隐园，位于武定桥油坊桥，为姚元白所创，园中有玉林、茶泉、中林堂、恩元室、春雨畦、观生处、容与台、海月楼、鹅群阁、洗砚矶、柳浪堤、秋影亭、浮玉桥、芙蓉馆、萃止居等景观。

苏州园林

明代苏州的经济文化繁荣，造园艺术日臻成熟，出现营造私家园林的高潮，众多商人和致仕官员到苏州购田置宅、建园墅以自适。明代苏州园林成为中国古典园林艺术的杰出代表，其景色之奇美，布局之绝，构思之巧，均居全国之冠，时有“江南园林甲天下，苏州园林冠江南”的美誉。明代文人袁宏道曾任吴县县令，在《园亭纪略》一文中叙述了当时苏州名园概况：“吴中园亭，旧日知名者，有钱氏南园，苏子美沧浪亭，

① （明）王世贞：《弇州续稿》卷六四《文部·记·游金陵诸园记》，《影印文渊阁四库全书》第1282册，台湾商务印书馆1986年版，第835—844页。

朱长文乐圃，范成大石湖旧隐，今皆荒废。所谓崇冈清池，幽峦翠筱者，已为牧儿樵竖斩草拾砾之场矣。近日城中，惟葑门内徐参议园最盛，画壁攒青，飞流界练，水行石中，人穿洞底，巧逾生成，幻若鬼工，千溪万壑，游者几迷出入，殆与王元美小祇园争胜。祇园轩豁爽垲，一花一石，俱有林下风味。徐园微伤巧丽耳。王文恪园在阊、胥两门之间，旁枕夏驾湖，水石亦美，稍有倾圮处，葺之则佳。徐冏卿园在阊门外下塘，宏丽轩举，前楼后厅，皆可醉客。石屏为周生时臣所堆，高三丈，阔可二十丈，玲珑峭削，如一幅山水横披画，了无断续痕迹，真妙手也。堂侧有土垄甚高，多古木，垄上太湖石一座，名瑞云峰，高三丈余，妍巧甲于江南。相传为朱勔所凿，才移舟中，石盘忽沉湖底，觅之不得，遂未果行。后为乌程董氏构去，载至中流，船亦覆没，董氏乃破赀募善没者取之，须臾忽得其盘，石亦浮水而出，今遂为徐氏有。范长白又为余言，此石每夜有光烛空，然则亦神物矣哉！拙政园在齐门内，余未及观，陶周望甚称之。乔木茂林，澄川翠干，周回里许，方诸名园，为最古矣。”[①]文中“徐冏卿园”即留园的前身“东园”。万历二十一年(1593)，曾任工部营缮主事的徐泰时罢官回苏，心情抑郁，“一切不问户外，益治园圃”，遂建成东园。明代苏州园林中著名的有拙政园、留园、网师园和狮子林等，网师园始建于南宋，狮子林建于元代，拙政园、留园、西园、芳草园等均始建于明后期。

拙政园，位于苏州娄门北街，创建者王献臣，字敬止，号槐雨，苏州人，弘治进士，历任行人、御史等职。正德初年，王献臣罢官回乡，在元代大弘寺的遗址上拓建园林，“日课僮仆，除秽植楥，饭牛酤乳，荷臿抱瓮，业种艺以供朝夕。竢伏腊，积久而园始成。其中室庐台榭，草草苟完而已，采古言即近事以为名”。王献臣以西晋文人潘岳自比，并借其《闲居赋》中“此亦拙者之为政也”，将园取名为“拙政园”。园中水面占总面积三分之二，各式建筑散立于水边。当时建有梦隐楼、若墅堂、繁香坞、倚玉轩、小飞虹、意远台、桃花沜、竹涧等景观。山径水廊，起伏曲折，四时花卉不断，竹木掩映，山光水色，富于自然情趣，令人流连忘返。[②] 其布局设计、建筑造型、书画雕刻、花木园艺等方面均有独到之处，景随步移，被誉为“天下园林之母”。自明迄今，拙政园历经500年历史沧桑，园主屡经变换，建筑亦屡经修建。王献臣死后，其子将名园赌输给徐氏。崇祯四年(1631)，园东部荒废，为侍郎王心一购得，于崇祯八年(1635)建“归田园居”。顺治间，苏州设宁海将军，驻扎园内。康熙三年(1664)，改为苏、松、常兵备道

---

① (明)袁宏道著，钱伯城笺校：《袁宏道集笺校》卷四《锦帆集之二·园亭纪略》，上海古籍出版社1981年版，第180—181页。

② (明)文徵明：《王氏拙政园记》，陈植、张公弛选注：《中国历代名园记选注》，安徽科学技术出版社1983年版，第100—101页。

行馆，后卖与吴三桂女婿王永宁，后因吴三桂反清叛乱，园林被籍没入官。乾隆三年(1738)前后，苏州知府蒋棨在旧址上修建“复园”。嘉庆时，归海宁查世倓，后又归平湖吴儆，改为当铺。太平天国期间，辟为忠王李秀成的王府后花园。同治十年(1871)，巡抚张之万将其改为八旗奉直会馆，复名“拙政园”，但西部为张履谦割为“张氏补园”。1949年后，人民政府将拙政园重新整修，对百姓开放，并被列为首批全国重点文物保护单位之一。

苏州园林拙政园、留园、网师园、环秀山庄等以其精美卓绝的造园艺术和个性鲜明的艺术特点于1997年底被联合国教科文组织列为“世界文化遗产”。苏州园林占地少，融住宅与园林为一体，既有居住功能，又是多种艺术的综合体，是城市中充满自然意趣的“城市山林”，身居闹市的人们走进园林，便可享受到大自然的“山水林泉之乐”，使人们可以“不出城郭而获山林之怡，身居闹市而有林泉之乐”。

无锡寄畅园

无锡寄畅园，又名秦园，毗邻惠山寺。正德年间，兵部尚书秦金购惠山寺僧舍“沤寓房”，辟为别墅，初名“凤谷行窝”。万历十九年(1591)，秦燿由湖广巡抚罢官回乡，经营此园，疏浚池塘，构成20景。秦燿逐景赋诗，借王羲之“一觞一咏，亦足以畅叙幽情。……因寄所托，放浪形骸之外”之义，改园名为“寄畅园”。园中有锦汇漪、清籞廊、知鱼槛、凌虚阁、卧云堂、箕踞室等，所谓“高台曲榭、长廊复室、美石嘉树、曲径迷花、亭醉月渚，靡不呈祥献秀，泄秘露奇，历历在掌，而园之胜毕矣！”①此园一直为秦氏家族所有，当地俗称“秦园”。清初，秦氏家族对寄畅园几经整修，使之成为江南名园之一。

寄畅园属山麓别墅类型的园林，园景布局以山池为中心，巧于因借，混合自然，假山依惠山东麓山势作余脉状，园内的大树参天，竹影婆娑，苍凉寥落，古朴清幽。以巧妙的借景，高超的叠石，精美的理水，洗练的建筑，在江南园林中别具一格。

扬州园林

扬州位于长江与大运河的交汇处，明代扬州是南北水路的交通枢纽和繁华的商业城市，全国各地盐商云集于此。明中叶后，扬州私家园林大量涌现，名园迭出。时知名园林有皆春堂、江淮胜概楼、竹西草堂、康山草堂、行台西囿、学廨苜蓿园及荣园、休园、影园、小车园、偕乐园等等。这些园林，景物简单，重在意趣，而不在构筑。扬州园林与苏州园林一样，是中国古典园林发达城市，它既有江南园林的小巧玲珑，又有

① (明)王稚登:《寄畅园记》，陈植、张公弛选注:《中国历代名园记选注》，安徽科学技术出版社1983年版，第182页。

北方园林的巍峨壮观。

明代扬州园林绝大部分是建在城内及附廓宅园和游憩园。明末，寓居扬州徽商郑氏兄弟在扬州修筑了4座园林：郑元嗣的嘉村园、郑元勋的影园、郑元化的五亩之园和郑侠如的休园，4座园林“皆高台曲沼，酒座琴歌，意气雄豪”，其中规模和艺术水准较高的当推休园、影园。

休园，位于扬州新城流水桥畔，原为宋人朱氏园旧址，明末工部司务郑元侠如解绶还乡，买朱氏废园，重加修筑以娱老。郑元侠自称四休居士，即有粗茶淡饭，饱即休；补破遮寒，暖即休；三平两满，进即休；不贪不妒，老即休，故名其园为“休园”。[①] 休园面积50亩，坐北朝南，“回廊曲径，疏壑架岩，虽在阛阓中，俨超物外，一时交游冠盖之盛，尤多名迹”[②]。道光二十三年(1843)，休园卖与仪征魏氏，后毁于战火。

影园，位于扬州旧城西城墙外护城河——南湖中长岛的南端，由明代著名造园家计成主持设计施工，是明代扬州文人园林的代表作。崇祯七年(1634)，郑元勋延请计成设计建造影园，经8个多月的土木工程，园林初具规模，又历一年方全部竣工。影园令人耳目一新，处处体现新意，具朴野之致。影园面积较小，约5亩，但人游园中却无景尽之感，园主对园中一花一石、一亭一廊精心布置，且着意与园外景色协调，自然而不显斧凿之痕。影园“前后夹水，隔水蜀岗蜿蜒起伏，尽作山势。环四面柳万屯，荷千余顷，萑苇生之，水清而多鱼，渔棹往来不绝。春夏之交，听鹂者往焉。以衔隋堤之尾，取道少纡，游人不恒过，得无哗。升高处望之，迷楼、平山皆在项臂，江南诸山，历历青来。地盖在柳影、水影、山影之间”[③]，故命园之名为“影园”。崇祯十三年(1640)，影园开黄牡丹一株，郑元勋宴请扬州文人雅士赋诗，得七律900首，糊名誊写后寄给当时文坛领袖钱谦益评定，以南海黎美周10首为第一，郑元勋赠以特制两金杯，内刻“黄牡丹状元”字样。明末，到影园游宴的文人墨客们都留下诗文，后辑成《影园瑶华集》。

4. 建筑家

明代江苏地区还涌现出一批著名建筑家，其中最负盛名的有蔡信、蒯祥、计成等人。

蔡信(？—1438)，著名建筑匠师，明南直隶阳湖县(今江苏武进)人，“有巧思，少

---

① (明)计东：《休园记》，(清)郑庆祜：《扬州休园志》卷一，《四库禁毁书丛刊》史部第41册，北京出版社2000年版，第489页。

② 光绪《增修甘泉县志》卷一〇《古迹下》，《中国地方志集成》江苏府县志辑43，江苏古籍出版社1991年版，第460页。

③ (明)郑元勋：《影园自记》，陈植、张公弛选注：《中国历代名园记选注》，安徽科学技术出版社1983年版，第221页。

习工艺，授营缮所正，升工部主事”[①]。洪武年间，应召赴南京承担工役。永乐四年(1406)明成祖迁都营建北京时，提督调度营建工程，兼任紫禁城总工程师。宣德年间，参与指挥营建景陵等，因贡献卓著，被擢为官，历任营缮所正、营缮清吏司主事、工部右侍郎等职。

蒯祥(1398—1481)，吴县香山人，出身木匠世家，其祖蒯思明、父亲蒯福都是技艺精湛的木工。明初，蒯福曾主持南京宫殿的木作工程。蒯祥年少时随父学艺，后承父业，木工技艺超群，人称“蒯鲁班”。永乐十五年(1417)调至北京，参与紫禁城和皇宫三大殿的修建。蒯祥善于思考，既会设计，又能施工，且精于工艺美术，能双手同时运笔，所画双龙，合之如一。为避免施工的混乱和材料的浪费，蒯祥按规范化、程式化的原则，确定统一的“斗口”标准，各殿顶的施工基本模数，只要按“斗口”的级别，就可确定各部位用料的尺度；运用并合梁柱构件的技术，使小块木料经过并合、斗接、包镶之后，仍能发挥大料的作用，节约了大批木材。后以功封营缮所丞，正统年间又主持三大殿整修，天顺末年还主持裕陵的修建。成化元年(1465)，蒯祥奉旨重建因火灾焚毁的承天门(今天安门)。由于蒯祥在建筑工程方面的杰出贡献，景泰七年(1456)升任工部左侍郎。蒯祥从一普通木工而升任朝廷大吏，以自己的聪明才智，创造了紫禁城这一令人叹为观止的建筑杰作，成为江南“香山帮”工匠的鼻祖。[②]

计成(1582—1642)，字无否，苏州吴江县同里人，少年即以绘画知名，中年曾漫游北方及两湖，返回江南后，定居镇江，开始精研造园技艺，足迹遍及江南镇江、常州、扬州、仪征、南京等地，成为著名专业造园家。他主持建造的著名园林有常州吴玄的东帝园、仪征汪士衡的嘉园和扬州郑元勋的影园等。他将自己多年造园经验写成《园冶》一书，该书在中国古典园林建筑史上有着重要地位，《园冶》不仅是中国也是世界上第一本园林艺术理论的专著。崇祯四年(1631)，《园冶》成稿，七年(1634)刊行，全书共3卷，附图235幅，用四六骈体文写成。第一卷包括“兴造论”一篇、“园说”四篇，第二卷专论栏杆，第三卷分论门窗、墙垣、铺地、掇山、选石、借景等。“兴造论”泛论营园要旨，是全书总纲，指出修筑园林必须因地制宜，灵活布置。“园冶”四篇论述园林规划设计的具体内容及其细节，园林造景“虽由人作，宛自天开”，提出园林规划设计，要适应周围地貌和地形特点，扬长避短，“巧于因借，精在体宜”，“景到随机”[③]。

---

① 光绪《武进阳湖县志》卷二六《人物·艺术·蔡信》，《中国地方志集成》江苏省府县志辑37，江苏古籍出版社1991年版，第669页。

② 吴县政协文史资料委员会：《蒯祥与香山帮建筑》，天津科学技术出版社1993年版。

③ (明)计成著，陈植注释：《园冶注释》卷一，中国建筑工业1981年版，第41、44页。

第四节　哲学与宗教

一　泰州学派

明代前期，程朱理学作为官方哲学，享有独尊地位。永乐年间，明廷以程朱为标准，汇集经传、集注，编为《五经大全》、《四书大全》、《性理大全》。程朱理学断言“理”是离开事物而独立存在的实体，是世界万事万物的本原；认为“性即理”，心的本体为“性”，心的作用为“情”，“性”与“情”是体用关系；提倡是“格物致知”、“即物穷理”。现实社会中的“理”就是封建伦理道德，其“穷理”就是为了“正心”，以求“修己治人之道”，维护封建统治。明前期，思想界“皆朱子门人之支流余裔，师承有自，矩矱秩然”[1]。

明中叶后，程朱理学日益不适应社会发展的需要，王守仁的“心学”风靡一时，广泛传播，大有取代程朱理学之势。王守仁继承发扬了南宋陆九渊的主观唯心主义哲学，批判程朱理学，形成其“心学”哲学体系，提出“心外无物”、“心外无理”的宇宙观和“致良知”及“知行合一”的认识论。晚明泰州人王艮投奔王守仁门下，追随求学多年，最终形成“王学左派”——泰州学派。[2]

泰州学派创始人王艮像

王艮（1483—1541），初名银，字汝止，号心斋，明南直隶泰州安丰场（今江苏东台市安丰镇）人。他出生于一个世代以煎盐为业的贫苦灶户家庭，少年时随父兄煎盐。19岁时，奉父命至山东曲阜一带贩卖私盐。[3] 在拜谒孔庙时，他得到很大启发，认为“圣人者，可学而至也”，转而治学，日诵《孝经》、《论语》、《大学》等，置书于袖中，逢人便咨问要义。正德十五年（1520），38岁的王艮赴江西拜大儒王阳明为师，王守仁取《易·艮卦》中“道止于至善”之意，更其名为艮。

王艮师承王阳明，但不为师说所束缚，保持了独立思想的治学态度，“时时不满师

① （明）张廷玉等：《明史》卷二八二《儒林传序》，中华书局1974年版，第7222页。

② “王学”分化形成了浙中、江右和泰州三派，其中，泰州学派是声势最显、传人最多、流传最广的一派，因其创始人王艮为泰州人，故名。

③ 侯外庐、邱汉生、张岂之主编：《宋明理学史》，人民出版社1987年版，第419—420页。

说”，“往往驾师说上之，持论益高远”①，逐渐形成了自己的风格。嘉靖二年（1523），北上入京，随途讲学，引起轰动，“都人以怪魁目之”。嘉靖五年（1526），应泰州知府王瑶湖之聘，王艮主讲于安定书院，宣传“百姓日用即道”的观点，求学者纷至沓来。王阳明病逝后，王艮在家乡安丰场“自立门户”，开门授徒讲学，“四方就学益众”，为泰州学派的形成奠定了基础。注重口传心授，成为泰州学派重要特色，后人辑有《明儒王心斋先生遗集》和《王心斋全集》。②

将孟子之道与百姓日用等同起来，主张“百姓日用之道”即“圣人之道”，体现了泰州学派的平民意识。王艮否认“道”的神圣性，认为“道”并非高深莫测，就在“百姓日用之中”。“人之天分有不同，论学则不必论天分”，“愚夫愚妇与知能行便是道”，“圣人之道，无异于百姓日用。凡有异者，皆谓之异端”。“百姓日用条理处，即是圣人之条理处。圣人知，便不失；百姓不知，便会失。”③王艮将王阳明“人皆可为圣人”的命题代之以“满街都是圣人”、“晓得圣人即是自己”，打破了圣人与百姓的界限，只要你努力修身皆可成为圣人。

王艮从“天地万物一体”出发，认为人的身体是“天地万物之本”，也是“天下国家之本”。“人有困于贫而冻馁其身首，则亦失其本而非学也”，吃不饱、穿不暖即“失其本”。在物质条件上安身后，便是人身上的安，即要尊身、爱身、保身，避免辱身、害身和失身。“安身者，立天下之大本也。是故身也者，天地万物之本也。天地万物，末也。”从“安身立本”的理论出发，王艮强调维护人的尊严，“身与道原是一件。至尊者此道，至尊者此身。尊身不尊道，不谓之尊身；尊道不尊身，不谓之尊道。须道尊身尊才是至善”④。可见王艮之所以把身和道都视为“至尊者”，实际上是维护和满足个人的自然本能。只有安身，才能安天下、平天下，不知安身，何以去做天下国家事。在王艮看来，一个社会之所以危机重重，矛盾百出，关键在于个人的道德有问题。只有解决百姓衣食冷暖，才能“安身立本”，才能治国平天下。王艮“安身立本”的核心思想就是要通过正己正物、爱人敬人来调整人和人的关系，实现“人人君子，比屋可封”的社会理想。王艮肯定一个人生存的基本权利，要保住自己，就要爱人、敬人、不怨恨别人、不怠慢别人，用自己对别人的爱换取别人对自己的爱。如果别人对自己不好，是自己的功夫还不到家。王艮主张尽力保全自己，而不必“杀身成仁”和“舍生取义”，希望以超功利的爱，让人们自责，用容忍和退让来感化罪恶。

王艮认为，人心本体就是自然，自然就是快乐。他说：“人心本自乐，自将私欲缚。

① （明）张廷玉等：《明史》卷二八三《王艮传》，中华书局1974年版，第7275页。

② （清）袁承业辑：《明儒王心斋先生遗集》，1912年铅印本；陈祝生编：《王心斋全集》，江苏教育出版社2001年版。按，《王心斋全集》由《明儒王心斋先生遗集》、《心斋先生学谱》、《明儒王一庵先生遗集》、《明儒王东厓先生》四部分组成。

③④ （清）黄宗羲：《明儒学案》卷三二《泰州学案·心斋语录》，中华书局1985年版，第714—715、716页。

私欲一萌时，良知还自觉。一觉便消除，人心依旧乐。乐是乐此学，学是学此乐。不乐不是学，不学不是乐。乐便然后学，学便然后乐。乐是学，学是乐。呜呼，天下之乐，何如此学，天下之学，何如此乐。"[①]颜钧主张人性天然是善良的，罗汝芳也说："天初生我，只是个赤子。赤子之心，浑然天理。"泰州学派反对"无欲"，承认人们物质欲望的合理性。王艮认为："君子之学，以己度人。己之所欲，则知人之所欲，己之所恶，则知人之所恶。"要求满足每一个人的"欲"，成己又要成物，使人己皆得。颜钧认为"人之好贪财色，皆自天性"。何心隐更认为满足人们对味、色、声、安逸等欲望，是合乎人性的。他说："性而味，性而色，性而声，性而安逸，性也。"反对宋明理学家"存天理，灭人欲"的伦理说教，肯定人的物质欲望，认同人的天性。

主张重德轻刑，施行仁政，希望建立一个"人人君子，刑措不用，道不拾遗"的太平世界。"为人君者体天地好生之心，布先王仁民之政"，"盖刑以弼教，不得已而后用之"。"刑因恶而用，恶因无教养而生，苟养之有道，教之有方，则衣食足而礼义兴，民自无恶矣，刑将安施乎？"

强调"以孝悌为本"的"孝悌观"。王艮说："盖闻天地之道，先以化生，后以形生。化生者，天地，即父母也；形生者，父母，即天地也。是故仁人孝子，事亲如事天，事天如事亲，其义一也。""事亲从兄，本有其则，孝悌其心，其理自识。"他认为，如人人对父母孝、对兄长悌，就没有犯上作乱的人了，社会就安定了。但王艮主张的"孝"和"悌"，不是绝对盲从，而是坚持独立思考。"父兄所为，不可不识；父兄所命，不可不择。"[②]因此，王艮的"孝悌观"和传统的"孝悌观"是有原则区别的。

主张"有教无类"和"学而不厌，诲人不倦"的教育思想，反对"生而知之"的唯心主义天才论，强调后天学习的重要性。"人之天分有不同，论学则不必论天分"，提倡"愚夫愚妇皆知所以为学"。

"务本而节用"的经济政策。所谓"务本"就是要使"众皆归农"，发展生产，安定人民生活。"节用"要求统治者节省开支，不要浪费民脂民膏。为避免豪强地主侵夺农民土地，主张实行均田。

泰州学派的形成和发展经历了三个阶段：第一阶段是16世纪20—30年代，为王艮时期，是泰州学派形成和奠基时期；第二阶段是16世纪40—70年代，是泰州学派兴盛时期，以颜钧、何心隐、王襞、王栋、罗汝芳等人为代表，他们在王艮思想和理论基础上，进一步对社会结构、政治关系和制度进行批判，将泰州学派启蒙思想推上了一

---

① （明）王艮：《乐学歌》，（清）黄宗羲：《明儒学案》卷三二《泰州学案一·心斋语录》，中华书局1985年版，第718页。

② （清）袁承业辑：《明儒王心斋先生遗集》卷二《孝悌箴》，民国二年铅印本。

个新阶段;第三阶段是16世纪80年代至17世纪30年代,以李贽、袁宏道、徐光启为代表,是泰州学派发展的顶峰时期。

泰州学派是一个人数众多,成员遍布全国的学派。清袁承业在《明儒王心斋先生师承弟子表序》中收录了泰州学派五传弟子有姓名者达487人[①],他们来自全国各地,"上至师保公卿,中及疆吏司道牧令,下逮士庶樵陶农吏,几无辈无之"。上层官员,如徐樾曾任云南布政使,何心隐曾是江西省试第一名;下层百姓,如樵夫朱恕、陶匠韩贞、田夫夏廷美等。

泰州学派代表人物都具有叛逆者性格,都是一些敢于"赤手以缚龙蛇"的反封建人物,因此他们都遭受封建统治者残酷迫害。颜钧被充军,何心隐被杀,李贽被迫害在狱中自尽。泰州学派是一个以下层民众为主体的平民学派,对明末清初思想启蒙发挥了积极作用,"泰州学派是中国封建社会后期的第一个启蒙学派"[②]。

二 宗 教

1. 佛教

明初,佛教徒出身的朱元璋鉴于元朝崇奉藏传佛教的流弊,转而支持汉地佛教诸宗的恢复和发展。洪武元年(1368),明廷在南京天界寺设立善世院,命临济宗大慧派僧慧昙觉原(1304—1371)统领全国佛教之事,又置统领、副统领、赞教、纪化等僧官,掌管全国名山大刹住持的任免,南京成为全国佛教的中心。洪武三年(1370),召集各地长老议定,将全国佛寺分为禅、讲、教三种,要求僧众据己所长分类修习。洪武十五年(1382),仿宋制设立僧禄司,代替善世院"掌天下僧教事",各府、州、县分设僧纲、僧正、僧会等司,分掌其事。对于僧人普给度牒,废除过去计僧卖牒的免丁钱,并命各地沙门讲习《心经》、《金刚》、《楞伽》三经。配合度牒制度,通过登记、核对僧籍,建立僧籍制度,以防冒滥。规定每三年度牒一次,以考试的方式实行淘汰制。洪武二十四年(1391),命各府、州、县只许保留大寺观一所,僧众集中居住,限各府不得超过40人,州30人,县20人。规定出家者的年龄,男子必在40岁以上,女子必在50岁以上。[③]

禅宗。明代佛教禅宗最盛,明初禅宗大师楚石梵琦(1296—1370)曾两次参加朱元璋在南京举行的蒋山法会,深受礼重。此后,禅宗高僧季潭宗泐(1318—1391)受朱元璋之命于洪武五年(1372)在钟山建法会,后住持金陵大天界寺,掌全国僧事。明代江苏地区佛教禅宗以临济禅宗龙池系为主。宜兴龙池山幻有正传禅师(1546—1614),应天府

---

① (清)袁承业辑:《明儒王心斋先生遗集》所附《明儒王心斋先生师承弟子表序》。

② 侯外庐主编:《中国思想史纲》,中国青年出版社1980年版,第17页。

③ (清)张廷玉等:《明史》卷七四《职官三·僧道录司》,中华书局1974年版,第1818页。

溧阳人，20 岁时到宜兴显亲寺出家，礼乐庵师为其剃度，从此走上参禅悟道之途。万历时，开始游方参学，到北京城西观音庵，拜谒笑岩德宝禅师而得法，此后相继在五台山秘魔岩寺、北京普照寺、宜兴龙池禹门寺等地弘法，弟子中以密云圆悟、天隐圆修、本溪性冲三支在江苏地区流传甚广。圆悟禅师(1566—1642)，晚明临济宗重要传人，号密云，俗姓蒋，宜兴人。少家贫，从事各种劳动。29 岁时，抛妻离子，立志出家，到龙池山禹门寺从幻有正传出家，不久授法号“圆悟”。万历四十五年(1617)，住持禹门寺。后相继住持天台山通玄寺、嘉兴金粟寺、福建黄檗山万福寺、明州育王山广利寺等，广传临济宗风，被称为“临济中兴”。皈依者不可胜数，剃度弟子有数百人，嗣法弟子有常熟三峰寺的法藏、句容宝华山的通忍等 12 人。法藏(1573—1635)，字汉月，号于密，俗姓苏，无锡人。15 岁出家，19 岁得度。37 岁在金陵灵谷寺受具足戒。42 岁时，宣称：“我以天目为印心，清凉为印法，真师则临济也。”[①]53 岁时，拜圆悟为师，很快被圆悟命为“第一座”。法藏后以临济传法宗师身份历住常熟三峰清凉寺、苏州北禅大慈寺、邓尉圣恩寺等寺院，“八坐道场”，成为晚明三峰派创始人。

律宗。万历十二年(1584)，句容人如馨(古心)(1541—1615)和尚云游五台山后，任南京古林庵主，宣扬律法，中兴南山律宗，律学大振，为南山宗第 13 代律祖。晚年，应聘入南京宝华山传戒。崇祯十一年(1638)，命 12 名弟子分赴全国各地弘律。崇祯十二年(1639)，三昧寂光(1580—1645)在句容宝华山隆昌寺建台传戒，为南山宗第 14 代律祖，宝华山第一代律祖。

华严宗。佛教华严宗，以弘传《华严经》为主，故名。明代，一批华严法师至江苏地区大力传播华严之学。祖住(1522—1587)，俗姓杨，字幻依，号麓亭，丹徒人。依朝阳和尚研习《华严》等经，随高安和尚习禅。祖住后至京城习经，尽得清凉宗旨。离京南返，在京口万寿寺讲说《大疏钞》，全依澄观的著作宣讲《华严》，又至宝华山洪恩三演《大疏》，七讲《悬谈》。

明代，政府对规模较大寺院常给予一定数量的土地以赡僧。洪武年间，南京附近的天禧、天界、能仁、灵谷、鸡鸣、栖霞等国家大寺共有赡僧田近 500 顷，“芦洲亦几其半”[②]。明后期，据《金陵梵刹志》记载统计，当时南京共有 180 所寺院，共有公田 72029.76 亩，平均每所寺院占有公田 400.17 亩。[③]

---

① 《三峰和尚年谱》，转引自杜继文、魏道儒：《中国禅宗通史》，江苏古籍出版社 1993 年版，第 543 页。

② (明)葛寅亮：《金陵梵刹志》卷一六《八大寺定租碑记》，《续修四库全书》第 718 册，上海古籍出版社 2006 年版，第 596 页。

③ 何孝荣：《明代南京寺院研究》，中国社会科学出版社 2000 年版，第 265 页。按，公田指寺院拥有的田、地、山、塘、洲等，一般也称常住田地，它与寺院拥有的廊房、房地等合为寺院公产。

明朝后期，佛教出现复兴气象，名师辈出，云栖袾宏、紫柏真可、憨山德清和蕅益智旭被称为“晚明四大高僧”。其中，紫柏真可（1543—1603），字达观，俗姓沈，苏州吴江人。蕅益智旭（1599—1655），别号八不道人，俗姓钟，苏州吴县木渎人。四位高僧不满于当时丛林现状而反对独善禅门，提倡禅教一致、禅净合一。随着四大高僧提倡净土归向以后，净土修行的地位飞跃上升，取得优先发展的特权，净土宗大有取代了禅宗趋势。“四大高僧”基本结束了禅宗思想发展的历史，开辟了近代佛教念佛净土实修的道路，因而他们在中国佛教史上有着重要地位。

洪武年间，朱元璋召集江南名僧至南京，建立“广荐法会”，点校藏经，初刻《南藏》。永乐年间于南京再刻《南藏》。正统十年（1445），明廷赐新刊《大藏经》给南京蒋山灵谷寺和大报恩寺。

2. 道教

明初，实行三教并用政策，设玄教院管理全国道教事务。对于道教，朱元璋命道士编成斋醮仪范，定为玄门统一格式。洪武十五年（1382），朝廷设置道录司作为道教管理机关，道教正一、全真两大派系分设左右正二人、左右演法二人、左右至灵二人、左右玄义二人等。府设道纪司、州设道正司、县道会司，管理地方道士、女冠（道姑）。

明代，道教全真派传入江苏地区，著名道士有句容茅山刘大彬，苏州周元真、张善渊、步宗浩，如皋傅仲良、孙念二等。明隆庆元年（1567），阎晓峰（1507—1588）住茅山乾元观，将全真道龙门派与茅山派融合为一，形成阎祖派，被尊为始祖。

陆西星（1520—1606），字长庚，号方壶外史、潜虚，兴化人。博学能文，屡试不第，弃儒学道，游访仙乡名山，不久“谢去亲知，长啸入栖霞山”，隐居著述，撰有《宾翁自记》、《道缘汇录》、《南华经副墨》等10余种丹书，编为《方壶外史丛编》刊行。晚年参佛乘，撰《楞严经说约》、《楞严经述旨》、《楞严经句义》，宣扬内炼成仙，对内丹学颇有研究见地，是明代理论水平较高的内丹家。在内丹方面，他主张性命双修，从筑基炼己，摄心修性入手。在金丹命术方面，主张“真火无候，大药无斤”，不拘泥于繁琐法度，以顺乎自然勿忘勿助为要。因其未出家，不受全真教规的约束，在全真诸派外自成一家，被称为内丹之“东派”。

江苏地区知名道教宫观有句容茅山道院、吴县穹窿山上真观、苏州玄妙观、扬州蕃厘观等，其中，茅山道院和苏州玄妙观在全国享有盛名。

3. 伊斯兰教

伊斯兰教与佛教、基督教并列为世界三大宗教。伊斯兰教传入中国后，又被称为回教、清真教等。早在唐朝，伊斯兰教即从海路传入江苏扬州等地。

明初，随着回回民族的形成，伊斯兰教成为回族全民信仰的宗教，南京回族人口大增，有回族穆斯林近10万人。据明顾起元著《客座赘语》记载，明万历二十年(1592)，江宁县户籍总数3239户，其中回族人口为9230人，而万历户籍与洪武初年相比已“十不逮一”[①]。由此推算，洪武年间南京有回民近10万人，回族人口已相当可观，外地大量回族人户迁居南京是造成回族人口激增的主要原因。

洪武二十一年(1388)，朱元璋敕建净觉寺于三山街，以居西域归附之人，不久寺宇被焚毁。宣德五年(1430)，三保太监郑和重建。弘治五年(1492)重修。嘉靖年间，明世宗敕赐“净觉寺”匾额并建牌坊1座，成为中国惟一的由皇帝赐名并在牌楼上允许雕刻动物的清真寺，也是南京历史上最早的一座伊斯兰教清真寺。

南京净觉寺

明永乐年间，在得到明政府许可后，阿拉伯人在扬州的伊斯兰教活动重新活跃起来。永乐五年(1407)，一位名叫米里哈只的阿拉伯传教士，持永乐帝“敕谕”来扬州传播伊斯兰教。该“敕谕”以蒙、汉、阿拉伯三种文字书写，后一直被保存在扬州回回堂一位阿訇家中。成化元年(1465)马哈谟德、成化五年(1469)展马陆丁、弘治十年(1497)法纳等伊斯兰传教士相继来扬州传教。他们去世后均安葬于扬州普哈丁墓南侧[②]。

经堂教育，是明代中国伊斯兰教形成的一种教育体制，改变了以往父传子或师徒单传的古老教学方式。在清真寺内设经堂，聘请经师，招收一定数量的教内青少年入学。明万历年间，陕西伊斯兰经师冯少川、冯少泉到南京创办经学堂，为南京经堂教育之始。此后，经堂教育在江苏各地蓬勃发展。明后期，江苏还出现了王岱舆、张中、伍遵契等一批伊斯兰教学者。

4. 罗教

正德年间(1506—1521)，京杭大运河两岸出现罗教。罗教因其创始人罗梦鸿而得名，因罗梦鸿以“清净无为”创教，又称“无为教”。后来，其信徒尊罗梦鸿为“罗祖”，该教遂称“罗祖教”，简称“罗教”。

罗梦鸿(1442—1527)，山东即墨人，道号罗清。3岁父丧，7岁母亡，由叔婶抚养成人。成年后，曾当过漕运兵丁，终年漂泊在数千里大运河上，备尝人间艰辛和苦痛，

---

① (明)顾起元撰，陈稼禾点校：《客座赘语》卷二《户口》，中华书局1987年版，第59—60页。

② 扬州市民族宗教事务局等编：《扬州宗教》，《江苏文史资料》第115辑(《扬州文史资料》第19辑)，第30页。

同伴间的帮助和关怀，对他日后创立罗教有着深远影响。成化六年(1470)，他开始了参师访友的宗教生涯。成化十八年(1482)，经过13年的艰苦修炼，他终于“明心见怀”，“得成正果”。他首先在军丁和漕运水手中发展信徒，然后通过他们将无为教传遍长江南北各地。

明末，罗教在京杭大运河沿岸淮安、扬州、苏州等城镇发展起来。信徒们在运河岸边建立庵堂，兵丁、水手们常居寄食于此，进行教务活动。漂泊于运河上的水手教民们依靠罗教团体，互助互济，使精神和物质生活有所归宿，增强了抗御外部压力的能力。万历末，南京无为教徒将罗教五部经典重新刊行，后因罗教信徒企图把罗教经典混入佛教大藏经一事败露，南京礼部遂下令将罗教经典毁版查禁。万历四十六年(1618)四月，南京礼部颁布《毁无为教告示》：“南京礼部为毁邪教以正风俗事，照得无为教惑世诬年，原系大明律所禁，屡经部科奏准严杜，岂有邪术安高、董净源、王赓安等道人，私骗民财，刊刻五部六册等板966块，夤缘混入大藏。其言皆俚俗不经，能诱无知良民，听从煽惑。因而潜结为非，败俗伤化，莫此为甚。先该祠祭司说堂封榜，此风稍息。近复有窥伺，希图刷印广行者。甚矣，人心之难化也。除将各板督令掌印僧官当堂查毁外，合行出示晓谕。……万历四十六年四月。”①

京杭大运河两岸的漕运水手在现实生活中生存艰难，罗教成为他们精神上的主要寄托，运河两岸的乡镇是他们的活动中心。入清后，该教被朝廷视为邪教，信徒被逮，庵堂被毁。随着罗教被禁，水手们改在船上进行宗教活动，罗教逐渐向行业帮会演化。

罗教主要经典教义由罗梦鸿口授，弟子记录整理，共五部六册：第一部经《苦功悟道卷》，一卷一册；第二部经《叹世无为卷》，一卷一册；第三部经《破邪显证钥匙卷》，上、下两卷两册；第四部经《正信除疑无修证自在宝卷》，一卷一册；第五部经《巍巍不动泰山深根结果宝卷》，一卷一册。五部六册在民间广为刊刻流传，万历年间刊刻10余次。教义结合了佛教禅宗和道教中的许多教义和传统，从佛教中采纳了“心造一切”的概念，认为人的苦难是由于心里的欲望造成的，因此罗教追求无为，放弃任何欲望，以达到最高的内心状态。罗教不立文字，否定神像、寺庙，以绝对的、永恒的“真空”作为宇宙的根本。根据“真空”理论，罗清创立了“真空家乡，无生父母”的八字真诀。

5. 天主教

天主教与东正教、新教为基督教三大宗派。天主教原称“罗马公教”，明末来华的

---

① (明)沈漼：《南宫署牍》卷四，转引自马西沙、韩秉方：《中国民间宗教史》，中国社会科学出版社2004年版，第145页。

耶稣会传教士据中国“敬天”的传统，将其译为“天主教”。晚明天主教传入中国前，唐代和元代曾有基督教聂斯托利派两度传入中国，唐朝称“景教”，元朝景教徒称为“也里可温”，扬州、镇江等地曾建有景教寺院。元亡，景教衰落。

明代江苏天主教是由意大利耶稣会传教士利玛窦(Matteo Ricci)传入的。万历二十七年(1599)，利玛窦来到南京，传播天主教。他租用正阳门(今南京光华门)西营崇礼街一官邸，内设一小教堂，奉天主圣像，立堂传教。“自利玛窦入中国后，其徒来益众。有王丰肃者，居南京，专以天主教惑众，士大夫暨里巷小民，间为所诱。”[①]万历三十一年(1603)，又在南京洪武庙修建教堂。万历三十八年(1610)，王丰肃(Alfonso Vagnoni)购置房屋一所，改建为一座无梁西式教堂，1615 年落成，定名为“圣母无原罪始胎大堂”，此为南京最早的天主教堂。

南京是晚明耶稣会士传播福音的主要城市，当时，城中不少民众信仰天主教并接受洗礼，甚至一些比较开明的政府官员和社会名流也接受洗礼，加入天主教，如徐光启、冯应京(盱眙人，万历进士)、瞿太素(常熟人)、瞿式耜(常熟人)等。万历四十四年(1616)七月，明廷逮捕耶稣会传教士及天主教信徒数十人，传教士王丰肃、谢务禄(Alvaro Semedo)被驱逐出境，史称“南京教案”。这起教案使江苏天主教的教务一度中断，但天启年间，天主教在江苏的活动重新恢复。王丰肃改名高一志，重新回到南京、镇江等地传教，镇江由此成为天主教老堂口之一。崇祯元年(1628)，意大利传教士阳玛诺在南京城西谷仓(今南京石鼓路)附近重建教堂，崇祯三年(1630)落成。

万历四十一年(1613)，意大利传教士艾儒略(Aleni Jules)至淮安、扬州等地传教。他曾在扬州为一位朝廷高官讲解西学，劝其信奉天主教，为其洗礼，取教名伯多禄。后伯多禄舍家为教堂，帮助传教，全家老幼 30 多人先后受洗，改信天主教。艾儒略后又至常熟等地传教，扬州教务改归法国耶稣会士史帷贞兼管。明末清初，意大利耶稣会传教士毕方济在扬州、苏州、宁波等地传教，江苏地区天主教会的活动不断发展。

第五节　史　学

一　官修史籍

明初定都南京期间，先后官修《元史》、《永乐大典》、《太祖实录》等重要史籍。通过修史，一方面可总结历史教训“以垂鉴戒”，另一方面网罗了大量前朝遗臣和文人士

---

① (清)张廷玉等:《明史》卷三二六《外国七・意大里亚》，中华书局 1974 年版，第 8460 页。

大夫为明王朝效力，借以消除他们的反抗情绪。

1.《元史》

洪武元年(1368)十二月，朱元璋下诏编修《元史》，命中书左丞相李善长为监修，宋濂、王祎为总裁官，并由汪克宽、胡翰等16人组成了撰修班子。次年二月，在南京天界寺设立史局开始修史，至八月即完成元顺帝元统元年以前的部分史稿，同时派人赴各地征集史料。洪武三年(1370)二月再开史局，续修《元史》。此次除仍用宋、王二人为总裁官外，以朱右、贝琼等15人为纂修官。至七月，全书修成。《元史》全书前后两次编修，共210卷，其中本纪47卷、志58卷、表8卷、列传97卷。

《元史》记载了自元太祖元年(1206)至元顺帝至正二十八年(1368)160多年间的历史。《元史》主要取材于元朝的实录、后妃功臣列传及诸家所撰行状、墓志铭等，保存了不少珍贵的原始资料。《志》和《表》则主要取材于元朝所修《经世大典》。由于编修时间仓促，不可避免地存在许多不足之处。清学者钱大昕说："古今史成之速，未有如《元史》者；而文之陋劣，亦无如《元史》者。"[①]引用案牍旧文，失于剪裁。如卷一三八《脱脱传》，叙述六合之战，竟称朱元璋的军队为"贼"，显然是直录原始文献的结果。由于主纂者多为江南儒士，不通蒙文，对《元朝秘史》、《皇元圣武亲征录》等蒙元重要史料未予采用。此外，详略不均、编次失当、史实多误、内容重复、前后矛盾以及同一地名、人名、译名不统一等情况多有不同程度存在。

2. 三修《明太祖实录》

朱元璋十分重视当代史的编撰，先后令大臣编写了《大明日历》、《皇明宝训》、《洪武圣政记》等书，保存了极为珍贵的明初原始资料。《明太祖实录》前后历经三修，今存《明太祖实录》为永乐九年(1411)三修本，计257卷，记载了自元至正十一年(1351)至洪武三十一年(1398)48年间的史实。

初修本。建文元年(1399)正月，建文帝敕修《太祖实录》，命礼部左右侍郎兼翰林院学士董伦、王景彰为总裁官，廖昇、高逊志为副总裁官，王绅、胡子昭等为纂修。[②] 就在开修不到半年时，朱棣发动"靖难之役"，这对实录的修纂产生了很大影响，其中增加了不少抨击燕王朱棣的内容。建文三年(1401)十二月，经过三年撰修，全书完成。然而，朱棣登上皇位后，建文朝修纂官叶仲惠等因"修《太祖录》指斥靖难君臣为逆党，论死籍没"[③]。

再修本。建文四年(洪武三十五年)十月初，朱棣指责《明太祖实录》初修本"遗逸

① (清)钱大昕：《十驾斋养新录》卷九《元史》，上海书店1983年版，第195页。

② (清)谈迁：《国榷》卷一一《惠宗建文元年》，中华书局1958年版，第794页。

③ (明)沈德符：《万历野获编》卷一《监修实录》，《明代笔记小说大观》本，上海古籍出版社2005年版，第1901页。

既多，兼有失实”，下令重修。监修为李景隆、茹瑺，总裁为解缙，至永乐元年(1403)六月，再修本完成。然而随着监修李景隆和总裁解缙失宠、被囚后，猜疑心甚重的朱棣对再修本产生怀疑和不满，觉得李、解等人“心术不正”，遂决定三修《明太祖实录》。

三修本。永乐九年(1411)十月，朱棣命姚广孝、夏原吉为监修官，胡广、胡俨、黄淮、杨荣为总裁官，对《明太祖实录》进行第三次修改。此次修改秉承朱棣意旨，至永乐十六年(1418)五月成书。再修时焚初稿本，至三修时又毁再修本，故前二本皆未能留传下来。再修时，革除建文年号，代以洪武纪年。对洪武朝诸多重要史实隐而不书，如沉韩林儿于水和通过“胡蓝之狱”杀戮开国功臣等，对靖难之役记载尤多不实。对《明太祖实录》三修本，吴晗指出：“合而论之，盖修之故，固一以建文遗臣之指斥，一以欲隐太祖生前之过举，一以歌颂靖难之举之为应天顺人。而其最重最要者，实为‘适出’及伪撰太祖本欲立燕王之故事，以自解于天下后世也。”①

3.《永乐大典》

《永乐大典》是明代永乐初年官修的一部大型综合性类书。建文四年(1402)，朱棣夺取皇位后，深感民众对其夺取侄儿帝位十分不满，故欲借修撰《永乐大典》来笼络朝野儒士，使之为其所用，以巩固皇位。

永乐元年(1403)七月，朱棣命解缙等知名学者以文渊阁藏书为基础，编纂一部大型类书。“天下古今事物散载，诸事，篇帙浩穰，不易检阅。朕欲悉采各书所载事物类聚之，而统之以韵，庶几考察之便，如探囊取物尔。尝观《韵府》、《回溪》二书，事虽有统而采摘不广，记载太略。尔等其如朕意，凡书契以来，经史子集百家之书，至于天文、地志、阴阳、医卜、僧道、技艺之言，备辑为一书，毋厌浩繁。”②次年，解缙等集147人仅用一年时间即编辑成《文献大成》。永乐三年(1405)正月，朱棣审阅后，嫌其过于简略，敕谕解缙等在原书的基础上重修，并增派姚广孝和礼部尚书郑赐为监修，刑部左侍郎刘季篪为副监修，召集朝臣文士、宿学老儒2000余人分别担任编辑、校定、抄写、绘图、圈点等工作。对于所需书籍，不惜重金求购。永乐五年(1407)十一月，全书定稿进呈。朱棣审阅后十分满意，亲撰序文以纪其事，赐名为《永乐大典》，珍藏于南京文渊阁。永乐迁都后，又移至北京，深藏于故宫文楼(即文昭阁)。

《永乐大典》篇幅浩大，搜罗广泛，全书收入各类图书8000余种，计22937卷(正文为22877卷，凡例、目录60卷)，分装11095册，总字数约3.7亿字。书成后仅抄写一部，称原本；到嘉靖时，又重新抄写了一部，称副本。《永乐大典》如此浩繁，保存十分不易。明代学者郎瑛曾感慨道：“呜呼，《御览》、《元龟》不过千卷，人间亦不可得矣。

① 北京市历史学会主编：《吴晗史学论著选集》(第二卷)，人民出版社1986年版，第329页。

② 《明太宗实录》卷二一，永乐元年七月丙子条，台湾“中央研究院”历史语言研究所1962年校印本。

《大典》动以万计，安能使世传也哉?”①

《永乐大典》编纂之初，定有凡例 21 项，对材料的取舍、分类、排比等都作了明确规定。全书按《洪武正韵》的韵目编排，以韵统字，以字系事。举凡天文、地理、人伦、国统、道德、制度、名物、奇闻异见以及日、月、星、雨、风、云、霜、露和山海、江河等均随字收载。全书分门别类，辑录上自先秦、下迄明初大凡经史子集与道释、医卜、杂家之书均予收辑，并加以汇聚群分，甚为详备。凡入辑之书，不许任意删节涂改，必须按原书一字不差地整部、整篇、整段分类编入。这种编辑方法虽有差错无序等缺点，但宋、元以前之佚文释典，多赖其传世，有效地保存了明代以前的大量的哲学、历史、地理、语言、文学、艺术、宗教、科学技术等方面丰富而宝贵的史料。

如今，《永乐大典》的正本已不可见，副本也仅残存 700 余卷，绝大部分已散佚。主要原因有：人为盗窃、战火损毁、外国侵略者劫掠。如，咸丰十年(1860)英法联军和光绪二十六年(1900)八国联军入侵北京，《永乐大典》遭浩劫，部分被烧毁，部分被劫往海外。

二　地方史志

1. 官修方志

明前，江苏方志的数量和种类相对较少。至明代，随着政治稳定和经济的繁荣，江苏地区官民编纂地方史志出现了异彩纷呈的局面，保存至今的明代江苏各类地方史志有 132 种。②

明代江苏地区编修的地方史志既有通志，又有专志；既有府志，又有州、县志。其中方志名作有卢熊撰修的洪武《苏州府志》、王鏊等纂修的正德《姑苏志》、盛仪等纂修的嘉靖《惟扬志》、李登等纂修的万历《重修江宁县志》，专门类方志则有李昭祥《龙江船厂志》等。

洪武《苏州府志》由吴县人卢熊撰修。卢熊在元时曾为吴县教谕，明初因系旧官被遣，后起为工部照磨，擢升中书舍人、兖州知府等职。他撰写的洪武《苏州府志》共 50 卷，“数百里之内，二千载之间，其事可按书而得矣”。该志体例脱胎于南宋范成大绍定《吴郡志》，自洪武十二年(1379)初刻后，再也没有刻印，流传于世的刻本极少。同时它还是第一部以苏州府作志名的苏州府志，由于元时苏州没有编写过府志，所以要了解宋以后至明开国以前的历史，只能依靠该志一些笔记和书中所引资料，因而其史料价值甚高。

---

① (明)郎瑛：《七修类稿》卷一七《永乐大典》，中华书局 1959 年版，第 250—251 页。

② 倪波编著：《江苏方志考》，吉林省地方志编纂委员会 1985 年版，第 2 页。

正德《姑苏志》由林世远修、王鏊等纂修，全书60卷。苏州定名于隋开皇九年(589)，以城西南的姑苏山而得名，此志袭其义，故以“姑苏”命名。明正德年间，林世远出任苏州知府，聘请王鏊等纂修府志。王鏊以博学知名于世，聚集苏州名儒蒲应祥、杜启、祝允明、蔡羽、文璧等参与编撰，在南宋范成大的绍定《吴郡志》和卢熊的洪武《苏州府志》基础上，“参以诸家，裨以近事，阅八月成，得六十卷”。“首列沿革、守令、科第三表，自沿革、分野以下分为三十一门，而人物门中又分子目十三。繁简得中，考核精当。在明人地志之中，犹为近古。”[①]门目中设表，在苏州方志史上有着开创性意义。《驿递》一门所记驿递、铺舍的设置和变化、路程的距离等，可补正史之不足。《平乱》一门为它志所少见，许多资料不见于正史。至于正德《姑苏志》存在的不足之处，清人章学诚提出，郡邑沿革表体例不当，古今守令表毫无义例，科第表内容倒置混乱，“至于官署、建置、亭台、楼阁，所列前人碑记、序跋，仍其原文可也，志文序述创建重修，一篇之中，忽称为州，忽称为郡，多仍范《志》原文，不知范《志》不足法也。……《姑苏志》为世盛称，是以不得不辨，非故事苛求，好摭先哲也”[②]。

嘉靖《惟扬志》，朱怀干修，盛仪纂。惟扬即扬州，因《尚书·禹贡》有“淮海惟扬州”句而得名。嘉靖二十年(1541)，朱怀干出任扬州知府，令江都致仕进士盛仪主持修纂府志。所记自远古扬州，对唐宋之前记载，往往包寓江淮南北广阔区域。各门目迄止时间不一，有至明初，有至嘉靖二十一年(1542)。从现存残卷来看，全书取材广博，编纂严谨，“其荒唐不经，纵欲惑之者不录”。“惟以古今有关涉扬州事迹，仿纲目编年纪载，别为历代一志，于体例稍不协。”[③]盐务是扬州要政，因而单设《盐政志》一卷，记述历史上扬州盐制、盐法、盐务机构以及制盐之法，收录了历代有关盐务的诏议和奏疏等。此志层次清楚，叙述明晰，颇得后世称许。嘉靖《惟扬志》原刻本共38卷，现仅存18卷。清人顾炎武《肇域志》中尚保存部分散佚卷，该志为现存最早的扬州地方史志。

万历《重修江宁县志》10卷，周诗、石允珍修，李登、盛敏耕、顾起元等纂，万历二十六年(1598)刻本。万历二十三年(1595)，江宁知县周诗以“邑志不续，深阙之”，遂聘李登重修县志，李登又荐盛敏耕、顾起元协纂，历经3个寒暑，万历二十六年(1598)全书完成。其体例较正德《江宁县志》为精，采录甚严。《续修四库全书提要》对该志评价颇高，称：“此志作者，皆为一时名手，山川则属之盛文学敏耕，人物则属之顾文庄起元，而新野李公登，实总其成，故体严而事广，文简而义赅；各表志前列小序，皆彬雅

① (清)纪昀总纂：《四库全书总目提要》卷六八《〈姑苏志〉提要》，河北人民出版社2000年版，第1834页。

② (清)章学诚：《章学诚遗书》卷一四《方志略例一·书姑苏志后》，文物出版社1985年版，第132页。

③ (清)纪昀总纂：《四库全书总目提要》卷七三《〈(嘉靖)惟扬志〉提要》，河北人民出版社2000年版，第1939页。

可诵,可以为良志矣。"

《龙江船厂志》8卷,李昭祥撰,嘉靖三十二年(1553)成书。李昭祥,字元韬,上海人。嘉靖三十年(1551)升工部主事,驻南京龙江船厂,专理船政。因船厂管理混乱,岁无定法,遂以两年时间撰成该书。书分训典、舟楫、官司、建置、敛财、孚革、考衷、文献等八志,一志一卷,内附各种船图26幅。为达到经世致用的目的,作者博考史籍,严谨选材,故资料翔实,是研究明代造船史的重要史料文献。作为一部专志,它开创了我国古代记述造船工业专志的先河,颇具特色。全书体例上有所创新,指导思想上破除了"有美无刺,隐恶扬善"①的劣习。

总体而言,明代江苏地区方志无论数量还是质量在全国都处于领先水平,这些方志大多体例完善,内容丰富,为后人研究明代江苏社会经济提供了丰富的资料。一些史志佳作和方志名家在修志理论和体例等方面都有所创新和发展。

2. 私家史志

明代私人撰述史书颇多。清人说:"明人学无根柢,而最好著书,尤好作私史。"②明代,江苏文人云集,文士们撰写了众多私家史志,著名的有太仓人王世贞的《弇州史料》、《嘉靖以来首辅传》和《弇山堂别集》,江宁人焦竑编撰的《国史献征录》、《国史经籍志》、《熙朝名臣实录》和《中原文献》等,苏州人祝允明撰写的《九朝野记》、《江海歼渠记》,武进人唐顺之编撰的《广右战功》、《荆州稗编》,兴化人李清编写的《南北史合注》、《诸史异录》、《南渡录》等。这些野史笔记资料反映了当时的社会历史,是对明代官修史书的重要补充,是研究明代社会历史不可或缺的珍贵资料。在明代江苏私史撰修名家中,以王世贞、焦竑的成就和影响最大。

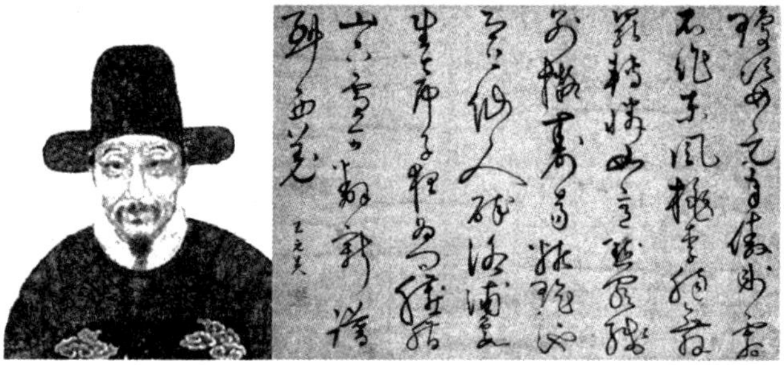

王世贞及其手迹

王世贞(1526—1590),太仓人,字元美,自号凤洲,又号弇州山人。嘉靖进士,官至南京刑部尚书。王世贞为明代文坛"后七子"之一,他倡导文学复古运动,史学认识

① (明)李昭祥:《龙江船厂志》,江苏古籍出版社1999年版,第7页。

② (清)纪昀总纂:《四库全书总目提要》卷五八《〈今献备遗〉提要》,河北人民出版社2000年版,第1591页。

上有是古非今的复古思想，推崇汉代以前的史书，认为《史记》后，史书一代不如一代。赞成“六经皆史”说，主张从史学理论的角度去研究经，将经学纳入史的范畴，更将史学的价值置于经学之上。他认为史学著述，贵真实，史家贵直笔，要对历史人物作出公正评价，给后人留下信史。对当时一些御用文人任意歪曲、篡改历史的不负责任治学态度，进行了严肃批评。《弇山堂别集》是最能体现王世贞史学思想的代表作，记载了很多有关明代有价值的学术资料。“世贞承世家文献，熟悉朝章，复能博览群书，多识于前言往行，故其所述，颇为详洽。”①时人陈文烛认为“元美千秋轶才，而不得一登史馆，目击朝家掌故，犁然有概于心，不容不置一喙”②。清朝修纂《明史》，采用了王世贞的一些研究成果，许多地方直接引用了《弇山堂别集》的原文，反映了清代学者对《别集》的重视。王世贞的史学成就，一是对本朝史撰述时求真，二是对史学理论的阐述和发展。晚年，他反省“是古非今”的史学思想，提出“博古通今”的主张，这是其史学思想的关键转折。

焦竑(1540—1620)，字弱侯，又号澹园，江宁(今江苏南京)人。万历十七年(1589)，状元及第。不久，应邀主持国史编修工作，撰《国史经籍志》5卷。又集辑了当朝人物的资料，编写整理《国朝献征录》120卷，使“一代人物得传”。焦竑一生著作甚丰，有《澹园集》、《澹园续集》、《焦氏类林》、《老子翼》、《庄子翼》、《养正图解》、《玉堂丛话》、《熙朝名臣实录》、《中原文献》、《逊国忠臣录》、《焦氏笔乘》等。

焦竑思想解放，力主史书应直笔，对于明初靖难诸臣深怀敬意。他曾亲自调查靖难大臣黄观及夫人翁氏殉难处，表彰其事迹，为其一家创立墓祠。他重视史学考据，对明朝历史人物的活动、事件、史实、制度、职官、年代等进行考证论述。不但有史才、史德，而且有相当史识水平。明人顾起元称赞道：“先生天授异才，几邻殆庶，知通圣统，上比素臣。自首廷对，领史官，毅然思有以自举其职，含毫相视，薄而不为，诚所谓业传二正(殷正、周正，谓能继史官之业)，才擅三长(谓史才、史学、史识)者矣。”③强调历史对于统治者的借鉴作用以及惩恶扬善、评判是非的作用。史家应具有强烈责任心与使命感，应选拔具有德、才、胆、识的学者出任史官。纂修正史必须坚持传信与实录的原则。强调史料是编纂与研究的基础，重视史料鉴别整理，注重史料的真实性和可靠性。焦竑虽没有提出系统的史学理论，但在搜集整理明朝史料上作出了很大贡献，一些史学编纂方法与原则对后世明史编纂有很大影响。

---

① (清)纪昀总纂：《四库全书总目提要》卷五一《〈弇山堂别集〉提要》，河北人民出版社2000年版，第1420页。

② (明)王世贞撰，魏连科点校：《弇山堂别集序》，中华书局1985年版，第2页。

③ (明)焦竑：《国朝献征录》顾起元序，《四库全书存目丛书》史部第100册，齐鲁书社1996年版，第2页。

第六节　文学艺术

随着封建商品经济的繁荣，明代江苏地区的文学艺术也有很大发展和进步，流派纷呈。明初，南京作为首都，全国各地文坛精英一时云集，成为全国的文学中心，各种文学思想和主张都由江苏地区传播至全国各地。据谭正璧主编的《中国文学家大辞典》统计，明代文学家共1401人，有籍贯可考者共1340人，其中北方仅175人，南方有1165人，整个北方不及苏州一府的文学家人数，苏州府195人，常州府65人，扬州府32人，应天府20人[①]，明代江苏地区文学之繁盛可见一斑。明代，江苏文人在小说、戏曲、诗词、散文、文学评论、书画诸方面均取得丰硕成果。

一　诗文小说

1. 诗歌

明代，江南文人墨客结社吟诗蔚然成风。“元季国初，东南人士多重诗社。每一有力者为主，聘诗人为考官，隔岁封题于郡之能诗者，期以明春集卷。私试开卷次名，仍刻其优者。”[②]作为留都的南京吸引了来自全国各地的文人士大夫，他们结成诗社，经常组织多种形式的诗歌创作活动。“海宇承平，陪京佳丽，仕宦者夸为仙都，游谭者指为乐土。弘正之间，顾华玉、王钦佩，以文章立墠；陈大声、徐子仁，以词曲擅场。江山妍淑，士女清华，才俊翕集，风流弘长。嘉靖中，朱子价、何元朗为寓公；金在衡、盛仲交为地主；皇甫子循、黄淳父之流为旅人；相与授简分题，征歌选胜。秦淮一曲，烟水竞其风华；桃叶诸姬，梅柳滋其妍翠。此金陵之初盛也。万历初年，陈宁乡芹，解组石城，卜居笛步，置驿邀宾，复修青溪之社。于是在衡、仲交，以旧老而莅盟；幼子、百谷，以胜流而至止。厥后轩车纷还，唱和频烦。虽词章未娴大雅，而盘游无已太康。此金陵之再盛也。其后二十余年，闽人曹学佺能始回翔棘寺，游宴冶城，宾朋过从，名胜延眺；缙绅则臧晋叔、陈德远为眉目，布衣则吴非熊、吴允兆、柳陈父、盛太古为领袖。台城怀古，爰为凭吊之篇；新亭送客，亦有伤离之作。笔墨横飞，篇帙胜涌。此金陵之极盛也。”[③]

明代文人在诗歌创作上不断探索，形成多个诗派。“明初诗派有五，越派昉于刘

---

① 曾大兴：《中国历代文学家之地理分布》，湖北教育出版社1995年版，第341—342页。

② （明）李东阳：《怀麓堂诗话》，《丛书集成新编》第79册，台湾新文丰出版有限公司1985年版，第102页。

③ （清）钱谦益：《列朝诗集小传·附见金陵社集诸诗人》，上海古籍出版社1983年版，第462—463页。

基，吴派昉于高启，闽派昉于林鸿，岭南派昉于孙蕡，江右昉于刘崧。而吴派最大。”[①]明初，江苏地区最具代表性和成就最大的诗人当数苏州文人高启。

高启(1336—1374)，字季迪，曾居松江(今上海市松江区)之青丘，遂自号青丘子，长洲(今江苏苏州)人。先祖由河南开封迁至苏州，至高启时家道中落。童年时，父母双亡，生性警敏，读书过目成诵，尤精历史，嗜好诗歌，常与张羽、徐贲、宋克、王行等人一起切磋诗文，人称“北郭十才子”。同时，与杨基、张羽、徐贲被誉为“吴中四杰”，其文学成就在明初文人中首屈一指。明初，高启应召赴南京参与修撰《元史》，后任翰林院编修。不久，授户部侍郎，他坚辞不受，隐归田里，朱元璋认为他不肯合作，一直怀恨在心。洪武七年(1374)，苏州知府魏观在张士诚宫殿遗址上修建府衙，此事被御史张度控告至明廷，不久魏观被杀，高启也因替魏观撰写《上梁文》，被腰斩于南京，年仅38岁。

高启在短暂的一生中创作了大量诗文，流传至今的诗就有2000余首。[②] 其诗反映了元末明初的社会现实，富有时代特色，描写了当时农民的苦难生活，具有鲜明的地方特色和浓郁的乡土气息，最能表现其个性和才华的是抒情写景的七言律诗。清人赵翼对高启极为推崇，以他为“(明代)开国诗人第一”，称赞其诗：“使事典切，琢句浑成，而神韵又极高朗，此正是细腻风光，看来平易，而实则洗练功深。”[③]梁启超称：“明有高青邱，略可比唐之陈子昂，惜后此何(景明)、李(东阳)辈，力薄不堪负荷。”[④]有学者甚至说，“高启不但是这时候的大诗人，且为明代惟一的大诗人”[⑤]。

明中期，江苏地区文坛涌现出“吴中四才子”和“金陵四大家”等一批知名诗人。苏州作为一个具有悠久文化传统、经济发达地区，士子与商业社会、市民阶层联系密切，文学上形成了具有地域特色的吴中诗派。明人袁宏道说：“苏郡文物，甲于一时。至弘、正间，才艺代出，斌斌称极盛，词林当天下之五。”[⑥]当时，徐祯卿与祝允明、唐寅、文徵明齐名，因都是吴中人，且诗风相近，又皆以诗、书、画名重当时，故称“吴中四才子”[⑦]。

徐祯卿(1479—1511)，字昌谷，吴县(今江苏苏州)人，博学多才，人称“家不蓄一

---

① 李维：《诗史》，东方出版社1996年版，第211页。

② (明)高启著，徐澄宇、沈北宗点校：《高青丘集·前言》，上海古籍出版社1985年版，第1页。

③ (清)赵翼：《瓯北诗话》卷八，人民文学出版社1963年版，第126页。

④ 梁启超：《饮冰室文集点校·书籍跋·〈高青邱集〉》，云南教育出版社2001年版，第3710页。

⑤ 刘麟生：《中国文学史》，世界书局1932年版，第366页。

⑥ (明)袁宏道著，钱伯城笺校：《袁宏道集笺校》卷一八《叙姜陆二公同适稿》，上海古籍出版社1981年版，第695页。

⑦ (清)张廷玉等：《明史》卷二八六《徐祯卿传》，中华书局1974年版，第7351页。

书，而无所不通”。弘治十八年(1505)进士及第，历官大理寺左寺副、国子监博士，因“文章江左家家玉，烟月扬州树树花”等诗句而广受赞誉，在明代诗坛上享有特殊地位，号称“文雄”。早期诗作风格近白居易、刘禹锡，及第后受李梦阳、何景明等影响，成为明“前七子”之一，倡言“文必秦汉、诗必盛唐”，积极参与文学复古运动。其诗格调高雅，纵横驰骋于汉唐之间，虽刻意复古，但仍不失吴中风情。徐祯卿后信仰道教，研习养生之术。正德六年(1511)卒于京师，年仅33岁。徐祯卿的著述有《迪功集》、《翦胜野闻》、《异林》等。所撰诗话《谈艺录》，颇多精辟警策之见，在明代诗话史和中国古代诗话史中是屈指可数的精品。

祝允明(1460—1526)，字希哲，长洲(今江苏苏州)人，因天生右手有枝指，故自号枝山、枝指生，人称“祝枝山”。出身于官宦之家，5岁能作径尺字，9岁能作诗。弘治五年(1492)中举后，7次参加进士考试均名落孙山，55岁时以举人身份出任广东兴宁知县，后迁应天府通判，人称“祝京兆”。由于他个性狂傲，对官场勾心斗角深为不满，不久即辞官回家。赋闲时，博览群书，醉心于书法、诗文创作。同时，蔑视封建礼法，为人狂放不羁，放浪形骸。“好酒色六博，善新声，求文及书者踵至，多贿妓掩得之。恶礼法士，亦不问生产，有所入，辄召客豪饮，费尽乃已，或分与持去，不留一钱。晚益困，每出，追呼索逋者相随于后。”[①]诗歌中常流露出疏狂玩世的情绪，以发泄内心不平和激愤。著有《怀星堂集》、《祝氏集略》等。

文徵明(1470—1559)，初名壁，字徵明，后更字徵仲，号衡山、停云，长洲(今江苏苏州)人。文徵明自幼习读经籍诗文，喜爱书画，文学吴宽，书法师李应祯，绘画宗沈周。少时即有才名，但科举之路十分坎坷，10次应举落第，直至54岁才受荐以贡生进京，待诏翰林院。57岁回归故里，潜心诗文书画。诗文与柳宗元、白居易相近，独步于当时“七子”，拟古文风之外，自成一格，著有《甫田集》等。

唐寅(1470—1524)，字伯虎，一字子畏，号六如居士、桃花庵主等，吴县(今江苏苏州)人。出生于商人家庭，弘治十一年(1498)29岁，参加应天府乡试，得中解元。次年，赴京会试，受科场舞弊案牵连被捕入狱。出狱后，被谪为浙江小吏，“耻而不就”，从此绝意仕进，归隐吴中以卖画为生，过着“益放浪名教外”的生活，其钤于画上的一方闲章曰“江南第一风流才子”。唐寅诗文真切平易，不拘成法，常以俚语、俗语入诗，语浅而意隽，对人生、社会常常怀着傲岸不平之气。他玩世不恭而又才气横溢，诗书画皆有名，兼通天文、历算，晚年生活困顿，54岁即病卒。著有《六如居士全集》。

明代诗人顾璘、陈沂、王韦并称“金陵三俊”，他们与后起的朱应登合称“金陵四

---

① (清)张廷玉等:《明史》卷二八六《祝允明传》，中华书局1974年版，第7352页。

大家”。

顾璘（1476—1545），字华玉，号东桥居士，先世居吴县（今江苏苏州），明初隶匠籍，迁居金陵上元（今江苏南京）。弘治九年（1496）进士，官至都察院右副都御史、刑部右侍郎等。其文学思想近“前七子”，“少负才名，与何、李相上下”①。其诗“矩矱唐人，才情烂然，格不必尽古，而以风调胜”②。著有《息园》、《浮湘》、《凭几》、《归田》等诗集。

陈沂（1469—1538），初字宗鲁，后字鲁南，号石亭，鄞县（今浙江宁波）人，以医籍迁居金陵。少好苏东坡的诗词，自号“小坡”。正德十二年（1517）进士，历官编修、侍讲、江西参议、太仆卿。著有《拘虚诗集》、《诗话》传世。论诗专以唐人为宗，极负诗名。“于时大江南北文士，称朱、顾、陈、王四家。朱、顾皆羽翼北地，共立坛墠，而鲁南能另出手眼。……江左风流，至今未坠，则二君盖有力焉。”③

王韦，字钦佩，金陵上元（今江苏南京）人。弘治十八年（1505）进士，官至河南提学副使。顾璘称其诗“婉丽多致，隽味难穷”④。

朱应登（1477—1526），字升之，宝应（今属江苏扬州宝应）人。弘治十二年（1499）进士，历官南京户部主事、延平府知府、陕西提学副使、云南布政司左参政。因恃才傲物，为流言所中，罢官后寓居金陵。朱应登较“三俊”后出，但才华不减三人。顾璘称赞他“才华彪发，泉涌锦灿，或当人落笔，一扫千言，旁观夺气”⑤。

明中期，南京还有徐霖、陈铎、金琮、谢璿、许谷、陈凤、盛时泰、陈芹等人，诗作各具特色。同时，苏州长洲人皇甫冲、皇甫涍、皇甫汸、皇甫濂兄弟 4 人好学工诗，人称“皇甫四杰”。皇甫兄弟诗作受“前七子”影响较小，模拟成分较少，部分作品反映了对现实社会的不满情绪。王世贞称：“（皇甫兄弟）俱擅菁华……吴中一时之秀，海内寡俦。”⑥明人冯时可曾将皇甫汸与稍后的王世贞相比较：“吴下能诗者，朝子循而夕元美。或问其优劣，周道甫曰：子循如齐、鲁，变可至道；元美若秦、楚，强遂称王。”⑦

皇甫冲（1490—1558），字子浚，长洲（今江苏苏州）人。弘治六年（1493）进士。“善骑射，好谈兵”，倭寇侵扰沿海，撰写了《枕戈杂言》数十万言。其诗歌较多地反映了社会现实问题，同时也表达了对现实政治的不满。明人张文峙说：“四甫之才，子浚为冠。”著有《皇甫华阳集》。

---

① （清）张廷玉等：《明史》卷二八六《顾璘传》，中华书局 1974 年版，第 7355 页。

②③⑤ （清）钱谦益：《列朝诗集小传》，上海古籍出版社 1983 年版，第 339、341、342 页。

④ （清）陈田辑：《明诗纪事》丁签卷五《王韦》，《续修四库全书》第 1711 册，上海古籍出版社 2006 年版，第 38 页。

⑥ （明）王世贞：《艺苑卮言》卷七，齐鲁书社 1992 年版，第 353 页。

⑦ （明）冯时可：《雨航杂录》卷下，《丛书集成新编》第 88 册，台湾新文丰出版有限公司 1985 年版，第 433 页。

皇甫涍(1497—1546),字子安,嘉靖十一年(1532)进士,官至浙江按察司佥事、南京刑部员外郎。著有《少玄集》。诗风清秀俊逸,语极飘洒。

皇甫汸(1498—1583),字子循,嘉靖八年(1529)进士,官至云南按察司佥事。一生结交甚广,高叔嗣、王慎中、唐顺之、陈束、王廷东、谢榛、李攀龙、王世贞等都曾与之有诗词唱和,诗名与王世贞相抗。沈德潜评其诗:“古体出入二谢,五言律亦在钱、刘之间。”[①]诗风藻丽,著有《司勋集》。

皇甫濂(1508—1564),字子约,一字道隆。嘉靖二十三年(1544)进士,初授工部都水主事,累官工部主事。其诗善于描写幽绝景观,表达了清雅闲旷之情,其两首悼子诗也颇受推崇。著有《水部集》20卷,今已佚。

明后期,江苏文人继承了明初文人结社传统,各地文人诗社众多,文士们以诗文会友,切磋学问。当时江苏地区知名的诗人有王稚登、王叔承、王志坚、俞允文、叶绍袁、顾梦麟等人。

王稚登(1535—1612),字伯谷(又作百谷),祖籍江阴利城[②],后移居长洲(今江苏苏州)。幼时聪慧过人,“四龄有占对,五龄诵诗”,“十岁为诗,长而骏发,雕香刻翠,名满吴会间”[③]。曾拜文徵明为师。嘉靖四十三年(1564),游学京城,客居大学士袁炜家,诗文深得袁氏器重,荐之入史馆修国史,后因父丧,离京归里。“嘉、隆、万历年间,布衣、山人以诗名者十数。……然声华烜赫,稚登为最。”[④]王稚登一生虽未显达,但为人豪爽,热心助人,经常济人之急。晚明著名文学家袁宏道十分敬重他的才学和为人,尊称他为“真长者”。其诗歌多描写日常生活,风格清淡平远,接近公安派,著有《王百谷全集》。

王叔承(1522—1566),初名光胤,以字行,更字承父,晚更字子幻,吴江人。少孤家贫,四出谋生,跑遍大江南北许多地方。诗文俱佳,深为王世贞兄弟称许。[⑤]

王志坚(1576—1633),字弱生,昆山人,万历进士,曾任湖北学政,卒于官。其诗文宗法唐宋名家,经史子集,无不钻研,兼通内典。著有《读史商语》、《香严诗集》、《四六法海》等。

2. 散文

明代,江苏文人在散文创作上也取得了突出成就,涌现了一批散文大家和散文名篇。

---

① (清)沈德潜、周准编:《明诗别裁集》卷七,中华书局1975年版,第75页。

② 历史上,利城曾归属常州武进,后隶属江阴。

③ (清)钱谦益:《列朝诗集小传》,上海古籍出版社1983年版,第481页。

④ (清)张廷玉等:《明史》卷二八八《王稚登传》,中华书局1974年版,第7389页。

⑤ (清)钱谦益:《列朝诗集小传》,上海古籍出版社1983年版,第494页。

明初，高启不仅以诗歌知名，其散文也很出色，其《书博鸡者事》最为知名。元末至正年间，袁州太守"有惠政，民甚爱之"，但因言语得罪"新贵"，被地方"豪民"挟私诬告入狱。当时一位以斗鸡为业者不畏强暴，率众为太守鸣不平，并当街从马上揪下"豪民"痛殴之，并游街示众，轰动一城。接着，走诉上级衙门行御史台，打出巨幅标语，大书"屈"字，游行金陵市中，迫使御史台长官接受诉状，重新审理，恢复了袁州太守官职，贬斥诬告的"新贵"。[①] 高启散文笔法堪与司马迁《史记》的《游侠列传》相媲美，全文情节曲折，叙事明快，人物形象生动，赞扬了博鸡者的壮举，颂扬了其侠肝义胆、不畏强暴、有勇有谋、敢于斗争的侠义精神。

"前七子"是弘治、正德年间兴起的散文流派代表人物的合称，包括李梦阳、何景明等七人，苏州人徐祯卿为"前七子"之一。"前七子"之后又形成了以李攀龙为首的"后七子"，太仓人王世贞和兴化人宗臣是"后七子"代表人物。

王世贞主张"文必西汉，诗必盛唐，大历以后书勿读"，摈斥中晚唐与宋诗，甚至要求作品的一字一句都要力肖古人，学用古官制、古地名。晚年观点有所变化，其散文创作，不着力于摹拟字句，重视"格法"，具有强烈的时代气息，并能真实地抒写性灵。

宗臣(1525—1560)，字子相，号方城山人，兴化人。嘉靖二十九年(1550)进士，初授刑部主事，后改吏部员外郎、福建布政参议、提学副使等官职，为人性耿直，不攀附权贵，著有《宗子相集》15 卷。散文代表作《报刘一丈书》，刘一丈为宗臣长辈，曾致书劝他在官场注意"上下相孚"，宗臣回复了此文，对当时官场流行的巴结权贵等卑劣行径作了深刻地揭露和尖锐嘲讽。

明代，前后七子在文学上主张复古，提出"文必秦汉，诗必盛唐"的口号，推崇秦汉古文和盛唐的诗歌，他们盲目尊古，否认东汉以后的文章，故人们又称他们为"秦汉派"或"复古派"。散文创作以摹拟古人为事，泥古不化，缺乏思想性，文字"聱牙戟口，读者至不能终篇"[②]。在前后七子之间，明代还出现了"唐宋派"，此派力矫前后七子之弊，既推尊三代两汉文章的传统地位，又承认对唐宋散文的继承发展，反对以文采取代"道统"，主张"文道合一"，其散文创作对后世较有影响，归有光和唐顺之是"唐宋派"的代表人物。

归有光像

归有光(1507—1571)，字熙甫，号震川，昆山人，嘉靖进

① (明)高启著，徐澄宇、沈北宗校点：《高青丘集》卷五《杂著》，上海古籍出版社 1985 年版，第 946—948 页。

② (清)张廷玉等：《明史》卷二八七《李攀龙传》，中华书局 1974 年版，第 7378 页。

士,曾任长兴县令、南京太仆寺丞等职。其散文朴素简洁自然,感情真挚动人,尤擅叙事,号称"明文第一"。著有《震川先生文集》。他既不满文学复古的主张,也反对拟古文风,主张为文根于六经、宣扬道德。归有光肯定"匹夫匹妇"的"至情",重视散文的抒情作用,其散文创作开拓了散文题材和表现方法,代表作有《项脊轩志》、《先妣事略》、《寒花葬志》等。归有光通过描述家人、朋友间的日常平凡琐事,捕捉其中最能激发人情火花的生活场景和言行细节,以清淡不经意的笔墨表现出来,真切感人。

唐顺之(1507—1560),字应德,一字义修,号荆川,人称荆川先生,武进人。嘉靖八年(1529)会试第一,官翰林编修,后调兵部主事。嘉靖年间,倭寇屡犯沿海,曾以兵部郎中督师浙江,率兵剿倭寇于海上。唐顺之知识渊博,经史、天文、地理、兵法等均有涉猎。文学上,反对前后七子拟古之风,提出文要师法唐宋,要"文从字顺",写作应"直据胸臆,信手写出",师法前人而"卒归于自为其言"。在散文创作中,他实践了自己的文学主张,文风简雅,间用口语,不受形式束缚,代表作有《竹溪记》、《信陵君救赵论》、《西峪堂草堂记》等。其《竹溪记》应约为园写记,着眼于园名的由来,赞扬竹"孑孑然有似乎偃蹇孤特之士,不可以谐于俗"的品德,文笔清新流畅,别具一格,立意新颖,有叙有议,情思遐飞而深蕴哲理。《明史》评论其文"洸洋纡折有大家风"①。著有《荆川先生文集》。

明末江南文人结成各种文社,以散文作为反对阉党专权的斗争武器,张溥的《五人墓碑记》和南明复社文人的《留都防乱公揭》等都是当时不可多得的政论性散文。张溥(1601—1640),字天如,号西铭,太仓人。他与同乡张采(1596—1648)齐名,"形影相依,声息相接,乐善规过,互推畏友",号"娄东二张"。在文学上,他主张复古,但与前后七子都不同,主张诗文应为现实服务。著有《七录斋集》。散文代表作《五人墓碑记》,文字雄健,文风质朴,充满政治激情,歌颂了苏州市民不畏强暴、舍生取义的斗争精神。

3. 小说

明代,中国古典小说创作进入繁盛期,无论是创作的数量,还是质量及其影响力,明代江苏地区作家的成就突出,施耐庵的《水浒传》、吴承恩的《西游记》和冯梦龙的"三言"等都是这一时期的不朽之作。

施耐庵编著《水浒传》

施耐庵(1296—1370),名子安,字彦端,又字肇瑞,兴化白驹场(今分属江苏兴化、

① (清)张廷玉等:《明史》卷二〇五《唐顺之传》,中华书局1974年版,第5424页。

大丰两市)人。[1] 少年时期,曾在苏州季氏家塾就读,聪慧好学,才学过人,29 岁即中举人,36 岁中进士,并结识了同榜进士、明开国功臣刘基。后任山东郓城县训导,并"官钱塘二载",后因不满官场腐败,愤然辞官,回乡开馆授徒。其间,他收下一商人之子罗贯中(即《三国演义》作者)为徒,同时开始着手撰写《江湖豪客传》(后改名《水浒传》)。[2] 明初,刘基向朱元璋举荐施耐庵,但他坚辞不就,后举家回迁兴化白驹场。不久,《水浒传》成书,施耐庵名声大振,书稿也广为人们传抄。洪武三年(1370),因病客死于淮安,后归葬于兴化施家桥。

《水浒传》是中国历史上第一部描写农民起义的长篇小说。作者以生动形象的笔墨,叙述了北宋末年以宋江为首的梁山农民起义从酝酿、发生、壮大至失败的过程,揭露了北宋末年社会的黑暗、官吏的贪腐,描写了林冲、武松等英雄被逼上梁山的经过。小说以极大热情歌颂了梁山英雄的反抗精神,表现了市民阶层对英雄侠义精神的向往,成为英雄传奇小说的典范。由于《水浒传》的巨大影响和感染力,它成为后来许多农民起义领袖武装反抗暴政的教科书,而封建统治者则将其视为"倡乱之书",屡加查禁。

《水浒传》具有较高的艺术成就,塑造了一批个性鲜明的典型人物,富于生活气息。全书结构完整而富于变化,前七十回写梁山事业由小变大,七十一回后则写义军走向招安的过程,有开端、发展、高潮和结局。小说用纯熟的古代白话写成,语言洗练明快,准确通俗,富于个性化,不同人物说不同的话,同一人物不同环境也有不同的语言。

吴承恩著《西游记》

吴承恩(1510—1582),字汝忠,号射阳山人,淮安山阳(今江苏省淮安市楚州区)人。他出身于一个由书香门第败落而为小商人的家庭,自幼即"以文鸣于淮","性敏而多慧,博及群书,为诗文下笔立成,清雅流丽,有秦少游之风。复善谐剧,所著杂记几种,名震一时"。然而科举屡试不中,43 岁时才补为岁贡生,就读南京国子监。嘉靖四十五年(1566),出任长兴县丞,"未久,耻折腰,遂拂袖而归,放浪诗酒"[3],贫病而终。吴承恩自幼喜读野言稗史,熟悉古代神话和民间传说。在其志怪小说《禹鼎志》

---

① 关于施耐庵的籍贯,学术界一直多有争议。自从在江苏大丰、兴化一带发现了施耐庵的一些文物史料后,多数学者基本上认为,施耐庵祖籍是扬州兴化,世居兴化,后迁居苏州,晚年为避战乱,又迁回兴化,旋徙居白驹场。感谢莫其康先生在《〈江苏通史〉有关施耐庵记述商榷》(《江苏地方志》2017 年第一期)一文中指出初版时此处论述的疏误,特此更正。

② 关于《水浒传》的编著者,学术界有三种不同说法:一是罗贯中撰,二是施耐庵撰,三是施耐庵、罗贯中合著。目前,多数学者认为,《水浒传》的编撰者是施耐庵。从广义来说,《水浒传》并非成于一时、成于一人,而是在宋元民间有关水浒传说故事、话本、杂剧等基础上由众多文学家合作而成,施耐庵是"总其成者",贡献最大。

③ 天启《淮安府志》卷一六《人物志·吴承恩传》。

淮安吴承恩及其故居

的序中，他说："余幼年即好奇闻。在童子社学时，每偷市野言稗史，俱为父师诃夺，私求隐处读之。比长，好益甚，闻益奇。迨于既壮，旁求曲致，几贮满胸中矣。"①他通过志怪小说的创作表达了内心对黑暗社会的不满和愤懑，"虽然吾书名为志怪，盖不专明鬼，时纪人间变异，亦微有鉴戒寓焉"。可惜其所著诗文大多亡佚，后人编有《射阳先生存稿》4 卷。

《西游记》思想性、艺术性臻于一流，是明代神魔小说的代表作。全书一百回，是在唐代高僧玄奘前往印度取经的真实历史故事及民间传说、话本和戏曲等基础上创作而成。小说叙述了唐僧、孙悟空、猪八戒、沙和尚师徒 4 人，历经 14 个寒暑、81 次磨难，最终到达西天取回真经的经过。全书以神魔为主要描写对象，幽默风趣，运用大胆的想象和夸张，创造了神奇瑰丽的神话世界，塑造了孙悟空、猪八戒等生动的神话艺术形象，充满浪漫主义色彩，成为中国古代长篇浪漫主义小说的高峰。小说大部分篇幅以神话英雄孙悟空为中心展开，颂扬了孙悟空蔑视权威、勇于叛逆的反抗精神，曲折地揭露了明代社会的黑暗，表现了广大民众不满现实，对光明和正义的渴求。全书还表现了神魔小说的两大主题：寻找与追求，斩妖与降魔。小说巧妙地将二者结合起来，警示人们在追求一个美好的理想和目标过程中，必然会遇到各种困难险阻，只有勇敢地战胜这些困难和挫折，才能到达胜利的彼岸，实现远大理想和抱负。小说宗教迷信色彩浓厚，融合了佛、道、儒三家的思想和内容，若干地方有宣扬"因果报应"思想，具有一定的时代局限。

《西游记》之后，明代还出现了不少神魔小说，最有名的当数《封神演义》。作者是

① （明）吴承恩著，刘修业辑校，刘怀玉笺校：《吴承恩诗文集笺校》，上海古籍出版社 1991 年版，第 125 页。

许仲琳，号钟山逸叟，应天（今江苏南京）人，生平不详。隆庆、万历年间，许仲琳编撰了神魔小说《封神演义》一百回，风靡一时。作者通过描写暴虐无道的商纣王和宽仁爱民的周武王之间的斗争，肯定了周伐商的正义性，通过丰富的艺术想象力塑造了哪吒、李靖等众多个性鲜明的人物形象，表现了对封建伦理道德的蔑视。

冯梦龙编撰“三言”

在晚明，随着市民阶层的壮大，反映市民社会生活的短篇小说也不断涌现，其中苏州人冯梦龙编写的《喻世明言》、《警世通言》、《醒世恒言》三部短篇小说集，是晚明市民小说的代表作，简称“三言”。

冯梦龙（1574—1646），字犹龙，长洲（今江苏苏州）人。年少读书，“才情跌荡，诗文丽藻，尤工经学”①。崇祯初，补为贡生，曾任福建寿宁知县，后闲居乡里。明亡后，奔波各地，积极投身抗清斗争，最终忧愤而死。冯梦龙一生虽穷困潦倒，但思想进步。受李贽等人影响，冯梦龙强调通俗文学所蕴涵的真挚情感和巨大的教化作用，认为小说是六经国史的补充和辅佐，主张小说创作应有艺术集中和概括性。冯梦龙以毕生精力从事通俗文学的搜集、研究和整理，“三言”是其文学思想和创作的代表作。

“三言”每书 40 卷，每卷 1 篇，共收有宋元明话本 120 篇，其中三分之二是明人的作品。“三言”内容广泛，涉及社会生活的各个方面，有描写青年男女追求婚姻自由和爱情幸福、抨击封建礼教对妇女压迫的，如《杜十娘怒沉百宝箱》、《卖油郎独占花魁》等；有描写科举制度腐朽的，如《老门生三世报恩》；有描写工商业经济繁荣的，如《施润泽滩阙遇友》、《吕大郎还金完骨肉》等。其中，也有一些宣扬因果报应、描写淫秽色情的，如《赫大卿遗恨鸳鸯绦》、《金海陵纵欲亡身》。艺术上，“三言”结构严密，情节曲折，善于刻画人物性格的复杂性，通过描写人物的动作和心理活动体现人物的性格。不足之处是，有的篇幅冗长，情节拖沓，语言欠明快，有的杂以荒诞和色情描写，宣扬宿命论思想。

冯梦龙一生著述甚多，是明代成就最大的通俗小说文学家。除“三言”外，还编有《古今谈概》、《情史》等笔记故事，整理了《挂枝儿》、《山歌》两部民歌集，增补改写了《新列国志》、《平妖传》等长篇历史小说，编辑了散曲集《太霞新奏》。

---

① 乾隆《江南通志》卷一六五《人物志·文苑一·冯梦龙传》，《影印文渊阁四库全书》第 511 册，台湾商务印书馆 1986 年版，第 749 页。

二　戏曲音乐

1. 戏曲

在元代杂剧繁荣的基础上，明代戏曲得到了进一步发展。总体而言，明代戏曲包括两大系统，即从元杂剧发展而来的明杂剧和从宋元南戏发展而来的明传奇。

明代，江苏地区的戏曲艺术涌现出一批戏曲作家和表演艺术家，南京、苏州、扬州等工商业发达城镇戏曲艺术活动频繁。明后期，苏州每年中秋虎丘曲会，“每至是日，倾城阖户，连臂而至，衣冠士女，下迨蔀屋，莫不靓妆丽服，重茵累席，置酒交衢间。从千人石上至石门，栉比如鳞，檀板丘积，樽罍云泻，远而望之，如雁落平沙，霞铺江上，雷辊电霍，无得而状。布席之初，唱者千百，声若聚蚊，不可辨识。分曹部署，竞以歌喉相斗，雅俗既陈，妍媸自别”①。南京“万历以前，公侯与缙绅及富家，凡有宴会，少集多用散乐，或三四人，或多人，唱大套北曲，乐器用筝、笙、琵琶、三弦子、拍板。若大席，则用教坊打院本，用北曲大四套者，中间错以撮垫圈、舞观音，或百丈旗，或跳队子。后乃变而尽用南唱，歌者只用一小拍板，或以扇子代之，间有用鼓板者。……大会则用南戏，其始止二腔，一为弋阳，一为海盐”②。

明代杂剧是一种将歌曲、宾白、舞蹈表演等有机结合起来，具有独特民族风格的戏曲艺术形式。明初杂剧继承了元杂剧的基本形式，以民间演出为主，成为城乡民众日常文化娱乐生活的主要内容。对于杂剧表演，明廷规定：不许扮演帝王、后妃、忠臣、节烈、先圣、先贤、神像，违者处罚。在严格限制下，明代杂剧主要是劝人忠孝节义的教化戏、正统的历史戏及空洞无物的神仙戏。

明前期的戏曲以杂剧为主，江南富贵之家多流行北曲，戏剧演出成为上流社会社交活动中的重要排场。明中叶后，文人士大夫不满于千篇一律的教化戏和神仙戏，开始创作一些历史题材和世情题材的杂剧。隆庆后，独具特点的明代杂剧在城乡文人士大夫中颇为流行，涌现出一批优秀的杂剧作品。而此时的文人杂剧与原来的杂剧也有所不同，首先突破了元代杂剧四折一楔子固定格式的限制，有的多至七八折，乃至十几折，也可以只有一折；其次是突破了杂剧只用北曲演唱的限制，在演唱曲调上，既用北曲，也可南、北曲兼用，成为一种全新的杂剧。

明后期，常熟人徐复祚创作的杂剧《一文钱》较有名。徐复祚（1560—1630），原名笃儒，字阳初，号暮竹，别署阳初子、三家村老、破悭道人、休休生等。徐复祚出身于一个官宦之家，其祖父徐栻曾任浙江巡抚、南京工部尚书等职。徐复祚博学能文，擅长

---

① （明）袁宏道著，钱伯城笺校：《袁宏道集笺校》卷四《锦帆集之二·虎丘》，上海古籍出版社1981年版，第157页。

② （明）顾起元撰，陈稼禾点校：《客座赘语》卷九《戏剧》，中华书局1987年版，第303页。

词曲，曾得到苏州戏曲家张凤翼等的指导，同乡人钱谦益评其小令，认为可与高则诚相比。著有杂剧《一文钱》、《梧桐雨》和传奇《红梨记》、《投梭记》、《宵光记》等，另编著有曲选《南北词广韵选》及笔记《三家村老委谈》（又称《花当阁丛读》），后人将《三家村老委谈》中论曲部分辑为《曲论》一卷。其杂剧《一文钱》属讽刺喜剧，表现了财帛如山而又悭吝成性的员外卢至在路途中捡到一文钱后所引发的故事，虽掺杂因果报应的说教，但贪鄙悭吝的卢至形象塑造得生动逼真，富于典型意义。全剧六出，前五出为南曲，最后一出用北曲。明人祁彪佳《远山堂明剧品》将该剧列入"逸品"，以为"此剧南曲较胜北曲，白更胜于曲；至构局之灵变，已至不可思议"[①]。在戏曲创作中，他强调剧作应有所寄托和讽喻，提出了"寓言说"的创作方法，倡导"主风情、弃风教"的戏剧功用观，主张"情尽而意无穷"的意绪论。论曲注重"本色"、"当行"。"本色"即指曲词、宾白通俗而不失粗鄙，文采飞扬而不晦涩。他的"当行"论受沈璟"格律论"的影响，有过分强调戏曲音韵格律的偏向。徐复祚的曲论，或耳濡目染，或时俗所尚，皆有所本，真实可信。

沈自徵也是明代杂剧史上一位颇有成就的作家。沈自徵（1591—1641），字君庸，吴江人，沈璟之侄，国子监生，负才任侠，好兵家言。天启末入京师，为诸大臣筹划兵事，皆中机宜，名声大振。著有杂剧《霸亭秋》、《簪花髻》、《鞭歌妓》，合称"渔阳三弄"，沈自徵亦因此被称为"渔阳先生"。《鞭歌妓》写张建封怀才不遇，流落江湖，尚书裴宽邀至船上，设宴共饮，将一船金帛、奴婢赠之，张建封遂以主人身份招待裴尚书，并鞭打出言不逊的歌妓；《簪花髻》写杨慎落拓自放，被贬滇南时，醉后作双丫髻簪花游行城市的故事；《霸亭秋》写杜默落第后，痛哭于项羽庙，泥人亦为之落泪的故事。这三部杂剧都表现了一个共同的主题，即怀才不遇后的落魄和无奈，流露出浓浓的愤激之情。三部剧的主人公都有愤世嫉俗、落拓不羁的古怪和奇妙的举动，于悲愤中又有一层嘲谑的色彩，可以说是沈自徵的自我写照。沈自徵的杂剧中的主人公无论是怀才不遇还是放浪不羁，心灵的躁动中所体现的是对个性、自我的关注和追求。"渔阳三弄"在祁彪佳《远山堂明曲品剧品》中均被列入"妙品"。

明后期，由南戏发展而来的传奇，无论从内容还是表演形式上都超过了杂剧，成为主要的戏曲形式。传奇与杂剧相比，规模更宏大，曲调更丰富，角色分工更细致，形式更自由活泼。为了和民间南戏有所区别，人们将文人的创作称为传奇。南戏和传奇的区别在于前者是民间戏曲，由民间艺人世代累积集体创作，后者则是文人的个人创作。

---

① （明）祁彪佳撰，黄裳校录：《远山堂明曲品剧品校录》，上海出版公司 1955 年版，第 189 页。

《香囊记》是明代最早的文人传奇，作者邵灿，字文明，一字宏治，宜兴人。景泰五年(1454)进士，大约生活于景泰至弘治年间。《香囊记》叙述了宋代张九成听从母意，告别新婚半月的妻子贞娘，与弟一起赴京赶考，临别时母赠以紫香囊。最后九成高中状元，但因触犯秦桧，被派作岳飞幕僚，讨伐契丹，从此杳无音信，仅得其于战场上所失香囊归还其家。时值宋室南迁，贞娘与婆婆逃难途中离散，香囊再失，为赵运使之子所得。赵子胁迫贞娘成婚，且以紫香囊为聘。贞娘遂诉状于新任观察使，而观察使竟是阔别十二载的丈夫张九成，夫妻、母子、兄弟历经磨难终于团圆。

明中叶后，随着戏曲创作的繁荣，出现了不同的戏曲派别。其中影响较大的有以沈璟为代表的"吴江派"和以汤显祖为代表的"临川派"。

明代著名戏曲理论家兼作家沈璟(1553—1610)，字伯英，号宁庵，吴江人。万历二年(1574)进士，曾任兵部职方司、礼部仪制司主事、吏部员外郎、光禄寺丞等职。后为人排挤，告病还乡，于是潜心研究词曲，世称"词隐先生"。沈璟戏剧理论概括起来主要有两个特点：一是重视声律，要求剧作"合律依腔"；二是主张语言要通俗本色。明后期，传奇剧地位基本确立，大量文人加入到传奇剧本的创作队伍，然而他们中许多人并不熟悉曲牌格律，作曲常不合曲律，影响了演出效果。因此，沈璟在蒋地《旧编南九宫谱》及附录《音节谱》的基础上，增补修订完成了《南九宫十三调曲谱》(又称《南曲全谱》)。该书考订了650余支曲牌的声律，为现存最完备的南曲谱。沈璟还著有传奇17种，因居室别名"属玉堂"，人称《属玉堂传奇》，惜今仅存《红蕖记》、《埋剑记》、《双鱼记》、《桃符记》、《义侠记》、《坠钗记》、《博笑记》和《十孝记》7种曲文，它们均收录于明人胡文焕所编《群音类选》中。

沈璟剧作大多是时事剧，善于表现市井生活，注重剧本的道德意义和舞台效果，并将杂剧和传奇融合，语言上力求通俗浅近，充分体现了作者的"本色"主张。剧本不足之处在于过分讲究情节奇巧，塑造人物形象不够；强调本色，语言通俗，对民间俚语、日常生活语言缺乏提炼，使本色流于浮薄和鄙俗，降低了剧本的文学艺术性。所谓"以鄙俚可笑为不施脂粉，以生梗雉率为出之天然"①。"吴江派"是以沈璟为代表的明末戏曲创作流派的统称，因沈璟系吴江人，故名。当时，属于该派的剧作家多是沈璟的子侄、门生及其戏曲理论的追随者，他们赞同并依据沈璟曲论进行创作，主要有吕天成、叶宪祖、冯梦龙、范文若、袁于令、卜世臣和沈自晋等人。吴江派以"本色论"和"音律论"为支柱，统一了"案头"与"场上"的二元理论，完善了昆剧的曲学体系，在中国戏曲史上留下了精彩一页。

① (明)凌蒙初:《谭曲杂札》,《中国古典戏曲论著集成》四,中国戏剧出版社1959年版,第254页。

明代，由于南方各地语言差异，南戏形成了海盐、昆山、余姚、弋阳四大声腔，余姚和弋阳腔粗犷豪放，海盐和昆山腔则儒雅有致。昆山腔有两种：一是由元代顾坚等文士创立的清唱昆山腔，另一种是民间艺人创立的作为南戏四大腔之一的昆山腔。嘉靖年间，魏良辅将清唱昆山腔的演唱方式引入剧唱昆山腔，进而开创了新昆腔的南戏声调，“校海盐又为清柔而婉折，一字之长，延至数息，士大夫禀心房之精，靡然从好”①。新昆腔受到普遍欢迎，一时风靡大江南北，逐渐取代了北曲杂剧的官腔地位。

苏州昆曲博物馆内的“曲圣”魏良辅塑像

魏良辅，生卒年不详，字尚泉，原籍豫章（今江西南昌）。嘉靖年间，迁居南戏北曲活跃的太仓、昆山一带，以曲会友。“南曲盖始于昆山魏良辅云。良辅初习北音，绌于北人王友山，退而镂心南曲，足迹不下楼十年。当是时，南曲率平直无意致，良辅转喉押调，度为新声，疾徐高下清浊之数，一依本宫，取字齿唇间，跌换巧掇，恒以深邈助其凄泪。”②魏良辅在张野塘、过云适等人协助下，吸取江西弋阳腔、浙江海盐腔的优点，与当时江南民歌小调进行糅合，对旧昆山腔进行了改革创新，形成一种婉转舒缓的新腔，时称“水磨腔”，即后来的“昆腔”。魏良辅对后世地方戏曲音乐的影响较大，人们将他奉为昆腔鼻祖，艺坛尊之为“曲圣”。新昆腔扩大了南曲的音乐范围，使得用南曲表演的传奇戏音乐更为丰富，加之传奇戏本身内容生动，明代传奇戏以崭新的面貌出现在戏曲舞台，吸引了众多观众。同时，魏良辅对伴奏乐器也进行了改革。原来南曲伴奏仅以箫、管为主要乐器，为了使昆腔的演唱更富感染力，他将鼓板、笛、管、箫、笙、琴、琵琶、弦子等乐器集于一堂，用来伴奏昆腔的演唱，大获成功。魏良辅为进一步推广昆曲，撰写了《南词引证》（又名《曲律》）一书，系统地总结了自己和民间曲师、乐工们的演唱经验，进而阐明了昆曲的唱腔规律，此书成为论述昆腔唱法及南北曲流派的重要著作。

张野塘，生卒年不详，寿州（今安徽寿县）人，善弹三弦，又善唱北曲。嘉靖年间，因罪谪发太仓，后寓居于此，与魏良辅结为挚友，研习南曲，协助魏良辅创立昆腔。他还改造了北方三弦，使琴腹稍小而圆，称“弦子”，使三弦音色柔婉纤丽，成为昆腔的主要伴奏乐器。

梁辰鱼（1521—1594），字伯龙，号少白，昆山人。平生任侠好游，因失意于科举功

① （明）顾起元撰，陈稼禾点校：《客座赘语》卷九《戏剧》，中华书局1987年版，第303页。

② （清）余怀：《寄畅园闻歌记》，（清）张潮辑：《虞初新志》卷四，河北人民出版1985年版，第66页。

名，遂寄情于声乐。所著散曲集《江东白苎》依昆腔写作，较有影响的有《浣纱记》和杂剧《红线女》。《浣纱记》是第一个用昆腔演唱的传奇剧本，取材于春秋时期吴越争雄的故事，将勾践复仇灭吴的历史大事件与范蠡、西施的爱情传说巧妙地结合起来，全剧的中心人物是西施，因与范蠡初以一束浣纱定情，故名。该剧写出了一种文人浪漫的生活理想：忠君报国，功成身退，才士与美女相偶而浪迹江湖。在《浣纱记》中，梁辰鱼强调了西施在吴越争雄中的作用，将她塑造成一个忠心报国的女英雄，而不是过去妲己、杨贵妃之类的女祸形象。《浣纱记》用昆腔演唱大获成功，一时广为传播，有力地促进了昆腔的发展和影响，使昆腔成为集南北曲大成的戏曲声腔。

此外，明后期江南知名戏曲作家还有张凤翼、吴炳等人。张凤翼（1527—1613），字伯起，号灵虚，长洲（今江苏苏州）人。出身于小康商人之家，为人狂诞，擅长作曲，与弟燕翼、献翼并有才名，号称“三张”。张凤翼所著戏曲、传奇作品有9种，其中《红拂记》、《虎符记》、《祝发记》、《灌园记》、《窃符记》、《扊扅记》6种合为《阳春六集》，现仅存前5种。

吴炳（1595—1648），又名寿元，字可先，号石渠，宜兴人。出身于官宦之家，家有粲花别墅，晚年自称“粲花主人”。万历四十七年（1619）进士，官至江西提学副使。明亡后，被俘，拒降，绝食而死。吴炳少时即好戏曲，与阮大铖齐名，著有传奇《画中人》、《西园记》、《绿牡丹》、《疗妒羹》、《情邮记》，合为《粲花斋五种曲》（又名《石渠五种曲》），均以歌颂男女爱情为主题。

苏州古戏台

明代戏曲家班即家庭戏班，又称“家乐”，由私人家庭蓄养童伶，延师教习，是主要供家庭娱乐消遣的戏曲演出团体。戏曲家班是明代戏曲演出的重要一环，兴盛于嘉靖至明末年间。晚明家班多为昆曲班，主要有三种类型：一是以女性家伶组成的家班女乐，二是以男性童伶组成的家班优童，三是男女优伶组成的家班梨园。许多家班主办者喜蓄养女乐，既可让她们宴客时表演歌舞、戏曲，又可满足个人私欲，故家班中有的女伶又常为主人的姬妾。一些家班主人通过经营高水准的戏曲家班赢得了社会的肯定、赞誉和尊重，从而通过戏曲艺术实现了其人生价值，达到了自我实现的人生目标。

昆山一带是昆曲发祥地，晚明苏州是戏曲家班的中心，戏曲家班数量众多。嘉靖初年，苏州知府林小泉"公余多暇日，好客，喜燕乐。每日有戏子一班，在门上伺候呈应，虽无客亦然。长、吴二县轮日给工食银五钱"①。明末，苏州戏曲家张献翼(字幼于)家也蓄有家班。"张幼于每喜著红衣，又特妙于乐舞，因著《舞经》。家有舞童一班，皆亲为教演成者。舞时，非其臭味不欲令见也。"②万历年间，在苏州众多昆曲家班中，演艺水平最好的三个戏班，被公推为"苏州上三班"③，以申时行家班为头名，范长白家班为次名，第三名是徐仲元家班。申班的看家戏是《鲛绡记》，范班的看家戏是《祝发记》。此外，苏州地区知名家班还有长洲许自昌家班、吴县项楚东家班、常熟钱岱家班、吴江顾大典家班、昆山谭公亮家班、太仓王锡爵家班等。当时，苏州还涌现出罗鸣九(老旦)、罗兰姐(小旦)、张三(旦角)、周铁墩(白净兼老生)等戏剧名伶。

万历年间，常熟人钱岱曾为监察御史，人称"侍御史"。中年致仕后，蓄养家班以自娱。钱岱家蓄养13名女优和2名女教师，《笔梦叙》一书中详细记载了她们来历、出路及日常活动情形。"女教师：沈娘娘，苏州人。少时为申相国家女优，善度曲。年六十余，探喉而出，音节嘹亮。衣冠登场，不减优孟。薛太太，苏州人。旧家淑媛，善丝竹，兼工刺绣，年五十余，宅中皆称为太太。女优十三名：老生张寅舍，家人女。两眉疏秀，颜色洁白，颊有微黡，体态端雅，弓足。得幸于侍御，改名素玉，为侍妾三十年。侍御卒后，入尼庵，奉佛终身。正旦韩壬壬，北京人。紫膛色，颇额方称，丰姿绰约，足略弓。后适张仆子五郎。外冯观舍，扬州人。姿容秀丽，长大姣好，足弓。名翠霞，侍御于侍妾中命为首领。侍御卒后，旋卒第中。老旦张二姐，小东门竹匠女。姿色红白停匀，身材五短，弓足。侍御卒，年已四十余，适人。小生徐二姐，苏州人。脸如鹅子，丰满洁白，小口花牙，态度娴雅，弓足。为侍御妾，貌独冠群妾上，名佩瑶，后终其家。小旦吴三三，苏州人。眼微似斗鸡，而丰姿俏丽，色态双绝，弓足而纤小。后适顾氏子为妾。小旦周桂郎，苏州人。姿容妍丽，体态娉娉，弓足纤小，其平正轻利为众妾莫及，有凌波微步之致。为侍御妾，改名连璧。大净吴小三，家人女。面白而圆，身材微胖，足未弓，后适家人长寿。二净张五舍，扬州人。姿色红晕，身材短俏，足略弓。终于侍御家。小净徐二姐，韦县人。面洁白唇，有一黑痣，颇妩媚，独足未弓。后

① (明)何良俊：《四友斋丛说》卷一三《史九》，中华书局1959年版，第109页。

② (明)郑仲夔：《耳新》卷五《矜奇》，《丛书集成初编》本，商务印书馆1936年版，第31页。

③ 董康：《曲海总目提要》卷一三《鲛绡记》，人民文学出版社1959年版，第628页。

适苏州一富人。贴旦月姐,眉稍长曲,面颊微靥,姿色颇艳。弓足,后配家人子谭四。"①

南京也是明代江南戏曲家班最为繁盛的城市之一,城中家班林立,"时善音者皆集金陵"。南京众多家班中,艺术水准最高的当为阮大铖的家班。阮大铖(1587—1646),字集之,号圆海,又号石巢居士,怀宁(今安徽安庆)人。崇祯年间,因依附阉党被削职,避居南京,于中华门外营建石巢园,在咏怀堂蓄养一个戏曲家班以自娱。阮大铖爱好戏曲,能歌善唱,具有较高的文学艺术造诣,先后创作了10余部传奇供家班演出,今存《燕子笺》、《春灯谜》、《双金榜》、《牟尼合》4部,合为《石巢传奇四种》。他还聘请当时昆曲名家陈裕所、朱音仙等担任曲师,指导家伶排练,因此阮氏家班的演唱水准很高,时人称"金陵歌舞诸部甲天下,而怀宁歌者为冠"②。崇祯十五年(1642),冒襄携董小宛作客南京,金陵友人用白金一斤定下阮氏家班,在秦淮河上演出《燕子笺》,为冒、董接风洗尘。阮大铖死后,其家伶星散,其中不少人投奔冒襄,成为冒氏家班的台柱。

此外,扬州、常州、镇江等地一些官绅、富商之家也蓄有戏曲家班。晚明,昆山腔在吴中地区已形成"曲之擅于吴,莫与竞"的优势,并向大江南北传播。当时扬州剧坛也出现"竞效吴腔"的局面,寓居扬州的徽商汪季玄率先办起第一个昆曲家班,"招曲师,教吴儿十余辈。竭其心力,自为按拍协调。举步发音,一钗横,一带扬,无不曲尽其致。……浓淡繁简,折衷合度国"③。万历三十九年(1611),昆曲评论家潘之恒应邀观赏其家班演出达10余日,可见剧目之丰富。扬州民间演剧演出活动十分普遍,富商大贾为娱乐和交际,常邀请一些戏剧家班进行商业演出。徽商吴伯举"居广陵以贾隐,当五方之冲,诸贤豪率慕名高造伯举。客至,辄置高会,陈声伎佐客欢"④。扬州宝应一些富豪之家甚至举办丧事时也请戏班演出,"竞鼓吹,盛宾筵,甚至用戏,殊可笑也"⑤。每年清明时节,城乡各地举办各类戏曲活动,其热闹堪与南京秦淮河夏天、苏州虎丘秋天的戏剧表演活动相媲美。明末,扬州府属的一些州县也出现了昆曲家班。泰州袁天游家蓄养"优童甚盛","一日不闻斧斤管弦声,便头岑岑矣"⑥。兴化李长清

---

① (清)虫天子编,董乃斌等点校:《中国香艳全书》第一册二集第一卷《笔梦叙》,团结出版社2005年版,第133—134页。

② (清)陈维崧:《奉贺冒巢民老伯暨伯母苏孺人五十双寿序》,(清)冒襄辑:《同人集》,《四库全书存目丛书》集部第385册,齐鲁书社1997年版,第46页。

③ 汪效倚辑注:《潘之恒曲话·广陵散二则》,中国戏剧出版社1988年版,第211页。

④ (明)汪道昆:《太函集》卷三七《吴伯举传》,《四库全书存目丛书》集部第117册,齐鲁书社1997年版,第474页。

⑤ 嘉庆《重修扬州府志》卷六〇《风俗志》,《中国地方志集成》江苏府县志辑42,江苏古籍出版社1991年版,第369页。

⑥ (明)王孙骖:《蕊亭随笔》,转引自《江苏戏曲志(扬州卷)》,江苏文艺出版社1997年版,第240页。

(崇祯进士)家也蓄有昆曲家班,“家乐奏深更,倾城看艳质”。明末,扬州地区的戏曲活动已具风俗化、普遍化的特点,这些为清代扬州戏曲的发展奠定了基础。泰州人季寓庸,天启二年(1622)进士,曾依附阉党魏忠贤,魏失势后,被革职返乡。季氏饶有家财,喜收藏图书,好声伎,“蓄女优数辈,倩名师教授”①。

2. 音乐

古琴,又称七弦琴,是中国最古老的弹拨乐器之一,在中国已有3000多年的流传历史,20世纪初被称为“古琴”。2003年11月7日,联合国教科文组织宣布中国的古琴艺术被正式列为“人类口头和非物质文化遗产”。长期以来,古琴被推崇为正声,随着琴学的发展和古琴演奏技术的提高,古琴流派林立,明代常熟虞山琴派最具影响力。

自古以来,古琴便是常熟的象征,常熟别称“琴川”,明代常熟人严徵始创虞山琴派。严徵(1547—1625),字道澈,号天池,宰相严讷之子,曾任邵武府知府。后致仕归乡,弹琴著书,与陈星源、徐上瀛、陈禹道、弋庄乐等人组建了中国历史上第一个琴社——虞山琴社,进而发展为“清微淡远、博大和平”的虞山琴派,成为一个有代表人物、代表琴谱、理论纲领和地域特色的琴派。在严徵的主持下,由赵应良等编订的《松弦馆琴谱》一书成为琴川派代表性琴谱,在古琴界有很大影响。在理论和实践相结合的基础上,严徵提倡“清、微、淡、远”的琴风,改变了当时琴坛盛行以文对音的偏颇,提升了音声本身的艺术感染力。《松弦馆琴谱》只有谱子而没有文词,因为严徵主张音乐应发挥它本身的表现力,不必借助于文词,音乐表达感情有其独到之处,是文词所不及的。

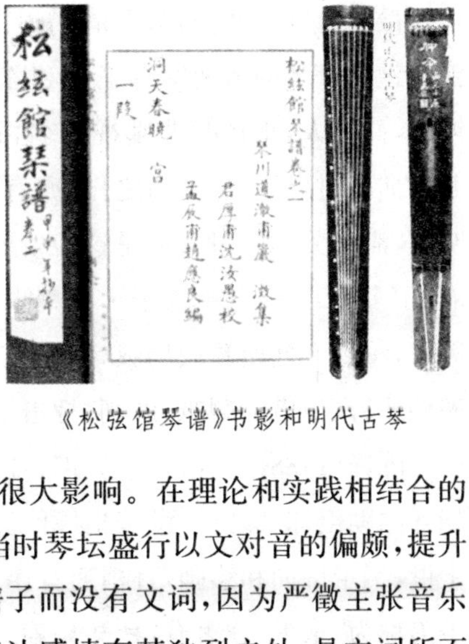

《松弦馆琴谱》书影和明代古琴

太仓人徐上瀛(1582—1662),号青山,虞山琴派代表人物之一。他在琴艺、琴风上进一步的突破和创新,编著有《大还阁琴谱》和《溪山琴况》,在琴学上丰富完善了该派的理论。和严徵相比,两人的演奏风格和审美观不同。严徵偏爱慢曲,反对快速的琴曲,所编《松弦馆琴谱》剔除了《潇湘水云》、《雉朝飞》、《乌夜啼》等快曲,而徐上瀛在《大还阁琴谱》中重新收进了这些快曲。崇祯十四年(1641),徐上瀛著《溪山琴况》,继承发展了儒、道两家的思想,提出了古琴表演艺术的美学原则和审美标准,对清代琴

① (清)褚人获:《坚瓠秘集》卷五《梦中语兆》,《清代笔记小说大观》本,上海古籍出版社2007年版,第1982页。

坛的影响很大。在《溪山琴况》中,他指出,为了结构的需要,即便是快速,也还应当分成不同的层次,“速无大小,则亦不见其灵动”,在实践和理论上弥补了严徵的缺陷。《溪山琴况》是古琴文化美学思想之集大成者,对后世古琴文化的发展有着深远影响,是研究中国古代音乐理论的重要著作。

明代,北方琵琶名家汤应曾(1585—1625),出身于邳州贫苦农家,自幼天资聪慧,勤奋好学,尤喜家乡吹奏乐,后拜当地琵琶名家蒋山人为师,练就了一手精湛的琵琶演奏技艺,人们尊其为“汤琵琶”。汤应曾能弹《胡笳十八拍》、《塞上》、《洞庭秋思》等百余曲,尤擅《楚汉》。他曾应召随征西王将军至嘉峪关、张掖、酒泉一带,为边疆官兵弹奏以鼓舞士气。明末,回归故里,穷困潦倒,后流落淮浦(今江苏涟水西)、桃源(今江苏泗阳)一带,不知所终。[①]

散曲有别于戏曲,只能清唱,其文学功能和诗一样,既可抒情,也可纪事。明代,江苏地区著名的散曲家有王磐和陈铎等。号为“南曲之冠”的王磐(1470—1530),字鸿渐,高邮人,年轻时即鄙视功名,筑楼高邮城西,与名流谈咏其间,因自号‘西楼’。其散曲题材广泛,多闲适之作,亦有同情人民疾苦、讥讽时政的佳作,代表作有《咏喇叭》、《满庭芳》等,可惜的是这位“南曲之冠”所创作的南曲大都散佚,现存《王西楼乐府》中多是北曲。《朝天子·咏喇叭》最为著名,正德年间,在京杭大运河上,宦官往来频繁,每到一处便耀武扬威,欺压鱼肉百姓。王磐家住京杭大运河边,目睹了宦官的种种恶行,他借咏喇叭,讽刺、抨击了宦官作威作福的丑恶嘴脸。

陈铎(1488—1521),字大声,号秋碧,下邳(今江苏邳州)人,世居金陵。陈铎为明朝开国勋臣陈文之后,世袭指挥使。所任虽武职,却风流倜傥、耽于吟咏,以散曲驰名于世,工于诗词和绘画,且精通音律,善弹琵琶,常常牙板随身,高歌一曲,被南京教坊子弟称为“乐王”。著有《秋碧乐府》、《梨云寄傲》、《滑稽余韵》和《秋碧轩稿》,明人汪廷讷辑有《陈大声乐府全集》。陈铎是明代中叶散曲史上一位举足轻重的大家,其散曲内容广泛,既有闲情逸致之作,描写男女风情、闺怨相思,也有反映市井生活风俗的作品。代表作《滑稽余韵》主要以城市下层劳动人民生活为主要题材,采用当时的通行口语写成。全书收入散曲 136 首,描写了从事各种职业的城乡百姓,如铁匠、银匠、机匠、旋匠、挑夫、厨子、闸夫、渔夫等,涉及的行业有米铺、冠帽铺、香烛铺、等秤铺、脂粉铺、油坊、柴炭行、绒线铺等,反映了城市生活风情及市民的思想情感,尖锐讽刺了统治者,揭示了社会的不平等现象。

---

① (清)王猷定:《四照堂集》卷八《汤琵琶传》,《丛书集成续编》第 151 册,台湾新文丰出版有限公司 1988 年版,第 544—545 页。

三　绘　画

明代，江苏地区书画艺术在元代基础上有了进一步发展，人才辈出，涌现一批全国知名的书画家。明前期，宋元文人画传统虽未在画坛占据主导地位，但在江南地区得到了长足发展，无锡人王绂擅长山水画，兼善墨竹，与学生夏昶开创了明代墨竹艺术的新风格。

王绂《墨竹图》（台北故宫博物院藏）

王绂（1362—1416），字孟端，号友石生，无锡人。自幼聪明好学，喜绘画。曾进京供职，不久因事被谪守山西朔州（今山西大同）20年。建文二年（1400），返归江南，隐居无锡九龙山，自号九龙山人，以教授乡里子弟为生。永乐元年（1403），以善书被举荐进京，供事文渊阁，官至中书舍人，其间曾两次扈从明成祖朱棣巡狩燕京（今北京），并创作了《燕京八景图》。王绂为人孤傲，富有才气，精于诗文书画，擅长山水画，尤精于枯木竹石，其山水画兼有元代画家王蒙的苍郁之风和倪瓒的旷远意境，对吴门画派山水画产生了一定的影响。所绘墨竹名闻天下，兼收北宋以来名家之长，挥洒自如、纵横飘逸，人称其墨竹画为“明朝第一”。山水画代表作有《山亭文会图》、《秋林隐居图》、《树石图》、《江山渔乐图》等。《山亭文会图》描绘了文人聚会情景，树木郁茂，境界幽远，笔法雄厚，为繁笔山水画代表作。墨竹画代表作有《雨竹图》、《竹鹤双清图》等。

夏昶（1388—1470），字仲昭，号自在居士，又号玉峰，昆山人。永乐十三年（1415）进士，明成祖朱棣因其书法而重其人，官至太常寺卿，后人多以“夏太常”称之。夏昶善墨竹，是王绂墨竹艺术的继承和发扬者，“工楷书，写竹时推第一，名驰绝域，争以兼金购求。故有‘夏卿一个竹，西凉十锭金’之谣。而烟姿雨色，偃直疏浓，各循矩度，盖行家也”①。代表作

① （清）徐沁：《明画录》卷七《墨竹》，《续修四库全书》第1065册，上海古籍出版社2006年版，第687页。

有《潇湘春雨图》、《戛玉秋声图》、《半窗晴翠图》、《松泉竹石图》等。

1. 吴门画派

明中后期，江南出现了多个山水画派，其中最有影响的当数吴门画派（简称“吴派”）[①]，另外有以邹子麟、恽向为代表的武进派和盛时泰为代表的江宁派，它们的画风与吴派相近，但影响不及吴派。山水画的主流渐由吴派代替浙派。苏州自元朝成为文人荟萃之地，“元四家”（赵孟頫、吴镇、黄公望、王蒙）也多在苏州一带活动，他们对苏州画坛产生了很大的影响。明嘉靖后，苏州成为全国书画业的中心，涌现出数以百计的画家。明人屠隆说：“明兴，丹青可宋可元，与之并驾驰驱者，何啻数百家。而吴中独踞其大半，即尽诸方烨然者，不及也。”[②]其中，最著名的是“吴门四家”沈周、文徵明、唐寅和仇英，以他们为代表形成了吴门画派。沈周、文徵明师承不同，画法亦粗、细不同，但均以“元四家”为宗，弘扬了文人画传统。唐寅和仇英，均从南宋院体起步，并吸取文人画之长，兼具雅俗共赏画风，与沈、文并誉画坛。吴门画派后学中，文嘉、文伯仁、钱谷、陆治、陆师道、王谷祥、居节等都是卓有成就的书画家。吴门画派对中国画影响深远，现代著名画家潘天寿说：“此派自嘉靖以后，循至有明季世，竟掩有中原而独步之势。随潮拥水，直使清代三百年之山水画，亦全属此派范围之下，其情况真有不可一世之概。此外，直承王摩诘之统系，继沈、文而起者，作家尤多，虽非全属吴人，然均画入吴派范围之内。”[③]

沈周（1427—1509），字启南，号石田，长洲（今江苏苏州）人。出身于一个书画世家，父亲、伯父均以诗文书画名闻乡里。一生不应科举，绝意仕途，家居读书，吟诗作画，优游林泉，蔑视现实政治的恶浊，追求精神上的自由，始终从事书画创作，文徵明称他为飘然世外的“神仙中人”。沈周早年承受家学，兼师杜琼，后博采众家之长，继承了董源、巨然及元四家之黄公望、王蒙、吴镇等人的绘画技法，融会贯通，刚柔并济，自成一家，形成粗笔水墨风格。沈周一生山水画前后有两种风格：前期师法前人，主要以王蒙为宗，细腻谨密，人称“细周”；后期苍劲浑厚，师学于吴镇，开始多作小幅，40岁后拓为大幅，笔墨粗简豪放，气势雄强，人称“粗周”。沈周的绘画，技艺全面，功力浑朴，发展了文人水墨写意山水、花鸟画的表现技法，成为吴门画派的创始人，在明代文人画领域起着承前启后的重要作用。传世代表作有《仿董巨山水图》、《烟江叠嶂图》、《庐山高图》等。

---

① 吴门是苏州的别称，此外又称吴郡、三吴、吴中、姑苏等。从历史的发展来看，“吴”的概念不断缩小，至明代，“吴”已成为苏州府所属辖区的代称。

② （明）屠隆：《考槃余事》卷二《画笺·国朝画家》，《丛书集成初编》本，上海商务印书馆1937年版，第32页。

③ 潘天寿：《中国绘画史》，上海人民美术出版社1983年版，第208页。

文徵明(1470—1559)是沈周的学生，在画史上二人并称为“沈文”。文徵明诗、文、书、画无一不精，人称是“四绝”。画学沈周，兼有李唐、吴仲圭、赵孟頫、黄公望笔法，其山水、人物、花卉画均有名，画风细致温雅。其画既有“粗周”温厚淳朴之风，又有细腻工整之趣。细笔取法于王蒙，取其苍润浑厚的格调，又有高雅的风采。长于用细笔描绘幽雅闲静的意境，也能用潇洒、酣畅的笔墨表现恢宏的气势。其书法初师李应祯，后广泛学习历代名家，篆、隶、楷、行、草各有造诣，尤擅行书和小楷，温润秀劲，法度谨严而意态生动。小楷笔划婉转，节奏缓和。又善治印，雅而不俗。绘画代表作有《雨余春树图》、《洞庭西山图》、《江南春图》、《古木寒泉图》、《春深高树图》、《真赏斋图》等。

唐寅(1470—1523)诗、书、画皆佳，为吴派代表画家。唐寅擅山水，亦工画人物，精于仕女画，画风工整秀丽，潇洒飘逸，人称“唐画”。书法源自赵孟頫一体，俊逸秀挺，颇见功夫。唐寅的山水画大多表现雄伟险峻的崇山高岭、楼阁溪桥、四时朝暮的江山胜景，有的描绘亭榭园林和文人逸士悠闲的田园生活。造景小中见大，粗中有细。画山常用大小劈皴，但改斧劈的面为细长挺秀的线，有时又把“披麻”与“乱柴”结合起来。其烘染墨彩时，是因物象的阴阳虚实而变化，给人强烈真实感。评者谓其画“远攻李唐，足任偏师，近交沈周，可当半席”①。中年以后，唐寅隐居苏州桃花坞桃花庵，以卖文鬻画为生，自言：“不炼金丹不坐禅，不为商贾不耕田。闲来写就青山卖，不使人间造孽钱。”但卖画的生活很不稳定，时常陷入贫困。他曾作《贫士吟》感叹道：“青衫白发老痴顽，笔砚生涯苦食艰，湖上水田人不要，谁来买我画中山。”其代表作有《山路松声图》、《骑驴归思图》、《秋风纨扇图》、《李瑞瑞图》、《一世姻缘图》、《墨梅图》、《风竹图》等。

唐寅《山路松声图》

仇英(1482—1559)，字实父，号十洲，太仓人，寄居苏州。初为漆工，后从周臣学画，擅画人物，既工设色，又善水墨、白描，山水画多为青绿重彩，能运用多种笔法表现不同对象，或圆转流美，或劲丽艳爽。代表作有《桃源仙境图》、《栈道图》、《莲溪渔隐图》、《临宋元六景图册》、《柳下眠琴图》、《水阁观泉图》等，都表现出较高的艺术修养和绘画造诣。明末书画家

① (明)王稚登:《吴郡丹青志·妙品志·唐解元》,《四库全书存目丛书》子部第71册,齐鲁书社1995年版,第883页。

董其昌称赞其画“位置古雅，设色妍丽，为近代高手第一”①。

2. 曾鲸及“波臣派”

明后期，作为欣赏和纪念性的肖像写真画在市民阶层及文人士大夫中逐渐流行，由此涌现出一批专业肖像画家，晚明寓居金陵的曾鲸便是其中的代表。

曾鲸及其人物肖像画

曾鲸(1564—1647)②，字波臣，福建莆田人，后流寓金陵，卖画为生。万历年间，意大利耶稣会传教士利玛窦来华传教，带来了西洋绘画和技法，曾鲸从西洋绘画中得到启发，创造了既不同于西洋的“明暗法”，又不同于传统的人物画技法，独树一帜的“凹凸法”，即用淡墨渲染出阴影凹凸。清人评其人物画“写照如镜，取影妙得神情，其傅色淹润，点睛生动。……每图一像，烘染数十层，必匠心而后止。其独步艺林，倾动遐迩，非偶然也”③。其传世作品有《葛一龙像》、《王时敏像》、《顾梦游像》、《张卿子像》、《潘琴台像》等，所绘主要是当时社会名流。曾鲸肖像画改进了唐、宋以来的勾染技法，开创了肖像画的新格局。他和他的弟子们形成了“波臣派”，风行一时，对晚明至清朝人物肖像画的创作产生很大影响。

---

① (明)董其昌:《画旨》卷下，西泠印社出版社2008年版，第119页。

② 曾鲸的生卒年有多种说法。清人钱椒编的《补疑年录》卷四作1567—1649年,《艺林年鉴》也作1567—1649年。黄宗羲《南雷集五·吾悔集》卷第二《题张子游》载:“庚申(1680)邂逅子游，言其师卒于丁亥(1647)，年八十四。”张子游是曾鲸的弟子，其说应该较为可信。

③ (清)姜绍书:《无声诗史》卷四《曾鲸》,《续修四库全书》第1065册，上海古籍出版社2006年版，第540页。

四　吴门书派

元末明初人宋克(1327—1387),字仲温,号南宫生,长洲(今江苏苏州)人。自幼博览群书,少任侠,性豪爽,身魁伟,学剑走马,结客饮博。壮年学兵法,欲追随豪杰之士有所作为。张士诚据吴,宋克认为其必无所成,故张士诚屡招之为幕宾,皆谢辞不就。宋克闭门家居,自辟一室,庋藏历代法书、周彝汉砚、唐雷氏琴,日游其间以自娱,“杜门染翰,日费十纸,遂以善书名天下”①。洪武初,征为侍书,曾出任凤翔府同知。宋克师法钟繇、王羲之,最擅长的书体是小楷、章草及狂草与章草的糅合体,延续了赵孟頫、邓文原的风格且有所发展,融入了今草和行书的写法,更加流利矫健。传世代表作有《杜甫壮游诗卷》、《李白行路难》、《七姬志》、《定武兰亭跋》等,均为墨林所宝,翰中精品,宋克为吴门书派的始祖和开启者。明人吴宽评宋克书法道:“其书出魏晋,深得钟王之法,故笔墨精妙而风度翩翩可爱。”②

明中期以后,书法活动中心也由北京转至经济繁盛的苏州地区,其标志为吴门书派的出现,其代表人物有祝允明、文徵明、王宠、沈周、唐寅、吴宽等。吴门书派在中国书法史上颇具影响,其成员多为未仕或免官、辞官的文士,相互间是亲友或师生关系,彼此影响,前后传承,形成了共同的审美价值取向,各具特色。吴门书派的祝允明、文徵明、王宠、陈淳被后人称为“吴中四名家”。他们是吴门书派鼎盛期的代表性人物,均成长于苏州,在继承魏、晋、唐、宋、元优秀书法艺术传统的基础上,突破了明初台阁体的束缚,大胆创新,独具风格,开辟了书法艺术的新途径,被誉为明代“书之中兴”,并一度成为全国书法风格的代表。

吴门书派中,祝允明的书法成就最为突出。祝允明(1460—1526)自幼天资聪颖,勤奋好学,5岁时即能书一尺见方的大字,被称为“神童”。祝允明是明代著名书法家徐有贞的外孙、李应祯的女婿,这为他学书奠定了良好条件。徐有贞擅长草书,取法唐张旭和怀素;李应祯的篆、隶、楷、行、草均工。祝允明师从两位长辈,耳濡目染,打下了坚实的书法基础。同时,重视对传统书法艺术的学习和借鉴,直接从魏、晋、唐、宋、元诸家书法中汲取营养,古代名迹无所不窥,形成自己独特书法风格,隶、楷、行、草诸体均工,尤以草书成就为最。其草书“风骨烂漫,天真纵逸”,用笔中锋,间用侧锋,用墨浓淡富于变化,章法布局纵横交错,开创了草书的新

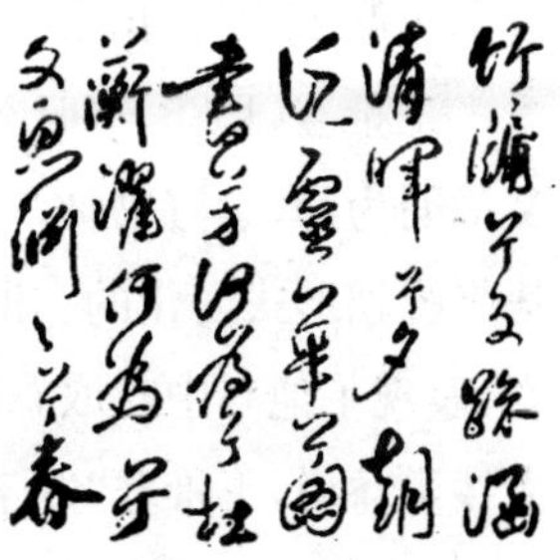

祝允明草书诗帖

① (清)张廷玉等:《明史》卷二八五《宋克传》,中华书局1974年版,第7331页。

② (明)吴宽:《匏翁家藏集》卷五〇《跋宋仲温墨迹》,《四部丛刊》本。

体势、新面貌。明人王世贞称："天下法书归吾吴，而祝京兆允明为最，文待诏徵明、王贡士宠次之。"[①]《明山藏》一书称祝允明之书法"为国朝第一"。传世代表作有小楷《出师表》和草书《自书诗》、《落花诗卷》、《洛神赋卷》、《前后赤壁赋卷》等。

王宠(1494—1533)，字履仁，一作履吉，号雅宜山人，吴县(今江苏苏州)人。少时，以诸生贡入南京国子监，成为一名太学生，世称"王贡士"。王宠一生屡试不第，仕途失意，遂沉溺于诗、书、画，与文徵明、陈淳等关系密切，后成唐寅的女婿，王宠书法声望日隆，成为吴门书派的代表人物之一。擅诗文，精于书法，其书初师蔡羽，后以晋人为法，楷书汲取虞世南之风韵，行书则力追王献之，笔法拙中透雅，自成风格。王宠书法学师而不囿于师，其清新旷达的风格表现了吴门书派特有的"士气"。其小楷结体疏朗，点画含蓄，行草神韵超逸，惜英年早逝，未能取得更大成就。代表作品有《自书五忆歌》、《五言律诗》、《韩愈送李愿归盘谷序》、《自书长卷》、《荷花荡六绝句卷》、《张华励志诗》、《送陈子龄会试诗》等。

陈淳(1483—1544)，字道复，号白阳山人。其祖陈璚与吴宽为同年解元，官至南京都察院右副都御使，与吴宽、沈周、王鏊等结为至交。陈淳曾师从文徵明，对于经学、古文、词章及诗、书、画等均有相当造诣。中年以后，笔墨放纵，诗文书画形成了独特个性。擅水墨写意花鸟，开明代写意花鸟画新格局，与徐渭并称为"青藤、白阳"，传世画作有《竹石菊花图》、《葵石图》等。陈淳书工行草，圆润清媚，率意纵笔，稳健老成，是晚明狂草大家。传世草书代表作有《秋兴八首》、《古诗十九首卷》、《自书诗卷》、《白阳山诗》等。对于陈淳草书，世人评价甚高。明人徐渭评道："道复花卉豪一世，草书飞动似之。"[②]将其纵逸的草书当作大写意的花卉来欣赏，其狂放的草书对于晚明浪漫书风起到先导作用。

王稚登(1535—1612)，字百谷，先世江阴人，后移居苏州。少有文名，善书法，曾拜文徵明为师，学习书画，草书、隶书、篆书皆精，人们争藏其作品。其书法作品注重以气势来统辖形式变化的和谐，在作品整体把握上颇显功力，在个别字上竭尽缭绕曲折之姿态，表现了他心中对取态的艺术旨趣。王稚登以隶书著称，"隶书遒古，大胜真草"。清人钱谦益说，王稚登"妙于书及篆隶。……闽粤之人，过吴门者，虽贾胡穷子，必踏门求一见，乞其片缣尺素，然后去"[③]。传世作品《行书录宋人语》为其代表作之一。

---

① (明)王世贞:《弇州山人四部稿》卷一五四《艺苑卮言·附录三》,《明代论著丛刊》本,台湾伟文图书出版社有限公司1976年版,第7046页。

② (明)徐渭:《徐文长逸稿》卷一六《跋陈白阳卷》,《明代论著丛刊》本,台湾伟文图书出版社有限公司1977年版,第748页。

③ (清)钱谦益:《列朝诗集小传》,上海古籍出版社1983年版,第482页。

第六章　清初江苏军民的抗清斗争

崇祯十七年(1644)三月，李自成领导的农民军攻克北京，推翻了明朝统治。五月，明朝山海关守将吴三桂引清兵入关，攻入北京，李自成农民军败退。十月一日，清世祖福临在北京紫禁城再次举行了“登极大典”，正式将都城由盛京迁至北京。此后，清朝镇压了李自成农民军和南明政权，统一了全国，在全国各地设置行省。清初，设置江南省(包括今江苏省、上海市、安徽省)。康熙年间，江南省分为江苏、安徽两省。

第一节　南明弘光政权

一　福王南京即位

崇祯十七年(1644)三月十九日，大顺农民起义军攻克北京，崇祯帝在煤山自缢身亡，统治中国276年的明王朝就此终结。然而，崇祯皇帝的死并不代表朱明皇朝的命脉就此彻底断绝，因为江淮以南的半壁江山仍然处在明朝委任官员的统治之下，他们仍奉大明为正朔。

三月二十九日，北京失守10天后，消息传至淮安。四月八日，淮安巡抚路振飞根据塘报(明代兵部发行的刊登军事消息的内部报纸)的讯息向当地官绅宣布了北京陷落这一重大变故。①

随着北京的陷落，北方各地明朝军民纷纷南逃，明皇室之福王、潞王、周王、崇王四王“各弃藩南奔”至淮安。自李自成的农民军围攻北京后，南京的明朝官员们再未收到朝廷邸报。四月初，京师失陷、崇祯帝死难的消息不断传来，南京的明朝大臣们十分焦虑和恐慌，对民间严密封锁消息。南京兵部尚书史可法同南京右都御史张慎言、户部尚书高弘图、工部尚书程注、兵部右侍郎吕大器等数十位大臣誓告天地，号召

① (清)张纯修编辑，罗振常校补:《史可法集》卷四《杂文·勤王讨贼檄文》，上海古籍出版社1984年版，第121页。

全国各地军民勤王,“捐赀急事”。史可法和其他大臣都认识到单凭他们自己的力量无法抵御李自成的农民军,他们同拟了一道檄文,称“留都系四方之率,司马有九伐之经。义不共天,行将指日,克襄大举,实赖同仇”①。檄文发布后,南京的大臣们委派密使至江淮各地联络驻守明军将领及豪强统率的义勇兵,争取他们继续效忠明王朝。

四月七日,史可法率兵渡江准备北上勤王。四月十七日,从北京逃出的朝廷官员再次确证了崇祯帝已亡的消息,南京的明大臣们即开始着手选择大明王朝的皇位继承人。时崇祯帝3子均下落不明,只有散居各地的藩王可供选择。明神宗的直系子孙中福王、惠王、瑞王、桂王与崇祯帝血统最为接近,但惠、瑞、桂三王均在遥远的西南地区,拥立不便。只有福王既有血缘资格,又有地缘优势。最后,帝位继承人的选择集中到两位明宗室藩王身上:一是明神宗的侄儿潞王朱常淓,一是明神宗的嫡孙、崇祯皇帝朱由检的从兄福王朱由崧。南京及其附近地方的大臣、勋贵和拥兵自重的将帅就拥立福王还是潞王勾心斗角,以争夺拥立之功。“北都之变,诸王皆南徙避乱。时晋都诸臣议所立者,兵部尚书史可法,谓太子、永、定二王既陷贼中,以序则在神宗之后,而瑞、桂、惠地远,福王则七不可,唯潞王讳常淓,素有贤名,虽穆宗之后,然昭穆亦不远也。”②在给马士英的一封信中,史可法列举了福王朱由崧“贪、淫、酗酒、凶残、不孝、虐下、不读书、干预有司”等7条不可立的理由。

潞王朱常淓被封于卫辉(今属河南),江南东林党人从自身利益出发,力主拥立潞王,反对福王继统。福工朱由崧的祖母为明神宗宠妃郑贵妃,当年正是由于东林党人的反对,神宗立朱常洵(朱由崧之父)为太子的图谋未能得逞。东林党人担心,一旦朱由崧继位,旧案重提,进而报复东林党人。礼部侍郎钱谦益当时被视为东林党魁,他两次从故乡常熟赶到南京,以“立贤”为名,到处游说,倡议迎立潞王。因此,江南士绅,尤其是朝中的东林党人多主张拥立潞王朱常淓,因为“潞王立,则无后患,且可邀功”③。南京兵部尚书史可法、户部尚书高弘图及张慎言等东林党人均主张拥立潞王,希望建立一个清正廉洁的新政权,重新恢复大明王朝的统治。

而马士英、路振飞、高杰、黄得功、刘良佐等人则主张拥立福王。路振飞认为,“议贤则乱,议亲则一,现在则惟有福王”,并“遗书南京兵部尚书史可法,谓伦序当在福王,宜早定社稷主”④。此外,给事中李清、章正宸等也认为“伦序应在福藩”。

---

① (清)计六奇:《明季南略》卷一《南都公檄》,中华书局1984年版,第3页。

② (清)黄宗羲:《弘光实录钞》卷一,《南明史料》(八种),江苏古籍出版社1999年版,第5页。

③ (清)张廷玉等:《明史》卷三〇八《马士英传》,中华书局1974年版,第7939页。

④ (明)归庄:《归庄集》卷八《左柱国光禄大夫太子太师吏部尚书兼兵部尚书武英殿大学士路文贞公行状》,中华书局1984年版,第453页。

潞王是万历皇帝的侄子，而福王则是万历皇帝的嫡孙。在皇位继承资格上，潞王较福王逊色。究竟立谁？史可法进退两难，担心舍亲立疏会进一步引起混乱。经与凤阳总督马士英密商，他最后商定一个妥协折中的方案——“以亲以贤，惟桂乃可”，即拥立桂王朱常瀛（明神宗第七子，后来其子朱由榔被立为南明永历帝）。史可法将这一方案告知南京的高级官员后，他们对这个折中方案都表示接受。

然而，正当南京官员们准备前往广西迎接桂王时，马士英回到凤阳，得知凤阳太监卢九德已联络三镇总兵高杰、黄得功、刘良佐，议定拥立福王朱由崧。虽然马士英已与史可法商定拥立桂王，但他见三镇总兵转向支持福王，于是见风使舵，立即向福王表示效忠。山东总兵刘泽清一度支持拥立潞王，当得知高杰、黄得功、刘良佐三位总兵的态度后，也转而表示拥立福王。马士英拥立福王的目的就是要乘机以扩大自己的政治势力并巩固地位，以“福王昏庸可利”，“必欲立之”。马士英很快与明军诸将领结为联盟，拥立福王，并率兵护送福王前往南京。

崇祯十七年（1644）四月下旬，马士英等护送福王至长江北岸，以武力为后盾，致书“参赞机务”的史可法，声言福王是皇位的最佳人选。“时先帝大行之信既确，南京文武大臣连日会议。潞王伦次稍疏，惠王道远难致，福王有在邸不类事，莫之敢决。凤督马士英念福王奇货可居，内结操江诚意伯刘孔昭，外结总兵刘泽清等，同心拥戴。且移书诸大僚，谓以叙以贤无如福王。”[①]面对手握重兵的马士英高压，史可法等南京文武大臣不敢言，只好违心地接受马士英的主张。

四月二十七日，南京礼部派人前往仪真迎接福王。二十八日，徐弘基等迎福王于浦口。二十九日，福王舟泊次南京燕子矶。“三十日丁亥，南京诸臣见王于舟次。王时角巾葛衣坐寝榻上，旧枕敝衾，孑影空囊。从行田成诸人，布袍葛履，不胜其困。”面对南京诸臣的迎立，朱由崧假惺惺地说：“只身避难，宫眷未携一人。初意欲避难浙东僻地，迎立决不敢当。”面对群臣，福王及随从素衣角带，大臣行礼皆以手扶，“待茶款语，极其宽和。言及迎立即力辞，言：‘封疆大计，唯仗众先生主持’”。[②]一副衣着俭朴、举止谦恭的样子。

五月一日（6月5日），史可法等官员迎接福王进入南京城。当天，福王自南京三山门入城，骑马拜谒了明孝陵和懿文太子（朱元璋长子朱标）陵寝。然后从朝阳门（今中山门）进东华门，恭谒奉先殿。最后出西华门，暂以内守备府为行宫。南京的文武百官觐见，向福王上监国玺绶。因崇祯三子存亡未定，福王暂时接受“监国”（意代管国事）的称号。

---

① （清）文秉：《甲乙事案》卷上，《南明史料》（八种），江苏古籍出版社1999年版，第431页。

② （清）计六奇：《明季南略》卷一，中华书局1984年版，第7页。

五月三日，朱由崧颁布告示："孤避乱江淮，惊闻凶讣，既痛社稷之墟，益激父母之仇，矢不俱生，志图必报。然度德量力，徘徊不堪。乃兹臣庶，敬迩来迎。谓倡义不可无主，神器不可久虚。因序谬推，连章劝进，固辞未获。勉徇舆情，于崇祯十七年五月初三日暂受监国之号，朝见臣民于南都。孤夙夜兢兢，惟思迅扫妖氛，廓清大难。德凉任重，如坠谷渊，同仇是助，犹赖尔臣民。其与天下更始，可大赦天下。"[①]当时，刘孔昭等大臣曾要求朱由崧随即登基为帝，但遭到吕大器、张慎言、祁彪佳等人的强烈反对，他们认为刚监国即登极难服天下人心。

明崇祯十七年五月十五日（1644 年 6 月 19 日）朱由崧于南京武英殿即皇帝位，诏以明年为"弘光"元年，颁布"国政二十五款"，弘光政权正式建立，史可法、高弘图、姜曰广、马士英、王铎并为大学士。

著名南明史专家顾诚先生在总结朱由崧之所以能在诸王争立中脱颖而出时，指出："史可法在定策问题上犹豫不决，导致朱由崧乞援于武将。弘光既立，高杰、黄得功、刘良佐、刘泽清以败军之将坐收'定策'之功，军阀操纵朝廷的局面业已形成。"[②]朱由崧、马士英与江北四镇总兵互相利用和配合，最后争得帝位。

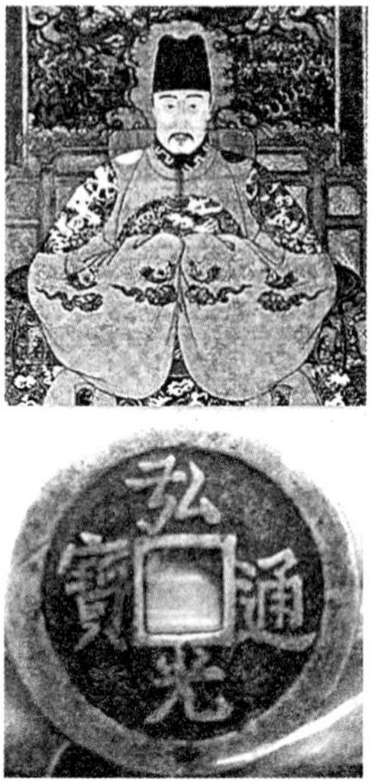

朱由崧和弘光通宝

二 "相公止爱钱，皇帝但吃酒"

弘光政权前后历时一年，其间内部纷争不断，既有文臣武将之间的冲突，也有统兵将领间的内讧，而最引人注目的是阉党官僚与东林党人的争斗。

明代南京文武百官，兵部尚书位居首位。朱由崧监国后，马士英以"定策之功"被召回，升任东阁大学士兼兵部尚书，史可法则因"勤王无功"改任礼部尚书，但仍然实际控制朝中大权。野心勃勃的马士英对此极为不满，恼羞成怒。五月九日，马士英自请入朝，"拜疏即行"，带兵入朝，摆出一副欲与史可法火拼的架势。为了实现其政治野心，马士英还玩弄花招，虚伪地对史可法说："我缺乏管理军事的才干，部下时常滋事扰民。您威名素著，士兵信服，若去前方带兵，我在中央配合你，事情就好办多了。"史可法看透了马士英的用意，但大敌当前，为了明王朝前途和全局利益，避免内讧，加之江北无重臣督守，便自请"督师江北"。五月十二日，福王朱由崧

---

① （明）李清：《南渡录》卷一，《南明史料》（八种），江苏古籍出版社 1999 年版，第 128 页。

② 顾诚：《南明史》，中国青年出版社 1997 年版，第 57 页。

批准了史可法督师扬州的请求，史可法改任武英殿大学士兼兵部尚书，赴江北前线督师，马士英如愿主持朝政，将史可法排挤出权力中枢。“士英入参机务，可法动受其制，不得已而出。留都诸生数百人合疏留之，不得。至十月，有何光显者，请召可法，拟士英操、莽，廷杖杀之。”①

史可法督师江北的消息传到江南各地后，引起了强烈反对和愤慨。长洲诸生卢渭等伏阙上书言：“秦桧在内，李纲在外，宋室终北辕。”②人们将马士英比作秦桧，将史可法比作李纲。当时，许多人对史可法寄予厚望，视其为明王朝复兴的希望。

在南京，数百名太学生大呼：“何乃夺我史公!”“还我史公!”联名上书弘光帝，要求其收回成命。“日者，忽闻(史可法)出代督师之命，众心惶惑，未识所措。虽淮扬系南都门户，毕竟朝廷是天下根本。若可法在朝，则出师命将，真可取燕云而复帝都，固本安民，奚但保江淮而全半壁？淮扬虽急，宜别命一督臣，使可法从中调度，则兵饷有着着应手之模。万一可法自行，则虽身任督师，而中枢已更成局，实战有守事事纷扰之渐。即后起必有善图，而前功不无变废，机会一失，局面尽移，此江南士民所以奔走号呼，不能不伏阙哀吁者也。”③五月二十日，史可法挥泪告别送行的南京士民，渡江北上，奔赴抗清前线。

史可法离开南明朝廷后，马士英大权独揽，任人唯亲，卖官鬻爵，特别是起用阉党成员阮大铖为兵部右侍郎。马士英和阮大铖为万历四十四年(1616)会试同年。崇祯五年(1632)，时任右佥都御史的马士英因挪用公款行贿被削职为民，寓居南京。此时，阮大铖也因“阉党案”被罢官流寓南京，两人同病相怜，结为死党。后阮大铖通过贿赂首辅周延儒，使马士英得以官复原职。因此，马士英上台后，投桃报李，不仅为阉党的“钦定逆案”平反追恤，还竭力把阮大铖拉入南明朝廷，以加强自己在朝中的政治势力。

早在崇祯十一年(1638)，吴应箕、侯方域、陈贞慧、黄宗羲、沈寿民等 140 多位南京名士曾联名发出《留都防乱公揭》，揭露阮大铖的种种罪状，迫使阮大铖“潜迹南门之牛首，不敢入城”。为消除《留都防乱公揭》造成的不利舆论影响，马士英利用钱谦益在政坛长期郁郁不得志而急于谋求升迁的心理，要挟他以东林领袖的身份为阮大铖等“阉党逆案”人物翻案。钱谦益为保持在南明朝廷的地位，转而支持对阮大铖的任命，奏称“不复以党论异同”，只要是人才皆可任用，并声言阮大铖之流都是“慷慨魁

① (清)黄宗羲:《弘光实录钞》卷一,《南明史料》(八种),江苏古籍出版社 1999 年版,第 7 页。

② (清)李天根:《爝火录》卷三,浙江古籍出版社 1986 年版,第 162 页。

③ (明)史可法:《史忠正公集》卷末《公恳留在朝疏》,《续修四库全书》第 1387 册,上海古籍出版社 1995 年版,第 229 页。

垒男子”。

六月，当马士英提名阮大铖出任兵部右侍郎时，遭到许多官员的抨击。吕大器上疏怒斥道：“先帝血肉未寒，爰书寒若日星，而士英悍然不顾，请用大铖。不惟视吏部如刍狗，抑且视陛下为弁髦。”尽管许多官员反对，但阮大铖最终仍在马士英的支持下出任兵部右侍郎。一时，弘光朝中阉党势力日盛，姜曰广、高弘图、刘宗周等正直官员相继被迫离开南京。清人戴名世说：“及阮大铖入而党祸复烈，谗慝宏多，国家日以多故。上在宫中，每顿足谓‘士英误我’，然大权已旁落，无可如何。”[①]

阮大铖上台后，并没有像钱谦益所说的那样捐弃前嫌，而是小人得志，立即打击报复联名《留都防乱公揭》的复社诸君子。他一面以“三案”挑拨福王，一面又把北京沦陷的责任归咎到东林党人身上，叫嚣：“不尽杀东林诸臣，不足以谢先帝。”他起用“阉党逆案”中人，网罗爪牙，效法魏忠贤对付东林党的办法，炮制黑名单《蝗蝻录》、《续蝗蝻录》，以东林人士为“蝗”，复社人士为“蝻”，牵连 143 人。后又炮制《蝇蚋录》，牵连 953 人，企图把东林、复社人士一网打尽。一些正直和曾反对他的官员都遭到排挤打击，甚至被杀。一时，南都腥风血雨，充满恐怖气氛。

弘光帝依靠马士英、阮大铖一伙势力偏安江南，声色犬马。时在南京城内广为流传的一则谚语道：“都督多似狗，职方满街走。相公止爱钱，皇帝但吃酒。”[②]它生动形象地反映了南明弘光政权的贪污腐败，不思进取。尽管内忧外患，但弘光小朝廷仍歌舞升平。弘光帝经常不理朝政，沉溺于观赏阮大铖所编写的《燕子笺传奇》之类戏曲歌舞中。

八月十三日，弘光帝母亲从河南逃到南京。朱由崧立即谕户、兵、工三部：“太后光临，限三日内搜括万金，以备赏赐。”为了装修太后宫殿，工部用银约数十万两。“工部尚书何应瑞、侍郎高倬苦点金无术，恳祈崇俭。工科李清亦疏请节省，不听。”

国难当头，弘光帝只知寻欢作乐，苟且偷安。除夕夜，弘光帝闷闷不乐，群臣以为他为社稷担忧，谁知他说：“后宫寥落，且新春南部无新声。”他修建兴宁宫，还恬不知耻地在他所住宫殿门柱上贴上“万事不如杯在手，一生几见月当头”的楹联。登位不久，朱由崧即以“大婚”为名派内宫太监四出选民女入宫。八月，征教坊妓 64 人，犹嫌不足，又派人至南京、苏州、杭州等地继续遴选淑女。“旨下，有校尉人役突入民家搜索女子，有投水自尽者。……而或言天下美女及妆饰精妙无过苏、杭。于是访求之使

---

① （清）戴名世：《戴名世集》卷一三《宏光朝伪东宫伪后及党祸纪略》，中华书局 1986 年版，第 365—366 页。

② （明）夏完淳著，白坚笺校：《夏完淳集笺校》卷一〇《续幸存录二·南都杂志上》，上海古籍出版社 1991 年版，第 479 页。

四出矣。"[①]太监屈尚忠之流乘机敲诈勒索民众，强取民女。"都城内凡有女之家，不问年纪若何，竟封其门，受金然后释放，又顾别室。邻里哭号，唯利是图。"[②]"中使四出，搜门索巷，凡有女之家不问愿否，黄纸贴额即舁之而去，以致闾井骚然，人情惶骇，甚非细故也。"[③]"道途鼎沸，不择配而过门"，"有方士营杨寡妇家少女自刎，母亦投井"[④]。

当时，弘光帝"深居禁中，惟渔幼女、饮火酒、杂伶官演戏为乐。修兴宁宫，建慈禧殿，大工繁费，宴赏赐皆不以节，国用匮乏。因佃练湖，放洋船，瓜、仪制盐，芦州升课，甚至沽酒之家每斤定税钱一文，利之所在，搜括殆尽。……识者已知不堪旦夕矣"[⑤]。

"马士英听阮大铖日将童男女诱上。正月十二丙申，传旨天财库，召内竖五十三人进宫演戏饮酒，上醉后淫死童女二人，乃旧院雏妓，马、阮选进者，抬出北安门，付鸨儿葬之。嗣后屡有此事。由是曲中少女几尽，久亦不复抬出，而马、阮搜觅六院亦无遗矣。二十日甲辰，复召竖进宫演戏。……宫中有大变，则夜半鸣钟。一夕大内钟鸣，外廷闻之大骇，谓有非常。须臾，内竖启门而出，索鬼面头子数十，欲演戏耳。可笑如此，安得不亡！"[⑥]

国难当前，朱由崧还以常以斗蟋蟀为乐，人称"蟋蟀相公"。为满足自己的淫欲，他还命太监田成派人每晚出城，四处捕捉虾蟆，配制"蟾酥合媚"春药。而内官则打着"奉旨捕蟾"的幌子强迫百姓捕捉，愤怒的民众将朱由崧讥为"虾蟆天子"。[⑦]

朱由崧沉溺于酒色，将朝廷管理大权交与马士英、阮大铖之流，任人唯亲。阮大铖的外甥张秉贞因裙带关系由四川按察副使升任浙江巡抚，马士英儿子马锡被阮大铖荐为都督佥事，充总兵官，管理京营。南京弘光朝廷还大肆卖官鬻爵，明码标价。"武英殿中书银九百两，文华殿中书一千五百两，内阁中书二千两，待诏三千两，拔贡一千两，推知衔二千两，监纪、职方万千不等。"在马士英的建议下，朱由崧取消延续数百年的生员(秀才)试取制，改为以纳银多少来定名次。一时间，各地生员云集。一个多月后，他又下令，县以上三级正官，一律以银竞争。大卖官职的结果，导致官僚机构冗员大增。新官候缺，旧官又想固位，于是拼命向上行贿，致使民怨沸腾。"南都之政，幅员愈小，则官愈大；郡县愈小，则官愈多；财赋愈贫，则官愈富，斯之谓'三反'。

---

① (清)顾炎武:《圣安皇帝本纪上》,《南明史料》(八种),江苏古籍出版社1999年版,第106页。

② (清)王铎:《拟山园选集》卷一二,《四库禁毁书丛刊》集部第87册,北京出版社2000年版,第259页。

③ (清)陈子龙:《陈子龙文集》卷下《兵垣奏议·论选宫人疏》,华东师范大学出版社1988年版,第143页。

④ (清)计六奇:《明季南略》卷二《诏选淑女》,中华书局1984年版,第92页。

⑤ (清)计六奇:《明季南略》卷二《朝政浊乱》,中华书局1984年版,第104页。

⑥ (清)计六奇:《明季南略》卷三《声色》,中华书局1984年版,第156页。

⑦ (清)王应奎:《柳南续笔》卷一《蟋蟀相公》,中华书局1983年版,第153页。

'三反'之政,又乌乎不亡!"[①]时人张岱曾痛骂朱由崧道:"自古亡国之君,无过我弘光者,汉献帝之孱弱,刘禅之痴呆,杨广之荒淫,合并而成一人……真能集大成也!"清人戴名世也感慨道:"呜呼!自古南渡灭亡之速,未有如明之弘光者也!"[②]

三 北使团和南渡三案

1. 遣使北上求和

弘光政权在南京建立后,将大顺农民军视为死敌,声称要"讨贼复仇"。而对于满清政权还充满幻想,希望能借助满清军事力量剿灭农民军,即所谓"借虏平寇"。清顺治元年(1644)七月,南京弘光政权派出了以左懋第、陈洪范、马绍愉等为代表的使团北上求和。弘光政权加左懋第为兵部侍郎兼理河北、联络关东军务,任正使。确定与清朝谈判的原则:不屈膝辱命,要保持天朝体统;山海关外土地割让给清朝;每年赠给清朝岁币银10万两。

弘光帝希望同清朝谈判,"以两淮为界",明、清分境而治,两国皇帝以叔侄相称,"两家一家,同心杀灭逆贼,共享太平"。然而,这些只是弘光政权的一厢情愿,连正使左懋第本人都对肩负的重任深感渺茫。

七月二十一日,北使团携银10万两、黄金1万两、缎绢1万匹及"大明皇帝致书北国可汗"御书、晋封吴三桂为蓟国公的敕书及赏赐吴三桂的银币等,在3000名官兵护送下由南京出发。九月,使团进入清军控制的山东地区,仅被允许百人进京,行属国觐见礼,住四夷馆,而南明派遣的护送兵马则被遣回。十月十二日,北使团进入北京,左懋第坚持要求以国礼接待,清朝以礼部官员陪同,将使团安置在鸿胪寺居住。清廷对于使团带来的"国书"拒绝接受,且不承认弘光政权的合法性,使臣成员据理与清廷代表内院学士刚林争辩,刚林盛气凌人,根本不予理睬,"谩语欲发兵",而对使团所携金、银、绸缎等财物却一并收去。[③] 二十六日,左懋第见清廷态度强硬,提出到昌平祭告明皇陵、议葬崇祯帝,遭清廷代表刚林断然拒绝。刚林还对使团当面宣读一道清廷檄文,指责南京弘光政权:"不救先帝为罪一,擅立皇帝为罪二,各镇拥兵虐民为罪三,旦夕发兵讨罪。"二十七日,清廷派300清兵押送北使团南归。十一月初,南归途中,陈洪范密函投降清廷,要求扣留同行的左懋第、马绍愉。于是,清廷立即派兵将左、马二人扣留,押回北京。次年,左懋第屡拒清廷劝降,被杀,马绍愉则降清。十二

---

① (明)夏完淳著,白坚笺校:《夏完淳集笺校》卷一〇《续幸存录二·南都杂志上》,上海古籍出版社1991年版,第479—480页。

② (清)戴名世:《戴名世集》卷一三《弘光朝伪东宫伪后及党祸纪略》,中华书局1986年版,第363页。

③ (明)李清:《南渡录》卷四,《南明史料》(八种),江苏古籍出版社1999年版,第310页。

月十五日，陈洪范回到南京，四处散布和平言论，以麻痹弘光君臣。尽管弘光朝臣对仅放陈洪范南归，而左、马二人被拘产生怀疑，却未深究，令其回籍了事。

南明弘光政权在没有强大武力作后盾的情况下，贸然遣使北上求和，无疑是自取其辱，不仅损失金银财宝、丧失尊严，而且一味退让，贻误了调兵遣将备战抗清的最佳时机，弘光政权"借虏平寇"的幻想最终彻底破灭。

2. 南渡三案

大悲案。朱由崧即位后，对崇祯帝三个儿子的下落十分关心，惟恐三人大难不死而对其皇位构成威胁。崇祯十七年(1645)十二月十七日，南京水西门外一名叫王二的人向西城官兵报告，发现一位自称是亲王的和尚。弘光帝立即派人将其捉拿审讯，以查明其来历。和尚供称："我是定王，为国变出家，法名大悲和尚。今潞王贤明，应为天子，欲弘光让位。"[①]之后言语支吾且无伦次，形迹可疑。经严刑讯问获知，此人并非亲王，而是一个在苏州为僧的徽州人，最后"九卿科道俱在城隍庙会审"，"以妖言律斩之"。

伪太子案。顺治二年(1645)二月，一个自称"太子"的少年现身江南。三月一日，弘光帝命太监李继周前往浙江金华将"太子"召至南京，迎入宫内。次日，南京百官同往审视。曾任东宫讲官的王铎、刘正宗、李景廉等熟悉太子的模样，见了此人后，均认定他非真太子。后经锦衣卫刑讯逼供，此人招认：他确非太子，乃保定高阳人王之明，驸马都尉王昺之孙，因战乱逃难至南方，遇鸿胪寺少卿高梦萁家人穆虎，受其唆使而假冒太子。[②] 同时，高梦萁、穆虎也招认诈伪。尽管南明朝廷在严刑下获得了王之明的口供，但当时"朝廷之上皆曰伪，草野之间皆曰非伪"[③]。许多百姓都相信这位少年就是真正的明太子，有人甚至认为他的名字也隐喻了他的真实身份，"王之明"颠倒语序后即为"明之王"。

童妃案。顺治二年(1645)三月十三日，河南一位自称为福王之妃的童姓女子被护送至南京。童氏自称原是宫女，洛阳被清军攻破时，逃到尉氏县，与福王同居并生有一子。福王南下后，童妃与太妃各自失散。福王即位后，马士英从河南迎回太妃，此时这位童妃又自动上门认亲。朱由崧宣称童氏为假冒，拒不召见，并将其交付锦衣卫监候。但广昌伯刘良佐认为"童氏必定不是假冒"。马士英也认为："如果不是关系真情，谁敢自称是陛下的王妃?"锦衣卫都督冯可宗对童氏进行审讯。童氏详细书写

---

① (清)计六奇：《明季南略》卷三《大悲假称定王》，中华书局 1984 年版，第 151 页。

② (清)王铎：《拟山园选集》卷一一《为奸人假冒可恨九干法纪恳乞皇上乾断事》，《四库禁毁书丛刊》集部第 87 册，北京出版社 2000 年版，第 251—252 页。

③ (清)文秉：《甲乙事案》卷下，《南明史料》(八种)，江苏古籍出版社 1999 年版，第 533 页。

了入宫的年月，以及与福王相遇的过程。冯可宗将童氏所写证明材料呈交朱由崧审阅，他瞥了一眼，将记录扔在了地上，怒道："朕不识之，速加严讯！"冯可宗因此被撤职，改由太监屈尚忠严讯，童氏遭严刑拷打，几天后死于狱中。

历史上，人们将大悲案、伪太子案和童妃案合称为"南渡三案"。表面上，三案孤立互不相干，实质上它反映了南明一部分人对朱由崧继统的不满及其合法性的怀疑，由此也成为弘光政权内部各派政治斗争的工具。不管三案的真假，对朱由崧种种不利的谣言不断出现，自然会引起人们对弘光政权的怀疑，进而动摇民众对弘光政权统治的信心，特别是在其政权立足未稳、内忧外患之际，无疑有着很大的负面效应和破坏力，南明左良玉兵变就是在这样的背景下发生的。

第二节　史可法扬州殉国

史可法（1602—1645），字宪之，号道邻，河南祥符（今河南开封）人。崇祯元年（1628）进士，与东林党人左光斗关系密切，深受其影响。南明弘光政权建立后，史可法"鞠躬致命，克尽臣节"，顾全大局，毅然督师江北，调停江北四镇诸将矛盾，在黄淮前线冲锋陷阵，直至血洒扬州城。

史可法像

一　调停四镇

由于高杰、黄得功、刘良佐、刘泽清等人有定策之功，弘光帝即位后，封高杰为兴平伯，镇守徐州、泗州地区；封刘良佐为广昌伯，驻寿州（今安徽寿县），镇守凤阳、寿州地区；封刘泽清为东平伯，驻淮安，镇守淮安、扬州地区；靖南伯黄得功加封侯爵，驻庐州（今安徽合肥），防守滁州、和州一带。"天子乃我辈所立"，四镇自恃拥立有功，骄横跋扈，各自争权夺利以自肥，进而要挟南明朝廷。当时，高杰是四镇中兵力最强的，横暴难以驾驭；黄得功"粗猛不识文义"；刘泽清"将略无所长，唯声色货利是好"；刘良佐目不识丁，"贪财物，好妇女，为酒使色"。四镇本各有防区，但他们不是尽职尽责地搞好本区的防务，却争着要进驻富庶的扬州。史可法奉命督师扬州，经常为调停各种矛盾奔走于四镇间。

高杰受命后，贪恋扬州城的富庶和繁华，要求将官兵家眷安顿于扬州城内。高杰原为李自成部将，后归顺明政府军，其部下多来自陕西，骁勇善战，但仍不改恣意劫掠的流寇恶习。扬州百姓见高杰部属军纪松弛、四处劫掠，遂纷纷罢市，反对高杰所部入城。高杰恼羞成怒，于四月二十八日下令围城，攻城不下。五月五日，高杰纵兵"大掠江北，声言欲送家眷安顿江南，约刘泽清刻日南渡"①。史可法闻讯，急拨户部银1万两，派人至四镇犒赏安抚。高杰兵大肆劫掠，扬州"城外庐舍焚掠殆尽"，"杀人则积尸盈野，淫污辱及幼女"。此时的扬州，"民以兵为贼，死守不容，兵以民为叛"，军民关系十分对立。史可法在高杰兵营里反复磋商月余，几经姑息迁就，决定把离扬州不远的瓜洲作为高军驻守之地，才暂时平息事态。

经过一段时间的调停和斡旋，史可法终于使包括高杰在内的江北四镇总兵进入各自驻防区。为了制止部分明军抢劫民众财物的行为，史可法严明军纪，并惩处了少数为害百姓的官兵，取消了江淮一带私设的关卡，禁止军人贩盐，实行由官府督运监销，以方便百姓购买，史可法试图通过这些措施缓解紧张的军民关系，加强南明政权在江淮地区的防御力量。而后高杰在史可法的耐心说服和教导下，最终同意率军北上抗清，积极整修防务，并表示："时事到此，令人应接不暇。惟有殚心竭力，直前无二，于万难之中求其可济，以报国恩而已！"②

1644年9月初，正当史可法调停江北四镇纠纷、筹建河防之际，接到清朝摄政王多尔衮的信函，多尔衮抓住史可法急于报"弑君之仇"的心理，把自己装扮成一个"特申大义"的恩人，声称：清军为明王朝将李自成逐出北京，"入京之日，首崇怀宗帝后谥号，卜葬山陵，悉如典礼；亲郡王将军以下一仍故封，不加改削；勋戚文武诸臣咸在朝列，恩礼有加。耕市不惊，秋毫无犯"。这些欺骗性语言从心理上给了史可法这样的明朝忠臣很大的安慰和迷惑。信中，多尔衮提出的"联合灭寇"正是史可法梦寐以求的。但清政府要南明以"削号归藩"为交换条件，又使史可法难以接受。九月十五日，在《答多尔衮书》中，史可法要求清廷"坚同仇之谊，全始终之德，合师进讨，问师秦中，共枭逆贼之头，以泄敷天下之愤！则贵国义闻，照耀千秋，本朝图报，惟国是视。从此两国世通盟好，传之无穷，不亦休乎！"③抱着"联清灭寇"的幻想，希望"回纥助唐"平定安史之乱的历史故事重演，史可法表示愿与清军"共同讨贼"。清朝认识到南明福王政权不堪一击，拒绝与其议和，决意消灭南明政权，于是不断向南进攻。后来，史可法也逐渐认识到"历观往代衰亡，莫不因和自误"，"唯有言战，才是出路"；南明将臣必须

① （清）计六奇：《明季南略》卷一《高杰》，中华书局1984年版，第32页。

② （清）夏燮：《明通鉴》（第八册）附编卷一下，清世祖顺治元年（1644）十一月戊子条，中华书局1959年版，第3555页。

③ （清）张纯修辑，罗振常校补：《史可法集》卷三《书牍·复摄政王》，上海古籍出版社1984年版，第87页。

"同舟共济","朝营夕算,惟此是图",一致抗击南下清军。史可法放弃了对清军的幻想,成为南明弘光政权中力主武力抗清的主要代表人物。

上有昏君临朝,朝中奸臣掣肘,外有强敌压境,内有四镇争权夺利,史可法面临的形势十分险峻,他以"知其不可为而为之"的精神决心尽自己最大的努力殊死一搏。在给友人的一封书信中,他说:"苟有一息,敢弗勉图。……近日消息益不佳,独木支大厦,苟危,法死有余恨。"①

史可法以阁部督师开府扬州,设立礼贤馆,不拘资格,选荐人才调军前使用。不管什么人,只要有一技之长,史可法都量材任用。因此,在很短时间里,许多人才从各地来到扬州,投奔史可法。

史可法以国家利益为重,严于律己。日常不讲究排场,每餐只限一菜一饭;战事紧张时,更免去了荤菜,经常食素。督师江北后,为免饮酒延误军情,他毅然戒酒。为防敌人突袭,晚上睡觉常不解铠甲,随时准备投入战斗。"行不张盖,食不重味,夏不箑,冬不裘,寝不解衣。年四十余,无子,其妻欲置妾。太息曰:'王事方殷,敢为儿女计乎!'岁除遣文牒,至夜半,倦索酒。庖人报殽肉已分给将士,无可佐者,乃取盐豉下之。可法素善饮,数斗不乱,在军中绝饮。"史可法还常亲临前线清江浦一带巡防,和士兵同甘共苦,关心士兵疾苦和冷暖。"可法短小精悍,面黑,目烁烁有光。廉信,与下均劳苦。军行,士不饱不先食,未授衣不先御,以故得士死力。"②

作为南明弘光政权江淮前线的主要军事负责人,史可法计划抢在清朝彻底打败李自成之前,收复当时尚处于相对真空状态下的中原地区,然而随着清军的迅速向南推进,史可法只好将战略重心转向防御清军南下。八月,史可法巡视清江浦及淮河沿线南明军队驻守阵地,发现兵弱粮少,立即疏请南京增兵拨饷,但马士英不仅不拨饷,反而强令史可法出师北伐。刘泽清、刘良佐军队皆虚弱不足用,惟有高杰所部4万余山陕劲卒有一定战斗力。十月,经多方安抚,史可法命高杰率所部自瓜洲移师徐州以加强防御。

十一月上旬,清军攻占海州(今江苏连云港)、宿迁,围攻邳州,史可法令总兵刘肇基驰援,击退清军,收复了宿迁一带。捷报传到南京时,马士英嘲讽道:"你们当真有此事吗?这只是史可法的一着棋罢了。快过年了,将士要叙功,钱粮要报销,不扯谎怎能伸手要钱呢?"马士英之流竟然不顾社稷存亡,肆意抹杀前线将士们流血牺牲换来的战绩。

顺治二年(1645)一月十三日,在清军的利诱下,明河南总兵许定国在睢州(今河

① (清)张纯修辑,罗振常校补:《史可法集》卷三《书牍·答某》,上海古籍出版社1984年版,第83页。

② (清)张廷玉等:《明史》卷二七四《史可法传》,中华书局1974年版,第7016页。

南睢县)杀高杰,公开投降清军。高杰被杀后,所部乱成一团,史可法赶至徐州进行安抚,并任命总兵李本身为提督、胡茂祯为阁标大厅(即中军)、李成栋为徐州总兵,统辖高杰余部,继续坚守黄淮前线。此时,清军主力正忙于追剿李自成的大顺农民军,河南、山东一带清军力量薄弱,加之这些地区民众抗清活动如火如荼,民众仍心向大明王朝。时任史可法幕僚的阎尔梅积极出谋划策,均被史可法否决。“渡河山东,不听;劝之西征复河南,又不听;劝之稍留徐州为河北望,又不听。”①史可法“一以退保扬州为上策”,“左右有言使公惧,拔营退走扬州去。两河义士雄心灰,号泣攀辕公不驻”②。

三月二十五日,镇守武昌的南明大将左良玉焚武昌,以“救太子、清君侧”为名率所部东下,“自汉口达蕲州,二百里舳舻相接”。左良玉发布讨伐马士英的檄文,列举马士英的8大罪状:“先帝升遐,海内失望,讼狱讴歌,咸思太子。比幸返驭南都,不意权奸谋逆,按下锦衣。本藩奉太子密旨,率师赴救。凡有血气,当念同仇,颙望义旗,共靖大难。”③“马士英者,蛮獠无知,贪狠悖义。”④左良玉统率数十万大军浮江东下,威逼南京。

四月一日,行至九江。四日,正当军队由九江准备东下时,左良玉“以久病之躯,恸浔变之惨,一时殒命”,“诸将秘不发丧,共推其子梦庚为留后”⑤。七日,其子左梦庚领兵继续东下,先后占领彭泽、东流、建德、安庆等地,兵锋直指太平府。

左良玉叛军东下直逼南京,弘光朝廷大为恐慌。北有清军、西有叛军,弘光帝不知所措,竟要求“上游急则赴上游,北兵急则御北兵”,无奈之下急召群臣商议对策。一些大臣认为,左军稍缓,北兵尤急,应加强对北方的防御力量。而马士英惟恐左氏叛军至南京,气急败坏地骂道:“尔辈东林,犹籍防江,欲纵左逆入犯耶?北兵至,犹可议款,若左逆至,则若辈高官,我君臣独死耳!臣已调良佐兵过江南矣。宁死北,无死逆。”⑥

在马士英的怂恿下,弘光帝诏命史可法调兵回援南京,兵部尚书阮大铖则会同靖南侯黄得功、广昌伯刘良佐以及池口总兵方国安等人调集兵力围剿叛军。黄得功的军队被调到长江以南的太平府,刘良佐军部署于江北对岸。在军情火急、政权危亡之际,弘光帝忙下令史可法回撤江北以助剿叛军。江北四镇的大部军队被抽调,江淮防线势必空虚。史可法急疏陈词,指出清军南下,关系国家民族存亡,江北之防万不可

---

① (清)阎尔梅:《阎古古全集》卷二《已矣歌》,1919年张相文重辑排印本。

② (清)阎尔梅:《阎古古全集》卷二《惜扬州》,1919年张相文重辑排印本。

③ (清)黄宗羲:《弘光实录钞》卷四,《南明史料》(八种),江苏古籍出版社1999年版,第73页。

④ (清)文秉:《甲乙事案》卷下,《南明史料》(八种),江苏古籍出版社1999年版,第541页。

⑤ (清)张廷玉等:《明史》卷二七三《左良玉传》,中华书局1974年版,第6998页。

⑥ (明)李清:《三垣笔记》,中华书局1982年版,第140页。

撤，并表示愿意亲赴左营调停解决这场内部斗争。然而，史可法三封赤心肝胆的奏疏，换来的却是弘光帝的切责。马、阮之辈认为清军南来尚可谈判，但反叛的左部若来，他们只有死路一条，公然宣称："宁可君臣皆死于清，不可死于良玉之手。"①史可法十分痛心，迫于君命难违，只好率兵赴援南京，脆弱的江北防线就这样迅速瓦解。四月十日，江北总兵黄斌卿于铜陵击败左梦庚。五月二日，南明黄得功部在长江板子矶（今安徽省繁昌县荻港镇附近）再败左梦庚所部叛军，叛军退守九江，南京之险始解。不久，左梦庚率余部投降清将阿济格。

四月十日，史可法至南京燕子矶，本打算入城面见弘光帝，参赞军事，谋划大局，但在马士英的阻挠下，弘光帝谕令："北兵南向，卿速回料理，凯奏后入见。"史可法得谕令后，沉痛地说："奏凯谈何容易，面君不知何日矣！"时史可法的老母和妻子均在南京城中，近在咫尺却不得一见，他心中百感交集，口占一绝："来家不面母，咫尺犹千里。矶头洒清泪，滴滴沉江底。"②含泪"南向八拜"后，赶回了风雨飘摇中的扬州城。

二 扬州殉节

顺治二年（1645）三月，在李自成农民军败局已定的情况下，清朝廷以豫亲王多铎为定国大将军，统率清军征讨南明。清军主力兵分三路南下：豫亲王多铎亲率中路清军由从陕西经河南进入淮扬地区，进逼扬州；英亲王阿济格统帅的西路军由陕西经湖北进入江西地区，最终与中路军在安徽会合；原驻山东固山额真准塔率东路军南下徐州，沿京杭大运河水陆并进，迅速攻占了宿迁、淮安、兴化、通州（今江苏南通）等长江以北的大片地区。

三月下旬，多铎率领的清军乘南明左良玉兵变内战而江淮空虚之机，进攻亳州、邳州、徐州、泗州等地。南明军队在清军大举进攻下惊惶失措，仓促应战，不堪一击。

四月九日，徐州总兵李成栋不战而南逃，清军顺利进占徐州。不久李成栋投降清军，并引领清军南攻。十一日，史可法赴天长（今安徽天长县），盱眙已被清军包围，他急令各地将领驰援，岂料盱眙守将投降清军，侯方岩援军全军覆没。十三日，泗州守将李遇春降清。十四日，清军渡过淮河，进逼扬州，史可法赶回扬州时，全城一片混乱。驻守扬州的高杰旧部群龙无首，因害怕清军来攻，纷纷弃城而逃，骡马、船只被洗劫一空，偌大的扬州城几成了一座不设防的空城。史可法几乎失去了对江淮各部队的控制，他气愤地说："北兵分路南下，李成栋弃徐南奔。镇将平日拥众靡饷，一遇警

---

① （清）计六奇：《明季南略》卷三《议御北兵》，中华书局1984年版，第202页。

② （清）张纯修辑、罗振常校补：《史可法集》卷四《燕子矶口占》，上海古籍出版社1984年版，第126页。

急,全不足恃。”[①]十七日,清军进抵距离扬州20里处列营,次日,南明降将李成栋引清军包围扬州城。南明降将李遇春举着豫王多铎帅旗来到扬州城下劝降史可法,史可法痛斥其变节行为,李遇春反问道:“公忠义闻华夏,而独不见信于朝,死何益也,何如退选义帝以成名乎?”[②]史可法大怒,令士兵发箭射之,迫使其逃走。

清兵围城后,史可法与总兵刘肇基等积极组织、团结剩余扬州军民死守。同时,史可法以“血书寸纸”驰报南明兵部求援,没有回应;又急檄江北各处明军驰援,“各镇援兵,无一至者”,仅少数将领“引所部至”。在此危局下,史可法与文武官员登城分守各城门。扬州旧城西门地势最低,城外有高地,能俯瞰城内,最难守,史可法把最难的任务留给自己。清兵人多势众,而扬州不但防守兵力不足,且外援断绝,势单力孤。史可法深知扬州城迟早会被清军攻破,决心与扬州城共存亡,以死殉国。多铎6次派人持书招降史可法,史可法抱定“吾为朝廷首辅,岂肯反面事人”的决心,对清军劝降信概不拆封,“沉之于水,重赉其人而遣之”。

四月十九日,他在城楼上写好给弘光朝廷的遗表后,又给母亲、夫人、亲属、义子史德威和清豫亲王多铎各留一份遗书,表示“身死封疆,实有余恨,得以骸骨钟山之侧,求太祖高皇帝鉴此心,于愿足矣”[③]。二十一日,他再次给母亲、岳母、夫人写信诀别,并对义子史德威说:“我死当葬我高皇帝侧;不能,梅花岭下可也。”同日,清军固山额真准塔分兵淮安,刘泽清大掠淮安,率总兵马化豹等迎降。二十二日,在扬州的总兵李栖凤、监军副使高岐凤合谋劫持史可法降清,史可法严厉斥责道:“这里就是我的指挥所,你们想图富贵,请自便。”此时史可法已无力处置他们,勉强挽留又恐发生内变,只得听凭他们投敌。于是,李栖凤、高岐凤二人带着扬州城里的大半士兵降清,扬州守军更加薄弱。二十二日,多铎见招降史可法不成,令架设大炮轰城。史可法把军队分成三部:一部迎敌,一部守城,一部巡查。并宣布临阵军令:“上阵不利,守城;守城不利,巷战;巷战不利,短接;短接不利,自尽。”二十五日晨,清军在猛烈炮火的掩护下向扬州城发动猛攻。史可法告谕市民:万一城破,敌人问抗拒不降之罪,由他一人当之,决不连累全城百姓。在清军炮击下,城墙多处崩坍,而守城军民前仆后继,坚守阵地。

扬州被围困后,史可法日夜期待黄得功的援兵到来。“围至六日,乃廿五丁丑也,忽报曰:‘黄爷兵到矣!’望城外旗帜信然,可法令开门迎入。及进旧城,猝起杀人,有

---

① (清)文秉:《甲乙事案》卷下,《南明史料》(八种),江苏古籍出版社1999年版,第542页。

② (清)温睿临:《南疆绎史》卷八《督辅列传·史可法下》,《中国野史集成》第35册,巴蜀书社2000年版,第217页。

③ (清)张纯修辑,罗振常校补:《史可法集》卷四《遗书》,上海古籍出版社1984年版,第110页。

如草菅。众知为清人所给，大惊，悉弃甲溃走。百姓居新城者一时哗叫曰：‘鞑子已入旧城杀人矣！’众不知所为，皆走出城。”①

史可法曾与总兵庄子固相约，一旦城破，即让他将自己杀死以免为清军所俘。见清军攻入扬州城，史可法便令庄子固动手，可庄不忍下手，史可法拔刀自刎，庄子固等奋力将其抱住，夺下刀。史可法又叫史德威动刀，德威哭着不从。数十名将校幕僚拥着史可法向城外突围，迎面遭遇一队清兵，史可法见此情景，大声喊道：“我就是史督师，快引我见你们的元帅！”在扬州城楼上，史可法与多铎相见。多铎问道：“累以书招，而先生不从；今既竭臣忠，不为负国，能为我收给江南，当不惜重任。洪承畴归顺大清，不是得到荣华富贵了吗?”史可法愤怒地回答道：“吾为朝廷大臣，岂肯偷生为万世罪人！吾头可断，身可辱，愿速死，从先帝于地下。”多铎见诱降不成，拔刀向史可法砍来，“公挺立，迎其刃”。史可法说道：“城亡与亡，我意已决，即碎尸万段，甘之如饴；但扬州百万民生不可杀戮。”多铎被史可法视死如归的凛然气概所慑服，绝望地说：“既为忠臣，当杀之，以全其名。”史可法牺牲时年方 44 岁。清军将史可法杀害后，装棺入殓，却“未暇识姓名于棺，遂不可辨”。当时扬州尸横遍野，12 天后，当义子史德威被释放出来后，“觅可法骸不可得”。次年清明后，家人将史可法衣冠葬于扬州城外的梅花岭，这就是今天扬州史公祠内之史可法衣冠冢。

扬州城破时，与史可法一起殉难的还有扬州知府任民育、部将乙邦才、幕客卢渭等数十人。总兵刘肇基带领余部 400 余人和城中人民一起继续巷战，杀死清军数百名，战斗到最后一人，弹绝人尽，全部牺牲。清军入扬州后，多铎愤恨扬州军民的顽强抵抗，下令清兵屠城十天，奸淫掳掠妇女，且寸丝粒米搜括殆尽，至五月二日才宣布“封刀”。“走不及者被杀，凡杀数十万人，所掠妇女称是，无一人得存者，扬城遂空。……扬州初被高杰屠害二次，杀人无算。及豫王至，复尽屠之。总计前后杀人凡八十万，诚生民一大劫也。”②昔日繁华城市一下沦为人间地狱，开清军入关后大规模屠城的恶劣先例。清军扬州屠城史称“扬州十日”，当时扬州人王秀楚以其亲身经历和见闻写成了《扬州十日记》，记述了清军屠城的种种暴行。③

史可法对明王朝的忠贞精神不仅得到汉族民众的颂扬，连清政府也钦佩有加。多铎占领扬州后，为博取好名声，笼络民心，下令把史可法义子史德威释放，“以保存忠臣后代”。清初，清廷对史可法母亲及妻子优待有加，以期缓和与广大汉族民众间的矛盾。乾隆时，清政府对史可法一再表彰，乾隆三十三年(1768)，谕旨在扬州梅花

---

①② (清)计六奇：《明季南略》卷三《史可法扬州殉节》，中华书局 1984 年版，第 205 页。

③ (清)留云居士辑：《明季稗史汇编》卷二七，《明清史料丛书》第一册，北京图书馆出版社 2005 年版，第 573—585 页。

岭史可法“衣冠冢”前修建“史公祠”。乾隆四十年(1775)十一月,乾隆帝再赐史可法谥号“忠正”,称赞史可法“支撑残局,力矢孤忠,终蹈一死以殉。……足称一代完人,为褒扬所当及”[①]。后来,乾隆南巡江南,途经扬州时,亲到史可法墓前凭吊,并题“褒慰忠魂”四字。清政府褒扬明末死节忠臣,想以此来抚慰汉民族因清军入侵造成的心灵创伤,同时更想通过表扬忠臣让清王朝官民以史可法等为榜样做忠臣顺民。相反,对于那些降清的明朝文武官员,清朝统治者在编写这段历史时都把他们列入带有贬义色彩的《贰臣传》。“数点梅花亡国泪,二分明月故臣心”,史可法领导的扬州抗清保卫战揭开了此后长达 40 年之久的江南军民抗清斗争的序幕。因一直未找到史可法遗体,当时人们希望史可法未死,各地抗清武装往往也假借史可法的名号发动民众继续进行抗清斗争。

第三节　弘光政权的覆亡

扬州陷落后,作为贵州人的马士英潜召 3000 名黔兵至南京驻防于鸡鸣山,这些黔兵“践踏僧房民舍殆遍,每夜拨二百名守私寓”[②]。同时马士英令次子马銮为京营总兵,控制以黔兵为主的亲信部队,为出逃作武装准备。作为兵部尚书的阮大铖也是“昼夜以兵环卫其私室,控弦被铠,厢房书室中暗为衷甲”[③]。

顺治二年(1645)五月九日黎明,清军在瓜州附近趁大雾渡江,向对岸镇江发起攻击。清军在金山击败南明水师,登上南岸,占领镇江。“庚寅早,清兵开闸放舟,蔽江南下。三镇兵各扬帆东遁,江南诸师皆溃,诸将各卸甲鼠窜。”[④]南明沿江守军皆溃,总兵郑鸿逵、郑彩部水师东逃入海,退守福建。镇江的失守使南明弘光政权的南京外围防线全面崩溃。

五月十日,清军占领镇江的消息传至南京,弘光皇帝命紧闭所有城门,传旨所有缙绅家眷不许出城。为掩饰内心恐慌,弘光帝故作镇静,“唤集梨园子弟入大内演剧。上与卢九德、田成、屈尚忠等杂坐酣饮”。十一日凌晨,未对文武大臣作任何布置和交代,朱由崧带着太后、嫔妃数十人从通济门仓皇出逃。逃至南京东南的太平府(今安

---

① 《乾隆四十年十一月初十日上谕》,《钦定胜朝殉节诸臣录》卷首,《台湾文献史料丛刊》第 6 辑 112 册,台湾大通书局 1987 年版,第 7 页。

② (清)李天根:《爝火录》卷一〇,浙江古籍出版社 1986 年版,第 458 页。

③ (清)王铎:《拟山园选集》卷一二《揭一》,《四库禁毁书丛刊》集部第 87 册,北京出版社,第 259 页。

④ (清)文秉:《甲乙事案》卷下,《南明史料》(八种),江苏古籍出版社 1999 年版,第 550—551 页。

徽当涂)时,守将刘孔昭闭门拒纳,朱由崧“彷徨江次,不得已”[①],逃往黄得功军营暂留。

十二日凌晨,马士英出逃。“钱谦益黎明肩舆过士英寓,门庭寂然。良久,士英出,箭衣小帽,向钱拱手云:‘诧异!诧异!我有老母,不能随公殉国矣。’即上马去,后随妇女多人,皆马上妆束,家丁百余人拥出城。至孝陵,诡装其母为太后,召守陵黔兵自卫。”[②]逃往浙江。

十二日,弘光帝、马士英等出逃的消息传出后,南京城陷入一片混乱。“弘光既出,内外鼎沸,宫女杂走,百姓乱,拥入内宫,抢掠御用物件,遗落满街。内库银、绢、米豆、物玩、弓刀之属,皆被劫罄尽。文武百官一时隐匿,洗去寓所封示,男女出城者如蚁,有出而复返者。居民又尽杀城内外黔兵,靡有孑遗。”[③]中午时分,一些百姓在一赵姓监生率领下将自称“崇祯太子”的王之明从狱中放出,让其登殿即位,年号仍称崇祯十八年。“百姓千余人擒王铎,至中城狱中认太子。即群殴之,铎曰:‘非干我事,皆马士英所使。’百姓曰:‘汝舌在士英口中耶!’复殴之,须发俱尽。太子亟行谕止,命禁中城。百姓随拥太子上马,入西华门,至武英殿,又拥至西宫,取弘光所遗冠袍服之。即于武英殿登座,群呼万岁。”王之明下令释王铎,仍为大学士;又令释放高梦箕,升礼部右侍郎兼东阁大学士,然而二人出狱即逃走。赵之龙率兵入城,各衙门出安民告示,“但言城守,并不及立新主事”。一些南京市民焚烧了马士英和阮大铖二人的府宅。“马士英寓在西华门,其子马锡寓北门桥都督公署,在鸡鹅巷,百姓焚毁一空。次掠阮大铖、杨维垣家。大铖最富,歌姬甚盛,并时星散。”十四日,清军自镇江下丹阳,进军句容,当晚前锋抵达南京城下。

十五日,豫亲王多铎率清军主力驻营南京城北。南京弘光朝文武官员在赵之龙、钱谦益等率领下出城迎降。“十五日丙申,大清兵营于城北,勋臣赵之龙、汤国祚、柳祚昌等,文臣王铎、钱谦益、张孙振等,文武数百员,马步兵二十余万,俱迎降。大清兵到,戎政府、都察院各遣官二员远迎,跪道旁,高声报名。将近豫王前,通事高声喝:‘起!’文武百官随即出城迎接,时正大雨淋漓,无一人敢稍后者。”[④]多铎进城后,发布二通告示,一为《大清摄政叔父王晓谕江南文武官员》,一为《钦命大将军豫王晓谕南京官民》。告示指责福王“僭称尊号,沉湎酒色,信任佥壬,民生日瘁。文臣弄权,只知

---

① (清)文秉:《甲乙事案》卷下,《南明史料》(八种),江苏古籍出版社1999年版,第551页。

② (清)文秉:《甲乙事案》卷下,《南明史料》(八种),江苏古籍出版社1999年版,第551—552页。

③ (清)李天根:《爝火录》卷一〇,浙江古籍出版社1986年版,第459—460页。按,关于“弘光帝出逃问题”,明史专家顾诚先生认为,弘光帝是与马士英一起出逃,途中二人在溧水失散,然后各自逃亡(《南明史》,中国青年出版社1999年版,第189、198页)。

④ (清)李天根:《爝火录》卷一〇,浙江古籍出版社1986年版,第464页。

作恶纳贿；武臣要君，惟思假威跋扈。上下离心，远近仇恨”。当晚，赵之龙将“崇祯太子”带出城与豫王相见，“豫王离坐迎之，坐于己右，相去不离丈许”[①]。同时，赵之龙令南京百姓家设香案，黄纸书“大清国皇帝万万岁”，又大书“顺民”二字粘门。

清初多铎入南京图（清人绘）

十七日，南京文武官员争相向清军统帅多铎朝贺，“职名红揭堆五尺十数堆，凡生监候选者无一不至”。南明总宪李乔为讨好多铎独先剃头易服，不仅未得到赞赏，反而遭到多铎痛骂。多铎还在南京各城门张贴告示：“剃头一事，本国相沿成俗。今大兵所到，剃武不剃文，剃兵不剃民，尔等勿得不遵法度，自行剃之。前无耻官员先剃求见，本国已经唾骂。特示。”[②]

十八日，清军进驻南京城，赵之龙分通济、洪武、朝阳、太平、神策、金川六门，以大中桥为界，东为兵房，尽让清兵居住，西为民舍。于是，“东北居民日夜搬移，提儿挈女，啼哭满路”。豫亲王多铎每日都要接受南明文百官朝贺，凡是“不朝参者，妻子为俘。差假者，堂官报名注册。每日点名百官俱四更往，午后归”。当时一无名乞儿对南明文武官员十分气愤，于秦淮河百川桥上题诗一首：“三百年来养士朝，如何文武尽皆逃。纲常留在卑田院，乞丐羞存命一条。”[③]然后投水而亡。

清军进占南京后，南明文武官员大多投降了清军，少数效忠于明朝的官民誓死不降，以身殉国。大清兵至，给事中黄端伯于其门大书“大明礼部仪注司主事黄端伯不降”。“豫王遣骑邀之，不赴。因执见豫王，左右趣之跪，端伯南趺坐。令书职名，则书‘大明臣子黄端伯’。……多铎拔刀而起，黄端伯伸颈曰：‘头在此。’王释刀，叹曰：‘南来硬汉，仅见此人。’乃送江宁狱。”[④]入狱后，有人劝他对清妥协，被他一顿痛骂。不久，多铎再次对其劝降，“（黄端伯）则嫚骂，遂命杀之。临刑，监斩官尚未至，适报恩寺僧一轮趋过。端伯呼一轮，代书绝句云：‘对面绝思量，独露金刚王。若问安身处，刀

---

① （清）计六奇：《明季南略》卷四《十五日丙申》，中华书局 1984 年版，第 218 页。

② （清）计六奇：《明季南略》卷四《二十六丁未》，中华书局 1984 年版，第 225 页。

③ （清）计六奇：《明季南略》卷四《南京遇变诸臣》，中华书局 1984 年版，第 228 页。

④ （清）李天根：《爝火录》卷一〇，浙江古籍出版社 1986 年版，第 477 页。

兵是道场。'书毕,遇害"[1]。此外,刑部尚书高倬、户部郎中刘成治、钦天监挈壶官陈于阶、国子监监生吴可箕等均"自经而死"。吴可箕在南京鸡鸣山前关帝庙自缢时遗诗一首:"蹇遇逃君臣,临危犹保身。操心死国难,耻服北夷人。"[2]

二十五日,弘光帝被降清的刘良佐从芜湖押至南京。朱由崧"以无幔小轿入城,首蒙包头,身衣蓝布衣,以油扇掩面,太后及妃乘驴随后,夹路百姓唾骂,有投瓦砾者。进南门易马,直至内守备府,见豫王叩头。豫王坐受之,命设酒于灵璧侯府,坐弘光于太子下。赵之龙暨礼部共八人侍宴,唤乐户二十八人歌唱饮酒。席中豫王向弘光问曰:'汝先帝遗体自有子,汝不奉遗诏,擅自称尊何为?'又曰:'汝既擅立,不遣一兵讨贼,于义何居?'又曰:'先帝遗体止有太子,逃难远来,汝既不让位,又辗转磨灭之何为?'弘光默不作答。太子曰:'皇伯手札召我来,反不认,又改姓名,极刑加我,岂奸臣所为,皇伯或不知?'弘光复不言。豫王又曰:'我兵尚在扬州,汝何为便走?自主之耶,抑人教之耶?'"[3]多铎的一连串发问,问得朱由崧汗流浃背、哑口无言。宴后,朱由崧与太后及嫔妃被暂囚于江宁县署。

至于清军进入南京城为何没有发生像在扬州一样的屠城,相传:"豫王入城,越二日,诣校场出宝刀竖立案上,拜而祭之。若城应屠,当祭时刀鞘自出;如不应屠,则刀鞘不出。豫王祭毕视之,刀鞘不出,遂免屠。既而,上有使至,以南京人众,复将议屠。廿六日,王令发三炮乃屠。及放第三炮,见关帝服绿袍,以袖拂炮,数燃火数拂之,炮终不得鸣。豫王见而异之,拜焉,谓其下曰:'关圣在此显异,不可屠。'遂免。"[4]

清军占领南京后,也采取一些安抚南明军民的措施。多铎亲谒明孝陵,对被弘光帝囚禁的所谓"崇祯太子",奉若上宾;命南明大小官员每日照旧入内办事,一概予以留用;令建史可法祠,优恤其家属,以示崇敬;将8名抢劫百姓的八旗兵斩首。这些举措一定程度上缓和了满汉民族矛盾,安定了江南民心。由于江南百姓饱受南明暴政之苦,对新统治者心存幻想和希望,使得多铎满清大军从南京到杭州,一路长驱直入,兵锋所向如摧枯拉朽,许多地方传檄而定,清军顺利地占领了全国最富庶的江南地区。十月十五日,豫亲王多铎自南京班师还京,"福王及诸王并王铎、钱谦益、陈洪范、陈秉贞等俱带回北京"。清廷任命的平南大将军多罗贝勒勒克德浑和固山额真叶臣等接替多铎驻守江宁。次年(1646)五月,朱由崧等被斩首于北京宣武门外柴市。

---

① (清)文秉:《甲乙事案》卷下,《南明史料》(八种),江苏古籍出版社1999年版,第554—556页。

② (清)钱肃润:《南忠记》,《晚明史料丛书》,中华书局1959年版,第112页。

③ (清)计六奇:《明季南略》卷四《弘光拜豫王》,中华书局1984年版,第224页。

④ (清)计六奇:《明季南略》卷四《二十六丁未》,中华书局1984年版,第225页。

南京作为明太祖朱元璋开国之地，自李自成大顺军攻克北京以后，被许多明王朝的臣民们视为大明的复兴之地，但福王朱由崧等人却把南京当作苟且偷安之所，前后仅一年时间南京弘光政权即覆灭。

第四节　长江南北军民的抗清活动

清军占领南京后，清廷利用一些南明降清高官如钱谦益、赵之龙等广发檄文，盛称清朝功德，要求江南各地官民从速归顺大清王朝。五月二十九日，清廷宣布平定江南。

六月十三日，清军自常州、无锡直取苏州。同日，清军进入杭州，明潞王朱常淓等率大小官员开城门迎降。朱常淓后被清军带到北京，与朱由崧一道被处斩。十五日，清顺治帝颁布"剃发令"："向来薙头之制姑听自便者，欲俟天下大定也。……自今布告之后，京城内外，直隶各省，限旬日尽行薙完。若规避惜发，巧词争辩，决不轻贷。该地方官若有为此事渎进表章，欲将朕已定地方仍存明制，不遵本朝制度者，杀无赦！"[①]

清廷以"留头不留发，留发不留头"威逼汉族民众易装剃发，"剃头令"这一带有强烈民族征服性质的命令，极大地伤害了汉族人民的感情和尊严，激起广大汉族百姓的强烈反抗。顺治二年(1645)闰六月，"剃发令"传至金坛，数百人聚集慈云寺，众声抗议，"倡言举义，而无主者，众即阻散。俄郡载首级数船徇于邑，且谕：'一人不剃发全家斩，一家不剃全村斩。'而新令、丞亦随至。邑中及近城人皆剃如令，而远近故自若，传令愈严，人愈惊恐。于是邑西阻茅山，东阻洮湖，揭竿团聚之徒，因愚民易于惑，城内空虚，潜伏数千人于城，于初九夜半，燔毁县署，杀新丞及练兵于关帝庙，令走还府。抢劫兵械、库藏，远近大震。……凡阅二十日剿灭"[②]。曾任弘光政权漕运巡抚的田仰在苏北通、泰地区组织民众反抗"剃发令"，先后杀清署通州知州李翘、海门署知县李都产、如皋署知县马御辇、泰兴署县丞景文瑞等。[③] 在江南人民反剃发斗争中，江阴士民的抗清斗争最为悲壮。

---

① (清)蒋良骐：《东华录》卷五，齐鲁书社 2005 年版，第 75 页。

② (清)于埔：《金沙细唾》，中国社会科学院历史研究所清史研究室编：《清史资料》第二辑，中华书局 1981 年版，第 158 页。

③ 《清世祖章皇帝实录》卷一九，顺治二年七月戊寅条；卷二一，十月癸亥条，中华书局 1985 年版。

一　江南地区的抗清活动

1. 江阴守城八十一日

江阴抗清三公

江阴，地处大江南北要冲，明代隶属常州府，是一座历史文化悠久的滨江古城。顺治二年(1645)五月二十五日，清军日益逼近，南明江阴知县林之骥自动解印离职而去。林之骥离开前，江阴几名秀才曾极力挽留，他说："父母养子，当幼时要读书，及登黄甲做官，不为朝廷出力，尚欲作清官耶？予去决矣。""有六百金在当铺中，半与诸生公用，半与百姓，留数两作路费。"[①]六月，清军攻克常州，连下无锡、江阴等县，清廷任命降清的明进士方亨为江阴知县。方亨到任后，为虎作伥，清查城内户口，收缴民间兵器，张贴布告，推行"剃发令"。

闰六月一日，一些江阴士民为反对"剃发令"，倡议守城。是日，江阴诸生许用德等人在孔庙明伦堂悬明太祖御容，率众拜且哭曰："头可断，发决不可薙。"一时四乡数万群众"鸣锣执械"云集县城，支持抵制"剃发令"的行动。知县方亨见江阴士民拒不执行剃发令，便派人密告常州府，请求派兵"多杀树威"。然而密信被民众截获，次日，愤怒的群众将方亨等拘押起来，公推典史陈明遇为首，以"大明中兴"为旗号，自称"江阴义民"，正式举起反清大旗。

闰六月五日，常州知府宗灏派兵300人前来镇压，被江阴义民围歼于秦望山下。清军统帅多铎见江阴蕞尔小城竟敢如此抗命，即派降将刘良佐领兵来攻。闰六月下旬，刘良佐部数万人将江阴县城包围，屡攻屡败。二十四日，刘良佐派人将一份招降书从东城外射进。其书曰："传谕乡绅士、庶人等知悉：照得本府原为安抚地方，况南北两直、川、陕、河南、山东等处地方俱已薙发，惟尔江阴一处故执违国令，何不顾身家性命？即令本府奉旨平伊江阴，大兵一二日即到。尔等速薙发投顺，保全身家。本府访得该县程璧，素系好人，尔等百姓即便具保，本府题叙管尔县。如有武职官员，亦具保状，仍前题叙，照旧管事。本府不忍杀尔百姓，念尔等皆系清朝赤子，钱粮犹小，薙发为大。今秋成之时，尔等在乡者即便务农，在城者即便贸易。尔等及早投顺，本府断不动尔一丝一粒也。特谕。"次日，针对刘良佐的劝降书，江阴士民回复道："江阴礼

---

① (清)计六奇:《明季南略》卷四《弘光拜豫王附记》，中华书局1984年版，第224页。

乐之邦，忠义素著，止以变革大故，随时从俗。方谓虽经易代，尚不改衣冠文物之旧；岂意剃发一令，大拂人心，是以城乡老幼，誓死不从，坚持不二。"①

七月五日，江阴士民捕杀了通敌的守备顾元泌。清兵攻城时，"元泌登城射敌，矢每不及敌而坠，众疑之。其效用马矮子，窃火药从城上投敌，众执之，同往搜元泌寓，得清兵文书一道。盖闰六月初，众会申文田淮抚请兵，元泌私易文缓兵，故原文犹在寓也。遂诛元泌并效用者四十人，内应遂绝"②。

七月九日，在陈明遇的举荐下，奉母乡居的阎应元率家丁 40 余人入城协守。陈明遇深感自己缺乏军事组织才能，"吾智勇不如阎君，此大事，须阎君来"。阎君即指江阴旧典史阎应元，时已升任广东英德县主簿，因母病未能成行。陈明遇连夜派人将阎应元迎入城内，共商城防事宜。

阎应元入城后，从各方面部署城防事宜。阎应元身材魁梧，性格刚毅，号令严明，轻财重赏。他亲为受伤者包扎伤口，为战死者备棺收敛安葬。和守城军民平等相待，称呼"好兄弟"，而不直呼其名。为了解决军械粮饷供应，阎应元委任擅长理财人士负责把城内公私所藏物资分类征集，统一分配使用。集合四乡民兵 20 余万人与在城士民，分别把守城门。城门用大木塞断，10 人驻守一垛。对城中过往行人严加盘查，肃清内奸。有功必赏，凡献敌首一级者给银 3 两。

阎应元"料尺籍，治楼橹，令户出一男子乘城，余丁传餐。已乃发前兵备道曾化龙所制火药、火器，贮堞楼。已乃劝输巨室，令曰：输不必金，出粟、菽、帛、布及他物者听。国子上舍程璧首捐二万五千金，捐者麕集。于是，围城中有火药三百罂、铅丸铁子千石、大炮百、鸟机千张、钱千万缗、粟麦豆万石，他酒酤、盐铁、刍藁称是。已乃分城而守：武举黄略守东门，把总某守南门，陈明遇守西门，应元自守北门，仍徼巡四门"③。

七月十四日，清军在数度强攻仍未攻克的情况下转而诱降，派人"执旗招安"。阎应元便将计就计，以"献银买命，求免杀戮"为名送礼给清军北州薛王营。在送礼的车中暗藏火罐等引爆物，引发爆炸，清军死伤 2000 多人，薛王也被炸死。清军恼羞成怒，继续强攻。十八日，刘良佐亲到城下劝降。阎应元在城头痛斥道："有降将军，无降典史！"刘良佐无言而退。

七月十九日，贝勒统帅清兵，以红衣大炮猛轰江阴城池。贝勒来到江阴城下，斥责刘良佐连一个江阴县城都不能攻克，刘良佐十分气恼，督促部下拼命攻城。阎应元、陈明遇一面鼓励城乡义勇顽强坚守危城，一面派程璧等人出城四处联络各地义师

---

① （清）韩菼：《江阴城守纪》卷上，徐华根编：《明末江阴守城纪事》，上海古籍出版社 2007 年版，第 17 页。

② （清）韩菼：《江阴城守纪》卷上，徐华根编：《明末江阴守城纪事》，上海古籍出版社 2007 年版，第 18—19 页。

③ （清）许重熙：《江阴城守后纪》，徐华根编：《明末江阴守城纪事》，上海古籍出版社 2007 年版，第 36—37 页。

增援，但始终未能得到援兵。

八月十五日中秋节，阎应元给守城军民分送月饼，发放赏月钱。"百姓携壶登陴，分曹快饮"，军民们带着兵器在城头度过一个不平凡的中秋节，大家互相激励，鼓舞士气。诸生许用德"仿楚歌，作《五更转》曲，令善讴者登高传唱，和以笙笛箫鼓。时天无纤翳，皓月当空，清露薄野，剑戟无声。黄弩师鼓胡琴于西城之敌楼，歌声悲壮，响彻云霄。外兵争前窃听，或怒骂、或悲叹，甚有泣下者"。在笙笛箫鼓和胡琴的伴奏下，众人唱道："宜兴人，一把枪。无锡人，团团一股香。靖江人，连忙跪在沙滩上。常州人，献了女儿又献娘。江阴人，打仗八十余日，宁死不投降！"①

贝勒见江阴守城军民抵抗意志坚定，决无投降之意，加紧攻城。八月二十一日，清军集中大炮轰击城东北角，城墙崩塌，清军蜂拥而上，江阴城失守。城破后，陈明遇在与清兵激战中，身上多处负伤，最后英勇牺牲时手上还紧握着一把战刀。阎应元也在交战中身负重伤，为不当俘虏，投湖自尽，被清军从水中拖出，后不屈而死。

为了维护民族尊严和自由，江阴士民在阎应元、陈明遇等人的领导下，在两个多月的时间里抵御了 20 余万清军的围攻，城破后进行了殊死的巷战，无一降者，创造了明末清初江南民众抗清斗争的光彩一页。清军入城后，屠城 3 日，晨出杀人，暮则归营。至八月二十三日午后方才"出榜安民"，此时城内百姓仅剩"大小五十三人"而已。"江阴八十一日"同"扬州十日"、"嘉定三屠"被后人称为"明末三惨"。

从顺治二年(1645)闰六月一日到八月二十一日，江阴军民"凡攻守八十一日，清兵围城者二十四万，死者六万七千，巷战死者又七千，凡损卒七万五千有奇。城中死者，井中处处填满，孙郎中池及泮池叠尸数层，然竟无一人降者"。故有人盛赞道："有明之季，士林无羞恶之心，居高官、享重名者，以蒙面乞降为得意；而封疆大帅，无不反戈内向。独陈、阎二典史，乃以一城见义。向使守京口如是，则江南不至拱手献人矣！时为之语曰：'八十日戴发效忠，表太祖十七朝人物；六万人同心死义，存大明三百里江山。'"②

2. 江南其他地区抗清活动

清军在扬州、江阴等地的屠杀并没有吓倒江苏各地的抗清军民，反而更加激发了他们抗击清军的决心和勇气，他们拒绝执行"剃发令"，举兵抗清事件不断，以各种形式与清军展开了斗争。顺治三年(1646)十一月，在江阴贡生黄毓祺的组织下，乘江阴城中清兵防备松懈，率王春、徐趋等 14 人偷袭江阴城，徐趋等被俘遇害③，黄毓祺逃脱

---

① (清)韩菼：《江阴城守纪》卷下，徐华根编：《明末江阴守城纪事》，上海古籍出版社 2007 年版，第 32 页。

② (清)许重熙：《江阴城守后纪》，徐华根编：《明末江阴守城纪事》，上海古籍出版社 2007 年版，第 39 页。

③ (清)计六奇：《明季南略》卷九《南都甲乙纪(续)·黄毓祺起兵行塘》，《台湾文献史料丛刊》第 5 辑 88 册，台湾大通书局 1987 年版，第 269 页。

后继续在江淮各地从事反清活动。顺治四年(1647)被俘,押至金陵监狱,次年被杀害。

昆山士民守城抗清

顺治二年(1645)六月,昆山县绅民在原郧阳抚院王永祚、翰林院编修朱天麟、知县杨永言等人的倡议下,杀掉清廷委任的知县阎茂才(原为明朝昆山县县丞),共推废将王佐才为帅,公开反抗清廷。“昆山之守,其议发于朱天麟,召故令杨永言主县事。永言,云南人,善骑射,当是时,县丞阎茂才方献降册,用为知县。绅士共执茂才杀之,贡生陈大任议迎王佐才为帅。佐才,字南阳,自狼山副总兵罢归,年七十余矣。大任虚所居为帅府,身自裹甲署行伍。诸生朱集璜等助守甚力,参将陈宏勋率壮士百人至,以为右帅。大兵东下,宏勋率舟师迎战不利,退入城。游击孙志伊没于阵,佐才登陴死守。七月六日大雨,城陷。天麟狼狈出走福建。佐才冠带坐帅府,被执死之。永言匿民间得免。大任时已出城,语从者:‘同起事而吾独免,非丈夫也。’复入死之,妻张氏、子思翰皆死,士民男女死者数十万。”①作为昆山人的顾炎武、归庄等名士都积极参与了这场守城抗清战斗。七月六日,昆山破城,清军屠城,士民死难者数万人。

吴易太湖起兵反清

吴易(1612—1646),字日生,崇祯十六年(1643)进士,吴江松陵镇柳胥村人,曾任史可法监军,后奉檄征饷江南,未及还,扬州即失守。顺治二年(1645)五月一日,吴易、孙兆奎、沈自徵等在太湖东岸起义反清,义军推吴易为首,孙兆奎为副,人称“孙吴军”。“太湖之军,起于吴易,而孙兆奎佐之。”反清义军以太湖为根据地,人皆白布缠头,故又称“白头军”。六月,清军占领苏州,吴江县丞朱廷佐以城降,吴易侄儿吴鉴直入县署怒骂朱廷佐降清,朱廷佐将其押送府城苏州。苏州知府逼吴鉴供出同党,吴鉴大声说:“孔子、孟子、张睢阳、颜平原皆是也。何问为?”知府无可奈何,将吴鉴杀害于苏州胥门学士街。六月十一日,吴易率人夜闯县衙,擒获朱廷佐。次日,杀朱廷佐以祭吴鉴。许多民众加入义军,队伍日益壮大。时吴易义军“屯长白荡,出没五湖、三泖间”。清军初到江南,不习水战,屡吃败仗。“王师之初至也,未习水战,易使部卒狎于水者,杂农民散处湖畔。王师索人操舟,则散处者咸集,棹至中流,凿沈之,溺死无算。”②八月,清总兵李遇春率兵突袭反清义军,吴易的父亲、妻子、女儿均在九里湖投水而死,孙兆奎等也战死,吴易在湖水中沉泅半里方死里逃生。八月兵败后,吴易在黎里、芦墟等地蓄积力量以备再战。

---

① (清)温睿临:《南疆逸史》列传第三十二,中华书局1959年版,第258—259页。

② (清)徐鼒:《小腆纪传》卷四六《吴易传》,中华书局1958年版,第463页。

顺治三年(1646)正月十五日,吴昜趁吴江县城内闹元宵之机,率军再次攻入吴江县城,杀清知县孔允祖。三月,吴昜等聚集千余条船只,放言再攻县城,清新任知县陈日升十分恐慌,向驻守苏州的江宁巡抚土国宝、吴淞提督吴胜兆求援,吴胜兆派副将汪茂功领兵前来协防。二十六日,清援兵在分湖遭到义军突袭,惨败而逃。在梅墩,吴昜指挥义军两面夹击,趁汪茂功惊魂未定,一刀将其砍杀于湖心,此仗杀敌 2000 余人,大获全胜。四月,吴昜在陈子龙协助下,制旗铸印、设官署、开幕府于长白荡,设将台于分湖西口中,江南义军声威日甚,连克太湖附近多个县镇。六月九日,吴昜中清军反间计在嘉善被捕,十五日被害于杭州草桥门,时年仅 35 岁。吴昜牺牲后,太湖地区反清义军继续抗争,朱大定、赤脚张三等先后坚持抗清斗争达 18 年之久。

反清武装两攻南京

南京是明王朝的始建地,在清初反清复明的运动中,它是广大抗清军民心目中的"圣地"。若能收复江宁,不仅具有重要的象征意义,而且还能极大地鼓舞广大民众的抗清斗志。顺治二年(1645)六月,宜兴人卢象观拥戴明宗室瑞昌王朱议沥[①],在于谦祠盟誓,起兵茅山,并谋划攻取南京,密约南京城中朱君兆等反清力量为内应。顺治三年(1646)正月,"象观将攻南京,使君兆为内应,王亦从君兆入城。已而象观遣僧约君兆某日举火,乃僧之北相所告变,北相戒严,而自举火以诳象观。象观兵遂薄城下,烧太平门。北兵出骑蹂躏之,象观大败走。因族君兆家,而王匿水窦中得逸,复与象观至宜兴半山,稍收士卒,出攻溧阳,象观中流矢,寻卒。象观死,王不能军,而广德人方明迎之"[②]。此次里应外合、谋取江宁的军事行动,由于叛僧告密,导致失败。江南总督洪承畴捕杀了万德华等 50 余人,又闭城搜捕 50 余人,经审讯将郭世彦、尤琚等 31 人诛杀。[③]

顺治三年(1646)九月,瑞昌王朱议沥再次进入南京地区,组织城乡民众第二次进攻南京,最后在清军大肆搜捕下,与多位部将一起被逮捕。"瑞昌王朱谊泐结连江宁、常、镇、平、广逆党,谋犯省城,官兵进剿,擒谊泐并其党,伪经略韦尔韬、伪总兵杨三贯、夏含章等,命斩之。"[④]十二月二日,洪承畴在南京将瑞昌王等 6 人处斩,并遵照清

① 瑞昌王朱议沥,明清历史文献对其名氏记载极为混乱,有"朱议泐"、"朱谊泐"、"朱议沥"、"朱盛沥"、"朱谊贵"、"朱统鉴"等不同称呼。学者杨海英考证,认为瑞昌王即为明末江西南昌府宗藩朱议沥。顺治二年(1645)夏,朱议沥与宜兴卢象观茅山起兵反清时,尚未有封号,九十月间,福建南明隆武帝才册封他为"瑞昌王"(《明末宗室瑞昌王考》,《清史论丛》编委会编:《清史论丛(1995)》,辽宁古籍出版社 1996 年版,第 80—88 页)。

② (清)黄宗羲:《弘光实录钞》卷四,《南明史料》(八种),江苏古籍出版社 1999 年版,第 82 页。

③ 王钟翰点校:《清史列传》卷七八《洪承畴传》,中华书局 1987 年版,第 6447 页。

④ 《清世祖章皇帝实录》卷二八,顺治三年九月己酉条,中华书局 1985 年版,第 234 页。

廷旨意，把瑞昌王等人的首级“遍传江南、江北各地游示，以儆叛乱”①。

二　江淮地区的抗清活动

清军占据南京后，在江淮地区，一些忠于明朝、不满清朝统治的军民以各种形式继续抗清斗争。顺治三年（1646），“江北诸山寨并起，号为明守。江宁民有谋为应者”②。顺治二年（1645）九月，明新昌王朱载璋占据了海州（今江苏连云港）海岛上的云台山，聚集反清力量，一度攻陷兴化县城，清兵进剿，新昌王被斩于淮安。③

淮安是明清时期漕运的中心城市，每天有大量的漕船源源不断地将各种物资北运至北京，以供京城之需，这些漕船及运河航道也经常受到抗清军民的袭击。顺治四年（1647）九月十二日，淮安人张华山等“用伪隆武年号啸聚贼众千余，攻据庙湾，游击潘延吉、同知耿嘉乐弃城走，俱革职”④。同月，盐城人周文山等“以八百人夜袭淮安，自夹城东门缺口入，攻库礼官廨。库礼率中军张大治、旗鼓王国印将帐下卒数十人御之，其妻尽出廨储矢，仆婢赍送助战，众皆一当百，自丑至辰，所杀伤过当。文山等溃走，逐斩百八十余级，尽收其印札、军械，城赖以全”⑤。时任漕运总督杨声远向洪承畴紧急求援，称：“今淮城空虚，危如垒卵，若候大兵自北发来，势必难待，请速发满汉官兵三千遴委将星夜兼程前来，亟为歼剿。漕盐重地，嘉赖匪浅。……庙湾滨海要地，今为贼据，盐场一带居民，胥化为贼，势甚披猖，恳迅发满汉大兵会同合剿，迟则必致燎原。”⑥洪承畴接杨声远的求援信后，即命提督张大猷率 2500 人驰援淮安，以守卫清帝国最重要的南北运输干线。不久，从江宁赴援的清军在杨声远统帅下开赴庙湾，攻取了抗清义军的据点，夺回了庙湾控制权，张华山等人被处斩。尽管杨声远“剿贼”十分卖力，但终因所属盐城地方“土贼猖獗，疏于防守”，仍被清廷解除淮扬总督一职。

顺治六年（1649）三月，山东莒州农民军领袖曹良臣率众攻破海州，知州张懋勋、州同李士麟、所官胡崇礼、百总李奕荫等皆死。⑦

---

① 台湾“中央研究院”历史语言所编：《明清史料》甲编第二本《江南总督内院大学士洪承畴揭贴》，台湾“中央研究院”历史语言研究所 1930 年版，第 175 页。

② （民国）赵尔巽等：《清史稿》卷二四三《巴山传》，中华书局 1977 年版，第 9590 页。

③ 《清世祖章皇帝实录》卷二〇，顺治二年九月辛酉条，中华书局 1985 年版，第 181 页。

④ 《清世祖章皇帝实录》卷三四，顺治四年九月辛亥条，中华书局 1985 年版，第 278 页。

⑤ （民国）赵尔巽等：《清史稿》卷二四〇《库礼传》，中华书局 1977 年版，第 9533—9534 页。

⑥ 台湾“中央研究院”历史语言所编：《明清史料》甲编第二本《江南总督内院大学士洪承畴揭贴》，台湾“中央研究院”历史语言研究所 1930 年版，第 200—201 页。

⑦ 《清世祖章皇帝实录》卷四三，顺治六年三月乙丑条，中华书局 1985 年版，第 343 页。

第五节　郑成功北伐南京

南明弘光政权覆亡后，抗清军民先后又在浙江、福建和广东等地拥立了南明政权。顺治二年(1645)闰六月，浙东抗清义师公推张煌言至台州迎立明鲁王朱以海在绍兴监国。同时，福建的郑成功等拥立唐王朱聿键在福州称帝，建号"隆武"。顺治三年(1646)十一月，常熟人、明广西巡抚瞿式耜等在广东肇庆拥立明桂王朱由榔称帝，建号"永历"。清初，东南各地反清武装起义连绵不断，其中，以顺治十六年(1659)郑成功、张煌言联师北伐南京，影响最大，郑成功、张煌言二人也因此成为当时东南地区反清复明运动的代表人物。

郑成功

郑成功(1624—1662)，原名森，字大木，祖籍福建南安。出生于日本九州平户，母亲是一日本女子，父亲郑芝龙，原为海盗首领，崇祯年间归附明朝，后官至都督总兵。7岁之前，郑成功随母亲在日本生活。1630年，郑芝龙将他带回福建南安，延聘儒士对他进行系统的儒学教育，期望他能考取功名，光宗耀祖。15岁时，郑成功考中秀才，曾到南京国子监太学就读，拜当时南京礼部尚书钱谦益为师。顺治二年(1645)六月，郑成功拥立唐王朱聿键为南明隆武帝，隆武帝封他为"忠孝伯"，并赐国姓朱，改名成功。

顺治三年(1646)八月，清军进攻福建福州，隆武帝朱聿键被俘遇害。十一月，郑成功的父亲认为明朝气数已尽，不顾郑成功的坚决反对，投降清廷。父亲降清，郑成功深以为耻，"国仇家恨"集于一身，"不受诏，不剃头，其意如山"①。顺治三年十二月(1647年1月)，郑成功举起"背父救国"的大旗，招集义军，在烈屿(今台湾金门县烈屿乡)起兵反清。郑成功改中左千户所(今福建厦门)为"思明州"，以恢复明室为号召，成为东南义师的反清基地。郑成功的反清武装初用南明隆武年号，后奉永历正朔，与西南抗清力量互为犄角。顺治十年(1653)，鲁王朱以海取消监国之号，投奔郑成功，郑成功对他以藩王相待。原来鲁王属下的张煌言、张名振等也主动与郑成功联合。郑成功以厦门为根据地，先后3次北伐，成为清廷在东南沿海的心腹大患。张煌言

① 中国科学院编:《明清史料》丁编上册《候代浙江福建总督刘清泰密揭帖》，国家图书馆出版社2008年版，第220页。

(1620—1664),字玄著,号苍水,浙江鄞县(今浙江宁波市鄞州区)人,明崇祯举人。明亡后,他参加了绍兴一带抗清义师,支持鲁王监国。顺治四年至十六年(1647—1659)的13年间,他曾先后8次参与组织北伐战争,深入长江下游抗击清军,其中规模最大的一次为顺治十六年与郑成功联师北伐。

一　谋举北伐

顺治十五年(1658),清军大举进兵西南,南明永历政权形势危急。郑成功见清兵主力集中于西南,认为此乃扩大东南抗清基地的大好时机,决定率主力北上,展开长江战役。

五月七日,郑成功颁布北伐令。出发前,郑成功告诫诸将:"此番孤军侵入重地,当于死中求生。胜此一阵则破竹之势成,功名富贵近之矣。进生退死,本藩当身先陷阵,以为尔率,尔等其勉之。"十三日,郑成功除留少量军队留守外,自率主力从厦门出发北上。七月二日,郑成功统领大军至浙江舟山。八月九日,郑军乘船由舟山进抵羊山(今浙江嵊泗西南海中大、小洋山)。岂料十日中午,海上狂风骤起,波涛汹涌,舟舰沉没50艘,淹没官兵8000余人,损失惨重。郑成功只好将部队撤回到舟山沿海休整。

顺治十六年(1659)二月二十日,郑成功下令各部"速办船只,催完饷务,限三月内齐到磐石卫听令"[1],着手部署长江战役。

此次郑成功联师张煌言北伐南京,主要基于以下战略考虑:首先,当时清军主力开赴西南一带,驻防江南和南京地区的清军兵力相对薄弱;其次,江南各地民众抗清斗争活动持续不断,广大汉族绅民反清情绪强烈,民心可用;第三,江南是全国财赋的主要来源地,一旦夺取这一地区,将增强南明抗清力量的经济实力,若收复南京和长江中下游地区,将使清王朝统治区南北隔断,为反清斗争创造有利条件;第四,南京是明太祖朱元璋完成统一大业的基地,在广大民众心目中仍然是全国的政治中心之一,若攻取南京,进而收复长江中下游各地,则"反清复明"局面将大为改观。

五月五日,郑成功自任招讨大元帅,以张煌言作监军,率领水陆大军17万从舟山出发北伐。部队出发前,郑成功重申军纪:"此行我师一举一动,四方瞻仰,天下见闻,关系匪细。各提督统镇十余年栉沐辛勤,功名事业,亦在此一举。当从恢复起见,同心一德,共襄大事。进入京都之时,凡江中船只货物,准其插坐;但要和衷,不准争竞。其岸上地方百姓,严察秋毫无犯。"[2]

---

① (清)杨英著,陈碧笙校注:《先王实录校注》,福建人民出版社1981年版,第185页。

② (清)杨英著,陈碧笙校注:《先王实录校注》,福建人民出版社1981年版,第189页。

二　镇江之战

五月十八日，北伐军进入长江，围攻崇明县城，清总兵梁化凤收兵坚守。时郑成功欲乘势进取瓜州，张煌言等主张先取崇明岛以为后援之地。郑成功认为，崇明城小而坚，取之必延时日，反使作为金陵门户的瓜洲有备，若得瓜洲，截断清军粮道，然后乘势取江南，则崇明不攻自破，决定越崇明而直取瓜洲。郑成功令右军提督马信取瓜洲，任命张煌言为长江乡道使，从陆路进取安徽南部，并阻止长江上游清军回援南京。郑成功、张煌言分率水陆两路大军向西挺进，从长江口溯江而上，一路势如破竹，所向披靡。

六月一日至三日，大军蔽江而上。八日，至丹徒。十三日，郑成功战舰进至镇江焦山附近江面，沿途未遇到清军太大的抵抗。十五日，郑成功集结数千艘舰船，令士兵们走出船舱，在甲板上整齐列队，举行了庄严的祭拜仪式。一声令下，全军向西南方向拜倒，行大礼遥祭明孝陵。“先以吉服祭太祖，次以缟素祭先帝，色俱用白，望之如荼。祭毕，大呼‘高皇帝’者三，将士及诸军俱泣下。”

当时，从镇江到对面的瓜洲江面宽 10 里，清政府耗费大量人力和物力，用巨木和船只修筑了一道跨江长坝。坝面宽达 3 丈，顶上覆土，可以跑马。坝顶还设有木栅栏，可以从栅栏后面向江上射击。每隔不远设有炮位，木坝的下游还以粗大铁索横过长江以阻挡来往船舰，名曰“滚江龙”。与此配套的还有数座浮动在江面上的营盘，准备随时增援薄弱环节。在江心的潭家洲上还驻有 2000 名士兵及 10 余门大炮。郑军水师被清军所架设的锁江链“滚江龙”所阻，右军提督马信选派善泅水的士兵数十人潜入江底，砍断铁链，焚毁清军三座“木浮营”（每座以圆木排结，周围树以木栅，内设大炮），击毙清巡江都司罗明升。

十七日，郑军冲破清军锁江防线后，强登瓜洲。瓜洲城中一队满清骑兵发现郑军登陆，由东门冲出，企图趁郑军立足未稳之际将他们赶入长江。由于登陆点为一片水田，骑兵的优势不能发挥。而郑军则重甲赤足，双手持握云南长柄斩马刀，弯腰猛砍马腿，清骑兵很快溃退，逃回瓜洲城。郑军乘胜追击，冲入瓜洲城中，大败清操江巡抚朱衣佐、游击左云龙部数千人，斩左云龙、擒朱衣佐，攻陷瓜洲。占领瓜洲城后，郑军立即将瓜洲城防上的红衣大炮集中起来，对准江心的潭家洲炮击。潭家洲上的清军为躲避炮弹，无法列阵，乱作一团。20 多名武艺高强的郑军自船上下水，快速泅渡上岸，以长刀砍杀岸边清军，为后续部队开出一片登陆场，郑军乘舢板不断登陆，很快将洲上清军歼灭。十九日，郑成功进泊镇江南岸七里港。

二十二日，北伐军与数千赴援镇江的清军展开激战。郑成功亲自督战，敌我几进几退，铳炮齐发，声震天地。郑军士兵奋勇死战，以一当十，最后清军大溃，横尸遍野。清军将领管效忠所部4000余人仅140人逃脱。事后，管效忠悲叹道："吾自满洲入中国，身经十有七战，未有此二阵死战者！"①二十三日，随着清援军的溃败，镇江守将高谦、知府戴可立等文武官员主动献城投降，郑军占领镇江。郑成功高兴地赋诗《克长江重镇镇江》："春风得意马蹄轻，满目青归细柳营。横槊赋诗曹孟德，词锋先夺镇江城。"

北伐军瓜洲、镇江之战的胜利极大地鼓舞了长江南北民众的抗清热情，甚至对岸扬州的一些民众也带着彩旗和羊、酒等食物过江慰问郑军，句容、仪真等地官绅也纷纷捐粮纳款犒劳郑军。江南各地民众十多年未见明朝衣冠，今日复见明朝大军，精神为之一振。郑成功在镇江逗留五日，赋《登岘山》："黄叶古祠里，西风寒殿开。沉沉松柏老，暝暝飞鸟回。碑碣空埋地，庭阶尽染苔。此地到人少，尘世转堪哀！"

六月二十八日，郑成功召集各提督、统镇会议，讨论进攻南京事宜。次日，郑成功除留少量兵力驻守镇江外，率主力部队由水路继续向南京进军。

三　南京之战

六月二十六日，郑军先头部队进抵南京附近。此时，南京城内清军兵力空虚，从贵州凯旋的副都统噶褚哈、马尔赛等统率满清军队正从荆州乘船返归，"闻贼犯江宁，星夜疾抵江宁"。三十日，两江总督郎廷佐与江宁驻防都统哈哈木等分率两路清军出击，"击败贼众，斩级颇多，获船二十艘、印二颗"。两江总督郎廷"将城外屋悉烧拆，近城十里居民俱令入城，大开水西、旱西两门，使百姓出城买柴，限五日。如城外不卖及卖不完者，俱火之"。

七月七日，郑成功统帅主力船队进抵南京城外观音门附近长江水面。郑军所乘海船形体巨大，自镇江逆水行舟，加之逆风而行，行军近10日才到达南京。九日，郑成功令水师进泊三汊河口，大军由仪凤门（今江苏南京兴中门）登岸，扎营83座，设大营于岳庙山（今南京幕府山南小山）。郑军分别屯驻于南京水西门、汉西门、仪凤门、神策门和狮子山、幕府山一带，对南京形成弧形包围。当郑成功部队在南京城周边安营扎寨时，参军潘庚钟说："细观城内，必然空虚，可令四面攻击，齐倚云梯，此城必然可得。"郑成功志在必得，下令部队预备云梯、木牌（类似盾的挡箭牌）、布袋（可装土垒成阶坡供登城之用）等物资以备攻城。郑军士气高涨，诸路将领向郑成功请缨，希望早日攻城成功。对于北伐的初步胜利，郑成功充满了豪情，在《出师讨满夷自瓜州至

① （清）计六奇：《明季南略》卷一六《郑成功入镇江》，中华书局1984年版，第488页。

金陵》一诗中，他写道："缟素临江誓灭胡，雄师十万气吞吴。试看天堑投鞭渡，不信中原不姓朱。"[①]表达了他克敌求胜的坚强决心和恢复明朝江山的豪迈气魄。

此时，南京城内清守军仅2万余人，势单力薄，慑于郑军声威，人心惶惶。这时，朱衣佐（曾被郑军俘虏，后以归乡养亲，郑成功给资遣返）单骑入城，向两江总督郎廷佐和水师提督管效忠献计：现郑军士气正旺，不可力战，惟用"卑词乞降，使其松志，再乘机以奇兵袭之，必然挫其锐气，进而败之"。

十一日，管效忠遣使前往郑成功大营纳款伪降，并请求道："大师到此，即当开门延入，奈我朝有例，守城者过三十日城失，则罪不及妻孥。今各官眷口悉在北京，乞藩主宽三十日之限，即当开门迎降。"

郑成功北伐大军所至之处，清军望风而逃，一时大江南北4府3州24县相率归附，郑成功踌躇满志，轻敌之心顿起，声言："属邑节次归附，孤城绝援，不降何待"。同时郑成功以仁义之师自许，认为南京城指日可下，便同意清守军所请。"功允其请，而厚赏之，复谕之曰：'本藩攻此孤城，不过一脚尖耳。既然来降，姑准其宽限者，盖欲取信于天下也。若至期不降，攻入之时，寸草不留。'差者叩首而去。"

参将潘庚钟说："此乃缓兵之计，不可凭信，可速攻之。……孙子有云：辞卑者，诈也；无约而请和者，谋也。欲降则降，岂恋内顾？决是城中空虚。速为进兵攻之，乃为上策。"大将甘辉也指出："大师久屯城下，师老无功。"对于部将的规劝，郑成功不以为然，反驳道："古者攻城为下，攻心为上。今既来降，又准其约，若骤然攻之，彼心不服。俟其不如前约，然后急攻，莫谓城内人心悦服，且使天下皆知我行仁义之师。况太祖皇陵在此，亦不宜震动也。"[②]

十二日，郑成功率部将"绕观钟山，采踏地势"，至孝陵祭太祖，哭奠列宗。郑成功从七月十二日部署"围城"安营扎寨，至二十四日全军败退，郑成功竟没有组织过一次攻城，反而下令部下为其张罗35岁生日庆典。多日屯兵城之，不攻不战，士气难免低落，郑军士兵"释戈宴戏，樵渔四出，营垒为空"。"郑兵围困不攻，城中米七两一石，百姓不敢街上行糴，有饿死室中者。惟柴不甚贵，以烧台凳故也。"[③]

与此同时，张煌言所部连战告捷，东南大震。张煌言军出溧阳，镇池州，拔和州，入宁国，往来于姑苏、常熟之间，传檄郡邑，大江南北，许多州县相继纳款降顺北伐军。张煌言见郑成功屯兵南京城外围而不攻，上书劝道："顿兵坚城，师老易生他变。亟宜

---

① （明）郑成功：《延平二王遗集》，《台湾文献丛刊》第67种，台湾银行1963年版，第128页。

② （清）江日昇：《台湾外志》卷一〇《成功败绩于江南　甘辉死节于崇明》，上海古籍出版社1986年版，第174页。

③ （清）计六奇：《明季南略》卷一六《郎廷佐大败郑成功》，中华书局1984年版，第494页。

分遣诸帅，尽取畿辅诸郡邑。若留都出兵他援，我可以邀击歼之，否则不过自守虏耳。”①

当郑军围而不攻、静待清军期满降城之际，南京周边地区纷纷归附，“江上传夕烽，直彻燕南陲，皆言王师来，行人久奔驰”②。郑成功派人四处慰问，而南京城内清军乘机从各地调集精兵驰援。七月十五日，清苏松水师总兵梁化凤亲统“马步官兵三千余名至江宁。又抚臣蒋国柱调发苏松提督标下游击徐登第领马步兵三百名，金山营参将张国俊领马步兵一千名，水师右营守备王大成领马步兵一百五十名，驻杭州协领牙他里等领官兵五百名，俱抵江宁”③。当郑成功还沉浸在清军降城的梦幻时，源源到达的清朝援军使南京攻守双方力量对比发生了显著变化。

郑成功的等待策略，不仅使士兵无所事事、士气逐渐低落，也将进攻的主动权让与清军。随着各地援兵的到来，南京守城兵力得到加强，南京城里的满、汉官员认为反击时机来临。总兵梁化凤在城内日夜登城观望，见郑营步步相关，首尾相应，无计可施。一日巡至东北角，见屯扎白土山郑军前锋镇余新部稍露疲懈，遂寻机出击袭阵。七月二十三日(9月9日)凌晨，清军挖开砌塞已久的神策门，梁化凤率500余骑兵突出，余新部猝不及防，大乱而溃，余新被俘，两名副将战死。清军初战告捷，收兵在城外扎营。当晚，郑成功依据形势的变化，重新部署军队，以观音山至观音门一带为集结地点，准备与清军决战。郑成功派左先锋镇杨祖统率援剿右镇姚国泰、后劲镇杨正、前冲镇蓝衍屯扎白土山上，作犄角应援；中提督甘辉、五军张英设伏于山内；左武卫林胜、右虎卫陈魁列阵于山下迎敌；他自己督右虎卫陈鹏、右冲镇万禄在观音门往来策应；后提督万礼、宣毅左镇万义等堵御大桥头大路；右提督马信、宣毅后镇吴豪、正兵镇韩英由水路抄蹑其后；左冲镇黄安专门负责水师，防止清军由水上来犯。

二十四日晨，清军乘郑军移营立足未稳，发动进攻。清军昂邦章京喀喀木、梅勒章京噶褚哈、玛尔赛、总兵梁化凤等率领主力由陆路出战；提督管效忠等领军从水路配合进攻；总督郎廷佐等在城内留守。清军从观音山后分路直攻郑军杨祖部，郑军四镇虽顽强抵抗，终因仓促应战，兵力不足，全线很快溃败，杨祖、杨正、姚国泰领残兵逃走，山头据点为清军占领。郑成功派右虎卫陈鹏、右冲镇万禄登山援救，但为时已晚。清军乘胜从山上向郑军猛扑，一举包围了驻守山谷内的中提督甘辉、五军张英部，两将领率兵死战，甘辉被俘，张英阵亡。列营于山下的林胜、陈魁两镇也全军覆没。后提督万礼等在大桥头遭到清兵首尾夹攻，兵败，万礼被俘，万义泅水逃出。

---

① (清)张煌言：《张苍水集》第四编《北征录》，上海古籍出版社1985年版，第195页。

② (清)顾炎武：《顾亭林诗文集·亭林诗集》卷三《江上》，中华书局1959年版，第345页。

③ 《清世祖章皇帝实录》卷一二七，顺治十六年八月己丑朔条，中华书局1985年版，第985页。

郑成功见陆师全线崩溃，急调水师登岸参战。时值江水退落，战船无法近岸，贻误了战机。清军乘胜进攻郑成功的指挥所，潘庚钟力战而死。但有限的水师既要保护随军眷属，又要为撤退留下后路，郑成功见无力挽回败局，只好下令各军上船，撤往镇江。二十五日，郑成功率军撤至镇江，重新休整部队。二十八日，郑成功根据当时的军事政治形势，主动放弃了镇江、瓜州等城镇，率部顺流东下，退出长江，返回厦门，以图东山再起。

郑、张联师北伐，威震东南，由胜转败，而南京被困清军转败为胜。清顺治皇帝为庆贺清军大胜，特下诏将南京神策门改名为"得胜门"。郎廷佐、梁化凤等退敌有功人员得到清廷封官晋爵，"以击败海寇功授苏松水师总兵官梁化凤三等阿达哈哈番，仍加左都督、太子太保"。而江宁巡抚蒋国柱、提督管效忠等清官员因败绩、失职受到朝廷不同程度的惩处。"以海寇失陷镇江，巡抚蒋国柱、提督管效忠等败绩遁走，分别定议，奏上得旨：蒋国柱免死，革职，与本王下为奴。管效忠免死，革提督并世职，鞭一百，发包衣下辛者库为奴，俱籍没家产。"[①]南京之战胜利后，清军"过无锡洛社，花货满载，牛羊络绎不绝……所掠妇人俱在苏州发卖，镇江凡失父母妻子者，贴票各府县寻觅甚众，无锡城门招子粘满"[②]。

此次北伐之战，郑成功未能以优势之师乘势破城，而是坐待清军投降；围城期间，麻痹轻敌，为其所乘；没有及时派兵接管南京周围州县，切断清援军入城之路；临战指挥不力，关键时刻离开帅位，致使诸军不能协同作战，被清军各个击破。也有学者认为，郑成功北伐功败垂成与他不谙南京地理形势有关。郑成功仅在南京北面和西面围城，致使清之援军不断从东、南两面源源不断进入城内，这是他败北的重要原因。[③]南京之战，郑军伤亡惨重，死伤大半，有 15 镇全军覆没。万礼、陈魁、张英、潘庚钟等 10 余位将领阵亡，损失镇将以上 14 员，标下将不可胜计，大将甘辉、余新等被俘后遇害。经历此次大败，郑军元气大伤，再也无力组织大规模的北伐战争。

郑成功兵败南京后，向徽州进军的张煌言势单力孤，随后所部也被清军击败。张煌言返回浙东一带继续坚持抗清斗争。康熙三年(1664)被捕，在杭州城外就义。

---

① 《清世祖章皇帝实录》卷一三三，顺治十七年三月辛未条，中华书局 1985 年版，第 1030 页。

② (清)计六奇：《明季南略》卷一六《郎廷佐大败郑成功》，中华书局 1984 年版，第 495 页。

③ 鲁国尧：《郑成功两至南京考》，《南京大学学报》(社科版)2007 年第 4 期。

第七章　清朝在江苏统治的确立

第一节　江苏建省

一　江南分省

1. 江南建省

顺治二年(1645)五月十五日,清军占领南京,不久即"宣平定江南捷音"。清廷谕旨:"南京为江南根本之地,绾毂十省,应设镇守文武大臣,及各衙门职掌应因应革、各大小官员应裁应并事宜,著吏、兵二部会同九卿科道详确议奏,以凭裁定。"①

闰六月,清摄政王多尔衮召开御前会议,令九卿、科道会议讨论江南"设官因革裁并事宜"。会上,满清大臣们先后提出7种方案:"有议留六都、都察院、操江、巡江、府尹、国子监六科者;有议立都督府,以亲王领之,岁一更代;留户、兵、工三部侍郎,量裁司官;改御史各差为大差,统于北都察院;提学,用翰林,统于内院;设布、按两司,尽去南京名色,并改应天府名色者;有议留副都御史一员,摄操江事;御史六员,巡城、巡江;科三员,兼摄六科者;有议六部各留侍郎一员,量裁司官,留科二员、道四员者;有议六部堂官俱应分设,如行在例;操江归北兵部,巡仓、巡城归北都察院者;各持一议,互有异同,而请设部、院、科、道衙门率居其半。更有云,我朝定鼎北京,当以南京为陪京者,吏部侍郎陈名夏等以国家定鼎神京,居北制南,必不当如前(明)并称都会,宜去'京'之名,存设官之实;户、兵、工三部各自北差,侍郎及各司官如饷司分司例;操江亦自北差,管江防事务;巡城、巡江、巡仓,俱并都察院,作大差;国子监,自北差,作养东南十省人材;兵马司照旧巡缉,余悉应裁。"几经权衡比较,多尔衮最后否决了这些建议,以明南京辖区为范围设置江南省等地方政权机构。闰六月二十五日,清廷谕旨:

---

① 《清世祖章皇帝实录》卷一七,顺治二年六月己卯条,中华书局1985年版,第154页。

“南京著改为江南省。设官事宜照各省例行。但向来久称都会，地广事繁，诸司职掌作何分任，听总督、大学士洪承畴到时酌妥奏闻。”[①]

七月三日，多尔衮代表清政府正式移书镇守南京的定国大将军、和硕豫亲王多铎：“南京著改为江南省，应天府著改为江宁府，设知府，不设府尹。掌印指挥、管屯指挥暂留，余指挥俱裁去，其卫所改为州县，俟天下大定从容定夺。”同时，清廷以内院大学士洪承畴招抚江南各省地方，“总督军务，兼理粮饷，暂离阙廷，驰往江南，昭宣德意”[②]。此后，明南京地区正式改称“江南省”，其辖区包括今天江苏省、安徽省和上海市。江南省以金陵为省城，应天府改称江宁府，省城、府城均在江宁(今江苏南京市)，同城而治。清代，江南省在全国各行省中占据重要地位，“国家鼎建，两京之外分省一十有四，而江南最为重地”[③]。

七月六日，清廷吏部批准豫亲王多铎委认的江南省各级官员373人名单。其中，“故明通政使刘应宾为都察院右佥都御史，巡抚安庐池太兼理军务；总兵土国宝为都察院右副都御史，巡抚江宁，总理粮储、军务；给事中庄则敬为按察使司佥事、徽宁道；何家祚为按察使司佥事、淮海道；罗志儒为布政使司参政，安庐道；王之晋为按察使司副使、苏松道司业；李景廉为按察使司副使、常镇道编修；张星为按察使司佥事、滁徽道御史；王悌为布政使司参议、苏松常镇粮储道；张兆羆为布政使司参议、淮宿道；周亮工为两淮都转运盐使司；贡生王相业为布政使司参议、凤泗道；高岐凤为布政使司参议、池太道；监生刘汉式为布政使司参议、扬州道，余俱依用”[④]。

建立江南承宣布政使司和提刑按察使司，任命江南布政使司的左、右布政使和提刑按察使司的按察使。顺治二年(1645)七月二十二日，清廷调山西参政道管右布政使事张士第为江南布政使司参政，管左布政使事；升河南、河北道参政申朝纪为江南布政使司右布政使，山西岢岚道参议于重华为江南按察使司副使管按察使事。[⑤] 江南承宣布政使司、提刑按察使司皆驻省城江宁。清代，“掌一省之政”的承宣布政使司又称“藩司”，也称“方伯”。其行政长官有左、右布政使各一员，以左布政为长，主管一省的民政、财政和人事大权。提刑按察使司又称“臬司”，其长官为按察使，主管一省的司法、监察事务。

清代江南省统辖长江南北，今安徽省、江西省所辖区居于长江上游，时称上江；今

---

① 《清世祖章皇帝实录》卷一八，顺治二年闰六月乙巳条，中华书局1985年版，第164页。

② 《清世祖章皇帝实录》卷一九，顺治二年七月壬子条，中华书局1985年版，第166—167页。

③ 康熙《江南通志·序》，康熙二十三年(1684)刻本。

④ 《清世祖章皇帝实录》卷一九，顺治二年七月乙卯条，中华书局1985年版，第168页。

⑤ 《清世祖章皇帝实录》卷一九，顺治二年七月辛未条，中华书局1985年版，第172页。

天江苏省、上海市所辖区居于长江下游，时称下江，上江、下江合称“两江”。清代，江南省是当时全国最富裕的省份之一。每年仅江南一省上缴的赋税额就占了全国赋税总额的近三分之一。江南省文化也很发达，每年科考，江南一省的上榜人数则占了全国的近一半，故民间有“天下英才，半数尽出江南”之说。

2. 江南分省

清初，全国尚未完全统一，各地的抗清斗争此起彼伏，同时满清皇室派系争斗不断，为保证作为清廷主要财源的江南省稳定和安全，顺治皇帝决定将江南省分而治之，既便于加强管理，又可防止其他势力利用富庶的江南省对抗清廷。顺治十八年(1661)，江南省承宣布政使司左、右布政使分治。江南左布政使驻江宁，“领安庆、徽州、宁国、池州、太平、庐州、凤阳、淮安、扬州九府，徐、滁、和、广德四州；分置右布政使，驻苏州，领江宁、苏州、松江、常州、镇江五府”[①]。江南省左、右布政使司的分置促成了江南省内上、下江“分治”局面，也为江南分省奠定了基础。清初因江南省地域过于庞大，作为省级地方行政单位治理不便，因此江南省建立不久，清廷开始逐步将江南分为江苏、安徽两省，史称“江南分省”。[②]

顺治三年(1646)四月，安庐巡抚刘应宾始改称安徽巡抚[③]，“安徽”之名始于此，其名取自安庆和徽州二府首字。康熙元年(1662)三月乙亥，“安徽操江巡抚所属十一营官兵、应听江南总督管辖。安徽巡抚止管安徽等五府一州事务”[④]。康熙三年(1664)，清廷“以江省刑名务繁，诏设安徽按察使于安庆”。江南按察使司由此分为两按察使司：一为江宁按察使，领江宁、苏州、松江、常州、镇江、淮安、扬州七府及徐州，“驻省城如故”；一为安徽按察使，驻安庆，领安庆、徽州、宁国、太平、池州、庐州、凤阳五府及滁、和、广德三州。康熙四年十一月二十六日(1666 年 1 月 1 日)，清廷旨准两江总督郎廷佐所奏请：“凤阳巡抚缺，已经奉旨裁去，其所属庐、凤二府，滁州、和州，请分隶安徽巡抚管理；淮、扬二府及徐州，请分隶江宁巡抚管理。”[⑤]至此，江南省实现了左、右布

---

① 乾隆《江南通志》卷四《舆地志·建置沿革总表》，《影印文渊阁四库全书》第 507 册，台湾商务印书馆 1983 年，第 202 页。

② 关于清代江南分省及江苏建省的时间，学术界主要有以下 4 种不同观点：1. 顺治十八年(1661)分省说；2. 康熙元年(1662)分省说；3. 康熙六年(1667)分省说，这种说法是学界广泛认同、普遍接受的观点，该说史料翔实、证据相对充分合理，本书采用此说；4. 乾隆二十五年(1760)建省说。论述江南分省问题的主要论文有：王亮功：《康熙六年江苏建省说辨析》，《江苏史学》1988 年第 2 期；季士家：《江苏康熙六年建省说献疑》，《江海学刊》1988 年第 4 期；公一兵：《江南分省考议》，《中国历史地理论丛》2002 年第 1 期。

③ 《清世祖章皇帝实录》卷二三，顺治三年正月壬子条，中华书局 1985 年版，第 198 页；卷二五，顺治二年四月己亥条，中华书局 1985 年版，第 216 页。

④ 《清圣祖仁皇帝实录》卷六，康熙元年三月乙亥条，中华书局 1985 年版，第 108 页。

⑤ 《清圣祖仁皇帝实录》卷一七，康熙四年十一月戊申条，中华书局 1985 年版，第 253 页。

政使，两按察使和安徽巡抚、江宁巡抚的分地管理，且“藩臬所领郡邑分属如一”。

康熙六年(1667)，清朝廷以“江南、陕西、湖广三省俱有布政使各二员，驻扎各处分理，亦应停其左右布政使之名，照驻扎地名称布政使。”①于是，江南省停左、右布政使之名，江南左布政使改称“安徽布政使”，江南右布政使改称“江苏布政使”。②“江苏”之名取自江宁和苏州两府首字，江苏、安徽两布政使司各不相统，江苏布政使驻苏州，安徽布政使司暂寄驻省城江宁。自康熙六年以后，江苏、安徽作为两个省级单位在实际政治社会经济生活中逐步取代了江南省，江苏、安徽两布政使各辖一方。

乾隆二十五年(1760)六月十七日，清廷允准江苏省增设江宁布政使。“江苏钱谷殷繁，布政使一员，专司总汇，文案委积，日给不遑，即在敏干之材，尚虞顾此失彼，历年尘牍相因，不能依限厘剔，未必不由于此。因思现在安徽布政使随督臣驻扎江宁，所办仍属上江事件，文移往返，不免需时。而亲临地方各员又非专辖，于封疆体制，尚未允协，若将安徽藩司仍回驻安庆，而于江苏增设藩司一员，即驻扎江宁，以江南之苏、松、常、镇等处，江宁及江北之淮、扬、徐、通、海等处所属地方，酌量分隶管辖，职分则事易集。一切政务，自可从容就理。”③八月，清廷增设江宁布政使司，驻江宁。“江、淮、扬、徐、海、通六府州隶江宁藩司管辖；苏、松、常、镇、太五府州分隶苏州藩司管辖；其安徽布政使移驻安庆，专办上江事务。”④至此，江南分省而建江苏省、安徽省的历史进程基本完成，但此后，江南、江苏、安徽作为省级单位概念仍时常为人们所并用。随着江苏省、安徽省分离各自独立，江苏省的主要行政官僚体制也逐渐定型。

清朝将全国划分为若干大区，每区设总督一人，其辖地有一省或数省。两江总督是满清朝廷派驻江苏省的最高地方军政长官，不仅节制所辖区内提督、总兵及其军队，还节制巡抚所领直属军队。顺治四年(1647)，置江南、江西、河南三省总督，驻江宁。顺治六年(1649)，并河南归直隶，改称江南江西总督。顺治九年(1652)，迁南昌，称江西总督，旋复旧。顺治十年(1653)，江南、江西两省分置总督，不久再合。康熙时，定名为“两江总督”，驻江宁。康熙元年(1662)，操江事务划归两江总督管理。道光十一年(1831)，两江总督兼理两淮盐政。同治五年(1866)，两江总督加五口通商事务，授为南洋通商大臣。

清代，仍设漕运总督，漕运、河务、海防三个方面兼管，总督衙门设在淮安。顺治

---

① 《清圣祖仁皇帝实录》卷二三，康熙六年七月甲寅条，中华书局1985年版，第315页。

② 乾隆《皇朝文献通考》卷二七五《舆地七·江苏省》载：“(康熙)六年停左右布政之名，定为江苏、安徽，两布政使司，各不相统。”《影印文渊阁四库全书》第396册，台湾商务印书馆1986年版，第323—324页。

③ 《清高宗纯皇帝实录》卷六一五，乾隆二十五年六月己丑条，中华书局1986年版，第918页。

④ 《清高宗纯皇帝实录》卷六一九，乾隆二十五年八月己亥条，中华书局1986年版，第965页。

四年(1647),设满洲侍郎一人,与总漕同驻山阳,名为总理,实为监督汉族官员。顺治十八年(1661),撤销总理一职,刑部主事也同时撤销,保留了漕储道台一职,专司漕粮仓储事宜。康熙四年(1665),改革漕运衙门,撤销漕储道,各省设立的督粮道均隶属于漕运总督管辖。雍正年间,又增设南漕御史二员,驻山阳,后一员驻山阳,一员驻济宁,直至清末。

清末江宁两江总督署东、西辕门。门外各有牌坊,东曰“两江保障”,西曰“三省钧衡”。(1889 年摄)

清代,两江总督之下设江苏巡抚一人。江苏巡抚,全衔称“巡抚江苏等处地方提督军务兼理粮饷”,驻苏州。江苏巡抚作为江苏全省最高行政长官,“掌考察布(布政使)、按(按察使)、诸道及府、州、县官吏之称职不称职者,以举劾而黜陟之”。顺治元年(1644),清廷设凤庐巡抚,驻淮安。顺治二年(1645),清廷以土国宝为江宁巡抚,驻苏州,辖江宁、苏州、松江、常州、镇江五府,江北的扬州、淮安及徐州隶属凤庐巡抚。康熙元年(1662),以操江军务归并两江总督,专设安徽巡抚。康熙四年(1665)十一月,清廷裁革凤庐巡抚,所属庐、凤二府和滁州、和州归并安徽巡抚,淮安、扬州二府和徐州改隶江宁巡抚。康熙二十六年(1687),江宁巡抚改称江苏巡抚。光绪三十年(1904),漕运总督裁撤,另设江淮巡抚,与江苏巡抚分治江苏地方。江苏省设有两布政使,分驻江宁、苏州两地,分片管理财政。江苏提刑按察使一人驻苏州,统管全省司法、监察事务。

江南分省是一个较长的历史演变过程，经历由“实”到“名”的分离和转变的过程。江南分省从康熙六年(1667)开始，直至乾隆末年、嘉庆初年才最终完成。江南省分为江苏、安徽两省的过程还与清前期职官制度演变和江南政治、经济变迁等紧密相联。清初，以布政使作为一省最高行政代表，随着时间的推移，到乾隆年间巡抚已取代布政使成为一省最高行政长官。

二 行政区划

清朝，省之下设道，是省级的调节渠道，道的长官称“道员”或尊称为“观察”。清初，道员本为省级藩臬二司临时差使官员，有布政使司、按察使司正副官衔，不久又改为布政使左右参政、参议或按察使副使、佥事等衔，因道员属临时性质，时设时废并不固定。乾隆十八年(1753)，清廷裁去藩臬二司给道所设的参政、参议、副使、佥事等加衔，均定为正四品官，自此，道员不再是临时性的差官。

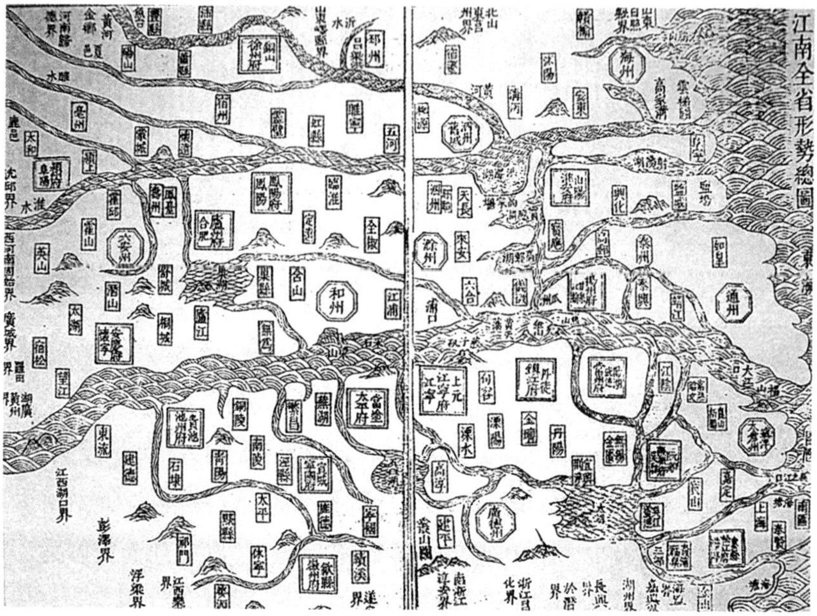

清初江南省图

清代的道有两类：一类称为分守道，以若干府、县为辖区，道员为辖区行政长官(其职权相当于今天地级单位)；另一类称为分巡道，多因事而设，没有专辖地区，专管某一部门事务，如河道、海关道、巡警道、劝业道等，分巡道官员多由一些专业技术人士担任。清代江苏省的道主要是分巡道，嘉庆二十五年(1820)，江苏省设有分巡道6个，其治所及辖府、州如下：

盐法道：治江宁府，辖江宁府1府。

常镇通海道：治镇江府，辖 2 府 1 直隶州 1 直隶厅（常州府、镇江府、通州、海门厅）。

苏松太道：治上海县，辖 2 府 1 直隶州（苏州府、松江府、太仓州）。

淮扬道：治清河县，辖 1 府及 1 府属 3 县与 1 县部分（扬州府、淮安府山阳、清河、盐城，桃源县黄河南岸）。

淮徐海道：治徐州府，辖 1 府 1 直隶州（徐州府、海州）。

淮海道：治安东县，辖 1 府属 2 县与 1 县（淮安府的安东县、阜宁县，桃源县的黄河北岸）。

清代，地方政府行政系统主要由省—府—县三级行政体系构成。府设知府一人，上隶于省，下督所属州县。州又分为直隶州和散州两种，设知州一人。直隶州与府同级，无属县，直隶辖于省。散州隶属于府，与县同级，但辖区较县大。顺治三年（1646）四月后，大县设知县、县丞、典史各一员，小县设知县、典史各一员，尽裁县主簿一职，其原管职事，大县归并县丞，小县归并典史。

"厅"是清代在新开发地区设置的政区，有直隶厅与散厅之别：直隶厅与府、直隶州平行，直隶于省。直隶厅地旷人稀，所以除了个别情况外，一般没有属县；散厅隶属于府，与散州、县相平行，成为最基层的行政区划单位。散厅但因地位特殊，故称厅。元、明两代不论是直隶州，还是散州，一般均领县。清代省辖的直隶州才领县，而府辖的州则不领县。

清代，江苏省领 8 府：江宁府、苏州府、淮安府、徐州府、扬州府、常州府、镇江府、松江府；3 直隶州：海州、通州、太仓州；1 直隶厅：海门厅；3 散州：泰州、高邮州、邳州；4 散厅：太湖厅、靖湖厅、太平厅、川沙厅。江苏省共有 60 县，先后设 16 卫 13 所，地域相当于今天江苏和上海市。

江宁府，治江宁（今江苏省南京市）。领 7 县：上元、江宁（与上元同治今南京城）、句容、溧水、江浦、六合、高淳。

镇江府，治丹徒（今江苏省镇江市）。领 1 厅、4 县：太平厅（今江苏省扬中市）、丹徒县、丹阳、金坛、溧阳。

常州府，治武进（今江苏省常州市）。领 8 县：武进、阳湖（与武进同治常州）、无锡、金匮（与无锡同治）、江阴、宜兴、荆溪（与宜兴同治）、靖江。

苏州府，治吴县（今江苏省苏州市）。领 2 厅、9 县：太湖厅（治今苏州东山镇）、靖湖厅（今苏州洞庭西山）、吴县、长洲、元和（与吴县、长洲 3 县同治）、昆山、新阳（与昆山同治）、常熟、昭文（与常熟同治）、吴江、震泽（与吴江同治）。

松江府，治华亭（今上海市松江）。领 1 厅、7 县：川沙厅、华亭、娄县（与华亭同治)、金山、青浦、上海、南汇、奉贤。

扬州府,治江都(今江苏省扬州市)。领2州、6县:泰州、高邮州、江都、甘泉(与江都同治)、仪真[①]、兴化、宝应、东台。

淮安府,治山阳(今江苏省淮安市楚州区)。领6县:山阳(今江苏淮安市楚州区)、阜宁、盐城、清河(今江苏省淮安市清河区)、安东(今江苏省涟水县)、桃源(今江苏省泗阳县)。

徐州府,治铜山(今江苏省徐州市)。领1州、7县:邳州,砀山、萧县(2县今均属安徽省)、铜山、丰县、沛县、宿迁、睢宁。

太仓州,治镇洋(今江苏省太仓)。领4县:镇洋(今江苏省太仓市)、崇明、嘉定、宝山(以上3县现均属上海市)。

海州,治海州(今江苏省连云港市)。领2县:赣榆、沭阳。

通州,治通州(今江苏省南通市)。领2县:如皋、泰兴。

海门厅,治今江苏海门,辖区相当今天江苏省海门、启东2市。

第二节 康熙南巡

清初,为了稳定和巩固清廷对江南地区的统治,康熙和乾隆两帝先后6次南巡。

清袭明制,每位皇帝在位时只用一个年号,后人也常用此年号称呼该皇帝。康熙帝(1654—1722),全名爱新觉罗·玄烨,系顺治皇帝第三子,康熙即其年号,在位61年,是中国历史上在位时间最长的一位皇帝。康熙8岁登基,16岁亲政,熟谙文韬武略,为政勤勉,将削藩、河务、漕运列为三大政事,"夙夜廑念,曾书而悬之宫中柱上"。康熙帝频繁巡视地方,实地处理政务,关心民生,给臣民留下了"勤政爱民"的良好印象,也为以后的皇帝树立了榜样。康熙深知,长居深宫,只靠臣子们的题奏不够,必须进行实地调查,才能了解地方更多的实际情况。康熙

清康熙帝

① 雍正元年(1723),为避雍正帝胤禛名讳,改县名"仪真"为"仪征"。

曾说:"古人之君,居深宫之中,不知民间疾苦者多。朕于各处巡行,因目击之故,知之甚确。"[①]《清圣祖仁皇帝圣训》中设有"省方"类目,记载了许多康熙帝巡幸各地的谕旨,这也成为康熙帝的行政特色。省方,即视察四方。康熙东巡山东,西巡陕西,北巡塞外,南巡江浙,全国各地都留下了他的足迹。康熙帝巡视各地,并不是为了游山玩水,而是出于政务的考虑。康熙帝最具有代表性的巡视是康熙二十三年(1684)、康熙二十八年(1689)、康熙三十八年(1699)、康熙四十二年(1703)、康熙四十四年(1705)和康熙四十六年(1707)的6次南巡,其主要目的就是要解决"黄淮冲决为患"的问题,试图通过亲历河道,寻求治河方案,考察治河工程。同时,了解民情、安抚人心、整顿吏治,以缓和满清民族矛盾,笼络江南的士大夫阶层。康熙南巡主要通过京杭大运河,御舟自京而下,途经直隶(今河北)、山东、江苏等地。

一 整治河运

清初,黄河下游泛滥成灾。仅顺治元年至康熙十六年(1644—1677)的30余年中,淮河流域就发生黄河夺淮之灾90余次。[②] 黄河下游屡次决堤造成了巨大的危害,严重地威胁到沿岸民众生命财产的安全。特别是黄河倒灌淮河和大运河,大量泥沙堵塞运河河道,直接影响了清朝赖以生存的生命线——南北漕运。黄淮频繁水患引起了康熙帝的高度重视,康熙十五(1676)年十月,谕旨吏部道:"今年淮、扬等处堤岸溃决,淹没田地,关系运道民生,甚为重大。"[③]康熙曾说:"朕素知河道最难料理,从古治河之法,朕自十四岁即反复详考。"[④]他悉心研究治河方略,终身不辍,每次南巡必到黄河、淮河视察,传授治河方略。当时,淮安是黄河、淮河、运河三河交汇之地,为黄淮襟要、漕运锁钥,而高家堰又是拱卫里下河地区人民生命财产安全的重要屏障,淮安地区成为清代治河的关键。

康熙十六年(1677)三月,康熙帝敕谕安徽巡抚靳辅出任河道总督。在靳辅主持下,大规模的整治黄淮河道工程全面展开。次年,康熙批准拨金250余万两用于治河,并限靳辅3年竣工。靳辅上任后,驻节淮安府清江浦,深入各河道水域调查研究,规划治河方案。靳辅借鉴明代水利学家潘季驯"筑堤束水,以水攻沙"的理论,提出"筑堤束水与引河放水交相使用"的理论。在治河实践中,靳辅首先疏浚黄河下游清江浦至云梯关河道,使洪水得以畅流入海,接着相继堵塞高家堰及黄河各处决口。在

① 中国第一历史档案馆整理:《康熙起居注》,康熙五十五年闰三月条,中华书局1984年版,第2269页。

② (民国)武同举:《淮系年表全编》(第三册)《淮系年表十一》(顺治·康熙·雍正),民国十七年(1928)铅印本。

③ 《清圣祖仁皇帝实录一》卷六三,康熙十五年十月壬戌条,中华书局1985年版,第815页。

④ 《清圣祖仁皇帝实录二》卷一一五,康熙二十七年五月壬申朔条,中华书局1985年版,第464页。

遏制了洪水的泛滥之势后，又先后完成了改移运口于七里墩、开清口四道引河、疏浚皂河、加挑中运河等水利工程，治河取得了初步成效。靳辅治河虽取得了一定成效，但淮、扬水灾并未根本好转，康熙帝为此殚精竭虑，日夜焦劳，惟恐官员治河失法。康熙认为："黄河屡岁冲决，久为民害，欲亲至其地，相度形势，察视河工。"

康熙二十三年(1684)九月二十八日，康熙帝出京，开始了他的首次南巡之行。十月十九日，康熙帝自宿迁至桃源县，视察黄河北岸各处险要工段。二十一日，在靳辅的陪同下，康熙帝幸临清口，步行阅视十余里，虽泥泞没膝，亦不辞其艰。他还登上天妃闸，勘察水情，见水势湍急，命改为草坝，另设七里、太平二闸，以分水势。康熙帝还面谕靳辅："朕向来留心河务，每在宫中细览河防诸书及尔屡年所进河图与险工决口诸地名，时加探讨。虽知险工修筑之难，未曾亲历河工，其河势之汹涌漶漫，堤岸之远近高下，不能了然。今详勘地势，相度情形，如萧家渡、九里冈、崔家镇、徐升坝、七里沟、黄家嘴、新庄一带，皆吃紧迎溜之处，甚为危险，所筑长堤与逼水坝须时加防护。大略运道之患在黄河，御河全凭堤岸，必南北两堤修筑坚固，可免决啮，则河水不致四溃。水不四溃、则浚涤淤垫，沙去河深，堤岸益可无虞。今诸处堤防、虽经整理，还宜培薄增卑，随时修筑，以防未然，不可忽也。"康熙帝见治河民工十分劳苦，"驻跸久之，亲加慰劳，复谕河道总督靳辅曰：'堤上夫役，风雨昼夜，露宿草栖，劳苦倍常，所领工食为数无几，恐有不肖官役从中侵蚀，必使人人得沾实惠，始无负朕轸恤至意。'"①十一月十日，南巡回銮途中，康熙帝御舟至清河县，登岸阅视了王工堤、老坝口、武家墩、天妃闸和高家堰堤工，每到一处仔细查询。视察高家堰堤工时，康熙对靳辅说："高家堰地势高于宝应、高邮诸水数倍，前人于此筑石堤障水，实为淮扬屏蔽，且使洪泽湖与淮水并力敌黄，冲刷淤沙，关系最重。今高堰旧口及周桥、翟坝修筑虽久，仍须岁岁防护，不可轻视，以隳前功。"又说："今年黄水倒灌运河，尔须酌一至妥之策，务令永不倒灌。"②十四日，康熙帝召靳辅入行宫亲加慰谕，对靳辅及扈从诸臣说："朕南巡亲睹河工夫役劳苦，闾阎贫困。念此方百姓，何日俾尽安畎亩？河工何时方得告成？偶成一诗，聊写朕怀，不在辞藻之工也。"③康熙赐靳辅《阅河堤诗》称："防河纡旰食，六御出深宫。缓辔求民隐，临流叹俗穷。何年乐稼穑，此日是疏通。已著勤劳意，安澜早奏功!"在诗中，康熙表达了根治水患的急切心情及对靳辅的厚望，靳辅将康熙这首御诗勒石立碑于清江闸南岸。

康熙二十八年(1689)一月，康熙第二次南巡，命靳辅、于成龙二人随行，重点视察了

---

① 《清圣祖仁皇帝实录二》卷一一七，康熙二十三年十月辛亥条，中华书局1985年版，第222—223页。

② 《清圣祖仁皇帝实录二》卷一一七，康熙二十三年十一月辛未条，中华书局1985年版，第229页。

③ 《清圣祖仁皇帝实录二》卷一一七，康熙二十三年十一月甲戌条，中华书局1985年版，第230页。

中河。清初，南北漕运自清河至宿迁，借用黄河，风涛险恶，常出事故。康熙二十五年至二十七年间(1686—1688)，靳辅自骆马湖，沿黄河北岸，于遥、缕二堤之间开渠，经宿迁、桃源，至清河仲家庄出口，名曰“中河”。“粮船北上，出清口后，行黄河数里，即入中河，直达张庄运口(北接皂河)，以避黄河百八十里之险。”[①]经实地考察，康熙肯定了中河的价值，采纳了靳辅加强对中河维护的建议。康熙要求新任河道总督王新命“留心随处修治”，告诫道：“中河与黄河逼近，如黄河溃决，将混而为一，宜有预防之法。”三月七日，康熙帝回銮途中再次巡视高家堰一带堤岸、闸坝，对诸臣说：“观此堤岸颇为坚固，此堤亦不可无减水坝，若将减水坝轻塞，湖水势大，堤岸安保无虞，但旧堤之外更筑重堤，实属无益。”康熙了解到天长、盱眙、六合等处旧有河通江，其形尚存，批准了河督王新命等的建议：疏浚这些旧河河床，“以分天长、盱眙、六合雨水及淮河之水归之于江”。这样，“淮流减而不溢，堤岸不致冲决，下河之水亦少而易涸矣”。同时，康熙谕示在新开引河上“于淮水会合之处修置板闸”，“黄淮水势相敌，则清口刷而海口开；淮水弱则黄水倒灌，湖底淤垫，堤势危而海口闭塞矣。……先年因高家堰冲决，淮水东流，无敌黄之力，黄水倒灌，湖底淤垫，海口闭塞。……高家堰既有减水坝，不可又令分流，使淮河水弱。但遇大涝之年，淮水盛涨，出清口不及，则堤必受伤”[②]。经过第二次南巡，康熙对靳辅有了进一步了解，肯定了其治河才能，康熙三十年(1691)二月，重新起用靳辅为河道总督。次年，靳辅积劳成疾病逝，康熙降旨悼念，并赐祭葬，谥文襄。[③]

康熙二十九年至三十六年(1690—1697)间，康熙帝因集中精力平定噶尔丹的叛乱，数年中，河道总督一职十易其人，江南河工日坏，水患不断。康熙三十七年(1698)，平定噶尔丹后，康熙再次将主要精力集中于治河。他总结了多年治河实践和靳辅的治河经验，认识到“上流既理，则下流自治”，宜集中主要力量治理上河，而上河的关键是解决黄水倒灌问题。解决的办法，唯有提高洪泽湖水位，降低黄河水位，使集中于洪泽湖的淮水，“三分入运，七分归黄，运道始安”[④]。

康熙三十八年(1699)，康熙为治河第三次南巡。二月二十八日，康熙视察黄河南岸归仁堤、高家堰等处堤工，以河工敝坏，令原任河督董安国、原任河道冯佑于运口等处挑浚引河、修筑水坝赎罪。三月初，康熙与于成龙等地方官员商议治河方案，颁布了《修浚清口诏》和《巡视河湖酌定应办工程诏》[⑤]，并部署了4项具体治河措施：

---

① (民国)赵尔巽等：《清史稿》一二七《运河·河渠二》，中华书局1976年版，第3773—3774页。

② 《清圣祖仁皇帝实录二》卷一四〇，康熙二十八年三月甲戌条，中华书局1985年版，第530—531页。

③ 吴忠匡等校订：《满汉名臣传》卷二六《靳辅传》，黑龙江人民出版社1991年版，第743页。

④ 《清圣祖仁皇帝实录二》卷一九一，康熙三十七年十二月辛丑条，中华书局1985年版，第1025页。

⑤ 徐钟令修纂：民国《淮阴志征访稿》卷一《诏谕志》，民国初年纂抄本。

（一）浚直河道，深浚河身。浚直黄河河身，使溜急刷沙，河底自深，以降水位。康熙帝说："朕留心河务，体访已久。此来沿途坐于船外审视黄河之水，见河身渐高，登堤用水平测量，见河高于田。行视清口、高家堰则洪泽湖水低，黄河水高，以致河水逆流入湖，湖水无从出，泛滥于兴化、盐城等七州县，此灾所由生也。治河上策，惟以深浚河身为要。……诚能深浚河底，则洪泽湖水直达黄河，七州县无泛滥之患，民间田产自然涸出。不治其源，徒治下流终无益也。""河直则溜自急，溜急则沙自刷而河自深。宜于清口西，数曲湾处试行浚直。"

（二）将黄淮交会之清口东移二三里，"使之斜行会流"，防止黄水倒灌入淮。开陶庄引河，"挑引从惠济祠后入河，而运河再向东斜流入惠济祠交汇，黄水自然不倒灌"。

（三）高邮一带运河东岸之滚水坝，涵洞尽量不用，将多余的湖水、河水俱由芒稻河、人字河引入长江。

（四）拆除云梯关附近的拦黄大坝，浚直海口河道，使黄河直流入海，增强水势，冲刷泥沙。[①]

于成龙病逝后，康熙调两江总督张鹏翮任河督，继续落实这些治河措施。首先拆除拦黄坝，深挖入海河道。"旬日之间，深至三丈，宽及百丈有余，滔滔入海，沛然莫御。"[②]至康熙四十年（1701）底，各项工程陆续完工。康熙四十一年（1702）夏，黄河下游发生了特大洪灾，各处防水工程挡住了咆哮的洪峰，经受了洪水的考验。

康熙四十二年（1703）一月，以浚河工程即将告成，康熙帝第四次南巡。二月四日，御舟入清口，康熙阅视天妃闸、御坝等地，颁布《奖勉河臣诏》，亲加奖勉河道总督张鹏翮等治河官员，并谕旨吏、工二部对总河以下各官"详加议叙具奏"。康熙帝巡视减水坝，"申谕不可迎溜，防夺河洪，曰鲍家营。皇帝指授开浚引河，清江以安。曰中河口，皇帝有命移建于杨庄"[③]。时清水出仲家庄，每当黄河暴涨，"直射南岸，运口之灌在所难免，中河口门既移，则运口无患矣"。康熙赐《河臣箴》与河臣张鹏翮，并说："自古水患，惟河为大。治之有方，民乃无害。禹疏而九，平成攸赖。降及汉唐，决复未艾。渐徙而南，宋元滋溢。今河昔河，议不可一。昔止河防，今兼漕法。既弭其患，复资其力。矧此一方，耕凿失职。泽国波臣，恫瘝已极。肩兹钜任，曷容怠佚。毋俾金堤，溃于蚁穴；毋使田庐，沦为蛟窟。毋徒糜国帑，而势难终日。毋虚动畚筑，而功鲜核实。务图先事，尽利导策；莫悔后时，饬补苴术。勿即私而背公，勿辞劳而就逸。

① 《清圣祖仁皇帝实录二》卷一九二，康熙三十八年三月庚午朔条，中华书局1985年版，第1035页。

② 印鸾章：《清鉴》卷五《圣祖康熙》，上海书店出版社1985年版，第269页。

③ 咸丰《清河县志》卷五《川渎》，咸丰四年（1854）刻本。

惟洁清而自持，兼集思而广益。则患无不除，绩可光册。示我河臣，敬哉以勖。”[①]三月三日，回銮途中，康熙帝再次视察高家堰等河堤，命河道总督张鹏翮将堤岸单薄、桩木渐朽、土石残缺各处立即派人修整。康熙帝一路巡视，见河工初步告成，欣然命笔作《览淮黄成》诗一首：“殷勤久矣理淮黄，几度风尘授治方。九曲素称天下险，四来实为兆民伤。使清引浊须谨慎，分势开流在不荒。虽奏安澜宽旰食，诫前善后奠金汤。”[②]

康熙四十四年(1705)二月，康熙以河工大部虽已告成，但尚须察验、筹划善后之规，开始第五次南巡。三月八日，康熙渡黄河，泊清江浦，亲阅杨家庄等处新开中河闸口及附近堤岸，见黄河已顺轨安澜，归舟欣然赋诗二首。十一日，康熙帝御舟泊扬州城北高桥，康熙帝谕河道总督张鹏翮曰：“河工已经告成，善后方略更为要紧。朕今亲临阅视，修建天妃闸，甚当。倘黄河水涨至五六尺，清水不涨，势弱不敌黄，黄水自然倒灌，亦必然之理。岂可因此即谓治河失策乎？若遇倒灌，即将天妃闸下板，蓄清水以敌黄，不过数日，黄水即退。粮船过时，即起板开放。”并强调指出：“黄河南岸堤工关系紧要，应加紧修防。”

闰四月十日，回銮途中，康熙帝对河道总督张鹏翮、淮扬道张弼、大学士马齐等说：“朕每至河上，必到惠济祠以观水势。康熙三十八年以前，黄水泛滥，凡尔等所立之地，皆黄水也。彼时自舟中望之，水与岸平，岸之四围皆可遥见。其后水渐归槽，岸高于水。今则岸之去水，又高有丈余。清水畅流，逼黄竟抵北岸，黄流仅成一线。观此形势，朕之河工大成矣，朕心甚为快然。”[③]此次南巡，康熙帝以“河工大成”，高兴地筹划了善后之规。岂料，当年七月间黄、淮再次发生多年未遇的洪灾，造成古沟塘、韩家庄、清水沟等处堤岸溃决。康熙闻讯盛怒，降旨：“今春朕欲亲阅高家堰，张鹏翮奏称堤岸工程俱完，又时当炎暑，蚊虻正起，求停止亲阅，恳奏再四。朕以高家堰关系甚大，亲往阅视，见石堤尚有未完之处，所下之埽，已经二三年者朽烂亦多，将此情形一一指示张鹏翮及河工诸臣。朕又谕张鹏翮，大水时发，难以预料，尔务须昼夜防护。至分守堤工人员委用不当，朕亦谕及。今古沟、唐埂、清水沟、韩家庄四处堤岸冲决，河工将有复坏之势。大小河员惟知清水畅流为己功，不知高家堰之六坝水泄太多，则清水力微，黄水必复倒灌也。”[④]康熙命大臣速议具奏。七月三十日，九卿等遵旨议复，处张鹏翮革职留任。由于此次水灾，康熙帝命两江总督阿山、漕运总督桑额和张鹏翮等共同详议漕运与民田两利的治水方案。

---

① (清)章梫纂：《康熙政要》卷九《论择官第十》，中共中央党校出版社1994年版，第166页。

② 卜维义、孙丕任编：《康熙诗选》，春风文艺出版社1984年版，第174页。

③ 《清圣祖仁皇帝实录三》卷二二〇，康熙四十四年闰四月癸卯条，中华书局1985年版，第223页。

④ 《清圣祖仁皇帝实录三》卷二二一，康熙四十四年七月壬申条，中华书局1985年版，第230页。

康熙四十五年(1706)正月,两江总督阿山等奏请施行溜淮套工程方案:自泗州开河筑堤,引淮水至高家堰,入张裕口,再出清口。康熙认为此项工程重大,若有闪失,劳民伤财,后果亦不堪设想,待南巡调查后再确定方案。

康熙四十六年(1707)正月,康熙第六次南巡。二月二十日,康熙由清口上岸,详细视察了溜淮套的地势。当天,康熙召集扈从文武、地方大小官员、河道总督及河工官员于行宫门前,严厉斥责张鹏翮不留心河工。对于溜淮套工程,康熙经反复观察、研究,谕旨立停溜河套工程,命挑浚洪泽湖出水口,加宽加深,使清水畅流,以达到溜河套工程之效。二十一日,康熙帝命自曹家庙回清口,将沿途所立标杆尽行撤去。此次南巡,康熙对一些河工进行了善后处理。

康熙六次南巡,以民为本,解决治河过程中遇到的各种矛盾和困难,亲授方略,从而保证了治河工程的顺利完成。在康熙亲自决策和指导下,先后完成的骨干水利工程有:开凿六塘引河和中河(今中运河);整修加固自豫鲁至安东的黄河遥、缕两堤;整修洪泽湖大堤,兴建减水坝;疏浚清口至云梯关(今响水县境)原淮水入海河床300里,关外筑束水堤8000余丈;修复里运河高邮清水潭、陆漫沟、洪都大潭湾等处决口并加固堤防,开人字河入江。经过长期治理,基本控制了黄河、淮河水患,淮安、扬州二府所处里下河地区水情得到缓解。"(里)下河连年大熟,亦为从前所未有",康熙60岁时,不无得意地说:"自元至明,岁有冲决,未有安澜二十年如今日者!"①

二 体恤民情

每逢南巡,康熙总是力避扰民,反对奢华铺张,严禁随从人员和地方官吏借机勒索百姓。南巡所需用草豆木炭食物等都由衙门照时价采买供给,"往返供亿,悉发内帑","南巡察阅河工,一切供亿,由京备办。预饬官吏,勿累闾阎"②。严禁沿途地方官吏借名科派,不许馈赠扈从,违者以军法论处。要求随员不得践踏百姓庄稼禾苗,如道路狭窄,"扈从卫士鱼贯而行"。秋收时节出巡,"禁擅放马匹蹂践禾苗",违者"严缉以闻"。一旦损坏百姓庄稼,要求地方官员"亲行细察所伤地亩若干,应纳钱粮若干",及时回奏朝廷以蠲免予以补偿。

康熙十分注意节制,尽量避免给百姓增添麻烦。减少随从人员,轻装南下,巡视堤堰,沿途皆设营幄,不御屋庐。南巡时,常有负责监察的科道官员随行,"或有不肖之人,强行买卖,扰害百姓者,令其稽察"。第二次南巡时,御舟经过扬州时,民间结彩欢迎,康熙说:"虽出其恭敬爱戴之诚,恐致稍损物力,甚为惜之。"谕令:"前途经历诸

---

① 《清圣祖圣训》卷三十四《治河二》,赵之恒等校点:《大清十朝圣训》,北京燕山出版社1998年版,第511页。

② (民国)赵尔巽等:《清史稿》卷七《圣祖本纪二》,中华书局1976年版,第251页。

郡邑，宜体朕意，悉为停止。"[①]后御船至吴江龙王庙，地方官员派五百艘画舫前来迎接，康熙拒绝乘坐，以示对地方官员奢华的不满。在江宁，康熙见当地官员精心豪华装饰了一艘画舫接驾，他不仅批评了接驾官员的铺张浪费行为，还传谕地方将该船"造饰物料俱行拆毁，于应用处用之"[②]。康熙南巡所到之处，令百姓各安其业，生活如常，不必迁移远避。一次，康熙帝巡幸扬州，百姓男女老幼奔走杂沓，瞻望恐后，"高岸水次，或有倾跌之虞"。事后，康熙要求地方百姓"止于夹道跪迎，毋得紊乱追趋，致有诸患"[③]。康熙四十四年(1705)，南巡驻跸苏州府城内，正逢生日万寿节，官民奏进各种食物，康熙帝以"因阅视河工，巡访风俗而来，非为诞辰也"，谢绝礼物。

南巡中，康熙关心民生，对民众的痛苦寄予了无限的同情。康熙二十三年(1684)，康熙第一次南巡，看到高邮、宝应诸州县"虽水涸，民择高阜栖息，但庐舍田畴仍被水淹，未复生业"[④]，赋诗《高邮湖见居民田庐多在水中，因询其故，恻然念之》："淮阳罹水灾，流波常浩浩。龙舰偶经过，一望类洲岛。田亩尽沉沦，舍庐半倾倒。茕茕赤子民，栖栖卧深潦。对之心惕然，无策施襁褓。夹岸罗黔黎，跽陈进耆老。"[⑤]诗中，康熙帝真实地反映了水患后的悲惨景象，表达了对遭受水患之灾百姓的深切同情。作为封建皇帝，康熙决心努力治河、造福百姓，充分展现其民本主义情怀。

康熙认为，"百姓足则国家充裕，若期比屋丰盈，必以蠲租减赋，除其杂派为先"。为了减轻巡幸沿途百姓的负担，每次南巡，康熙都要减免部分南巡地区百姓的钱粮或上年积欠赋税，对贫苦老弱予以抚恤。康熙二十八年(1689)二月，康熙第二次南巡时，诏谕两江总督傅腊塔："朕南巡以来，轸念民艰，勤求治理，顷至江南境上，所经宿迁诸处，民生风景较前次南巡稍加富庶……(江南省)积欠约有二百二十余万。……再加江南全省积年民欠一应地丁钱粮、屯粮、芦课、米麦豆杂税概与蠲除。"[⑥]康熙帝还即兴赋诗一首《蠲江南逋赋》："国家财赋东南重，已责蠲租志念殷。雨泽何妨频见渥，普天愿与乐耕耘。"康熙三十八年(1699)三月二日，第三次南巡时，康熙以黄淮被水淹地方米价高昂，百姓生计困顿，命截流漕粮10万石，分发高邮、盐城、宿迁等12州县平粜，再截留10万石储存于淮安、扬州。康熙南巡期间，大量蠲免百姓钱粮，民间竖立碑亭以颂其德政。为避免各地纷纷效法，致损民力，康熙迅速谕令各地停建颂德碑。

---

① 中国第一历史档案馆：《康熙起居注》，康熙二十八年正月丙申条，中华书局1984年，第1830页。

② 中国第一历史档案馆：《康熙起居注》，康熙二十八年二月二十六日条，中华书局1984年，第1842页。

③ 《清圣祖仁皇帝实录二》卷一三九，康熙二十八年正月丙申条，中华书局1985年版，第518页。

④ 《清圣祖仁皇帝实录二》卷一一七，康熙二十三年十月癸丑条，中华书局1985年版，第223页。

⑤ 卜维义、孙丕任编：《康熙诗选》，春风文艺出版社1984年版，第93页。

⑥ 徐钟令修纂：民国《淮阴志征访稿》卷一《诏谕志》，《中国地方志集成》江苏府县志辑57，江苏古籍出版社1991年版，第630页。

为了安抚忠于明朝的士民之心，康熙一反其祖、父辈敌视明朝态度，而以明朝继承者身份出现。南巡前，谕令严加保护明帝陵，悉除“故明”、“废藩”字眼。康熙二十八年(1689)二月二十六日，首次南巡的康熙亲谒了明朝开国皇帝朱元璋陵墓——明孝陵，并行三跪九叩大礼，有感而作《御制过金陵论》，表示“取前代废兴之迹，日加儆惕”。康熙亲谒明孝陵对广大汉族士民产生极大影响，江宁“父老从观者数万人皆感泣，总督王新命刻石纪事，古今未有之盛举也”①。这天，当他从由明孝陵返回行宫时，江宁士民数万人手捧土产、米、果、食物跪迎道左，挽留他“从容驻跸于此”。康熙见此情景，十分激动，答应再停留两日，并赋诗：“心勤民隐独谘诹，不为江山作胜游。白下回銮期已近，黔黎拥道欲何求？多怜野老堆盘献，勉就舆情两日留。二十八年宵旰意，岂图远迩慕怀柔！”②康熙还颂扬前明的统治，亲题“治隆唐宋”的碑文，立于孝陵前，以示对明太祖赞许与仰慕之情。六次南巡中，康熙多次亲谒明孝陵，要求地方官员对孝陵严加保护，禁止民众赴陵区砍柴。

对于一些江南社会贤达名士，康熙亲加召见并加以委用。南巡途中，凡遇著名忠臣、学者的祠庙享堂，均题字、赐匾，予以表彰。昆山名士顾炎武拒不应召，康熙容其洁身世外，听其自便。康熙还以江南为人文萃集之地，酌量增加了江南士子入学名额，又于府学分大中小各增5名，以示奖励人才之意，增进了与江南士子的感情。总之，康熙的这些行动对于笼络江南士民起到了一定作用。

慰问致仕返乡的江南士大夫。苏州人汪琬，博学鸿儒科试列一等，授翰林院编修，纂《明史》，因修史与别人意见不和，告病返乡。康熙首次南巡无锡，特赐御书手卷一轴：“吴中缙绅汪琬，原系翰林，为人厚重，学问优通。且居乡安静，不预外事，特赐御笔手笔一轴。”③并要求其他离职退休官僚，不要干预地方政事，安享晚年。

三　整饬吏治

利用南巡之机，康熙还“周览民情，察访吏治”，褒奖清官，惩治贪官。康熙二十三年(1684)十一月四日，康熙对廉洁有为的江宁知府于成龙予以表彰。④ 传谕江宁府知

---

① (清)徐锡龄、钱泳：《熙朝新语》卷八《康熙二十三年》，上海古籍书店1983年影印本。

② (清)张玉书等编：《圣祖仁皇帝御制文集》卷四四《江宁驻跸》，《影印文渊阁四库全书》第1298册，台湾商务印书馆1986年版，第734页。

③ 《清圣祖仁皇帝实录二》卷一一七，康熙二十三年十月庚申条，中华书局1985年版，第225页。

④ 清初有两位同名同姓的“于成龙”，皆以廉洁著称：1. 于成龙(1617—1684)山西永宁人，历任清福建按察使、布政使、直隶巡抚、两江总督等职。在20余年的宦海生涯中，三次被举“卓异”，以卓著的政绩和廉洁刻苦的一生，深得百姓爱戴。康熙二十三年(1684)，于成龙卒于官。“卒时，将军、都统及僚吏入视，惟笥中绨袍一袭、床头盐豉数器而已。民罢市聚哭，家绘像祀之。”康熙“博采舆评”，称“于成龙实天下廉吏第一”。(参见《清史稿》卷二七七《于成龙传》)2. 于

南京鼓楼康熙戒碑

府于成龙曰："朕在京师，即闻尔居官廉洁。今临幸此地确加咨访，与前所闻无异，是用赐尔朕亲书手卷一轴。嘉尔清操，以示旌扬。但人靡不有初，鲜克有终。尔必自始至终，毋有改操，务效前总督于成龙正直洁清，乃无负朕优眷之意。"于成龙因廉能称职、诚心爱民、介然自守、不攀高结贵，深得康熙帝的欣赏，并得到迅速提拔重用，后历任按察使、巡抚、左都御史、河道总督等职。同日，康熙自江宁回銮，目睹数万江宁民众夹江送行、各级政府官员身着官服两岸跪送情景，康熙不喜反忧，对送行的两江总督王新命等地方高官说："朕向闻江南财赋之地，今观市镇通衢似觉充盈。其乡村之饶、人情之朴不及北方，皆因粉饰奢华所致。尔等身为大小有司，当洁己爱民，奉公守法，激浊扬清，体恤民隐，以副朕老安少怀之至意。"[①]王新命等表示将牢记皇上谆谆教诲，并"在江宁、苏州、安庆诸处立石，大书深刻，以垂永久"[②]。如今，历经数百年风雨沧桑，江宁的这块"康熙戒碑"[③]仍然竖立于南京鼓楼公园。

两江总督傅腊塔，满洲镶黄旗人，为官清廉，严惩贪官，康熙三十三年(1694)闰五月卒于任所。康熙盛赞傅腊塔"和而不流，不畏权势，仰体朝廷委用之意，爱恤军民"，"两江总督善者，于成龙以后，唯傅腊塔"。并破例派人赴江宁致祭，赠太子太保，谥号"清端"，江宁士民建祠以纪念。康熙四十四年(1705)，康熙第五次南巡，经江宁雨花台，赐御书"两江遗爱"匾额，令悬于傅腊塔之祠堂。[④]

"只饮江南一杯水，四海清官数伯行"，是后人为康熙年间清官张伯行所写的一副对联。张伯行为官20多年，以清正廉洁名闻朝野，誉满江南。康熙四十六年(1707)，康熙第六次南巡，至苏州，对随行官员说："朕闻张伯行居官甚清，最不易得。"见到时任江宁按察使的张伯行，又说："朕久识汝，朕自举之。他日居官而善，天下以朕为知人。"[⑤]不久，张伯行升任福建巡抚，康熙赐御书"廉惠宣猷"。康熙四十八年(1709)，

(接上页)成龙(1638—1700)，字振甲，号如山，汉军镶黄旗人，人称"小于成龙"。他为官清廉，在于成龙手下做过知州，因政绩升任江宁知府，后历任按察使、直隶巡抚、左都御史、河道总督等职。(参见《清史稿》卷二七九《于成龙传》)

① 《清圣祖仁皇帝实录二》卷一一七，康熙二十三年十一月乙丑条，中华书局1985年版，第228页。

② 中国第一历史档案馆：《康熙起居注》，康熙二十三年十一月乙丑条，中华书局1984年版，第1249页。

③ 此碑乃清康熙二十三年(1684)两江总督王新命等人所立，碑通高5.33米、宽1.43米、厚0.38米。浮雕云龙宝珠，正中篆书"圣谕"二字。碑文记载康熙二十二年南巡的盛况和告诫地方官的训谕。龟趺长2.9米、高1.25米。"康熙戒碑"所在的南京市鼓楼公园2006年初被南京市有关部门列为"廉政文化教育基地"。

④ (民国)赵尔巽等：《清史稿》卷二七五《傅腊塔传》，中华书局1977年版，第10064页。

⑤ (民国)赵尔巽等：《清史稿》卷二六五《张伯行传》，中华书局1977年版，第9937页。

张伯行调任江苏巡抚，“举劾属僚，无所阿徇，豪猾皆望风远遁”。七月，噶礼出任两江总督，为恶多端，对不附己者排挤打击，参劾张伯行。康熙称张伯行“为天下清官第一，责诸臣变乱是非”，为张伯行解围，并说：“如此等清官，朕不为保全，则读书数十年何益？而凡为清官者，亦何所倚恃以自安乎？”[①]

康熙二十三年(1684)十一月十一日，返京途经宿迁，康熙调查发现，漕运总督邵甘“莅任以来，并无善状，且多不谨处”，决定将邵甘以怠政之罪就地免职，“命随至京”[②]。回京不久，康熙下谕两江总督王新命，要求各级官吏务必廉洁奉公，为官一地，造福一方。康熙二十八年(1689)，第二次南巡回京后，康熙根据所了解到的情况，任免了一批官吏。如总督漕运马世济有病，且才具庸常，不能胜任，令其以原品致仕；靳辅“于河工似有成效，实心任事，克著勤劳，前革职属过，可照原品致仕官例，复其从前衔级”[③]。

第三节 乾隆南巡

清高宗乾隆(1711—1799)，全名爱新觉罗·弘历，是清朝第五任皇帝，入关后的第四任皇帝。雍正十三年(1735)，弘历即位，改年号乾隆。乾隆在位60年(1736—1795)，乾隆六十年(1795)底，将皇位禅让给其子颙琰(嘉庆帝)。退位后，乾隆又当了三年太上皇，终年89岁。

清乾隆帝

乾隆素慕江南苏杭天堂美景，即位不久，即有前往江南“眺览山川之佳秀、民物之丰美”的打算，派大学士讷亲赴江南查勘路线，然而在一些大臣的反对下未能如愿成行。乾隆十四年(1749)，江南一些地方官吏为迎合乾隆帝南游的心思奏请乾隆南巡，当年的十月五日，乾隆宣布两年后举行南巡。乾隆帝在位期间，“法祖省方”，分别于乾隆十

① 《清圣祖仁皇帝实录三》卷二五一，康熙五十一年十月丙辰条，中华书局1985年版，第489页。

② 中国第一历史档案馆：《康熙起居注》，康熙二十三年十一月壬申条，中华书局1984年版，第1251页。

③ 中国第一历史档案馆：《康熙起居注》，康熙二十八年三月丁亥条、戊子条，中华书局1984年版，第1851—1852页。

六年(1751)、二十二年(1757)、二十七年(1762)、四十五年(1780)、四十九年(1784)先后六次南巡。乾隆在其《御制南巡记》中说:“予临御五十年,凡举二大事:一曰西师,二曰南巡。”乾隆帝将六次南巡视为平生最重要的事功之一。南巡前,清廷即着手准备南巡事宜,派一位亲王督办此事,勘察沿途路线,整修名胜,兴建行宫,确定南巡路线为:渡黄河后乘船沿运河南下,经扬州、镇江、常州、苏州、嘉兴至杭州。

一 巡查河工

乾隆前期,黄河下游虽多次决口,但得益于康熙时的治河工程,未酿成大灾。然而乾隆四十三年(1778)后,黄河下游水灾次数不断增多,河工日坏,乾隆也感叹道:“古人言治河无善策。今之治河,非古之地广人稀之比,欲其顺轨安流,不为民田庐舍之患,较古人为更难矣。”[1]

乾隆帝六次南巡,其中五次视察了黄河下游治河工程,他认为“南巡之事,莫大于河工”[2]。当时,解决黄河水患的关键工程在于清口和洪泽湖高家堰,所以乾隆每次均要巡视两地。清口位于黄河、淮河交汇处,为“河防第一要区”。为解决黄河下游水道淤塞问题,清代在清口两侧筑束水坝冲击黄河泥沙,即明朝水利专家潘季驯所创造的“束水攻沙”、“以清敌黄”之法,利用洪泽湖所出清水冲刷黄河河淤,保证下游河道通畅。淮河上流各支河俱汇入洪泽湖,然后出清口与黄河交汇于今江苏淮安市西部地区。沿洪泽湖筑有高家堰大坝,又有天然坝之修,“天然坝乃其尾闾,伏秋盛涨,辄开此坝泄水,而下游诸州县胥被其患”。天然坝即泄洪坝,清河道总督为保证高家堰大坝的安全,避免洪泽湖水冲垮黄河、运河大堤,每当洪泽湖水盛涨时,即开坝放水以保护运道。

淮安乾隆“底绩宣勤”碑

筹定洪泽湖五坝水志。[3] 乾隆十六年(1751)二月,乾隆首次南巡经淮安,因开坝放水,下游百姓被淹。乾隆“经过淮安,见城北一带,内外皆水,虽有土堤为之防,而人烟凑集之区,设经异涨,其何以堪?”[4]命筑淮安城北石堤。四月十日,回銮途中,乾隆

① (清)乾隆:《御制诗集》五集卷五四《徒骇河》诗注,《影印文渊阁四库全书》第1310册,台湾商务印书馆1986年版,第496页。

② (清)乾隆:《御制文集》二集卷一四《南巡记》,《影印文渊阁四库全书》第1301册,台湾商务印书馆1986年版,第374—375页。

③ 水志即古代水尺,是用于观测河流水位涨落的标尺。

④ 《清高宗纯皇帝实录》卷三八二,乾隆十六年二月壬午条,中华书局1986年版,第29页。

定立洪泽湖五坝水志，畅开清口。“洪泽湖上承清、淮、汝、颍诸水，汇为巨浸，所恃以保障者，惟高堰一堤，天然坝乃其尾闾。……在下游居民，深以开坝为惧，而河臣转借为防险秘钥，二者恒相持。朕南巡亲临高堰，循堤而南，越三滚坝，至蒋家闸，周览形势，乃知天然坝断不可开。……天然坝当立石永禁开放，以杜绝妄见。”河道总督高斌建议再增两坝，乾隆接受这个意见，命于三滚坝之外，增筑两座滚水坝。这样，高家堰就有了五座水坝，分别命名为“仁”、“义”、“智”、“礼”、“信”。若遇洪水“必仁义礼三坝已过水三尺五寸，犹不足以减盛涨，则启智坝之土，仍不减，乃次及于信。……再高堰石堤至南滚坝以南，旧用土工石堤，有首尾形势不称，应自新建信坝北雁翅以北一律改石工。南雁翅以南至蒋家闸，水势益平，则石基砖甃，如此方首尾完固，屹如金汤，永为淮扬利赖”[①]。

定立清口水志。乾隆二十七年(1762)，乾隆第三次南巡，发现河臣嫌筑坝费工费力，每当洪泽湖盛涨时，即全靠天然五坝向下河地区减水。乾隆决定将五坝封闭，不再启放。湖水盛涨时，拆宽清口的东西二坝，并在高堰设水桩，规定湖水每涨一尺，清口即拆宽10丈，“水递长，口递宽，以此为率”，秋汛结束后重新镶筑清口束水坝如前。自乾隆确定清口水志后，“河臣恪守此法，数十年来下河免受水患，田庐并资保护”[②]。乾隆不无得意地说：“设非南巡亲见，实虑不及此，他人亦见不到，此一节实可为后世法。”[③]

改土堤为石堤。南巡中，乾隆十分关注黄河堤坝的质量，乾隆二十二年、二十七年、三十年先后3次到徐州一带巡视黄河堤坝，发现此处黄河“南北岸相距甚迫”，一旦盛涨，极易溃决，令一律改建石堤，共砌筑17层，长970丈。乾隆四十五年(1780)，乾隆还令徐州韩山至奎山一带土堰一律接筑石堤，计450丈，直连山脚下，石堤使这段堤防更加坚固。五次南巡时，河道总督萨载奏请将洪泽湖高家堰大坝三堡至六堡段卑矮砖砌坝加高，乾隆认为砖不如石头结实，“命毋惜帑费，一律改石工”。乾隆朝，屡次兴工，不惜巨资修筑高家堰大坝，乾隆四十六年(1781)再次大修，自武家墩至蒋坝，全长1.7万丈，全部改建为石工，高家堰大坝(现称洪泽湖大堤)蔚然可观。

陶庄引河工程。洪泽湖经清口注入黄河之水力求强劲，方能冲刷泥沙，若湖水过小，黄强清弱，黄河水将倒灌清口，泥沙必堵塞口门。为防止黄河倒灌清口，乾隆帝认为“陶庄之引河不开，终无救清口倒灌黄流之善策”，要求河督萨载、两江总督高晋规划开凿陶庄引河。萨载、高晋经仔细勘察，制定了妥善的施工方案，于乾隆四十一年(1776)

---

① 《清高宗纯皇帝实录六》卷三八六，乾隆十六年四月丁丑条，中华书局1986年版，第72—73页。

② (清)乾隆：《御制文集二集》卷一四《南巡记》注，《影印文渊阁四库全书》第1301册，台湾商务印书馆1986年版，第375页。

③ 《清高宗纯皇帝实录一一》卷八六九，乾隆三十五年九月壬申条，中华书局1986年版，第656页。

九月开工，至翌年二月放水。陶庄引河全长1060丈，宽30丈，深1丈余，减轻了黄河倒漾、清口淤沙之患。乾隆帝对陶庄引河工程十分满意，“引河之工成，夫自康熙己卯（三十八年）逮今乾隆丁酉（四十二年），历七十余岁，屡举而未成及一举而遂成者”①。

疏浚黄淮下游河道。疏浚下游河流是治理黄淮重要的配套工程，乾隆二十二年（1757）后，主要疏浚了淮水、洪泽湖注入长江之水路。洪泽湖原有通江入海水路，入海之路较远，且海滩高出平地，潮涨时，内外激荡，不能畅流入海。通江水路较近，但淤浅处甚多，于是大力疏浚石羊沟、董家沟、廖家沟及芒稻河。乾隆二十七年（1762），乾隆第三次南巡，视察六塘河一带，令修浚六塘河，使骆马湖等积水汇流入海。

清代河工，工程巨大，皆用官帑，经费甚多，一些负责官员乘机中饱私囊，成为一大弊政。乾隆帝说：“河工宿弊，不可枚举，而无益之费尤多，或明知无用而因循不废，或阴以为利而妄事兴修。……此外无益之费，即以朕巡视高堰一坝之内，已不胜屈指数。”②河工花费浩大，但经过层层盘剥，实际真正用到工程上已很少，工程中偷工减料现象屡见不鲜，这也是河堤屡修屡决一个重要原因。

清代，黄河下游多害的一个根本原因是上游水土流失和下游河床老化，泥沙淤积，河床抬高，只靠筑堤拦水。早在乾隆十八年（1753），吏部尚书孙嘉淦提出“改道入海”，开新河引黄河水入大清河归海。此时，黄河下游河道已不能约束咆哮的黄河水，这一另辟新河的主张，不失为一个长远、正确的主张。惜乾隆帝因循守旧，未能作出改变黄河流向的大胆的决策，相反不惜大量钱财，堵决口，修堤坝，千方百计地保持黄河下游旧有入海河道。直到清咸丰五年（1855），黄河终于入大清河经山东入海。

二　蠲免税赋

乾隆宣称南巡是为“行庆施惠”，要用满清王朝雄厚的财政实力与士民同庆大清皇朝的鼎盛局面，并尽量给百姓一些“恩惠”，故每次南巡，乾隆都要不同程度地蠲免所历地区的税赋，以彰显“皇恩浩荡”，并成惯例，即免所经州县本年应征地丁钱粮十分之三，若上年有灾则减免十分之五。

乾隆十六年（1751）一月，乾隆帝以初次南巡蠲免乾隆元年至十三年江苏积欠地丁银228万两。四月，谕旨：“徐州府属沛县滨湖地亩，近年以来屡被水灾，所有应征租银自乾隆十年起按年勘报蠲豁，而九年以前积欠未完租银以不在勘豁之例，仍须照数输纳。贫民未免拮据，著将乾隆九年以前应征未完租银三千一百余两，一并加恩豁

---

① 《清高宗纯皇帝实录一三》卷一〇三四，乾隆四十二年六月乙未条，“御制陶庄河神庙碑记”，中华书局1986年版，第857页。

② 《清高宗纯皇帝实录六》卷三八六，乾隆十六年四月丁丑条，中华书局1986年版，第73页。

免，以示轸恤灾黎之意。”①

乾隆二十二年(1757)四月，第二次南巡，江淮地区刚发生大水灾，乾隆目睹水灾给百姓带来的深重灾难后，谕令免除江苏、浙江、安徽三省乾隆二十一年(1756)前积欠地丁钱粮。“所过桃源、宿迁、邳州、睢宁诸州县，鹑衣鹄面，相望于道，而徐属较甚，朕心为之恻然增戚。国家所恃以拯患恤灾者，惟赈济一事。现在徐属七州县，已降旨加展赈期，可至五月，并截留本处漕粮以资借粜，所以为斯民计者，不遗余力。而目击情形，于心实有所不忍，所见如此，未见者亦复可知。著加恩将淮、徐、海三属各州县，所有积年借欠籽种口粮，不分新旧，概予豁免。”②乾隆四十九年(1784)二月，乾隆第六次南巡，进入江苏省界即宣布：“江省为财赋重地，兹入疆伊始，渥泽宜覃，著加恩：将江宁藩司所属积欠地丁漕项等款、未完银三十六万七千五百十两零，民借籽种口粮、未完银一十五万一千九百五十九两零，漕粮漕项等款未完米麦豆一十八万九千七百二十六石零；苏州藩司所属地丁漕项等款、未完银四万五百五十四两零，民借籽种口粮、未完银一千二百四十八两零，漕粮漕项等款未完米豆三万八千九百六十四石零；……俱著全行豁免。”③

三 奖励盐商

乾隆六次南巡，淮扬盐商们捐助了大量金银供各地办差使用。史载：“惟乘舆屡次游巡，天津为首驻跸地，芦商供亿浩繁，两淮无论矣。”④乾隆二十六年、四十五年、四十九年，两淮盐商每次捐银100万两，盐商们实际捐输银两大大超过此数。乾隆十六年(1751)，乾隆首次南巡时，就表扬“两淮商人踊跃急公，捐输报效”。盐商为乾隆南巡竭尽全力，多次慷慨解囊相助，乾隆也从多方面给两淮盐商予以补偿。

一、提高盐商的政治地位。乾隆宣布两淮盐商“本身原有职衔，如已至三品者，俱著赏给奉宸院卿衔，其未至三品者，俱各加顶带一级”⑤。这些官职虽系空衔，但在官本位的封建社会，有了官衔的商人身份和地位将有很大提高，其商业活动也会更为便利。

二、盐引加斤。清朝贩卖食盐实行盐引制度，盐引大小不一，乾隆朝一般每引为400斤，盐商以引为纳课单位。乾隆南巡时，每次都下令给两淮盐商所贩食盐每引

---

① 《清高宗纯皇帝实录六》卷三八六，乾隆十六年四月癸酉条，中华书局1986年版，第69页。

② 《清高宗纯皇帝实录七》卷五三六，乾隆二十二年四月乙丑条，中华书局1986年版，第758页。

③ 《清高宗纯皇帝实录一六》卷一一九九，乾隆四十九年二月壬申条，中华书局1986年版，第30—31页。

④ (民国)赵尔巽等：《清史稿》卷一二三《食货志四》，中华书局1976年版，第3613页。

⑤ 《清高宗纯皇帝实录七》卷五三二，乾隆二十二年二月乙丑条，中华书局1986年版，第703页。

"加十斤，不在成本之内，二年为限"，"以示恤商爱民之意"。

三、免税。两淮许多盐商为乾隆南巡除捐输了大量银两，同时还要承担各种差役，逐渐出现入不抵出的局面，欠下大量盐税，乾隆一律给予豁免。乾隆四十五年(1780)，免除两淮商人应还川饷项内未缴银 120 万两，缓征银 27 万两。乾隆四十七年(1782)，免淮南商人未完银 200 万两。乾隆四十九年(1784)，"所有该商等未完提引余利银一百六十三万二千七百七十四两零，著加恩全行豁免，俾淮扬商众，益资饶裕"[①]。

四　笼络士绅

江南财赋甲于天下，是清政府经济命脉所系，维持江南稳定和繁荣对清王朝至关重要。同时，江南也是清初反清复明运动的大本营，清代前期涉入"文字狱"的一些代表人物多为江浙文人。乾隆南巡中试图通过亲谒明孝陵、召见士绅等形式笼络、安抚江南地主官僚和文人士子，进一步缓和满汉民族矛盾和社会矛盾，巩固清朝在江南的统治秩序。乾隆十六年(1751)三月二十五日，乾隆首次南巡驻跸江宁时，行三跪九叩礼，祭谒明孝陵，并旨令地方对孝陵严加保护，严禁樵采放牧。

乾隆对接驾及办差的官员大加赏赐，加官晋爵，将一些原来受过处分官员恢复原职。特别是对前来接驾的老臣，嘘寒问暖，赏赐人参、貂皮等物品，并赐其子孙功名，还与江南文士诗词唱和。礼部侍郎沈德潜(1673—1769)，江苏长洲(今苏州吴中区)人，以诗文名世，67 岁才中进士，被乾隆戏称为"江南老名士"。乾隆十四年(1749)，沈德潜致仕回籍，乾隆既赐他人参，又赋诗褒奖。乾隆十六年(1751)首次南巡，沈德潜接驾，乾隆命他享受在籍食俸的待遇。第二次南巡，乾隆加沈德潜礼部尚书衔。第三、第四次南巡时，沈德潜已年过九十岁，仍到常州接驾，乾隆加其为太子太傅，其孙沈维熙赐为举人。乾隆母亲六十岁、七十岁大寿时，沈德潜不顾年老体弱赶赴北京为太后祝寿。乾隆赋诗赞沈德潜曰："吴中今古老人科，比似徵明定若何。书画虽输诗胜彼，功名已过寿如他。游山有兴仍清健，处世无争只善和。明说九旬有三寿，那更年格尚嫌多。"[②]沈德潜 97 岁去世时，清廷赠太子太师，谥"文悫"。

每次南巡，乾隆均以"三吴二浙文风素盛"为名，增加江苏、安徽、浙江 3 省本年岁试文童府学及州县学入学名额，一般为每州县 3—5 名。乾隆四十九年(1784)，最后一次南巡时，《四库全书》编成，乾隆下令再缮写三份，分藏于扬州文汇阁、镇江文宗阁和杭州文澜阁，以嘉惠江南士林。乾隆还担心地方官吏从保护书籍出发，不允普通士

---

① 《清高宗纯皇帝实录一六》卷一一九九，乾隆四十九年二月壬午条，中华书局 1986 年版，第 37 页。

② (清)乾隆：《御制诗集三集》卷四七《赐沈德潜》，《影印文渊阁四库全书》第 1306 册，台湾商务印书馆 1986 年版，第 55 页。

人阅看，宣布将来书成存贮三阁后，“有愿读中秘书者，许其陆续领出，广为传写”①。

五　仿建园林

乾隆十分喜爱江南园林和景致，南巡时遍游江南名胜园林，回京后即因地制宜，疏河湖，导泉流，将江南名园、名景仿建于北京皇家园林中。乾隆九年（1744），尚未南巡的乾隆帝即在诗中写道“即声即色无声色，莫问倪家狮子园”，寄予了对苏州“狮子林”景致的向往。后来南巡中，乾隆多次游览了苏州狮子林，并令人依元代画家倪瓒所绘“狮子园图”仿建于北京长春园东北。北京长春园东南还有如意园，其规制仿清江宁的瞻园。第六次南巡，乾隆见无锡“寄畅园”景致非凡，令画师绘制成图，仿建于万寿山东麓，知鱼桥仿七星桥，清琴峡仿八音涧，名曰“惠山园”，即今天的谐趣园。六次南巡时，乾隆难忘登临镇江金山妙高峰看到的塔影美景，不久把该塔复建于北京玉泉山上。颐和园里向西眺望，西堤的柳色和西山碧树间，一高塔倒映昆明湖中，不仅把镇江金山景致借来，更有了北高峰，“玉泉塔影当空落，疑是北高临圣湖”②。

第一次南巡，乾隆皇帝携皇太后随行，皇太后时年已六旬，第一次到江南，大开眼界，回宫后仍然念念不忘江南美景。为博取母亲的欢心，乾隆二十六年（1761），乾隆帝以替母祝贺七十岁大寿为由，在北京紫竹院西侧万寿寺附近仿建苏州山塘街景，从万寿寺开始往北到海淀镇沿线，大兴土木，仿建了一条长达数里的苏州街（又称买卖街）。清廷还从苏州城里选派商人在此经营，酒旗飘飞，招幌高扬，喧闹的街景商铺，呢喃的吴侬软语，使人仿佛置身于繁华的苏州街头。此外，乾隆还在颐和园北宫门内另修建了一条苏州街，也是仿照苏州水乡商业街而建，整个街道实为一条水路，两岸有数十家店铺，船来人往，煞是热闹。

六　铺张奢华

乾隆出巡南方，体察民情吏治，与那些长年深居简出的皇帝相比无疑是一个历史进步，但乾隆南巡途中讲究排场、奢华铺张，给沿途百姓带来了沉重的负担和骚扰。

南巡前，乾隆曾告诫地方官员“力屏浮华”，从俭接驾，“时时思物力之维艰，事事惟奢靡之是戒”，“恐地方有司奉行不善，或穷乡僻壤未及周知”。“所在行宫，与其远购珍奇，杂陈玩好，不如明窗净几，洒扫洁除，足供信宿之适也。经过道路，与其张灯悬彩，徒侈美观，不若蔀屋茅檐，桑麻在望，足觇盈宁之象也。阛阓通衢，人烟稠密，正

---

① 《清高宗纯皇帝实录一六》卷一一九九，乾隆四十九年二月丁丑条，中华书局1986年版，第35页。

② （清）乾隆：《御制诗集三集》卷七二《昆明湖泛舟即景杂咏》，《影印文渊阁四库全书》第1306册，台湾商务印书馆1986年版，第449页。

以见懋迁有无之乐，不得因道路湫隘，俾迁移廛舍，或致商民失业也。”[①]还要求各地督抚不得向扈从官员馈赠钱物，扈从兵丁不得骚扰百姓。尽管如此，但各地官员仍然“盛情”迎驾，第一次南巡回銮途中，乾隆也感慨道：“虽谓巷舞衢歌，舆情其乐，而以旬日经营，仅供途次一览，实觉过于劳费，且耳目之误，徒增喧聒，朕心深所不取。”乾隆嘴上要求地方从俭办事，而实际上对各地铺张迎驾视而不见、充耳不闻，乾隆内心却很欣赏地方壮观的迎驾场面。首次南巡前，两江总督黄廷桂在江苏为接驾搞得民怨沸腾，御史钱琦提出反对，要乾隆回銮后派亲信大臣清查一些办差亏空州县、以杜绝铺张浪费现象，乾隆却以“事之虚实，尚难悬定”为由，置之不问，这就为奢侈之风大开方便之门，愈发不可收拾。沿途地方官吏深知乾隆讲究排场，争相逢迎，布置行宫，陈设古玩，采办各种名肴特产，更有甚者乘机向百姓敲诈勒索，大饱私囊，搞得民间怨声载道，叫苦连天。乾隆对地方官吏的奉承献媚，不仅不加阻止，反而重金奖励，凡建有行宫的“赏银二万两充用”。每次南巡前一年，清廷都要派官员勘察道路、修桥铺路、修葺行宫、名胜，各州县相交处建标志牌坊。南巡时，要由京师事先运送乳牛、羊若干到宿迁、镇江等地供茶房、膳房备用；饮用泉水派人长途专送，入江南境用镇江金山泉水，到浙江则用杭州虎跑泉水。[②] 乾隆南巡途中，各地行宫达 30 余处，名义上是各地官员捐养廉银助建，实际上最后均由乾隆下令报销了事，或从两淮盐商捐助银两中予以补偿。各省官员大兴土木迎驾，甚至不惜捐助养廉办差，就在于“朕又复加恩赏给库银，用示体恤，伊等办理，尽足敷用”[③]。

地方官员、绅商接驾中竞相攀比，争炫奇巧，而两淮盐商尤甚，凡有一技一艺之长者，莫不重金延致。乾隆南巡，驻跸扬州间，两淮盐商接驾，争妍斗艳，极尽铺张奢华之盛。乾隆第一次南巡时，扬州平山堂行宫本没有梅花，扬州商人觉得景色不佳，捐资植梅 1 万株，作为点缀，一时平山堂内外梅花盛开，乾隆帝龙颜大悦。扬州盐商巨头汪石公之妻，在乾隆来扬州前数月，便与盐商“择荒地数百亩，仿杭之西湖风景，建筑亭台园榭，以供御览”，而在乾隆抵扬州前一天，汪太太见亭台园榭之旁还少一方池，于是又“独出数万金，夜集工匠，赶造三仙池一方。池夜成而翌日驾至，高宗大赞赏，赐珍物，由是而太太之名益著”[④]。乾隆第五次南巡时，御舟将至镇江，相距约十余里，遥望岸边有大桃一枚，硕大无比，颜色红翠可爱。御舟将近，“忽烟火大发，光焰四射，蛇掣霞腾，几眩人目。俄顷之间，桃砉然开裂，则桃内剧场中峙，上有数百人，方演

---

① 《清高宗纯皇帝实录五》卷三七九，乾隆十五年十二月乙酉条，中华书局 1986 年版，第 1203 页。

② 中国第一历史档案馆藏档案：《内务府来文》10 号，《巡幸及行宫》第 3022 包。

③ 《清高宗纯皇帝实录一四》卷一〇九九，乾隆四十五年正月戊戌条，中华书局 1986 年版，第 724 页。

④ （清）徐珂编：《清稗类钞》豪侈类《汪太太奢侈》，中华书局 1984 年版，第 3272 页。

寿山福海新戏"。乾隆喜欢谈佛论禅，南巡中常与僧侣议论禅机，地方官员为讨好乾隆，便就让一些略通佛理的文人假扮和尚出面迎驾，并与这些人相约定：若受皇帝恩赏，从此须做真和尚，酬以白银万两；若皇帝不喜，仍然还俗，也能得数千两银子。[①]

前四次南巡，乾隆帝均奉皇太后出游，随行人员达2500多名，陆路用马5000余匹，四套骡马车400余辆，骆驼800余头，征调民工近万人。水路船只1000余艘，三艘御舟有拉纤河兵3600人，分作六班轮流拉纤。沿途所到之处，附近30里之内，地方文武官员朝服接驾，耆民老妇、绅士生监都要盛装排列、持香跪候。扬州、镇江、无锡、苏州等城市为迎接他的南巡所花费金钱不计其数。每到一地，乾隆还要对嫔妃、臣僚赏赐，少则每人赏银一二两，多则五六两，总计乾隆六次南巡，国帑开支2000万两之多，若加上其他开支，靡费几千万两。乾隆声称南巡目的是要"省方观俗"和"周察民隐"，实际上巡幸队伍所过之处，警戒官兵如虎似狼将百姓驱赶集中，皇帝很难了解到真实民情。史载，乾隆南巡过扬州时，当地办差官员于运河两岸支港汊河、桥头村口，各设卡兵禁止民船出入。御舟通过时，塘河两岸，左右打纤，称龙须纤，每纤道一里，设站兵3人，只许村镇民妇跪地观望，有的地方为安全起见，甚至严禁男子瞻迎。

乾隆一生中的巡游，以南巡路程远、时间长、耗费多，对老百姓骚扰最大。乾隆在其《南巡记》中曾告诫他的继承人，对南巡之事要慎重，扈从官兵须守法，地方大吏要奉公，"一有不如此，未可言南巡"。乾隆晚年退居太上皇，曾对军机章京吴熊光自我反省道："朕临御天下六十年，并无失德，惟六次南巡，劳民伤财，实为作无益害有益，将来皇帝如南巡，而汝不阻止，汝系朕特简之大臣，必无以对朕。"[②]后来，当嘉庆打算南巡时，已升任直隶总督的吴熊光便拿出乾隆的话来加以阻止，此后清帝遂再无南巡之事。乾隆帝六次南巡，崇尚奢华，好大喜功，铺张浪费，耗费了大量民脂民膏，其目的和作用与其祖皆不可同日而语，这也成为乾隆中叶国势渐衰的原因之一。

第四节　清前期社会矛盾与冲突

一　官场贪腐

清初，官场贪污之风盛行。顺治时，即有人指出："今贪官污吏遍天下，虽有参劾，不过十分之一。"[③]康熙后期，由于"从政为宽"，对官吏贪污行为过于宽容，吏治更加败

---

① （清）徐珂编：《清稗类钞》巡幸类《高宗南巡供应之盛》，中华书局1984年版，第341页。

② （清）梁章钜：《浪迹丛谈》卷三《吴槐江督部》，中华书局1981年版，第42页。

③ （清）林起龙：《严贪吏以肃官方疏》，（清）琴川居士辑：《皇清名臣奏议》卷七，都城国史馆琴川居士排字本。

坏。康熙时，苏州昆山人徐乾学三兄弟与高士奇合伙贪污财赋，时人有“万方玉帛归东海（徐乾学），四海金珠进澹人（高士奇）”之谣。康熙帝得知后，对徐氏兄弟仅“夺其官而已”，未予进一步追究严惩。对于苏州织造李煦等亲信贪赃枉法行为，康熙帝也采取纵容和包庇的态度。康熙四十九年（1710）五月，江苏布政使宜思恭因贪污、亏空库银46.4万两，被判处“绞监候”（死缓）。江苏巡抚于准因与宜思恭同城为官、对其这种不法行为有失察之责，也被革职。[①]

雍正即位后，鉴于康熙吏治弊端，加强吏治的整顿，要求各省督抚严厉稽查所属钱粮亏空，贪污之风有所收敛。从雍正元年（1723）开始，各省大规模清查钱粮亏空，许多贪官被揭发。江苏巡抚吴存礼、江苏布政使李世仁、江安粮道王舜、前江南粮道李玉堂等先后被查处。江苏是清政府财赋重地，同时钱粮亏空也十分严重，各种陋规繁多。雍正年间，鄂尔泰就任江苏布政使后，大力清查钱粮亏空。随着清查逐步深入，鄂尔泰从体制上发现亏空的原因，指出“上官需索下属，下属因剥削小民，至剥削之所入犹不足以供所出则动库帑”，由此造成钱粮亏空。鄂尔泰清查亏空案不查则已，越查越大。“江苏州县亏空案内，曾为赫寿、常鼐属官者五十余员，计算亏空银米不下百余万”，平均每个官员造成钱粮亏空达2万两。雍正三年（1725），张楷就任江苏巡抚，在江苏各地展开了更大规模的清查亏空行动。九月五日，张楷奏报：自康熙五十一年（1712）至雍正元年（1723），江苏全省只有萧县和赣榆县没有亏欠，泰州、砀山、仪真、江浦4州县亏欠只有数十两到数百两，而嘉定、长洲等47州县“尚有未完地丁等银共积欠至七百万两有零，未完漕项银共积欠至一百八十万两有零”[②]。

清代一些官吏利用向百姓征收耗羡和杂派进行贪污。官吏在征收钱粮时，于正赋之外所征收的一切附加税、手续费、杂费等，总称为耗羡（又称羡余），即赋税的盈余。耗羡名目繁多，鸦片战争前主要有：火耗、鼠雀耗、平余等。地方政府从农民手中收上来的散银要熔铸成50两重的大银锭上交国库，熔铸时发生的损耗即火耗。鼠雀耗是指粮食征收后在运输和保管过程中鼠吃、雀啄的损失。清政府允许地方官吏在征收钱粮时每两银子加征二三分，每石粮食多收几升，但有的地方官吏在征收时，每两银子常加至一钱以上，有的高达四五钱之多，百姓深受其害，州县官吏除把一部分耗羡据为己有外，还把另一部分馈送上司。“参谒上司，则备见面礼；凡遇时节，则备节礼。生辰喜庆，则备贺礼；题授、保荐，则备谢礼；升转、去任，则备别礼。以州县之大，分礼物之多寡；以馈送之厚薄，定官品之贤否。”[③]为了更好整顿吏治，改变官吏薪

---

① 牛创平、牛冀青编著：《清代一二品官员经济犯罪案件实录》，中国法制出版社2000年版，第18页。

② 中国第一历史档案馆：《雍正朝汉文朱批奏折汇编》第六册，江苏古籍出版社1989年版，第35页。

③ （清）林起龙：《严贪吏以肃官方疏》，（清）琴川居士辑：《皇清名臣奏议》卷七，都城国史馆琴川居士排字本。

俸过低体制，雍正下令实行耗羡归公和发放养廉银，希望以此培养官吏的廉洁之风，对于减少贪污起到一定作用。雍正惩治贪腐"实为千载一时，彼时居官，大法小廉，殆成风俗，贪冒之徒，莫不望风革面，时势然也"[①]。

乾隆帝即位后，在"宽猛互济"思想指导下，对各级官吏采取了较为温和政策，使贪官污吏有可乘之机，贪风日炽，"侵贪之员，比比皆是"[②]。乾隆十一年(1746)，江南河道总督白钟山被揭发贪污河工银数万两。白钟山非常诡诈，办案人员查封了他在北京的住宅，搜出白银加上房产合计不过几千两，罪名似乎不成立。乾隆指示此案负责者吉庆扩大线索，务须追回赃款，并限定日期，必须了结。吉庆将调查范围由北京扩大到安徽，结果查出"有淮北商人程致中收存白钟山银二万两。又程致中女婿汪绍衣在清江开当铺，收存白钟山银四万两。又商人程容德收存白钟山银二万两。又商人程迁益代存白钟山银二万两，代为生运"。仅在盐商手中就存有10万两之巨，白钟山的全部赃款被没收，因其有水利长技，被免一死，充治河工地劳役。[③]

乾隆后期，吏治的败坏到了不可收拾的地步。"未有吏不廉而民安者，未有民不安而天下能治者也。今天下之吏亦众矣，未闻有以安民为事者，而赋敛之横，刑罚之滥，朘民膏而殃民命者，天下皆是。"时人称："今之大吏，以苞苴之多寡，为课绩之重轻，而黜陟之典乱；今之小吏，以货贿之盈虚，决讼事之曲直，而刑赏之权乖。黜陟乱则国何以治，刑赏乖则民何所措。自古迄今未有官由赂得，政以贿成，而国犹不乱者也。"[④]

1. 辛卯科场舞弊案

康熙五十年(1711，辛卯年)八月，江南乡试在南京如期举行。九月九日发榜，人们惊异地发现中举者除13名苏州府人外，其余皆扬州盐商子弟。其中原籍句容的吴泌和原籍山阳(今淮安楚州区)的程光奎二人皆文理不通之人，出生于大盐商之家。一时舆论哗然，群情激奋。愤怒的南京学子把贡院门额上的"贡(貢)院"二字涂改成"卖(賣)完"。二十四日，苏州生员千余人集会玄妙观，推廪生丁尔戬为首，将财神像抬入府学，锁之于明伦堂，并争作诗词对联到处张贴。其中有一副对联最为绝妙："左丘明两眼无珠，赵子龙混身是胆。"上下联借喻讽刺正主考官左必蕃和副主考官赵晋。

康熙五十一年(1712)二月，江苏巡抚张伯行迅速将科场舞弊案奏报康熙帝，并参劾位高权重的两江总督噶礼在江南乡试科场中与江南副考官赵晋等暗中勾结，"揽卖

---

① (清)章学诚：《文史通义》卷五《内篇五·古文十弊》，文达图书供应社1935年版，王云五主编：《丛书集成初编》，商务印书馆1935年版，第154页。

② 《清高宗纯皇帝实录四》卷二八八，乾隆十二年四月戊辰条，中华书局1986年版，第760页。

③ 《清高宗纯皇帝实录四》卷二七〇，乾隆十一年七月己酉条，中华书局1986年版，第526页。

④ (清)刘蓉：《养晦堂文诗集》卷三《致某官书》，沈云龙主编：《近代中国史料丛刊》第一编第382册，台湾文海出版社1966年版，第157—161页。

举人”，索贿银 50 万两。[①] 噶礼反诬劾张伯行七宗罪，并坚决否认受贿行为。噶礼系清开国勋臣何和礼四世孙、康熙乳母之子，自幼与康熙情同手足。康熙帝得报后，下令在扬州两淮盐政院开设公堂审理此案。会审官员由两江总督噶礼、安徽巡抚梁世勋和江苏巡抚张伯行 3 人组成。此案先从审问吴泌、程光奎二人入手，两人招供：他俩拿出 600 两黄金，托前任安徽巡抚的家人李奇上下打点，其他一概不知。于是拘捕李奇到庭，李奇供认：他收到 600 两黄金后，亲手交给赵晋 300 两，另外 300 两请安徽泾县知县陈天立转送给两江总督噶礼大人。初审后，噶礼竭力掩盖案情，清廷先后 5 次换人会审，案情变得复杂化。康熙通过密奏和调查，了解了案情真相。康熙五十一年(1712)十月，康熙决定：副主考官赵晋和另外两个同考官处斩，吴泌、程光奎绞监候，噶礼、左必蕃被革职，张伯行留用，历时一年多的科场舞弊案总算画上句号。[②]

2. 两淮预提盐引案

清沿明制，对食盐实行官督商销的政策。由于官商勾结，盐政十分腐败，发生于乾隆三十三年(1768)的“两淮预提盐引案”被称为“乾隆朝三大贪污案之一”。

乾隆十一年(1746)，由于人口的不断增加，两淮盐商在行盐区的盐引定额不敷销售，要求清廷增加每年盐引的发放定额。时任两淮盐政的吉庆将两淮盐商的要求奏报朝廷，并提出了以“提引”办法来解决盐引不足的问题。所谓“提引”，即在当年盐引定额不足且无余引可提的情况下，每年预先提用下一年度盐引发给盐商领盐销售。乾隆同意了吉庆的“提引”办法，同时规定盐商除交纳“正供”盐税外，每引还须加收 3 两“预提盐引息银”。两淮盐商们在向吉庆行贿数万银两后，吉庆同意盐商们先支付部分息银，余额作欠交处理。继任的两淮盐政普福、高恒继续接受盐商们的贿赂，并允许他们欠交息银。

乾隆三十三年(1768)，尤拔世接任两淮盐政，因“风闻盐商积弊居奇”，便伺机要挟索贿，结果未能如愿。恼怒的尤拔世向乾隆帝奏称：“上年普福奏请预提戊子(乾隆三十三年)纲引，仍令各商每引缴银三两，以备公用，共缴贮运库银二十七万八千有奇。普福任内所办玉器古玩等项，共动支银八万五千余两，其余见存十九万余两，请交内府查收。”[③]乾隆见到奏报后，极为震惊，自乾隆十一年(1746)提引至今，累计 20 余年，私征银当在千万两以上，数额巨大，但历任两淮盐政并未向朝廷奏报此项收入，户部档案也无造报派用文册，显系两淮盐政私自支用，乾隆责成江苏巡抚彰宝和尤拔

① 《清圣祖皇仁帝实录四》卷二四九，康熙五十一年二月丁巳条，中华书局 1985 年版，第 467 页。

② (清)钱泳：《履园丛话》丛话一《旧闻·烧坯》，中华书局 1979 年版，第 23—24 页。按，康熙罚噶礼“修热河城工，以赎前愆”，康熙五十三年(1714)四月，噶礼因“懈于督办、进毒弑母”等罪，康熙帝令其自尽。

③ (清)徐珂辑：《清稗类钞》狱讼类上《两淮盐引案》，中华书局 1984 年版，第 1059 页。

世审查细察。

彰宝到扬州后，立即会同尤拔世清查扬州盐务衙门账册，查办预提盐引案的相关人员。不久，二人联名奏称："历年预行提引，商人交纳余息银两共有一千零九十余万两，均未归公。前任盐政高恒任内，查出收受商人所缴银至十三万两之多。普福任内，收受丁亥(乾隆三十二年)纲银，私行开销者又八万余两，其历次代购物件，借端开用者，尚未逐一查出。"[①]乾隆下令查抄普福、高恒、卢见曾等人家产。七月，彰宝等奏报："高恒、普福在两淮盐政任内，历年俱久。今查高恒家产，几值数十万，一应精粗什物俱存，且平昔费用奢侈，核其见存赀产，不甚相悬。……(盐运使)卢见曾令商人办买古玩，未给价银一万六千余两之多，可见其上下串通，分肥侵蚀。"[②]

经过4个月的审理，"原任两淮盐政高恒、普福侵蚀盐引余息，高恒收受银三万二千两，普福私销银一万八千八百余两，均应照例拟斩监候，秋后处决"[③]。"原任两淮盐运使卢见曾隐匿提引银两，私行营运寄顿，照例拟绞监候，秋后处决。"[④]卢见曾行刑前病死狱中。此外，一些因泄漏查抄卢见曾家产信息的官员也受到处分，他们是侍读学士纪昀，刑部郎中王昶、黄骏昌，内阁中书赵文哲、徐步云等。对于这类官官相护、事先通风报信的官员，乾隆给予了严厉惩处。纪昀被革职，发往乌鲁木齐效力赎罪。徐步云被革职，发往伊犁效力赎罪。王昶、赵文哲、黄骏昌均遭革职。卢见曾子卢谦因替父私下通讯联络，转移家产，革职谪戍军台效力。

"两淮预提盐引案"是乾隆朝官商勾结的一起贪腐大案，涉及几任两淮盐政及众多盐商，侵吞税银千万两之多，且连续舞弊长达20余年，形成一个贪腐的利益集团，它也是乾隆时期社会腐败的一个缩影。

3. 山阳赈灾案

嘉庆、道光时，官吏贪腐之风日炽。从督抚到属吏，无不贪赃枉法，榨取民脂民膏，甚至贪污灾民的救灾赈银，嘉庆十三年"山阳赈灾案"就是典型一例。

嘉庆十三年(1808)，黄、淮泛滥，淮安一带洪水成灾，清廷发放银两赈济灾民。山阳(今淮安楚州区)知县王伸汉乘赈济之机，虚报灾民人户，贪污赈灾银2.3万两。[⑤]不久，李毓昌等10人官员受两江总督铁保委派赴山阳县查赈。王伸汉担心贪腐败露，对前来查赈的官员大肆贿赂，除了李毓昌之外，其余查赈官员均接受了王伸汉的

---

① (清)徐珂辑:《清稗类钞》狱讼类上《两淮盐引案》，中华书局1984年版，第1059页。

② 《清高宗纯皇帝实录一〇》卷八一五，乾隆三十三年七月甲辰条，中华书局1986年版，第1022—1023页。

③ 《清高宗纯皇帝实录一〇》卷八一八，乾隆三十三年九月戊戌条，中华书局1986年版，第1102页。

④ 《清高宗纯皇帝实录一〇》卷八一七，乾隆三十三年八月乙酉条，中华书局1986年版，第1086页。

⑤ 同治《重修山阳县志》卷二一《杂记二》，《中国地方志集成》江苏府县志辑55，江苏古籍出版社1991年版，第303页。

贿赂，知情不举，只有李毓昌拒贿，且谢绝王伸汉为其安排的馆舍，独自住在善缘庵。

九月二十九日，李毓昌带领仆役李祥、顾祥、马连升 3 人亲赴灾区，入民宅查核领赈银两数目，登记造册，与原山阳县所报之放赈名册逐一核对，“历各乡，知浮开赈户无数，笔记之”。李毓昌掌握了王伸汉虚报户口、克扣赈银事实后，准备上报。李毓昌之仆李祥“最狡黠，得笔记，潜告其友包祥，包为山阳令王伸汉之仆，遂告伸汉。伸汉惧，因李祥以贿毓昌，绝之，伸汉益惧，召李祥，授以谋，使鸩之”。王伸汉派包祥将李毓昌的三个仆人李祥、顾祥、马连升买通，应允事成之后酬以白银 500 两。

十一月七日，王伸汉以查赈事竣饯行为名邀李毓昌等前往县衙赴宴，李毓昌对王伸汉虽十分厌恶，但碍于情面，还是赴宴。席间，王伸汉心怀鬼胎，假意殷勤劝酒，致使李毓昌带醉而归。当夜，李毓昌酒醒，“渴而索茗，李祥进一瓯，嗅之知有异，不饮，乃强灌之，遂仆地，少选，七窍流血，死矣。李祥乃与顾祥、马连升同举其尸，悬之于梁，以主人自缢奔至县衙请验，伸汉至，赠棺殓之”。事后，王伸汉从李毓昌衣物中搜出揭发其贪污行径的禀帖，以银 4000 两贿赂淮安知府王毂，最后以自缢身亡定案，令其亲属迎柩回里发丧。

嘉庆十四年（1809）春，李毓昌妻林氏在检点丈夫遗物时，发现带有污血的衣服及禀帖残稿一页，稿中有“山阳冒赈，以利啖毓昌，毓昌不敢受，恐上负天子”等语，遂对毓昌之死因产生怀疑。李毓昌之叔李泰清亲赴北京都察院告状，清廷令山东巡抚吉纶开棺验尸，发现死者有明显中毒迹象。吉纶奉旨将所有嫌疑犯押送北京刑部讯问，冤案得以昭雪。七月十六日，清廷将谋杀李毓昌之主犯王伸汉、王毂、包祥、李祥、顾祥、马连升等处决；两江总督铁保、同知林永升被革职戍乌鲁木齐；江苏巡抚汪日章，江宁藩司杨护、苏州臬司胡克家均革职，留河工效力。此外，与此案牵连的其他官吏也受到不同程度的惩处。嘉庆帝感念李毓昌之忠，“御制《悯忠诗》三十韵，勒石墓表以旌之”①。

4. “阿财神”——阿克当阿

嘉庆、道光年间，满族显贵阿克当阿（1770—1840）曾任淮关监督和两淮盐政十余年，搜刮的民脂民膏不计其数，阔绰无比，人称“阿财神”。“过客之酬应，至少无减五百金者，交游遍天下。……阿之书籍字画三十万金，金玉珠玩二、三十万金，花卉食器几案近十万，衣裘车马更多于二十万，僮仆以百计，幕友以数十计。每食必方丈。除国忌外，鲜不演剧。即其鼻烟壶一种，不下二三百枚。无百金以内物，纷红骇绿，美不胜收。真琪南朝珠，用碧犀翡翠为配件者一卦，必三五千金。其腻软如泥，润不留手，

① （清）徐珂辑：《清稗类钞》诉讼类上《李毓昌被鸩案》，中华书局 1984 年版，第 1085 页。

香闻半里外，如带钩珮玉则更多矣。司书籍之仆八人，随时装潢补订又另有人。宋元团扇多至三千余，一扇值四五两，乃于数万中挑选而留之者。……饮馔中他不具论，四月中鲥鱼上市，必派数小艇张网于焦山急流中，上置薪釜，一得鱼即投入釜中。双桨驰归，到平山则其味正熟，与亲在焦山食者无异。其豪侈皆此类，亦彼时之风会也。”①

二 土地兼并

在封建社会，土地是财富的象征，官僚、地主、商人通过各种手段不断扩大地产，清前期，江苏各地土地买卖频繁，田地呈现出集中趋势。特别是雍正、乾隆以后，土地日辟，人口增加，粮价上涨，土地的价值越来越为人们所重视，“凡置产业，自当以田地为上，市廛次之，典与铺又次之”②。清初，随着社会安定，地价也不断上涨，无锡一带“前明中叶，田价甚昂，每亩值五十余两至百两，然亦视其田之肥瘠。崇祯末年，盗贼四起，年谷屡荒，咸以无田为幸，每亩只值一二两，或田之稍下，送人亦无有受诺者。至本朝顺治初年，良田不过二三两。康熙年间，长至四五两不等。雍正间，仍复顺治初价值。至乾隆初年，田价渐长……亦不过七八两，上者十余两。今阅五十年，竟亦长至五十余两矣”③。

清人叶梦珠在《阅世编》中也记述了明末清初江南赋役改革与地价、地权变化的关系。明末崇祯时，江南“每亩值价十余两，上海田美者，每亩值价三四五两，缙绅富室最多不过数千亩，无贱价之田，亦无盈万之产也。顺治初，米价腾涌，人争置争，已卖之业，加赎争讼；连界之田，挽谋构隙。因而破家者有之，因而起家者亦有之。……田产之贵，至此极矣”。康熙初年，随着米价渐平、田赋日重，江南田价也渐减。“至康熙元、二、三年间，石米价至五六钱，而差役四出，一签赋长，立刻破家；里中小户，有田三亩五亩者，役及毫厘，中人之产，化为乌有。狡书贪吏，朋比作奸，图蠹虎差，追呼络绎，视南亩如畏途，相率以有田为戒矣。往往空书契券，求送缙绅，力拒坚却，并归大户，若将浼焉，不得已委而去之，逃避他乡者。中产不值一文，最美之业，每亩所值，不过三钱五钱而已。自均田、均赋之法行，而民心稍定。然而谷贱伤农，流离初复，无暇问产。于是有心计之家，乘机广收，遂有一户而田连数万亩；次则三四五万至一二万者，亦田产之一变也。是时，数年之间，丰歉不一，米价亦不大昂，然赋役大非昔比，故

---

① 李秉新等校勘：《清朝野史大观》卷六《阿财神》，河北人民出版社 1997 年版，第 733 页。

② （清）钱泳：《履园丛话》丛话七《臆论·产业》，中华书局 1979 年版，第 187 页。

③ （清）钱泳：《履园丛话》丛话一《旧闻·田价》，中华书局 1979 年版，第 27 页。

惟多田者多藏。”①

康熙时期，江南“小民有田者少，佃户居多”②。缙绅地主是指占有田地的现任或致仕的文武官员，他们往往凭借权势，横行乡里，强买民田，聚敛财富。康熙时，昆山徐乾学家族即是缙绅地主作恶乡里的典型代表。徐乾学，康熙九年（1670）一甲第三名进士，历任编修、侍讲学士、《明史》总裁官、礼部侍郎、刑部尚书等职。其弟徐元文，顺治十六年（1659）状元，先后任修撰、内阁学士、翰林院掌院学士、左都御史、刑部尚书、户部尚书和大学士等职。另一弟徐秉义，康熙十二年（1673）一甲第三名进士，历任侍读、礼部侍郎、户部侍郎等职。徐乾学兄弟三人“长于文章”，“学问淹博”，为康熙帝所器重，因而恃宠为恶，纵子侄横行乡里，占夺田产，谋害人命。③ 徐氏兄弟“买慕天颜无锡田一万顷……苏州、太仓、昆山、吴县、长洲、常熟、吴江等州县，俱系徐府房屋田地”④。苏州平西王吴三桂的女婿王永康强占了苏州的拙政园，又“买田三千亩”，“三桂败事，永康先死，家产入官”⑤。

乾隆年间，曾为翰林的苏州吴县人范芝岩辞职还乡后，在 30 年的时间里先后“增置良田一千八百余亩，市廛百余所，每岁可息万金。……而子孙之穷困者，例给钱米，一切丧葬助恤、考试之费俱倍加。自此义庄又复振兴，皆先生力也”⑥。道光时，江阴县农家“贫富之相去，不可倍蓰，贫民之食于富民者十室而九”⑦。“农之家十居八九，农无田而佃于人者十居五六，农人自食其力，岁收丰歉一家盈绌系焉。故三时耕作，不敢不勤。”⑧

长江以北苏北各县，地权也日益集中于富人手中。康熙时，淮安府清河县（今淮安市淮阴区）“民无恒产而轻去其乡”，“有田者率不耕，而代耕于海沭一带之流民”⑨。安东县（今淮安市涟水县）“富者膏腴连于阡陌，贫者耕作穷于称贷”⑩。“区方百里以

---

① （清）叶梦珠：《阅世编》卷一《田产一》，上海古籍出版社 1981 年，第 22—23 页。

② 《清圣祖仁皇帝实录三》卷二三〇，康熙四十六年七月戊寅条，中华书局 1985 年版，第 303 页。

③ 《沈悫再擦伤作秉义等谋占田房逼死人命状》，中国第一历史档案馆编：《清代档案史料丛编》（第五辑），中华书局 1980 年版，第 19—20 页。

④ （清）王先谦：《东华录》卷四四，康熙二十八年十月癸未条，《续修四库全书》第 370 册，上海古籍出版社 2006 年版，第 235 页。

⑤ （清）钱泳：《履园丛话》丛话一《旧闻・王永康》，中华书局 1979 年版，第 11 页。

⑥ （清）钱泳：《履园丛话》丛话六《耆旧・芝岩太史》，中华书局 1979 年版，第 156 页。

⑦ （清）李兆洛：《养一斋文集》卷一六《赓飏祝君家传》，《续修四库全书》第 1495 册，上海古籍出版社 2006 年版，第 265 页。

⑧ 道光《江阴县志》卷九《风俗・四民》，《中国方志丛书》华中地方第 456 号，台湾成文出版社 1983 年版，第 832 页。

⑨ 康熙《清河县志》卷二《地亩》，康熙十二年（1673）刻本。

⑩ 康熙《安东县志》卷一《舆地志》，康熙三十七年（1698）刻本。

为县,户不下万余……其十之一,则坐拥一县之田”[①]。乾隆时,扬州府如皋县一带曾流传童谣:“乾隆钱,万万年,先买瓦房后买田。”[②]这首童谣生动地反映了当时江苏官僚地主和富商巨贾对土地的追逐和贪婪。

商人是土地买卖的积极参与者,有的商人“半耕半商”,手里集中了大片田地。乾隆五年(1740)四月,胡定土奏称:“近日富商巨贾,挟其重赀,多买田地,或数十顷,或数百顷。农夫为之赁耕,每岁所入盈千万石,陈陈相因,粟有红配者矣。”[③]乾隆、嘉庆年间,无锡商人王锡昌买田 3000 亩。[④] 无锡商人薛某以当铺和贩运粮食起家,先后买田 4 万亩,收租两三万石。[⑤] 流寓淮安清河的徽州盐商“招贩鱼盐,获利甚厚,多置田宅,以长子孙”[⑥]。清前期,江苏长江南北出现了不少拥有上万亩土地的大地主,但规模较小的地方数量更多。常州府“大抵豪家巨族,田连阡陌,盈千累万”[⑦]。海州(今连云港)地主孟思鉴通过购买,占有田地 5000 余亩。[⑧]

清前期,土地买卖频繁,许多人通过购买土地成为地主。每当灾荒时,许多农民被迫廉价出卖他们的土地,一些地主商人乘机通过各种手段占有农民的田地。江苏武进县时有“千年田,八百主”之谚。乾隆时无锡人钱泳说:“俗语云:‘百年田地转三家。’言百年之内,兴废无常,必有转售其田至于三家也。今则不然,农民日惰,而田地日荒,十年之间,已易数主。”[⑨]据苏州博物馆收藏的清代沈氏《世楷置产簿》记载,自顺治十六年(1659)至道光三年(1823)的 165 年间,吴江县沈氏家族共购置各类田地 3000 余亩。其中,嘉庆十八年(1813)至道光三年(1823)的 11 年间是沈氏购买土地的高峰期,共购进土地 1300 多亩,平均每年购买土地 119 亩。沈氏购地以小块为主,11 年中买地达 186 次,平均每次买地 7.07 亩,小块土地买卖是清代地权转变的特点。[⑩]

---

① (清)盛枫:《江北均丁说》,(清)贺长龄辑:《皇朝经世文编》卷三〇《户政五·赋役二》,沈云龙主编:《近代中国史料丛刊》第一编第 731 册,台湾文海出版社有限公司 1966 年版,第 1086 页。

② 嘉庆《东台县志》卷七《考二·祥异》,《中国方志丛书》华中地方第 27 号,台湾成文出版有限公司 1970 年版,第 334 页。

③ 中国社会科学院经济研究所藏:清代户部档案抄件。转引自《李文治集·论清代前期的土地占有关系》,中国社会科学院 2000 年版,第 218 页。

④ (清)齐学裘:《见闻随笔》卷一六《侠丐报德》,《续修四库全书》第 1181 册,上海古籍出版社 2006 年版,第 281 页。

⑤ 余霖:《江南农村衰落的一个缩影》,《新创造》第 2 卷,1932 年 7 月第 12 期。余霖为薛暮桥笔名,薛暮桥(1904—2005),江苏无锡人,当代著名的马克思主义经济理论家。

⑥ 康熙《清河县志》卷一《镇集》,康熙十二年(1673)刻本。

⑦ (清)李兆洛:《养一斋文集》卷一一《薛氏义庄记》,《续修四库全书》第 1495 册,上海古籍出版社 2006 年版,第 166 页。

⑧ 李文治:《中国近代农业史资料》第一辑(1840—1911),生活·读书·新知三联书店 1957 年版,第 68 页。

⑨ (清)钱泳:《履园丛话》丛话四《水学·协济》,中华书局 1979 年版,第 110 页。

⑩ 洪焕椿编:《明清苏州农村经济资料》,江苏古籍出版社 1988 年版,第 90—144 页。

清代前期，庶民地主占有相当大的比例，他们个人对佃农"超经济强制力量"毕竟有限，因而佃户欠租、抗租现象时有发生。

三　抗租和罢工

清前期，随着吏治腐败和土地的不断集中，社会矛盾日益尖锐，普通百姓以各种方式反抗权贵的压迫以维护自身权益。

1. 农民抗租

由于土地兼并，大量土地集中到少数人手中，许多农民失去了土地，成为少地或无地佃种他人田地的佃农。佃农租种地主土地，须向地主交纳地租，各地地租率不一。清前期，地租形态与土地占有关系及租佃关系紧密，分成租制、额租制、混合租制、劳役租和货币租交错并存。总体而言，清前期地租由分成租制向定额租制演变，由劳役地租向实物地租和货币租发展，但江苏省各地仍以实物分成制为主要地租形态。

实物分成租，就是佃户按当年生产粮食产量的一个固定比例数向地主交纳地租。乾隆年间，孙嘉淦奏称："江南业主自有租额，其牛具、籽种皆佃户自备，而业主坐收其租。"[①]上元等26州、厅、县、卫，系"业户出田"，并"出种子、庄房，佃出牛力、人工，岁收租子，各半均分"[②]。康、乾时，南京一带"上田十亩，一夫率家众力耕，丰年获稻不过三十余石，主人得半"[③]。

苏北地区，地主坐拥土地，地租"分其什五"[④]，淮安府的盐城、清河、桃源、安东、山阳、阜阳6县和扬州府高邮、仪征、兴化、东台4州县，徐州府的铜山、沛县、丰县、邳州、宿迁、睢宁等8县，海州的赣榆县，佃农与地方"各半均分"。淮安有的地方，地主得收成的三分之二为租，而佃农仅得三分一。[⑤]

清前期，预租制得到迅速发展，预租是征收货币地租的一种形式。地主不仅征收现租、索要预租，还经常以各种借口迫使佃户退出田地，另行招佃，或雇人耕种。清前期，业主起田退佃现象相当普遍，许多佃户因地主增租夺佃、撤地另佃，导致家破人

---

① （清）孙嘉淦：《孙文定公奏疏》卷八《蠲免事宜疏》，《四库未收书辑刊》第1辑22册，北京出版社2000年版，第347页。

② （清）李程儒辑：《江苏山阳县收租全案》，中国社会科学院历史研究所清史研究室编：《清史资料》（第二辑），中华书局1981年版，第1—32页。

③ （清）方苞：《方苞集》卷一七《家训》，上海古籍出版社1983年版，第484页。

④ （清）盛枫：《江北均丁说》，（清）陆耀：《切问斋文钞》卷一五，乾隆四十年（1775）刊本。

⑤ （清）李程儒辑：《江苏山阳县收租全案》，中国社会科学院历史研究所清史研究室编：《清史资料》第二辑，中华书局1981年版，第1—32页。

亡。乾隆年间，江苏宜兴袁天禄因贫困将祖传平田二亩抵卖黄瑞华本银十两，沦为佃户，“言明每年付银二两四钱，以作租子”，后因欠租，业主禀官追证，袁天禄17岁独子袁小大被业主殴伤致死。[①]

江南一些地主收租所用量器混乱，有的借用量器盘剥佃户。乾隆四年(1739)八月，两江总督那苏图奏称：“查两江各属业户收租，大抵皆本色，有用斛、用秤之分，其收租用戥者甚少。所用租斛、租秤、租戥，皆就各城乡镇集，相沿行使之斗斛秤戥置用。其行使之戥，江北多用库法，较库平为尤重；江南之戥则合库法止九七八不等。即如江宁市戥，每两较库法轻二分，乃九八平色也。各处米粮行户所用斛戥，亦俱如此。”[②]

清前期，农民抗租有多种原因：有因发生水旱灾害，无力交纳地租；有的因清廷蠲免田赋，地主不向政府交粮，佃农也要求相应减少地租；有的是为了维护租佃权，反对地主夺田另佃；有的是为了反抗地主收租时“大斗收进”的剥削。江南苏州府长洲、元和、吴县三县“尤为繁剧之区，佃欠课租，业户追呼罔应，往往控官押缴，动辄至数十名及数百名之多，其中逞刁抗玩者固不乏人，而贫苦无力者谅亦不少”[③]。康熙时，苏州一带“乡曲佃民，无不醵金演戏，诅盟歃结，以抗田主者。虽屡蒙各宪晓谕而略不知惧，间有一二良佃，愿输租者，则众且群起而攻之，甚至沉其舟，散其米，毁其屋，盖比比然也，不但已也。数日以来，殴辱田主者，成在见告矣，其鸱张跋扈至于此，岂非不靖之象哉？……时苏、松、常三郡佃户，莫不猖狂自恣。……而诸绅士有田业者，皆恐犯众怒，不敢发言，刁风之可畏如此。”[④]乾隆十年(1745)七月二十九日，江苏巡抚陈大受在给乾隆帝的奏疏中称：“吴中佃户抗租，久成锢习，况业户现邀恩免，顽佃尤得藉词赖租。”[⑤]

道光时，江阴县一些佃农常以灾荒为由拒交地租，被当地业主斥为“霸租”。“惰游者尚鲜，其佃于人者视年上下按额偿租，是为良佃，若奸佃则或一田两卖，谓之‘楼卖’；欠租不偿将田转権而私收其值，谓之‘盗権’；秋成稍歉，强悍者倡首抗欠，群相效尤，谓之‘霸租’。复有以糠粃、土块搀和米、麦搪交，甚至用水潮湿，辄至霉烂，尤为

---

① 第一历史档案馆藏、中国社会科学院历史研究所合编：《清代地租剥削形态》，中华书局1982年版，第310—311页。

② 中国人民大学清史研究所、档案系中国政治制度史教研室合编：《康雍乾时期城乡人民反抗斗争资料》(上册)，中华书局1979年版，第10—11页。

③ (清)裕谦：《裕靖节公遗书》卷四《饬晳释欠租贫佃檄》，沈云龙主编：《近代中国史料丛刊》一编第43辑第423册，台湾文海出版社，第434页。

④ (清)黄中坚：《蓄斋集》卷四《征租议》，《四库未收书辑刊》第8辑27册，北京出版社2000年版，第141页。

⑤ 《清高宗纯皇帝实录》卷二四五，乾隆十年七月己亥条，中华书局1985年版，第169页。

恶习。”[①]

清前期，江苏各地佃民与地主间因欠租、退佃而引发的刑事凶杀案件经常发生。乾隆十五年（1750），江苏如皋县周祥如“礼银四两四钱租种李直章田亩，立有租约。周祥如欠租银三两二钱无还，李直章令其退田，礼银既不退还，仍向逼讨欠租。讵周祥如以止种一年，即被退佃，又不退还礼银，无力另佃别田，无以为生，反被逼索欠租，心怀愤恨，辄起杀机。于乾隆十六年闰五月初六日午间，将刀藏于袖内，前至李直章门首。见李直章族兄李士朝在场晒麦，询知李直章在楼上看书。周祥如随至楼上。李直章复向索租，周祥如遂持刀连戳李直章心坎两下，李直章立起声喊，周祥如又连戳其左乳下三刀，并右肋肚腹。李直章跑至楼门，周祥如又戳其右后肋，滚落楼下，立时殒命”。周祥如后被“依谋杀人造意者斩监候律，应拟斩监候，秋后处决，照例刺字”[②]。

对于佃户抗租行为，清政府要求各级地方官府积极帮助地主追讨地租，严厉镇压暴力抗租，从重惩办为首者。道光时，苏州元和唯亭一带，“凡有佃欠，一概禀追，甚至班房人满，大链锁贯，且有收自新”[③]。道光十四（1834），昆山县官的碑刻抗租禁约承认：“查禁乡间之茶馆赌场、花鼓戏，以除害农之源，乃日见城厢内外之抗租枷示者，相望于途。”[④]

康熙四十六年（1707），江南大旱，无锡县“乡民倡议……租米不还籽粒。时邑绅秦某言于县，力禁止之。乡民有过胡子者，率众至秦氏，毁坏门垣，汹汹不可禁。事后捕过置于狱，拷掠备至，几两月而得出，足胫已折矣。……有惜过而义之者，为作传奇，名《闹芙蓉》”[⑤]。康雍年间，无锡“李令枚，残酷性成，草菅人命，多以非刑至死者，而催科尤酷。……当五六月间，田事方殷，他邑犹稍缓敲扑，独李令容差役，出如虎狼，骚扰乡村。村民为追呼所迫，胡埭山中啸聚数百人，几至大乱。至冬月漕务兴，停征钱粮，始渐散。时官势如火烈，人莫敢撄，有刘人上者，人号五牧刘三，独挺身列其残酷杀人数十款。……李令怒甚，合全班民壮捕役下乡擒拿。刘三纠众抗拒，船毁役伤，刘亦逃匿，李四面设网，竟搜得之。刘自知必死，讯时辞色侃侃，历数其恶，备受极

---

① 道光《江阴县志》卷九《风俗·四民》，《中国方志丛书》华中地方第456号，台湾成文出版社有限公司1983年版，第832页。

② 中国人民大学清史研究所、档案系中国政治制度史教研室合编：《康雍乾时期城乡人民反抗斗争资料》（上册），中华书局1979年版，第34页。

③ 道光《元和唯亭志》卷二〇《杂记》，方志出版社2001年版，第266页。

④ 《昆山县奉宪永禁顽佃积弊碑》，江苏省博物馆编：《江苏省明清以来碑刻资料选集》，生活·读书·新知三联书店1959年版，第437页。

⑤ （清）黄印：《锡金识小录》卷四《司牧·祈雨》，《中国方志丛书》华中地方第426号，台湾成文出版社1983年版，第217页。

刑，终不委靡乞哀，下于狱，瘐死狱中”①。

乾隆三年(1738)，江阴县旱灾，一些佃户“违禁造揭，刊刻木榜，畝党倡阻”，县府立即“廉访确实，拘提各沙圩保长，根究首事奸徒，大法重处，并着圩保赍示捐牌，遍谕输还，刁风稍戢”。乾隆七年(1742)，江阴佃农抗租斗争再起，“各业具禀吞租，纷纷不绝”。三月，江阴知县吴震除委地保查催外，又出告示严禁，威胁说：“经此番晓示之后，倘有抗欠新租，致业主具控者，定当立拿枷责，游示各乡，仍押吐退，另行招佃。”②乾隆二十四年(1759)，苏州府、松江府、常州府州县“因生虫遇风，以致损伤田禾”，“无良之辈，借名报灾，观望延挨，不肯完租，将所收米谷藏匿质当。更有奸徒倡为不还租之说，把持纠约，不许还租”。江苏巡抚陈弘谋告示：“凡有控告抗租者，地方官就近速准审追。各图里内，如有无赖之徒自称呈头、催甲，倡为不还租之说，纠约刁佃不必还租，把持良佃不许还租者，地方官立即拿究，尽法惩处。逞强不服者，一面查拿，一面通详，从重治罪，并究主唆之人，不得含糊宽纵。”③

清代，在一些农村地区的土地租佃过程中，有的土地占有被分为“田底”(土地所有权)与“田面”(土地使用权)，形成所谓“一田二主”现象。在地权流通过程中，田底权和田面权的流通并行不悖，有时田面的价格甚至超过了田底的价格，一些佃农取得了田面权后，“私相授受”，以致业户“不能自主”。乾隆五十三年(1788)，为保护地主收租权利，苏州府长洲、元和等县地主在地方政府的支持下订立了《抗租禁约》，并颁布了“江南征租规条”，规定：每亩田面价格“概以一年租额为限，倘佃户逞刁抗欠一年，全不破白者，许业户将田收回另佃，即照田面之价抵偿所欠之租”，不许佃户“欠租霸产”；“业户遇有抗租顽佃，应行退田”，“霸种不退者”，由官强令吐退；不许佃户私相买卖转移田面，违者“许业主一并呈官治罪”；退田之佃“平素欺侮业户、抗欠数多者，许业户退田之后，仍将欠数据实呈明，官为比追”④。

道光七年(1827)闰五月，淮安府山阳县针对佃农以多种方式抗租、逃租的现象，为“严禁恶佃架命抬诈，霸田抗租，以严国法，以安民业事”，竖立了“山阳县严禁恶佃架命抬诈霸田抗租碑”。碑中列举佃农种种抗租和“不法行为”，宣称：“嗣后倘有不法

① (清)黄印：《锡金识小录》卷四《司牧·苛虐》，《中国方志丛书》华中地方第426号，台湾成文出版社1983年版，第215页。

② (清)吴震：《澄江治绩续编》卷二《严禁顽佃抗租告示》。中国人民大学清史研究所、档案系中国政治制度史教研室合编：《康雍乾时期城乡人民反抗斗争资料》(上册)，中华书局1979年版，28—29页。

③ (清)陈宏谋：《培远堂偶存稿·文檄》卷四五《业佃公平收租示》。中国人民大学清史研究所、档案系中国政治制度史教研室合编：《康雍乾时期城乡人民反抗斗争资料》(上册)，中华书局1979年版，第41页。

④ (清)李程儒：《江苏山阳收租全案》，中国社会科学院历史研究所清史研究室编：《清史资料》(第二辑)，中华书局1981年版，第31页。

佃户，仍蹈前辙，一经业户呈控，定即严拿，照依详规条，从重惩办，按律治罪，决不宽贷，尔等农佃慎勿以身试法。”①

在灾荒冬春之际，一些农民生活无着落，常以暴力手段抢夺富家钱粮。嘉庆九年(1804)五月，苏州地区大雨20余日，“田俱不能插莳。忽于六月初一日，乡民结党成群，抢夺富家仓粟及衣箱物件之类。九邑同日而起，抢至初六日。不知其故，共计一千七百五十七案。真异事也。其时抚军汪公稼门仅杀余长春一人，草草完结”②。

2. 工匠罢工

明清时期，苏州是全国工商业最繁荣的城市，也是手工业工匠的“叫歇”(罢工)斗争最为激烈的城市之一。清代，苏州作为江苏藩司驻地，又有府署和三县衙(长洲、元和、吴)驻地，官役众多，商业、手工业繁荣，吸引了全国各地工商业主和打工者。清前期，苏州手工业工匠为增加工资和反对作坊主解雇工人的“齐行叫歇”斗争频繁，并由踹匠扩展到丝织机匠、纸坊工匠、烛业工人等行业。

踹匠叫歇。明代染坊、踹坊多集中在松江，清代康熙年间转移至苏州，“染坊踹布工匠俱系江宁、太平、宁国人民，在苏俱无家室，总计约有二万余人”③。苏州棉布商人不但向织户大量收购棉布，而且垄断了染坊和踹坊等棉布加工业，直接控制作头(作坊主)和踹匠，商业资本逐步转化为产业资本。有清一代，苏州踹匠罢工反抗斗争不断。

康熙九年(1670)六月，因灾荒米价昂贵，苏州踹坊工匠窦桂甫“传单约会众匠停踹，索添工银”。工匠徐胜之与店主程美小等相争，“亦挟窦桂甫之势，勒美唱戏讲和”。苏州地方政府对罢工踹匠进行镇压，窦桂甫等被驱逐出境，并勒石立碑规定：“嗣后一切踹工人等，应听作头稽查，作头应听商家约束。”④康熙三十一年(1692)，苏州踹匠罗贵、张尔惠等“煽惑齐行增价，以致聚众殴抢，复毁官示”。“聚众齐行，威胁罢市”，“倡议加价”。清政府地方当局出面干预，踹匠被枷责，罗贵等人逃走。结案后，76家布商将官府命令刻立石碑，踹布工价仍定每匹一分一厘，“永遵成例，毋容增减”，“别有不法棍徒，效尤作奸，亦即指名呈报，立拿解宪，大法惩处施行，断不轻

① 《山阳县严禁恶佃架命抬诈霸田抗租碑》，江苏省博物馆编：《江苏省明清以来碑刻资料选集》，生活·读书·新知三联书店1959年版，第434—436页。

② (清)钱泳：《履园丛话》丛话十四《祥异·抢米》，中华书局1979年版，第380页。

③ 张书才主编：《雍正朝朱批奏折汇编》171《苏州织造胡凤翚奏闻地方吏治民情折》(雍正元年四月初五日)，江苏古籍出版社1989年版，第216页。

④ 《苏州府为核定踹匠工价严禁恃强生事碑》，苏州历史博物馆等编：《明清苏州工商业碑刻集》，江苏人民出版社1981年版，第54页。

宥"[1]。康熙三十九年(1700)四月,由于包头克扣工钱,"流棍之令一出,千百踹匠景从,成群结队,抄打竟无虚日。以致包头畏避,各坊束手,莫敢有动工开踹者。变乱之势,比诸昔年尤甚。商民受害将一载"。苏州官府发布文告,严禁踹匠在西山庙、半塘寺、西园禅院、菩提场、乡山庙等处"聚众倡乱"。为了将罢工等"变乱"消灭在萌芽中,苏州地方政府在手工作坊中实行"包头编甲",每一作坊选"老成者充任坊长",实行九家连坐法,"一家有事,九家连坐";设循环簿,"着令登填何籍贯,何人保引,何日进坊,何日出坊,分例旧管、新收、开除三项。每逢朔望,必与坊长倒换"。不许踹匠夜行,坊长、甲长、包头对踹匠进行人身管制,踹匠"日则做工,夜则关闭在坊"[2]。康熙五十四年(1715),苏州踹匠邢春林、王德、张先进等人要求增加工价,倡议建立踹匠会馆,官府将邢春林等人"各拟重杖","递回原籍"[3]。康熙五十九年(1720),《长洲吴县踹匠条约碑》规定:"踹匠五人连环互保,取结册报。一人犯事,四人同罪,日则做工,夜则关闭在坊,如有拐布盗逃、赌博、行奸斗殴、聚众插(歃)盟、停工科敛、闲闯花鼓、纠众不法者,坊长报明包头,会同甲长,填簿交坊总,申明拿究。如有徇隐发觉,互结保人,本坊坊长一体同罪。"[4]尽管政府加强了管制,但踹匠的斗争仍很活跃。雍正元年(1723),踹匠栾晋公、徐乐也纠集拜把,密谋放火劫库,夺船下海,因事泄未成。雍正六年(1728),栾晋公侄儿栾尔集再次准备罢工,约集20余人,拜把结盟,祀神饮酒,羞辱包头钱裕远,遭到清政府的镇压。[5] 为防止踹匠闹事,雍正九年(1731),在踹匠中编立保甲,与原设坊总互相稽查。至乾隆年间,物价上涨,踹匠屡次要求增加工钱,至乾隆四十四年(1779),才争得"每布一匹给发工价,连薪菜米加等,总计银一分三厘"[6]。

丝织机匠叫歇。雍正十二年(1734),苏州长洲、元和两县被丝织机户解雇的工匠联合"倡为帮行名色,挟众叫歇,勒加银,使机户停织,机匠废业"。在机户何君衡等要求下,苏州地方当局出面干预,并在长洲县府立碑"永禁叫歇碑",要求机匠"各安其

---

① 《苏州府为永禁踹匠齐行增价碑》,苏州历史博物馆等编:《明清苏州工商业碑刻集》,江苏人民出版社1981年版,第56页。

② 《苏州府约束踹匠碑》,苏州历史博物馆等编:《明清苏州工商业碑刻集》,江苏人民出版社1981年版,第63—64页。

③ 《长吴二县禁立踹匠会馆碑》,苏州历史博物馆等编:《明清苏州工商业碑刻集》,江苏人民出版社1981年版,第66页。

④ 《长洲吴县踹匠条约碑》,苏州历史博物馆等编:《明清苏州工商业碑刻集》,江苏人民出版社1981年版,第68—69页。

⑤ 中国人民大学清史研究所、档案系中国政治制度史教研室合编:《康雍乾时期城乡人民反抗斗争资料》(下册),中华书局1979年版,第528—529页。

⑥ 《苏州府规定踹匠每布一匹工价连薪菜米加等计银一分三厘碑记》,江苏省博物馆编:《江苏省明清以来碑刻资料选集》,生活·读书·新知三联书店1959年版,第49页。

业，毋得聚众叫歇误工，致干照把持行市律究处，枷号示众”①。道光二年(1822)，机户金新甫等26家控告机匠王南观等人借“欲减轻洋价，会聚多人，向轮年机户李升茂庄上滋闹”。有的工匠“勒加工价。稍不遂欲，即以停工为挟制，以侵蚀为利薮。甚将付织经纬，私行当押；织下纱匹，卖钱侵用。稍向理论，即倡众歇诈，另投别户”②。

清雍正苏州府长洲县永禁机匠叫歇碑

纸匠罢工。乾隆二十一年(1756)，作坊主潘永丰、许万源、王同顺、杨茂盛等克扣纸匠工价。纸匠张圣明、戴象坤、徐玉林等反对坊主折扣平色，“纠众停工”③。

蜡烛工匠罢工。道光五年(1825)，蜡烛工匠蒋淋云等要求增加工资，“散发传单，勒令各匠停工毁物”。道光六年(1826)，蜡烛工匠邵贤昭、林士昌、冯文锡等要求增加工资，“将浇烛各伙，拉出结党，霸停工作”④。

金箔工匠罢工。道光十七年(1837)，捶造金箔工匠陈绍堂、陈阿玉等要求增加工资，“霸众停工”。

清前期苏州工匠的罢工斗争主要是要求增加工资，反对作坊主克扣工钱、解雇工匠等。每当工匠罢工时，工商业主往往依靠地方官府的支持，以暴力镇压工匠们罢工斗争，工匠们的罢工多数以失败而告终。

3. 抗税抗官

雍正十三年(1735)九月，江苏浒墅关在金匮县设立南角、黄庄、羊尖等5处税口，江阴县夏寿等人拆毁水栅房屋，焚烧巡船，打伤巡役，抢走行李。⑤ 乾隆元年(1736)三月，江苏镇江盐贩不服巡查，将盐弃水，殴打捕役，又群赴商店索赔，抢去官盐30余

---

① 《长洲县永禁机匠叫歇碑》，苏州历史博物馆等编：《明清苏州工商业碑刻集》，江苏人民出版社1981年版，第16页。

② 《元和县严禁机匠借端生事倡众停工碑》，苏州历史博物馆等编：《明清苏州工商业碑刻集》，江苏人民出版社1981年版，第25页。

③ 《元长吴三县严禁纸作坊工匠把持停工勒增工价碑》，苏州历史博物馆等编：《明清苏州工商业碑刻集》，江苏人民出版社1981年版，第89页。

④ 《元长吴三县永禁烛匠霸停工作碑》，苏州历史博物馆等编：《明清苏州工商业碑刻集》，江苏人民出版社1981年版，第268—269页

⑤ 中国人民大学清史研究所、档案系中国政治制度史教研室合编：《康雍乾时期城乡人民反抗斗争资料》(下册)，中华书局1979年版，第549页。

引。盐贩还纠众多人，执旗哄闹街巷，勒令居民罢市。乾隆十三年(1748)，江苏通州所属余西场沙地民众，聚集数十人，扛抬城隍神像，至场官衙署，吵闹求赈。①

乾隆十三年(1784)春夏之交，苏州地区发生旱灾，农作物收成大减，米价大涨，每升涨至十七文至二十文，四月较三月增银至三四钱之多，官府虽减价平粜，但市价仍高位不落，当时苏州"城内外饿莩枕藉，不下数千人"。四月二十四日，忍无可忍的苏州市民们在"市井贩夫"顾尧年的领导下，向地方政府集体请愿，抗议米商囤粮抬价，要求减价。顾尧年自缚双臂，插竹粘纸，上写"无钱买罚，穷民难过"等语，号召市民们前往府衙请愿喊诉，欲求官府勒令米铺减价出售。市民们纷起响应，"势如云集"，请愿队伍向长洲县衙行进，沿途不断有人加入。长洲知县郑时庆见数万人游行请愿至县衙前，惊呼"民变矣!"派差役将站在队伍最前面的顾尧年逮捕。郑时庆的逮捕行动激起了请愿市民的愤怒，他们冲进长洲县衙，砸毁公堂暖阁，郑时庆与差役吓得慌忙逃走，市民乘机将顾尧年夺回。苏州知府姜顺蛟为了安抚和劝散请愿的群众，佯称将请示上级平抑粮价。在市民的强烈要求下，姜顺蛟来到巡抚衙门，找到江苏巡抚安宁商议对策。岂料，安宁大怒，当场摘掉姜顺蛟顶带，将其撤职，并令驻兵武力驱赶请愿市民、逮捕为首者。市民们以砖瓦还击，将巡抚衙大门捣毁，终因赤手空拳，请愿队伍被军队驱散，叶龙等 39 人被捕。这场声势浩大的市民请愿行动最终遭到统治者的严厉镇压。乾隆谕旨:"近日聚众之案甚多，特命刑部定议，照陕甘刁民聚众之例，立即正法。"一个多月后，清政府将请愿行动主要骨干顾尧年、陈二、郏氏小奴和陈文谟等人处死，曹阿大、陆文、陈龙等人则判处"永远枷号"(无期徒刑)。另有 28 人各重责 30 大板，交保释放。② 与此同时，吴江县"南门外朱季方粜米，被刁民徐方等拦阻，经该县拿获，首犯徐方等枷示，乃该犯家属鸣锣聚众，打毁朱家房屋，复至县堂咆哮不法"。四月十九日，吴江平望镇居民不满该镇牙行梅素安私价收购奸商杨四表家米 50 石，在万友臣等的领导下，不满的群众"借口出洋，敲锣诱众，将米船灌沉"，把牙行梅素安、粮商杨四表及唆使告官的沈三遵的房屋、门窗、家具毁坏，并将前去镇压的差役打跑。③

乾隆十三年(1784)五月八日，泰州安丰盐场常子高与常天余、沈学之、顾三等灶丁以"盐价太贱，米价又重，难以度活"为由，聚集数十人沿街高喊，勒令各盐店闭门，

---

① 中国人民大学清史研究所、档案系中国政治制度史教研室合编:《康雍乾时期城乡人民反抗斗争资料》(下册)，中华书局 1979 年版，第 566 页。

② 中国人民大学清史研究所、档案系中国政治制度史教研室合编:《康雍乾时期城乡人民反抗斗争资料》(下册)，《江苏苏松等处聚众阻粜案》，中华书局 1979 年版，第 583 页。

③ 故宫博物院文献馆:《史料旬刊第 3 册》第 29 期《江苏苏松等处聚众阻粜案 · 安宁折二》，北京图书馆出版社 2008 年版。

增加盐价方可开市。“各店畏惧，遂俱闭歇。当经场员协同地方兵役，查拿而散”。十日，富安盐场的汤连美等率20余人赴盐场，“倡言求平市价”，“沿街抛砖掷砖泥，喊令各铺罢市，各户亦畏势闭歇。当经场员营汛闻信往拿，旋即解散”①。

四　文字狱案

清代文字狱成为清政府控制思想、打击异己、巩固统治的重要手段。顺治年间，文字狱相对较少，主要是南方各地武装反抗斗争此起彼伏，政府主要精力集中于军事镇压，尚无暇细究文字之罪。康熙年间，总体而言，文网尚宽。清代的文字狱始于康熙，发展于雍正，到乾隆时期达到登峰造极的地步。乾隆时期，文字狱定罪的范围超过了康熙、雍正时期，案件数量成倍增加，各类文字狱层出不穷。江苏作为文化教育发达之区，文人墨客荟萃，思想活跃，清前期以文触狱者屡见不鲜。一些江苏地方官员为邀功晋级，从文人诗词、著作中寻文摘句，望文生义，罗织罪名，构成多起文字狱案，成为文字冤狱的制造者或帮凶。一些心术不良之徒专挑别人著作中的纰漏，指为“逆书”，然后漫天要挟索价，有的甚至炮制“逆书”以讹诈金钱。康熙六年(1667)，苏州沈天甫等人伪造《忠节录》勒索银两案即为典型一例，最后沈天甫等因“诬陷平人，大干法纪”被清廷处斩，“其被诬者悉置不问”②。

1. 僧函可私携逆书案

僧函可(1612—1660)，字祖心，本姓韩，广东惠州博罗县人。其父韩日缵，明崇祯年间曾为礼部尚书。顺治四年(1647)冬，守卫南京城门的清兵从函可和尚经笥中搜出一封南明福王答阮大铖的书信和一本名为《变纪》的书稿。函可受到严刑拷打，承认皆个人所为，与他人无涉。在南京期间，函可寄宿好友顾梦游家，顾梦游因函可案被牵连受审。年底，摄政王多尔衮以《变纪》记录了抗清义士的悲壮事迹，命将函可械送北京审讯。次年四月，函可等被流放至东北沈阳。由此，翻开了清朝血腥文字狱的第一页。③

2. 黄毓祺反清诗案

黄毓祺(1588—1648)，字介之，号大愚，江苏江阴县人。顺治二年(1645)，清兵大举进攻江阴。黄毓祺破家纾难，资助江阴军民守城抗清。城破后，黄毓祺自取法号印

---

① 中国人民大学清史研究所、档案系中国政治制度史教研室合编:《康雍乾时期城乡人民反抗斗争资料》(下册)，中华书局1979年版，第554、558页。

② 《清圣祖仁皇帝实录一》卷二一，康熙六年四月甲子条，中华书局1985年版，第300页。

③ 汪宗衍:《千山剩人函可和尚传》，台湾商务印书馆股份有限公司1986年版。杨权:《岭南明遗民僧函可“私携逆书”案述析》，《学术研究》2006年2期。

白，隐居古梅禅院，伺机再起，曾先后接受南明鲁王监国、唐王隆武的官职，多次策划义师抗清活动，屡败屡战。

顺治五年(1648)四月，因人告发，黄毓祺在通州法宝寺被捕，并被搜出南明鲁王监国颁予的总督铜印一枚及诗集一本，其诗集中有“纵使逆天成底事，倒行日暮不知还”等反清复明的“悖逆”之词。黄毓祺后在供词中也直言不讳承认：“道重君亲，教先孝弟，某逃禅已久，岂有宦情？义愤激中，情不容已，明主嘉诚，遣使授职，招贤选士，分所应然。衰愦旷官，死有余责。”顺治六年(1649)三月，黄毓祺被解至江宁监狱，不久病死狱中。四月，清廷谕旨：“黄毓祺着正法。”黄毓祺已病死狱，按律被戮尸，其子女依律发旗人下为奴。

江南名士钱谦益因黄毓祺曾留宿其家且捐金5000两助其招兵，清廷诏江南总督马国柱逮讯。史载：“谦益至江宁，诉辨：‘前此供职内院，邀沐恩荣，图报不遑，况年已七十，奄奄余息，动履藉人扶掖，岂有他念？哀吁问官，乞开脱。’会首告谦益从逆之盛名儒逃匿不赴质，毓祺病死狱中，乃以谦益与毓祺素不相识定谳。马国柱因疏言：‘谦益以内院大臣归老山林，子侄三人新列科目，荣幸已极，必不丧心负恩’。于是得释归，越十年死于家。”[①]

3. 冯舒《怀旧集》案

冯舒(1593—1649)，字已苍，常熟诸生，家富藏书，擅长文学，“善口才，宾筵客坐，辩论锋起”，为人豪爽，疾恶如仇，遇事敢作敢为、不避权势。清初，常熟县令瞿四达贪赃枉法，民怨沸腾，诸生黄启耀等诉状上告。因冯舒熟悉常熟县钱粮开支弊端，瞿四达怀疑举告状出自冯舒之手，便怀恨在心。顺治六年(1649)，瞿四达利用冯舒诗文《怀旧集》手抄本中只写“太岁丁亥”，而不书大清年号“顺治四年”，并摘压卷诗《昭君怨》有“胡儿尽向琵琶醉，不识弦中是汉音”等忌讳语，以“讥讽毁谤本朝之罪”将冯舒逮捕，最后将其杀于狱中。

4. “名教罪人”钱名世案

钱名世，字亮工，江苏武进人，因与雍正重臣年羹尧是乡试同年，因而颇有交谊。雍正二年(1724)，钱名世给权势赫赫的年羹尧赠诗谀颂，其中有“分陕旌旗周召伯，从天鼓角汉将军”、“钟鼎名勒山河誓，番藏宜刊第二碑”等诗句。雍正三年十二月(1726)，骄横一时的年羹尧被雍正帝赐死。不久，钱名世也因赠诗谀颂年羹尧被查办，雍正帝以“曲尽谄媚，颂扬奸恶”的罪名将其“革去职衔，发回原籍”。

当钱名世离京时，雍正命京官自大学士、九卿以下均作讽刺诗“赠行”，嬉笑怒骂，

---

① 王钟翰点校：《清史列传》卷七九《钱谦益传》，中华书局1987年版，第6577页。

冷嘲热讽，越刻薄越好，结果共有 385 人奉诏作诗。雍正审阅后，交付钱名世辑成专集，题为《名教罪人诗》，刊印后颁发全国学校，让天下士子人人知晓。“钱名世系读书之人，不知大义，廉耻荡然。凡文学正士，必深恶痛绝，共为切齿。可令在京现任官员由举人、进士出身者，仿诗人刺恶之意，各为诗文，纪其劣迹，以儆顽邪，并使天下读书人知所激劝。其所为诗文，一并汇齐缮写进呈，俟朕览过，给付钱名世。”[①]同时，雍正特御书“名教罪人”4 字，命钱名世原籍地方官员制成匾额，悬挂于钱氏宅堂。奇耻大辱的“名教罪人”不但使钱名世无脸做人，而且使他的子子孙孙都抬不起头。雍正还命常州知府、武进知县每月初一、十五去钱家查看匾额悬挂情形，如未悬挂则呈报官府查处治罪。

5. 徐骏诗案

徐骏，字冠卿，江苏昆山人，翰林院庶吉士，是原刑部尚书徐乾学的幼子，江南名士顾炎武的甥孙。雍正八年（1730），徐骏在奏章中把“陛下”的“陛”字误写成“狴”字，雍正大怒，将徐骏革职。接着派人检查徐骏的诗文集，发现“明月有情还顾我，清风无意不留人”等悖逆诗句，且“诗文轻纵”，“语含讥讽”，并无感恩怀德一语。雍正认为，徐骏存心诽谤，“思念明代，无意本朝，出语诋毁，大逆不道”。十月四日，雍正旨准刑部等衙门议奏：“庶吉士徐骏狂诞居心，背戾成性，于诗文稿内，造为讥讪悖乱之言，应照大不敬律，拟斩立决，将文稿尽行烧毁。”[②]自徐骏被诛弃市后，作为江南昆山望族的徐氏家族深受株连，家道中衰。

6. 朱思藻《吊时》案

乾隆二十年（1755），江苏常熟一带遭受洪灾，庄稼歉收，米价暴涨，而地方官员隐灾不报，灾民流离失所。常熟文人朱思藻有感于灾后生活困顿、民不聊生，乃从儒家经典《四书》摘抄语句连缀成文，“以泄其怨望之私忿”，题名《吊时》。文中有“暴君污吏”，“长君、逢君”，“长君之恶其罪小，逢君之恶其罪大”，“有王者起”，“犹解倒悬”等语。不久，亲戚张世美来拜访，看到《吊时》一文，十分欣赏，令子张振声另抄一份收藏。十一月，张世美前往邻村一景姓人家索还欠债，他从怀里取债务契约时，误将《吊时》文带出。当时在场的监生景如梓看罢《吊时》文，觉得词意狂悖，迅即赴县衙举报。

常熟知县接报后，派人将张世美、朱思藻等拘捕到案，并查抄了朱思藻家，得到原文。常熟知县迅速将案情上报府、省官员。乾隆二十一年（1756）一月十九日，经对朱思藻严讯，两江总督尹继善、江苏巡抚庄有恭联名上奏清廷，要求将朱思藻即行正法。乾隆帝认为，常熟县奸民朱思藻“怨望谤讪，狂悖不法，应如所议斩决”。朱思藻一案，

① 《清世宗宪皇帝实录一》卷四二，雍正四年三月壬戌条，中华书局 1985 年版，第 626 页。

② 《清世宗宪皇帝实录二》卷九九，雍正八年十月己亥条，中华书局 1985 年版，第 312 页。

军机大臣会同三法司，“将该犯拟以斩决，自属罪所应得，朕自即位以来，刻以爱民为念。……朱思藻编集四书成语，以泄其怨望之私愤，侮圣非法，实乃莠民。但念暑雨祁寒，怨咨必不免。……该犯究因灾望赈，尚与胡中藻之身列仕版，无故悖逆谤讪者有间，朱思藻著从宽免死，发往黑龙江，交该将军严行管束”[①]。张世美枷号 2 月，重责 40 杖；其子张振声虽为孩童，因誊抄获罪枷号 1 月，重责 30 杖。

7. 阎大镛《俣俣集》案

江苏徐州沛县 57 岁老监生阎大镛为人桀骜不驯，遇事常有愤激不平之语。乾隆二十六年(1761)春，沛县地方官员向百姓摊派粮款和差役，阎大镛拒不从命，并大骂官吏扰民，不久以“抗粮、拒差、诬官”之名被县衙拘捕入狱，并查得其诗稿二纸。五月二十九日，江苏学政刘墉奏报“阎大镛诗言语悖逆案”，乾隆帝命两江总督高晋、江苏巡抚陈宏谋严审。很快，高晋等查出阎大镛年轻时曾刻有《俣俣集》，内有《沛县志记》一篇，以其母 24 岁即守节，未被列入节孝之门，讥讽县志记载不公，“或讥刺官吏，或愤激不平，甚至不避庙讳”。乾隆谕旨：“该犯书内笔舌诋毁，毫无忌惮。若姑容宽纵，则此等匪徒，不知悛改，反因此次查办，益肆其怨诽，充其所至，必将入于吕留良一派，该犯断不可留。著传谕高晋等勘得确情，即将阎大镛按律定拟，速行完案。”[②]阎大镛被凌迟处死，许多亲友也因此被株连获罪。

8. 柴世进词帖案

乾隆二十五年(1760)，江苏山阳县船工柴世进因儿子落水淹死、伤心过度而引发精神病。乾隆三十三年(1768)一月三日，扬州两淮盐运使赵之璧开征盐课，时正处精神病发作期的柴世进突到堂上，“口出狂悖之语，手内执红封，内红帖三个、白字纸九张，逐一检阅，语句悖逆，当即锁拏”。后又于他处搜得多张柴世进所书字纸，“各有悖逆之词，疯癫语句”，“虽语无伦次而其中竟有大逆不道之词”。一月十九日，江苏巡抚明德上奏：“该犯生逢盛世，乃敢造作逆词，实属罪大恶极，神人共忿，自应亟置重典以彰国宪。”[③]二月三日，乾隆谕旨：“柴世进造作逆词一案，请按律凌迟处死。……该犯乃系疯狂丧心，多剿引小说家谬诞不根之语，不值交法司覆谳，视同重案，但此等怙病妄行实足诬民惑世，其人究不可留，著该抚将该犯柴世进，即行杖毙，以示惩儆。所有援引律内应行缘坐各条，概予宽免。”[④]连精神病人也成为镇压迫害的对象，可见乾隆

---

① 《清高宗纯皇帝实录七》卷五〇五，乾隆二十一年正月丁亥条，中华书局 1985 年版，第 368 页。

② 《清高宗纯皇帝实录九》卷六三九，乾隆二十六年六月壬辰条，中华书局 1985 年版，第 141 页。

③ 故宫博物院文献馆编：《清代文字狱档》第七辑《柴世进投递词帖案・江苏巡抚明德折奏》，上海书店 1986 年影印本。

④ 《清高宗纯皇帝实录》卷八〇四，乾隆三十三年二月辛酉条，中华书局 1985 年版，第 845—846 页。

时代文字狱之残酷。

9. 徐述夔《一柱楼诗》案

徐述夔，字孝文，江苏扬州府东台县栟茶（今属江苏如东）人。乾隆三年（1738），乡试中举。按照清朝规定，中举答卷须送往京城由朝廷文臣过目。徐述夔答卷上有"礼者，君所自尽也"一语，"自尽"两字被认为大不敬，有讥讽朝廷之意，因而被清廷罚停考进士。此后，徐述夔怀才不遇，先后撰有《一柱楼诗》、《小题诗》、《和陶诗》、《五色石传奇》、《八洞天》等十多种诗文和小说。在这些诗文小说中，徐述夔寄托自己抑郁情怀。乾隆二十八年（1763），其子徐怀祖为纪念过世的父亲，刊刻了这几本著述。乾隆四十二年（1777），徐怀祖也去世了。

乾隆四十三年（1778），东台县监生蔡嘉树与徐述夔孙徐食田、徐食书兄弟因田产纠纷而引发诉讼，蔡嘉树以徐述夔著《一柱楼诗》有悖逆之词而挟私报复，先后向东台县府和江宁布政使等告发，但地方官员均未视为逆案。不久，在全国查缴违禁书籍运动中，如皋县民童志夔向江苏学政刘墉缴交了徐诗及沈德潜所撰《徐述夔传》而案发。刘墉以徐诗多激愤之词而奏报朝廷。八月二十七日，乾隆令两江总督及江苏巡抚将徐家各类书籍、书版悉数解京查办，将所有牵连人犯押解至京严加深究，且斥责地方官员对不法诗文置若罔闻。

东台县令奏称，在《咏正德杯》诗中有"大明天子重相见，且把壶儿搁半边"诗句，"壶儿"即"胡儿"也，含有诽谤意。十月二十七日，乾隆帝指出徐诗中"明朝期振翮，一举去清都"之句，是借朝夕之朝作朝代之朝，且不言到清都而云"去清都"，显有兴明朝、去本朝之意。乾隆连下三道谕旨，要求江苏督抚全面彻底清查该案，由此徐述夔《一柱楼诗》被定为"罪大恶极"的逆书。十一月二十七日，清廷公布了经乾隆帝钦准并由大学士、九卿会审的《一柱楼诗》案判决结果：徐述夔编造狂悖诗词，妄肆诋讥，其子徐怀祖将逆书公然刊刻流传，两人虽已身故，仍照大逆凌迟律，锉碎其尸，枭首示众。徐食田藏匿逆书，照大逆知情隐藏律，应拟斩立决；徐食书依律缘坐，应拟斩立决；诗集参校者徐首发、沈成濯列名校对，又不举发，照大逆知情隐藏律，应拟斩立决；陆琰有心消弭重案，照故给大逆律，应拟斩立决；为诗集作跋的毛澄被杖一百，流三千里；已革扬州知府谢启昆难辞怠玩之咎，发往军台效力赎罪。已革东台知县涂跃龙玩延公事，杖一百，徒三年。正犯徐述夔亲属俟查明后照律缘坐，所有财产照律入官。江苏巡抚杨魁因未能预先查出逆书，遭到乾隆斥责。已去世多年的沈德潜也因为徐述夔作传未能幸免，乾隆下令革除所有给沈德潜的加衔和谥号，销毁御制祭葬碑文，并从苏州乡贤祠内将其牌位撤出。[1] 徐述夔年未满1岁之曾孙徐道南、徐寿南及孙媳缪氏、沈氏、王氏等给付功臣之家为奴。徐述夔家产造册入官，所著书籍及版片一并查缴销毁。

清前期，残酷的文字狱使文人士大夫生活在恐惧之中，人人自危，无人敢吟诗作对，形成万马齐喑的政治局面，严重窒息了社会的活力和思想发展。文字狱不仅加强了封建专制统治，而且造就一批委蛇圆通、阿谀逢迎、蝇营狗苟的无耻文人，士风的卑下进一步败坏了社会风气。乾隆之后，随着内忧外患的加剧，文字狱案逐渐减少。

① 《清高宗纯皇帝实录一四》卷一〇七一，乾隆四十三年十一月癸丑条，中华书局1985年版，第372—373页。

第八章　清前期的江苏经济

第一节　农业

一　恢复农业

1. 奖励垦荒

明末清初的战乱使江苏南北社会经济遭到严重破坏，人户逃亡，大片土地荒芜，经济凋敝。顺治三年(1646)，江宁城外九十余村，十室九空，“库藏如洗，军需急如星火，料理维艰，民让己屋以居兵，则东北二城尽徙租他所矣。舍己田以牧马，则环城六十里稻田俱尽矣，兼之假兵为祟，所在见告，驿无马，水无船，此上江二县情形也”[①]。顺治九年(1652)，苏松巡抚秦世祯奏报淮安、徐州地区“人民销于锋镝，畎亩弃为榛莽，仳离之象，愁叹之声，殆有不忍见闻者”[②]。直到康熙初年，江南镇江一带，仍是“人逃田荒”，人烟萧条，“地亦荒”[③]。江南常州府宜兴县“荒田连百十顷，其多者以里数计”。[④] 扬州府兴化县以北的一些地方更是大片农田荒芜。因此，清初，清廷采取多种奖励措施，招抚流民垦荒，恢复和发展社会经济。

顺治六年(1649)，清廷在全国推行奖励垦荒政策：“凡各处逃亡民人，不论原籍、别籍，必广加招徕，编入保甲，俾之安居乐业。察本地无主荒田，州县官给印信执照，开垦耕种，永准为业。俟耕至六年之后，有司官亲察成熟亩数，抚按勘实，奏请奉旨，

---

① 《江宁巡按毛九华揭帖》，台湾“中央研究院”历史语言研究所编：《明清史料》丙编第六本，商务印书馆 1936 年版，第 518 页。

② 彭雨新：《清代土地开垦史资料汇编》，武汉大学出版社 1992 年版，第 20 页。

③ 康熙《镇江府志》卷六《赋役》，康熙二十四年(1685)刻本。

④ (清)贺长龄辑：《皇朝经世文编》卷三四《户政九・屯垦》，沈云龙主编：《近代中国史料丛刊》第一编第 731 册，台湾文海出版社有限公司 1966 年版，第 1231 页。

方议征收钱粮。其六年以前，不许开征，不许分毫佥派差徭。”①并以各州县招民耕荒多寡作为考核地方官员政绩的标准。顺治十四年(1657)，制定《垦荒劝惩则例》，重新修订了垦荒考成办法：“督抚按一年内垦至二千顷以上者纪录，六千顷以上者加升一级。道府垦至一千顷以上者纪录，二千顷以上者加升一级。州县垦至一百顷以上者纪录，三百顷以上者加升一级。卫所官员垦至五十顷以上者纪录，一百顷以上者加升一级。”“若开垦不实，及开过复荒，新旧官员俱分别治罪。”“文武乡绅垦五十顷以上者，现任者纪录，致仕者给扁旌奖。”②“州县卫所荒地无主者，分给流民及官民屯种，有主无力者官给牛、种，三年起科。”③

清初，清廷征收钱粮“实以一二亩之地，而纳五六亩之粮，荒多丁少，以荒地累熟地，逃丁累见丁”④。康熙五十年(1711)，清政府规定以该年的人丁数，作为征收丁税的固定人丁数，以后“滋生人丁，永不加赋”。雍正年间，实行“摊丁入亩”政策在全国推行，废除了中国历史上的人头税，既稳定了赋税制度，又减轻了无地或少地农民的负担，削弱了国家对农民人身的束缚，促进了荒地的开垦。

清代屯垦分为军屯与民屯两种，凡州县卫所无主荒地，均分配给流民或官兵屯田垦殖。如力不能垦，则由国家供给牛具、种子等生产资料。顺治十一年十二月(1655)，漕运总督沈文奎疏报：“招垦江北荒屯地九千九百余顷，征银二万一千有奇。”⑤

康熙六年(1667)，确定江浙等省份驻投诚官兵屯田，人给田50亩。荒地经过军民屯垦，江苏各地新增不少田地，也为清政府增收了不少税赋。康熙二十二年(1683)，太仓卫屯田“二百五十六顷零六分四毫，共该征银二千九百七十八两八分三毫，本色米二千二百三十六石二斗三升四合四勺。内每亩屯田科米二斗六升八合五勺零，科米折银八分二厘五毫零”⑥。同年，太仓卫“实在屯丁一千一百五十三名，领运纳粮，不纳丁银”。康熙三十二年(1693)三月，察勘河工的吏部尚书熊赐履等疏言：“淮、扬、凤、徐四府州属之高邮、山阳、海州、山阳等十二州县并淮、大二卫，开河、筑堤、建闸、栽柳抛废田地三千七百二十八顷三十七亩有奇，应征钱粮俱请豁免。又海州、山阳等六州县并大河卫淤出田地一千一百三十七顷一十亩有奇，应征钱粮，请于康熙三十二年起科。”⑦

---

① 《清世祖章皇帝实录》卷四四，顺治六年四月壬子条，中华书局1985年版，第348页。

② 《清世祖章皇帝实录》卷一〇八，顺治十四年四月壬午条，中华书局1985年版，第854页。

③ 《清世祖章皇帝实录》卷七，顺治元年八月乙亥条，中华书局1985年版，第81页。

④ 《清世祖章皇帝实录》卷一三，顺治二年正月己丑，中华书局1985年版，第119页。

⑤ 《清世祖章皇帝实录》卷八七，顺治十一年十二月辛巳条，中华书局1985年版，第689页。

⑥ 康熙《江南通志》卷一八《屯田》，康熙二十三年(1684)刻本。

⑦ 《清圣祖仁皇帝实录二》卷一五八，康熙三十二年三月癸丑条，中华书局1985年版，第743页。

雍正五年(1727)十月,河道总督齐苏勒等疏报:“江南朱家口堵塞之后,安河等淀以至木家墩一带地方,尽皆淤成膏腴美地,分晰丈勘新淤地亩,泗州、虹县、桃源、睢宁、宿迁五州县,其丈出二万二千六百二十二顷六十三亩零,共应升科银四万八千四百五十两零。此新淤之地,俱系丰衍沃土,非寻常湖滩可比,应即于雍正六年升课起租;其木家墩一带,俟干涸之日,陆续清丈,另行报升。并请于五州县适中之地,在宿迁白洋河镇,设立卫守备一员,征收钱粮,新卫赐以嘉名。……应如所请,从之。寻定新设卫曰潼安。”①

乾隆二年(1737)八月,江苏巡抚邵基疏报:“长洲、宜兴、荆溪、清河、铜山等县,乾隆元年分,开垦田地五十九顷九十八亩有奇。”②乾隆年间,临近江湖的靖江、吴江等县均有不少新涨田荡被开垦,并照例升科起征。

随着大量荒地的开垦,江苏各地耕地面积有了很大增长。以苏州府为例,顺治二年(1645),苏州府的田地为 62737 顷,经 15 年的垦地拓荒,到顺治十七年(1660),全府田地面积达到 95637 顷,已接近明代苏州府田地最高纪录。③

2. 农业的发展

除了依靠垦荒扩大耕地面积外,清前期江苏农业的发展还体现在农业生产技术的发展、农业集约化经营和经济作物种植面积的进一步扩大。

农业生产技术的提高

注重农作物种子的选取和引种。清太仓人陆世仪说:“种子善,虽瘠土未尝不生。种子不善,虽极肥之土,未有种草而得豆,种稗而谷者。”④水稻品种更多,清康熙时吴江县就有稻类品种一百余种。⑤ 乾隆七年(1742)修撰的《授时通考》卷二十二“谷种篇”抄录了全国各地方志所载水稻品种名,合称为《直省志书》,其中江苏省有水稻各类品种达 525 种之多。⑥

农具的发明与改进。如耘荡、耘爪,“江、浙间新制也,古无此器。匍匐水中,以手耘之,故农人惟耘田为尤苦。今得此器,劳逸不啻天壤,乃知何事不可为便巧”⑦。乾、嘉时期,江宁府江浦县一带的富农,生产工具齐备,如锄、犁、耙、耧、耘荡、秧马、车水

---

① 《清世宗宪皇帝实录》卷六二,雍正五年十月甲午条,中华书局 1985 年版,第 953 页。

② 《清高宗纯皇帝实录一》卷四八,乾隆二年八月丁巳条,中华书局 1985 年版,第 822 页。

③ 康熙《苏州府志》卷八《田赋一》、《田赋三》。明代万历十七年(1589),苏州府有田地 95770 顷。

④ (清)陆世仪:《思辨录辑要》卷一〇,《丛书集成新编》第 23 册,台湾新文丰出版公司 1985 年版,第 382 页。

⑤ 康熙《吴江县志》卷一七《特产》,康熙二十四年(1685)刻本。

⑥ 游修龄:《中国稻作史》,中国农业出版社 1995 年版,第 91 页。

⑦ (清)陆世仪:《思辨录辑要》卷一一,《丛书集成新编》第 23 册,台湾新文丰出版公司 1985 年版,第 386 页。

等农具，无所不有。[①]

多熟耕作制更加普遍。清前期，江北淮扬地区轮作复种的二年三熟制得到推广，江苏淮安府一些州县实行“二麦杂粮”并种。[②] 乾隆年间，江淮盱眙等县出现稻麦二熟制，当地农民“无论田地高低，一概贪种禾稻”。为此，地方官员劝谕农民：“嗣后必须兼种五谷，即可兼收，而种稻之水，节使有余，得专资灌溉。”[③]

江南主要是水稻产区，清前期以水稻为主体的各种轮作复种多熟制在江南地区广泛推广。康熙时，双季稻在江南一带开始推行，粮食单位面积产量得到提高。康熙五十四年(1715)，苏州织造李煦试行“李英贵种稻之法”，推广双季稻的种植。“江南地方，从前止一次秋收，今将变为两次成熟。”这种种稻法，特别必须掌握“节气早晚”这一成败的关键，“若不留心，鹘突乱来，终无实效”[④]。康熙五十六年(1717)，苏州“所种御稻八十亩，于六月二十一日收割，每亩约得稻子四石一斗，比上年多收四斗。今苏州又现在收拾原田，赶七月初二日立秋之前布种第二次秧苗矣。至于苏州乡绅与两淮商人，领去稻子布种，约有数十家”。不久，“所种二番御稻，已于十月初二日收割，每亩得稻子二石五斗”。而苏州单季稻，“岁稔时，一亩可收谷三四石”[⑤]。到道光年间，江南一些地区实行稻麦两熟农作制，但稻麦复种在季节上的矛盾依然存在。陶澍在李彦章《江南催耕课稻编》序中也提到：“吴民终岁树艺，一麦一稻，麦毕割，田始除，种于夏，秀于秋，及冬乃获，故常有雨雪之患。”[⑥]江南水稻区，除三麦为水稻前后茬外，有的还栽种蚕豆、油菜等作物，提高了土地的利用率。

雍正年间，谕令“广行劝导”区田法。区田法的特点是在小面积土地上集中使用人力物力，精耕细作，防旱保收，求得单位面积的高产。区田法注重中耕除草，保墒和灌溉。区田法不仅适用于平地和熟田，也适用于坡地和荒地，有利于扩大土地利用范围。当时，苏州在城东娄门一带“照式课种”，“大有成效”。

经济作物的扩大种植

农业生产力的提高不仅为社会提供了大量农副产品，而且也为手工业的发展提供了更多原材料。清前期，农产品进一步商品化，经济作物的种植面积不断扩大。清

---

① 嘉庆《重刊江宁府志》卷一一《风俗·物产》，《中国地方志集成》江苏府县志辑1，江苏古籍出版社1991年版，第109页。

② (清)顾琮：《请广淮扬水利疏》，(清)琴川居士：《皇清名臣奏议》卷三八，都城国史馆琴川居士排印本。

③ (清)盛康辑：《皇朝经世文编续编》卷四一《户政十三·农政上》，沈云龙主编：《近代中国史料丛刊》第一编，台湾文海出版社1966年版，第4497页。

④ 故宫博物院明清档案部编：《李煦奏折》，中华书局1976年版，第182、184页。

⑤ 故宫博物院明清档案部编：《李煦奏折》，中华书局1976年版，第233页。

⑥ (清)李彦章：《江南催耕课稻编》，陈祖槼主编：《中国农学遗产选集·稻上编》，中华书局1958年版，第375页。

代，江苏各地的棉花、桑叶、茶叶等经济作物种植面积进一步扩大。

棉花。江南沿江的太仓、常熟等地是重要产棉区。“元至正间，始传此种，太仓东乡土高，最宜。”[①]镇洋县，“民俗多种木棉，工纺绩，与嘉崇两邑同，以产布名于四方”[②]。常熟“地处海滨，壤皆沙土，广种棉花”[③]。“棉花，今常熟东乡高田皆种之。”[④]江阴县“棉花，西乡及沙洲产最多，有白紫二种。白者复有大花、沙花之别，子可压油供牛食”[⑤]。镇江府丹阳县种植棉花，“棉有草木二种，草者四月下种，根弱如蔓，高仅三尺余，叶三尖如枫叶，入秋开花，实大如荔，中有白棉，棉中有子如梧，是为草棉。阳邑广植此种，延陵为上，妇女纺以为布，细密宽阔名曰‘土布’，又曰‘大布’”[⑥]。地处江海之交的通州地区地势平坦，土质沙松，气候宜人，也是江苏重要棉区之一。明清时期，江南松江地区的植棉技术经由长江入海口的崇明、海门一带逐渐传遍苏北各地，通州“沿江居民善种棉”[⑦]。通州所产棉花质量上乘，常被商人贩卖大江南北。乾隆人汪芸巢在《州乘一览》中记载：“闽粤人秋日抵通收花衣，巨舶千百，皆装布囊。”[⑧]清中叶，南京一带织布厂所用棉花不少即来自江北的通州地区。道光二十年(1840)，有人“在常州奔牛镇及浙江石门斜桥等处雇觅织工来省，捐赀备办棉纱，于孝陵卫一带设机织布，令绒机失业，男、妇习之，价廉工省，日用必需，此业一开，补救不小，洵百世之美利也。惟织布所用棉纱，必得崇明、通州所产者，绪理紧密，绵绵不断。若孝陵卫及乌江之花，只可作衣棉，不堪织布。所望有力者，赴崇明、通州等处广为采买，轻其值以鬻之，则习织愈多，流通以广，安见民气不可日振耶！”[⑨]

由于植棉收益超过种稻，江苏有的地区甚至出现了植棉面积超过了水稻的种植面积。乾隆四十年(1775)，两江总督高晋说，松江府、太仓州、海门厅和通州所属各州县“近海滨，率以沙涨之地，宜种棉花，是以种花者多，而种稻者少。每年口食，全赖客商贩运，以致粮价常贵，无所底止。臣思衣食重，种棉花虽可织布成衣，然而一日不再

---

① 乾隆《苏州府志》卷一二《物产》，乾隆十三年(1748)刻本。

② 乾隆《镇洋县志》卷一《封域》，乾隆十年(1745)刻本。

③ (清)郑光祖：《醒世一斑录·杂述》卷七《三锭纺纱》，《续修四库全书》第1140册，上海古籍出版社2006年版，第233页。

④ 道光《苏州府志》卷一八《人物》，道光四年(1824)刻本。

⑤ 道光《江阴县志》卷一〇《特产》，《中国方志丛书》华中地方第456号，台湾成文出版社有限公司1983年版，第868页。

⑥ 光绪《重修丹阳县志》卷二九《风土·物产》，《中国方志丛书》华中地方第409号，台湾成文出版社有限公司1983年版，第1490页。

⑦ 乾隆《直隶通州志》卷一七《风土志·物产》，乾隆二十年(1755)刻本。

⑧ 林举百：《近代南通土布史》，南京大学学报编辑部1984年版，第8页。

⑨ (清)甘熙：《白下琐言》卷八，南京出版社2007年版，第150—151页。

食则饥，是饥之较寒则又食重于衣矣。臣从前阅兵，两次往来于松江、太仓、通州地方，留心体察，询之地方府厅州县，究其种棉而不种稻之故，非沙土不宜于稻。缘种棉，费力少而获利多，种稻，工本重而获利轻。小民惟利是图，积染成风，官吏视以为常，亦皆习而不察。以现在各厅州县农田计之，每村庄知务本种稻者，不过十分之二三。图利种棉者，则有十分之七八"①。

种植桑树。江南太湖流域是中国最重要的种桑养蚕区，苏州府属州县的许多农家皆以种桑养蚕作为家庭主要副业收入来源。民谣曰："东家西家罢来往，晴日深窗风雨响。二眠蚕起食叶多，陌头桑树空枝柯。新妇守箔女执筐，头发不梳一月忙。三姑祭后今年好，满簇如云茧成早。檐前缫车急作丝，又是夏税相催时。"②这首歌谣生动地反映了吴地农村妇女种桑养蚕之艰辛。苏州吴县"近湖诸山，家户畜（蚕）取绵丝"③。吴江县"丝绵日贵，治蚕利厚，植桑者益多，乡村间殆无旷土，春夏之交，绿阴弥望，通计一邑无虑数十万株云"。农家"每岁暮春，邑人多治蚕"④。吴江黄溪市"明时多不习蚕桑，国朝乾隆初凋字圩、梧字圩一带颇有养蚕者"⑤。洞庭东西山"以蚕桑为务，地多植桑。凡女未及笄，即习育蚕。三四月谓之蚕月，家家闭户，不相往来"，"桑出东西山，东山尤盛。蚕时设市，湖南各乡镇皆来贩鬻"⑥。此外，"蚕桑盛于苏浙，金陵间亦习之。然丝质粗肥，远逊湖宁，惟织工，推吾乡为最。入贡之品出自汉府，民间所产皆在聚宝门内东西偏，业此者不下千数百家，故江绸贡缎之名甲天下。翦绒则在孝陵卫，其盛与绸缎埒。交易之所在府署之西，地名绒庄。日中为市，负担而来者，踵相接也。自屡经荒歉，贸易日就消减，以今较昔，不过什之二三，观此而民生之凋敝可知矣"⑦。

茶叶。苏州农家还种植茶树，产茶以天池、龙井为最。苏州"昔洞庭出茶，尝入贡。……其余诸山皆产，唯天池、龙井二种为最。本山茶，雨前者亦贵"⑧。时有《天池采茶歌》："南山北山雨初歇，乱莺啼树春三月。山村处处采新茶，妇女携筐满阡陌。山南气早采独先，山北土寒未全发。居人种植代耕桑，一春雨露邀天泽。可怜采摘独艰难，卖向侯门半狼藉。痛饮羊羔醉花底，清香谁识龙团美。争似卢仝茶灶间，瀹泉

① （清）高晋：《请海疆禾棉兼种疏》，（清）贺长龄辑：《皇朝经世文编》卷三七《户政十二·农政中》，沈云龙主编：《近代中国史料丛刊》第一编第731册，台湾文海出版社有限公司1966年版，第1333—1334页。

② （清）徐元灏：《吴门杂咏》卷一〇《风俗·蚕妇》，康熙三十八年（1699）刻本。

③⑧ 乾隆《吴县志》卷二三《特产》，乾隆十年（1745）刻本。

④ 乾隆《吴江县志》卷五《特产》、卷三八《生业》，《中国方志丛书》华中地方第163号，台湾成文出版社有限公司1975年版，第155页、1131页。

⑤ 道光《黄溪志》卷一《土产》，《中国地方志集成》乡镇志专辑11，江苏古籍出版社1992年版，第783页。

⑥ （清）金友理：《太湖备考》卷六《风俗》、《特产》，江苏古籍出版社1998年版，第296、305页。

⑦ （清）甘熙：《白下琐言》卷八，南京出版社2007年版，第150页。

松火山窗里。”[①]

除了棉花、桑树、茶叶外，江苏一些地区还不断扩大烟叶、花木、药材、果树等经济作物的种植面积以增加经济收入。

二　兴修水利

清前期，江苏南北各地兴修水利。苏北地区大力整治黄河、淮河和运河水道，保证漕运的畅通，减少了下游地区的水涝灾害。苏南地区对太湖下游一些河道进行疏浚，进一步扩大海塘的修筑，使沿海的农田免遭海潮侵袭，部分海滩还辟为良田。

1. 整治黄、淮、运河

清初，黄淮水患严重，灾害不断。康熙、乾隆先后六次南巡，巡视河工，有力地推动了黄河、淮河、运河的综合治理及一些大型水利工程的兴建。

清代，黄河、淮河、运河管理机构最高长官是河道总督，简称总河。河道总督初驻山东济宁，后移驻江苏清江浦。雍正时，总河一分为三：一为江南河道总督，管理江苏、安徽两省的黄河和运河，简称“南河”，驻清江浦；二为河南、山东河道总督（或河东河道总督），管理河南、山东两省的黄、运两河，简称“东河”，驻济宁；三为直隶河道总督，管理海河水系各河，驻天津，简称“北河”。总河下属机构，清初与明代相近，乾隆后分为道、厅、汛三级管理，设文、武两大系统。各厅、汛设有一定数量夫役，但清代以河兵较多。黄河改道北流后，清廷先后裁撤南河及东河，河务划归地方管理。

明清时期，“束水治沙”之法在治河防洪工程中占居主导地位。清代，明祖陵不再成为掣肘防洪的主要问题，洪泽湖水位不再受此控制，康熙时泗州城淹入湖中。康熙年间，众多治河者当中，以河道总督靳辅的成绩最为突出。靳辅继承潘季驯的“束水攻沙”的治河方略。在他看来，治理的关键仍在控制黄河河床的淤积。为此，他大力修筑黄河堤防，并将其延伸至云梯关以外接近入海口的地方，增修减坝泄水，使黄河下游河床进一步固定，形成了独流入海的局面，以后的主要防洪任务就是维持堤防、保证漕运的畅通。

治河过程中，靳辅发现，黄河的含沙量较高，自身的挟沙能力不足以将泥沙输送入海，必须引进含沙量较低的清水，以加大河流的输沙能力。因此，除加高、加厚高家堰以逼淮水注入黄河外，靳辅还修筑了周家桥以南大堤 25 里，筑建武家墩、高良涧、周家桥、古沟东、古沟西及唐埂等 6 座减水坝溢洪。后改为滚水石坝 3 座和天然土坝 2 座。乾隆时，又增建 2 座滚水石坝，废天然土坝，总称“山盱五坝”。嘉庆、道光时，五

---

① （清）徐元灏：《吴门杂咏》卷一一《特产》，康熙三十八年（1699）刻本。

坝又有改移，减水坝下各有减水河。鉴于入海口淤积严重、水流难以冲刷，靳辅以疏浚作为“束水攻沙”的辅助措施，人工开川字河以协助水力冲刷。清末，各坝废毁，仅剩下三河坝和减水河。

整治运道。清初，仪真县运河口淤塞，负责管理运河的朱之锡组织人力疏浚，疏通运河。康熙十七年(1678)，靳辅主持修筑江都漕堤，堵塞了清水潭的决口。“挑山、清、高、宝、江五州县运河，塞决口三十二，辅又请按里设兵，分驻运堤。”康熙十八年(1679)，对运河与黄河交会的运口进行移建、改造和整治，并沿运河堤岸修建减水坝。康熙二十五年(1686)，为使漕运避开宿迁以南黄河凶险波涛，靳辅开凿中河。“自骆马湖凿渠，历宿迁、桃源至清河仲家庄出口，名曰‘中河’。粮船北上、出清口后，行黄河数里，即入中河，直达张庄运口，以避黄河百八十里之险。”①康熙二十七年(1688)，中运河完工，遂使黄河、运河分立，保障了运道的安全畅通。

道光年间，河政腐败，贪污猖獗，防洪工程日衰，黄河下游连年决口。咸丰元年(1851)，淮河决开高家堰南端三河口，洪水由三河口经芒稻河入江，从此淮河主流由入海改为入江。在扬州、江都一带形成归江十坝，与引河共同组成淮河入江的工程枢纽。但是归海归江工程标准低，在汛期引河泄洪量远不能满足需要，运河以东低洼的里下河地区往往成为淮河流域水灾最严重的灾区。② 道光四年(1824)，洪泽湖决口，河漕受阻。协办大学士英和指出，要解决漕运危机，唯有“暂雇海运”，得到道光帝、琦善和陶澍等人的支持。道光六年(1826)，江苏漕粮全部海运，由此开始了清朝历史上的首次漕粮海运。此后，河运、海运并举，漕运局面有了很大的变化。

2. 治理江南水利

疏浚太湖泄洪河道

作为清王朝财赋重地，江南农业在全国享有重要的经济地位，清朝统治者对江南水利建设也十分关注。“东南财赋重地，素称沃壤，连年水旱为灾，民生重困，皆因失修水利，致误农功。该督抚责成地方官悉心讲求疏通水利，以时蓄泄，庶水旱无虞，民安乐利。”③

清代江南以太湖流域为中心水利治理工作仍是太湖下游泄洪水道的疏浚。浏河、黄浦江和吴淞江是太湖下游 3 条最主要的泄洪水道。清初，浏河和吴淞江都有不

---

① (民国)赵尔巽等:《清史稿》卷一二七《河渠二》，中华书局 1976 年版，第 3773—3774 页。

② 清代人称淮南运河以西诸小河为上河，运河以东入海诸小河为下河；称运河以东，范公堤以西地区为里下河区。里下河地区地势低洼，历史上屡遭水灾。

③ 乾隆《清朝文献通考》卷六《田赋考六》，《影印文渊阁四库全书》第 632 册，台湾商务印书馆 1986 年版，第 130 页。

同程度的淤塞。顺治年间，浏河逐渐淤积成为一条仅十余丈宽的普通泄水港浦。康熙十年(1671)，江苏巡抚马祜和布政使慕天颜对浏河和吴淞江进行了大规模疏浚和治理。首先浚治浏河自盐铁塘至出海口段，康熙十一年(1672)六月完工，全长5180丈，河阔11丈，深1丈。其次，对吴淞江黄浦东口至新泾口施家港段进行疏浚，全长10419丈，河阔7丈5尺，深1丈5尺。两项工程共费银14万余两，经过治理，"苏、松、常、嘉、湖、杭六郡遇水旱，不至大困"①。康熙十九年(1680)，江苏巡抚慕天颜又主持对白茆河进行了疏浚，前后动用民夫近百万工，用银4.5万两。

雍正五年(1727)，清廷采纳陈世倌江南治水建议："先挑吴淞江、白茆河、孟渎、德胜、九曲河，其余诸河，俟完工之日以次开浚。"②是年，清廷命副都统李叔德和陈世倌等官员踏勘太湖水道及通江潮之处，概行筑浚，"太湖之水归海，刘、白二河为要，必径直深广，方能顺下畅流，其潮沙湮塞之处，居民占耕日久，亦当尽去新涨地亩，以复故道"。同年春，疏浚太仓州刘家港，用帑银2.9万余两。十月，疏浚吴淞江自艾祁口至野鸡墩段，全长36里。同年冬，疏浚昭文县白茆河，全长7700余丈。雍正初年，修理旧闸，疏浚昭文县徐六泾之梅里塘，全3500余丈，"设犁船混江龙，以疏积沙"，又浚常熟县福山塘，全长4300余丈，共用帑银9700两。③

乾隆二十八年(1763)，清政府再次对"三江"进行疏浚。"东南财赋重地，水利民生大计。……其运河以西，凡太湖出水之口，但就有港可通、有桥可泄之处，为之清厘占塞，规仿旧额，务使分流得以迅速无阻。其运河以东，三江故道，除黄浦为浙西水口，现在尚属深通，但于泖口挑除新涨芦墩三处，足资畅泄，无庸大办外，其吴淞江自庞山湖以下，娄江自娄门以下，凡有浅狭阻滞处所，相度情形，疏浚宽深，务与上源所泄之数足相容纳。其江身中段，一切植芦插簖及冒占水面之区，查明尽数铲除，嗣后仍严为之禁。……并即以挑河之土，俾令中加培圩岸。"④该项水利工程，始于乾隆二十八年十二月，次年三月完工，用白金22万余两。⑤

从雍正到乾隆年间，清政府多次大规模治理三江。据武同举先生在《江苏水利全书》中统计，清代疏浚浏河19次之多，居各水道疏浚次数之首。吴淞江的疏浚次数也

---

① (清)慕天颜《水利足民裕国疏》，(清)贺长龄辑：《皇朝经世文编》卷二六《户政一·理财上》，沈云龙：《近代中国史料丛刊》第一编第731册，台湾文海出版社有限公司1996年版，第956页。

② 乾隆《清朝文献通考》卷六《田赋考六》，《影印文渊阁四库全书》第632册，台湾商务印书馆1986年版，第140页。

③ 同治《苏州府志》卷一一《水利》，《中国地方志集成》江苏府县志辑7，江苏古籍出版社1991年版，第297—298页。

④ (清)庄有恭：《奏浚三江水利疏》，(清)贺长龄辑：《皇朝经世文编》卷一一三《工政十九·江苏水利下》，沈云龙主编：《近代中国史料丛刊》第一编第731册，台湾文海出版社有限公司1966年版，第3956页。

⑤ 同治《苏州府志》卷一一《水利》，《中国地方志集成》江苏府县志辑7，江苏古籍出版社1991年版，第301页。

不少，但“三江”无法恢复昔日的地位，太湖下游泄水日益依赖黄浦江。

整治江南运河

练湖位于镇江府丹阳县南河谷丘陵地带，江南运河以西不远处，成为灌溉与江南漕运赖以调节的著名“水柜”。练湖有“冬、春启闸济运，夏、秋启涵灌田”[①]的作用，故时有“湖水放一寸，运河增一尺”之谚。

顺治六年(1649)六月，江南大水，佃户乔日洪等因惧怕练湖淹没其占湖之田，私自盗掘练湖黄金坝百余丈，导致湖水泻空事件，造成运河为泥沙淤塞、低乡为湖水淹没、高乡无水灌溉之灾。顺治九年(1652)，清政府修筑练湖黄金坝，使水尽归湖，并加固湖堤及废弃水闸。

康熙年间，重建丹徒县新河小闸，重申练湖侵佃之禁，上湖召垦，下湖铲废田亩，仍留蓄水；修建奔牛闸，对丹徒、丹阳两县运河进行疏浚整修。康熙十九年(1680)，丹徒乡宦张鹏奏疏反对复湖蓄水，主张“佃种升科”。不久，江苏巡抚慕天颜为增加田赋收入为名，奏请将上练湖垦荒，升科出租，康熙允准：“上湖高仰，召民佃种，下湖低注，仍留蓄水。”从此，上湖尽成田亩，下湖在不到20年时间内，先后四次垦殖升科达7200亩，练湖几乎全部成田地，完全丧失了灌溉与“济运”的作用。康熙四十六年(1707)，康熙帝最后一次南巡时，丹阳百姓派代表依实具奏，康熙决定恢复丹阳练湖蓄水旧制，颁旨“界田”，恢复了练湖蓄水旧制，并规定“湖中鱼菱出息，令该县主簿收管报销”，以作修湖之用。此后，地方官“如有闸涵残缺，堤埂坍倒，不为修筑，即行详参。倘有奸民掘盗，严拏从重治罪”。康熙五十五年(1716)，丹阳百姓有感于康熙帝复湖之惠，在下练湖中心地段建“圣恩亭”，镌刻“万世永赖”字碑。[②]

雍正中，修建京口、张官渡、陵口、吕城各闸，并修通江小闸、丹徒横闸、越河闸，修葺练湖临河滚水坝4座，疏浚京口至吕城间河道。乾隆年间，大力整治徒阳运河。嘉庆时，重修京口闸、新河小闸及南门闸，并于黄泥坝建闸。[③]

3. 修整海塘

江苏海塘可分为长江以北的苏北海堤和长江以南的苏松海塘。

整修范公堤

江苏江北沿海，居淮河下游，东濒大海，淮河入海口以北，古海岸线在硕项湖东，自湖以西，地势渐高，无捍海堤岸。淮河入海口以南，古海岸线在射阳湖东，自湖以

---

①② 光绪《重修丹阳县志》卷三《水利》，《中国方志丛书》华中地方第409号，台湾成文出版社有限公司1983年版，第141、147页。

③ 武同书：《江苏水利全书》(第四编)卷二七《江南运河》，南京水利实验处印行1951年版，第2页。

南，地势低洼，历史上就建有捍海堤堰。唐代有李承筑楚州捍海堰 142 里。北宋范仲淹在此基础上，稍加移堰，筑泰州捍海堰 143 里，人称“范公堤”。此后沿海捍海堰工程，统名“范公堤”。后经历朝修筑，范公堤东南迤至通州，连贯通州、泰州、楚州 3 州捍海堰。范公堤“起自吕四场，讫于庙湾场，共八百里有奇”①。随着时间推移，由于海岸线不断向外推移，明代以后的范公堤已逐渐远离海岸，堤外海滩成为著名的盐场。范公堤堤坝年久失修，毁损不堪，清政府对范公堤不断进行了整修。

雍正二年(1724)七月十八至十九日，一场特大风暴袭击了江浙沿海地区，造成重大人员伤亡和财产损失，江苏仅东台沿海各盐场即溺死数万余人。泰州“海水泛溢，漂没官民田八百余顷”②。江苏北部沿海风暴海啸，潮决范公堤，大水入城，市上行舟，漂没一空，诸沙居民均被淹，浮尸满河。雍正五年(1727)十二月，应两江总督范时绎奏请，加筑范公堤，“自泰州东台场三里湾起，至兴化刘庄场止，一万一千丈”。

雍正十年(1732)，总河嵇曾筠修范公堤，将“泰州属栟茶、角斜二场旧堤移进四五里，即今堤，一称嵇公堤”。乾隆年间，大修范公堤各闸及下河水道。乾隆五年(1740)，“自盐城县北境之刘端浦，向西北开河，与庙湾射阳河相接。庙湾以南，旧有串场河及范堤，不知何时湮没数十里，今范堤自盐城上冈以南，俱在串场河东岸，独自上冈以北，在串场河西岸，古今异势矣”。乾隆十一年(1746)，“修范堤，并增修避潮墩，计共一百三十三座，其时海岸东移”③。

苏松海塘

苏松海塘，包括今上海市与江苏太仓、常熟两县的沿海、沿江塘堤。清代，江苏海塘因潮汐的影响不如钱塘江沿岸严重，但受海潮和风暴影响，一些海塘经常坍塌毁损，特别是土塘更易遭受损坏。清代江苏江南海塘建设重点主要在松江府属各州县，苏州府仅有太仓州和常熟、昭文等县进行海塘修建，加固海塘或将土海塘改建为石塘，成为当时海塘建设的主要工作。

雍正二年(1724)，海潮暴风冲击东南沿海，吏部尚书朱轼奉命查勘江浙一带海塘。次年(1725)二月，清廷花费 17 万银两新修松江府松江县一带条石海塘3800余丈。雍正四、五年间，华亭县、松江县沿海海塘均改建为石海塘。雍正五年(1727)，吴淞海塘也改建为石塘。其间，松江府属沿海各州县还加固了土塘数百里。乾隆年间，江南海塘继续向宝山以北延伸。乾隆十七年 (1752)，太仓知州朱楚望自浏河口至昭文县界，筑海塘 50 里。乾隆十九年(1754)，御史陈作梅修筑自太仓州界至常熟县界

---

①③　武同举：《江苏水利全书》(第七编)卷四三《江北海堤·范公堤》，南京水利实验处印 1951 年版，第 1 页。

②　(民国)赵尔巽等：《清史稿》卷四〇《灾异一》，中华书局 1974 年版，第 1543 页。

海塘，全长60里。同年，镇洋县（今属江苏太仓）接筑土塘，自航船港起，至楚璜泾止。民众杨炯等人捐资接筑土塘，自楚璜泾起至墅沟桥止。[①] 据清朝常熟文人郑光祖记载，“乾隆十九年，沿海一二里筑塘捍御，俾以后有备无患。塘高一丈，面阔一丈，底阔三丈六尺，塘外连路空五尺，塘内四尺许，原户耕种亦邀免赋，以补堆去田亩之苦，四丈之内又开塘河五丈，河边连河又空一丈，共十四丈一尺，一并豁粮。是塘西北自江阴君山起，东南过常昭，经太宝，越黄浦，东南直接松江石塘，共长九百八十四里”[②]。此后，苏松海塘经过不断加筑、整修，有些地段甚至出现双重或三重海塘，它们对保护沿海民众的生命和财产安全发挥了重要作用。

三　田地、人口和赋税

1. 田地和人口

田地

清代土地因袭明制，主要分为官田、民田两大类。清代官田（即国有土地）主要有屯田、学田、旗田、庄田等。清法律规定，官田禁买卖和出租，违者治罪。实际上，清代官田私自转让、买卖从未间断，官田不断向民地转化。到光绪年间，清政府屡禁不止，只好承认官田买卖的合法化。清代官田“只有官田之赋，而无官田之实”，清朝在平定江南后，干脆“以万历时赋额为准，无复有官田、民田之分”。至康熙时，将明遗留下来的官田酌量变价，给予原耕种者，改为民产，是为“更名地”，永为世业，令与民田一并输粮，免其纳租。到清后期，江苏官田在耕地总面积中所占比例越来越低。

官田之外皆属民田，民田为“民间恒产，听其买卖”，既可以自由买卖，也可继承、转让。清代民田，以土质分为上、中、下三种。以耕种情况和用途分为荒地（未开垦的土地）、荒田（垦而未种的土地）、熟地、小地（畸零地）、灶地（沿海煮盐的土地）、备荒地（专用以备荒），其余皆称为白地。乾隆十八（1753）江苏省有民田68908445亩[③]，乾隆三十一年（1766）有民田65981720亩[④]。

清前期，江苏省的耕地面积：康熙二十四（1685）有675154顷，雍正二年（1724）有693324顷，乾隆三十一年（1766）有674238顷，嘉庆十七年（1812）有720895顷，咸丰

---

① 民国《镇洋县志》卷三《水利》，《中国方志丛书》华中地方第177号，台湾成文出版社有限公司1975年版，第93页。

② （清）郑光祖：《醒世一斑录·杂述》卷一《海塘》，《续修四库全书》第1140册，上海古籍出版社2006年版，第74页。

③ 梁方仲：《中国历代户口、田地、田赋统计》，乙表73《清乾隆十八（1753）各省人丁、民田、赋银粮及其平均和数和赋粮的起运存留米数》，上海人民出版社1980年版，第394页。

④ 梁方仲：《中国历代户口、田地、田赋统计》，乙表74《清乾隆三十一（1766）各省人丁、民田、赋银粮及其平均和数和赋粮的起运存留米数》，上海人民出版1980年版，第396页。

元年(1851)有 647547 顷。[①]

人口

清制,男子 16 至 60 岁称“丁”,女子统称为“口”,未成丁(男 16 岁以下)也称“口”,丁口系于户。丁口既是当时统计人口的基本计量单位,亦是派征丁银、徭役的依据单位。清代在雍正初年推行“摊丁入亩”措施之前,男丁需交纳丁银及承担徭役。许多贫苦农民不能忍受丁银不均的负担,以逃亡躲避户丁的编审,结果造成户丁越审越少。如常州府溧阳县,顺治五年(1648)增 8709 丁,顺治十四年(1657)增 1063 丁,康熙元年(1662)增 224 丁,康熙十五年(1676)增 316 丁,康熙三十年(1691)增 38 丁,康熙三十五年(1696)增 33 丁,康熙四十五年(1706)增 6 丁,康熙五十年(1711)增 8 丁。[②]

雍正年间,推行“摊丁入亩”,人丁有所增长。乾隆五年(1740)后,清政府推行保甲户口统计法,改变以前每五年一次编审人丁时计丁而不计口的做法,将人丁、女口均列入人口统计,合称“丁口”。顺治十八年(1661),江南省(含江苏、安徽两省)人丁 3453524 口;康熙二十四年(1685),江苏省人丁 2657750 口;雍正二年(1724),人丁 2673208 口;乾隆十四年(1749),人丁 20972437 口;乾隆三十二年(1767)人丁 23779812 口,人丁占全省总人口的 11%—12%,在全国各省中属于人丁比例较高的省份。[③] 乾隆十八(1753),江苏省有 5478287 户,丁口 12618987 口,每户平均丁口 2.3 人。[④]

经济的发展导致人口不断增加,人口密度(每平方公里人口数)也随之提高。顺治十八年(1661),江南省人口密度每平方公里 13.22 人。康熙二十四年(1685),江苏省人口密度每平方公里 26.89 人,雍正二年(1724)每平方公里 27.05 人,乾隆十八年(1753)每平方公里 127.8 人,乾隆三十二年(1767)每平方公里 240.64 人,乾隆五十一年至五十六年(1786—1791)每平方公里 322.88 人,嘉庆十七年(1812)每平方公里 382.95 人,道光十年至十九年(1830—1839)每平方公里 424.62 人,咸丰元年(1851)

---

① 李文治:《中国近代农业史资料》(第一辑),生活·读书·新知三联书店 1957 年版,第 60 页。

② 光绪《溧阳县志》卷六《食货志》,《中国方志丛书》华中地方第 47 号,台湾成文出版社有限公司 1983 年版,第 162 页。

③ 梁方仲:《中国历代户口、田地、田赋统计》,甲表 78《清顺治、康熙、雍正、乾隆(初、中期)四朝各直省人丁数》、甲表 78《清顺治、康熙、雍正、乾隆四朝各直省人丁数占其总数的百分比》,上海人民出版社 1980 年版,第 258—259 页。

④ 梁方仲:《中国历代户口、田地、田赋统计》,甲表 81《清乾隆十八(1753)各直省户、丁口及每户平均数》,上海人民出版社 1980 年版,第 261 页。

每平方公里 448.32 人，与同期其他省份相比，江苏省人口密度最高。①

表 8　清嘉庆二十五年(1820)江苏省各府州人口密度表②

（单位：人）

府　州	丁　口	面积(平方公里)	密度(每平方公里人口数)
江宁府	1874018	7200	260.28
苏州府	5473348	5100	1073.21
常州府	3895772	8700	447.79
镇江府	2194654	4200	522.54
淮安府	1637591	18600	88.04
扬州府	3267522	16200	201.69
徐州府	1840194	15600	117.96
太仓直隶州	1772230	3300	537.04
海州直隶州	585480	6600	88.71
通州直隶州	982974	2100	109.22
海门直隶厅	239879		

2. 田赋

顺治元年(1644)七月，清廷颁诏天下，取消明末的“三饷”加派。顺治十一年(1654)，下令编订《赋役全书》，至顺治十四年(1657)完成。《赋役全书》记载了各地赋役数额和标准的册籍，成为官府公布的征收赋役的税则，“凡征收、完纳、解运、支销、考成、蠲免诸法悉据此书”。此外，清廷还编订了《鱼鳞册》(即土地册，详细记载了上中下田科则)和《黄册》(即户口册)。康熙二十四年(1685)，重修《赋役全书》，二十六年(1687)书成，成为各省赋税征收的主要依据。清代田赋是按田亩征收的土地税，征于民田，主要项类有地丁、漕粮、耗羡、租课等。

地丁银

清代，江苏始终是全国的重赋区，地丁之重，甲于全国。康熙初年，江苏省地丁正

① 梁方仲:《中国历代户口、田地、田赋统计》，甲表 87《清代各直省人口密度(每平方公里人口数)》，上海人民出版社 1980 年版，第 272 页。

② 梁方仲:《中国历代户口、田地、田赋统计》，甲表 88《清嘉庆二十五年(1820)各府州人口密度(每平方公里人口数)编制》，上海人民出版社 1980 年版，第 273 页。

银3996176.36两，遇闰加征26593.04两，占全国正额总数的13.77%。[①] 康熙二十四年(1685)，全国田赋银24449724两，粮4331131石，江苏省田赋银3680192两，粮365570石，江苏省占全国征银总数的15%，粮占全国总赋粮的8.4%。[②] 雍正二年(1724)，全国田赋银26362541两，粮4731400石。江苏省田赋银3719942两，粮276838石，江苏省占全国征银总数的14%，粮占全国总赋粮的6%。[③]

雍正时，清廷实行"摊丁入亩"，地丁合一，赋役合并，把丁税平均摊入田赋中，统一征收的地丁银，从此，丁银随粮赋起征，成为清朝的赋役制度"地丁银"。"摊丁入地"并未取消丁银，只是改变了丁银的征收方式。雍正五年十二月二十日，应两江总督范时绎奏请，清廷批准：从雍正六年(1628)起，江苏、安徽两省"摊丁入地"[④]，每亩摊丁银一厘一毫至六分二厘九毫不等，"丁随田办"，屯丁亦同时摊入屯卫田，名曰"地丁"。"山阳一县每地银一两，摊征丁银一两六钱有奇，又江宁县归并外卫地，银一两亦摊丁银一两二分有奇，似乎独重。但按亩而计，山阳县每亩原征银一分八厘零，今加人丁项不足五分之数。江宁归并外卫，每亩征银一分九厘零，今加人丁项尚不足三分九厘之数。再收租粮均输犹易，若责之无地光丁，不无追呼之扰。如海州、山阳、高邮、江都四州县无地军丁额数无几，均入民田，每亩所增不过丝毫之间。"[⑤]在按银或按粮匀摊丁银的州县中，实际征收时，还要匀入田亩之内。通州按银摊征，每两该匀人丁银一钱一分有奇。而民田科则中也记载，民上田每亩摊人丁银一分三毫七丝零，民中田每亩科人丁银五厘一毫八丝零，民下田每亩科人丁银二厘五毫九丝零。[⑥]

乾隆十八年(1753)，全国赋银29611201，赋粮8406422石。江苏赋银3371334两，占全国征银总数的11%，粮2155021石，占全国的26%。[⑦] 乾隆三十一年(1766)，全国赋银29917761两，赋粮8317735石。江苏赋银3255236两，占全国征银总数的

① 梁方仲：《中国历代户口、田地、田赋统计》，乙表78《清康熙初年各直省地丁银数(1662—1695)》，上海人民出版社1980年版，第414页。

② 梁方仲：《中国历代户口、田地、田赋统计》，乙表71《清康熙二十四年(1685)各直省人丁、田地、田赋及其平均数》，上海人民出版社1980年版，第392页。

③ 梁方仲：《中国历代户口、田地、田赋统计》，乙表72《清雍正二年(1724)各直省人丁、田地、田赋及其平均数》，上海人民出版社1980年版，第393页。

④ 《清世宗宪皇帝实录》卷六四，雍正五年十二月辛丑条，中华书局1985年版，第988页。

⑤ 乾隆《江南通志》卷六八《食货志·田赋二》，《影印文渊阁四库全书》第509册，台湾商务印书馆1986年版，第21页。

⑥ 乾隆《直隶通州志》卷五《民赋志》，乾隆二十年(1755)刻本。

⑦ 梁方仲：《中国历代户口、田地、田赋统计》，乙表73《乾隆十八年(1753)各直省人丁、民田、赋银粮及其平均数》，上海人民出版社1980年版，第394页。

11%，粮2085451石，占全国的25%以上。[①] 康熙初，时任江苏巡抚韩世琦说："财赋之重，首称江南，而江南之中，惟苏、松为最。"[②]由于田赋沉重，加之官员贪污，造成江苏各地逋欠现象十分严重。"康熙八年以前奏销之数，每年欠至六七十万，大半欠在苏、松。"[③]康熙十九年(1680)，清廷豁免江南苏松等府康熙十二年(1673)前所积欠赋税。

乾隆年间，江苏田赋地丁银征收有所下降。乾隆十八年(1753)江苏共征地丁银3371334两，比康熙二十四年(1685)3680192两和雍正二年(1724)3719942两分别降低了8.4%和9.4%。乾隆三十一年(1766)，江苏实征地丁银3255236两，又比乾隆十八年降低了3.5%。[④] 自嘉庆二十三年(1818)始，地丁银分上、下忙征收，上忙征收六月底截止，下忙十二月底截止。嘉庆二十五年(1820)，江苏实征地丁正耗银3083413两，占全国的10.2%，比乾隆年间略有减少。道光年间，江苏地丁定额3625814两，占全国定额总数10.87%。道光二十一年(1841)时，江苏实征地丁银3563686两，占全国12.11%，完成定额98.3%。道光二十二年(1842)，由于英军入侵江苏沿江地区，实征地丁银2531320两，仅完成定额69.8%。"道光二十五年实征二百八十九万千二十三两有奇，道光二十九年实征百八十七万九千六百十四两有奇。"[⑤]

表9 雍正十三年(1735)江苏各府州田赋实征表[⑥]

府 别	实田(顷)	地丁银(两)	面积(平方公里)
苏州府	62665	668392	6472
常州府	62350	580072	7735
镇江府	50750	313120	4917
太仓州	35016	329165	4593
江宁府	52614	255144	8009

---

① 梁方仲：《中国历代户口、田地、田赋统计》，乙表74《清乾隆三十一年(1766)各直省人丁、民田、赋银粮及其平均数》，上海人民出版社1980年版，第396页。

② (清)韩世琦：《请减浮粮疏》，乾隆《苏州府志》卷十《田赋三》，乾隆十三年(1748)刻本。

③ (清)慕天颜：《辑瑞陈言》卷一《请减苏松钱粮疏》，道光四年(1824)《抚吴封事》附刊本。

④ 梁方仲：《中国历代户口、田地、田赋统计》，乙表66《清顺治、康熙、雍正、乾隆四朝各直省田赋数》，上海人民出版社1980年版，第387页。

⑤ (清)王庆云：《石渠余纪》卷三《直省地丁表》，沈云龙主编：《近代中国史料丛刊》第一编第75册，台湾文海出版社1966年版，第283—284页。

⑥ 乾隆《江南通志》卷六九至卷七一《田赋》，《影印文渊阁四库全书》第509册，台湾商务印书馆1986年版。表格制作过程中，参阅了台湾"中央研究院"王树槐：《中国现代化的区域研究——江苏省(1860—1916)》("中央研究院"近代史研究所1984年版，第18页)一书中的《雍正十三年(1735)实征表》，删除现已属上海市的松江府相关数据，并作相应变动。

续表

府　别	实田(顷)	地丁银(两)	面积(平方公里)
扬州府	81951	268176	17615
淮安府	90753	186723	20081
徐州府	126118	235338	16508
海　州	28969	63367	9569
通　州	54950	99737	8398
总　计	646136	2999234	103897

漕粮

漕粮,是清政府向江苏、安徽、浙江、湖南等省征收的米豆等粮食,因需通过漕运至京师作为中央官吏及京师军队食用的俸饷,故称"漕粮"。其漕运至京师仓库者为正兑,以备八旗营兵食用;储于通州仓廪者为改兑。

清初,漕粮基本征收本色,但江苏高淳、溧水、安东(今江苏涟水县)等县沿袭明制,"永折"漕粮,纳银的漕粮,称之为"粮折",列入地丁银项类征收。普通漕粮之外,在江苏苏州、松江、常州、太仓4府州及浙江嘉兴、湖州2府另征有"白粮"(糯米),随漕解运京、通,供内府奉祭、藩属廪饩及王公百官食用。清初定漕运江苏原额1113000石,改兑93950石,此后漕运数额稍有增减。乾隆十八(1753),江苏省有人丁12628987口,民田68908445亩,每年赋银3371334两,额定征赋米、麦、豆2155021石,其中漕运京师1716889石,留存本省经费438132石,岁漕占赋粮的80%,占全国漕运总数的25.63%。[①] 是年,江苏漕运米、麦、豆实数1237884石,占全国漕运总数的36.09%。乾隆二十五年(1760),江苏省设立江安督粮道和苏、松督粮道后,凡征收漕粮均分别由两督粮道征收与结报。乾隆三十一年(1766),江苏省人丁23779812口,民田65981720亩,每年赋银3255236两,赋粮2085451石,岁漕京师1762601石,留存本省经费322850石[②],岁漕运解数占实征赋粮的85%,占全国漕运总数的25.07%。道光十九年(1839),江苏额定正漕1524005石。咸丰、同治以后,各省渐改征折色,仅有江苏、浙江两省仍行漕运,江苏定运漕粮额60万石,各府州按实征平均分配。清后期,宁属(江宁布政使辖区)皆征折色,而苏属(苏州布政使辖区)本折兼纳,悉听民便。

---

① 梁方仲:《中国历代户口、田地、田赋统计》,乙表73《清乾隆十八(1753)各省人丁、民田、赋银粮及其平均和数和赋粮的起运存留米数》,上海人民出版社1980年版,第394页。

② 梁方仲:《中国历代户口、田地、田赋统计》,乙表74《清乾隆三十一(1766)各省人丁、民田、赋银粮及其平均和数和赋粮的起运存留米数》,上海人民出版社1980年版,第396页。

羡余，是清代地方官吏以征收钱粮造成的损耗为名，于正赋以外所征收的附加税、手续费、杂费等总称为“羡余”(或耗羡)。耗羡因是正额之外加派，不法官吏常从中侵蚀。雍正二年(1724)，清廷将耗羡归公，解决各省文职人员养廉经费。雍正十三年(1735)，乾隆帝继位不久，即发现耗羡征收的种种弊端，指出耗羡“可减而决不可增……然江南赋重之区，如苏、松、常、镇四府额赋较之他省，几及数倍。雍正六年以前，每两加耗仅五分，雍正六年以后，增至加一(钱)，且有司又复巧取苛索，民何以堪？其令江南督抚详加酌定，量减分数征收，不得仍前重耗困民，倘敢阳奉阴违，朕必于该督抚是问”[①]。乾隆时确定江苏耗羡银总额为478480两，为正额的13.2%。嘉庆年间，江苏实征耗羡银205564两，占正额的8%。道光九年(1829)，随地丁银征收耗羡银，苏州府、松江府、太仓州所属每征银一两随征耗羡银五分，常州府、镇江府所属州县随征耗羡银七分。“宁属除加津不征耗外，其余征收正银一两皆加收一分耗银，内惟海门耗银其田由通州划给者则加一分，由崇明划给者则加五分，通(州)、崇(明)牵算每正银一两，随解耗银九分三厘，解交司库拨给各官养廉之用。”[②]

表10　嘉庆二十五年(1820)江苏各府州赋银额征表[③]

府　别	实田(顷)	地丁银(两)
苏州府	62225	558804
常州府	55792	567439
镇江府	50263	304121
太仓州	39197	269876
江宁府	52339	253410
扬州府	70450	228163
淮安府	72205	144793
徐州府	118642	222828
海　州	29675	55376
通　州	52400	94809
海　门	5228	3590
总　计	608416	2703209

① 《清高宗纯皇帝实录》卷七，雍正十三年十一月癸亥条，中华书局1985年版，第290页。

② 江苏省地方志编纂委员会：《江苏省志·财政志》(上)，江苏古籍出版社1996年版，第57页。

③ 据嘉庆《一统志》卷七三至卷一〇七相关数据。表格制作过程中，参阅了台湾“中央研究院”王树槐在《中国现代化的区域研究——江苏省(1860—1916)》(“中央研究院”近代史研究所1984年初版，第19页)一书中的《嘉庆25年(1820)赋银额征表》，删除松江府相关数据，并作相应变动。

租课

屯田赋(屯银)。清前期江苏省屯田及屯银:清雍正二年(1724)有屯田1159773亩,屯银38412两;乾隆十八年(1753)有屯田1159692亩,屯银37035两;乾隆三十一年(1766)有屯田1442124亩,屯银35655两。[①]

芦课。江苏省沿江、沿海新涨之滩地多产芦苇,由官征课,是为芦课(或称滩租、草息),江苏新涨滩地,有江滩、海滩之别。清代,江苏滩地5年复丈申报(只有靖江县按年查报),涨则升课,坍则除粮。课银自五、六厘至一钱数分不等。乾隆十八年(1753)江苏芦地4479798亩,芦课银15.32万两,至光绪末减为12.5万两。[②]

学租。清前期江苏省学田数及征租银:雍正二年(1724)江苏学田43509亩,征租银5716两;乾隆十八年(1753),江苏学田41858亩,征租银5491两。[③] 乾隆六十年(1795)时,江苏仍有学田41858亩,学租额银5491两。[④]

第二节　手工业

一　丝织业

1. 官营丝织业

清代,江苏的江宁和苏州是全国丝织业的中心城市,清政府在江宁和苏州均设有官营织造衙门——织造局。[⑤]

清代织造局"岁织内用缎匹,并祭祀制帛、诰敕等件,各有定式"[⑥]。"顺治初年,定御用礼服,及四时衣服,各宫及皇子公主朝服衣服,均依礼部定式,移交江宁、苏州、杭州三处织造恭进。"[⑦]江南三局各有侧重,分工不同。江宁织造局主要织造上用缎匹,苏、杭二局则主要织造皇室成员、户部所用赐缎匹。"康熙四年十一月呈准,大红蟒

---

① 梁方仲:《中国历代户口、田地、田赋统计》,乙表84《清雍正二年(1724)、乾隆十八年(1753)、乾隆三十一年(1766)各直省屯田、屯赋及其平均数》,上海人民出版社1980年版,第420页。

② 江苏省地方志编纂志委员会:《江苏省志·财政志》,江苏古籍出版社1996年版,第59页。

③ 梁方仲:《中国历代户口、田地、田赋统计》,乙表85《清雍正二年(1724)乾隆十八(1753)各直省学田及田租数》,上海人民出版社1980年版,第422页。

④ 乾隆《钦定大清会典》卷一〇《户部·田赋》,《影印摛藻堂四库全书荟要》第198册,台湾世界书局1990年版,第123页。

⑤ 清初曾在镇江设织造局,但不久即撤销。

⑥ 雍正《大清会典》卷二〇一《工部·织造》,沈云龙主编:《近代中国史料丛刊》第三编,台湾文海出版社有限公司1994年版。

⑦ 光绪《大清会典事例》卷一一九〇《内务府·库藏》,上海商务印书馆1935年版。

缎、大红缎、片金、拆缨等项派江宁织造处承办;纺丝绫杭细等项,派杭州织造处承办;毛青布等项,派苏州织造处承办。其三处织造,每年织造缎纱绸绫纺丝布匹绒线等项,由缎库茶库官员拟定花样颜色数目,分派该织造处照样承办解送,其缎匹绸绫到京时,暂存银库,呈明派官挑选,将所收数目具奏,并移会户部销算。”①

江宁织造局

顺治二年(1645),洪承畴恢复江宁织造局,初期分为织造衙署和织局两部分。“织造衙署”是督理织造官吏驻扎及管理织造行政事务的官署,而“织局”是织造生产的官局作场。康熙时,专设“江宁织造”。自康熙二年至雍正五年(1663—1727),清代著名作家曹雪芹的曾祖曹玺、祖父曹寅、伯父曹颙、父亲曹頫,三代4人先后担任江宁织造。乾隆十六年(1751),为了乾隆南巡,江宁织造衙署改建为“行宫”,织造事务由藩司兼管,不再另设织造衙署。乾隆三十三年(1768),恢复织造,新任织造舒文“买淮青桥东北民房,改建织造衙署”②。江宁督理织造“掌造作缣帛纱谷之事,用异其物,品异其式,月有要,岁有会,检其不如法者”。江宁织造还兼管江宁龙江、西新关务。

清初,江南三大织局中,江宁织造局最早恢复生产,织局分为三个生产部分:供应机房、倭缎机房和诰帛机房。清初,清廷所需各式锦缎供服用、陈设、饰用、赏赐,数量极大,遭受破坏较少的江宁织局便奉命招募工匠开织。顺治八年(1651),清廷谕旨:“织造局照额设钱粮,买丝招匠,按式织造。”此后,“买丝招匠”成为江南三大织造局主要生产经营形式。

顺治年间,江宁织造局额设织机565张,其中缎机335张,部机230张。雍正三年(1725),额设织机557张,其中缎机365张,部机192张。乾隆十年(1745)改为600张,外加神帛诰机65张,共665张,机匠及摇纺染匠所管高手等共2557名。③ 江宁织局主要织造上用缎匹、官用缎匹、部缎及神帛等。康熙五十年(1711),解交上用缎匹945匹,官用缎匹2815匹。雍正十三年(1735),江宁织局共织造上用缎2265匹,官用缎1610匹,部缎1157匹,年例制帛400端,驾衣4206件,线罗8匹,不计匠银,共销银73118两。④ 自乾隆元年至咸丰初,江宁织造局年均织造缎匹3585匹,加上其他零星

---

① 彭泽益:《中国近代手工业史资料第一卷(1840—1949)》(中国科学院经济研究所,中国近代经济史参考资料丛刊第四种),生活·读书·新知三联书店1957年版,第84—85页。

② 嘉庆《江宁府志》卷一二《建置》,《中国方志丛书》华中地方第128号,台湾成文出版社有限公司1974年版,第459—460页。

③ 雍正《大清会典》卷二〇一《工部·织造》,沈云龙主编:《近代中国史料丛刊》第三编,台湾文海出版社1995年版;乾隆《大清会典则例》卷三八《户部·库藏》《影印文渊阁四库全书》第620册,台湾商务印书馆1983年版。

④ 乾隆元年八月三日,户部尚书张廷玉题本。转引自范金民、金文:《江南丝绸史研究》,农业出版社1993年版,第167页。

织物,约有4000匹左右。[①] 清代,南京缎匹种类繁多,且不断向高级发展。南京缎有头号、二号、三号,都是用八丝织成,较次品种则用七丝、五丝。头号经线多至17000根,三号也有9500根(明代为5000—6000根)。[②] 咸丰三年(1853),江宁织局因太平天国毁损而停织,同治四年(1865),恢复重建,但风光不再,产量远不如前。光绪三十年(1904)五月二十七日,江宁织造局被清政府裁撤。

苏州织造局

顺治三年(1646),工部侍郎陈有明督理苏杭织造,在明苏州织染局的旧基上建成织染局,在明外戚周奎的旧宅基上创建新的苏州总织局。"总织局前后二所,大门三间,验缎厅三间,机房一百九十六间,外局神祠七间,织缎房五间,染作房五间,灶厨菜房二十余间。四面围墙一百六十八丈,开沟一带,长四十一丈,厘然成局,粲然可观。"[③]苏州重设织造局,分织造署与织局两部分。顺治十年(1653),工部右侍郎周天成继任织造,在苏州收买民房扩建总织局,称南局,改织染局为北局。每局分设头目3人管理,名为"所官",下设总高手、高手以及各项管工、技工等。不久,又购置民房设立织机,分设南新局和北新局。

顺治初年,苏州织染局有铺机350张,总织局铺机450张。织染局"满足织挽匠役一千五十名,挑倒花匠、折绣看守等役一百二十余名。每月支粮五百余石。总织局召足匠役一千二百五十名,折绣看守等役一百二十名"。"设所官三员,专司点闸;管事十一名,分头料理,管工十二人,催攒工程;高手十二人,指导织挽。"[④]

顺治三年(1646),陈有明"佥报苏、松、常三府巨室充当机户",以恢复苏州织造局的生产。所谓"佥报"即派充,苏州总织局按照所派充地区分设苏州、松江、常州三个织造堂,分别编列为二十三号,额设花素织机450张,工匠1160名;织染局编列为十九号,额设花素织机400张,工匠1170名。[⑤] 顺治十一年(1654),苏州织造局"奉旨裁革机户",暂时停产。雍正三年(1725),苏州织造局有织机710张。乾隆十年(1749),局设织机663张。[⑥] 咸丰十年(1860),苏州织造局毁于战火。同治二年(1863)后,苏

① 范金民、金文:《江南丝绸史研究》,农业出版社1993年版,第171页。

② 许涤新、吴承明主编:《中国资本主义发展史》第一卷《中国资本主义的萌芽》,人民出版社1985年,第363—364页。

③ 《苏州织造局图题记》,苏州历史博物馆等编:《明清苏州工商业碑刻集》,江苏人民出版社1981年版,第9页。

④ 《织造经制记》,江苏省博物馆编:《江苏省明清以来碑刻资料选集》,生活·读书·新知三联书店1959年版,第1—3页。

⑤ (清)孙珮:《苏州织造局志》卷四《机张》,江苏人民出版社1959年版,第20页。

⑥ 雍正《大清会典》卷二〇一《工部·织造》,沈云龙主编:《近代中国史料丛刊》第三编,台湾文海出版社1995年;乾隆《大清会典则例》卷三八《户部·库藏》,《影印文渊阁四库全书》第620册,台湾商务印书馆1983年版。

州织造逐步恢复，由于机房不够，织机不敷时雇请民间机匠织造，下设6所，每所分管机户40余人。至清末，苏州官府织造仅剩总织局一处，织机200余张。光绪三十二年（1906），苏州织造局被裁撤。

自康熙四十七年（1706）至康熙末年，苏州织造每年平均织解上用、宫用、部派缎纱4500匹左右。自雍正元年（1723）的起，苏州每年“于江苏藩库支领银六万四千五百两为织办等项之用”。当年解上用缎纱981匹，官用缎纱1600匹，户部派织大蟒等缎1661匹。雍正十三年（1735），织解上用缎纱456匹，官用缎纱锦3606匹，部派纱宫䌷片金锦1157匹。雍正一代织缎匹与康熙后期，约在4300匹左右。乾隆至咸丰初年，苏州织造缎匹数每年约为3500匹。[①]

苏州织造局主要织造龙袍、锦缎、纱缎及采办金丝织绒等。织造缎匹分为上传特用、上用和官用三类，此外，根据需要还常临时补增。除专供皇室外，部分绸缎运往新疆、云南、贵州、蒙古及青海地区，作为郡王奉缎，由陕甘总督奉旨办理。同时，织造局还提供少量丝织品，与新疆、青海等地开展贸易。

“买丝招匠”制度

“买丝招匠”是清代江南官营织造业的主要生产组织方式。清代江南织局恢复之初，主要采用佥派民间乡绅、富户充当机户，发给价银，由这些机户买丝招募工匠织造。但所发官价银往往入不敷出，“大抵给发官价，仅及其半，机户赔补其半”。机户不堪赔累，抱怨不已。顺治八年（1651），清廷下令“禁革机户，买丝募匠造办”[②]。实际上“买丝招匠”制度到顺治十三年（1656）才真正开始执行。“买丝招匠”即民间机户承领官机后，发给“官机执照”，并由官局向户部支领价银，备办丝料，由领机机户雇募织工、机匠进局织造，限期按式，由机户交局。这种官营织造工场，实际是包工制经营。

清前期至咸丰前，江南织局生产平稳。太平军攻占江南后，江南织局毁损严重，被迫停产。清末，江南织局先后恢复，但由于经费等问题，官营织造业明显衰落。加之民间丝织的兴盛，清廷所需丝织品主要通过在局织造、向机户定织、市场购买三种方式取得。清后期，江宁织造局在各地采办的缎匹占每年应贡纳缎匹总数的80%以上。[③]

2. 民间丝织业

清前期，在官营丝织业发展的同时，一定程度上也促进民间丝织业的发展。顺治二年（1645），清廷废除匠籍。此后，江宁、苏州等官营织造局日益依赖民间机户织匠

---

① 范金民、金文：《江南丝绸史研究》，农业出版社1993年版，第159—162页。

② （清）孙珮：《苏州织造局志》卷一《沿革》，江苏人民出版社1959年版，第3页。

③ 范金民、金文：《江南丝绸史研究》，农业出版社1993年版，第182页。

和设备，即所谓“外造官机”。

清前期，是江宁民间丝织业发展的鼎盛期。清初，地方政府对南京民间机户曾有开机不得过百张的限制，一定程度上抑制了民间丝织业的发展。“江宁机房昔有限制，逾百张，张纳税当五十金，织造批准注册，给文凭然后敢织。”康熙年间，江宁机户联合具文公请江宁织造曹寅向清廷奏免额税，取消开机不得逾百的限制，后经曹寅奏请，得旨永免。江宁机户们感念曹寅奏免额税之恩，特在城南雨花冈修建“曹公祠”。清廷取消了机户开机限制后，江宁民间丝织业得到迅猛发展。乾隆、嘉庆年间，江宁的民间织机有“三万余计，其后稍稍零落，然犹万七八千”①。道光年间，江宁“缎机以三万计，纱绸绒绫不在此数”②。资本雄厚，“有力者畅所欲为，至道光间遂有开五六百张机者”。故时人金鳌说：“金陵首尚贡缎，机坊致富十室而九。”③

清代，江宁城南秦淮河两岸，为机户集中之地，“聚宝门内东西偏，业此者不下千数百家”。在军师巷附近，“机户之声，比户相闻”；在骁营附近，“机户最多，三五成邻”，而剪绒的机户则聚居于孝陵卫一带。④ 太平天国占领南京前，江宁城内外有缎机5万台，其中城内3.5万台，城郊乡村1.5万台。⑤ 江宁的丝织品有缎、绸、纱、罗等多种，以缎为大宗，品名有头号、二号、三号、八丝、冒丝等，绸有宁绸、宫绸、亮花绸等，纱有西纱、实地、芝地、直纱等。“剪绒”是清前期南京知名产品，“其盛与绸缎埒，交易之所在府署之西，地名绒庄，日中为市，负担而来者踵相接也”⑥。江宁所产“江绸”、“贡缎”驰誉全国，时人称“江绸贡缎之名甲天下”。江宁丝绸“北趋京师，东北并高句丽、辽、沈，西北走晋、绛，逾大河上秦、雍、甘、凉，西抵巴、蜀，西南之滇、黔，南越五岭、湖湘、豫章、两浙、七闽，溯淮、泗，道汝、洛，朝觐、燕飨、祭祀宾客，非宁绸贡缎，人或目慑之”⑦。江宁民间丝织业的繁荣还带动了相关缫丝、牵经、绸丝、络纬、染坊、靛蓝所、花样设计画师、挑花结本匠、织锦工(织手)等数十个行业的兴盛。

明清易代之际，苏州民间丝织业遭受破坏，康熙年间逐步恢复，至雍正、乾隆时已相当繁荣。苏州“东城比户习织，不啻万家，工匠各有专能，计日受值”⑧。与丝织业相适应的踹染业也得到相当发展，“苏城内外踹匠，不下万余”。清代政府还经常强迫

① 同治《上元江宁两县志》卷七《食货》，《中国方志丛书》华中地方第41号，台湾成文出版社有限公司1960年版，第166页。

② 同治《续纂江宁府志》卷一五《拾补》，《中国地方志集成》江苏府县志辑2，江苏古籍出版社1991年版，第583页。

③ (清)金鳌：《金陵待征录》卷八《志事》，《中国方志丛书》华中地方第438号，台湾成文出版社1983年版，第142页。

④⑥ (清)甘熙：《白下琐言》卷八，南京出版社2007年，第150页。

⑤ 彭泽益编：《中国近代手工业史资料(1840—1949)》(第二卷)，生活·读书·新知三联书店1957年版，第67页。

⑦ 同治《上元江宁两县志》卷七《食货考》，《中国方志丛书》华中地方第41号，台湾成文出版社有限公司1970年版，第166页。

⑧ 乾隆《元和县志》卷一六《特产》，《中国地方志集成》江苏府县志辑14，江苏古籍出版社1991年版，第204页。

"机户以织作输官,时或不足,至负官债"[①],导致许多机户破产、机工失业。

苏州周围的一些市镇及乡村民间丝织业也有较大发展,苏州城外唯亭镇蔡顾港"比户习织",盛泽、震泽等成为当时著名丝织业专业市镇。吴江县盛泽镇,明嘉靖年间"居民百家,以绸绫为业"。清初,盛泽镇"丝绸之利日扩,南北商贾咸萃焉,遂成巨镇",居民"竞治丝枲",机业日盛。乾隆时,盛泽镇"居民百倍于昔,绫绸之聚亦且十倍,四方大贾辇金至者无虚日,每日中为市,舟楫塞港,街道肩摩。盖其繁阜喧盛,实为邑中诸镇之第一"[②]。震泽县"丝,邑中盛有,西南境所缫丝光白而细,可为纱缎经,俗名经丝;其东境所缫丝稍粗,多以织绫䌷,俗称䌷丝。又有同宫丝、二蚕丝,皆可为䌷绫纬"[③]。震泽所产的"丝有头蚕、二蚕,较他处色更光白。其细者多为缎经。经以二丝纺为一,谓之经丝。粗者曰肥丝,织绸绫用之"。震泽镇居民中"亦有兼事纺经及织绸者。纺经以已丝为之,售予牙行,谓之'乡经';取丝于行代纺而受其值,谓之'料经'。织绸则有力者雇人,贫者多自为之。其花样逐时不同,有专精此者,其受直较多于他工"[④]。康熙年间,各地富商大贾到盛泽购买绫罗纱绸,"绫罗纱绸出盛泽镇,奔走衣被遍天下,富商大贾数千里辇万金而来,摩肩连袂,如一都会矣"[⑤]。清代以后,震泽镇蚕丝贸易也日益繁荣,逐渐成为区域性的蚕丝产销中心。早在清初,震泽"食货交易,贸丝枲粟为多"[⑥]。从清康熙中叶以后,蚕丝在对外贸易中逐渐成为重要的出口商品。乾隆时,震泽的丝市得到了进一步的发展,镇上"居民二千余家,栋宇鳞次,百货俱集,以贸易为事者,往来无虚日"[⑦]。

二 棉纺织业

随着棉纺织业的发展,清代江苏地区的棉纺织业无论产销规模、产品种类、生产技艺都有了进一步提高,耕织逐渐分离,与纺织有关的轧花、纺纱、织布、漂染、踹压等行业分工更加专业和细密,并出现了棉纱、棉布的交易市场。

清初,苏州长洲"产木棉花甚少,而纺之为纱,织之为布,农户习为恒产。不止乡落,虽城中亦然"[⑧]。乾隆年间,苏松地区棉纺织业更为发达,"江南苏松两郡最为繁

① 乾隆《重修元和县志》卷一〇,转引自彭泽益编:《中国近代手工业史资料(1840—1949)》(第一卷),生活·读书·新知三联书店1957年版,第101页。

② 乾隆《吴江县志》卷四《市镇村》,《中国方志丛书》华中地方第163号,台湾成文出版有限公司1975年版,第123页。

③ 乾隆《震泽县志》卷四《特产》,《中国地方志集成》江苏府县志辑23,江苏古籍出版社1991年版,第50页。

④ 道光《震泽镇志》卷二《风俗》,道光二十四年(1844)刻本。

⑤ 康熙《吴江县志》卷一七《物产》,康熙二十三年(1684)刻本。

⑥ 康熙《吴江县志续编》卷一《市镇》,康熙六十年(1721)刻本。

⑦ 乾隆《震泽县志》卷四《镇市村》,《中国地方志集成》江苏府县志辑23,江苏古籍出版社1991年版,第44页。

⑧ 民国《吴县志》卷五一《物产二》,《中国地方志集成》江苏府县志辑11,江苏古籍出版社1991年版,第842页。

庶，而贫乏之民得以俯仰有资者，不在丝而在布。女子七八岁以上，即能纺絮，十二三岁即能织布，一日之经营，尽足以供一日之用度而有余”[①]。乾隆后，苏州吴县、长洲所产棉布，“棉纱以经床经之，乃穿箝上机，织成阔者曰‘大布’，狭者曰‘小布’，大抵以箝密、缕匀、色白者为佳。诸乡所出，以长洲县北境相城、冶长泾等处为优，南、北桥次之”[②]。道光时，常熟盛产棉花，农家将棉花“轧而为絮，弹而为绵，纺之成纱，经之上机，织之成布。常、昭两邑岁产布匹，计值五百万贯。通商贩鬻，北至淮扬，及于山东；南至浙江，及于福建。民生若无此利赖，虽棉、稻两丰，不济也”[③]。此外，常熟所织的赤沙塘布，质地细密，颇受市场欢迎。吴江分湖一带的农村妇女“多治木棉花，俗谓之摇纱。或以贸布为业，或以纺纱资生”[④]。

清康熙、乾隆年间，江南踹染业的中心由松江转移到苏州，苏州成为江南最大的棉布加工业中心。同时，踹布业与染布业开始分离，形成独立的踹坊和染坊。苏州城内及附近的唯亭镇集中了大批踹坊和染坊工人。踹坊、染坊的工作主要是将棉织品根据客户需要染成各种颜色，然后把染好的布匹用石加以踹碾，使其平滑、具有光泽。苏州“五方杂处，百货聚汇，为商贾通贩要津。其中各省青蓝布匹，俱于此地兑买。染色之后，必用大石脚踹砑光。……苏州阊门外一带充包头者共有三百四十余人，设立踹坊四百五十余处，每坊容匠各数十人不等，查其踹石已有一万九百余块”[⑤]。“苏布名称四方，习是业者在阊门外上下塘，谓之‘字号’，漂布、染布、看布、行布各有其人，一字号常数十家赖以举火，染布一业远近不逞之徒往往聚而为之，名曰‘踏布房’，此辈尤易生事。”[⑥]

常州府的无锡县“不种草棉，而棉布之利独盛于吾邑，为他邑所莫及，乡民食于田者惟冬三月，及还租已毕，则以所余米舂白而置于囷归典库，以易质衣，春月则阖户纺织，以布易米而食，家无余粒也。……及秋稍有雨泽，则机杼声又遍村落，抱布贸米以食矣。故吾邑虽遇凶年，苟他处棉花成熟，则乡民不致大困，布有三等：一以三丈为匹，曰‘长头’；一以二丈为匹，曰‘短头’，皆以换花；一以二丈四尺为匹，曰‘放长’，则以易米及钱，坐贾收之，捆载而贸于淮、扬、高、宝等处，一岁所交易不下数十百万。尝

---

① （清）尹会一：《尹少宰奏议》卷三《河南疏二·敬陈农桑四事疏》，《丛书集成初编》本，商务印书馆1936年版，第27页。

② 民国《吴县志》卷五一《物产二》，《中国地方志集成》江苏府县志辑11，江苏古籍出版社1991年版，第842页。

③ （清）郑光祖：《醒世一斑录·杂述》卷七《三椗纺纱》，《续修四库全书》第1140册，上海古籍出版社2006年版，第233页。

④ （清）柳树芳：《分湖小识》卷六《别录下·风俗》，道光二十七年（1847）刻本。

⑤ 《世宗宪皇帝朱批谕旨》卷一七四之一二《朱批李卫奏折》，《影印文渊阁四库全书》第422册，台湾商务印书馆1986年版，第439页。

⑥ 乾隆《长洲县志》卷一一《风俗》，《中国地方志集成》江苏府县志辑13，江苏古籍出版社1991年版，第95页。

有徽人言:汉口为'船码头',镇江为'银码头',无锡为'布码头'。言虽鄙俗,常不妄也,坐贾之开花布行者不数年即可致富"①。

常州府的江阴县,民间所产布"坚致细密,所谓'雷沟'大布是也,淮扬各郡商贩麇至,秋庄尤盛。羊毛布,以羊毛弹和木棉中纺纱成布,黄山女工多业之"②。江北的靖江县,濒临长江,清代棉花种植面积渐多,棉纺织业也得到发展。"农民种业多棉花,所为布,精细不及江南,然坚紧耐用,屡浣愈白,纺织虽少,而利则在蚕之上。"③

清代,在通州广大植棉区,纺纱织布已成为众多农家主要家庭副业。兴仁镇居民"家有机杼,户多篝火,一手所制,若布、若带、若巾帨,易粟足活三口,三手事事,则八口无虞"④。通州广大农民,把植棉、弹花、纺纱、织布及染织一整套工作,全部担任下来,积累经验,传之后代。通州所产"布稍粗,然紧厚耐着,俗称'沙布'。查沙布二字早为山东帮贩运通布到东北销售的习用名词,历史很久,可见沙布最初附于棉花外流的时代,当在十七世纪以前"⑤。

江宁府的溧水、江浦、六合、高淳等县的棉纺织业也有所发展。溧水县所产棉布有两种:"东乡布坚致厚实,而幅最阔,西乡亦然;南乡布稍疏而狭,总名大布,皆女红所为。"⑥江浦县所种植的"乌江卫花之名驰于他省,其性尤暖,尝冬夜以茗壶置褚中,晨犹堪饮。镇民纺以织布谓之'乌江大布'"⑦。道光年间,有人在南京孝陵卫一带雇工设机,传习纺织棉布,棉花原料多从崇明、通州等地采购。⑧

乾隆年间,淮安府山阳县在当地官员劝谕、鼓励下,当地的棉纺织业也得到初步发展。乾隆七年(1742)冬,金秉祚出任江苏山阳县知县,见山阳县"从未见一机具,听一声织声。……女红尽废,骎骎马风,欲如他处之抱布易粟,绝响无闻。夫民间财源所出,惟仗布粟,今淮民已缺其一,安得不贫。……查纺纱织布,大江以南,惟松、太二处东乡一带居民,讲求至精,获利甚普"。于是,金秉祚首先"于彼处选募谙练者二十名,到淮悉心教授,其辛力饭食,每名应给银二十两"。其次,购置"教民纺织必需器

---

① (清)黄印:《锡金识小录》卷一《备参上·力作之力》,《中国方志丛书》华中地方第426号,台湾成文出版社有限公司1983年版,第52—53页。

② 道光《江阴县志》卷一〇《物产》,《中国方志丛书》华中地方第456号,台湾成文出版社有限公司1983年版,第868页。

③ 康熙《靖江县志》卷六《风俗考》,《复旦大学图书馆藏稀见方志丛刊》第七册,国家图书馆出版社2010年版。

④ 乾隆《直隶通州志》卷一七《风土志》,乾隆二十年(1755)刻本。

⑤ 林举百:《近代南通土布史》,南京大学学报编辑部1984年版,第7—8页。

⑥ 光绪《溧水县志》卷二《舆地志·土产》,《中国方志丛书》华中地方第12号,台湾成文出版社有限公司1970年版,第229页。

⑦ 光绪《江浦埤乘》卷一《物产》,《中国地方志集成》江苏府县志辑5,江苏古籍出版1991年版,第28页。

⑧ (清)甘熙:《白下琐言》卷八,南京出版社2007年,第150—151页。

具，一切纺车、铁锭、木椗、弹弓、弹锤、戽车、轧车、竹棚、杆板、布机、大小戽简，并随机需用刮刀、压尺、竹叉、纵扣、梭子之类，应就近于松、太二府州，各随教师平日所用，酌量置买，以便照式制造。并预买净花各三十石，运淮备用，所需银两请于县库公项内，划出银一千两，另簏贮用"①。

鸦片战争前，江苏省各地生产的棉布不仅满足国内市场的需求，而且不少还销往国外市场。"早在十八世纪的三十年代，英国东印度公司已经开始购运'南京棉布'(Nankeen)。南京为清代江苏省治，两江总督驻在那里，可以说是江苏的代表，故外人称江苏出产的棉布为南京棉布。在鸦片战争后不久，一个在上海附近考察的英国植物学者也说：'在上海附近种植的棉花，名曰南京棉花，用它纺织的棉布，叫做南京棉布。'" 1786—1833 年的 48 年中，英国、法国、荷兰、丹麦、西班牙、意大利等国商船从广州购买的"南京棉布"共计 4400 余万匹。其中，1819 年是各国商船从广州购买"南京棉布"最多的一年，共计 330 万余匹。②

三　两淮盐业

清代，江苏两淮盐区以淮河为界，分为淮南、淮北两大场区，有盐场 30 个左右。"通州分司上十场：丰利场、马塘场、掘港场、石港场、西亭场、金沙场、余西场、余中场、余东场、吕四场；泰州分司中十场：富安场、安丰场、梁垛场、东台场、何垛场、丁溪场、草堰场、小海场、栟茶场、角斜场；淮安分司下十场：白驹场、刘庄场、五祐场、新兴场、庙湾场、莞渎场、板浦场、徐渎场、临洪场、兴庄场。"③清康熙十七年(1678)，徐渎场并入板浦场。雍正五年(1727)，临洪、兴庄并入临兴场。乾隆元年(1736)，新设中正场，以莞渎场并入，又以马塘并入石港，余中并入余西，白驹并入草堰，西亭并入金沙，小海并入丁溪，总计裁废 9 场、新设 2 场。几经裁并，至乾隆三十三年(1768)两淮盐场存有 23 个盐场，形成定制。通州分司辖 9 场：丰利、掘港、石港(马塘场并入)、金沙(西亭场并入)、吕四、余西(余中场并入)、余东、角斜、栟茶；泰州分司辖 11 场：富安、安丰、梁垛、东台、何垛、丁溪(小海场并入)、草堰(白驹场并入)、刘庄、伍佑、新兴、庙湾；海州分司辖 3 场：板浦(徐渎场并入)、临兴(临洪、兴庄场合并)、中正(新设，莞渎场并入)。两淮 23 个盐场中，淮南有 20 个盐场(在泰州、通州境内)，淮北有 3 个盐场(在海州境内)。随着盐场的裁并，淮安分司也由淮安迁往海州，并改称海州分司。

① 同治《重修山阳县志》卷一《疆域》，《中国方志丛书》华中地方第 414 号，台湾成文出版社有限公司 1983 年版，第 24 页。

② 全汉昇：《中国经济史论丛》，香港新亚研究所 1972 年版，第 638—639 页。

③ 嘉庆《两淮盐法志》卷三《场考》，同治九年(1870)扬州书局刻本。

两淮巡盐御史是户部派至两淮盐区的最高盐务官，驻衙扬州。巡盐御史下辖盐运使、盐道、运同、运副、运判、提举、监掣同知、盐课司大使、盐引批验所大使、库大使、经历、知事、巡检等官吏，分别掌管食盐的产、供、销各环节。两淮盐区的盐商组织叫“盐商公所”，其头目称为“总商”。两淮总商设置于顺治年间，康熙十六年(1677)，两淮盐区定为24总商，后增为30名。总商之上，另设“大总”。两淮总商在实际权力运作中，往往凌驾于巡盐御史之上。

淮南、淮北产盐方式不同，淮南主要采用煎盐法，而淮北主要采用晒盐法，晒法相对简单，两淮盐业的生产以淮南为主。苏北沿海滩涂草类生长茂盛，这些草荡成为盐户煮盐主要燃料，“煮海之利，以草为本”，“荡为草源，草为盐本”。清廷对草荡实行严格的管理，严禁开垦草荡和贩运荡草。

明末清初，两淮盐业生产受战乱影响，灶户逃亡，荡场荒芜。顺治十六年(1659)，两淮巡盐御史高尔位曾因徐渎、临洪等“灶丁逃亡殆尽”，无奈请求蠲免灶课。[①] 顺治十八(1661)，为了阻断沿海人民与郑成功等抗清力量的联系，清廷颁布“禁海令”，强迁沿海居民，史称“迁界”(又称“辛丑播迁”或“迁海”)。清政府强迫直隶、山东、江苏、浙江、福建、广东六省沿海及岛屿居民限期内迁15—25公里，在沿海形成一个无人区，结果沿海居民“老弱转死沟壑，少壮流离于四方者”，“禁海令”使两淮盐区许多盐场的生产活动几乎陷于停顿。康熙初年，两淮盐场许多制盐工具设备毁坏严重，淮北4个盐场遭到破坏的卤池和盐池在5000面口以上(卤池以口计，盐池以面计)；淮南26个盐场，亭场则有5500余面，卤池6000余口、盘铁1000余角、锅鐅4400余口、灶房1.2万余间遭到破坏[②]，许多盐场被迫停产，“废煎日久”。为此，清政府采取焙灶(包括招抚灶丁、修复盐场设备)、招商、疏引等措施恢复两淮盐业的生产。直到康熙中叶，两淮盐区“生意年年俱好，获利甚多”[③]，出现了“商力初纾”的局面。当时，淮南20个盐场共61191丁，每场约2000—3000灶丁。到乾隆四十一年(1776)，淮南盐场有灶户579097丁，盐丁多的有万人以上，较清初增加8倍多。这些新增人口，除了从事盐业生产，还从事农业生产。因为随着苏北海岸线不断东移，“腹内荡地土性渐淡，是以率多改荡为田”。乾隆十年(1745)，许多灶丁“脱漏版籍，灶荡垦为熟田”[④]。

清代，两淮盐区是全国最大的产盐区，淮盐行销江苏、安徽、江西、湖北、湖南、河南6省250个县(州)。清初，两淮盐场每年缴纳盐课银220余万两，占全国盐课近三

---

① 嘉庆《两淮盐法志》卷四一《优恤二》，同治九年(1870)扬州书局刻本。

② (清)查哈纳：《两淮事迹文册》，转引自郭正忠主编：《中国盐业史·古代编》，人民出版社1997年版。第667页。

③ 故宫博物院明清档案部编：《李煦奏折》，中华书局1976年版，第220页。

④ 嘉庆《两淮盐法志》卷二九《灶丁》、卷二七《场灶》，同治九年(1870)扬州书局刻本。

分之一。康熙时，“天下盐课两淮最多”[①]。乾隆时，淮盐产销量达到6亿斤以上，嘉庆以后有所减少，但官盐年销量仍保持在5.5亿斤水平（不包括私盐）。[②] 道光时，额销盐引票169万余道，每引行盐400斤，年额销盐6.7亿斤，每年盐课额征银335万余两，占全国盐课收入的45%。[③] 太平天国战争后，长江航运被阻，淮盐原来销区为川盐代替，两淮盐业生产大受影响，“灶盐无商收买，煎丁有煎无售”，灶户破产、灶丁流亡，淮盐地位也有所下降。清代，食盐与灶课逐渐分离，场课（灶课）由按灶丁征收发展到主要按盐田——场、荡征收。随着“摊丁入亩”制的推行，绝大多数盐区、盐场都将灶丁盐课银摊入场、荡征收。在两淮盐区，其折价——灶课，依旧对场、荡征收“定赋”。

清代，两淮盐业运输分为水运和陆运，均由户部都转运使司盐运司掌管。陆路盐运有官运、商运和民运3种。盐业的运输与销售的方式主要有官运商销、商运商销、商运民销、民运民销等。有些运商与场商属于一商主，在收盐、运盐和销盐过程中官吏贪污成风，逃税严重，盐税滞收，食盐价高，私盐泛滥。道光九年（1829），淮南滞销盐达501812引，淮北未销97769引，滞销盐引均在三分之一以上。[④] “自道光元年辛巳纲起，至十年庚寅纲止，十纲之中，淮南商办停课运止有五纲七分，而欠帑之数积至一千九百八十余万”[⑤]，壅积引数几至半数。大量盐引的积压，导致许多盐商倒闭。

道光十一年（1831），两江总督陶澍兼理两淮盐务，着手对两淮盐政进行改革。首先在淮北部分盐区试行“废引改票”的盐务改革。《试行票盐章程》规定了具体的改革办法，主要有裁革专商，刷印三联票（一为运署票根，一留分司存查，一给民贩行运），作为行盐的依据。各州县的民贩由所在州县发给官票，赴场卖盐。淮北票盐法规定，盐百斤为包，4包为引（400斤为1引），40包为票，400包为号。“自十引于百引以上为一票”，听民贩在试行州县自由贩运；革除各种浮费，减轻课税；改变运盐道路，减少运盐手续，降低运盐成本。

淮北废引改票后，效果显著，盐价大减，盐质提高，商贩争运，私贩受到遏制，盐课收入增加。商贩活跃的淮安西坝逐渐取代河下镇成为淮北食盐的集散中心，盐商纷纷投资于此，赁地租房，设场建站，清政府也在此设卡驻兵缉私征税。

道光十三年（1833），陶澍将“废引改票”改革在全淮北盐场推行。道光二十九年

---

① （民国）赵尔巽等：《清史稿》卷一二三《食货四·盐法》，中华书局1976年版，第3608页。

② 许涤新、吴承明主编：《中国资本主义发展史》第一卷《中国资本主义的萌芽》，人民出版社2003年版，第649页。

③ （清）王庆云：《石渠余纪》卷五，沈云龙主编：《近代中国史料丛刊》第一编第75册，台湾文海出版社1967年版，第471—472页。

④ （清）禧恩题：《为汇核等事》，转引自郭正忠主编：《中国盐业史·古代编》，人民出版社1997年版，第812页。

⑤ （清）陶澍：《陶文毅公全集》卷一八《奏疏》，《续修四库全书》第1503册，上海古籍出版社2006年版，第122页。

(1849)，两江总督陆建瀛仿淮北成例，在淮南改行票法，“开办数月，即全运一纲之引，楚西各岸盐价骤贱，农民欢声雷动”①。但太平天国爆发后，淮盐无法运至长江中上游，票盐法改革随之中断。

清代，两淮盐商逐渐分化为场商与运商，先是场商领引入场，向灶户收盐，再转卖给运商销售行盐区。后来，场商由向灶户借贷银钱收取盐斤，发展为直接经营盐亭。场商购置生产工具，贷给灶户，收取盐斤。这样，商人进一步控制了生产资料的供给与产品的销售。乾隆时，淮南盐区 20 个盐场中，完全或部分由商人经营的盐亭已有 11 个，到道光时两淮盐区商人经营的盐亭超过半数。清代，在不影响盐课收入的前提下，清廷对盐的生产逐渐放开民营，有的盐区废除了灶户的灶籍，允许商民自由采盐，主要生产资料逐渐私有化，到清中叶后，两淮盐场基本形成了民营生产体制。清代虽然厉禁私盐流通，但屡禁不止，私盐大量流通，淮南盐场日益衰落。清末淮北盐场虽略有发展，但在全国盐业生产中的地位已风光不再。

四　造船业

相比于明代江苏官营造船业的鼎盛局面，清代江苏官营造船业有所衰落，但江苏沿运河、长江一线的苏州、太仓、镇江、扬州、江宁、淮安、仪征等地仍建有一些官营造船厂，负责修造漕船和战船。

顺治二年(1645)，清江船厂的南京厂改为江宁厂，直隶厂改为江南厂，凤阳厂(中都厂)仍旧名。不久，江宁等卫船只划归龙江船厂修造，淮安、凤阳等船厂保持不变。康熙九年(1670)，设船政同知，专管修理粮船，漕造事务归淮安府船政同知管理，又将部分移于江宁龙江厂地方修造，令江宁府管理。康熙十九年(1680)，派官员赴清江船厂督造漕船。康熙二十八年(1689)，裁撤江宁、清江二厂。康熙三十三年(1694)复设，雍正二年(1724)再裁。康熙三十九年(1700)，裁清江厂船政同知，设理事同知，兼管船政，仍属总漕巡抚管辖。② 雍正年间，官营船厂废除了工匠劳役制，船政改归粮道，实行了“粮道给各丁银自造”船舶的办法。清江船厂的造船定额也降为 268 艘，龙江船厂定额为每年 127 艘。太仓刘河港作为官修船厂所在地，清政府在此设立税关，中外商船停泊于此。刘河镇的海船修造业也很兴旺，与修船相关的绳索厂、竹木行、

---

① (民国)赵尔巽等:《清史稿》卷一二三《食货四·盐法》，中华书局 1976 年版，第 3620 页。

② 光绪《钦定大清会典事例》卷九三五《工部·船政·粮船》，《续修四库全书》第 811 册，上海古籍出版社 2006 年版，第 305 页。

棕麻行等行业也发展起来。[①] 嘉庆以后，随着运河漕运举步维艰和海运施行，官营漕船厂生产有所萎缩。

在清代，清江船厂继承明制，仍以制造漕船为主。康熙二十八年(1689)，清江船厂进行了一次大改组。改组后，清江船厂每年所造漕船有"岁造"、"补造"、"改造"之分。凡各卫所在运漕船，每年有十分之一的停航检修称"岁造"；因事故造成损失的称"补造"；十年运期已满的称"改造"。当时规定，漕船"改造"务须交回旧材，不得隐匿，否则追扣抵作为补偿。对于新造漕船，每年发放料银若干，作为漕船维修费用。清代，清江船厂对所造漕船检验十分严格，有"九验法"：验木、验板、验底、验梁、验栈、验钉、验缝、验捻、验头梢。"九验法"是古代木船修造工艺的经验总结，也是修造船舶质量的保证。清江船厂所造漕船多为平底浅船，容积大，可多载粮米；隔舱多，可减少受水损失；吃水浅，便于过闸盘驳，适宜内河浅水区航道运输。光绪二十六年(1900)，随着运河漕运停止，兴盛300余年的清江船厂解体。

在清代，军队战船的修造也集中于沿海各省，派交地方"府州县按粮议派承修"。雍正三年(1725)，清廷在苏州、扬州、镇江三府水次设外海战船总厂，每年委派道员一人监修。[②] 官船厂以工场形式组织生产，一般漕船厂大于战船厂，官船厂工匠采用招募制，工匠主要来自沿江、沿海民间造船业发达地方。到鸦片战争前，江苏省承担水师战船的船场主要有4处：南京龙江船厂、江宁县草鞋峡船厂、燕子矶船厂和镇江高资船厂。清中叶以后，随着民间造船业的兴旺，有些原由官府制造的船只也转向民间购买。

在清代，江苏民间造船业发展迅速，其生产规模和制造技术都达到较高水准。清初，为剿灭东南沿海反清势力，清政府实行严厉的海禁政策，民间造船业受到严格限制。顺治十二年(1655)，下令严禁"官民人等擅造两桅以上大船"出洋贸易。顺治十八年(1661)，清政府实行迁海政策，"片板不许入海"。直到康熙二十四年(1685)清廷正式废除"迁海令"、颁布"展海令"后，允许民众出海经商，对民间造船业的限制才有所放松，民间造船业得以发展。清前期，江南地区与日本的民间进行贸易的船只也多生产于江南各地，船舶号称"南京船"的主要来自：苏州、松江、扬州、常州、淮安、镇江等地。康熙五十五年(1716)时，苏州民间造船厂每年生产千余艘船舶，且大半销往海外。康熙南巡时，"过苏州时，见船厂，问及，咸云每年造船出海贸易者多至千余，回来者不过十之五

---

① 道光《刘河镇记略》卷三《创始·军工战船》，《中国地方志集成》乡镇志专辑9，江苏古籍出版社1992年版，第355页。

② 光绪《钦定大清会典事例》卷九三六《工部·船政·战船一》，《续修四库全书》第811册，上海古籍出版社2006年版，第315页。

六，其余悉卖在海外，赍银而归”[①]。当时苏州民间造船业不仅技术高超，而且拥有雄厚资本实力。吴江县东南境乡民以操舟为业，“无虑以万计”，捕鱼、运输，南至杭州，北至镇江、通州。同里镇有生产内河船的船厂，“造作之属曰‘船厂’，在辽滨，居民多于此设厂造船”[②]。乾隆时，太湖沿岸的漫山、冲山两地居民各百余户，居民多“以造篷为业”[③]。

道光六年(1826)，漕粮海运为江南民间造船业的进一步发展提供了契机。此前道光四年(1824)冬，清江浦高家堰大堤的溃决，江苏高邮、宝应至清江浦一段运河水位因此大为降低，许多漕船搁浅，漕运难以为继，京畿地区的粮食供应面临严重危机。道光帝谕令漕运总督魏元煜、江苏巡抚张师诚等督抚大臣商讨漕粮海运事宜以解燃眉之急。道光六年(1826)，江苏省江南 4 府 1 州漕粮全部招募商船从海路承运，由此促进民间造船业的迅速发展。

清代，江苏民间造船工场既有独资经营，也有合伙、合股生产的，所造船只种类繁多：有用于农业生产和日常生活的篷船、罱泥船、尖头船和渔船；用于驳运漕粮、装载河工物料的驳船；用于游玩的楼船、画舫和载运客商的航船；用于运输货物的沙船、米船。清代江苏沿海地区运输大宗货物的船只主要为沙船，“大号沙船，造价盈万，中号需数千”。

沙船，是一种平底、方头、方艄的海船，是我国一种古老的船型，适宜近海水浅多沙滩的水路航行，主要用于北方航线。沙船适航性强，江河湖海均可航行，宽、大、扁、浅是其最突出的特点。清人说：“江南海船名曰‘沙船’，以其船底平阔，沙面可行可泊，稍搁无碍。”[④]“沙船以出崇明沙而得名，太仓、松江、通州、海门皆有。”[⑤]清代，沙船向轻捷方向发展，沙船装有披水板、梗水木、太平篮。这些装置使沙船具有良好的稳定性，加上风帆和船尾舵的操纵技巧，使沙船的适航性更好，顺风、逆风皆能行驶。沙船的纵向结构采用“扁龙骨”，从而使纵向强度得到加强；横向结构则是采用水密隔舱的工艺。这样，沙船纵横一体，抗沉性较好。同时，为提高抗沉性，沙船上还有“太平篮”。当风浪大时，从船上适当位置放下用竹编的其中装有石块的竹篮，悬于水中，使船减少摇摆。沙船重心低，船上层建筑较少，受风阻力较小，故沙船航行平稳，适宜在

---

① (清)王先谦：《东华录》康熙九十八，康熙五十五年十月壬子条，《续修四库全书》第 370 册，上海古籍出版社 2006 年版，第 594 页。

② 乾隆《吴江县志》卷三八《生业》《中国方志丛书》华中地方 163 号，台湾成文出版社有限公司 1975 年版；嘉庆《同里志》卷八《赋役志》，《中国地方志集成》乡镇志专辑 12，江苏古籍出版社 1992 年版。

③ (清)金友理：《太湖备考》卷五《湖中山》，江苏古籍出版社 1998 年版，第 199 页。

④ (清)谢占壬：《行船提要序》，(清)贺长龄辑：《皇朝经世文编》卷四八，沈云龙主编：《近代中国史料丛刊》第一编第 731 册，台湾文海出版社 1967 年版，第 1693 页。

⑤ 乾隆《崇明县志》卷一九《艺文志》，乾隆二十五年(1760)刻本。

长江口及沿海行驶。船用多桅多帆，风帆高扬，航行快捷。两舷披水板克服了因船底平吃水浅而逆风航行时横飘。

清中叶后，沙船海运出发港从刘家港改由上海港始发，上海地区的沙船业因此兴旺发达。嘉庆时，清人包世臣说："沙船聚于上海约三千五六百号，其船大者载官斛三千石，小者千五六百石。船主皆崇明、通州、海门、南汇、宝山、上海土著之富民。每造一船，须银七八千两。其多者至一主有船四五十号，故曰'船商'。"①鸦片战争以后，随着海运对机器火轮的依赖，沙船业逐渐衰落。

五　刻书印刷业

清代，刻书印刷业主要有三大系统：官刻系统、私刻系统、坊刻系统。其中，民间私营坊刻在出版业中已处于主导地位。

官刻系统

清朝的中央出版印刷，主要集中在武英殿，武英殿刻本为清代中央官刻书的主要代表，所印书称为"殿本"。在清代，省一级地方政府大都有书局，所编辑出版的书称为"局本"。清代扬州雕版印刷发达，清政府在扬州设有扬州诗局。康熙年间，曹寅以江宁织造兼任两淮盐务监察御史，主持扬州诗局，在扬州天宁寺开刊刻《全唐诗》，从校补、缮写到雕刻、印刷、装帧，无不精益求精，受到康熙帝赞扬。康熙初年，武英殿因刻书人手不够，将一些刻书任务分派到苏州、扬州刻版，然后运回武英殿。晚清，江苏地方官员先后设立多个地方书局，如扬州的淮南书局、南京的金陵书局（后改名江南官书局）和聚珍书局、苏州的江苏书局。

私刻系统

私家刻书既有知名文人刊刻自己的诗文，也有藏书家、校勘家辑刻的丛书、逸书。清代江苏文化教育发达，文人墨客私刻书籍甚多。"惟吴中苏郡、虞山、昆山，浙中嘉、湖、杭、宁、绍最多。金陵、新安、宁国、安庆及河南、北直、山东、闽中、山西、关中、江西、湖广、蜀中亦不少藏书之家。"②清前期，江苏知名的藏书家及其藏书楼有常熟钱谦益的绛云楼、钱曾的述古堂、毛氏的汲古阁，昆山徐乾学的传是楼、徐元文的含经堂、徐秉义的培林堂，江宁黄虞稷的千顷堂等。一些藏书家不仅藏书，而且刊刻书籍。清初，常熟毛晋子毛扆精于校勘，四处校访古籍，"承其家学，为搜辑古椠本，考订讨论，

---

①（清）包世臣：《安吴四种·中衢一勺》卷一，沈云龙主编：《近代中国史料丛刊》第一编第294册，台湾文海出版社1967年版，第43页。

②（清）孙从添：《藏书纪要·鉴别》，《丛书集成新编》本，台湾新文丰出版公司1985年版，第753页。

正世本之失”。乾嘉时，苏州有“四大藏书家”，即黄丕烈、袁廷梼、周锡瓒、顾之逵。黄丕烈不仅喜藏书，而且爱刻书、售书。黄丕烈藏书的目的并非是为了将珍本据为己有，自称“余喜藏书而兼喜刻书，欲举所藏而次弟刻之”[①]。认为“秘本不敢自私，当公诸同好”，“意在流传旧本饷世”[②]，清代许多珍本书籍经黄丕烈校刻后得以流传。常州阳湖孙星衍的“平津馆”乾嘉年间刻有《岱南阁丛书》16种，嘉庆十四年刻《平津馆丛书》42种，所刻《说文解字》深受读者欢迎。南京李渔的“芥子园”刻书在清初很有影响，所刻多为插图本小说、传奇之类，也有画传，最著名的是康熙年间所刻《芥子园画传》三集。扬州徽商马曰琯、马曰璐兄弟爱好书籍，修建丛书楼，重金收购珍本秘籍，刻印了不少好书，曾花费千金刻出朱彝尊《经义考》一书。乾隆三十七年(1772)编撰《四库全书》时，朝廷征集天下图籍。江苏省进呈书籍达4804种，其中，扬州马裕一家就呈献图书三批共776种。[③] 光绪二十七年(1901)，南京设立江楚编译书局，采用石印、铅印等方法印刷图书。

坊刻系统

清代，随着文化教育的发展，书籍成为一种重要的文化商品，苏州、金陵、常州、无锡等城市民间坊刻业十分兴盛。清学者王士禛说：“近则金陵、苏、杭，书坊刻板盛行。……金陵、苏、杭刻书之风，已远过闽、蜀。乾、嘉时，如卢文弨、鲍廷博、孙星衍、黄丕烈、张敦仁、秦恩复、顾广圻、阮元诸家校刻之书，多出金陵刘文奎、文楷兄弟。咸丰赭寇之乱，市肆荡然无存。迨乎中兴，曾文正首先于江宁设金陵书局，于扬州设淮南书局。……天下书板之善，仍推金陵、苏、杭。”[④]许多大众读物是反映民间生活、社会风俗习惯的资料，诸如小说、戏曲、唱本、医方、星占、类书、日用等各类书籍，多由这些民间书坊刻印出版。民间书肆注重营利，为降低成本，故书品质量不如官刻、私家刻本，但民间书坊在繁荣市场、普及文化教育方面的贡献是不容忽视的。

在清代，苏州民间坊的数量仅次于都城北京。苏州“书坊一业，向于康熙十年间，曾建崇德书院……为同业订正书籍，讨论删原之所”，后规模扩大，为了协调书商间的业务关系，维护同行利益，建立了同业组织“崇德公所”。[⑤] 乾隆四年(1739)，苏州刻字同业设立剞劂公所。乾嘉时，苏州著名藏书家黄丕烈说：“余居城西时，惟府东有一书

---

① (清)黄丕烈：《士礼居丛书·重雕曝书亭藏宋刻初本舆地广记缘起》，上海石竹山房1915年影印本。

② (清)黄丕烈：《士礼居丛书·袁本夏小正校录》，上海石竹山房1915年影印本。

③ 黄爱平：《四库全书纂修研究》，中国人民大学出版社1989年版，第39页。

④ (清)叶德辉：《书林清话》卷九《古今刻书人地之变迁》，岳麓书社1999年版，第210—211页。

⑤ 《吴县为重建书业公所兴工禁止地匪借端阻挠碑》，江苏博物馆编：《江苏省明清以来碑刻资料选集》，生活·读书·新知三联书店1959年版，第73—74页。

坊，所谓敏求堂是也。既而由府以至按察司前直至胥门学士街，三十年间，书坊之多，几以十数矣。玄妙观前，向多书坊，今亦更盛。”[①]清代苏州书坊众多，它们在出版的书名页上，往往冠有“姑苏”、“金阊”、“苏城”、“吴郡”等字样。[②]“扫叶山房”是清代苏州著名书坊之一，它创设于明代后期，主人为苏州洞庭山人席氏，坊名乃取古人校书如扫落叶之义。扫叶山房本店设于苏州阊门，当时扫叶山房“贩夫盈门，席氏之书不胫而走天下”。扫叶山房后又在上海、松江、汉口等地设立分店。上海辟为通商口岸后，扫叶山房又在上海租界设立分店，并增添铅、石、影印设备，业务范围逐渐扩大。扫叶山房刻书直至清末，从未间断，刻印了经、史、子、集等种类书籍数百种之多。清末，扫叶山房出版的各类书籍多采用新法石印，逐步代替了原来刻版印刷。此外，苏州还有胥门经文斋、山塘萃古斋、府东敏学堂等书坊也刻印了不少书籍，清中叶后，苏州书坊刻书以小说为重点。道光时，苏州“书坊一业，贸易四方”[③]。除了国内各地外，江南书籍还大量输往日本、朝鲜、越南、琉球等邻国，特别是日本，数量相当可观，已成为江南书籍的重要市场。日本江户时代（1603—1867），由于江南刻版印刷业的发达，每年到长崎港贸易的中国船都运去大量中国书籍，当时载入的书籍主要是南京船或宁波船。[④]

南京民间书坊盛于明代中叶，到清代更加兴旺。清中叶，“书坊皆在状元境，比屋而居有二十余家，大半皆江右人，虽通行坊本，然琳琅满架亦殊可观”[⑤]。“雕引书板，海内资之，粗者多而精者亦不乏。”[⑥]金陵书坊刻本品种多、数量大、质量高，郑元美的奎壁斋、李光明庄、聚锦堂、德聚堂等是当时知名书坊，它们都刻印了不少好书。

清代，无锡有艺光斋、大文斋等知名书坊店号，多雕印婚嫁请帖、丧事讣告、诗文著作等。光绪十四年（1888），美国传教士在丹徒县兴办一个印刷所，它是江苏地区较早一家采用西方印刷技术的印刷所。

清代，民间刻书运用活字印刷技术更为普遍。康熙二十五年（1686），常熟钱陆灿的吹藜阁用铜活字印刷《文苑英华律赋选》。咸丰八年（1858），常州有书坊用铜活字印刷了《九修毗陵徐氏家谱》。清代，木活字印书成为时尚，直到清末仍然通用。这些活

---

① 黄丕烈：《荛圃藏书题跋·芦浦笔记杨公笔记题词》，《清人书目题跋丛刊》本，中华书局1993年版。

② 张秀民：《中国印刷史》，上海人民出版社1989年版，第553页。

③ 《吴县禁书坊印手把持行市碑》，苏州历史博物馆等编：《明清苏州工商业碑刻集》，江苏人民出版社1981年版，第95页。

④ [日]大庭脩著，徐世虹译：《江户时代日中秘话》，中华书局1997年版，第61页。

⑤ （清）甘熙：《白下琐言》卷二，南京出版社2007年版，第25页。

⑥ 嘉庆《重刊江宁府志》卷一一《物产》，《中国方志丛书》华中地方第128号，台湾成文出版社有限公司1974年版，第437页。

字或为书坊所有，或为谱匠所有，皆以盈利为目的。[①] 一些藏书家和私人使用木活字印书的也不少，如嘉庆时常熟张金吾从无锡得到10万余枚活字，排印自己的著作《爱日精庐藏书志》，又印行《续资治通鉴长编》。除了书籍之外，木活字还普遍用于印刷宗谱。常州、无锡等地印工在清代最负盛名，以致四川有人把宗谱稿本寄到常州排印。

六 宜兴陶瓷业

清代，宜兴陶瓷业进一步发展，除了生产日用陶瓷外，还生产精美的紫砂陶器和均釉陶器（又称“宜均”）。宜兴紫砂陶器既有实用价值，又有艺术观赏价值。均釉陶作为宜兴另一特产，其特有的均釉釉面醇厚清雅，釉色有霁蓝、甜白、墨绿、天蓝、乳白、金黄、古铜等数十种，五彩缤纷。康熙时，“窑作则宜兴之缸、瓮、罂、缶、钵、壶诸器，称蜀山窑者佳”。宜兴开始制作紫砂壶胎，进呈朝廷，然后由宫廷造办处艺匠们画上珐琅彩烧制或制成的珍贵的雕漆名壶。宜兴制作紫砂壶，“澄泥为之，始于供春，而时大彬、陈仲美、陈用卿、徐友泉辈踵事增华，并制为花樽、菊合、香盘、十锦杯等物，精美绝伦，四方皆争购之”[②]。雍正时，由宜兴析置荆溪县，蜀山划归荆溪县境。“荆邑丁、蜀两山窑器……不胫而走，遍于天下。故其商贾贸易，廛市山村宛然都会。”[③]

清代，宜兴紫砂制陶艺术进入了鼎盛时期，紫砂器不断推陈出新，陶艺高手辈出。康、乾时，陈鸣远是继时大彬之后最为著名的陶艺大家，所制茶壶，线条清晰，轮廓分明，壶盖有行书“鸣远”印章，素为藏家珍品。乾隆七年（1742），清廷开始向宜兴订制紫砂茶具，紫砂壶遂成为御用品。

乾隆晚期到嘉、道年间，宜兴紫砂茶具式样繁多，除茶具外，还有花盆、陈设品、各种水果形式紫砂陶器。乾嘉时，宜兴丁山葛明祥、葛源祥兄弟所炼制宜均陶器以釉彩丰富而闻名，人称“葛窑”。这一时期最著名的紫砂大家还有陈鸿寿（号曼生）和杨彭年等人。陈鸿寿工于诗文、书画、篆刻，创造了著名的“曼生十八式”。杨彭年的紫砂作品雅致玲珑，随手捏就，浑然天成，时人称“当世杰作”。由陈曼生设计、杨彭年制作的紫砂作品世称“曼生壶”。所制壶形多为几何体，质朴大方，开创了紫砂壶样式的一代新风，传统的诗书画与紫砂陶器完美地融为一体，使宜兴紫砂文化内涵达到了新的高度。宜兴紫砂陶器日益精致，集诗词、书法、绘画、篆刻于一体，形成独特的艺术风

---

① 张秀民：《张秀民印刷史论文集》，印刷工业出版社1988年版，第219页。按，明、清时期，民间出现了一类专门给人修编家谱为职业的人，人们称之为“谱匠”，有的地方称为“谱师”。

② 康熙《常州府志》卷一〇《特产》，《中国地方志集成》江苏府县志辑36，江苏古籍出版社1991年版，第191页。

③ 嘉庆《重刊荆溪县志》卷首《分境图说》，《中国方志丛书》华中地方第395号，台湾成文出版社有限公司1983年版，第14页。

格，不仅为文人雅士所喜爱，亦为皇室所欣赏。咸丰至光绪年间，紫砂名匠有黄玉麟、邵大享。黄玉麟的作品有明代纯朴清雅之风格，擅制掇球。邵大享则以浑朴取胜，创造了鱼化龙壶，该壶的特点是龙头在倾壶倒茶时自动伸缩，堪称鬼斧神工。

清代宜兴陶瓷不仅畅销国内，而且行销海外。日本江户时代（1600—1867）末期，宜兴紫砂陶器开始输入日本。康熙三十九年（1700），荷兰东印度公司即向宜兴订购各式大缸用以存放生鸦片胶。道光三十年（1850），宜兴鼎山白宕窑户鲍氏，在上海开设“鲍生泰”陶器店，宜兴各式大缸则经上海“鲍鼎泰”陶器店远销东南亚各国。[①]

七　其　他

1. 扬州漆器

清代，扬州漆器制作工艺较明代更进一步，形成了具有地方特色的螺钿、百宝嵌等漆器品种。螺钿工艺以点螺最为精巧，将彩色的鲍鱼贝壳切成细片，镶嵌成各种纤细花纹，五彩斑斓，螺钿加金则更加华贵。明末，扬州漆艺师江千里（字秋水）即以善制薄螺钿器著称于世，它和同时的扬州名画家查二瞻的画相媲美，当时扬州流传“杯盘处处江秋水，卷轴家家查二瞻”之说。

起于明而盛于清的百宝嵌漆器是扬州另一种誉满中外的精品。它巧妙地利用珍珠、珊瑚、玉石、水晶、象牙、玛瑙等名贵材料的质感和颜色，组合成山水人物、花卉等装饰图案，然后镶嵌在漆器或者木器上，人称“百宝嵌”。明末，扬州漆艺师周翥擅长白宝嵌漆器，其作品被称为“周制”。“周制之法，惟扬州有之，明末有周姓者始创此法，故名周制。其法以金银、宝石、真珠、珊瑚、碧玉、翡翠、水晶、玛瑙、玳瑁、砗渠、青金、绿松、螺甸、象牙、密蜡、沉香为之，雕成山水、人物、树木、楼台、花卉、翎毛，嵌于檀梨漆器之上。大而屏风、桌倚、窗槅、书架，小则笔床、茶具、砚匣、书箱，五色陆离，难以形容，真古来未有之奇玩也。乾隆中，有王国琛、卢映之辈，精于此技。今映之孙葵生亦能之。嘉庆十九年，圆明园新构竹园一所，上夏日纳凉处。其年八月，有旨命两淮盐政承办紫檀装修大小二百余件，其花样曰榴开百子，曰万代长春，曰芝仙祝寿。二十二年十二月，圆明园接秀山房落成，又有旨命两淮盐政承办紫檀窗棂二百余扇，鸠工一千余人，其窗皆高九尺二寸，又多宝架三座，高一丈二尺，地罩三座，高一丈二尺，俱用周制，其花样又有曰万寿长春，曰九秋同庆，曰福增贵子，曰寿献兰孙，诸名色皆上所亲颁。”[②]

清代，扬州漆器百宝嵌工艺得到继续发展，不仅用于漆器，而且成为家具制作的

---

① 江苏省宜兴陶瓷公司：《宜兴陶瓷发展史历史部分初稿》第 3 章《近百年来的宜兴陶瓷》，1976 年铅印本，第5 页。

② （清）钱泳：《履园丛话》丛话十二《艺能·周制》，中华书局 1979 年版，第 322—323 页。

重要镶嵌技术之一。乾隆年间，扬州漆器业十分繁荣，漆器作坊林立，出现了多条以专业生产漆器命名的街巷，漆器产量和品种达到了历史最高水平，涌现出不少漆器名家，如卢映之、王国琛、卢葵生、夏漆工等人。卢映之、王国琛等人把雕漆和百定嵌工艺起来，创造了雕漆嵌玉这一名贵品种，使扬州镶嵌漆器更具地方特色。"漆工善古漆器，有剔红、剔漆两种。以金、银、铁、木为胎，朱漆三十六次，镂以细锦。盒有蔗段、蒸饼、河西、三撞、两撞诸式。盘有方、圆、八角、绦环、四角、牡丹、花瓣诸式。匣有长、方、两三撞诸式，呼为'雕漆器'。"[①]嘉、道时，卢映之的孙子卢葵生继承、发扬其祖的精湛技艺，将扬州传统雕漆、螺钿镶嵌、造像、百定嵌及漆砂砚等技艺提高到新的水平。清后期，扬州漆器还出口外贸，远销欧美等国，年销量2万多件，"岁入三万两"。

2. 扬州玉器

清代，扬州是玉器的重要产地，琢玉工艺水平不断提高。乾隆年间，扬州成为全国玉材的主要集散地和玉器生产制作的中心之一。两淮盐政在建隆寺设有玉局，承揽朝廷玉器制作，此外，每年还进贡大量玉器。如有名的白玉如意，用新疆和田羊脂玉琢制，玉料洁白无瑕，凝腻如脂，造型精致典雅，被定为"扬州八贡"之一，每年都要大批贡奉清廷，供皇宫内院陈设或作为赏赐品。

扬州玉山《大禹治水图》

乾隆时，清宫中的"玉山"作品多由扬州玉匠们琢制而成。"玉山"以山水画为蓝本，就原材的外形量材度势加以设计制作。如《大禹治水图》、《关山行旅》、《会昌九老图》等均取和田巨型玉材，由两淮盐务承办，扬州玉工负责制作。被世人誉为"玉器之王"的《大禹治水图》(现藏故宫博物院)由扬州玉工们用了近6年时间，耗费7280多两白银，于乾隆五十二年(1787)六月琢制完成。整个作品高224厘米，宽96厘米，重5吨多。玉料呈青色，绺纹较多。通体立雕，重峦叠嶂，流泉飞瀑，古木苍松遍布其间。在险峻的悬崖绝壁上，处处洞穴深秘，聚集着成群结队的民工，他们或用锤钎凿石，或用镐刨砂砾，一幅热烈的劳动场景。器下有随山的形状铸造的60厘米高的嵌金丝褐色铜座，它是迄今

① (清)李斗:《扬州画舫录》卷九《小秦淮录》，江苏广陵古籍刻印社1984年版，第189页。

世界上最大的玉器作品。[①] 乾隆帝十分喜爱这座玉山，亲笔撰写了《题密勒塔玉山大禹治水图》诗一首并注释，共1700余字，命玉师琢刻于玉山上端。清代扬州琢玉技巧和艺术水平之高、生产规模和作业能力之大、能工巧匠之多，由此可见一斑。

3. 苏绣

苏绣是以苏州为中心包括江苏地区刺绣产品的总称。清代，苏州刺绣生产发展迅速，被称誉为"绣市"。清代，苏州绣庄林立，最盛时有150多家，绣工4万多人。同时，刺绣工匠还成立了"云华"、"锦文"等绣业公所（行业组织）。乾隆三十七年（1772）《吴阊钱江会馆碑记》中称："以吴阊为绣市。"[②]同治六年（1867），苏州刺绣业成立锦文公所，有65家绣庄捐资。苏绣品种繁多，广泛用于服饰、戏衣、被面、枕袋、帐幔、靠垫、鞋面、香包、扇袋等衣物上面。这些苏绣生活用品不仅针法丰富多样、绣工精细、配色秀雅，而且图案花纹含有喜庆、长寿、吉祥之意，深受民众喜爱。

清代的苏绣以"精细雅致"闻名，清中后期，苏绣在绣制技艺有了进一步发展，出现了精美的"双面绣"。还有一种"画绣"，属于高档欣赏品，又称为"闺阁绣"。清代苏州绣品逐渐商品化，并在阊门一带形成了较大的绣品市场。光绪年间，技艺精湛的苏绣艺术家沈云芝（沈寿）融西洋绘画特点于刺绣之中，新创了"仿真绣"，揭开了苏绣崭新的一页。

4. 苏州装裱业

明嘉靖、万历年间，苏州装裱业已有"吴装最善，他处无及"之誉。到清代，苏州涌现出不少装裱名家，号称"吴装"或"苏裱"。其裱件干挺柔软，镶料配色文雅，装制切贴，整旧得法，驰名海内。康熙年间苏州装裱艺人王鹤洲为名重一时的大家。嘉庆时，苏州长洲方塘开设的"竹素斋"装池名闻遐迩。"方塘号半亩，长洲人。以装潢为业，人颇雅饬。喜画兰，清逸无俗韵，其所制素册，有竹意斋印，宜于画，远近争购之。"[③]"装潢以本朝为第一，各省之中以苏工为第一。然而虽有好手，亦要取料净，运帚匀，用浆宿，工夫深，方称善也。乾隆中，高宗深于赏鉴，凡海内得宋、元、明人书画者，必使苏工装潢。其时海内收藏家有毕秋帆尚书、陈望之中丞、吴杜村观察为之提奖，故秦长年、徐名扬、张子元、戴汇昌诸工，皆名噪一时。"[④]乾隆初，清廷内府需要装裱《历代帝后像》，江苏地方官员保送秦长年等4人到北京负责装裱，技术精湛，其用于帝后像裱件的镶料，色彩辉煌，质地厚实，为京裱之师。苏州吴县叶御夫至扬州开

---

① 李龙生：《中国工艺美术史》，安徽美术出版社2000年版，第121页。

② 江苏省博物馆编：《江苏省明清以来碑刻资料选集》，生活·读书·新知三联书店1959年版，第24页。

③ （清）蒋宝龄：《墨林今话》卷一—《清代传记丛刊》本，明文书局印行。

④ （清）钱泳：《履园丛话》丛话十二《装潢》，中华书局1979年版，第323页。

装裱店，其技艺影响并带动了扬州的装裱业。“吴县叶御夫装潢店在董子祠旁。御夫得唐熟纸法，旧画绢地虽极损至千百片，一人叶手，遂为完物。”[①]叶御夫后被奉为装裱业扬州帮之师，该帮善于仿古装池，擅长揭裱古画，旧画本身虽支离破碎，一经装裱，即可起死回生，天衣无缝。

第三节　商业贸易

一　交　通

清代，江苏水陆交通网络基本形成，交通工具以人力和畜力为主，水陆交通的改善促进了商品经济的繁荣和发展。江苏淮北地区通行骡车、牛车，道路较广，陆路交通强于水路交通。长江、淮河、京杭大运河等将江苏地区大小河流、湖泊和海洋连成一片，形成一个发达的水上交通网。长江南北水网密布，无一县不通舟，尤其江南地区，一年四季无不通船，水上交通强于陆路交通。

清代陆路通道主要分为三等：一是以北京为中心通往各省省城的驿道为“官马大路”，简称“官路”，是清廷由北京向各地传递谕令、公文、官员往来、物资运输主要道路；二是由各省省会通往地方府州重要城镇的驿道，为“官路支路”，简称“大路”；三是地方各市镇间以及联络官路和大路的驿道，称为“小路”。

清代驿道承袭明制，并进行了变革，将“邮”和“驿”合并，全国驿站统于兵部车驾清吏司，地方驿站以州县官及驿丞分掌其事。驿站分为驿递、铺递。驿递以马递送，除送公文外，还护送官物及官差。铺递以铺夫、铺兵走递公文。清朝驿站比明朝更为普遍，一些边远县级地区也增设“县递”，加强和弥补了干线驿站的不足。“夫驿传之役，有冲有僻。冲则谓之驿站，所以供皇华之使臣，朝贡之方国与赍奏之员役也；僻则谓之里甲马，仅以供本州邑之驰递，故又谓之递马。”[②]

清代，江苏省有“官路”两条，“大路”一条，其余驿道均为“小路”。“官路”：一条由北京经山东德州、历城、泰安、临沂，进入江苏宿迁，沿运河达于丹徒；另一条由北京经山东德州、兖州，达江苏利国驿，过徐州，入安徽南宿州，于临淮关渡淮河，至凤阳，向东南经滁州达浦口，渡长江至江宁（南京），在丹徒与另一条官路相连，再由丹徒沿江南运河，经常州、无锡、苏州、嘉兴至杭州。“大路”从江宁经当涂至芜湖方向。

① （清）李斗：《扬州画舫录》卷九《小秦淮录》，江苏广陵古籍刻印社1984年版，第198页。

② （清）黄六鸿：《论驿政》，（清）贺长龄辑：《皇朝经世文编》卷七三《兵政四·马政》，沈云龙主编：《近代中国史料丛刊》第一编第731册，台湾文海出版社有限公司1967年版，第2630页。

康熙年间,江苏设有水陆驿站61处[①],当时江苏各府所属驿站如下。

江宁府:江东驿、金陵驿、龙江驿、递运所、大胜驿、江宁县江宁驿、句容县云亭驿、龙潭驿、溧阳县驿、溧水县驿、高淳县驿、江浦县驿、江淮驿、东葛驿、六合县驿、堂邑驿。

苏州府:姑苏驿、吴江平望驿、太仓州驿、常熟县驿、嘉定县驿。

常州府:武进县毗陵驿、无锡县锡山驿、江阴县驿、宜兴县驿。

镇江府:丹徒县京口驿、炭渚驿、丹阳县云阳驿、金坛县驿。

淮安府:山阳县驿、淮阴驿、清河县驿、清口驿、桃源县驿、桃源驿、古城腰站驿、宿迁县驿、钟吾驿、峿腰站、邳州驿、下邳驿、赵村驿。

扬州府:江都县驿、邵伯驿、高邮州驿、盂城驿、界首驿、宝应县驿、安平驿、仪真县驿、仪真水驿、通州驿、泰州驿、如皋县驿。

徐州:徐州夫厂驿、东岸驿、利国驿、桃山驿、彭城驿、房村驿、沛县驿、泗亭驿、夏镇夫厂、丰县驿、萧县驿、砀山驿。

清代,江苏各县均设递铺,在铺递线上每隔10—15里设一铺舍。光绪年间,经过裁并,江苏共有官方驿站38处,设铺480余处。[②] 清代驿道主要以陆路为主,即使在有水驿、水铺的地方,也设置陆驿、陆铺。清驿站承担传递官府要文、皇家贡品、地方特产等任务,传递公文最远距离一昼夜达到600里以上。康熙二十二年(1683)三月,康熙帝令江南镇江“飞递鲥鲜,以供上御”,限3日送达,“进贡之员每三十里立一塘,竖立旗杆,日则悬旌,夜则悬灯,通计备马三千余匹”[③]。为提高运输效率,各地还设有“腰站”,即两驿站之间增设的换马处,这是清代驿传的一大创举。腰站内备有马房和牧晾马匹之处,安置槽枥、锅镦、草料等物。若有紧急文书到腰站,换马不换夫,日夜兼程,不准耽误时间。清代,镇江京口与江都县广陵驿之间设瓜洲腰站,京口驿至云阳驿之间有马陵讯腰驿,云阳驿至武进毗陵驿之间有吕城汛腰驿。

清代驿站的驿夫包括马夫、水夫、扛抬夫、水火夫、抄牌、传差、禁卒、买办乃至兽医、厨役等。乾隆时,由于地方官员常虚报驿夫数目以冒领银饷,朝廷大批裁减驿夫,存留的驿夫称为“长夫”。遇有大差经过,所有“长夫”应役,不足时则另雇“短夫”。随着商品经济的发展,一些驿站也开始接待民间商旅人员入住。苏州姑苏驿大门的石柱上,有这样一副楹联:“客到烹茶旅客权当东道,悬灯待月邮亭远映胥江。”生动地反

① 康熙《江南通志》卷二二《驿传·船政附》。按,松江府今属上海市区,未统计入内。

② 光绪《大清会典事例》卷六五六《兵部·邮政置驿二》、卷六六六《兵部·邮政·设驿八》,《续修四库全书》第808册,上海古籍出版社2006年版。

③ (清)余孔瑞:《请停供鲥鱼疏》,(民国)于树滋纂:《瓜洲续志》卷二七《杂文》,民国十六年(1927)铅印本。

映了当时驿站热情待客的场景。

清代，兵部还派遣官员分驻各省省城，负责传递各省督抚的文报，这些差官被称为“提塘”。各省也派有相应的提塘差官驻京，负责递送朝廷下达各省的公文。从北京至各省省会间选定驿站，派置提塘官管理公文递送事务，派有塘官的驿站也称为“塘”。清代，北京到江苏的“塘”共有4处：北塘设于河北景州，中塘设于山东郯城，南塘设于清河县（今淮安市淮阴区）王家营，“淮塘”设在扬州。这条直达北京的官路称“通京大道”，又称东路驿站，由北京起经河北、山东达江苏，进而转至浙、闽。康熙、乾隆南巡时多次经过这条路，故又称“御道”。

除了官路驿道外，民间绅商和地方官员还捐助修筑了一些运道，称为民路。这些民路是众多连接驿路、铺路的地方小路、山路和能通舟行船的河流，是官路的补充和延伸，对于行人过往和商品流通有着重要意义。

清代，伴随交通运输业的繁荣，负责护卫运输人、财、物安全的镖局也应运而生，各大商埠码头，大小镖局比比皆是。镖局业务分为行程镖和看家护院镖两大类，行程镖又有陆路镖和水路镖之分。镖局护卫人员都有一定的武术功底，在商旅和运输途中保护客户的生命、财产安全。直至近代，南京、苏州、扬州等地均设有镖局。

二　城市商业

清代社会经济不断发展，城乡工商业日益繁荣。当时“天下有四聚：北则京师，南则佛山，东则苏州，西则汉口。然东海之滨，苏州而外，更有芜湖、扬州、江宁、杭州以分其势，西则唯汉口耳”[①]。康、雍、乾时期，江苏省的江宁、苏州、扬州等城镇已发展成为工商业繁荣的大都市，无论是人口，还是城市规模都超过明代。

1. 苏州

清朝建立后，顺治十八年（1661），江南布政使分置，右布政使驻苏州。康熙六年（1667），改右布政使为布政使司，仍驻衙苏州。苏州不仅政治地位上升，经济地位也不断提高，成为全国工商业最为繁荣和发达的城市之一。康熙时，苏州吸引了“远方贾人，挟资以谋厚利。若枫桥之米豆，南濠之鱼盐、药材，东西汇之木簰，云委山积”[②]。“吴阊至枫桥，列市二十里。”[③]雍正七年（1729），《岭南会馆广业堂碑记》记载：“姑苏江左名区也，声名文物，为国朝所推。而阊门内外商贾鳞集，货贝辐辏，襟带于山塘间，

① （清）刘献廷：《广阳杂记》卷四，中华书局1957年版，第193页。

② 《古今图书集成·方舆汇编·职方典》卷六七六《苏州府部·苏州府风俗考》，上海中华书局1934年版，第24页。

③ 康熙《松江府志》卷五四《遗事下》，康熙二年（1663）修刊本。

久成都会。”①

乾隆时，苏州繁华达到鼎盛。“东南财赋，姑苏最重。东南水利，姑苏最要。东南人士，姑苏最盛。……苏为郡，地方方不过五百里，粮三百万有奇，而盐、芦、关税、颜料、杂色之征在外，郡城之户，十万烟火，郊外人民，合之州邑，何啻百万！而搢绅士大夫，肩背相望。……山海所产之珍奇，外国所通之货贝，四方往来。千万里之商贾。骈肩辐辏。”②作为“四大名聚”之一的苏州“五方杂处，人烟稠密，贸易之盛，甲于天下”③。苏州府城阊门外南濠之黄家巷“明时尚系近城旷地，烟户甚稀。至国朝生齿日繁，人物殷富，闾阎且千，鳞次栉比矣”④。枫桥关“阊门西七里，为南北冲要地，介吴（县）、长（洲）二县，各省商米、豆麦屯聚于此”⑤，形成一个繁荣的粮食集散中心市场。

乾隆二十四年（1759），苏州吴县画家徐扬创作的《盛世滋生图》（俗称《姑苏繁华图》）⑥从侧面反映了清前期苏州工商业及文化的繁荣景象。该图全长 1225 厘米，宽 35.8 厘米⑦，运用了我国传统绘画的长卷形式和散点透视法，以太湖和苏州城西诸山为依托，由西而东而北，穿过水乡的村庄、市镇。“自灵岩山起，由木渎镇东行，过横山，渡石湖，历上方山，从太湖北岸，介狮和（何）两山间，入姑苏郡城。自葑、盘、胥三门出阊门外，转山塘桥，至虎丘山止。其间城池之峻险、廨署之森罗、山川之秀丽，以及渔樵上下、耕织纷纭、商贾云屯、市廛鳞列，为东南一都会。至若春樽献寿，尚齿为先；嫁娶朱陈，及时成礼。三条烛焰，或抡才于童子之场；万卷书香，或受业于先生之席。耕者歌于野，行者咏于涂，熙皞之风，丹青不能尽写。”⑧画卷描绘了苏州城西部胥门、阊门内外和万年桥一带最繁华的地段，经过著名的山塘街，至姑苏名胜虎丘山止，

---

① 苏州历史博物馆等编：《明清苏州工商业碑刻集》，江苏人民出版社 1981 年版，第 327 页。

② （清）沈寓《治苏》，（清）贺长龄辑：《皇朝经世文编》卷二三《吏政九》，沈云龙主编：《近代中国史料丛刊》第一编第 731 册，台湾文海出版社有限公司 1967 年版，第 893 页。

③ （清）顾禄：《清嘉录》卷五《关帝生日》，江苏古籍出版社 1999 年版，第 116 页。

④ （清）徐锡麟、钱泳辑：《熙朝新语》卷一六，上海古籍书店 1983 年版，第 659 页。

⑤ 乾隆《江南通志》卷二五《舆地志・关津一》，《影印文渊阁四库全书》第 507 册，台湾商务印书馆 1986 年版，第 726 页。

⑥ 《盛世滋生图》原系清宫所藏，现藏辽宁省博物馆，为国家一级文物。徐扬，字云亭，家住吴县阊门专诸巷。据《国朝院画录》记载，徐扬自乾隆十六年（1751）任清宫画院供奉。《石渠宝笈》收录他的作品有 35 件，其中主要有《乾隆南巡图》12 卷、《盛世滋生图》1 卷。

⑦ 王宏均：《苏州的历史和乾隆时期的“姑苏繁华”——为纪念苏州建城二千五百年而作》，《秋海棠集》，中国社会科学出版社 1998 年版，第 196 页。按，关于该画尺寸，北京故宫博物院王宏钧先生称全长 1225 厘米，宽 35.8 厘米，而秉琨在台湾商务印书馆再版此画时所作《清徐扬〈姑苏繁华图〉介绍与欣赏》中称，画全长 1241 厘米，画心高 39 厘米。今采王说。

⑧ 辽宁省博物馆等编：《盛世滋生图跋》，文物出版社 1986 年版。

重点突出了一村(山前)、一镇(木渎)、一城(苏州)、一街(山塘)的景物,画笔所至,苏州城内外连绵数十里的湖光山色、水乡田园、村镇城池、社会风情跃然纸上。粗略统计,画中有1.2万余人,各式桥梁50余座,各种船只400多条,各类商号、店招260余块,文化戏曲娱乐场景10余处,完整地表现了18世纪中叶苏州的市井风貌和繁荣盛况。[①]

苏州商品经济发达,商人和店铺众多。康熙二十七年(1688),仅木商就有132家,木牙9家。[②] 康熙四十九年(1710),苏州金铺和金珠铺达79家,到同治时,银楼业已有119家,"酱坊一业,共有徽、苏、宁、绍四帮,共八十六家"[③]。道光六年(1826),苏州地区仅浙江绍兴商人"在长、元、吴三邑各处开张浇造烛铺,城乡共计一百余家"[④]。根据碑刻资料,清代苏州重要的工商行业有百余种之多,主要行业有丝织业、刺绣业、踹染业、造纸印书业、土木建筑业、木器制造业、油漆业、铜锡铁器业、金银珠宝业、金融典当业、杂货百货业、粮食业、南北货业、酱酒菜厨面饼业、柴炭煤烛业、船运业、渔业、烟草业、成衣业、医药业、文化用品业、剃头业、客栈业、水灶行、说书行、梨园行、茶馆、浴室等,这些行业包罗万象,从生产到服务,应有尽有,有产销分营的,有自产自销、前店后场的。商业铺号除了销售苏州本地产品外,还销售有来自全国各地的手工业产品,如山东的茧绸、汉府的八丝、川广的药材、宁波的淡鳖、金华的火腿、南京的板鸭等。

清前期,苏州的繁华吸引了来自全国各地的工商业者来此创业和谋生,他们在苏州建立了自己的同乡会馆和同业公所,清代苏州的会馆、公所概况详见表11。

表11 清前期苏州会馆、公所一览表(1644—1840)[⑤]

会馆名称	所在地	创建年代	建置者
潮州会馆	阊门外上塘街	清初建于北濠,康熙四十七年迁于此	广东潮州商人

① 李华:《从徐扬"盛世滋生图"看清代前期苏州工商业的繁荣》,《文物》1960年第1期。范金民:《〈姑苏繁华图〉清代苏州城市文化繁荣的写照》,《江海学刊》2003年第5期。

② 《长洲县为木行永禁行头名色以除商害给示碑》,苏州历史博物馆等编:《明清苏州工商业碑刻集》,江苏人民出版社1981年版,第115—117页。

③ 《苏州府为酱坊业创建公所禁止官酱店铺营私碑》,苏州历史博物馆等编:《明清苏州工商业碑刻集》,江苏人民出版社1981年版,第260页。

④ 《烛业东越会馆议定各店捐输碑》,苏州历史博物馆等编:《明清苏州工商业碑刻集》,江苏人民出版社1981年版,第267页。

⑤ 范金民:《明清江南商业的发展》,南京大学出版社1998年版,第285—295页。

续表

会馆名称	所在地	创建年代	建置者
东官会馆（后改宝安会馆）	岭南会馆东	天启五年始建，康熙十六年改建	广东东莞商人
冈州会馆（扇子会馆）	定安会馆东	康熙十七年	广东新会商人
嘉应会馆	胥门枣市街	嘉庆十七年	广东嘉应仕商
仙城会馆	阊门外山塘桥西		广东广州商人
漳州会馆（霞漳会馆）	阊门外南濠街	康熙三十六年	福建漳州商人
邵武会馆	阊门外南濠街	康熙五十六年	福建邵武仕商
汀州会馆	阊门外上塘街	康熙五十七年	福建汀州纸商
兴安会馆	阊门外南濠街	康熙年间	福建兴化仕商
泉州会馆	阊门外张家花园南	康熙年间	福建泉州仕商
延建会馆	曹家巷	雍正十一年	福建延平、建宁仕商
仙翁会馆	河沿街长弄	乾隆五十八年十月	福建纸商
全晋会馆（白石会馆）	山塘半塘桥	康熙六十年	山西钱商
翼城会馆	小武当山西		山西翼城商
陕西会馆（全秦会馆）	山塘街毛家桥西	乾隆六年	陕西西安商帮
武林杭线会馆	宝林寺前	乾隆初年	浙江杭州线商
金华会馆	南濠街	乾隆十五年	浙江金华商人
浙宁会馆	南濠街王家巷内	乾隆以前	浙江宁波商人
钱江会馆	桃花坞大街	乾隆二十三年	杭州丝绸商帮
吴兴会馆	曹家巷	乾隆五十四年	浙江湖州仕商
东越会馆	阊门外三六湾	嘉庆年间	浙江绍兴蜡烛商
浙绍会馆	盘六新桥巷		浙江绍兴商
浙虞会馆	苏州	太平天国前	浙江嘉兴商
宛陵会馆（宣州会馆）	阊门外南城下	康熙十六年	安徽宁国仕商
徽郡会馆	镇抚司前	乾隆三十五年	安徽徽州纸油枣商
新安会馆	阊门外上塘街		安徽徽州商人
中州会馆（河南会馆）	天启桥西	乾隆三十七年	河南商人
江西会馆	留园五福路	康熙二十三年	江西仕商
大兴会馆	娄门外东汇	康熙十九年	木商

续表

会馆名称	所在地	创建年代	建置者
高宝会馆(江淮会馆)	阊门外潭子里	康熙五十七年	江苏海州商人
毗陵会馆	山塘莲花斗	乾隆二十七年	江苏常州猪商
东齐会馆	山塘街552号	康熙二十年	山东商人
江鲁会馆	阊门外十一都	乾隆四十六年	山东江苏苏北商
江宁会馆(会宁会馆)	中街路	鸦片战争前	南京商人
洞庭会馆	苏州枫桥	康熙年间	江苏洞庭东山商
枣商会馆	阊门外鸭蛋桥	乾隆年间	苏直鲁枣商
崇德公所	尚义桥	康熙十年	印书业
梨园公所	镇抚司前	雍正十二年	昆弋腔戏班
剞劂公所	教场南	乾隆四年	刻字业
面业公所	宫巷关帝庙内	乾隆二十二年	面馆业
成衣公所	九胜巷	乾隆四十五年	成衣业
菜业公所	宫巷(后造东美巷)	乾隆四十五年	膳业
磨坊公所	小武当山	乾隆五十五年	
花商公所	山塘街下塘	乾隆年间	花铺业
集庆公所	圆妙观雷尊殿内	乾隆年间	炉饼业
江鲁公所	阊门外十一都三十五图	乾隆年间	腌腊等业
江镇公所(整容公所)	马医科巷	乾隆年间	剃头业
圆金公所	蒲林巷	嘉庆五年	圆金业
时入公所	四摆渡东山庙南	嘉庆十四年	煤炭木树柴船业
小木公所	憩桥巷	嘉庆十五年	红木业
南枣公所	枣市街	嘉庆十七年	果品业
柏油公所	闻二图信心巷	嘉庆二十四年	柏油业
珠昌玉业公所	石塔头宝珠庵内	嘉庆二十五年	玉业
庖人公所	宫巷中	嘉庆年间	庖厨业
光裕公所	第一天门	嘉庆年间	弹词评话业
永宁公所(允金公所)	隆兴桥	嘉庆年间	硝皮业
咏勤公所	梵门里萧家园	嘉庆年间	洋货业

续表

会馆名称	所在地	创建年代	建置者
膳业公所	金姆桥东高冈上	道光初年	饭业
丽泽公所	刘家浜	道光十六年	金业
云锦公所	祥符寺巷	道光二年	纱缎帐户
七襄公所	文衙弄	道光五年	绸缎业
水炉公所	西北街石皮弄	道光十一年	水炉业
豆米公所	胥门水仙庙内	道光八年	豆米业
新安公所		道光十二年	布店字号
花商公所	山塘街下塘	道光十二年	花业
尚始公所	四摆渡官弄堂	道光十二年	土布店铺
嘉凝公所	合村坊巷	道光十四年	金线业
咸庆公所	西海岛第五弄	道光十六年	瓜帽业
承善公所	郡庙神道街	道光十七年	装修置器业
性善公所	斑竹巷	道光十七年	漆作业
茶礼公所	社坛巷	道光十七年	掌礼业
明瓦公所	东海岛一弄	道光二十年	明瓦业
永和公所	盘门城桥下岸	道光二十年	木柴业

明清时期，会馆主要是地域性同乡组织，而公所主要是行业性团体。如苏州吴兴会馆碑称："苏城吴兴会馆，系乾隆五十四年浙湖闵峙庭中丞抚苏时建造。虽为绉绸两业集事之所，而湖人之官于苏者，亦就会馆拜宴集，以叙乡情。故不曰公所而曰会馆也。"[①]清代苏州会馆既有地域性，又有行业性，而公所主要表现为行业性。会馆多以地区命名，而公所基本上以行业或含行业的字义命名。会馆多创设于明万历至清康熙、乾隆年间，公所多创设于清道光、咸丰年间。会馆最初的作用是"联乡谊，叙乡情"，随着工商业的发展，会馆逐步成为商人们存货、居住和议事的重要场所。公所则是同行业中办理善举、议定行业条规章程、实施行业管理的组织机构。会馆、公所的经费，主要来自商品的厘捐和个人的捐赠。清末民初，苏州商务总会建立后，商业和手工业性质的会馆、公所作为行帮代表参加商会，成为商会建立的基础，后逐步转化为同业公会。

① 《吴县为盖印给发吴兴会馆公产照契抄册给示晓谕碑》，苏州历史博物馆等编：《明清苏州工商业碑刻集》，江苏人民出版社1981年版，第45页。

清前期,苏州城市经济的繁盛一直持续到19世纪中叶太平天国前。1845年,游历苏州的法国人员耶德(Hedde)在其《万物解》中盛赞称苏州为“世界最大的都市”,“谚语说‘天有天堂,地有苏杭’,特别是苏州更是了不起。在那里耀眼的魅惑人的东西应有尽有。天产丰富,气候温和,举凡娱乐、文学、科学、美术的东西无一或缺。这儿是高级趣味的工艺和风靡全国的风尚的源泉地。这儿一切东西都是可爱的、可惊叹的、优美的、高雅的、难得的美术品。这个都市是江南茶丝之邦的首府,不仅是美术与风尚之女王,而且是最活跃的工业中心,又是最重要的商业中心、货物的集散地”①。

苏州因商业经济空前繁荣,其经济与社会结构呈现出与众不同的特色,在当时发挥了其特有的经济与社会功能。在经济上,苏州发挥了区域市场的功能,是江南市镇商品的主要集散中心,也是全国性米粮市场的重镇;在社会风尚上,苏州因工艺技术精巧,服务事业发达,在生活水平与消费风气上,苏州作为当时区域中心城市,领时尚风气之先,四方争相仿效之。

2. 江宁

清代,江宁作为江苏省省会,人口众多,水陆交通发达,城市逐渐由封建政治中心向工商业经济中心城市转变,经济由消费性向生产性转化。江宁丝织等手工业得到长足发展,各类手工业品畅销全国各地。南京“南城列肆虽贱夫率自爱重,精其业,如仰氏之扇、伍少西之毡货,汪天然之包头绢、几如和矢兑弓、著名四远”②。雍正时,江宁“省城五方杂处,街市宽阔,巷道四通八达”。城南的秦淮河一带最为热闹,秦淮河上“客船、游船往来不断”,夜晚“一更二更,街市灯火不断,正买卖吃食之时”③。乾隆时,江宁“利涉、武定二桥之间,茶寮酒肆,东西林立”④。吴敬梓在《儒林外史》中描写道:“(南京)城里几十条大街,几百条小巷,都是人烟凑集,金粉楼台……大街小巷,合共起来,大小酒楼有六、七百座,茶社有一千余处。”⑤街上的店铺、酒楼、茶社等除了白天营业外,还有夜市。道光初年,南京五亩园一带“开设茶馆甚多,吃茶闲谈者百十为群。且悬雀笼,卖奉水烟”⑥。嘉道时,江宁城东西和南北街道各有17条,“街衢通达,闾阎万千,异乡人每茫然莫辨”⑦。

---

① [日]宫崎市定:《宫崎市定论文选集》上卷《明清时代的苏州与轻工业的发达》,商务印书馆1963年版,第233页。

② 同治《上江两县志》卷七《食货》,《中国地方志集成》江苏府县志辑4,江苏古籍出版社1991年版,第164页。

③ 《安徽布政使噶尔泰奏陈江宁城内被盗应行严谨情由折》,中国第一历史档案馆:《雍正朝汉文朱批奏折汇编》第14册,江苏古籍出版社1989年版,第867页。

④ (清)珠泉居士:《续板桥杂记》,启智书局1933年版。

⑤ (清)吴敬梓:《儒林外史》,人民文学出版社1995年版,第243页。

⑥ (清)喻德渊:《默斋公牍》卷下《禁添设茶馆示》,道光二十年(1840)刊本。

⑦ (清)甘熙:《白下琐言》卷四,南京出版社2007年版,第72—73页。

清南京三山繁华街景(清人绘)

清代,南京城还出现了专业性商业街。“城内有三故衣廊:一在花市之南,一在斗门桥之西,一在北门桥之南,其地多故衣铺,为旌德人裁缝聚处之所,惟北门桥尚有旧廊,余皆民居侵占矣。”[①]此外,书坊皆在状元境“比屋而居,有二十余家”,皆为江西人所开设,“虽通行坊本,然琳琅满架,亦殊可观”。南京纸扇“素有盛名”,全城“不下数十家”,其中“张氏庆云馆”远近驰名,在扇骨上“雕刻字画,有取红楼女名者”,“远方来购,其价较高”[②]。嘉、道年间,南京珠宝廊一带“物力全盛,明珠翠珥,炫耀市廛”[③]。南京城西郊的上新河,明清时期是江南最大的木材市场,每年长江中上游四川、湖广、江西等地木材汇集于此,然后转输大江南北。清代,上新河“木商所萃”,徽州木商资本最为雄厚,“徽多木商,贩自川广,集于江宁之上河,资本非巨万不可,因有移家上河者,服食华侈,仿佛淮扬,居然巨室,然皆婺人”[④]。

大量外来人户进入南京城也加剧了城市粮食供应的紧张,江宁“产米不敷所食,全赖外省客米接济”,清代主要依靠从湖广、江西、安徽等地输入粮食。康熙四十七年(1708),因灾荒各省禁米出境,江宁城中缺粮严重,米价陡涨,饥民“聚众抢夺米铺三四十家”[⑤]。乾隆时,“江宁寄户多于土著”[⑥],据统计,时江宁城不下 8 万余户,人口约 40—50 万,“惟皖鄂两省人居十之七,回回户又居三之一。皆不耕获菑畬,徒手仰食

① (清)甘熙:《白下琐言》卷六,南京出版社 2007 年版,第 100 页。

② (清)甘熙:《白下琐言》卷二,南京出版社 2007 年版,第 25 页。

③ (清)陈作霖:《运渎桥道小志》,《中华文史丛书》第 96 册,《金陵琐志三种》,台湾华文书局 1969 年版,第 43 页。

④ 许承尧:《歙事闲谭》卷一八《歙风俗礼教考》,黄山书社 2001 年版,第 603—604 页。

⑤ 中国第一历史档案馆编:《康熙朝汉文朱批奏折汇编》第 2 册,档案出版社 1985 年版,第 285 页。

⑥ 乾隆《江宁新志》卷八《民赋志》,乾隆十三年(1748)刻本。

四乡，所产米不能果数月腹，于是贩鲁港、和州、庐江、三河运漕诸米以粜于铺户，富户复开砻坊以收之。故岁小不登，民无流徙”①。南京米业铺户主要集中于上新河、聚宝门及通济门一带，米粮贩运商将米粜于米行铺户零售。道光时，“聚宝门外窑湾之砻坊三十二家”②，每家囤粮都在万石左右。清中叶，随着人口的增加和工商业的发展，江宁城区街道不断被侵占。“前明都会所在，街衢洞达，洵为壮观。由东而西，则火星庙至三山门，大中桥至石城门；由南而北，则镇淮桥至内桥，评事街至明瓦廊，高井至北门桥。官街极其宽廓，可容九轨，左右皆缭以官廊，今为居民侵占者多，崇闳之地半为湫隘之区矣”③。

清代，南京“为各省水旱通行码头”，外地商人在南京建立了许多会馆和公所。乾隆四年(1739)，安徽宁国旌德商人在党家巷修建旌德会馆。嘉庆、道光年间，安徽、山西、山东、两湖、两广、福建等地商人纷纷建立会馆，何炳棣先生据甘熙《白下琐言》记载统计，乾隆、嘉庆年间全国各地商人先后在南京设立的会馆有：中州会馆、三楚会馆、旌德会馆、泾县会馆、太平会馆、贵池会馆、新安会馆、庐江会馆、石埭会馆、洞庭会馆、崇明会馆、浙东会馆、湖州会馆、山西会馆、山东会馆、陕西会馆、全闽会馆、三河会馆、江西会馆等19所会馆。④ 金陵“五方杂处，会馆之设，甲于他省。中州在糯米巷，三楚在赛虹桥，族德在党家巷，大平在甘雨巷，陕西在明瓦廊，贵池在黄公祠，新安在马府街，洞庭在徐家巷，崇明在江东门，庐江、三河在窑湾，规模尚小。若评事街之江西，武定桥之石棣，牛市之湖州，安德门之浙东，颜料坊之山西，天妃宫之全闽，陡门桥之山东，百花巷之泾县，殿阁堂楹，极其轮奂。江西会馆大门外花门楼一座，皆以磁砌成，尤为壮丽”⑤。

3. 扬州

扬州襟江带海，地处江淮要冲，北濒淮河，南临长江，京杭大运河纵贯城市，得天独厚的水陆交通成为扬州的发展优势。明末清初，扬州社会经济因战乱一度遭到严重破坏，“旧商亡窜，失业者过半，盐策凋耗”⑥。“所谓二分明月在扬州也，乱后色减。”⑦到康雍时，随着社会的安定，扬州城市经济得到恢复发展。“东南繁华扬州起，

① 同治《上江两县志》卷七《食货》，《中国地方志集成》江苏府县志辑4，江苏古籍出版社1991年版，第162页。

② (清)包世臣：《安吴四种》卷二六《答方葆岩尚书书》，沈云龙主编：《近代中国史料丛刊》第一编第294册，台湾文海出版社1967年版，第1821页。

③ (清)甘熙：《白下琐言》卷一，南京出版社2007年版，第20页。

④ 何炳棣：《中国会馆史论》，台湾学生书局1966年版，第48页。

⑤ (清)甘熙：《白下琐言》卷二，南京出版社2007年版，第24页。

⑥ 嘉庆《重修扬州府志》卷四五《宦迹三·李嵩阳》，《中国地方志集成》江苏府县志辑41，江苏古籍出版社1991年版，第791页。

⑦ (清)谈迁：《北游录》，北京，中华书局1997年，第13页。

水陆物力盛罗绮。朱橘黄橙香者橼，蔗仙糖狮如茨比。一客已开十丈筵，客客对列成肆市。”[①]孔尚任这首《有事维扬诸开府大僚招燕观剧》诗从侧面反映了康熙初扬州商业的繁荣。

清代，扬州新旧二城是其繁盛的基地。嘉靖年间，为抵御倭寇，扬州知府于旧城外环河筑新城，有效地保护了市民的生命财产安全。此后，新城“民居鳞然”，商民“无复移家之虑”。旧城为官署所在地，扬州府署、院署、江都及甘泉二县署、城守署及府、县学均在旧城；扬州新城驻有两淮巡盐御史、两淮盐运使等官衙。清代，扬州盐商多居于新城，时扬州城盐运通道只有运河一条水道，淮盐由商人凭引在盐场提取运到扬州，待官府稽合后再由水路运到真州（今江苏仪征），转运至淮盐销售区。为行盐方便，盐商的居处和仓库多集中在新城沿运河一线，特别是南河下“殷商巨族，高楼巨第，通衢夹道，阛阓市桥”，鳞次栉比。许多盐商在扬州求田问舍，安家落户，“扬州好，侨寓半官场，购买园亭宾亦主，经营盐典仕而商，富贵不归乡”[②]。

盐业贸易的兴盛对于清前期扬州城市经济的繁荣起到了举足轻重的作用，盐业贸易也成为扬州城市经济的支柱产业，由此也带动了城市其他各个行业的兴盛。乾隆时，扬州的繁华达到鼎盛，“富庶甲天下”，盐课“居赋税之半，而两淮盐课又居天下之半”[③]。扬州“四方豪商大贾，鳞集麇至，侨户寄居者，不下数十万。其煎盐之场较多，食盐之口较众，销盐之界较广，故曰利最夥也”[④]。其时，扬州从事盐业的商人“向有数百家”[⑤]，时人云：“扬州繁华以盐盛……（盐商）视金钱如粪土，服用之僭，池台之精，不可胜纪。”[⑥]盐商们通过垄断专卖，获得巨额利润，“富可敌国”。扬州盐商奢侈性消费促进了扬州建筑、饮食、服装、漆器、玉器等行业的兴盛和繁荣。扬州盐商“衣服屋宇穷极华靡，饮食器具备求工巧，俳优妓乐，恒舞酣歌，宴会嬉游，殆无虚日，金钱珠贝，视为泥沙，甚至悍仆豪奴，服食起居，同于仕宦”[⑦]。

---

① 汪蔚林编：《孔尚任诗文集》卷二，中华书局1962年版，第13页。

② （清）惺庵居士：《望江南百调》，民国《扬州丛刻》（1—3），《中国方志丛书》华中地方第3号，台湾成文出版社有限公司1970年版，第1048页。

③ 光绪《重修两淮盐法志》卷一六〇《（乾隆）重修两淮盐法志序》，《续修四库全书》第845册，上海古籍出版社2006年版，第733—734页。

④ 乾隆《淮安府志》卷一三《盐法叙》，《中国方志丛书》华中地方第397号，台湾成文出版社有限公司1983年版，第1134页。

⑤ （清）陶澍：《敬陈淮鹾积弊疏》，光绪《重修两淮盐法志》卷一五五，《续修四库全书》第845册，上海古籍出版社2006年版，第653页。

⑥ （清）黄钧宰：《金壶七墨·金壶浪墨》卷一《盐商》，《续修四库全书》第1183册，上海古籍出版社2006年版，第9页。

⑦ 乾隆《皇朝文献通考》卷二八《征榷考三·盐》，《影印文渊阁四库全书》第632册，台湾商务印书馆1986年版，第574页。

康熙、乾隆先后六次南巡，临驾扬州，进一步推动了扬州的繁盛。特别是乾隆南巡时，为迎圣驾，扬州盐商不惜巨资修建行宫和园林，开辟水上游览线，从扬州城到平山堂，处处亭园楼台，号称“一路楼台直到山”。两淮盐商们还筹备大戏，贮藏《四库全书》、《古今图书集成》，采办珍奇异宝，极力讨好乾隆。乾隆巡幸扬州沿线，“由天宁门城内东入彩衣街，左折运司街、教场、辕门桥、多子街、埂子上，出钞关，右折花觉街，入九峰”，直到小东门外新城御道，这一带成为扬州商业最为繁华地段。扬州教场原为清军练兵操练之地，到乾隆时也成为市肆集中之地，北部教场商业区形成，使扬州商业区由南向北连成了一片。

城内外商业繁盛，店铺林立。自“天宁门至北门，沿河北岸建河房，仿京师长连、短连、廊下房及前门荷花棚、帽子棚做法，谓之‘买卖街’，令各方商贾辇运珍异，随营为市，题其景曰‘丰市层楼’”①。其中最为繁华的商业区为小东门、小秦淮等地附近，名肆大店，鳞次栉比。扬州新旧两城“四方所称繁华地，而小东门外，市肆稠密，居奇百货之所出，繁华又甲两城，寸土拟于金”②。

商业街多以经营货物命名。多子街“即缎子街，两畔皆缎铺。……每货至，先归绸庄、缎行，然后发铺，谓之‘抄号’”。贩缎者多为镇江人，“每年以四月二十日为例，谓之‘镇江会’”③。乾隆年间，多子街曾发生一场大火灾，“延烧彻夜”，毁店铺 500 余间，可见店铺之多。不久，居埂子上的徽商余观德创设小东门水仓，扬州“救火会”由此而始。

扬州翠花街又名新盛街，“在南柳巷口大儒坊东巷内。肆市韶秀，皆珠翠首饰铺也。扬州鬏勒，异于他地，有蝴蝶、望月、花蓝、折项、罗汉鬏、懒梳头、双飞燕，到枕松、八面观音诸义髻，及貂覆额、渔婆勒子诸式。女鞋以香樟木为高底，在外为外高底，有杏叶、莲子、荷花诸式；在里者为里高底，谓之‘道士冠’，平底谓之‘底儿香’。女衫以二尺八寸为长，袖广尺二，外护袖以锦绣镶之，冬则用貂狐之类。裙式以缎裁剪作条，每条绣花两畔，镶以金线，碎逗成裙，谓之‘凤尾’，近则以整缎折以细道，谓之‘百折’，其二十四折者为玉裙，恒服也。硝皮袄者，谓之‘毛毛匠’，亦聚居是街”④。

随着商业繁荣，扬州浴室、茶馆等商业服务业也发展起来。扬州人有“早上皮包水，晚上水包皮”的俗语，即早上到茶肆喝茶吃点心，晚上到浴室泡澡。清时扬州浴室又名混堂，分布于扬州城内外大小街巷，并各具特色。浴室“用白石为池，方丈余，间

① （清）李斗：《扬州画舫录》卷四《新城北录中》，江苏广陵古籍刻印社 1984 年版，第 100 页。

② 陈霆发《张印宣柘园记》，民国《甘泉县续志》卷一四《艺文考》，《中国地方志集成》江苏府县志辑 44，江苏古籍出版社 1991 年版，第 461 页。

③④ （清）李斗：《扬州画舫录》卷九《小秦淮录》，江苏广陵古籍刻印社 1984 年版，第 185—186 页。

为大小数格，其大者近镬水热，为大池，次者为中池，小而水不甚热者为娃娃池。贮衣柜环列于厅事者为座箱，在两旁者为站箱。内通小室，谓暖房。茶香酒碧之余，侍者折枝按摩，备极豪侈，男子亲迎前一夕入浴，动费数十金。除夕浴谓之洗邋遢，端午谓之百草水”。

“扬州人好品茶，清晨即赴茶室，枵腹而往，日将午，始归就午餐。”①扬州茶肆“甲于天下，多有以此为业者。……楼台亭舍，花木竹石，杯盘匙筯，无不精美。辕门桥二梅轩、蕙芳轩、集芳轩，教场有腕腋生香、文兰天香，埂子上有丰乐园，小东门有品陆轩，广储门有雨莲，琼花观巷有文杏园，万家园有四宜轩，花园巷有小方壶，皆城中荤茶肆之最盛者。天宁门之天福居，西门之绿天居，又素茶肆之最盛者。城外占湖山之胜，双虹楼为最，其点心各据一方之盛。双虹楼烧饼，开风气之先，有糖馅、肉馅、干菜馅、苋菜馅之分；宜兴丁四官开蕙芳、集芳，以糟窖馒头得名，二梅轩以灌汤包子得名，雨莲以春饼得名，文杏园以稍麦得名，谓之鬼蓬头，品陆轩以淮饺得名，小方壶以菜饺得名，各极其盛。而城内外小茶肆或为油鏾饼，或为甑儿糕，或为松毛包子，茆檐荜门，每旦络绎不绝”②。

扬州城市商业发展的同时，城郊四周也形成多个农贸市场。扬州南门外，形成以贮草坡为中心的柴草市场。“草草馆在中埂上岸，本南门草厂。瓜洲人艑载江芦，谓之芦商，其船谓之柴艑，至此为柴艑码头。先驳运上岸，地名贮草坡，坡上为南门街之西，多屋舍以寓芦商，即是馆也。”③

城北有黄金坝鱼市。“黄金坝在府城西北，嘉靖《维扬志》谓为黄巾坝，久废。今在府城北高桥东，以蓄内河之水，土恶不能堤，故以薪代坝，上皆鱼市。郡城居江、淮之间，南则三江营，出鲥鱼，瓜洲深港出鲨刀鱼，北则艾陵、甓社、邵伯诸湖，产鱼尤众。由官河乘风而下，城肆贩户于此交易，肆中一日三市，早挑、中挑、晚挑，皆沿湖诸村镇中人为之。村镇设行，渔户取鱼自行交易，挑者输于城中，其行若飞，或三四十里，多至六七十里，俄顷即至，以行之迟速分优劣。……坝上设八鲜行，八鲜者，菱、藕、芋、柿、虾、蟹、蚌螯、萝葡。鱼另有行在城南，淮南鱼盐甲天下。黄金坝为郡城鲍鱼之肆，行有二：曰咸货，曰腌切。”④此外，扬州城郊还有凤凰桥米市、便益门鱼市、天宁门花市等农副产品市场。清前期，扬州还是清政府南粮北运必经的咽喉之地，江南各省经扬

---

① (清)徐珂：《清稗类钞》饮食类《茗饮时食乾丝》，中华书局1984年版，第6319页。

② (清)李斗：《扬州画舫录》卷一《草河录上》，江苏广陵古籍刻印社1984年版，第25—26页。按，荤茶肆指兼卖茶点的茶社，素茶肆指纯以茶水为业的茶社。

③ (清)李斗：《扬州画舫录》卷七《城南录》，江苏广陵古籍刻印社1984年版，第158页。

④ (清)李斗：《扬州画舫录》卷一《草河录上》，江苏广陵古籍刻印社1984年版，第15—16页。

州北运的漕粮，扬州府在梅花岭下设广储仓用于接纳漕米。

随着商业兴盛，外省旅居扬州者日多，各地商人形成独自的商业特色和经营范围。浙绍主要经营绸布，湖南经营湘绣，湖北经营木业，江西经营瓷器，岭南经营糖业，安徽经营盐业，山西则为钱业（钱庄、票号）。扬州南河下毗邻古运河，是会馆、公所最为集中之地。湖南会馆、江西会馆、湖北会馆在南河下街，安徽会馆在花园巷，浙绍会馆在达士巷，嘉兴会馆在新城仓巷。安徽“旌德帮”是清代扬州盐商中最具实力商帮，他们在扬州有两处旌德会馆，一处在弥陀巷，另一处位于扬州埂子街内的愿生寺。

嘉道以后，扬州盛极而衰。道光年间，清廷改革盐法，改“纲引制”为“票盐制”，打破了扬州盐商垄断两淮盐业的局面，加之，淮南盐场产量下降和淮北盐场的发展，两淮盐业中心北移，“盐商顿变贫户”，“群商大困”，扬州的昔日繁华不再。两淮盐商兴盛时所建亭台楼阁、园林胜景也随之衰颓，“楼台倾毁，花木雕零”，“按图而索园观之，成黄土者七八矣”，“造园旧商家多歇业贫散，书馆寒士亦多清苦，吏仆佣贩皆不能糊口”[①]。晚清，随着漕运舍运河而取海运和津浦铁路的开通，扬州城市工商业日益式微。

4. 淮安

清代，淮安（今淮安楚州区淮城）是京杭大运河南北交通的枢纽城市，漕运总督机构即驻衙于此，管辖山东、河南、江苏、安徽、江西、浙江、湖北、湖南 8 省漕政，具体负责漕运、检选运弁、漕船修造、查验回空、督催漕欠等事务。从漕粮收缴、起运，到漕船北上过淮、抵达通州，漕督都要亲自稽核督查，运输过程中出现的重要情况需随时报告清廷。康熙二十一年（1682）规定，粮船过淮后，总漕应随船北上，率属员视察运道，调度全漕。粮船过津后，总漕即入京觐见述职，而后回淮办理下年之征收漕运诸事。

清代，南方各省漕船载运漕粮均需在淮安盘验，同时南来北往的商船也要在此过淮关榷税，由此带动了淮安城市商业经济的发展。雍正时，“淮郡三城内外，烟火数十万家”[②]。乾隆年间，淮安城商业贸易已有相当规模，形成各具特色的商业和手工业街巷，如打箔巷、锅铁巷、打线巷、草楼巷、铜王巷、古东米巷、钉铁巷、竹巷、花巷、锡巷、绳巷、干鱼巷、茶巷、羊肉巷；城郊有米市、柴市、兰市、牛羊市、猪市、冶市、海鲜市、莲藕市、草市等。[③]

---

① （清）李斗：《扬州画舫录·二跋》，江苏广陵古籍刻印社 1984 年版，第 7 页。

② （清）鄂喜《宽减米价》，（明）马麟修、（清）杜琳等重修、（清）李如枚等续修：《续纂淮关统志》卷一一《文告》，《四库全书存目丛书》第 274 册，齐鲁书社 1996 年版，第 38 页。

③ 乾隆《淮安府志》卷五《城池·街巷》，《中国方志丛书》华中地方第 397 号，台湾成文出版社有限公司 1983 年版，第 298—300 页。

淮安"民惮远涉,百物取给于外商,即有兴贩者,白稻、秫麦、菽、园蔬、水鲜之外,无闻焉。若盐鹾之利,则借侨寓有大力者负之而趋矣"[①]。各种货物经运河在淮安榷关过境抽税,"按货物输税,有论个者,如竹木桶盒、瓷瓦、石器之属;有论张者,如皮货、桌椅、床柜之属;有论块者,如纸张、木板、石鼓、门台之属;有论座者,如插屏、镜架之属;有论对者,如枕垫、桌插、牌料、丝灯、攒盒、方盒、各对联之属;有论条者,如领头、椅搭、藤席、板凳、大中小篾簟、草席、垫席、甘蔗之属;有论副者,如各皮帽沿、棉线、查子、弓面、马鞍、箱柜、剃头担之属;有论口者,如大小缸、大小锅、活猪之属;有论双者,如靴鞋、木屐之属;有论扇者,如招牌、茅蓬、屏门之属;有论匹者,如缎、纱、绸、绢之属;有论面者,如鼓琴、弦子之属;有论骡者,如人参、绸缎、色布、南来杂货之属;有论只者,如牛、羊、鲜鱼、掉船、藕船、篓蒲、草船、标船;有论石者,粮食;有论件者,银鼠皮褂;有论段、论根、论丈、论片、论把、论捆者,大小竹木、板片之属;间有论套、论箱、论叶、论篓、论盘、论领,货物不过一件、两件,余悉以担论,大抵什居八九:有芒稻、黍子、糁谷之属,有冬夏布棉、花棉、线缨纬之属,有铅、铁、铜、锡 器之属,有药材、香料之属,有海菜、颜料之属,有鲜果、干果之属,有腌腊、腌小菜之属,有油、酱、酒、醋之属,有煤碳、石灰之属,不胜悉载。"[②]这些南来北往的货物,"重运粮艘过淮,自江广附带竹木、板片、铁钉、油、麻、糖、纸、籐、绳、瓷器等货,沿途下卸,商客贩卖"[③]。清朝,淮安榷关收入比明朝有了较大增加。顺治初年依照明万历年间数额征收,顺治八年(1651)税银达到 58300 两,康熙二十五年(1686)较顺治八年增加 10769 两,到乾嘉年间遂积至数十万。[④]

清代,山东、河南诸省豆、麦等粮食作物大量销往江南地区。从乾隆七年至十三年(1742—1748),粮食在运河淮安关税总额中比例达 62.3%。乾隆八年(1743),淮安关过境的粮食、梨枣棉烟饼油(北货)、绸布姜茶及各种杂货(南货)的比例分别为 62.3%、7%、25.3%;乾隆九年(1744),三者比例分别为 62.8%、8.7%、19.5%;乾隆十年(1745),三者比例分别为 61.9%、11.1%、16.2%。[⑤] 日本学者香坂昌纪认为,乾隆前期,淮安关豆税约占 60%,梨枣占 17%,合计北货超过 70%,南货不超过 23%。[⑥]

---

① 乾隆《淮安府志》卷一五《风俗志》,《中国方志丛书》华中地方第 397 号,台湾成文出版社有限公司 1983 年版,第 1253 页。

② 乾隆《淮安府志》卷一四《关税》,《中国方志丛书》华中地方第 397 号,台湾成文出版社有限公司 1983 年版,第 1222—1223 页。

③ (明)马麟修、(清)杜琳等重修、(清)李如枚等续修:《淮关统志》卷一一《文告》,《中国方志丛书》华中地方第 85 号,台湾成文出版社有限公司 1970 年版,第 223 页。

④ 同治《重修山阳县志》卷四《漕运》,《中国方志丛书》华中地方第 414 号,台湾成文出版社有限公司 1983 年版,第 68 页。

⑤ 许檀:《明清时期运河的商品流通》,《历史档案》1992 年 1 期。

⑥ [日]香坂昌纪:《清代中期の浙西におけろ食粮问题》、《清代中期の杭州ど商品流通——北新关を中心どして》,转引自张海英:《明清江南商品流通与市场体系》,华东师范大学出版社 2002 年版,第 236 页。

北粮南运的规模超过了南货北运的规模，说明清代江南对北方粮食供应需求的增加，而北方对南方丝棉手工业品需求下降，反映了北方经济势力的发展和提高。

淮安地处水陆交通要冲，吸引了全国各地商人来此经商定居，外省商人成为淮安商业贸易的主要力量。清代，淮安"富商大贾皆四方侨人主之，土人率以小贾自占逐利，朝夕为糊口计"。淮安当地居民"为农者十有六七，趋市者仅十之三四"。从淮安府城到北关厢，"为淮北纲盐顿集之地，任鹾商者，皆徽、扬高赀巨户，役使千夫，商贩辐辏"①。"康熙四十年，编审原缺丁一万四千九百一十三丁，缺银六千四百一十七两。"为了补足缺额，"乃收淮城北寄居贸易人户及山西与徽州寄寓之人，编为附安仁一图"②。可见，康熙年间山西、安徽等地商人及其子弟之众。

各地商人在淮安修建会馆，时有新安会馆、江西会馆、镇江会馆、定阳会馆、浙绍会馆、润州会馆、福建会馆、江宁会馆、四民会馆等会馆。清代淮安的外地商人经营行业，各有所专——浙江商人主要经营绸布业，镇江商人主要经营中药业，山西商人则主要经营钱庄、收取印子钱。③ 外地客商还在淮安建立了专为商人子弟读书的"商学"。清淮安府属淮安卫与大河卫经交涉，"于府学内多拨山阳十余名"，作为"卫童学额"，而淮安府学同时与"商学额取六名"，后又批准商学并入山阳民籍内合考，说明外省籍商人已成为淮安社会经济的重要力量。

道光后，随着海运的兴起，淮安南北河运货物大为缩减，城市经济日益衰落。一是"冀、豫之物不能南来"，二是"漕艘不行湖广，江汉之产不能运京"，三是"礼字河不闭，东省皖境之货绕越而去"，"闽越江浙之财，半附轮船转运他处"④。咸丰五年（1855），黄河北徙，致使"停止河运者十数年"，漕粮多改为海运。咸丰十一年（1861），清廷正式裁撤南河总督，将驻节淮安的漕运总督移驻清江浦原南河总督衙署内，兼管河务。同治十一年（1872），江南漕粮全由上海轮船招商局承包，海运北上，运河的地位进一步下降。光绪三十年（1904），漕河总督被改为江淮巡抚，至此，漕河总督正式被裁撤。

5. 镇江

清代，镇江作为漕运中转要地，京口一带运河是"杭、嘉、湖、苏、松、常六郡共济之漕河"⑤。康熙年间，镇江"舟车络绎之冲，四方商贾，群萃而错处，转移百物以通有

---

① 光绪《淮安府志》卷二《疆域》，《中国地方志集成》江苏府县志辑54，江苏古籍出版社1991年版，第26页。

② （清）阮葵生：《茶余客话》卷二二《京田时田》，上海中华书局1959年版，第709—710页。

③ 印子钱又称"折子钱"，早在清初已普遍存在，是一种高利贷形式。放债人以高利放出贷款，限借债人分期偿还，每次还款时都在预定的折子上加盖一印，故称印子钱。

④ 同治《重修山阳县志》卷四《漕运》，《中国地方志集成》江苏府县志辑55，江苏古籍出版社1991年版，第70页。

⑤ 乾隆《镇江府志》卷五五《河工疏稿》，《中国地方志集成》江苏府县志辑28，江苏古籍出版社1991年版，第643页。

无”[①]。每年太湖流域及浙江漕粮均由江南运河至镇江港中转，年运量约150万石。清代，镇江中转贸易繁荣，有“银码头”之称。当时大江南北许多货物通过长江和运河在镇江中转集散，“江南一省乃数省咽喉，舟楫所通，商贾所至，多聚于芜湖、镇江、省会发货之地，一切货俱系船装，船多货多”[②]。镇江“为诸省孔道，百货流通，举市肆所炫鬻悉非润产也”，“所聚非所出”[③]，多由外地运来。清代，镇江造船及其相关行业也有了很大发展。康熙十年(1671)，清廷决定京口战船在“镇江驻防之地修造，通计沙船、唬船三百只，建厂高资港地方”[④]。高资船厂承担战船修造，与修造船相关的铁钉、油麻等行业也很兴旺。镇江修造船舶所需木材多由长江中上游运来，形成一个木材销售市场，鲇鱼套是镇江专门停泊木排的地方。道光以前，镇江主要有徽州、江西两大商帮的商人控制着镇江木材业的经营。[⑤] 一些外地商人在镇江设立会馆，如山西商人建立的山西会馆，在鸦片战争中英军进攻镇江时被焚毁[⑥]。

三　农村市镇

市镇是农村地区一般商业聚落的通称。一般来说，“市”与“镇”相比，工商业的发展程度有所不同。“贸易之所曰市，市之至大者曰镇。”[⑦]“市”多行商小贩，人口和商业规模都相对较小；而“镇”多坐贾，商业规模较大，“镇”多设官加以管理并征收商税。苏州吴江、震泽“凡民人所屯聚者谓之村，有商贾贸易者谓之市，设官将防遏者谓之镇。亦有不设官而称镇，既设官而仍称村者，名号正俗不同耳”[⑧]。随着时间的推移，两者之间的区分主要以经济发展水平为别，“以商况较盛者为镇，次者为市”。市镇间也可相互转化，市发展了可升为镇；反之，镇衰落了，则降为市，甚至废为村落。明嘉靖年间，苏州府吴江县的盛泽、八斥、梅堰皆为市，到清康熙年间相继上升为镇。其中丝织业发达的震泽镇，到清雍正四年(1726)由吴江县划出，设立震泽县。[⑨]

---

① 康熙《江南通志》卷九《风俗》，康熙二十三年(1684)刻本。

② (清)郎廷佐：《请舒江南三大困疏》，乾隆《上元县志》卷二六《艺文》，乾隆十六年(1751)刻本。

③ 乾隆《镇江府志》卷四二《特产》，《中国地方志集成》江苏府县志辑28，江苏古籍出版社1991年版，第252页。

④ 乾隆《镇江府志》卷一六《武卫》，《中国地方志集成》江苏府县志辑27，江苏古籍出版社1991年版，第354页。

⑤ 陈约三、方树培、沈芷痕：《镇江木业史略》，中国人民政治协商会议江苏省镇江市委员会文史资料研究委员会：《镇江文史资料》第六辑，第79页。

⑥ (清)朱士云：《草间日记》，四川大学图书馆编：《中国野史集成》第40册，巴蜀书社2000年版，第568页。

⑦ 康熙《嘉定县志》卷一《市镇》，《中国地方志集成》上海府县志辑7，上海书店出版社2010年版。

⑧ 乾隆《震泽县志》卷四《疆土四·镇市村》，《中国方志丛书》华中地方第20号，台湾成文出版社有限公司1970年版，第183页。

⑨ 乾隆《吴江县志》卷四《疆土四·镇市村》，《中国方志丛书》华中地方第163号，台湾成文出版社有限公司1975年版，第123页。

清前期，江苏各地市镇经济得到迅猛发展，特别是乾隆年间是市镇发展的鼎盛期，市镇的数量和人口规模均有不同程度的增长。清前期，顺治到雍正年间江苏省有集市数1112个。[①] 江南地区，苏州府所属各县市镇由晚明40个增至乾隆年间的90个，太仓直隶州由晚明29个增至50个，江宁府由晚明32个增至38个，镇江府由15个增加到16个。[②] 江北地区的扬州府、淮安府、徐州府、海州和通州的市镇在明代基础上进一步发展。扬州府属各县镇的数量由嘉靖时的34个增至康熙年间的52个，淮安府属各县集镇由万历时36个增至乾隆年间的101个，徐州府属各县集镇数由嘉靖时110个增至乾隆年间的185个，海州由万历时28镇增至嘉庆时的114镇[③]，通州市镇由嘉靖时8个增至乾隆年间的13个。[④]

清前期，江苏地区大部分市镇属于供需型市镇，作为本地农副产品集散地，为周围乡村地区供应日常生活、生产必需商品。不仅市镇数量有了很大增加，而且专业性市镇得到进一步发展，大批专业性市镇不断涌现。有以商业转运贸易为主的市镇，有以某种手工业为主的手工业市镇，还有工商并举的都市型市镇。台湾学者刘石吉考察了明清江南市镇经济结构，将其主要分为棉织业市镇、丝织业市镇和以苏州为中心的米粮市镇。[⑤] 清前期，江苏长江南北形成各类专业市镇，主要分为棉布业、丝织业、粮食业、盐业、交通业等专业市镇，它们除了具备一般市镇商业贸易功能外，还形成各具特色的市镇支柱性产业。

1. 棉布业市镇

清代，棉纺业市镇主要分布于江南棉花种植区，棉纺织业市镇主要有太仓州的璜泾镇、太仓州镇洋县的鹤王市，常州府江阴县的云亭镇、后梅镇、青旸镇、利城镇，常州府金匮县的安镇、东亭镇、泰伯梅村镇，苏州府元和县的周庄镇、唯亭镇，苏州府长洲县的浒墅镇。

太仓州鹤王市“距城东北三十里，二十二都界，旧名新市，由昆山县分置，近市土厚田肥，为阖邑冠，故其民殷富，其俗淳愿。每岁木棉有秋，市廛阗溢，远商挟重资，自杨林湖径达而市之，沃饶甲于境内矣”[⑥]。鹤王市地近浏河出海口，“支干诸河俱通利，大舸小艑往来不绝，以故数十里之货群萃于市中”，成为远近数十里的棉花集散中心。

① 方行主编：《中国经济通史·清代经济卷》，经济日报出版社1999年版，第1061—1063页。

② 范金民：《江南社会经济研究》，中国农业出版社2006年版，第1066—1068页。

③ 海州地区的镇有其特殊性，明代所设镇仅为缉私防盗，“民所止聚而名为镇，亦仅仅数家耳”，并不具备商业贸易功能。如赣榆县30个镇中，半数以上没有集市，这是海州地区镇的数量较多的原因。

④ 吴海涛、金光：《清代苏北集市镇发展述论》，《中国社会经济史研究》2000年第3期，第60—61页。

⑤ 刘石吉：《明清时代江南市镇研究》，中国社会科学出版社1987年版，第1—72页。

⑥ 道光《增修鹤市志略》卷上《原始》，《中国地方志集成》乡镇志专辑9，江苏古籍出版社1992年版，第483页。

鹤王市所产棉花“比之他乡，柔韧且加白，每朵有朱砂斑一点，离市十数里即无”。“闽广人贩归其乡者，必题鹤王市棉花。每秋航海来贾于市，无虑数十万金。”[①]鹤王市上经营棉花生意的牙行被称为“净花行”，许多人因而发家致富。[②]

苏州府元和县周庄镇，四乡农家“以棉纱着浆理作经，卷于机轴，复以棉纱为纬，织成布”，堪称名品。有缳布，以棉纱为经、缳为纬织成；棋子布，白棉纱青棉纱，织作小方块成棋盘纹；雪里青布，以青白棉纱逐一间织而成。农家所织布运至镇上售于布庄，由布庄转销外地客商，号称“周庄布”。周庄镇农妇“以木棉花去其核，弹作絮，卷为棉条而纺之，复束成绞，以易于市，遂捆载至浙江硖石镇以售”[③]，以供硖石镇织布之需。

随着棉织业市镇的发展，一些为棉纺织业市镇配套的铁锭业、纺车业也发展起来。“纺具曰车、曰锭子。锭子，铁为之，(纺)车以绳竹为轮，夹两柱，中枢底横三木，偏左而昂其首，以著锭子，轮旋而纱成焉。到处同式，而金泽为工。东松郡，西吴江，南嘉兴，北昆山、常熟，咸来购买。故‘金泽锭子，谢家车’，方百里间习成谚语。”[④]

清代，江苏生产的棉布还大量出口海外。据严中平和全汉昇先生研究，清前期十八至十九世纪“南京棉布(Nankeen)”[⑤]大量远销英国等海外市场。清代，南京俨然成为江苏的象征和代表，海外商人常以江苏出产的棉布名为“南京棉布”，江南松江一带棉区出产的棉花为“南京棉花”。

早在十八世纪三十年代，英国东印度公司已开始购“南京棉布”。1784 年，美国独立次年，即派船到中国广州购买南京棉布。英国学者马士(H. B. Morse)根据东印度公司档案，研究了十八至十九世纪欧美商船从广州输出南京棉布的情况。全汉昇指出，1786—1833 年的 48 年中，英国、法国、荷兰、瑞典、丹麦、西班牙、意大利等国商船从广州购买南京棉布共计 4400 余万匹，最多的 1819 年达 330 余万匹。1804—1829 年，美国商船自广州购买南京棉布 3300 余万匹。[⑥] 然而，随着西方棉纺织业机器工业化，包括南京棉布在内的中国棉布逐渐失去往日的竞争优势，特别是鸦片战争

---

① 道光《增修鹤市志略》卷下《物产》，《中国地方志集成》乡镇志专辑 9，江苏古籍出版社 1992 年版，第 488 页。

② 乾隆《镇洋县志》卷一《风土》，乾隆十年(1745)刻本。

③ 光绪《周庄镇志》卷一《特产》，《中国地方志集成》乡镇志专辑 6，江苏古籍出版社 1992 年版，第 493 页。

④ 道光《金泽小志》卷一《土产》，《中国地方志集成》乡镇志专辑 2，江苏古籍出版社 1992 年版，第 432 页。

⑤ 清前期，江苏地区曾广泛种植过的一种天然紫色棉花，纤维细长而柔软，农家织成布匹后，多呈紫黄色，经久耐用，因被称作“紫花布”。紫花布后作为大众衣料出口到欧洲、美洲及东南亚等地，广受欢迎，被称为“南京棉布”。今英文 Nankeen 即来自南京旧名 Nankin。

⑥ 严中平：《中国纺织史稿(1289—1937)：从棉纺织工业史年中国资本主义的发生与发展过程》，科学出版社 1955 年版，第 32—33 页；全汉昇：《鸦片战争前江苏的棉纺织业》，《中国经济史论丛》，香港新亚研究所 1972 年版，第 638—642 页。

后，英国棉纺织品对华出口持续增长，洋纱、洋布开始大量倾销中国市场。清中叶后，在洋纱、洋布的冲击下，棉织业市镇日趋衰落。

2. 丝织业市镇

江南太湖流域是中国传统的蚕桑养殖区，也是丝织业市镇主要分布区。清代江苏丝织业的代表性市镇主要有苏州府吴江县的盛泽镇、黄溪市，苏州府震泽县的震泽镇，镇江府金坛县的河头镇等。

盛泽镇，明初仍是一村落，居民仅五六十家，只是个六日一集的村市。清康熙时，盛泽镇发展成为一个以"绫绸为业"的万户大镇，"凡邑中所产皆聚于盛泽镇"，"迄今居民百倍于昔，绫绸之聚亦且十倍，四方大贾辇金至者无虚日，每日中为市，舟楫塞港，街道肩摩，盖其繁阜喧盛实为邑中诸镇之第一"①，成为吴江丝绸贸易中心，盛泽纱绸运销各地，号称"衣被遍天下"。

黄溪市，位于吴江县治东南60里，北宋庆历年间因尚书黄由筑别业于此，遂名黄家溪，明以前为村名，居民仅数百家，"国朝康熙中，至二千余家，货物贸易颇盛，遂称为市"。黄溪市"宋元以来，居民尚少。至明熙宣时，户口日增，渐逐机丝、线纬之利。凡织绸者名曰机户。其时，绸绫价每两值银八九分，丝每两值银二三分，业此者渐致饶富，于是相沿成俗。入国朝，机户益多。贫者多自织，使其童稚挽花。殷实之家雇人织挽，供给必得鲜味，故市中卖鱼虾极早，迟则不可得。每遇节候，肴馔更为丰盛。为人佣织者立长春、泰安二桥待人雇织，名曰走桥，又曰找做。贫家妇为机户络丝有竟日在其家者，小儿十二三岁即令上花楼，习学挽花"。黄溪市的"绫绸所织不一种，或花或素，或长或短，或重或轻，各有定式，而价之低昂随之。其擅名如西机、真西、徐绫、惠绫、四串之类，经纬必皆精选"②。

震泽镇，地处太湖之滨，宋代称震泽市，元代为居民数十家的小市，明成化年间震泽市升格为镇。弘治年间，镇上"有巡司、寺观，居民千百家，自成市井"。清初，震泽镇"货物并聚，居民且二三千家"③，成为著名的丝织业市镇。震泽镇四乡居民"以农桑为业"④，蚕丝成为农家主要收入来源，"凡折色地丁之课，及夏秋日用皆惟蚕丝是赖"。农家"颇善治桑"，又精于缫丝，所缫丝较他处更光白，细者可为纱缎经，俗名"经丝"；

---

① 乾隆《吴江县志》卷四《镇市村》,《中国方志丛书》华中地方第163号,台湾成文出版社有限公司1975年版,第123页。

② 道光《黄溪志》卷一《风俗》、《土产》,《中国地方志集成》乡镇志专辑11,江苏古籍出版社1992年版,第782—783页。

③ 乾隆《震泽县志》卷四《疆土·镇市村》,《中国地方志集成》江苏府县志辑23,江苏古籍出版社1991年版,第44页。

④ 道光《震泽镇志》卷二《风俗》,道光二十四年(1844)刻本。

稍粗者多用以织绫，俗名“绸丝”[①]。四乡所产经丝、绸丝集中到震泽镇，通过牙行，由客商行销全国各地，丝业贸易的盛况可与邻近的南浔镇媲美。震泽所产经丝最负盛名，主要供应苏州机户织缎，故名“苏经”，镇上专门从事经丝生产的经行最多。

3. 粮食市镇

明中叶后，随着江南商品经济的发展，大量耕地用于桑、棉等经济作物，加上人口不断增长，对外地商品粮的需求也日益增加。到清代，江南粮食更加依赖长江中上游各省的粮食供应，“湖广产米之地，为东南所仰给”[②]。清代，苏州府形成了众多以粮食贸易为主的市镇，如吴县的枫桥镇、月城市，长洲县的浒墅镇，吴江县的平望镇、黎里镇，新阳县的信（真）义镇等。

枫桥，由苏州吴县与长洲县合辖，位于苏州繁华商业——阊门西七里的运河边，是清代江南地区粮食供应的主要集散地。康熙年间，枫桥“在城外，离治数里，与阊门相属，故称附郭，为储积贩贸之所会归”[③]。雍正时，枫桥米市日趋繁荣，“福建之米，原不足以供福建食用，虽丰年多取资于江、浙。亦犹浙江之米，原不足以供江浙之食，虽丰年必仰给于湖广。数十年来，大都湖广之米，辏集于苏郡之枫桥。而枫桥之米，间由上海乍浦以往福建。故岁虽频祲，而米价不腾”[④]。可见，清代枫桥粮食市场不仅供应苏州本地的市场，而且转运浙江和福建等地。乾隆时，枫桥“为水陆孔道，贩贸卖所集，有豆市、米市”[⑤]。嘉庆后，因丹阳、常州一带“开设米豆行日渐增多”，粮船“沿途卸载囤积，即于该处四销分散，不复驶进浒关，枫桥一带向为米豆市集之所，今因客贩少到，牙行歇闭甚多”[⑥]。后因运河淤积不畅，且粮船为逃避内河税关，多走海路，枫桥粮食集散市场地位逐渐为无锡等地米市所取代。

平望镇位于吴江县城东南40里的莺脰湖之滨，宋代已成集市。明中叶后，平望“为八省通衢，冲繁最剧，地方三里，居民千家，百货辏集如小邑然。成（化）、弘（治）以来尤盛。嘉靖间，水荒、倭难相仍，庐舍人烟荡焉欲尽。嗣后数十年，海宇承平，耕桑食货熙攘盈繁，屹为吴江巨镇”。雍正时，“居民数千家，物产毕陈，商贾辐辏，比于苏之枫桥，时人呼曰小枫桥”[⑦]。乾隆时，平望米市更加繁盛，“居民日增，货物益备，而米

---

① 乾隆《震泽县志》卷四《物产》，《中国方志丛书》华中地方第20号，台湾成文出版社有限公司1970年版，第209页。

② 张书才主编：《雍正朝汉文朱批奏折汇编》第2册，江苏古籍出版社1989年版，第286页。

③ 康熙《长洲县志》卷八《市镇》，康熙二十三年（1684）刻本。

④ （清）蔡世远：《与浙江黄抚军请开米禁书》，（清）贺长龄辑：《皇朝经世文编》卷四四，沈云龙主编：《近代中国史料丛刊》第一编第731册，台湾文海出版社有限公司1967年版，第1556页。

⑤ 乾隆《苏州府志》卷一九《乡都·市镇》，乾隆十三年（1748）刻本。

⑥ 嘉庆十七年二月初一日，江苏巡抚章煦等奏折；嘉庆二十四年六月十五日，嘉禄奏折，第一历史档案馆藏档案。转引自《中国经济通史·清代经济卷》，经济日报出版社1999年版，第1152页。

⑦ 道光《平望志》卷一《沿革》，光绪十二年（1886）刻本。

及豆麦尤多，千艘万舸远近毕集"[①]。道光年间，平望镇"以米业为大宗"，"里中多以贩米为业，其籴粜之所曰米行，其市集于后溪。其各坊储米之所曰栈。栈之中有砻坊，有碓坊"。平望镇加工的冬春米，远近闻名，成为平望特产，镇上加工冬春米的专业铺户不少。"冬春，吾邑所产米也。有贩湖广、江西等处之籼米，蒸如冬春，入囤数日而出者，曰'黄籼'；蒸而不入囤者曰蒸籼；不蒸者曰白籼。……吾里南北通衢，商贾辐辏，故自贩米而外，颇多生业。沿乡村落多习耕、渔，终岁勤动，颇为劳苦，而耕尤甚。然既安其业，亦不敢怨咨也。"[②]咸丰以后，随着邻近新兴米市的形成，平望米市渐萎缩。

同里镇位于吴江县治东北13里，旧名富土，后"因其名太侈，析富字之田加土上，为今名"[③]。明正德、嘉靖时，同里镇居民已增至二千余家。嘉庆时，"居民日增，市镇日扩"。时同里镇粮食行业为全镇主要支柱行业，镇上米行林立，"官牙七十二家，商贾四集"[④]。

黎里镇位于吴江县东南部，明弘治时"居民千百家，舟楫辐辏，货物腾涌，喧盛不减城市，盖一邑之巨镇也"[⑤]。嘉靖时，"居民二千余家"。清初"居民更二三倍"[⑥]，达到五千户左右。黎里镇"百货并集，无异城市"，镇东栅最繁华地商业区，以米业和豆饼业为主，米业和豆饼业是全镇商业经济的支柱。每日清晨是米、饼贸易的高峰时间，"舟楫塞港，街道肩摩"[⑦]。清末，黎里镇粮食市场仍很活跃，米粮多由船运至上海销售。

清代，江淮地区的粮食贸易也得到进一步发展，涌现出邵伯、仙女庙、黄桥、姜堰等粮食市镇，其中仙女庙的米市规模最大。扬州府江都县仙女庙镇（今江都市江都镇），位于通扬运河的东段，北连大运河，南接长江，是里下河地区的门户和淮水通江要道，元代称黄塘，明末清初，改称仙女庙，逐步发展成市镇。清代，仙女庙逐渐发展成为里下河地区著名的米业市镇。清中叶，仙女庙米市达到极盛，"米市汇总，商业极盛"，岸边米行林立，河边粮船云集，岸边停泊的粮船常绵延数里。平日，米市贸易量达5—6千石，最高时有1.2万石之多。[⑧] 当时，仙女庙与上海的南市、无锡的北塘、吴

---

① 乾隆《吴江县志》卷四《镇市村》，《中国方志丛书》华中地方第163号，台湾成文出版社有限公司1975年版，第123—124页。

② 道光《平望志》卷一二《生业》，光绪十二年（1886年）刻本。

③⑤ 弘治《吴江志》卷二《市镇》，《中国方志丛书》华中地方第446号，台湾成文出版社有限公司1973年版，第79—80页。

④ 嘉庆《同里志》卷一《地舆志·沿革》、卷八《特产》，嘉庆十七年（1812）刻本。

⑥ 弘治《吴江志》卷二《市镇》、嘉靖《吴江县志》卷一《疆域》、乾隆《吴江县志》卷四《镇市村》。

⑦ 民国《吴江县乡土志》卷一二《黎里市》，民国八年（1919）铅印本。

⑧ 姜际云、管希宁：《仙女庙米市兴衰史略》，中国人民政治协商会议江苏省江都县委员会文史资料征集委员会：《江都文史资料》第四辑，第34页。

江的同里并称为清代江苏的“四大米市”[①]。清代，里下河米船驶抵仙女庙后，因船小不能出江，所载大米多在此就近销售。而浙闽木商经营的木材由海运“钓船”装运，因清廷规定海运“钓船”不得过焦山，因此，这些“钓船”进入长江后，多由三江营进入内江直驶仙女庙。木商的木材脱手后，“钓船”返航时，往往就地采购大米运回浙闽销售。这些浙闽木商渐渐成为仙女庙米市最大的买主。在米市兴盛的同时，仙女庙木材市场也发展起来，市场逐步扩大，到清中叶，仙女庙成为一方大镇。

江都邵伯镇也是“诸路粮食汇聚之所”，“凡豫省米豆，自西而东者，俱在大关报税后，即由洪泽湖而至下江高邮州之邵伯镇投行发贩”[②]。“该镇行户自置船只，贩运河南光州、固始等处米粮，回扬粜卖。”[③]

4. 盐业市镇

清前期，两淮盐业繁荣，“海滨贫灶，俯仰皆赖盐利”[④]。江苏苏北滨海沿线因盐业的生产和运输而形成许多盐业市镇。王振忠先生总结了两淮盐业市镇，将其形成归纳为 4 种类型[⑤]：盐场场署所在形成的集镇；盐灶转化而来的集镇；由缉私隘坝转化而来的市镇，如通州余西盐场的四甲镇、六甲镇；由团、闸演变而来的市镇。

清前期，两淮盐区有 23 个盐场，盐场场署所在大多形成集镇。如淮南通州所辖丰利、掘港、石港、金沙、吕四、余西、余东、角斜、栟茶等 9 场，泰州所辖富安、安丰、梁垛、东台、何垛、丁溪、草堰、刘庄、伍佑、新兴、庙湾等 11 场，淮北的海州辖板浦、临兴、中正等 3 场。清代，各场盐场灶户生产的盐不得自行长途运输贩卖，须就近由“官盐浦”收购，因而两淮许多盐场以“浦”命名，如马浦、仓浦、板浦、棋杆浦、门楼浦、三房浦、霞浦、大浦、郁浦、南浦、西浦、石浦等均是因曾设“官盐浦”而得名。

清前期，淮南滨海盐业市镇主要分布于范公堤一线，如庙湾镇（今阜城镇）、新兴镇、盐城镇（今盐城城区）、伍佑镇、刘庄镇、白驹镇、草堰镇、东台镇、西溪镇、梁垛镇、富安镇、安丰镇、如城镇、栟茶镇、金沙镇、吕四镇等均分布于沿线。这些盐业市镇既有盐业生产功能，又有盐、米等转运集散功能，市镇均设有盐市、米市，有的还设有鱼市。

---

① 江苏省地方志编纂委员会编：《江苏省志·粮食志》，江苏人民出版社 1999 年，第 36 页。

② （清）李质颖：《为遵旨复奏凤阳关商贩运米情形奏折》（乾隆三十三年正月初三日），《历史档案》1990 年 4 期，第 35 页。

③ 台湾故宫博物院：《宫中档乾隆朝奏折》第 13 辑，乾隆二十年十二月初三日江苏巡抚庄有恭奏折，台湾故宫博物院 1982 年版，第 152 页。

④ 嘉庆《东台县志》卷一八《盐法》，《中国方志丛书》华中地方第 27 号，台湾成文出版社有限公司 1970 年版，第 730 页。

⑤ 王振忠：《明清徽商与淮扬社会变迁》，生活·读书·新知三联书店 1996 年版，第 106—119 页。

泰州东台镇,因盐业的兴盛而升格为东台县。东台镇"户口殷繁,煮海为业","阛阓通衢,多茶坊、酒肆、浴湢。而城市之间,踵事增华,近有小扬州之目,縻费日不下数千金"[①],盐业成为东台镇的经济支柱。乾隆三十三年(1768),东台镇"毗连何垛,地广人稠,为州东第一大镇",于是析泰州东北境置县,以境内东台镇名县。[②] 乾隆时,东台一带盐场处于鼎盛时期,其产盐量几占两淮之半。清中叶后,随着海岸线向海中扩展,盐场不断东移,淮南盐业产量逐年下降。

东台县草堰镇(今属大丰),乾隆时草堰场有垣商 6 户,嘉庆时有 11 户,乾隆时所控制的土地有 2.1 万余亩。嘉庆二十三年(1818),清廷将草堰场新淤 15 万多亩土地分给盐商办灶,当年征收折价银 750 万两,到清末草堰场土地达 48 万余亩。[③] 清代丁溪、小海、草堰三场衙署均设在草堰,淮南盐场不断整合、重组,白驹场并入草堰场,小海场并入丁溪场,刘庄场并入草堰场,丁溪场并入草堰场,而草堰场越来越大,草堰完成了一场统五场局面,创两淮盐业史之奇迹,乃至在全国盐场中也绝无仅有,草堰场由此进入鼎盛时期。今天,草堰古镇风貌犹存,当地政府将其辟为一个古盐运集散地文化保护区。

东台县栟茶镇(今属江苏如东县),是淮南盐场之一,"滨临大海,四望平原,无险可据,要冲之地,则黄沙洋其最也"。栟茶镇旧隶泰州分司,乾隆三年(1738),改隶通州。栟茶场有"总催四十名,灰亭原设五百五十五面。卤池旧额五百八十五面。灶户二百四十间。盘铁原额八十角五分,计一百五十六块。锅鏾旧二百八十口"[④]。与其他盐场不同,栟茶场亭属于垣商(盐商)私有,因而栟茶私盐销售猖獗。

如皋县掘港镇(今属如东县),作为盐业生产和集散地,镇上设有盐课大使、攒典各 1 人。嘉庆年间,掘港场有卤池 623 口,草荡 153560 亩,沙荡 11122 亩,仓基 10.8 亩,有灶户(盐民)1625 户,年产岁额盐 15959 引(1 引为 2 桶,约 500 市斤)。[⑤] 掘港场原额灶丁 1681 丁,额设总催 24 名,后增灶丁烟户 1625 户,计 8507 口。乾隆十三年(1748),盘铁增至 289 角,锅鏾增至 668 口。嘉庆八年(1803)三月,净存盘铁 193 角,增锅鏾 1276 口,新增灶丁烟户 6238 户,计 34178 口。[⑥]

---

① 嘉庆《东台县志》卷一五《风俗》,《中国方志丛书》华中地方第 27 号,台湾成文出版社有限公司 1970 年版,第 631 页。

② 嘉庆《东台县志》卷六《建置沿革》,《中国方志丛书》华中地方第 27 号,台湾成文出版社有限公司 1970 年版,第 295 页。

③ 《大丰县志》卷八《盐业·亭场演变》,江苏人民出版社 1989 年版,第 164 页。

④ 如东县栟茶镇编史修志办公室编:《栟茶镇志》,1984 年版,第 159 页。

⑤ 如东县编史修志办公室编:《如东县志》(修订本),江苏古籍出版社 1985 年版,第 187 页。

⑥ 嘉庆《如皋县志》卷七《盐法志》,《中国方志丛书》华中地方第 9 号,台湾成文出版社有限公司 1970 年版,第 569 页。

如皋县丰利镇(今属江苏如东县),作为淮南盐场之一,水陆交通便利,商业繁荣,是盐、鱼、米的重要集散地。丰利场原额灶丁 3065 丁,额设总催 35 名。后增灶丁烟户 1741 户,计 6697 口。嘉庆八年(1803)三月,新编增灶丁烟户 2458 户,计 14686 口。原额草荡 141598 亩,沙荡 4488 亩,原额盘铁 57 角,原额锅鏾 236 口。嘉庆八年(1803),灶户增为 2458 户,计 14686 人。原额卤池 307 口,雍正二年(1724)风潮后存 280 口。乾隆十三年(1748),增至 465 口,嘉庆八年(1803)三月,净存盘铁 5 角,增锅鏾 542 口。①

海州板浦镇(今属江苏灌云),设有盐关,为淮北 3 个盐场盐斤的总汇集散枢纽,被誉为淮北"盐都"。道光初年,"板浦居民不及二千户,而大小场商百数十家,其业远者百余年,居民上者为其伙,下者为其厮,什而八七。除池户的名外,所有厮伙皆得与外贩同掣,外贩集者不过数百人,而池户厮伙不啻什之"②。道光年间,淮北票盐畅销,板浦盐业大盛,外来盐商渐多,商贾云集,市镇物价也因此大涨。道光十四年(1834),包世臣说:"板浦屋价较三年前十倍,一切食物皆三倍。即附近食盐,三年前每斤三四文,今则二十余文。"③

盐城是苏北一座因盐得名的滨海城镇,自古盐业发达。西汉武帝元狩四年(前119),因"煮盐利兴,穿渠通运",故名"盐渎",建盐渎县。东晋安帝义熙七年(411),因"环城皆盐场"而更名为盐城县。唐以前,"州长百六十里,在海中。州上有盐亭百二十三所,每岁煮盐四十五万石"④。唐朝初年,泥沙淤积,洲始与大陆接壤相连,盐城临海,多滩涂,日照充足,当地居民煮海为盐,盐业生产发达。明清时期,盐城仍是海盐生产中心,清中叶后,随着泥沙淤积,陆岸不断向海中扩展,盐城盐业产量逐年下降,盐场迁往临海,当地盐民越来越多转向农耕。

清代中叶后,两江总督陶澍改革盐法,将"纲法"改为"票法",打破了盐商对盐业运销的垄断,淮南盐业市镇逐渐衰落。清末民初,随着苏北滨海地区的盐垦发展,原来许多盐业市镇逐渐转变为棉布业生产和流通市镇。

5. 交通转输市镇

交通转输型市镇,多处于水陆交通要道,各类商货由此集散转运,进而带动当地

---

① 嘉庆《如皋县志》卷七《盐法志》,《中国方志丛书》华中地方第 9 号,台湾成文出版社有限公司 1970 年版,第 572 页。

② (清)包世臣:《安吴四种》卷七上《上陶宫保书》,沈云龙主编:《近代中国史料丛刊》第一编第 294 册,台湾文海出版社 1967 年版,第 449 页。

③ (清)包世臣:《安吴四种》卷七《答谢无锡书》,沈云龙主编:《近代中国史料丛刊》第一编第 294 册,台湾文海出版社 1967 年版,第 457 页。

④ (唐)李吉甫:《元和郡县图志》(下册),中华书局 1983 年版,第 1075 页。

交通运输、商业服务业的繁盛。清代,江苏南北河网纵横,水陆交通发达,特别在大运河和运盐河沿岸形成了众多以转输贸易而繁荣的市镇。苏州府浒墅镇、太仓刘河镇等都是江南著名的转运贸易市镇。而江淮地区则形成了以淮安、扬州为中心的转运网络,周边形成了清江浦、河下、王家营、西坝、杨庄、瓜洲、泰州城等食盐、漕粮转运市镇,它们多因转输贸易而繁荣。

苏州府长洲县浒墅镇

浒墅镇"去县西北二十五里,亦名许市。《图经》云:秦皇求吴王剑,白虎蹲于邱上。逐之,西走二十五里,失剑不能得,地裂为池,因名其地曰虎疁。唐讳虎,钱氏讳镠,改为浒市。明有巡检司,后裁,设户部分司钞关,今仍之,有把总驻防。雍正九年,移吴塔巡检司于此"①。

浒墅镇控扼江南运河,处于江南水运湖道、漕道和海道三道之交,为南北运道之要冲。"上接瓜埠,中通大江,下汇吴会巨浸,以入于海,于地为上游,蕃舆之区也。"②康熙时,浒墅关"舟航所聚,商贾之通,驿使交驰,纷纭填溢,殆无虚时"。"吴故东南都会而浒墅绾毂其口,关临漕渠,有堤翼之,蜿蜒绵亘,四出九达,无论冠盖走集,商贾辐辏,而大农之粟,少府之钱,岁输以巨万亿计,舳舻相衔,邪许之声不绝。"③浒墅关因镇而设,镇因关而兴。宣德四年(1429),浒墅镇始设"钞关",征收船料④,此后浒墅名后便多了一个"关"字,"浒墅关"名沿用至今。明代,"通计天下户工两部关桥一十有七,浒关居其首,额最重,非他关可比"⑤。清代,浒墅钞关改称榷关,下辖口岸10处、船栅13处。康熙、雍正年间,添设栅巡29处,共有口岸52处,"于离关百里及二里之常熟、无锡、江阴等县"遍设栅座,差人盘踞。榷关的设立进一步促进了浒墅作为中心市镇的商品集散功能,俨然吴中巨镇,其经济辐射能力超过一般市镇。"关北二三百里以内,民居生齿日繁,积终岁辛勤血汗,所出之米麦豆粮、花布鸡豕,完租办赋,养老育幼之资,以有易无,此往彼来,熙熙攘攘,无日蔑有。"⑥"十四省货物辐辏之所,商船往来,日以千计。"⑦"其地四方市舶鳞次,两涯间丞人成聚,烟火万家。虽在郊垧之外,其景

---

① 乾隆《苏州府志》卷一九《乡都》,乾隆十三年(1748)刻本。

② 嘉靖《浒墅关志》卷一六《艺文》,嘉靖十六年(1537)刻本。

③ 康熙《浒墅关志》卷一五《桥梁》、卷一六《街堤》,康熙十二年(1673)刻本。

④ 乾隆《江南通志》卷七九《食货志·关税》,《影印文渊阁四库全书》第509册,台湾商务印书馆1986年版,第285页。

⑤ 康熙《浒墅关志》卷三《建置》,康熙十二年(1673)刻本。

⑥ 道光《锡金志外》卷五《上督抚各案请裁浒墅关口岸折稿》,《中国方志丛书》华中地方第427号,台湾成文出版社有限公司1983年版,第444—445页。

⑦ 彭泽益:《中国近代手工业史资料(1840—1949)》第一卷,清代抄档,"康熙二十四年十二月初三日,巡视东城陕西道监察御史吴震谨题",生活·读书·新知三联书店1957年版,第454页。

物繁昌与郡县等。"[①]嘉庆十三年(1808),苏州织造舒明阿称:"吴郡治西三十里,曰浒墅关,为南北往来要冲,舟航喧集,商贾骈坒,课额甲于他省,地广从不过三里,而居民鳞次栉比,不下数千户,洵吴川之巨镇也。"道光七年(1827),苏州织造文祥说:"浒墅自前明设钞关,历四百载以来,襟领闽浙,控引江淮,商贾之所骈凑,帆舶之所攒萃,岁输税有定额。关之民比屋连甍,街衢阗噎,缫贿云屯,阛阓鳞次。诚东南筦键,川涂之吭嗌,商旅之渊薮,津梁之雄巨也。"[②]

清前期,经过浒墅关转输和过境的征税商品主要为民生物资,如米、麦、豆、棉花、豆饼、糖、烟叶、药材、漆、香料、布匹、绸缎及南北杂货等。"税额以四川、湖广、江西米石,豫东豆产为重,南来布、杂等货亦关要款,并有江广桐油、药材、烟叶,海州、青州所产豆饼、腌猪等货。凡江北船只,自扬州出口及江、广、江宁等处船只,顺大江而下,往苏杭之货,均进京口。由苏运往京庄并山东腹里之济南、沂州各府,山西之归化城口庄等处茶、绸、布亦浒关收税。"过境浒墅关的货物主要以粮食为大宗,约占总货物的56%。[③] 清代,长江中上游地区所产粮食,不仅通过长江供应长江下游地区,而且通过运河和海路转运浙江、福建等地。

浒墅镇交通运输业发达,镇上许多居民或为铺户,或为船户、脚夫,为过境商贾提供各种服务。当地还生产一种关快船,"关快船始于浒墅,制造精细,器具华瞻,只橹加桨,其捷如飞,故名"。清人凌寿祺有《关快词》曰:"浒墅关前万客过,买舟命驾六时多。家居素近浮桥畔,好觅生涯托运河。髹漆光生松桂舷,玻璃窗净绣帏鲜。荡湖纵有梢婆好,输与侬家会使船。驾来双橹疾如飞,走送包封戴赏归。总库明朝要上兑,衙前更晚漏声微。儿女夫妻共一舟,风餐露宿市梢头。今年闻说关前好,准备人家到虎邱。"[④]此外,浒墅镇附近乡村民间草席手工业兴盛,镇上有固定的草席市场,"席草之肆,席机之匠,惟浒关有之。南津、北津、通安等桥席市,每日千百成群,凡四方商贾,皆贩于此,而宾旅过关者亦必买焉,虽虎丘亦以席名,皆不及也"[⑤]。镇上还出现了以收购草席为业的牙户。清中叶太平天国时,浒墅镇遭受严重破坏。清军光复后,厘局代替榷关,浒墅镇日渐衰落。

苏州府太仓州镇洋县刘河镇

太仓刘河镇俗称"刘家港",位于长江口南岸。雍正二年(1724),析太仓州置镇洋

---

① 道光《浒墅关志》卷二《学校》,《中国地方志集成》乡镇志专辑5,江苏古籍出版社1992年版,第87页。

② 道光《浒墅关志序》,《中国地方志集成》乡镇志专辑5,江苏古籍出版社1992年版,第65—66页。

③ 吴建雍:《清前期榷关及其管理制度》,《中国史研究》1984年第1期,第86页。

④⑤ 道光《浒墅关志》卷一一《物产·关快诗》,《中国地方志集成》乡镇志专辑5,江苏古籍出版社1992年版,第183—184页。

县，刘河镇属之。元明清时期，刘家港几经兴衰，一直是长江南岸重要的贸易港口和南北商品货物的集散地。康熙二十四年(1685)，清廷开海通商以后，刘家港“帆樯林立，江海年流通五谷，登成三时不害，又一大盛也”。同年，于上海设立江海关，刘家港作为江海关分关，专司征收辽东、山东、江南等地过往商舶税钞。清代，太仓州和毗邻的松江府是当时全国棉布生产中心，邻近的鹤王市、新泾镇、南翔镇、真如镇、外冈镇、七宝镇等都是棉花、棉布生产、交易的重要市镇，所产棉花、棉布多由刘家港运出。棉花集中刘河镇，镇上形成各种居间牙行，“贾木棉曰‘净花行’，及刘河为海航，牙者多起家焉”①。

清前期，江南由过去的产粮区成为缺粮区，每年通过江海运道来自长江中上游的米粮和东北、华北麦豆杂粮多由刘家港输入，然后转输江南各地。至嘉庆中期，刘河镇一直是江南地区豆麦等杂粮的最大集散市场。乾隆五年(1740)，清廷允准商人由苏北赣榆青口镇海运豆麦至刘河镇粜卖，此后运量不断增长。乾隆十七年(1752)，在刘河镇开设的豆货杂粮字号的胶东商人达31家，江苏和安徽商人达59家。② 仅嘉庆五年(1800)十一月到十二月的两月中，由赣榆青口运至刘家港的豆船就有275艘之多。③

清前期，各地商船“惟关(东)、山东商船居多”，这些豆船定例停靠刘家港，船主“俱系身家殷实之人”，他们在镇上设立字号，本地居民则设立牙行，作为内河和海上贩运商人中介，既代海商销售货物。“商俱以刘河为聚货之区，以苏城为聚财之地，逢期收银皆解送于苏城。……商民乐业，船如蜂拥而来，行事情日增，自海关至外口十有余里，商船相接，有四缆停泊者直至口外四五里。斯关以内则有蹚板、尖头、苏驳、马搂子、派子路、区沙河等船以驳运货物；关以外则有小哨、圈棚、秃口、网快等船以渡往来，而扦仓看样者直至两旁，海舟停泊，稠密如城。”④嘉庆十八年(1813)后，因刘河口淤塞，一些原在刘家港卸货的船只始改往上海泊船卸货。鸦片战争后，随着上海辟为通商口岸，刘家港的商品转输地位由上海所取代。

扬州府泰州

泰州城地处通扬运河要冲，是清代通泰地区11处盐场盐运必经之地。雍正十一年(1733)，清廷在泰州设立泰坝监掣署，泰州、通州所属各盐场食盐均须取道泰州掣验后再转运各地，泰州城成为名符其实的盐业生产、转运营销和盐政管理的中心城

---

① 乾隆《镇洋县志》卷一《风土》，乾隆十年(1745)刻本。

② 王国平、唐力行主编：《明清以来苏州社会史碑刻集》，苏州大学出版社1998年版，第598—599页。

③ 道光《刘河镇纪略》卷三《创始》，《中国地方志集成》乡镇志专辑9，江苏古籍出版社1992年版，第346—347页。

④ 道光《刘河镇纪略》卷五《盛衰》，《中国地方志集成》乡镇志专辑9，江苏古籍出版社1992年版，第370—371页。

镇。乾隆元年(1736),泰州城南门古济川坝更名为滕家坝。清代在南门滕家坝、东门鲍坝和北门外堂子巷3处设有税房,收取货物关税。乾隆五十三年(1788),泰州南门滕家坝筑实,济川河与运盐河不能通行,往来盐船及各类物资必须翻坝。嘉庆年间,泰州分司所属盐场盐税过两淮盐税之半。乾嘉时期,每年泰州盐场运盐80万—90万引,通州盐场运盐40余万引,所需力役甚众,"其代扬商开发屯船过坝总费者,谓之坝商。掣盐时代商写帐者,谓之'代写',抬盐者谓之'扛夫',钩盐者谓'钩手',邑之力作藉以资生者无算"①。

扬州府江都县瓜洲镇

瓜洲镇位于京杭大运河和长江北岸交汇口,是明清时期漕运、盐运要冲之地,因形如瓜而得名。瓜洲镇依河临江,交通便捷,与镇江隔江相望,素有江北重镇、千年古镇之称。清初,康熙、乾隆南巡均曾驻跸瓜洲,镇上设有行宫。乾隆二十三年(1758),清廷将巡视南漕御史移驻瓜洲。瓜洲镇设有巡检行署、操江都御史行台、漕运府、都督府等官衙。瓜洲城有东西南北大街、镇庙大街、青石街、越河街等,城外设有瓜洲铺、扬子桥铺、皂角林铺、花家园铺、四里铺、八里铺。瓜洲镇"虽弹丸,然瞰京口,连建康,际沧海,襟大江,实七省咽喉,全扬保障也。且每岁漕艘数百万,浮江而至,百州贸易,迁涉之人,往还络绎,必停泊于是,其为南北之利,讵可忽哉?"漕船汇集,"日夜灌输京师,居天下十之七者,率于江都先之,而瓜洲实为巨镇,控制京口及焦山海门,龙邑之阨塞也"②。

瓜洲附近长江水面宽阔,各类水产品资源丰富,鲥鱼、刀鱼、鲑鱼、河豚等名贵鱼类均可捕获,镇上鱼行众多,鱼市繁荣。清初文人汪琬写道:"燕归柳塘社,渔返瓜洲郭。"明清时期,瓜洲为朝廷贡品鲥鱼的出产基地。每年初夏渔民捕获的第一条鲥鱼称头鱼。头鱼进贡皇帝,地方官吏大操大办,为瓜洲一大盛事。③ 康熙末,由于长江仪真、瓜洲间淤涨出北新洲,致使长江江流北移,而瓜洲恰处于江流的顶冲点,受江流冲击,坍塌不断。光绪二十一年(1895),瓜洲镇全城坍入波涛滚滚的长江,今天的瓜洲镇为民国初年新建。

淮安府清河县清江浦

清江浦是在清江闸和清江船厂的基础上逐渐发展形成的一座繁华城镇。明万历十七年(1589),黄河再夺草湾新河而东,山阳湾河道淤塞。从此,淮安城渐远离黄河,

① 道光《泰州志》卷一一《盐法》,《中国地方志集成》江苏府县志辑50,江苏古籍出版社1991年版,第85页。

② 嘉庆《瓜洲志》卷一《疆域》,民国十二年(1923)铅印本。

③ 高惠年:《瓜洲近代商业史料》,中国人民政治协商会议邗江县委员会1997年版,第43页。

清江浦成为运河漕船盘坝入黄的主要口岸，并形成以清江浦为轴心的两淮城镇群。清江浦作为大运河沿线交通枢纽和商业城市，清代设有属于户部管理的皇家仓库和属于工部管理的4大漕船厂，驻扎有南河总督等许多重要官员。[①]

康熙年间，开凿中河(今称中运河)，北起宿迁骆马湖，南止清河县仲家庄运口，以避黄河波涛之险。康熙四十二年(1703)再移运口于清江浦西北的杨庄。自此，清江浦发展成为"舟车鳞集，冠盖喧阗，两河市(街)栉比数十里不绝。北负大河，南临运道，淮南扼塞，以此为最"的通商大埠。作为山阳县河运重镇，乾隆二十七年(1762)清江浦正式划归清河县，并成为清河县城，清口驿随后迁至王家营。

由于清江浦以北运河迂缓难行，断缆沉舟的事故时常发生。因此行商旅客由南而北者，至清江浦石码头即舍舟登陆，到王家营换乘马车；由北而南者，则至王家营弃车马渡黄河，至石码头登舟扬帆南下。清江浦石码头被誉为"九省通衢"，石码头一带骡马、车行、旅馆饭店密布，热闹非凡。"南船北马，九省通衢"的优越交通地位使清江浦经济在乾隆年间达到鼎盛。每年经清江浦北上的漕船有1.2万艘，经常"帆樯衔尾，绵亘数里"。乾隆四十年(1775)，清江浦人口达50余万，堪与苏州、江宁等大城市相媲美。全国各地商贾云集，邻近的海州、赣榆、沭阳、宿州等地商贾均来此批购商货。"清江上下十数里，街市之繁，食货之富，五方辐辏，肩摩毂击，甚盛也。曲廊高厦，食客盈门，细縠丰毛，山腴海馔，扬扬然意气自得也。青楼绮阁之中鬟云朝飞，眉月家朗悲管清瑟，华烛通宵一日之内不知其几十百家也。"[②]为方便南来北往的客商，镇中设有众多的客栈、酒楼、茶座等服务设施。1860年，繁华的清江浦街市被捻军焚毁殆尽。光绪年间，漕粮改由海运后，两淮最重要的清江船厂，亦随之停办，原有船厂工人全部失业成为无业游民。清江浦失去交通上的优势，迅速衰败下去，成为一个农副产品集散地。

清代，与清江浦隔河相望的王家营镇也先后凭借其交通地位发展成为重要市镇。"昔者河之未徙，捻乱之未发也，自清江浦以上至于京师，大小都会众矣，其滨河当冲以商业为北道雄镇者，王家营其选也。……清之初叶，王家营客民凡二千余家，顾率为流寓，土著者十不一二。其流寓者，尤多西北燕、辽、蓟、晋、陕、洛、齐、鲁之人。地为入京孔道，北辕南楫，交会于此。故客民来者，大率峙积百产，为牙侩贩籴之事。三

---

① 康熙十六年(1677)，河道总督署由山东济宁迁至清江浦(今江苏淮安市)。雍正后，河道总督改为江南河道总督。与漕运总督一样，河道总督由二品以上的大员担任，具体负责运河、黄河、淮河等河道的治理工作，每年治河经费达国家财政收入的十分之一。

② (清)黄钧宰：《金壶七墨·金壶浪墨》卷一《河工》，《续修四库全书》第1183册，上海古籍出版社2006年版，第12页。

河、关陇麦菽，楚粤文绮，河北旃裘、马羸、果蓏之属，不避重阻，四方来会，而麦菽为大宗。有兰州浮黄至者，其舟曰‘龟船’，兼货烟草，归程水逆，恒毁舟，而鬻其材，蟠发之叟犹亲见之。既入市，则有陆陈行操市易之平，凡三十六家。陆陈行，通称‘粮行’。里豪厚涎其利。雍正中，有不纳贴者九家，列肆曰‘代买行’，娄索庸酬，或浮额费，然官有闻则禁之，势力不能久也。……诸客民中，惟晋贾为深藏若虚，其来稍后于蓟人。布商蓟人最先至，然善居积，尚刻啬。自布肆外，凡为质库，一称西典，又一家为徽典，酒栈六。……而贷钱课息者犹不能悉计，通称‘印子坊’。是时，河水方盛，镇冯陵通津，轩盖日夜驰，故旅店之业亦夥，供张被服竞为华侈。值会试之年，南尽岭外，西则豫章，百道并发，朝于上京，而此为交衢。当是时也，民之闲居者，争变其宅为逆旅，旬日之入与大贾抗。其自清真寺南趋，抵黄河大堤，皆轿车厂，凡百余家。大者推南严、北严，南鲍、北鲍，南于、北于，东汤、西汤，又有南时、北时，南李、北李等，富盛并雄一时。与后园大车厂四十八家，各以其车驰行北道，日出千车，则相惊寥落。又有骡厂七、八家，则专给骑乘，计程取直。大抵轿车厂推解三义，大车厂推杨三义，骡厂推潘德昌，皆务以豪纵相高，春秋作社，丝管繁越，亘数月而不已。”[①]清前期，王家营交通之繁盛由此可见一斑。

淮安府山阳县河下镇

淮安河下镇，位于淮安新城之西、联城西北，是淮北盐业的主要集散地。明中叶后，黄河全流夺淮入海，淮北盐运分司迁至淮安河下镇，而淮北批验盐引所改驻河下镇大绳巷，负责护盐的淮北巡检则移驻乌沙河。淮北“产盐地在海州，掣盐场在山阳”，河下遂成为淮北盐斤必经之地。盐商在淮北各盐场购到税盐后，从灌河口和临洪口通往淮安河北的一条运盐河，将盐运至淮安河下集散。清代，随着盐务机构迁移，众多盐商也迁居河下，“淮北商人环居萃处，天下盐利淮为大”，河下达到极盛，时有“小扬州”之称。淮安河下一带南自运河口，北抵相家湾，“万商之渊，尤为繁盛……富有无堤，甲于诸镇”[②]。“高堂曲榭，第宅连云，墙壁垒石为基，煮米屑磁为汁，以为子孙百世业也。城北水木清华，故多寺观，诸商筑石路数百丈，遍凿莲花。出则仆从如烟，骏马飞舆，互相矜尚。”[③]为方便盐商，河下镇盐栈均设有坨地，代客堆放税盐。这些淮盐一路经过洪泽湖销往皖北和河南等，另一路通过大运河运至扬州十二圩，再转由长江换船销往扬子四岸(湖南、湖北、江西和皖南 4 个口岸)。河下镇商业繁荣，吸

① 张煦侯:《王家营志》卷三《职业交通·职业第五》,方志出版社 2006 年版,第 220—221 页。

② (清)吴锡麒:《还京日记》乾隆五十八年(1793)十月十九日,《小方壶斋舆地丛钞》第五帙,光绪三年(1877)排印本。

③ (清)黄钧宰:《金壶浪墨》卷一《纲盐改票》,《中国野史集成》第 49 册,巴蜀书社 2000 年版,第 503 页。

引了来自全国各地的商人，他们在此修建同乡会馆，先后设立了新安会馆、福建会馆、润州会馆、定阳会馆、四明会馆、江宁会馆、江西会馆、湖北公所等，“每当春日，聚饮其中，以联乡谊”。时河下镇罗家桥街一带，东自花巷头，西抵古菜桥，里巷相望，居民最为稠密。徽商程氏“以满浦一铺街(即湖嘴街)为商贾辐辏之地，地崎岖，不便往来，捐白金八百两购石板铺砌，由是继成善举者指不胜屈。郡城之外，悉成坦途”[①]。这些铺路石板大都是由回空盐船从各地运来的。商业的兴盛，使得河下镇市廛相连、店铺鳞次栉比，市场繁多，如西湖嘴市、姜桥市、相家湾市、罗家桥市、古菜桥市、米市、柴市、西义桥市、兰市等。道光中叶盐务改制后，原设于河下镇盐引批验所移至王家营镇和杨庄镇间的西坝，盐船一律由各盐场运至西坝栈积，西坝镇成为淮北盐运的集散中心，河下逐渐衰落。道光年间，纲盐改票后，河下镇经济凋敝，“高堂大厦毁拆成旷野”。咸丰十年(1860)春，“捻贼之扰河下，残破已甚，除竹巷、茶巷外，各处街道均被焚毁，市面房屋十去八九，居民宅舍十去其三四”[②]。

海州赣榆县青口镇

赣榆县青口镇近海，水深港阔，水陆交通便捷，附近居民多以渔盐为生，随着淮北盐业的兴盛，许多外地商人来此业盐，青口镇日益繁荣，成为“海口要津，商民船只出入往来”[③]。清初海禁取消后，青口商业逐渐发展起来。乾隆五年(1740)，经两江总督张伯行奏请，“题准装豆入浏河，由是造舶编号由秦山东出鹰游门，顺流扬帆，收浏河口，与苏杭相通稍为便利矣”[④]。清廷批准北方豆类及其制品大量经青口转运至太仓刘河镇，青口的转运贸易由此繁荣起来。华北沿海南去商船，多在青口停泊。“奉天、山东、西北来往船只，皆须经由鹰游门内洋，横过青口。”“唯赣榆一属，三面环山，一面距海，中无内河。于乾隆五年，经总督郝公奏明准，该县豆石由青口出海对渡刘河，赴上海关纳税，其豆油、豆饼，鱼肉各货如有夹带出口，即为透私，若赴南船只回空时携货回赣，亦属违禁。历经遵行在案，然海州三属集镇百数，商贩贸易以青口镇为最大，海、沭各镇所用布匹、纸张等物皆由青口转贩，青口行铺又以油坊为最大，油与豆饼皆属奉禁出口之货，然从未见其陆运赴淮，则其由海来往，不问可知。盖产货者，农；而

① (民国)王光伯:《淮安河下志》卷二《巷陌》,《中国地方志集成》乡镇志辑 16,江苏古籍出版社 1992 年版,第 311 页。

② (民国)王光伯:《淮安河下志》卷一六《杂缀》,《中国地方志集成》乡镇志辑 16,江苏古籍出版社 1992 年版,第 588—589 页。

③ 台湾故宫博物院编:《宫中档雍正朝奏折》第 11 辑,雍正六年九月十三日漕运总督张大有奏,台湾故宫博物院 1977 年版,第 349 页。

④ 嘉庆《海州直隶州志》卷一四《建置考》,《中国地方志集成》江苏府县志辑 64,江苏古籍出版社 1991 年版,第 273 页。

运卖者，商。”[①]当地行铺依靠地方丰富的豆产，就地取材，榨油制饼，为商船提供油和豆饼。嘉庆时，赣榆县30多个市镇中，“惟青口殷阜，山东、山西、江南诸贾贸迁于此，海沭士民所需货给焉”。山西帮的油坊、典当、钱号，安徽帮的行号、酱园，江西人的药号，镇江人的丝烟店等，都是这一时期兴办的，青口镇已是“烟火万家，商贾辐辏”[②]。嘉庆十八至十九年（1813—1814）间，太仓刘河淤塞，青口饼油商人勤泰东、蒋天锡、程义昌伙赵维周等迁往上海，“于上海县并道抚督各宪呈请，蒙准刘、上两便，永远通商”[③]。青口镇还是淮北盐业集散地，清代淮北临兴场“场务局”设于青口镇，既是盐务衙门，又是税收机构。临兴盐场所产原盐大多经由青口运出，由此，青口也吸引不少盐商迁居而来。道光中叶，实行票盐后，“富商大侩麇集青口，始夏逾秋，凡六七月，益以冬春之际，吴、越、燕、齐海舶衔尾而至，百货杂沓，金钱浩穰，于是宫室车舆、日用服食之需，赛神会饮、俳优倡乐之事，竞骛侈丽以为嬺观，耳目积渐之久，风斯替焉”[④]。

6. 其他类

此外，还有一些其他类型市镇，如濒临江河湖海市镇的渔业市镇。苏州常熟县福山镇“市舶所集，人烟繁盛，每值鱼汛，商贩尤多”[⑤]。吴县光福镇“滨太湖，渔者十有三四。……光福之鱼，以升计值”[⑥]。海州“境东滨大海，而鱼虾之利多。闻之墟沟营，每岁三月间，鱼虾至者积如山阜”[⑦]。赣榆朱蓬口鱼虾最多，运销各地。盐城县“僻处海隅，民务稼穑，利资鱼盐”。

编织类市镇。吴县黄埭镇，明代为苏州长洲县一小市，后归吴县，民多以种稻为业，“妇女勤工作，或织席、织履，或绩麻、绩苎”。所织草席尤为精致，“或杂色相间，织成花草人物，其名有五尺加阔，满床独眠之异。凡坐具、枕几，修短、阔狭、花样，无不如其式而为之”[⑧]，所编织草鞋、蒲鞋颇有特色。元和县唯亭镇后戴家墟、施家浜一带，家家织造毛毯，斜塘一带家家编织芦席，下稚渎一带家家编织篾帘，南乡村一带家家

---

① （清）包世臣《安吴四种》卷二七《齐民四术·青口议》，沈云龙主编：《近代中国史料丛刊》第一编第294册，台湾文海出版社1967年版，第1855页。

② 嘉庆《海州直隶州志》卷一四，《建置考·集镇》。

③ 《青口客商起饼油山货积建公所碑》，上海博物馆图书资料室编：《上海碑刻资料选辑》，上海人民出版社1980年版，第304页。

④ 光绪《赣榆县志》卷二《疆域》，《中国方志丛书》华中地方第36号，台湾成文出版社1970年版，第61页。

⑤ 光绪《常昭合志稿》卷五《市镇志》，《中国地方志集成》江苏府县志辑22，江苏古籍出版社1991年版，第49页。

⑥ 光绪《光福志》卷一《风俗》，《中国方志丛书》华中地方第413号，台湾成文出版社有限公司1983年版，第63页。

⑦ 隆庆《海州志》卷二《山川志·土产》，《天一阁藏明代方志选刊》本，上海古籍书店1962年影印本。

⑧ 民国《黄埭志》卷二《风俗》、《特产》，《中国地方志集成》乡镇志专辑7，江苏古籍出版社1992年版，第570页、第575页。

编织蒲包，东乡村家家编织蓑衣。① 常熟唐市镇，乾隆时已为常熟四大镇之一，为区别于新兴的西唐市，改称东唐市，居民“唯治田器，制渔具，作舍编篱，捆履织席为能事”②，所编结的秧荐、芦花鞋、饭箩、麦柴笠、麦柴灯皆很有名。长洲县陆墓镇“居民多造窑及织汗巾为业”③。吴江县庉村市以冶铸业为主，镇上“铁工过半”④。

清前期，由于自然条件和南北经济发展不一，江苏南北的市镇发展水平并不平衡，苏南地区市镇经济更为发达，无论在规模和发展水平均超过江淮地区的市镇经济，很多市镇形成了具有特色的商品市场。清代，江淮地区除盐业市场颇具特色外，商品市场总体发展不够，部分市镇的商业功能较薄弱，有的仍停留于军事戍守功能，未能发展为商业市镇。淮北的徐州府和淮安府属各州县的市集较多，其地名也多以“集”命名，而江南地区志书多不再列集。江南市镇多一日一集，或一日三集，而江北集市大多为数日一集。

四　商　税

1. 牙税

清代大多城镇、集市所征收的商税主要有牙税、畜税及各类商品税，且多由牙行经纪代为征收。牙人、牙行是买卖双方的中介，牙人又称经纪、牙侩、驵侩等。作为居间商，牙行以所经营的商品划分，在经营的商品行业范围内起中介作用，撮合买卖双方，促使成交，收取佣金，这类牙行多以商品命名。牙税，是向牙行等征收的一种税收。牙帖税一般分上、中、下三等，不同地区对每张牙帖征税不一，经营不同商品的牙帖也不一样。清代，开设牙行，须向官府领取牙帖，并缴纳牙帖费，并且每五年重审换发新帖。牙帖由各省藩司衙门颁发，不许州县滥给。这种由官府允许开设并领有牙帖的牙行，称“领帖牙行”或“官牙”。一些未领牙帖即私设的牙行，称为“无帖牙行”。清代虽严禁私设牙行，但因官吏执法不严，无帖牙行几乎各处皆有。

清代，江南丝经牙行每当“客多货少之时”，“叫船下乡收买，谓之出乡”，丝经牙行派人直接到乡村收购。吴江县“凡销绸者曰‘绸领头’，每日收至盛泽、王江泾牙行卖之，花样、轻重必合北客意，否则上庄辄退。卖丝者曰‘丝领头’，亦有大小之称，其开设牙行、招客来售者曰‘大主人’；牵机户来买者曰‘小主人’，经纬粗细任机户自择，然后议价一

① 乾隆《苏州府志》卷一九《乡都》、道光《元和唯亭志》卷三《物产》。

② 乾隆《唐市志》卷上《风俗》，《中国地方志集成》乡镇志专辑 9，江苏古籍出版社 1992 年版，第 512 页。

③ 乾隆《苏州府志》卷一九《乡都》，乾隆十三年(1748)刻本。

④ 乾隆《吴江县志》卷四《镇村市》，《中国方志丛书》华中地方第 163 号，台湾成文出版社有限公司 1975 年版，第 126 页。

切交易”①。道光时,江阴木材牙行“大者接西客,小者在郡垣接本郡贩客,或在金陵接上河贩客”②。一些沿江、沿海港口城镇还设有“保载行”,为交易双方担保责任、保证商品交易顺利进行。太仓刘河镇“保税者,商人之领袖也。是时,海寇初平,保无有匪人混入客商之虑,于是着土商保税。土商者不必其祖籍刘河,但就其身家殷实,素习商贩,而于刘河本地人休戚相关,且与奉、东商人素所熟悉者,令其投充保税,以杜奸匪。于是有宁波之吴姓出焉”。“外海商人已有税行领袖,而内地商人来刘贩货者,亦难别其贤愚。于是各大宪定其章程,令藩宪处领帖,开张创立牙行,招接内商,视其货之高低,定其价之贵贱,使内外商人各无争竞,而扣佣一二厘以供用度,而外商之银钱唯牙行是问。”③这些牙行设有客房、货栈,为商贾提供食宿、存货、代纳关税等,还代雇船只,介绍买主,负责押运等。刘河镇“营房场往西,则为陆天益大栈房,系陆吉隆所建,开张天益豆行、饼行、花行,此栈乃招接各口商人栈货者也。再西则李元昇栈房系东省商人租以居停者”。由营房场往东,“则陈德润豆行,再东则张利泰老行,乃张宝髻子所创。是时初开海禁,宝髻子自崇明迁至刘河开此行也。奉、东客商无不仰视,为镇之首富”。“再东则项兴泰豆行,楼房七进,集内河客商为最盛之行。”“商客之来兹土者,先至税行报明来历,税行即去禀海关扦仓纳税,投行发卖,则匪商无由混入矣。”④

乾隆三年(1738)六月,江宁巡抚杨永斌奏报:乾隆元年(1736),江苏省江宁等十一府州“原报牙行二万五千二十二户,牙税额该银一万二百三十七两三钱一厘”;乾隆二年(1737)分吴江、昭文、昆山、娄县“歇闭行二十三户”,除豁税银 10 两 6 钱;又因溧水、长洲、元和等 18 县有“新开集场,报增牙行六百五十八户”,新增税银 228 两 2 钱 7 分;乾隆二年(1737)“实共牙行二万五千六百五十七户,税银一万四百五十四两七钱一厘”⑤。

表 12 乾隆初年江苏十一府州牙行、牙税数额增减变化状况表⑥

乾隆年份	牙户税银数		歇闭除减税银		新增退顶		实征税额	
	牙行(户)	税银(两)	牙行(户)	税银(两)	牙行(户)	税银(两)	牙行(户)	税银(两)
二年	25022	10237.301	23	10.6	658	228.27	25657	10454.701

① 道光《黄溪志》卷一《风俗》,《中国地方志集成》乡镇志专辑 11,江苏古籍出版社 1992 年版,第 782 页。

② 道光《江阴县志》卷九《风俗·四民》,《中国方志丛书》华中地方第 456 号,台湾成文出版社有限公司 1983 年版,第 835 页。

③ 道光《刘河镇纪略》卷五《盛衰》,《中国地方志集成》乡镇志专辑 9,江苏古籍出版社 1992 年版,第 370 页。

④ 道光《刘河镇纪略》卷九《街巷》、卷五《盛衰》,《中国地方志集成》乡镇志专辑 9,江苏古籍出版社 1992 年版,第 370 页。

⑤ 江宁巡抚杨永斌乾隆三年六月十五日奏折,清钞档,中国社会科学院经济研究所藏,转引自方行等主编:《中国经济通史·清代经济卷》,经济日报出版社 2000 年版,第 1097 页。

⑥ 据清钞档中江宁巡抚杨永斌、张渠、陈大受等奏折相关资料统计,中国社会科学院经济研究所藏,转引自许檀:《明清时期农村集市的发展》,《中国经济史研究》1997 年第 2 期。

续表

乾隆年份	牙户税银数		歇闭除减税银		新增退顶		实征税额	
	牙行(户)	税银(两)	牙行(户)	税银(两)	牙行(户)	税银(两)	牙行(户)	税银(两)
三年	25657	10454.701	4	35	757	297.468	26410	10748.67
四年	26410	10748.670	21	14.12	105	57.895	26494	10792.444
六年	26227	10727.115	32	11.564	26	21.42	26221	10736.972
七年	26221	10736.972	20	8.53	94	61.346	26295	10789.788
九年	26417	10867.056	46	15.613	177	104.759	26548	10956.202
十年	26548	10956.202	34	31.64	118	60.43	26632	10984.992
十一年	26632	10984.992	272	73.925	254	75.872	26614	10986.939

清乾隆年间，江苏省江宁、苏州二府的牙税、畜税统计，江宁府属7县征收牙税1050两，平均每县150两；征收畜税311两，平均每县44两。苏州府属9县共征牙税1106两，平均每县120余两，征收畜税90两，平均每县10两。[①]

表13　乾隆二年(1737)江苏省江宁、苏州二府牙税、畜税统计[②]

(单位:两)

江宁府			苏州府		
县　别	牙　税	畜　税	县　别	牙　税	畜　税
上　元	366.45	37.74	长　洲	112.50	2.70
江　宁	248.02	29.15	元　和	229.20	6.93
句　容	105.60	22.20	吴　县	228.40	28.50
溧　水	39.48	20.00	吴　江	118.30	13.10
高　淳	47.33	12.00	震　泽	98.29	8.40
江　浦	67.80	89.46	常　熟	80.00	5.42
六　合	175.50	104.72	昭　文	83.70	5.73
			昆　山	105.10	6.68
			新　阳	50.70	12.92
合　计	1050.18	311.27	合　计	1106.19	90.36

① 方行等主编:《中国经济通史·清代经济卷》,经济日报出版社2000年版,第1103—1104页。

② 《黄册·户部杂赋》,中国社会科学院经济研究所藏,转引自方行等主编:《中国经济通史·清代经济卷》,经济日报出版社2002年版,第1104页。

2. 常关税

清前期，在明代钞关的基础上建立了税关系统。清政府在水路要冲和商品集散地，设置税口，对过往货物和船只，征收货物税和船税(时称“船料”)。“凡天下水陆衢会，舟车之所辐辏，商旅之所聚集，设关置尹，掌其治禁，以安行旅，以通货贿。”[①]鸦片战争后，清廷开放五口通商口岸，称海关为“新关”，而原来税关称为“旧关”(又称“常关”或“老关”)，其关税称为“常关税”，以与新海关相区别。

清朝，常关分为两类：一类隶属户部管理，称为“户关”；另一类属工部管理的称为“工关”。户关和工关虽然不相统属，但也存在互相兼理其税政情况。清后期，在杂税与榷关税之外，又增加了厘金和新海关税。清代常关税主要有正税、商税和船料税3种，正税按出产地征收，商税则按物价征收，船料税仍按船之梁头大小征收。清常关税起征于顺治二年(1645)，“定各省关税，专差户部司员督征”，并制定了各关征收税则，规定税率标准，“设关征木植税，十分取二”。顺治十八年(1661)，“定各口木植什一而税”。康熙、乾隆年间，各地税关日密，不仅水路交通要道设关，一些集镇也设关征税。雍正、乾隆年间，按清廷户部则例，常关税率多以从价5%为标准，但各省在实际执行中多自定税率，往往超过5%。雍正年间，清政府为摆脱财政拮据，将关税盈余正式列入关税正项，“正额有定，盈余无定。”乾隆认为，“盈余实课帑也，亦即正供”。乾隆十四年(1749)规定：“嗣后，盈余成数依照雍正十三年为准。”[②]嘉庆后，随着清朝经济的衰落，关税日趋短绌，财政收入每况愈下。

清代，“设关稽税，必分立各口以辅之。诚以水陆纷岐，舟车杂沓，商贾贸迁，其途百出，不得不多方堵御，以杜绕越之弊。且令得就近输纳，亦属便民之道。惟此中或有今昔异宜之处，则又在司榷者随地随时善为规画也”[③]。除设置大关之外，为便于稽查管理，还分设数量不等的“分口”。这些分口多位于客货聚集水陆交通要冲，其职能可分为具备征税条件的收税口岸“税口”和只有巡查之责的稽查口岸“稽口”。另外，口岸根据其上下隶属关系还区分为“总口”与“小口”。清代，江苏省境户关有江海关、浒墅关、淮安关、扬州关、西新关等，对过关货物征税；工关有龙江关、宿迁关及瓜仪关等，以征收竹木税为主。

---

① (清)允祹等:《钦定大清会典》卷一六《户部・关税》,《钦定四库全书荟要》第198册,台北世界书局1986年影印摛藻堂本,第153页。

② (清)王庆云:《石渠余纪》卷六《纪关税》,沈云龙主编:《近代中国史料丛刊》第一编第75册,台湾文海出版社1967年版,第531页。

③ (清)杜琳等修,元成等续纂:《淮关统志》卷五《关口・商税附》,《中国方志丛书》华中地方第85号,台湾成文出版社有限公司1970年版,第64页。

江海关

康熙二十三年(1684),清廷开放海禁,发布“展海令”,诏设江海关于海州云台山(今江苏连云港)。次年,移设江海关于上海,“专司海舶税钞”。康熙六十一年(1722),江海关归并江苏巡抚兼管,委地方官监收。雍正三年(1725),经江苏巡抚张楷奏请,清廷委认苏松道兼管江海关科务,并将关署移驻上海。[①] 江海关所征常关税,进口以北路豆制品如豆油、豆饼等为大宗,出口以棉花、布匹等为主要货物。

江海关辖口岸分隶苏州、松江、常州、镇江、淮安、扬州6府及通州、泰州2州。乾隆年间,江海关所辖税口有大关、刘河、施翘河、黄田、澜港、漴缺、任家港、吴淞、七丫、白茆、孟河、黄家港、小海口、石庄、吕四、徐六泾、福山、新开河、当沙头等处。[②] 稽口有鄂家港、衙前港、天生港、龙潭港、官河头、狼山港、大汛港等处。

康熙二十九年(1690),江海关正额银有23016两有奇。雍正七年(1729),庙湾口等6处口岸改归并淮安关,减额银1536两,核定正项额银为21480两有余。康熙六十一年(1722)除正额钱粮外,额解盈余银1.5万两。乾隆十四年(1749),海关正额盈余依照雍正十三年(1735)例,额解银6.2万两。嘉庆四年(1799)定例,江海关定额银4.2万两,如有多余,“尽收尽解”[③]。

淮安关

淮安关始设于明代宣德四年(1429),淮安关为“三十三府州县商贾所集之处”[④]。顺治二年(1645),淮安关衙署驻山阳板闸。康熙九年(1670),裁撤清江浦的户部常盈仓和工部抽分厂两处税关归并淮安关。雍正五年(1727),将原属淮徐道兼理的宿迁关划归淮安关管理。雍正七年(1729),又将隶江海关的庙湾口归并淮安关。此后,淮安关的关口和地域大为增加,权限更加集中,税收额也大量增加,成为全国常关税收占第3位的重要榷关。光绪三十年(1904)五月,淮安关税务归并两江总督兼管,后又交由淮安知府督理。

淮安关所辖口岸几经变迁,主要税口有大关、天妃、外河、草湾、永丰、周闸、仲庄、庙湾、长河、新河、白洋、后河、轧东、流均口等处。稽口主要有军饷口、清江口、上一

---

① 嘉庆《松江府志》卷二八《田赋志·关榷》,《中国方志丛书》华中地方第10号,台湾成文出版社有限公司1970年版。中国第一历史档案馆:《雍正朝汉文朱批奏折汇编》第四册《江苏巡抚张楷奏委苏松道朱一凤管理上海关税务并移驻上海(雍正三年四月三十日)》,江苏古籍出版社1989年版,第865页。

② 乾隆《江南通志》卷七九《食货志·关税》,《影印文渊阁四库全书》第509册,台湾商务印书馆1986年版,第297页。

③ 嘉庆《松江府志》卷二八《田赋志·关榷》,《中国方志丛书》华中地方第10号,台湾成文出版社有限公司1970年版,第640页。

④ 《明宣宗实录》卷五〇,宣德四年正月乙酉条,台湾“中央研究院”历史语言研究所1962年校印本。

铺、乌沙河、草坝、中渡，水沟、西滩、二坝、龙王庙、高良涧、蒋家坝、清河县里头闸、孙家堂、毛家宅、清沟、益林、魏家滩、杨家庙、二山子、岔河等处。

淮安关税课“以北来豆饼为大宗，豆饼来源又以黄河船只为最旺，从前黄水南注，百货流通，淮、宿两关均居南北适中之地，凡河南所产豆饼暨山东钉铁、麻碱等项均由黄河南下，谓之‘西河’；其次则山东豆饼运河而来，谓之‘北河’；皖省豆饼由洪泽湖而来，谓之‘南河’；他如绸布杂货竹木板片，凡属南来货物，均须由淮关经过，贩运北土，是以税务畅旺。迨丰工漫口，黄河断流，晋、豫大宗货物来源顿绌，复因海道通商轮船便捷，山东豆饼莫不由烟台南运，南省杂货莫不由吴淞北上，淮宿两关昔日为南北咽喉，至是则毫无扼要，惟恃徐、邳一带暨南河所产豆粮稍资税课，而洪泽湖、青口处处绕越，又绝大漏厄危，其分辖各关口尤系征收零税，不足以资补苴。加以洋商入内地贩运洋土各货，又领各海关税单，执持验放。其创行之始，尚属畸零，近来十数年间，华商附托日多，竟至络绎不绝。且以花生为大宗，侵占饼豆销路每年不下百十万石，洋税益增，常税益绌”①。

明末，淮安关税额 77875 余两。清顺治三年(1646)，“照万历初年会计录原额征银二万三千两，将天启后递加饷银减半，又存征银二万七千四十七两有奇，共裁定银五万四十七两有奇。八年，督课石特库征解溢额银八千二百五十二两有奇。九年，部札各关俱以顺治八年溢解为额，淮关每岁解银五万八千三百两。康熙二十五年，因办铜不敷，加银一万七百六十九两，凑买铜斤，岁额遂为六万九千六十九两，又节省铜斤水脚银一万五千三百八十四两有奇”②。

顺治十三年(1656)，归并淮安仓、清江厂原额并溢额银 92428 余两，核定正项税银为 150728 余两。额解铜斤脚价归正银 15384 余两。③ 雍正元年(1723)为裕课等事，案内溢额银 36900 两，总计 50 万两；乾隆六年(1741)，定每年额征银 48884 两，庙湾口原额税银 1536 两，额征税银 3840 两，各项(包括宿迁关在内)总计正额银 254363 两。嘉庆四年(1799)，定淮安关额银 10.1 万两，庙湾口 2200 两。嘉庆九年(1804)，淮关额银又改为 12.1 万两，宿迁关 7800 两。道光十一年(1831)，“裁去二万一千两，征银十万两，合宿海二关共十一万两。以上淮、宿、海三关统应征正额及盈余银三十六万四千三百六十三两有奇”。咸丰初年因黄河断流，淮安关获准减半，短征银 20 余

① 中国第一历史档案馆编：《光绪朝朱批奏折》第七十四辑，中华书局 1996 年版，第 723 页。

② 光绪《淮安府志》卷八《漕运·关榷》，《中国方志丛书》华中地方第 398 号，台湾成文出版社有限公司 1983 年版，第 431—432 页。

③ 乾隆《江南通志》卷七九《食货志·关税》，《影印文渊阁四库全书》第 509 册，台湾商务印书馆 1986 年版，第 297—298 页。

万两。后太平天国年间为“尽收尽解”，咸丰七、八年（1857—1858）间，“江面渐就肃清”，减免六成至四成不等，后减免七成。同治时，减至九成。[①] 光绪年间，随着“黄河北徙，陆路绕越”，“轮舶通行，货多航海”，同时“粮艘停运，北货稀来”，加之“各省土药改为统捐”及“洋货侵占”，淮安关税收不断亏短。[②]

浒墅关

明宣德四年（1429），设立浒墅钞关，征收船料，“差御史及户部官监收。国朝因之，每岁轮差部属督理”[③]。顺治二年（1645），“照明旧例差户部主事一员，四年满汉官二员，笔帖式一员；九年只汉官一员，十二年仍遣满官、笔帖式，十四年仍差汉官一员。康熙元年仍差满官笔帖式，四年停止差官，归并苏松常道管理，七年裁道缺，归并府佐，八年仍差满汉官笔帖式，十二年不论满汉官一员，笔帖式如故。雍正元年归并江苏巡抚委地方官监收，二年苏州织造管理。乾隆六年布政司兼管，十一年巡抚带管，后仍归织造兼理”[④]。

清初，浒墅关仍归户部管理，辖“八港三桥”。八港为放生池港、蠡口港、木渎港、转水河港、柏渎港、大渲港、下埠港、乌溪港。三桥为竹青塘桥、张家桥、龙华桥。竹青桥在关北，稽查北来船只；张家桥在关南，稽查南来船只；龙华桥在关东，内通长荡，与竹青塘、张家两桥一体稽查。三桥均设栅夫看守，违规作弊按律治罪。

清代，浒墅关所辖税口有大关、福山、徐六径、七丫港。稽口有崇福、竹青、龙华、望亭、乌溪、大渲、福山、徐六径、吴塔港、南北角、新塘、长荡、石堰桥、南塘河、北塘河、猪总巡、大浦、东汛、太湖东滩、太湖西滩、王庄、杨尖、毛塘桥、严塘庄、横塘桥、陆墅、九里桥、许卖布桥、南河桥、无锡南桥、顾二房廊下、上下桥、查椿、娄齐门、宛山荡、荷花池、三江营等处，这些口岸均设役巡查。

清代，浒墅关兼收船料与货税，盐船只征船料。顺治二年（1645），额税银据崇祯三年（1630）折色征收，时浒墅关征收船料银 113946 余两。顺治十三年（1656），加增银 3.5 万余两，康熙二十五年（1686）增 1.97 万两，康熙二十九年（1690）前征 16.8 万两[⑤]，后核定征银 14.9 万两，因探买铜斤内扣银 2.3 万两。乾隆间，浒墅关正羡税银

① 同治《重修山阳县志》卷四《漕运·关榷》，《中国方志丛书》华中地方第 414 号，台湾成文出版社有限公司 1983 年版，第 69—70 页。

② 中国第一历史档案馆编：《光绪朝朱批奏折》第七十四辑，中华书局影印本 1995 年版，第 755 页。

③ 乾隆《江南通志》卷七九《食货志·关税》，《影印文渊阁四库全书》第 509 册，台湾商务印书馆 1986 年版，第 296 页。按，关于浒墅关的设立时间，明嘉靖十六年张裕纂修《浒墅关志》卷一《建置沿革》记载，早在元代浒墅镇即有设官抽税之事。“元置抽分竹木场于长洲县浒墅镇，分办于昆山、太仓。凡客商往来货物，以多寡为则。国朝初，设官置场，于本府阊门、葑门、平望抽分竹木、柴炭、茅草、芦柴等物，分办如故。”

④ 道光《浒墅关志》卷六《榷使》，《中国地方志集成》乡镇志专辑 5，江苏古籍出版社 1992 年版，第 124 页。

⑤ 康熙《大清会典》卷三四《课程三·关税》，沈云龙主编：《近代中国史料丛刊》第三编，台湾文海出版社有限公司 1992 年版，第 1598 页。

50余万两。嘉庆九年(1804),定浒墅关正额银9.1万两,盈余银25万两,合计正额盈余银44万余两。[①] 咸丰年间,因太平天国战争,浒墅关被焚毁,一度停征。光绪五年(1879),两江总督沈葆桢奏请恢复开征,但因一些地方官员担心复关影响地方财政的厘金收入,复关进展缓慢。同治四年(1865),浒墅关停征关税。

扬由关

扬由关是扬州关、由闸关的合称。明宣德四年(1429),扬州关设于扬州钞关门外,正统八年(1443)一度裁废,景泰元年(1450)复设,成化元年(1465)又裁撤,成化七年(1471)再设。位于扬州近郊瓜洲的由闸关设立于明代,后曾更名为瓜仪关。

清初,沿袭明制,仍置扬州关,下辖高邮、仪真、瓜洲三闸,征收税银。顺治六年(1649),三闸税归户部,改名河饷。顺治八年(1651),又改归工部。由闸关初设于瓜洲,后移至扬子桥,均在江都县境。康熙三年(1664)由闸关归并扬州关,改称扬由关,每岁轮派部员管理。康熙五年(1666),清廷谕命各关税交由地方管辖,扬由关归由驿传道管理。雍正元年(1723),扬由关改归江苏巡抚管辖,时江苏巡抚何天培委扬州知府孔毓璞管理[②],雍正七年(1729)又改归常镇扬道督理征税。"嗣于扬关由闸之外陆续添设子口十九处,分布各县。"[③]"仪征河饷银原属仪征县征解,后因缺额,于康熙三年归并瓜洲由闸。瓜洲闸税原属扬州府扬河江防同知监收,雍正五年归并扬州钞关征收。"[④]乾隆四年(1739),"定两淮盐政管理扬州各税务"。乾隆七年(1742),扬由关税务归两江总督选员征收。乾隆二十二年(1757),废除扬由关的扬关、由关的给串钱。乾隆三十八年(1773),移扬关的由闸、南坝两税口于中闸。咸丰三年(1853),因太平天国战争,扬由关署衙毁于战火,收税所原设于石洋桥(即二道沟),后移至石洋沟,不久又移至湾头镇。同治初,复迁回二道沟旧址。[⑤] 光绪二十七年(1901),《辛丑条约》后,扬由关改隶镇江海关监督。清代,扬由关所辖税口主要有大关、由闸、中闸等处,稽口有便益门、芒稻河、白塔河、仪征闸、邵伯镇等处。

扬州关凡商船货物按包、捆、篓、箱、桶、担、驮分别精粗,合梁头丈尺科税。乾隆元年(1736),扬州关所过邵伯船装载豆税,准其每石照旧完税一分,其滕家坝落地税

---

① 道光《浒墅关志》卷五《榷税则例》,《中国地方志集成》乡镇志专辑5,江苏古籍出版社1992年版,第105—118页。

② 中国第一历史档案馆编:《雍正朝汉文朱批奏折汇编》第四册,江苏古籍出版社1989年版,第864页。

③⑤ 民国《甘泉县续志》卷四下《民赋考下·关税》,《中国地方志集成》江苏府县志辑44,江苏古籍出版社1991年版,第312页。

④ 乾隆《江南通志》卷七九《食货志·关税》,《影印文渊阁四库全书》第509册,台湾商务印书馆1986年版,第298页。

银就近归泰州征收，仍附入扬州关考核。[①] 扬州关原额银 2.8 万余两，历年溢额银 1.6 万余两，核定正银 4.48 万余，额解铜斤脚价归正银 7692 余两[②]，盈余银 4.98 万两，合计共应征银 10.23 万余两[③]。至光绪三十三年(1907)三月，无论正口分巡、整税零税，均令实报实销，当时扬州关岁征银约 10.5 万两，其中正银 9.2 万余两，余银 1.2 万余两。[④]

南京龙江西新关

明代南京设有西关和新江关。西关"收落地税，专差户部主事管理，辖都税、江东、龙江、朝阳、聚宝五司，抽收出入商税"。新江关"抽通济、太平、神策等门，民间喂养各畜进城之税，并浦口、江浦、石硝、王沟、赵沟、观音门等口岸，客商贩来各畜进城之 税，及五城田地、山塘租银"[⑤]。顺治二年(1645)，新江关并入西关，名西新关。[⑥]

清代，江宁另有隶属工部的龙江关，其前身为明代龙江抽分竹木场，原在仪凤门外，后移至上新河，人们称上新河为"上关"，仪凤门外原关署所在地则称为"下关"。康熙十年(1671)，清政府将西新关归并龙江关，称为龙江西新关。雍正六年(1728)，龙江西新关归江宁织造兼管。[⑦]

龙江西新关所辖税口有下关、大胜关、河定桥、青龙山、东坝、芮背、和州、含山、龙潭、上方桥、乌江、聚宝、太平、通济、神策四门、新桥、赤棣坝、白渡桥、铜城闸、石碛、观音门、浦口、江浦、王沟、赵沟等处。这些抽分税口主要抽收竹木簰、石灰、木炭、煤、柴薪以及桶、篓、包、箱等货税。清代抽分逐渐不收取实物，全部折银缴纳。

龙江西新关所辖稽口有双闸、北河口、老鹤夹、西江，龙王庙、高埂头、朴树湾、二套口、梅诸、定埠、固城、七桥、塘沟、小丹阳镇、洪蓝桥、新桥、双桥渡、狮子树、练城湾、亮陡门、赤埭坝、石跋河、姥下河、白渡桥、黄山寺、西梁山、裕溪河、铜城闸、青溪、雍家镇、林头、东关以及南京聚宝、太平、通济、神策、洪武、朝阳、三山、石城、仪风、定淮等城门守口。

凡水陆舟车所载货物经由江宁府各城门口岸者，均由都税司征收出城税，龙江、江东、朝阳、聚宝四司收进城税，分别贵贱，按斤科税，有按个、件、条、把、连、副、箱、

---

① 席裕福、沈师徐辑:《皇朝政典类纂》卷八五《榷征三·关税》,沈云龙主编:《近代中国史料丛刊》第二编第 881 册,台湾文海出版社有限公司 1982 年版,第 71 页。

②⑥⑦ 乾隆《江南通志》卷七九《食货志·关税》,《影印文渊阁四库全书》第 509 册,台湾商务印书馆 1986 年版,第 295、298 页。

③ 民国《甘泉县续志》卷四下《民赋考下·关税》,《中国地方志集成》江苏府县志辑 44,江苏古籍出版社 1991 年版,第 312 页。

④ 中国第一历史档案馆编:《光绪朝朱批奏折》第七十五辑《财政·关税·盐务》,中华书局 1996 年版,第 166 页。

⑤ 康熙《江南通志》卷二〇《关税》,康熙二十三年(1684)刻本。

篓、船、担者，各因其物。另外，龙江、江东二司收进城夏布税按匹，聚宝、通济等六门酒税按驮；抽分厂、太平、神策等五门、下关、赵沟、王沟、浦口、江浦、乌江、石碛等口岸牛驴羊豕税按数；又茶引所收进城茶税，按细茶、中茶，其茶芽月钞、北城四季、余四城春冬按月；都税等五司各行经纪纳钞按季，皆照部颁条例征收。

顺治年间，龙江关额税银 3.6 万两，西新关税额 2.83 万两，但实际征收往往越过正额，超过款项称为“盈余”。定工额税银 4.13 万两有奇，盈余银 3.3 万两。为鼓励税关多征税，清廷有“溢额议叙之例”，即据上交盈余银多少，给税关官员不同程度的奖励。康熙年间，龙江关每年盈余银 1 万两，西新关也有盈余银 5300 两。同治四年(1865)，曾国藩奏请将龙江、西新两关暂停开设。“江宁城外，向设龙江、西新两关，咸丰三年以后，关税停征。近年在大胜关抽厘，复在城中添办门厘，因地方元气过伤，所收亦属无几，若遽撤卡设关征收，断难足额。加以衙署开销，胥吏苛索，恐尚有所征，不能敌厘卡之数。请援照浙江成案，毋庸开关征税。”清廷以“所奏切中地方利弊”①，准其暂缓复关。

表 14　乾隆朝江苏常关税统计表②

（税银单位：两，两以下忽略不计）

乾隆年份	扬州关	江海关	浒墅关	西新关	淮安关
元年	136868	62608	458732	79342	408947
二年	201667				
三年	129548	66570			
四年		62620			
五年		79824	333100	66754	
六年	114618	76414	384700	66854	329749
七年		56898	375200		314355
八年	78346				310363
九年	105219	47568			
十年		78960			
十一年	117546	78872			

① 光绪《大清会典事例》卷二三四《户部八三·关税》，《续修四库全书》第 801 册，上海古籍出版社 2006 年版，第 765 页。

② 本表资料源自《宫中档乾隆朝奏折》、军机处录副和财政类档案，转引自祁美琴：《清代榷关制度研究》，内蒙古大学出版社 2004 年版，第 445—448 页。

续表

乾隆年份	扬州关	江海关	浒墅关	西新关	淮安关
十六年	140357				
十七年	135713	77186	544803	73982	408616
十八年	129553	77509	495227	75441	459127
十九年	126951	75759	410181	72307	265924
二十年	130703	76775	502710	67958	442297
二十一年		46190	353592	64256	230973
二十七年	94875	76968	373674		395851
二十八年	95478	69013	567928	79664	402176
二十九年	96363	69242	579093	79739	418606
三十年	97088	48581	541896	78189	456979
三十一年			566409	74223	473435
三十二年		71477	567393	76017	503394
三十三年		71783		66169	
三十五年		71991			
三十七年		72030	567487		
三十八年	103115	72142	571992	76498	492499
三十九年	103740	72268		79984	423824
四十年		72368			
四十一年	104331	72380	552716	76664	368032
四十二年	117563	72390	560167	79349	431587
四十三年	117788	72428	463983	76863	290724
四十四年	98531	72468	471824	68705	265652
四十五年	118128	72497	564353		385768
四十六年	118234	72521	575368	80121	391091
四十七年	118316	72635	575523	80203	232689
四十八年	118346	72671	576190	80686	280687
四十九年	118363	72712	575997	75828	
五十年	82893	72715	456079		274162
五十一年	77272	72728	281620	79376	182864

续表

乾隆年份	扬州关	江海关	浒墅关	西新关	淮安关
五十二年	78010	72739	527997	55377	204734
五十三年		72741	553875	65900	298162
五十四年		72752	561342		
五十五年		72754	579042		420155
五十六年	118400	72869	582842		353483
五十七年	111918	72871	583050	74015	375167
五十八年	66110	71903	505324	74122	300187
五十九年	106604	72906	543596		353621
六十年	107117	72920			335552

第四节　明清时期江苏的雇佣劳动

过去，中国学术界将生产力、商品经济和雇佣劳动作为明清时期中国存在“资本主义萌芽”的主要证据，前两者为萌芽出现和发展的历史前提，而雇佣劳动的发展程度则被视为萌芽的核心。时至今日，学术界对资本主义萌芽和雇佣劳动等学术问题仍有不同的看法和较大争议。① 20 世纪 60 年代，资本主义萌芽问题大讨论时，以黎澍先生为代表的学者认为，史料中“雇”和“佣”皆指一定时间内出卖自己的农奴，否认中国前资本主义社会存在雇佣劳动；以尚钺先生为代表的学者根据前资本主义社会中的雇佣劳动，认为资本主义生产方式古已有之；以傅衣凌为代表的学者则提出，明中叶后的雇佣劳动“既不是资本主义的雇佣劳动，也不是封建农奴，而是适应于封建

① 1949 年至 1990 年代，学术界对“资本主义萌芽”问题研究的意义和价值基本持肯定态度，并展开大讨论。其间，主要论著有：尚钺《中国资本主义关系发生及演变的初步研究》（生活·读书·新知三联书店 1956 年版）、中国人民大学中国历史教研室《中国资本主义萌芽问题讨论集》（生活·读书·新知三联书店 1957 年版）、南京大学历史系中国古代史教研室《中国资本主义萌芽问题讨论集（续编）》（生活·读书·新知三联书店 1960 年版）、田居俭等编《中国资本主义萌芽》（巴蜀书社 1987 年版）、邓拓《从万历到乾隆——关于中国资本主义萌芽时期的一个论证》（《历史研究》1956 年第 10 期）、黎澍《关于中国资本主义萌芽问题的考察》（《历史研究》1956 年第 4 期）、傅衣凌《关于中国资本主义萌芽的几个问题》（《江海学刊》1964 年第 1 期）、李文治《论中国地主经济制与农业资本主义萌芽》（《中国社会科学》1981 年第 1 期）、李洵《明清时期资本主义萌芽发展的阶段性及其特征》（《东北师范大学学报》1981 年第 6 期）、方行《中国封建社会的经济结构与资本主义萌芽》（《历史研究》1981 年第 4 期）、洪焕椿《明清封建专制政权对资本主义萌芽的阻碍》（《历史研究》1981 年第 5 期）、萧国亮《试论清代前期商业利润不能普遍地转化为产业资本的原因》（《中国史研究》1984 年第 4

社会后期出现带着资本主义萌芽性质，含有自由雇佣若干特点的雇佣劳动”[①]。

20世纪90年代后，一些学者对“中国资本主义萌芽”问题提出了质疑：“中国资本主义萌芽”是否适合于中国历史？我们应当用什么样的史学理论和方法重建中国历史？“从世界历史角度来看，雇佣关系的兴起不等于资本主义萌芽。资本主义萌芽与商品经济的兴起也不等于向资本主义过渡。”[②]雇佣劳动不能用社会制度和性质统而论之，以社会性质来确定雇佣劳动性质阻碍对雇佣劳动的研究。仅用雇佣关系来解释资本主义的产生是靠不住的，因为早在资本主义生产关系产生以前就已经存在有雇佣关系了。雇佣劳动的历史和人类文明一样久远，雇佣劳动虽是资本主义生产关系的重要特征之一，但并不必然导致资本主义的产生。社会分工和商品生产是产生雇佣劳动的根源和发展动力，明清时期雇佣劳动大致可分为非商品生产、小商品生产和商品生产三种类型。

明清时期，江苏地区农业、手工业领域的雇佣劳动现象日益增多。明后期，苏州、松江等地的纺织行业中出现许多以商品生产为目的纺织业“机户”和“机工”，形成“机户出资，机工出力”局面。在一些农村地区也出现了通过雇工进行农业生产的地主，主要雇佣形式为长工或短工。清代，雇佣劳动生产形式在手工业和农业中得到进一步发展，雇佣关系由非商品生产性向商品生产性过渡，由封建雇佣向自由雇佣过渡。然而，“雇工经营在明清时代始终没有显示其应有的优越性，始终没有在农业生产中占有重要地位，虽然雇工经营在中国封建社会中出现得很早很早”[③]。

(接上页)期)、章有义《中国农业资本主义萌芽史料问题琐议》(《中国经济史研究》1987年第4期)。20世纪90年代后，一些学者对于“中国资本主义萌芽”问题提出质疑，对资本主义萌芽问题研究中存在的诸多问题提出了尖锐的批评意见。李伯重把“资本主义萌芽”问题研究归结为“别人有，我们也要有”的“争气”心态引起了“资本主义萌芽情结”(《“资本主义萌芽”情结》，《读书》1996年第8期)；王家范先生认为，资本主义萌芽问题的研究是一个“死节”，因为“资本主义”一词在“西方早不再用作社会形态的指称”，“资本主义萌芽”一说在中国被灌输且随处应用(仲伟民《资本主义萌芽问题研究的学术回顾与反思》，《学术界》2003年4期)；王学典认为，“资本主义萌芽问题”是一个假问题，在既定话语背景下，这些命题都是有意义的，“因为这些命题背后都有明确的非学术追求”，而今随着话语系统的根本转换和语境的巨大变迁，这些命题本身能否成立早已成为问题，也就是说它已经成为“假问题”(《20世纪中国史学评论》，山东人民出版社2002年版，第168页)。此外，质疑文章还有：曹树基《清代台湾拓垦过程中的股份制经营——兼论中国农业资本主义萌芽理论的不成立》(《中国社会科学》1998年第2期)、商传《竟陵派与晚明时代》(《历史研究》2003年1期)。

① 傅衣凌：《关于明清社会经济问题的讨论》，《光明日报》1960年5月26日。

② 罗荣渠：《现代化新论——世界与中国的现代化进程》，商务印书馆2004年版，第261页。

③ 方行等主编：《中国经济通史·清代经济卷》，经济日报出版社2000年版，第1853页。

一　明清手工业中的雇佣劳动

1. 明代丝织业中的“雇工”

明朝中后期，苏州民间丝织业涌现了众多从事丝织业的“大户”①，有的拥有织机达数十张，雇佣无织机的“小户”为其生产，形成“机户出资，机工出力”局面。

随着民间丝织业的繁荣，苏州还出现了劳动力市场。明常熟人蒋以化记载：“我吴市民罔籍田业，大户张机为生，小户趁织为活。每晨起，小户百数人嗷嗷相聚玄庙口听大户呼织，日取分金为饔飧计。大户一日之机不织则束手，小户一日不就人织则腹枵，两者相资为生久矣。”②这里的“呼织”和“趁织”都是临时性的，他们与雇主间形成一种松散的雇佣关系。“吴民生齿最烦，恒产绝少，家杼轴而户纂组。机户出资，机工出力，相依为命久矣。……浮食奇民，朝不谋夕，得业则生，失业则死。”③

一些机户不断扩大再生产，成为规模更大的丝织手工场业主，“三吴以机杼致富者众”④。万历时，苏州人郑灏，“其家有织帛工，挽丝佣各数十人”⑤。富民潘璧成“起机房手，至名守谦者，始大富至百万”⑥。

明人冯梦龙在《醒世恒言》中也记述了苏州府吴江县盛泽镇人施复经营丝织业而致富的历程。“嘉靖年间，这盛泽镇上有一人，姓施名复……家中绸机，每年养几筐蚕儿，妻络夫织，甚好过活。这镇上都是温饱之家，织下绸匹，必积之十来匹，最少也有五六匹，方才上市。那大户人家积得多的便不上市，都是牙行引客商上门来买。施复是个小户儿，本钱少，织得三四匹便上市出脱。” ⑦由于施复蚕种好，缀下丝来细圆匀紧、洁净光莹，故所织绸光彩润泽，客商们增价竞买。几年间，施复从仅有一张织机、自己养蚕、自己织绸的小户，迅速发展为拥有三四十张绸机、雇工经营的丝织大户。施复的成功，一方面是在于他掌握一套养蚕技术，另一方面更得力于他经营有术，通过雇工经营扩大再生产。虽然施复种桑、养蚕、织绸、发家致富是小说家笔下的故事，但它却是晚明现实社会生活的真实写照。

---

① 明代，苏州将民间专门从事丝织业的人户称为业户、织户和机户、机房。万历《长洲县志》卷一《风俗》称：“以丝织为业者，俗曰机房。”

② (明)蒋以化：《西台漫记》卷四《纪葛贤》，《北京图书馆古籍珍本丛刊》66，书目文献出版社 1996 年版，第 277 页。

③ 《明神宗实录》卷三六一，万历二十九年七月丁未条，台湾“中央研究院”历史语言研究所 1962 年校印本。

④ (明)张瀚：《松窗梦语》卷四《商贾纪》，上海古籍出版社 1986 年版，第 76 页。

⑤ (明)陆粲：《庚巳编》卷四《郑灏》，中华书局 1987 年版，第 43 页。

⑥ (明)沈德符：《万历野获编》卷二八《守土吏狎妓》，《明代笔记小说大观》本，上海古籍出版社 2005 年版，第 2650 页。

⑦ (明)冯梦龙：《醒世恒言》卷一八，齐鲁书社 1993 年版，第 217 页。

2. 清代手工业中的"雇工"

清代，江苏丝织业、踹染业、棉纺织业和沙船等行业的雇佣劳动进一步发展，商业资本开始支配手工业生产，主要表现为包买商直接或间接控制了部分手工业生产活动，形成另一种形式的雇佣劳动。

丝织业

清代，江南农村丝织户不断向城镇集中，苏州、江宁等地的民间丝织机房大增，其总量超过明代。清前期，江宁、苏州等地丝织业出现了商人设立的"帐房"。"帐房"拥有大量资本、原料和织机，他们把原料，甚至工具分给工匠进行加工生产，然后收回成品。

南京的机户最多，帐房的出现也较早。康熙五十一年(1712)八月，江西巡抚郎廷极在奏请"以曹寅之子曹颙继任江宁织造"的奏折中出现了"机户经纪"的名称[①]，它成为后来帐房的雏形。"在丝织业发达之区，人民于家中置木机，从事织造，普通多称机房，有自织、代织之分。代人织者，原料由人供给，此种雇主，江浙等处称为'帐房'，皆饶有资本之绸商，各埠有代彼趸卖之店，名为分庄。惟总店则皆称'帐房'，而不称'总庄'。南京等处规模较大者，称为'大帐房'。"[②]南京"开机之家，谓之帐房；机房领织谓之代料。织成送缎，主人校其良楛，谓之仇货。其织也，必先之以染经，经以湖丝为之。经既染，分散络工"[③]。江宁所雇佣的丝织工人基本上为本地人所垄断。清江宁人甘熙称："织工推吾乡为最。""元缎织工头号必须江宁镇人，有膂力，无疵瑕；次则秣陵、陶吴；再次禄口、殷巷，南乡以外，皆不如也。天青则城内人为佳。"锡缎"以北乡迈皋桥人织最善，黑绒，首推建绒。建绒者，建业之绒也。昔称大宗，其机在孝陵卫，故又曰卫绒"[④]。江宁的民间丝织业，主要由一些设立大帐房的大机户凭借雄厚资本自雇机匠(机包子)织造，并控制一些"无甚资本"的小机户。这些小机户向帐房领取丝料后，"复将丝发往染房染色，然后收回"，再交给织工织丝，最后织成绸缎，送回帐房批售。晚清江宁著名的"大帐房"有李扁担、陈草包、李东阳、焦兴兴等，他们的织机"咸各四五百张"[⑤]，以后南京帐房又通称"缎号"。

清末，镇江的江绸是其主要出口商品，"往年行销于北省及欧美、日本者，岁入数

---

① 彭泽益编：《中国近代手工业史资料(1840—1949)》第一卷，北京三联书店1957年版，第104页。

② 刘锦藻：《清朝续文献通考》卷三八五《实业八》，考一一三二九，商务印书馆1936年版。

③ 陈作霖：《凤麓小志》卷三《志事·记机业第七》，南京市通志馆1947年版，第28页。

④ 同治《续纂江宁府志》卷一五《拾补》，《中国地方志集成》江苏府县志辑2，江苏古籍出版社1991年版，第583页。按，"帐"与"账"在会计学上通用。我国最早会计帐记在绢帛上，故有"帐"。后出现货币"贝壳"，才出现"账"。因此，帐房又作账房。

⑤ 《申报》，光绪十二年(1886)二月六日。

百万。开设行号者十余家，向由号家散放丝经，给予机户，按绸匹计工资，赖织机为生活者数千口。晚近销路顿滞，号家歇业者已大半矣"①。这些行号也多是帐房之类的包买商。

苏州出现"帐房"这一名称较晚。道光初年，苏州发料收货的纱缎铺庄仍沿称机户。道光十二年(1832)成书的《吴门表隐》中已出现"经造纱缎帐房"的称呼。"凡贾人自置经纬，发交机户领织，谓之帐房。机户之于帐房犹佃户之于业户。"②据1913年统计，时苏州开业的帐房共有57家，其中鸦片战争前开设的有11家，最早的一家石恒茂记开设于康熙四十一年(1702)③。苏州的石恒茂、英记、李启泰等织绸厂均是设立帐房进行企业管理，各帐房"除自行设机督织外，大都以经纬交与织工，各就织工居处，雇匠织造，谓之机户"④。

清初，苏州"民无积聚，多以丝织为生。东北半城皆居机户，郡城之东，皆习机业，织文曰'缎'，方空曰'纱'。工匠各有专能。匠有常主，计日受值。有他故，则唤无主之匠代之，曰'唤代'。无主者黎明立桥以待，缎工立花桥，纱工立广化寺桥。以车纺丝者曰'车匠'，立濂溪坊，什百为群，延颈而望，如流民相聚，粥后俱各散归。若机房工作减，此辈衣食无所矣。每桥有行头分遣，今织造府禁革，以其左右为利也"⑤。清中叶，苏州"花桥，每日黎明花缎织工群集于此。素缎织工聚白观桥；纱缎织工聚广化寺桥；锦缎织工聚金狮子桥，名曰'立桥'，以便延唤，谓之'叫找'"⑥。每天，各类工匠在苏州城不同的地方等候雇主，雇主所雇丝织雇工均为熟练工匠，很少外地流民。自织机户一遇困境，便"立桥以待"。"行关分遣"是清代流行的雇工行帮组织，它们与业主的行会组织处于对立地位，因而常遭到封建官府的"禁革"。

明代苏州丝织业中雇佣关系比较松散，到清代，雇工和雇主间的雇佣关系逐渐固定，"匠有常主，计日受值"。随着丝织业的发展，苏州城雇佣工人数量不断增加，工匠们为提高工资的"叫歇"罢工斗争时有发生。雍正年间，"苏城机户，类多雇人工织。机户出资经营，机匠计工受值，原属相需，各无异议。惟有不法之徒，不谙工作，为主家所弃，遂怀妒忌之心，倡为帮行名色，挟众叫歇，勒加银，使机户停职，机匠废业。致机户何君衡等呈请勒石永禁。……各匠常例酒资，纱机每只常例，给发机匠酒资一

---

① (清)徐珂：《清稗类钞·农商类》"镇江江绸业"条，中华书局1984年版，第2321页。

② (清)刘坤一：《刘忠诚公遗集》卷二六《遵查被劾道员据实覆陈折》，沈云龙主编：《近代中国史料丛刊》第一编第251册，台湾文海出版社1967年版，第3543页。

③ 彭泽益编：《中国近代手工业史资料(1840—1949)》第二卷，生活·读书·新知三联书店1957年版，第429页。

④ 民国《吴县志》卷五一《特产二》，《中国地方志集成》江苏府县志辑11，江苏古籍出版社1991年版，第846页。

⑤ 康熙《长洲县志》卷三《风俗》，康熙二十三年(1684)。

⑥ (清)顾震涛：《吴门表隐》卷二，江苏古籍出版社1999年版，第23页。

钱,二月朔日给付四分,三月朔日给付三分,清明给付三分,三次分给,共足一钱之数。缎机每只常例,给付机匠酒资一钱,六月朔日给付四分,七月朔日给付三分,中秋给付三分,三次分给,共足一钱之数。至于工价,按件而计,视货物之高下、人工之巧拙以为增减,铺匠相安"[①]。此时,雇工工资是"按件而计",与"计日受值"不同,清代官营织局工匠也是按日计值,但每件用工有定额,并非每日支付,所以与"计日"和"计件"并无区别。

清后期,随着商业资本支配丝织业,帐房控制了丝织生产的全过程。从丝行、车户、机户、染坊、踹坊,直到与丝织业有关的附属行业,均处于帐房支配之下。帐房将丝织各业劳动者变为自己的工资劳动者,形成一个完整的手工业体系。

踹布业

清前期,苏州已成为全国棉布加工业的主要中心,众多棉布字号及其雇佣的工匠聚集苏州从事棉布加工业,踹染作坊数量不断增加,苏州阊门一带为踹染作坊集中地。康熙时,苏州踹匠就有万余人。"踹坊一业,俱在苏、松要冲之所。其踹匠杂沓,每一字号,何啻千百,总计何止累万。"[②]"苏郡出产布货,所用踹匠,盈万成千","奸良不一,好恶易投"[③]。

雍正时,苏州"五方杂处,百货聚汇,为商贾通贩要津。其中各省青蓝布匹俱于此地兑买,染色之后,必用大石脚踹砑光。即有一种之人,名曰'包头',备置菱角样式巨石、木滚、家伙、房屋,招集踹匠居住,垫发柴米银钱,向客店领布发碾。每匹工价银一分一厘三毫,皆系各匠所得,按名逐月给包头银三钱六分,以偿房租、家伙之费。习此匠业者,非精壮而强有力不能,皆江南江北各县之人递相传授牵引而来,率多单身、乌合不守本分之辈,因其聚众势,合奸良不一。……从前各坊不过七八千人,近因大盗奚贵卿被获,其夥党小匪散逸,多于此中藏身。现在细查苏州阊门外一带,充包头者共有三百四十余人,设立踹坊四百五十余处,每坊容匠各数十人不等,查其踹石已有一万九百余块,人数称是。实为藏奸纳污之薮,虽其中亦有食力贫民,而桀骜不驯者颇多,从而煽诱保无一时摇惑附和生事之虞"[④]。雍正元年(1723)四月五日,苏州织造胡凤翚奏报:"阊门南濠一带,客商辐辏,大半福建人民几及万有余人,其间游手好闲

① 《长洲县永禁机匠叫歇碑》,苏州历史博物馆等编:《明清苏州工商业碑刻集》,江苏人民出版社1981年版,第16页。

② 《常熟县染户具控三弊碑》,苏州历史博物馆等编:《明清苏州工商业碑刻集》,江苏人民出版社1981年版,第61页。

③ 《苏州府约束踹匠碑》,苏州历史博物馆等编:《明清苏州工商业碑刻集》,江苏人民出版社1981年版,第62—63页。

④ 《清世宗宪皇帝朱批谕旨》卷一七四之一二《李卫奏折》,《影印文渊阁四库全书》第422册,台湾商务印书馆1986年版,第339页。

之徒未能安分最易作奸。又有染坊踹布工匠俱系江宁、太平、宁国人民，在苏俱无家室，总计约有二万余人。凡遇盗案发觉，常有踹匠在内。”①雍正九年(1731)，清廷“令江南苏州踹坊设立坊总甲长。南北商贩青蓝布匹，俱于苏郡染造，踹坊多至四百余处，踹匠不下万有余人。时浙江总督李卫节制江南，因陈地方营制事宜，言此等踹匠多系单身，乌合防范宜严，请照保甲之法设立甲长，原设坊总互相稽查”②。清代，苏州踹坊多由包头开设，包头为踹匠提供住房和踹石等工具，并负责向棉布字号领取棉布，分发给踹匠砑踹。包头领取布号的加工费后，如数分给踹匠，踹匠按月付给包头一定数量的住房、工具费用作为补偿。在经济关系上，踹匠实际是布号的雇佣劳动者。工价大多由包头总领，再转发给踹匠。“苏州南濠一带，客商聚集尤多……至于染、踹二匠，俱系店家雇用之人，各有收管。”③“一切踹工人等，应听作头(即包头)稽查，作头应听商家约束。”④

纸坊业

清代，苏州纸业生产也很发达，各纸坊雇佣了大量来自江宁、镇江等地工匠。乾隆五十八年(1793)，为了加强对雇佣工匠管理，维护纸坊业主利益，苏州 33 名纸坊业主合立了《元长吴三县详定纸匠章程碑》，对纸坊雇佣工人作了 11 条纪律规定。内容包括纸坊工资制度、工作定额、考核制度、学徒制度等。当时，苏州共有 36 家纸坊，有工匠约 800 余人，“悉系江宁、镇江等处人民”。纸坊业主占有全部生产资料，包括机房、机器和原料，每月给工人价银一两二钱，每个工人每日刷纸六百张，超过者“给茶点银半分”，通过金钱激励工人努力工作。⑤

一般说来，清前期民间手工业中的雇佣劳动者，主要分布于生产较为先进和发达的手工行业，如丝织业、踹染业和造纸业等。劳动者与雇主之间的关系，主要是通过买与卖来体现的，劳动者所得工资根据其劳动的熟练程度和数量而定，劳动者较过去有了更多的人身自由。

---

① 《清世宗宪皇帝朱批谕旨》卷二百《胡凤翚奏折》，《影印文渊阁四库全书》第 424 册，台湾商务印书馆 1986 年版，第 261—262 页。

② 乾隆《皇朝文献通考》卷二三《职役考三》，《影印文渊阁四库全书》第 632 册，台湾商务印书馆 1986 年版，第 471 页。

③ 中国第一历史档案馆编：《雍正朝汉文朱批奏折汇编》第一册《署江宁巡抚何天培奏陈苏州客商工匠情形并饬查海口折》，江苏古籍出版社 1989 年版，第 448—449 页。

④ 《永禁踹匠齐行增价碑》、《核定踹匠工价严禁恃强生事碑》，苏州历史博物馆等编：《明清苏州工商业碑刻集》，江苏人民出版社 1981 年版，第 54—55 页。

⑤ 《元长吴三县详定纸匠章程碑》，苏州历史博物馆等编：《明清苏州工商业碑刻集》，江苏人民出版社 1981 年版，第 92—95 页。

清前期，雇佣劳动者集中的苏州频繁发生手工业工人“聚众叫歇”、“齐行叫歇”的罢工斗争。从康熙至道光，踹匠和丝织工匠较大规模的罢工斗争就有十余次，此外还发生了纸匠、烛匠、金馆工匠等行业工人的罢工斗争。这些斗争主要是为了“增添工价”，反对银两“轻平短色”、“克扣工钱”等经济目的，较少有政治原因的罢工斗争。仅有少数罢工行动取得成果，业主部分满足了工匠们的要求。乾隆年间，物价不断上涨，踹匠屡次要求增加工钱，直到乾隆四十四年(1779)，地方官府才同意“每布一匹，给发工价，连薪菜米加等，总计银一分三厘”[①]。

工匠们大多数的反抗行动都遭到封建政府的压制和镇压。雍正元年(1723)，踹匠栾晋公、徐乐也等密谋“放火劫库”，由于包头吴景范告密，事泄未成，35 人被捕，13 人被处死。[②] 雍正七年(1729)，栾晋公之侄栾尔集等“拜把结盟，祀神饮酒”，对虐待工匠的包头钱裕远进行斗争，遭到清政府镇压。雍正九年(1731)，在踹匠中编立保甲，“与原设坊总互相稽查”。每十二家编为一甲，十甲为一保，甲设甲长，由包头中“举充坊总”，每一作坊中用管帐一人，“名曰坊长”。坊总、坊长、甲长、包头一起对踹匠进行严密管制，“日则做工，夜则关闭在坊”。若发现踹匠有不良言行，“坊长报包头，会同甲长，填簿交坊总，申明拿究”[③]。清政府通过保甲法等加强对踹匠等雇佣工人实行严密的人身控制和监督。

二 明清农业中的雇佣劳动

1. 明代农业中的“雇工”

传统型地主都是出佃土地给无地或少地农民，收取地租。明后期，随着商品经济的发展，江南农村地区通过雇工进行农业生产的地主日益增多。这些地主亲自经营土地，雇佣农民耕种，支付货币工资。他们一般多为中小地主，出身平民，有的人既雇工劳动，本人及家属也参加一定的生产劳动。

弘治年间，苏州吴江“无产小民投雇富家力田者，谓之‘长工’；先借米谷食用，至力田时撮忙一两月者，谓之‘短工’；租佃富家田产以耕者，谓之‘租户’。此三农者，所谓劳中之劳也”[④]。成化、弘治年间，吴江人王天佑，幼时家贫，有田数亩，及长，“尤善

---

① 《苏州府规定踹匠每布一匹工价连薪菜米加等计银一分三厘该商等给发坊主伙食银一两给钱八百二十文以后不许增加碑记》，江苏博物馆编：《江苏省明清以来碑刻资料选集》，生活·读书·新知三联书店出版 1959 年版，第 49 页。

② 《清世宗宪皇帝朱批谕旨》卷一七四之一二《李卫奏折》，《影印文渊阁四库全书》第 422 册，台湾商务印书馆 1986 年版，第 339 页。

③ 《长吴二县踹匠条约碑》，江苏博物馆编：《江苏省明清以来碑刻资料选集》，生活·读书·新知三联书店 1959 年版，第 44 页。

④ 弘治《吴江志》卷五《风俗》，《中国方志丛书》华中地方第 446 号，台湾成文出版社 1983 年版，第 225—226 页。

治生，动不失时，薄种厚获，多力食寡，居积贮储，日以盖赢”，有田数十顷，“僮仆千指”，“使僮奴耕”①。长洲县李信以商贾起家，兼营农业，“督僮奴治生业，居则量货物，出则置田亩”②。

嘉靖时，江阴县“农之家什九，农无田者什有七，田于人曰‘佃’，受直而赋事曰‘工’，独耕无力倩人助己而还之曰‘伴工’。”③苏州吴江县“邑人重去其乡，离家百里则难色，非公差仕宦不远游，故无商贾而事农业，业虽最勤，然习而安焉，不之怨也。若无产者赴逐雇倩抑心殚力，计岁而受直者曰‘长工’；计时而受直曰‘短工’；计日而受值者曰‘忙工’；佃人之田以耕而还其租者曰‘租户’”④。嘉靖时，昆山人周子嘉与夫人唐氏“耕田常数百亩。孺人日馌百余人，岁时伏腊宾亲之费，不使子嘉有言，而悉自办治。”⑤嘉靖、万历年间，扬州府属通州“无田之农，受田于人，名为‘佃户’；无力受田者名为‘雇工’”⑥。

嘉靖年间，常熟县谭照、谭晓兄弟通过雇工经营，实现了农业生产的多种兼营。谭晓又名谈参，“家故起农。参生有心算，居湖乡，田多洼芜，乡之民逃农而渔，田之弃弗辟者以万计。参薄其直收之，佣饥者，给之粟，凿其最洼者，池焉。周为高塍，可备坊泄，辟而耕之，岁之入视平壤三倍。池以百计，皆畜鱼，池之上为梁，为舍，皆畜豕，谓豕凉处，而鱼食豕下，皆易肥也。塍之平阜植果属，其污泽植菰属，可畦植蔬属，皆以千计。鸟凫昆虫之属悉罗取，法而售之，亦以千计。室中置数十甌，日以其分投之，若某甌鱼入，某甌果入，盈乃发之，月发者数焉。视田之入，复三倍。参且纤啬惮费，平生无纨绮服，非大故不宰割，每饭，熟一卵，窍可容箸，籍而啖之，饭毕，封其窍，留之再饭，三饭乃尽。以故参之赀日益，窖而藏者数万计。……倭乱时，晓献万金城其邑城，后邑令王叔杲撰《谭晓祠议》，以旌其功云”⑦。谭氏兄弟“买佣乡民百余人，给之食”⑧，高田作围种稻，洼田掘池养鱼，塍上栽种果树，畦地种蔬菜，污泽处种水生植物，池塘上架梁搭棚养鸡，凡是能利用的土地和空间均予以充分利用。通过多种经营，谭晓即把种植业、饲养业等统一经营，不仅生产粮食、水果、蔬菜等农产品，而且饲养猪、

① （明）吴宽：《匏翁家藏集》卷六五《封员外郎林公墓志铭》，《四部丛刊初编》本。

② （明）吴宽：《匏翁家藏集》卷六二《李信君墓志铭》，《四部丛刊初编》本。

③ 嘉靖《江阴县志》卷三《风俗记・习尚》，《天一阁藏明代方志选刊》本，上海古籍书店1963年影印版。

④ 嘉靖《吴江县志》卷一三《典礼志二・风俗》，《中国史学丛书》三编，台湾学生书局1987年版，第691—692页。

⑤ （明）归有光撰，周本淳校点：《震川先生集》卷三一《周子嘉室唐孺人墓志铭》，上海古籍出版社1981年版，第503页。

⑥ （清）陈梦雷：《古今图书集成・方舆汇编・职方典》卷七六〇《扬州府部》，上海中华书局1934年版，第17—18页。

⑦ （明）李诩：《戒庵老人漫笔》卷四《谈参》，中华书局1982年版，第153页。

⑧ 光绪《常昭合志稿》卷四八《轶闻》，《中国地方志集成》江苏府县志辑22，江苏古籍出版社1991年版，第804页。

鸡、鱼等动物产品，加之为人节俭，生活俭朴，善于管理，其农业多种经营取得了较高的收益。谭晓的农业经营不是真正意义上的资本主义自由雇佣关系，积累的钱币“窖而藏者数万计”，其所获利除维持简单再生产外，基本退出流通，没有转化为产业资本。

无锡人邹璠“字仲玉，思溪其别号……故业农，家窭甚，无尺土可耕，佃田耕焉。耕必强力昏作，炙手涂足，终岁勤勤，畚构斤欘，靡所不良利。遂能亩无奥草，易硗而腴，一拨可获数秸，号为上农。……久之，有田数亩，而力作如故。又久之而加倍，又久之田且及百，乃始收犁置耜，召庸保合作，而身为督”①。邹璠以一个小生产者力耕起家，后来“收犁置耜，召庸保合作，而身为督”，实现了业农致富。

明后期，江南部分农村地区一些农民依靠出卖劳动力，受雇他人作雇工（长工或短工）来维持生活。当时，这些地主被称为“上农”，通过雇工劳动直接耕种田地，加上他们的“心耕”，许多人取得较好的农业收成。明成化年间，苏州人陆宗博，田连阡陌，“及其壮岁，当勤生力本之不暇，虽未能躬食力，亦必往来相视冲风，日履泥涂与佣奴同，其劳苦而曰‘心耕’。……夫三吴之野，终岁勤动为上农者，不知其几千万人也。晏然处于家庭之间，而矻矻然经营科乎方寸之地，其劳尤甚焉者，此宗博之所独知，而未可与不知者道也”②。

明代后期，直接雇工经营的地主在广大农村地区仍属少数。有学者以常熟县为例进行统计，明嘉靖年间，常熟县农业雇工人数大约占全县人口3%上下③，万历常熟知县耿橘也说：“常熟民素骄侈，佣趁之人颇少。”④明代农村劳动力中，雇工数量可能少于奴仆。⑤“雇工人者，雇请役使之人，非奴婢之终身从役者。”明代奴仆盛行，奴仆主要是买来或典来的“典买家人”，用于抵债的奴婢以及“财买义男”，不仅缙绅地主，而且庶民地主之家也畜有奴仆，奴仆也被经营地主大量用于农业生产。

明代“长工”的人身并不自由，而“短工”人身相对自由。明代法律允许缙绅之家存养奴婢，禁止庶人之家役使奴婢，若庶人家“有犯者”，其奴婢一律皆称“雇工人”。⑥这种以主人身份来确定劳动者地位，说明奴婢与雇工人的法律地位是不平等的。明

① （明）邹迪光：《始青阁稿》卷一八《吾族思溪翁夫妇墓志铭》，《四库禁毁书丛刊》集部第103册，北京出版社2000年版，第396—397页。

② （明）吴宽：《匏翁家藏集》卷三六《心耕记》，《四部丛刊初编》本。

③ 李文治、经君健、魏金玉：《明清时代的农业资本主义萌芽问题》，中国社会科学出版社1983年版，第335页。

④ （明）耿橘：《常熟县水利全书》卷一，转引自（明）徐光启撰、石声汉校注：《农政全书校注》卷一五，上海古籍出版社1979年版，第360页。

⑤ 许涤新、吴承明主编：《中国资本主义发展史·中国资本主义萌芽》，人民出版社1985年版，第69页。

⑥ （清）张廷玉等：《明史》卷九三《刑法一》，中华书局1974年版，第2291页。

代“雇工人”一般称雇主为“家长”，双方有“主仆名分”。明代法律条文中，“雇工人”地位虽略高于奴婢，但要低于凡人。在犯罪量刑时，“雇工人”等级定在奴婢与凡人之间。“雇工人者，雇请役使之人，非奴婢之终身从役者”，两者“盖亦贱隶之徒耳。”①

《大明律》规定，雇工在被雇佣期间，必须遵守雇主的家法，如受虐待也没有告发的权利，甚至雇主可任意处罚雇工人。有学者认为，“明律‘雇工人’这一法律概念，其适用范围是相当广泛的。它包括了城乡农业、手工业和商业中的雇佣劳动者。它们佣雇关系期限有长短，雇值大小不同，付给的方式也各有差异，但有一个共同点，就是通过文约，结成主雇关系，由此也就产生主雇名分。……这种佣雇与资本主义雇佣劳动是毫不相干的”②。

2. 清代农业中的“雇工”

清前期，随着土地的集中和人口的增长，出现了大量无地和少地的农民。雍正推行“摊丁入亩”的政策后，农民的人身依附得到减轻。乾隆五十三年(1788)，朝廷修改了雇工人条例，“雇工”的身份较前也有了明显改变，特别是从法律上将大部分从事生产劳动的长工从人身隶属关系中解放出来，失去土地的农民成为城乡雇工的主要来源。嘉庆后，大部分长工得到人身自由，与雇主尤其是庶民雇主的关系在法律上和现实生活中都是平等的，短工则完全自由，这些都为自由雇佣劳动的发展创造了条件。

清前期，江苏南北农业生产集约化程度的提高和经济作物的广泛种植，扩大了对劳动力的需求，农业雇工人数有了很大增加。一些农民“无田可耕，则力佃人田；无资充佃，则力佣自活”。康熙时，苏北邳州“佃作皆非土著，驽钝者佣工以自给”③。乾隆间，无锡蔡姓老翁，“为人佣工，家中仅种田一二亩，以此为食”④。昆山人张士仁“治田尤有法度，当昧爽督佣保，趋田中力作，莳艺芸蓐”⑤。

清代，一些“力田起家”的富裕农民不仅参加农业生产，有时也雇工帮助生产劳动。有的雇工通过中介人或中保人而找到雇主，双方议定工钱和工作时间，然后签订文约。雇佣期间，若雇工惹是生非，或中途逃跑，雇主可问责中介人。康熙十七年(1678)，江苏通州朱四同妻王氏因值年荒，欲为人家雇工，就去找中介人计议。康熙十八年(1679)，江都人陈二由陈益之介绍至刘铉家作佣工。⑥

---

① (明)张楷:《律条疏议》卷二〇，杨一凡编:《中国律学文献》第1辑第3册，黑龙江人民出版社2004年版。

② 周良霄:《明律“雇工人”研究》，《文史》第十五辑，中华书局1982年版，第86页。

③ 康熙《邳州志》卷三《民事志·风俗》，康熙三十二年(1693)刻本。

④ (清)钱泳:《履园丛话》丛话五《景贤·乡贤一》，中华书局1979年版，第121页。

⑤ (清)钱仪吉辑:《碑传集》卷一四四《张士仁》，上海书店1988年版，第1774页。

⑥ 康熙十九年五月四日江宁巡抚慕天颜题本、康熙十八年钦件已结未结节略文册，转引自李文治、经君健、魏金玉:《明清时代的农业资本主义萌芽问题》，中国社会科学出版社1983年版，第346页。

乾隆十六年(1751),江苏泰州地主程仰山"将旧荡内七十七引租与周添吉砍草。"砍草期熟,周添吉向程仰山交"五十六两租银"。之后,"周添吉又将二十二引转租与申裕书砍草",收租银二十三两。同年六月二十四日,周添吉雇佣朱云士、周引方、周盛远、周德兼、王添九、王有道、王英选等7个刀工砍草,"每人许他四十文工钱"。同时,申裕书还"雇了储中和、杭殿卿、杭殿有、王三和、许姓们,每人许他四十文工钱到草荡里去砍草"①。乾隆二十七年(1762),沛县某雇主雇佣6个工人同去刈麦。② 嘉庆二十一(1816),江苏丹阳人张鹤寿雇佣3个长工和3个短工割麦。③

一些从事短工或忙工的农民家中同时也耕种一定数量田地,他们打工"是一种例外,一种副业,一种救急办法,一种暂时措施。不时出去打工的农业劳动者,都有自己的只能借以糊口的几亩土地"④。有的佃农由于家庭劳动力不足,或突遇疾病等变故也会雇工帮助耕种土地。一些雇主还以实物作为工钱支付。雍正十三年(1735),江苏丰县刘利安雇刘二住在庄上种田,每年给他粮食四石。⑤

江南农村地区,蚕桑业发达,有的农家养蚕、缫丝时常雇佣短工。乾隆时,"至蚕忙之月,官长停其征讼,里民停其婚丧,亲友息其往来,专心事蚕。……来佣工者成都市,即日用百余人,登时俱有。更有包箔者,每箔蚕自蚁至老,佣价不过钱余。量力包伺数箔,各自经理。主人只是熟记养蚕之法,坐而提调。至于蚕多之家,佣工者甚众,即饭食亦是雇觅人做,女工岂能任此"⑥。

清代,庶民地主、富裕农民与所雇佣工人间平日"共坐同食",但缙绅地主一般很少与雇工"共坐同食"。嘉庆四年(1799),淮安山阳县伍方远雇佣徐珍家帮做田工,每月工钱五百文,并无主仆名分。⑦

随着雇工人数的增加,雇主和雇工间经常为工钱等问题发生刑事和民事诉讼案件。乾隆四年(1739),江苏丹阳县雇主丁玉团因工钱纠纷砍死雇工蔡七一。"缘七一每年议价二两雇与玉团家工作,未立文契。乾隆四年七月二十六日,玉团、七一各持镰刀赴田埂割草,七一因欠姜君盛手巾钱无偿,向玉团取讨欠找工银,玉团不允,七一即不肯做工,掷刀而走。玉团向前拉住,七一亦将玉团扭结欲殴,玉团即以手执镰刀砍伤七一……旋即殒命,验审伤供并确。蔡七一系玉团雇工,受值无多,未立文契,应

---

① 清代刑科题本,乾隆十九年七月十二日刑部尚书阿克敦题,第79包,转引自《文物》1975年第9期,第72页。

② 乾隆二十八年二月十八日江宁巡抚庄有恭题本,中国社会科学院经济研究所所藏清代刑部档案抄件。

③ 嘉庆二十二年十二月十一日江宁巡抚陈桂生题本,中国社会科学院经济研究所所藏清代刑部档案抄件。

④ 《马克思恩格斯选集》第3卷,人民出版社1972年版,第428页。

⑤ 乾隆四年六月二十五日江宁巡抚张渠题本,北京第一历史档案馆藏。

⑥ (清)杨屾:《豳风广义》卷二《解桑多蚕广做》,《续修四库全书》第978册,上海古籍出版社2006年版,第73页。

⑦ 李文治:《中国近代农业史资料·第一辑(1840—1911)》,生活·读书·新知三联书店1957年版,第113页。

同凡论，丁玉团依律拟绞监候，欠找工银四钱，追给尸弟收领。”[①]乾隆三十六年(1771)七月，太仓州民傅有章殴伤雇工杨二致死。“缘乾隆三十六年二月间，傅有章倩杨二帮工，曾欠工钱六十文未给，七月二十九日，傅有章又唤做工，杨二以前欠工钱未清，不允，争角。杨二将傅有章一推，傅有章向后闪退，被木凳绊跌仰卧在地，杨二随势扑压傅有章身上，傅有章反手在地拾砖先殴杨二左臂膊一下，杨二用手勾住傅有章项颈，傅有章情急，又殴杨二脊背、脊膂两下，并后指带伤其腮颊，杨二伤重，延至八月十一日殒命。报州公出，经镇洋县代验讯详，饬审供认不讳。傅有章依斗殴伤人律，拟绞监候。”[②]

上述两起案件是雇主杀死雇工，也有雇工因工钱纠纷打死雇主的。乾隆五十三年(1788)，苏州长洲县吕大观雇请徐二相帮农作，约定立秋后止，给付工钱五两，先付一两，平日同坐共食，无主仆名分。六月五日，徐二要求再支一两银，吕大观拒付，双方争执中，徐二打死吕大观。[③]

出租土地与雇工经营相比，前者不论年景好坏均可稳获收益，风险较小，而后者靠天吃饭，风险较大，这也在一定程度上限制了租佃地主向雇佣地主的发展。乾隆时，无锡人钱泳也称“虽不自耕而食，而农工之事，了如指掌。盖生在田间，自幼熟闻，又能留心察听，故知之独详，有奴婢之所不尽知者”。他认为：“大凡种田者，必需亲自力作，方能有济，若雇工种田，不如不种，即主人明察，指使得宜，亦不可也。盖农之一事，算尽锱铢。每田一亩，丰收年岁不过收米一二石不等，试思佣人工食用度，而加之以钱漕差徭诸费，计每亩所值已去其大半，余者无几。或遇凶岁偏灾，则全功尽弃。然漕银岂可欠耶？差徭岂可免耶？总而计之，亏本折利，不数年间，家资荡尽，是种田者求富而反贫矣。吾故曰，必需亲自力作，方能有济也。”[④]有的雇工地主因为经营亏本将田地转租，重新以收租为生。有的人则将大部分土地出租收租，少部分继续雇工耕种。

有学者认为，“从明末至清末的二百余年间，经营式农业在本区是比较普遍存在的”[⑤]。而黄宗智则认为，“清代中国城市、工农业中雇佣劳动的实际增长现在也没有疑问了。然而新的研究未能证实单位劳动力的生产率和收入有所改进。尽管明清时

---

① 乾隆五年六月十日江宁巡抚张渠题本，中国人民大学清史研究所、中国人民大学档案系中国政治制度史教研室合编：《康雍乾时期城乡人民反抗斗争资料》(上册)，中华书局1979年版，第265页。

② 乾隆三十七年正月二十二日署理江苏巡抚萨载题本，中国人民大学清史研究所、中国人民大学档案系中国政治制度史教研室合编：《康雍乾时期城乡人民反抗斗争资料》(上册)，中华书局1979年版，第267页。

③ 乾隆五十三年十一月十六日江苏巡抚闵鹗元题本，中国社会科学院经济研究所所藏清代刑部档案抄件。

④ (清)钱泳：《履园丛话》丛话七《臆论·种田》，中华书局1979年版，第185页。

⑤ 曹幸穗：《旧中国苏南农家经济研究》，中央编译出版社1996年版，第62页。

代出现了蓬勃的商品化，处于糊口水平的小规模家庭农业一直持续到新中国成立前夕。……长江三角洲也是这样，仅敷糊口的农业持续着，劳动和社会生产率没有显著的改进。事实上到20世纪，那里的小农农业生产排挤了明末以前的相当流行的大规模雇佣劳动生产。……小农生产能够支撑非常高水平的市场扩张。商品化必然导致资本主义发展的经典认识明显是不对的”。明清时期，长江三角洲“农业中以雇佣劳动为基础的大规模生产单位非但没有兴起和扩展，反而在17世纪以后消亡。……500年的商品化并未导致资本主义萌芽和近代早期的发展，而是使小家经济和家庭生产更趋完备了”①。

① [美]黄宗智：《长江三角洲小农家庭与乡村发展》，中华书局2000年版，第4—5、305页。

第九章　清前期的江苏文化

第一节　教育机构

一　官学与书院

1. 官学

清代官学体系基本沿袭明制，中央设国子监，地方设府学、州学、县学，统称儒学。江苏省辖八府三州一厅，省设学政，总理一省教育事务。地方府学设教授，州设学正，县设教谕，每级官学皆有训导。江苏地方官学，康熙年间均已复设，至雍正、乾隆两朝，除原有县学，先后还增设了震泽、阜宁、铜山、东台等县的县学。各级地方官学，有泮池、天下文枢坊、棂星门、大成门、大成殿（供奉孔子牌位）、明伦堂（又称"明德堂"，讲习之所）、尊经阁（藏书之所）、崇圣祠、名宦祠、乡贤祠等，另有斋舍、号房等生活、游艺场所。古人常有"官不修衙，客不修店"的说法，一些地方官员不修衙署，都以修缮学宫为务，并以此作为一项政绩。以海州州学为例，仅康熙年间，海州知州分别于康熙十四年（1675）、十八年（1679）、二十一年（1682）、二十四年（1685）、四十六年（1707）对州学校舍进行了五次修整，后来雍正、乾隆年间又分别进行了四次修缮和扩建。[①]

各级地方官学的学生数量，均有定额。顺治四年（1647），定大学（府学）40 名、中学（州学）30 名、小学（县学）20 名。有时根据各府、州、县学具体情形作相应增减，如遇皇帝登基、巡幸、捐资等，学额常另有增加，可一次性或长期性增补若干名额。如乾隆十六年（1751），乾隆巡幸江南，临时增加江苏各级官学学额，府学 5 名、州学 4 名，县学 3 名。此后数次南巡，均援引此例。官学在学生员有月课、季考、岁考、科考，根

---

① 嘉庆《海州直隶州志》卷一八《学校》，《中国方志丛书》华中地方第 35 号，台湾成文出版社有限公司 1970 年版，第 321 页。

据学业优劣，按“六等黜陟法”升降。

清代地方官学经费主要依靠学田的租粮，学田主要通过拨置、捐置、买置三种方式获得。苏州府昆山县“国朝顺治间，学租荡田十顷四十亩五分五厘三毫，佃农承种，向系民田输纳钱粮存余籽粒计石纳银，共一百七十五两六钱七分九厘，为修理学吕、赡给贫生之用。后中解藩司，由督学支销，遂有一田三赋之累，初则县胥侵渔，继则书吏门斗承办弊端丛集”①。嘉庆后，这种腐败愈演愈烈，学纪日益松弛，官学和官场一样日益腐败，学官虚糜“廪俸”、生员徒耗“膏火”现象屡见不鲜。大量学子得不到国家供养，学校重考课不重讲授，有师生之名，无训诲之实。

2. 书院

书院起源于唐代，兴盛于宋代，是中国古代具有重要地位的教育组织形式，到清代已形成了一套颇具特色的办学体制，是与官学并存的高级形态私学。清初，朝廷视书院为“群聚徒党”之所，唯恐其成为社会动乱之源，故对其有所压制。雍正年间，对书院限制有所放松。雍正十一年(1733)，诏允各省设立书院，书院山长由各省巡抚聘请。清代，江苏各地书院得到很大发展，一些书院的功能逐渐与各级官学日益相近，成为科举考试的预备机关，学子潜心于研习八股文(制义)以应付科举考试。还有一类书院，以“博习经史词章”、从事学术研究为主，不以八股文为重。雍正二年(1724)，江宁钟山书院由两江总督查弼纳创建，雍正帝曾赐“敦崇实学”匾额，并列为省级书院。历任山长姚鼐、钱大昕、程恩泽等皆学识渊博，德高望重，为一代宗师。康熙五十二年(1713)，江苏巡抚张伯行创建苏州紫阳书院，康熙帝曾赐“学道还淳”匾额。雍正二年(1724)，江苏布政使鄂尔泰修葺增扩。乾隆十六年(1751)，乾隆帝赐“白鹿遗规”匾额。钱大昕曾主讲紫阳书院16年，受业弟子有数千人。

清代，江苏较著名的书院有南京钟山书院、明道书院、文昌书院、尊经书院、奎光书院、虹桥书院，苏州文正书院、鹤山书院、紫阳书院，常熟文学书院(后改名虞山书院)、养贤书院，江阴暨阳书院(后改名礼延书院)，常州延陵书院，无锡东林书院、二泉书院，宜兴东坡书院，镇江三山书院、宝晋书院、京义书院，丹徒杏坛书院，丹阳鸣凤书院，金坛金沙书院，溧阳平陵书院，淮安仰止书院，清河临川书院，扬州安定书院、梅花书院(一度改名为甘泉书院)、敬亭书院、虹桥书院，太仓娄东书院等。书院为官学收纳后，自由讲学受到很大控制，逐渐成为科举制度的附庸机构，时文训练成为其主要教学内容。“乾嘉学派”兴起之后，江苏各地书院受乾嘉学者的影响，成为朴学的重要阵地，攻经史，重考据，培养了一大批学者。清末，江苏各地书院相继改为新式学堂。

---

① 光绪《昆新两县续修合志》卷四《学校》，《中国地方志集成》江苏府县志辑16，江苏古籍出版社1991年版，第73页。按，斗门是斗级、门子的合称，指学宫中专司看门、守仓的差役。

二　民间学校

义学

义学，也称义塾，是为贫民子弟设立的学校，通常由官绅士商倡议并主持其事，以捐赠房舍、购置学田等方式维持义学的运转，免收学费，对优秀的学生还给予一定的奖励和补助。清代，江苏城乡遍设义学。康熙十二年(1673)，丹阳县文昌阁即设有义学。康熙三十九年(1700)，两江总督阿山于江宁县钱厂旧址设立义学，捐金 400 以延师。不久，江宁人高官佑捐建义学数所。乾隆八年(1743)，江阴县设有义学 51 所，吴县在阊门、盘门、胥门均设有义学。铜山县在道光初年建有义学 10 所。道光二十四年(1844)，海门厅有义学 8 所。“书院之外，则有义塾：一在厅治文昌宫，一在坝头镇，一在麒麟镇，一在悦来镇，一在三阳镇，一在池棚镇，一在通州川港镇，皆道光二十四年同知周维新捐置，七塾每塾岁支塾师脩膳银四十八千。”咸丰九年(1859)，海门生员在八匡镇捐置一所义塾。[①] 清代，江苏各地普遍创设义学，数量众多，有的甚至拥有数百亩乃至于上千亩的学田，充分保证了义学的办学经费。有些巨姓望族还利用族产设立族塾，招收本族的贫困子弟免费入学，兼有义学的性质。义学为广大贫寒子弟入学读书提供了的机会，促进了整个社会文化教育水平的提高，各级地方政府支持和褒奖社会各方兴办义学。清末，废科举、兴学堂后，义学逐渐被废弃，有的停办，有的改称“小学”。

社学

清代社学分官办和民办，官办经费由官府支出，民办则由社仓、社田出资，或由地方绅商捐助。康熙九年(1670)，清廷诏令府、州、县每乡置社学。一些乡村书院、书屋名为书院、书屋，实为社学。如康熙、乾隆年间，常熟县的思文书院、修正书院、梅里书院、智林书屋、清水书屋、海东书屋等均具有社学性质。雍正四年(1726)，高邮设社学 4 所。雍正六年(1728)，无锡县设社学 2 所。无锡“怀仁乡社学，雍正六年建，旧为香林庵地，知县王乔林详改，置田二十六亩零。芙蓉山社学，雍正六年建，旧为东林庵地，知县王乔林详改，置田十五亩零”[②]。社学教师多由地方官绅延请秀才或通晓经书、行谊谨厚之人充任，但所给薪俸一般较低，学童年龄一般在 8—15 岁。

私塾教育

私塾是我国古代私人设立的教学场所，对于传播中国传统文化、促进教育事业的

---

① 光绪《海门厅图志》卷一三《学志》，《中国地方志集成》江苏府县志辑 53，江苏古籍出版社 1991 年版，第 378 页。

② 光绪《无锡金匮县志》卷六《学校》，《中国地方志集成》江苏府县志辑 24，江苏古籍出版社 1991 年版，第 108 页。

发展、启蒙培养儿童等方面发挥了重要作用。私塾在江苏历史悠久，早在宋元时期就出现了一些有影响的私塾，清代私塾遍布江苏城乡，主要有三种形式：一是私塾教师在自己家里或借祠堂、庙宇、他人房舍设馆，招收附近学童就读，称为“家塾”或“散塾”，这种私塾数量最多，分布最广；二是由富裕人户聘请教师在家设馆，专门教授自家及亲友子弟，这类私塾名“专塾”、“坐馆”；三是由一村、一族延师择地设馆，教授本村、本族子弟，称为“村塾”或“族塾”。根据教授的文化程度，私塾又分为蒙、经二馆。蒙馆主要为启蒙教育，每馆招收学生10余人，多以《三字经》、《百家姓》、《千字文》等为启蒙教材，学生年龄为6—9岁，以识字、诵读、写字为主。经馆则招收10岁以上曾读过蒙馆的青少年，通常15名左右学生，学习《四书》、《五经》、八股文等程度较高的经文史书，训练以《四书集注》内容为主的立论作文，为科举考试作准备。经馆塾师的水平和资历及经济收入一般高于蒙馆塾师，蒙馆塾师地位相对较低，依靠向学生收取钱粮维持生活。

江苏经济繁荣，文教发达，许多文人以设馆授徒为主要的谋生手段。南京、扬州、苏州等地浓郁的人文氛围吸引了大批文人汇聚，使得这些地区教师资源丰富，文化教育整体水平很高。甚至一些已出仕的文人也有放弃仕途，转而从事教学工作。如吴县人缪彤(1627—1697)，康熙六年(1667)状元，授翰林院编修，以丁忧归里后，不愿复起，创办三畏书院，以状元之尊亲执教鞭，培养乡里子弟，从学门生众多，毕生授徒50年，人称“状元先生”。一些巨商大贾以文墨相尚，延纳名师大儒坐馆，以培养博学之才，不专求科举功名。如皖派大师戴震曾在高邮王氏家中坐馆，王念孙即其高足；浙派词学大师厉鹗也曾在扬州马曰琯、马曰璐兄弟家中坐馆多年，主持诗文之会，马家的小玲珑山馆成为文人雅聚之所。清末，在新学的影响下，私塾逐渐改良，一些开明的塾师在教育内容上增加了一些“学以致用”的学科，一时出现学堂、学校和私塾并存的局面。

三　科举之盛

清代江苏文化教育发达，科举兴盛，每年赴江南贡院赶考的士子众多，人数最多时有2万余人，但录取率相当低，竞争非常激烈。很多士子才华横溢、满腹经纶，却屡试不第，一生蹉跎科场。清代26849名进士中，江苏籍有(含今上海市)2949人，占11%。清代巍科人物指一甲三人(状元、榜眼、探花)、二甲第一名(传胪)和会试第一名会元。清代112科会试、殿试，共产生531名巍科人物，其中江苏籍有170人，约占总数的32%。112科中，江苏籍状元有49名，占总数的43.7%，另外还有榜眼26名，

清末江南贡院图(1888年摄)

探花32名,这些真实地反映了当时江苏地区在全国科举中的重要地位[①],浓厚的人文传统奠定了江苏地区学子在明清科举考试中独占鳌头的社会基础。

第二节　科学技术

一　天文历法

天文历法对于一个靠天吃饭的农业社会,具有无可比拟的重要性,需要漫长的经验积累、细致的观察和精密的推算。它不仅承载了人们生存的希望,还负载了统治者延续政权的期望,历代封建统治者对于天文历法的重视和敬畏远甚于其它门类的自然科技。清代由朝廷主持先后编纂了《历象考成后编》、《仪象考成续编》等几部重要的天文学著作。同时,西方传教士带来的西方最新天文学知识也使中国士大夫阶层耳目一新。一些睿智的学者中西兼采,潜心研究,取得了很高的成就,江苏人王锡阐就是其中的代表人物。

王锡阐(1628—1682),字寅旭,号晓庵,吴江人。他终生不应科举,无意仕途,专心致力于天文历算。他自立圭表,长期坚持天文观测,"每遇天色晴霁,辄登屋卧鸱吻察星象,竟夕不寐","每逢交会,必以所步、所测课较疏密,疾病寒暑无间"[②]。当中西历法激烈斗争时,王锡阐独自对中西二法进行深入细致的比较和研究,"考古法之误,而存其是;择西说之长,而去其短"[③]。由于他的刻苦钻研和多年观测,最终成为清初的历算名家,代表作有《晓庵新法》六卷和《五星行度解》等。在《晓庵新法》中,王锡阐

① 沈登苗:《明清全国进士与人才的时空分布及其相互关系》,《中国文化研究》1999年第4期。

② (民国)赵尔巽等:《清史稿》卷五〇六《王锡阐传》,中华书局1977年版,第13937—13942页。

③ (清)阮元等:《畴人传》卷三五《王锡阐传》,《续修四库全书》第516册,上海古籍出版社2002年版,第351页。

提出了一套正确计算日、月食初亏和复圆方位角的方法，对传教士汤若望等人的新定历法既肯定其优点，又指出其缺点。他还首创太白食日法，即计算金星凌日和水星凌日的凌始和凌终方位角的方法，提出了计算月掩行星和四星凌犯的初、终时刻方法，这些比过去的计算方法更为先进。

封建社会由于男尊女卑思想的束缚，妇女接触并研究天文学十分罕见。然而，乾嘉年间，江宁出现了一位女天文学家王贞仪，她在天文气象、数学、医学诸方面均有较深的造诣。王贞仪(1768—1797)，字德卿，自号“江宁女史”。她出身于书香门第，祖父王者辅知识渊博，精通历算，藏书甚半，历任海丰县令、宣化太守等职，后因事谪戍吉林。乾隆四十三年(1778)，王者辅死于戍所。同年，年仅 11 岁的王贞仪随祖母董氏和父亲王锡琛一起赴吉林奔丧，此后客居吉林 4 年之久。少女时期，她博览祖父遗留的丰富藏书，尤其对梅文鼎等人的天文、历算著作感兴趣。王贞仪 16 岁回到江南，后随父到全国各处行医游历，“学射于蒙古阿将军之夫人，发必中的，跨马如飞，兼精壬遁星象，最嗜梅氏算书，夜观天星，言晴雨丰歉辄验。且知医，诗文皆质实说理，不为藻彩。于浮屠，辟之甚力。嘉定钱大昕重其学，以为班昭之后一人而已”[①]。她自称“足行万里书万卷，尝拟雄心胜丈夫”，批评风水、占卜等迷信，反对封建的男尊女卑思想，勇敢地冲破封建思想樊篱，以女性身份投身到天文和数学研究领域。她对岁差的原理、测定和推算方法都有清晰的了解，对星差的概念和产生原因也有着正确的认识，在《地圆说》中宣传其地圆思想，在《月食解》中对月食的成因也作了生动的论证和说明。此外，她还撰有《西洋筹算增删》一卷、《重订策算证讹》一卷、《象数窥余》四卷、《术算简存》五卷、《筹算易知》一卷。

此外，清代江苏通州的蒋煜和常州府阳湖知县张作楠等也取得了一定的天文学成就。蒋煜(1780—?)，字秋田，通州(今江苏南通)人，天姿敏慧，精通天文、历算、数学，擅作天文仪器，对前人发明、创造作了详尽研究。18 世纪初，融各家之长，制作了世界上第一台以机械钟为动力的多功能浑天仪，运转自如，“观星测晷，了然心目”。当时，西方人制造的天球不能够“自运”，更不能定时刻，因此蒋煜发明的多功能浑天仪在当时处于世界领先地位，为中国和世界天文学史增添了光辉的一页。此外，蒋煜还创制了“万年仪表”，“终岁自行，较西器优良”的自动钟。[②]

嘉庆二十五年(1820)，常州府阳湖县知县张作楠运用有关天文历算原理，吸取明

---

① (清)王贞仪：《德风亭初集》卷首《小传》，《丛书集成续编》本，台湾新文丰出版公司 1989 年版，第 350 页。

② 光绪《通州直隶志》卷末《杂纪·方技·蒋煜传》，《中国方志丛书》华中地方第 43 号，台湾成文出版社有限公司出版，第 847 页。参阅王秉钧：《清代科学家蒋煜及其创造的浑天仪和万年表》，《南通文史资料选辑》第十四辑，政协南通市文史编辑部 1995 年版，第 114—120 页。

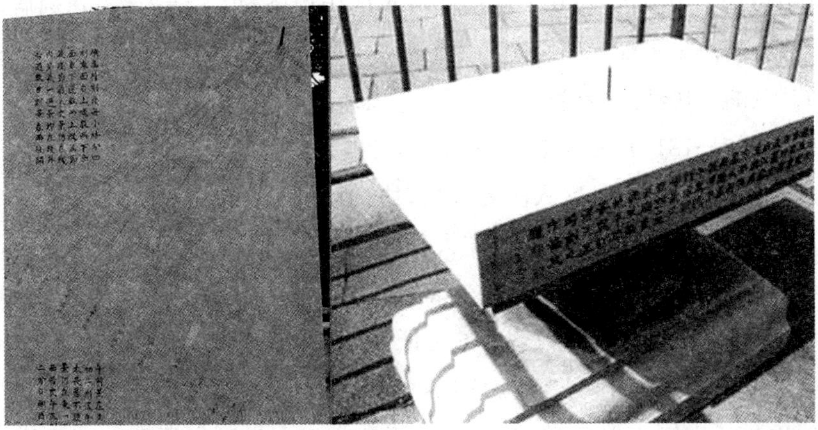

常州天宁寺立卧日晷

末传入中国的欧洲日晷优点，按常州所处的纬度，在常州天宁寺亲自设计和制作了两具石制日晷。其形制和我国古代传统的赤道日晷不同，有立式、卧式两具，在我国现存古代日晷中，这样形制的日晷绝无仅有。立式日晷叫"面东西日晷"，卧式则称"平面日晷"，根据太阳光线照射到晷面上的扇形线条图，就可读出时间和节气，具有较高的科学和实用价值。

二 数学 物理

数学

清前期，介绍西算和复兴古算是数学发展的两大主要内容，这一时期，在数学上较有成就的江苏学者有焦循、阮元、李锐等人。

焦循(1763—1820)，字理堂，甘泉(今扬州)人，晚号里堂老人。嘉庆六年(1801)中举后，淡于仕进，隐居于扬州雕菰楼潜心治学和著述。学识广博，于经史、历算、音韵、训诂之学无所不精，对诗词、文赋、医学、戏曲、刑家九流之书无不贯通，多有创见，一生著书 400 余卷，时有"通儒"之誉。数学方面，焦循精研《梅氏丛书》(清初梅文鼎的数学著作)，与其他一些数学家对宋、元等古代数学著作进行了整理和注释，并利用自己的数学修养研究了《周易》，见识卓越。其数学方面的著作主要有《加减乘除释》八卷、《释弧》三卷、《开方通释》一卷、《乘方释例》等。

阮元(1764—1849)，字伯元，号芸台，晚号怡性老人，仪征人。阮元涉猎广泛，长于经学，尤重实学，对天文、算学也有研究，发现并整理了宋、元古算名著《四元玉签》，还组织学生和幕客编写了中国第一部历代天文、数学家传记《畴人传》。《畴人传》正编 46 卷，收录了上古至清中期天文历算家 262 人，附录西人 40 人，叙述了历代天文、历算学家的事业和主要贡献，涉及历代天文、论天学说、仪器制度及历法推算等方面资料，其中包括了中国古代70余次历法改革的历史资料。《畴人传》刊刻后，受到学界的广泛欢迎，产生了深远的影响。[①] 道光二十年(1840)，阮元的入室弟子扬州人罗士琳撰写了《畴人传续编》六卷。

李锐(1769—1817)，又名李向，字尚之，号四香，元和(今苏州)人。早年拜钱大昕为师，学习天文、算学知识，后入阮元幕府，协助整理数学典籍。乾隆六十年(1795)，阮元出任浙江学政，开始筹划编纂《畴人传》，李锐应邀至杭州负责编写工作，另外还整理了《孙子算经》、《测圆海镜》、《益古演段》、《数书九章》、《四元玉鉴》、《杨辉算法》等，并对多部历法进行注释和数理上的考证，著成《日法朔余强弱考》。李锐毕生致力于古典天文算法整理工作，是"乾嘉学派"学者在天文、历算领域的代表，他对高次方程的研究突破了中国古典数学的窠臼，成为数学史上最富创造性的理论成果之一。他还引进了负根和重根的概念，将方程的非正数解称为"无数"，"凡无数必两，无一无数者"，这里隐约含着虚根共轭出现的思想。著有《弧矢算术细草》、《勾股算术细草》、《方程新术草》等，阐发了中国古代数学的精粹，其主要数学著作收录于《李氏遗书》。

物理

孙云球(1630—1662)，字文玉，又字泗滨，吴江人。明末清初光学仪器发明家、中国眼镜业的创始人。孙云球出生于一个没落的官宦之家，其父孙志儒曾任福州、漳州知府，母亲董如兰也是一位知识女性。孙云球自幼随父母迁居苏州虎丘山麓，13岁即入县学读书。不久父亲去世，家境中落，生计艰难，曾靠采集中草药谋生。后到杭州学习了制镜技术，虽然生活窘困，但勤奋好学，热衷于光学仪器的研制，磨制出各种镜片，先后造出千里镜(望远镜)、存目镜(放大镜)、万花镜、察微镜、夜明镜等70余种光学仪器和器具，是世界上最早采用水晶制作光学镜头的人。当时，孙云球已经能明确区分出昏镜(老花镜)、近视镜、存目镜，并用水晶磨制成24种度数的老花镜、近视镜和存目镜，任由顾客挑选、试戴。他还撰写了《镜史》，系统地阐述了制镜历史、原理和方法，推动了全国各地光学仪器的发展，"市坊依法制造，(眼镜)遂盛行于世"。在他的影响下，苏州逐渐成为全国著名的眼镜制造基地。

黄履庄(1656—?)，扬州人。10岁丧父，家境贫寒，从小聪明能干，喜爱制作，一生创造发明甚多，曾设计、制作了机械自行车、千里镜、显微镜、临画镜、多级螺旋水车等机械器具。其所制"双轮小车一辆，长三尺许，约可坐一人，不烦推挽能自行。行住，以手挽轴旁曲拐，则复行如初，随住随挽，日足行八十里。作木狗，置门侧，卷卧如常，唯人入户，触机则立吠不止。吠之声与真无二，虽黠者不能辨其为真与伪也"。所

① 曾学文:《中国古代科技史巨著——〈畴人传〉》,《文史知识》2007年第12期。

制作的"验燥湿器，内有一针，能左右旋，燥则左旋，湿则右旋，毫发不爽，并可预证阴晴。……瑞光镜：制法大小不等，大者径五六尺，夜以灯照之，光射数里，其用甚巨。冬月人坐光中，遍体生温，如在太阳之下"①。

此外，常熟人郑光祖（1776—1845）在笔记体著作《醒世一斑录》中记载、阐释了声音的传播、光的折射、针孔成像和透镜成像等物理现象。如关于声音反射现象，"空中融气有所震而成声，前有墙一曲，声为勒转必成应声，若墙外有圈洞，则愈甚，故山多之处，应声百出其变也。空旷之地，壁立数寻巨石。人贴石而立，则隔石发火铳、放花爆而不闻，声不到也。不知者遂谓为'聋石'"。他认为，"聋石"也是普通的巨石，只是它的周围必须要"一无遮碍"，否则声音就要被周围的屋宇和山林所反射，并被巨石后的人所听到。郑光祖对凹面的声音反射现象作了记述，"人家堂屋中行步声，有上应梁宇者，必其屋上覆高大且深，而地下砖又铺空，故声相应也"②。

三　中　医

清代，江苏悬壶济世的中医名家辈出，特别在温病学、外科学、临证医学、药物方剂学等方面达到了很高的水准。乾隆时，官修《四库全书》子部医家类所收录的医书相当一部分由江苏医家所著，其中尤以苏州、扬州等地中医学家著述居多。

温病是多种热性病的总称。清代江苏中医名家叶桂、吴瑭、戴天章等人在继承前人研究成果的基础上，以丰富的临床实践经验，总结了一套有体系的温病学说，提出了各具特色的防治方案，对于温病诊治作出了贡献。

叶桂（1667—1746），字天士，号香岩，吴县（今苏州）人。出身中医世家，少年时即聪颖好学，先后拜名医多人学习，吸取各家之长，其诊治疑难杂症卓有成效，特别对温热病的诊治有较大贡献。他继承金、元诸家学说，通过对热病的大量观察和诊治，创立了"温邪上受，首先犯肺，逆传心包"的理论体系，形成了以"卫、气、营、血"为辨证施治的纲领，用以划分热病的深浅和治疗步骤，提出伤寒与温病诊治的不同，创造性地发展了辨舌、验齿、观察斑疹等温病诊断方法。在治疗方面，主张根据"卫、气、营、血"之分，提出辛凉解表、甘寒养阴、清热解毒、滋阴救液等方法，配制了多种方剂，是我国中医温病学的奠基人之一。叶桂平生很少著述，所传《温热论》、《临证指南医案》、《叶案存真》、《末刻本叶氏医案》等书，均由其弟子或后人编辑而成，其中《温热论》为后世研究温病学说的主要文献。叶桂医术高明，医德高尚，对贫苦病人常免费诊治赠药，

---

① （清）张潮：《虞初新志》卷六《黄履庄小传》，河北人民出版社1985年版，第113—115页。

② （清）郑光祖：《醒世一斑录》卷三《物理·声影皆有微理》，《续修四库全书》第1140册，上海古籍出版社，第3—4页。

临终时还不忘告诫家人弟子："医可为而不可为，必天资与学力相济而后应世，不然鲜有不杀人者。"①

吴瑭（1758—1836），字配珩，又字鞠通，淮阴人。少习儒，19岁时父病亡，弃举子业，购求中医方书苦读成才。乾隆四十八年（1783）秋，赴京师，参与抄校《四库全书》，得读吴又可《温疫论》，茅塞顿开。乾隆五十八年（1793），京师疫病流行，死者无数，其中许多人因治疗不当或误诊而死，"诸友强起瑭治之，大抵已成坏病，幸存活数十人。其死于世俗之手者，不可胜数"②。吴瑭用6年时间潜心写成《温病条辨》一书，提出"三焦辨证"理论，成为温病学派之圭臬。吴瑭以医为业40余年，屡起沉疴，晚年著有《医医病书》二卷，针砭当时医界种种弊病，阐论医德，为世人所重。其医案由后人汇辑整理成《吴鞠通先生医案》（又名《吴氏医案》）四卷，书中按疾病分类，卷一为温病、伤寒医案，列病7种、医案72例；卷二、卷三为杂病医案，列病32种、医案197例；卷四为妇、儿科医案，列病16种、医案84例。

薛雪（1661—1750），字生白，号一瓢，吴县（今苏州）人。初习诗文，并与名医叶燮交往甚密，后因母病而专心习医，精于湿热病的诊治。传世著作有《湿热条辨》、《扫叶庄医案》、《温疟论》等，对温病学贡献较大。薛雪对湿热病的研究，突出了湿邪与热邪相合为病的特点，治疗不拘泥于固定成方，体现了湿热病治疗的特点，成为后世治疗湿热病的规矩，影响深远。

林珮琴（1772—1839），字云和，号羲桐，丹阳人。出身于官宦之家，本业儒，后转攻医术，钻研医学典籍，"灯下披阅方书，以油尽为率，凡数十年"。医术精益求精，治病救人无数。晚年，考虑到"用吾术生人固有尽，吾书成，庶救时之心与无终极耳"，于是著书立说，汇集古方验方，结合自己的临床心得，撰成《类证治裁》。全书共8卷，除卷首为论述医理外，其他各卷主要记载了内科、杂病、外科、五官科及妇科的各种疾病，概述了病因、病理、病症、脉象及诊疗方法和方剂，同时每病多附有医案，突出了中医"活"的灵魂，充分体现作者丰富的临床经验。该书被近代医家誉为"实用内科学"，至今仍具有临床参考价值。

王维德（1659—?），字洪绪，号林屋山人，时人尊称"林屋先生"，吴县洞庭西山（今属苏州）人。家世业医，幼承家学，通晓内、外、妇、儿各科，尤精于外科，对疮疡之证，有精深研究，为吴门外科全生派的创始人。治疗上，提倡"以消为贵，以托为畏"，反对随便动用刀针及毒药，强调要在痈疽初起之时用内消之法治疗，不宜用外托及手术。

① 李经纬、程之范主编：《中国医学百科全书·医学史》，上海科学技术出版社1987年版，第143页。

② （清）吴瑭著，卢红蓉编校：《温病条辨（新校版）》卷首《问心堂温病条辨自序》，人民军医出版社2005年版，第6—7页。

著有《外科证治全生集》，该书总结了他多年临床诊治经验，参以祖传秘方汇编而成。全书分论证、治法、医方、杂证、制药、医案六部分，介绍了常见外科病症治法 65 种，常用外科效方 75 首，内、妇、儿科杂病验方 48 首，200 余味药物的性能及炮制方法，医案 15 则。《外科证治全生集》一书备受后世医家推崇，其收录的家传秘方，如阳和汤、犀黄丸、醒消丸、小金丹等，至今仍是中医常用方剂。

清代，江苏民间中药业也得到很大发展，大多城镇均设有中医诊所和中药铺，规模大的药铺常"前店后作"，自制丸、散、膏、丹等中成药。康熙元年(1662)，唐守义在镇江开设膏药铺，销售秘制的"益症膏"，因该药疗效卓著，需求者甚众。康熙年间，朝廷整治黄河水道，许多河工和兵勇患有跌打损伤、腰肌劳损、关节炎等病痛，使用益症膏后，效果神奇，药膏大受欢迎，被誉为"万应灵膏"。康熙五十年(1712)，河道总督陈鹏年特向膏药铺赠"橘井流香"匾额一块，以示表彰。1723 年，"益症膏"更名为"一正膏"，畅销全国各地。[①] 不仅成为当时知名的治病药物，还成为奉献皇室或王公大臣的贡品，甚至一些百姓嫁女也有用此药作陪嫁的风俗。

康熙十三年(1674)，江苏布政使丁思孔在苏州南濠卢家巷创建药王庙，管理药市交易，药王庙后来成为药业同仁聚集场所。乾隆、嘉庆年间，苏州中药业取得长足进步，当时涌芬堂、沐泰山堂、宁远堂等中药店远近闻名。雍正十二年(1734)，吴门医派名医雷大升(字允上)在苏州设立了药铺，并以雷允上的医名坐堂行医、配制方药，创立了集医药一体的雷允上药业。从初创至今，"雷允上诵芬堂"一直以选料讲究、管理严格著称，民间曾将其誉为"韩康"[②]。南京城内三山街、水西门一带药铺林立，至嘉庆初年已有药业会馆。道光年间，南通庆和春药铺的王氏万应保赤丸(即王氏保赤丸)是享有盛名的小儿良药。

清代，江苏一些医学名家如徐大椿、尤怡等还对《内经》、《伤寒论》、《金匮要略》等中医典籍重新进行了注释。

徐大椿(1693—1771)，原名大业，字灵胎，晚号洄溪老人，吴江松陵镇人。自幼聪明过人，因家人多病而致力学医，研读历代医学名著，前后行医数十年，积累了丰富的临床经验，洞明药性，每能药到病除。平生著述甚丰，有《医学源流论》、《伤寒类方》、《难经经释》、《医贯砭》、《兰台轨范》、《神农本草经百种录》、《内经诠释》、《六经病解》等专著，对伤寒等病的诊疗有独到见解和评论。后人将所著辑为《徐氏医学全书十六

---

① 戴志恭、唐镇北、史宝珍:《唐老一正斋膏药店简史》，中国人民政治协商会议江苏省暨南京委员会文史资料研究委员会:《江苏文史资料选辑(第 10 辑)》，第 246—250 页。

② 按，韩康乃东汉民间医生，字伯休，京兆霸陵(今陕西长安)人。在长安卖药三十余年，口不二价，因而有"韩康卖药，言不二价"的典故。

种》刊行,影响深远。

尤怡(? —1749),字在泾,号拙吾,长洲(今江苏苏州)人。师从名医马俶,深得师传,医术精湛,名噪一时。他对张仲景的著作钻研尤深,撰有《金匮要略心典》三卷;注《伤寒论》,名之曰《贯珠集》,指出自晋王叔和以来因编次错乱以至后来各家言愈多而理愈晦,纷纭杂乱,于是就太阳、阳明、少阳、太阴、少阴、厥阴六经各提其纲,于正治法之外又指出诸多治法,是研究张仲景伤寒学说的一部极有影响的著作。另著《金匮翼》八卷、《医学读书记》二卷、《静香楼医案》一卷,均行于世。

四　地理学

明代中叶以后,西方传教士将西方地理学知识传入中国,极大地冲击了中国士人传统的地理学认识。清前期,江苏学者在地理学领域的成就之大、著述之多,在全国独领风骚。其中,以顾炎武、孙兰、顾祖禹、洪亮吉等人成就最为突出。

顾炎武(1613—1682),原名绛,字忠清,明亡后改名炎武,字宁人,号亭林,世称“亭林先生”,昆山人。清初曾参加江南抗清武装起义,事败后,离乡北游,考察地方形势、风俗,图谋匡复明室。在中国学术史上,顾炎武是一位承上启下的大家,其拯民救世的经世致用思想启迪了无数后世学者。在地理学方面,他通过实地考查,以数十年的努力,搜集了丰富的资料,撰写了《天下郡国利病书》、《肇域志》两部规模宏大的地理名著。

顾炎武及其手迹

《天下郡国利病书》原为顾炎武的未完成稿本,无卷数,后经人传刻,分订 34 册,分为 120 卷。全书内容广泛,历史材料翔实,以讲究郡国利病贯穿全书,重点辑录了兵防、赋税、水利三个方面的内容,按照明代行政区划对全国各地的地理、形势、险要、卫所、城堡、关寨、岛礁、烽堠、民兵、巡司、马政、草场、兵力配备、粮草供应、屯田以及有关农民起义等方面资料均有详尽的摘引和论述。本书虽为未完之作,且又残缺,但史料价值并未因此而削弱,梁启超在《中国近三百年学术史》中称此书誉为“政治地理学”的代表作。

《肇域志》不仅是一部明代地理总志,更是一部社会史的实录。全书共 100 卷,以两直隶、十三省分区,论述了地理沿革、形势、城郭、山川、道路、驿递、街市、坊宅、兵防、风俗、寺观、水利、陵墓、郊庙等内容。为了编纂《肇域志》，顾炎武实地考察山川，寻访各地民风、民俗。“自崇祯己卯(1639)起，先取《一统志》，后取各省府州县志，后取《二十一史》，参互书之，凡阅志书一千余部。”①完成此书时，顾炎武已年过半百，精力不济，故未对全书校定稿。《肇域志》经济部分收入《天下郡国利病书》，该书保存了大量珍贵资料，虽仅将相关资料罗列分排，未及详考和精审，但史料价值极高，是研究明代水利、交通、农业等社会经济及以前历史地理、行政区划变迁的重要资料。

孙兰(1626—1715)，字滋九，号柳庭，江都人。明亡以后，隐居扬州北湖，以布衣终老。年轻时，曾跟随西洋传教士汤若望学习历法，通晓西学，其著作注重自然地理环境的研究，开始了我国地理学发展的新阶段。著有《大地山河图说》、《柳庭舆地隅说》、《古今外国名考》等。在《大地山河图说》中采用了地心、赤道以及两极等术语，并绘有两幅半球图，列举了两京及各省的纬度。在《柳庭舆地隅说》中精辟论述了流水作用，称：“流久则损，损久则变，高者因淘洗而日下，卑者因填塞而日平，故曰变盈而流谦。”②且将地貌形成过程归纳为因时而变、因人而变和因变而变3种方式，并认识到内、外营力的作用。他还提出地理书不仅是“志其迹”、“记其事”，更应“说其所以然，又说其所当然”，主张地理研究工作应从单纯的描述提到探讨规律的高度，这些在300多年前是难能可贵的认识。

顾祖禹(1631—1692)，字瑞五，号景范，常熟人，因居宛溪，后人称之“宛溪先生”。精于史地之学，重民族气节，以著书立说为手段，意图匡复明王朝。顾氏前后历经30余年搜集资料并撰成《读史方舆纪要》，全书共130卷，附《舆图要览》4卷，书中多记山川形势和用兵利弊等，取材上侧重于历代兴亡之大事，战争与地形，推论成败得失，被视为地理书中之“巨璧”。该书体例严整明晰，论说独到，对于军事地理论证丰富，“此书专为兵事而作，意不在地理考证”③。梁启超也说：“其性质盖偏于军事地理，殆遗老力谋匡复所将有事耶?”《读史方舆纪要》颇受后世称道，书中对于水利、交通等方面的叙述是研究经济史的重要材料，被誉为“数千百年所绝无仅有之书”。

洪亮吉(1746—1809)，字君直，号北江，常州阳湖(今武进)人。自幼丧父，刻苦读书，博通经史，与同里黄景仁、孙星衍友善，为袁枚、蒋士铨等名士的赏识，成为乾嘉时知名学者。乾隆五十五年(1790)中进士，授翰林院编修，充国史馆编纂官，后任贵州学政。嘉庆四年(1799)，因抨击朝廷弊政，几被处斩，被遣戍新疆伊犁，不久赦还回

---

① (清)顾炎武:《肇域志·序》，上海古籍出版社2004年版。

② (清)孙兰:《柳庭舆地隅说》卷上，《丛书集成续编》本，台湾新文丰出版公司1997年版，第175页。

③ (清)张之洞撰，范希曾补正:《书目答问补正》，上海古籍出版社1983年版，第216页。

籍,从此闭门谢客,不涉世事,自号“更生居士”,以讲学、著述度过余生。洪亮吉于经、史、音韵、方志诸方面均有研究,尤擅地理之学,撰有《三国疆域志》、《东晋十六国疆域志》、《贵州水道考》、《乾隆府厅州县图志》等地理著作。

第三节 思想和宗教

一 顾炎武的哲学思想

明、清易代之际,社会剧烈动荡。然而,不幸的时代却孕育了一代思想大家,昆山人顾炎武与黄宗羲、王夫之并称“明末清初三大思想家”。

明末,顾炎武曾参加进步文人社团——复社。顺治二年(1645)七月六日,清军至昆山,顾炎武生母右臂被清军砍断,两个弟弟也被杀害。七月十五日,清兵占领常熟,避居于常熟的顾炎武继母闻变后绝食而死,临死前对顾炎武说:“吾虽妇人,身受国恩,与国俱亡,义也,汝无为异国臣子,无负世世国恩,无忘先祖遗训,则吾可以瞑于地下。”[①]入清后,因仰慕南宋末年民族英雄文天祥的学生王炎午,遂更名为炎武,积极参加江南民众的抗清斗争。其后,屡次以死抗拒清朝的征召,誓不仕清,表现出坚贞的民族气节。“天下兴亡,匹夫有责”是顾炎武的爱国名言,他以自己的行动履行了这一理想。顾炎武一生颠沛流离,但从未停止学术研究,对历史、地理、音韵学、考据学、金石考古学等方面都有精深造诣和独到见解。

顾炎武没有专门的哲学著作,哲学思想散见于其《日知录》和《诗文集》中。他继承了北宋思想家张载“太虚即气”的唯物主义观点,认为“形而上者谓之道,形而下者谓之器,非器则道无所寓”[②],认为道寓于具体的器物之中。“道”是指规律,“器”指具体事物,规律存在于具体事物之中。器是第一性的,道是第二性的;器是本原的,道是派生的。

顾炎武抨击了宋明理学家们“存天理,去人欲”的思想,肯定“人欲”乃正常现象,认为“人欲”无须消灭且消灭不了。他认为王阳明的“良知”说是导致晚明思想混乱的根源,知识分子人人讲良知,言心性,高谈阔论,空洞无物,无以济世安邦。反对空谈心性和天道,主张研究经学就是要经世致用。提倡“尊德性”和“道问学”的统一,强调“明道”以“救世”,引经学破理学,力图建立一种实事求是的“修己治人之实学”。

---

① (清)顾炎武:《亭林余集·先妣王硕人行状》,《顾亭林诗文集》,中华书局1983年版,第165页。

② (清)顾炎武著,黄汝成集释,栾保群等校点:《日知录集释》卷一“形而下者谓之器”条,上海古籍出版社2006年版,第42页。

顾炎武反对道学神秘主义的“心传论”。在他看来,“心”的作用是思维能力,是人人皆有的。所谓“存心”,就是指在实际的“治事”上运用人的思维能力,以期认识事物的条理、区别是非。

在对待鬼神的问题上,顾炎武重人事,不迷信鬼神。“岂真有上帝司其祸福,如道家所谓天神察人善恶,释氏所谓地狱果报者哉!”①对于上帝、天神、地狱等也持怀疑否定态度;政治思想上,反对君主专制独裁统治,倡导“众治”,发挥县以下基层社会组织的作用。在经济思想上,顾炎武重视物质生产,尤其是发展农业经济,认为富国强兵要以务农积谷为要道。在法律思想上,主张严惩贪官污吏,褒奖廉洁奉公的官员。社会秩序的稳定,政治法纪固然重要,而正人心、厚风俗才是治本之策。

二 洪亮吉的无神论和人口论

洪亮吉博学多才,思想敏锐,其思想集中地反映在乾隆五十八年(1793)所撰写的《意言》20篇中,书中阐述了他的自然观、社会观和人生观。他反对道家“守柔”的处世态度,声称:“若必曰柔可胜刚,则吾宁为龙泉太阿而折,必不为游藤引蔓以长存者矣。”②

在《意言》的《天地》、《鬼神》、《祸福》诸篇中,洪亮吉指出了鬼神迷信的虚妄,批驳了有神论。他认为,鬼神产生于人的意识,“鬼神之说,上古无有。上古之所谓神者,山川社稷之各有司存是也;上古之所谓‘鬼’者,高曾祖考是也”。这种鬼神并不是实有的,产生于人们对于山川风云等自然物和自然现象的敬畏之心。他还运用逻辑反证法提示鬼神形象拟人化的矛盾,进一步论证鬼神出自人心所造。人死后,“归精气于天,归形质于地”,不可能复现“块然独立,一肖其生时”③的形象。对于人死为鬼,鬼能祸福于人的说法,洪亮吉继承了王充的观点,认为天地生人是气的偶然聚合,人死则是气的自然散逸,人死为鬼之说是不能成立的。同时认为,生与死是生命的自然规律,有生必有死,是任何人也无法避免的。洪亮吉的无神论尽管还很肤浅,但它成为近代无神论思想的萌芽。正如德国哲学家费尔巴哈所言:“并非神按照他的形象造人,像《圣经》所说的那样,而是人按照他的形象造神。”④他认为,作为形象实体的鬼神并不存在,同时具有赏罚权威的天意神力也不存在。人所以畏惧鬼神,是畏其能降祸

① (清)顾炎武著,黄汝成集释,栾保群等校点:《日知录集释》卷二“惠迪吉从逆凶”条,上海古籍出版社2006年版,第66页。

② (清)洪亮吉:《洪亮吉集·卷施阁文甲集》卷一《意言·刚柔篇》,中华书局2001年版,第14页。

③ (清)洪亮吉:《洪亮吉集·卷施阁文甲集》卷一《意言·鬼神篇和天地篇》,中华书局2001年版,第18—20页。

④ (德)费尔巴哈著,荣震华等译:《费尔巴哈哲学著作选集》,生活·读书·新知三联书店1962年版,第691页。

福，人的祸福事实上并不取决于鬼神，主要系于人事的臧否。在《意言》的《夭寿》、《仙人》、《丧葬》诸篇中，反对神仙、风水、厚葬等世俗迷信观念。

洪亮吉的人口论是其社会历史观的一个重要方面，主要反映在《意言》中的《治平》和《生计》两篇里。清前期，随着"摊丁入亩"政策的实施，人口增长迅速，而生产资料及生活资料的增长速度则远远落后。洪亮吉指出："治平至百余年，可谓久矣，然言其户口，则视三十五年前增五倍焉，视六十年以前增十倍焉，视百年、百数十年以前不啻增二十倍焉。"人口成倍增长，导致人多地少、许多农民流离失所、无家可归。"又况有兼并之家，一人据百人之屋，一户占百户之田，何怪乎遭风雨霜露饥寒颠踣而死者之比比乎?"过剩的人口造成社会问题恶性循环。"户口既十倍于前，则游手好闲者更数十倍于前。此数十倍之游手好闲者，遇有水旱疾疫，其不能束手以待毙也明矣，是又甚可虑者也。"而吏治腐败、贪污成风、赋役繁重等问题进一步加剧了社会矛盾。

如何解决人口过剩的这一社会问题呢?洪亮吉提出两种解决办法：天地调剂法和君相调剂法。前者是指大自然通过水旱灾害和疾病等方式减少人口，此法对人口的影响与社会生产力的发展水平紧密相关，清初"民之遭水旱疾疫而不幸者，不过十之一二矣"。后者是指政府通过发展生产、移民垦荒、减轻赋税等手段来减缓人口的过快增长。"使野无闲田，民无剩力，疆土之新辟者，移种民以居之。赋税之繁重者，酌今昔而减之；禁其浮靡，抑其兼并，遇有水旱疾疫，则开仓廪悉府库以赈之。如是而已，是亦君相调剂之法也。"①由于时代和科学认知的局限，洪亮吉对人口激增导致的社会问题，不可能提出堕胎、避孕、晚婚晚育等现代预防解决措施，但他能在200多年前即关注人口问题，并提出了增加耕地、抑制兼并、节约消费等措施，这些在当时都是很有远见的思想。1798年，英国经济学家马尔萨斯发表《人口原理》，提出："人口若不受到抑制，便会以几何比率增加，而生活资料却仅仅以算术比率增加。"②《意言》成书于乾隆五十八年(1793)，比马尔萨斯的《人口原理》早5年。

三 宗 教

1. 佛教

清朝皇室崇信藏传佛教(又称喇嘛教)，但对于汉传佛教，也予以尊重和扶持。清代承袭明代僧官制度，在京设立僧录司，各府州僧官由省布政司遴选。清初，许多明朝遗民遁入佛门，意图匡复明王朝，清统治者因尊崇佛教，并未严缉追究。一时佛教

---

① (清)洪亮吉：《洪亮吉集·卷施阁文甲集》卷一《意言·治平篇》，中华书局2001年版，第15页。

② [英]托马斯·马尔萨斯著，朱泱等译：《人口原理》，商务印书馆1992年版，第7页。

兴盛,江苏各地新建、重建的寺庙颇多。如扬州高旻寺,顺治八年(1651),漕运总督吴惟华购地建塔,历3年而成,名"天中塔"。康熙四十二年(1703),康熙帝南巡,赐额"高旻",成为扬州八大刹之首。清前期,江苏省每府、州、县佛教寺庙从数座到数十座不等,各地知名佛教寺庙有南京的栖霞寺、灵谷寺,常州的天宁寺,苏州的戒幢律寺、寒山寺、灵岩寺,常熟的兴福寺,南通的狼山广教寺,扬州的法净寺(大明寺)、高旻寺,镇江的金山江天禅寺、焦山定慧寺,句容的宝华山隆昌寺等。

清初,康熙、乾隆南巡每次都要游览江苏名刹大寺,并赐名题词。康熙二十三年(1694),康熙巡幸扬州天宁寺、平山堂,各有题词,天宁曰"萧闲",平山曰"怡情"。至镇江金山寺,敕令重建,书匾额"江天一览"。清代扬州大明寺,为避讳,改称"栖灵寺",俗称"平山堂"。康熙四十四年(1705),康熙南巡临幸,赐"澄旷"匾。乾隆三十年(1765),乾隆巡幸,赐名"法净寺"。康熙四十六年(1707),康熙南巡南京灵谷寺,御赐"灵谷禅林"匾额,并书"天香飘广殿,山气宿空廓"对联。

禅宗

清代佛教宗派中以禅宗最盛,净土次之,天台、华严、律宗等又次之。清前期,江苏佛教禅宗临济宗以密云圆悟和天隐圆修两系最为繁荣,前者又称"天童系",后者称"盘山系"。顺治、康熙年间,天童系著名禅师较多,影响较大。雍正后,盘山系超过天童系,成为临济宗的代表。顺治、康熙年间,法藏三峰派的门庭繁荣,弟子甚众,三峰派主兴化宝严寺,势力还扩展到湖南等地。由于法藏一系门下聚集了一批具有强烈反清意识的明遗民僧众,雍正十一年(1733),清世宗亲撰《御制拣魔辨异录》,直接出面干预禅宗内部密云圆悟和汉月法藏之间的派系之争,认为圆悟所言契合禅理,而法藏及其弟子谭吉弘忍迷失本性,所言乃"无知妄说"。谕旨要求削去法藏支派,不许进入祖庭,如有不服,要以世法"从重治罪",并下令将法藏、弘忍的语录尽行毁版,禁止流传。经此打击,法藏一系一蹶不振。

清代圆修嗣法弟子中以玉林通琇、箬庵通问两支最盛。玉林通琇(1614—1675),字玉林,世称玉林通琇,俗姓杨,江阴人。少年时出家为僧,拜著名禅师圆修为师,后住持浙江湖州报恩寺。顺治十五年(1658)、十七年(1660),玉林通琇两次入京说法,清廷赐号"大觉普济禅师",封为"国师",并赐紫衣、金印,成为全国知名禅师。此后,一直活动于江浙一带,晚年住持宜兴的国山寺等。康熙十四年(1675),圆寂于淮安清江浦慈云庵。康熙年间,其法系主淮阴慈云寺、无锡崇安寺、扬州高旻寺等。清中叶,镇江金山寺、常州天宁寺和扬州高旻寺既是盘山派主要寺院,也是禅宗在江南最有声望的丛林。

箬庵通问(?—1655),俗姓俞,号箬庵。顺治年间,住持镇江金山寺,成为当时的开山禅师。有弟子铁舟行海(1609—1683),继承衣钵,主持金山寺,弘扬佛法,募结善缘,节俭辛勤,修复殿宇。经过铁舟的努力,金山寺成为“自有灵山以来,兴建称绝盛”的无量道场。

净土宗

佛教净土宗以专修往生阿弥陀佛净土法门而得名。净土宗第一代祖师慧远曾在庐山建立莲社提倡往生净土①,故又称“莲宗”、“白莲社”。净土宗历代祖师无前后传承法统,均为后人据其弘扬净土的贡献拥戴而来。清前期,江苏佛教净土宗涌现出灵峰智旭、行策和实贤3位大师。

灵峰智旭(1599—1655),俗姓钟,名际明,字澫益,号八不道人,吴县木渎(今属苏州)人。世称灵峰澫益大师,净土宗灵峰派创立人。少习儒学,以卫道为职事,曾撰辟佛论数十篇。17岁时,因读莲池袾宏大师的《自知录》及《竹窗随笔》,“始悟己非”,将所撰辟佛论悉数烧毁。20岁时诵《地藏本愿经》,发出世之志。24岁从憨山德清弟子雪岭剃度出家,得法名“智旭”。26岁,在杭州云栖寺受具足戒,遍阅律藏,后偶罹病将危,乃专意求生净土。30岁于龙居寺讲律,后至金陵。鉴于佛教宗派门户纷争之流弊,主张诸宗调和。自此决意弘律,注释经论。智旭大师厌弃名利,生平以阅藏、著述为业,遍学佛教诸宗教义,主张佛、道、儒三教一致,终皆归净土,主张禅、净合一。其思想之总结为主张三学一源,禅宗、教宗(包括天台、华严等各家)、律宗应相互为用,不当分河饮水,认为禅是佛心,教是佛语,律是佛行,将禅、教、律统摄于净土一门,以念佛三昧论完成其三学一源之思想体系。晚年撰有《净土十要》,提倡念佛往生,后人奉为净土宗第九祖师。

行策(1628—1682),净土宗第十代祖师。俗姓蒋,字截流,宜兴人。生长于书香门第,自小饱读佛典、儒书,喜好独处静思,逐渐萌生出家修行的志向。父全昌,精通儒佛之理,与憨山大师为友。后父母相继去世,23岁时前往杭州理安寺出家为僧,拜箬庵通问为师,五载不横卧,精进不懈,终究参悟诸法本源。通问大师圆寂后,住持报恩寺,受息庵瑛师之劝而修净土。又遇钱塘樵石法师,研习天台学,共修法华三昧,研习教义。康熙二年(1663),在杭州法华山西溪河渚间结“莲庵”专修净业,精勤念佛,晨昏礼诵净土经典。如是修行,历经六载,终得念佛三昧,深悟净土要义。康熙九年(1670)后,住持常熟虞山普仁院12年,依靠自身的修行经验与影响力,吸引大众共修净业,倡导兴建莲社,并发起僧众7日念佛的共修法会,此种行法,使许多社会不同阶层的居家学佛、念佛人士,虽不能长期居于庙宇修行,也可在短时之内共修净业,大众

① “往生”是佛教中指人死后精神前往极乐世界,达到另外一层生的境界的说法。

同修念佛法门，同愿求生西方净土，此种行法是清代"打念佛七"之滥觞，信从者日众。截流大师的佛学著作以净土论述为主，如《净土警语》、《势至圆通章解》、《莲藏集》等。其中《净土警语》最能彰显其佛学思想，书中有许多关于修学净土法门的经验之谈，阐述了念佛往生净土之要旨。

实贤(1686—1734)，净土宗第十一代祖师。俗姓时，字思齐，号省庵，常熟人。父亲早亡，7岁时，母亲张氏领他往清凉庵学佛，兼习儒家典籍。康熙三十九年(1700)，正式出家。24岁受具足戒，严守戒律，不离衣钵，日仅一食，恒不倒单。后谒礼绍昙禅师，听讲唯识、楞严、摩诃止观，通达天台、法相等学说。康熙五十四年(1715)，在真寂寺闭关修行，昼览藏经，晚课佛号，如是夜以继日用功3年之久。后又曾应绍昙法师之命，于杭州隆兴寺代为宣讲经律，与会人等无不称善，从此盛名远扬。雍正二年(1724)，移锡杭州梵天寺，其间撰写了《劝发菩提心文》，字字珠玑，内容真切感人，曾激励了众多修行者发心向上、精勤修持。省庵大师以言传身教弘扬佛法，名播四方，江、浙各地佛众仰慕其名。后应诸方丛林之请，讲经10余年，江南皈依者甚众。后退隐于杭州仙林寺，净心念佛，足不出户，摒绝诸缘，结集莲社。雍正七年(1729)，创立了专修弥陀净土的团体"莲社"，集有志净土，信愿念佛者，为文立誓，将每日的功课定为二十分，十分持名念佛，九分作观想，一分礼拜忏悔，精进不已。省庵大师佛学思想集佛学之大成，著作有《劝发菩提心文》、《净土诗集》、《省庵大师语录》、《省庵法师遗书》等。

律宗

律宗是中国佛教中以研究和传持戒律为主的一个宗派，主要以《四分律》为依据，故又称四分律。又因其由唐代丹徒高僧道宣创建于终南山，所以有人又称之为"南山宗"。句容宝华山隆昌寺是我国律宗的祖庭，雍正十二年(1734)，宝华山隆昌寺被列为全国传戒名寺，有佛教"律宗第一名山"之称，是律宗根本道场。每年春冬传戒，僧尼纷至沓来，涌现出读体这位重兴律宗的巨匠。读体(1601—1679)，字见月，俗名许冲霄，云南楚雄人，祖籍句容，世称"见月律师"。14岁时父母双亡，少好游历，曾出家为道。后遇一老僧，授以《华严经》一部，研读后，幡然有悟，舍道入佛。崇祯五年(1632)，从宝华山亮如法师剃度，法名"读体"。崇祯十年(1637)，于镇江海潮庵依三昧受具足戒(别称"大戒"，正式取得僧尼资格)，继而随侍三昧传戒诸方，开始阅读律藏。崇祯十二年(1639)，入句容宝华山隆昌寺任监院，为众讲戒，"析文释文，口若悬河，座下千人，罔不叹服"。顺治二年(1645)，三昧圆寂前，嘱他继任法席。他在句容宝华山隆昌寺30余年中，重建殿阁，筑传戒台，定每年春秋传戒，结厦安居，寺规整肃，成为各方楷模。撰有《毗尼止持会集》16卷、《毗尼作持续释》15卷、《传戒正范》4

卷等。

2. 道教

清代道教龙门派在江南地区传播广泛。顺治十三年(1656),道教龙门派七世祖王常月(? —1680)被清廷封为国师,三赐紫衣。不久,他在北京白云观开始了龙门派的公开传戒,成为全真道公开传戒的第一人。这次公开传戒对全真道的复兴有着重要意义,不仅发展了大批信徒,而且使世人知道全真道获得朝廷的支持和保护,他被封为道教"全真龙门派中兴之祖"。康熙二年(1663),王常月率詹守椿、邵守善等门徒,传戒于南京冶山道院及茅山乾元观,一时归依受戒者弟子众多,遍及江苏各地。其门徒后将王常月在南京说戒的记录整理成《碧苑坛经》,全书分为卷首、卷上、卷中、卷下、卷末共22篇,阐述了对全真戒法及内丹修炼的看法,集中地反映了王常月的宗教思想。其后,王常月弟子在各地开山受戒,创立龙门支派。黄虚堂开苏州浒墅关太微律院支派;吕云隐开苏州冠山支派;其弟子丘寅阳又开嘉善长春宫支派;钱函阳开无锡长春宫支派。

此外,笪重光在句容茅山郁岗峰筑庵,建扫月楼、松子阁,传龙门启派,成为道教龙门派第八代启派师。笪重光(1623—1692),字在辛,号君宣、郁冈扫叶道人、江上外史,人称"笪江上",句容人。出生于殷实之家,年少好学,工书画。顺治九年(1652)中进士,曾任湖广道监察御史、江西巡按等职,为官耿直,因弹劾权臣明珠而罢官归里。顺治十六年(1659),退隐镇江,后归隐茅山郁冈峰,潜心学道。与孙玉阳一起将茅山道教推向中兴时期,修建乾元观三清殿、元符宫睹星门牌坊等。康熙八年(1669),笪重光在旧志基础上新纂《茅山志》14卷,增加了山图、宫观、名泉洞记、诗词等内容,记载了明清茅山道教及传承的历史。

清代,道学理论为适应时势的需要,援儒入道,迎合"三教同源"的说法,同时以更加世俗化的面目出现,扶乩设醮,立坛画符,参与世俗生活。江苏道教龙门各支派逐渐融入正一道。如王常月弟子施亮生"尝受初真戒中戒于王昆阳律师,后精于法,改归正一真府派,启姑苏穹窿山一派"。龙门第九代阎晓峰,继其师孙玉阳"守茅山乾元观,其所传后人改皈茅山法派"①。

张清夜(1676—1763),初名尊,字子还,号自牧道人,长洲(今江苏苏州)人。少为诸生,博学工诗,善书画,尝游历四方,至武当山拜真人余太源为师。自雍正七年(1729),出任成都武侯祠方丈,谢绝尘事,读书清修,研读《阴符经》,前后主武侯祠34年之久。张清夜继承了金丹南宗丹法,认为修道之本在于清静守真,恪守纲常名教,

① 《金盏心灯》卷前《龙门正宗流传图》,李一氓主编:《藏外道书》第31册,巴蜀书社1992年版,第169页。

强调三教合一。乾隆八年(1743),成都青羊宫告竣,地方官邀其出主青羊宫,以年老体衰辞谢,荐弟子汪一萃担任,自己则来往于武侯祠与青羊宫之间。不久,他在青羊宫创悬钟牌,一时道众云集,清规复振,俨然一大丛林,成为青羊宫的实际住持。著有《玄门戒白》、《阴符发秘》等。

3. 伊斯兰教

清前期,江苏伊斯兰教徒多属逊尼派,他们在日常生活中逐渐汉化,着汉装,说汉语,广泛使用汉姓汉名。清代,南京即是我国东南沿海地区回族伊斯兰教信徒的主要聚居城市之一,清初南京穆斯林人口稳定在 3 万人以上。[①]同时,南京还是伊斯兰教汉文译著和学术研讨的中心城市,当时以刘智等为代表的一批伊斯兰教学者汉译了大量伊斯兰经典,他们把伊斯兰教"认主独一"的神学观纳入哲学体系,并吸收了某些儒家和老庄哲理,形成了具有中国特色的伊斯兰宗教哲学体系,实现了伊斯兰教中国学说化。此后,汉译伊斯兰教论著在国内外逐渐有着广泛影响,其成果在中国伊斯兰教内被尊为"汉乞他布"(汉字经典)。

刘智(1660—1739),字介廉,号一斋,南京人。父亲刘三杰为著名的伊斯兰教学者。自幼从经师袁汝琦等学习伊斯兰教经籍,博览儒家经史、天官律数及佛、道典籍,精通阿拉伯、波斯和拉丁语。父亲去世后,刘智为了把伊斯兰教学术发扬光大,开始研究和学习伊斯兰教经典及有关著作。结庐金陵清凉山麓,闭户 10 余年,潜心著译。他认为,孔、孟、穆罕默德分别是东西方圣人,"圣人之教,东西同,古今一"。为沟通东西方圣人之道,他先后写成《天方性理》、《天方典礼》、《天方至圣实录》、《五功释义》等传世之作。刘智一生译著数百卷,系统地整理和总结了伊斯兰教义,形成具有中国特色的伊斯兰教思想体系,被公认为中国伊斯兰教哲学思想之集大成者,体现了 17 世纪中国伊斯兰教哲学思想的最高成就,也成为当时中国哲学思想的重要组成部分。刘智的著作和思想对于中国穆斯林影响深远,他被赞誉为"圣教功臣"、"大伊玛目"。

4. 天主教

清初,天主教传教士通过学术传教的策略获得了皇帝的信任,各地兴建了许多教堂,信徒也大量增加。江南地区是北京之外天主教传教士人数最多、传教士素质最高、传教事业延续性最强的地区,也是天主教信徒最多的地区。

顺治六年(1649),意大利传教士潘国光和葡萄牙传教士贾谊睦到苏州传教,在通关坊建造了苏州第一座天主教教堂。康熙三年(1664),苏州城内有天主教教徒 500 余人,多为士绅或商人。康熙四十六年(1707),法国传教士隆盛到无锡传教,在城内

① 伍贻业:《南京回族、伊斯兰教史稿》,南京伊斯兰教协会编印(内部发行)。

永定桥沿河天主弄修建一所教堂。4年后,无锡渔民信徒发展到300多船户,加上陆地教徒,天主教信徒超过1000多人。

顺治十五年(1658),南京成为中国天主教的教务中心,罗马教皇在南京等3地设立宗座代牧。1674年1月,教皇克雷芒十世(Clemens Ⅹ)提名福建福安人罗文藻出任南京教区主教。罗文藻接到委任状后,曾去函谦辞,后经劝解,接受委任。然而,由于葡萄牙政府竭力阻挠中国人出任主教,直至康熙二十四年(1685)才由意大利主教康和之(又名伊大任,Bernadino della Chiesa)在广州为其祝圣,罗文藻正式就任南京主教,兼掌河北、河南、陕西、山东、山西以及高丽的教务。从此,罗文藻驻南京,成为天主教史上第一位中国籍主教,其座堂为南京罗寺转湾圣母堂。康熙二十九年(1690),罗马教皇与葡萄牙政府议定设置南京、北京、澳门三个教区,北京、南京分别成立独立的主教区,罗文藻任南京教区主教,南京教区辖江南、山东、河南等省。1691年2月27日,罗文藻在南京逝世。

顺治十六年(1659),天主教耶稣会意大利传教士毕嘉(1623—1669,G. Gabiani)来华后,长期在扬州、淮安等地传教。1660年,毕嘉在扬州修建教堂和住宅各一所。1663年,又在镇江筑教堂和住宅各一所。[①] 1669年,毕嘉死后,葬于扬州郊外天主教徒墓地。康熙三年(1664),扬州有天主教教徒近千人,教堂一所,其规模不仅居苏北地区之首,而且超过南京、镇江、苏州等地。

自明末天主教传入中国,以利玛窦为代表的耶稣会传教士一直遵循尊重中国传统文化礼仪的传教方式。入清后,罗马教廷和一些多明我会传教士要求维护天主教传统,反对祭祖、祭孔等中国传统礼仪。到康熙年间,清廷与罗马教廷间的"礼仪之争"日趋激烈,双方虽曾互派使节磋商解决,但终因分歧过大,一直未果。教皇仍坚持禁止中国信徒礼仪崇拜,"凡入天主教之人,不许依中国规矩留牌位在家",违反者解除教职。作为反制,康熙五十九年底(1721年1月),清廷下令全国禁止天主教活动。其后的雍正、乾隆两朝继续奉行禁教政策,并由此引发多起教案。乾隆年间,苏州、常熟发生一起迫害天主教传教士和信徒的教案,史称"苏州教案"。

乾隆十一年(1746),常熟尤姓教徒与族人争夺田产,因其理亏,遭到葡籍神父黄安多(1707—1748,Antoin Joseph Henriques)的斥责,于是怀恨在心,伺机报复。乾隆十二年十二月(1748年1月),尤某得知黄安多和意籍谈方济(1707—1748,Tristan d'Attimis)两神父在一信徒家中聚会时,立刻赶赴苏州告密,江苏按察使翁藻遂派人前往抓捕。黄安多、谈方济和常熟教徒唐德光、传教助理员汪钦一先后被捕,同时被

---

① [法]费赖之著,冯承钧译:《在华耶稣会士列传及书目》,中华书局1995年版,第322页。

捕的还有苏州、常熟、太仓、丹阳等地信徒 100 多人。江苏巡抚安宁将抓捕神父和信徒一事奏报朝廷，“访闻苏、松、太各属尚有信奉天主教之人，并闻常熟、昭文一带，现有潜住之西洋人。臣等当即飞饬查拿。据该府带同常、昭二县，于昭文县地方获到西洋人一名谈方济，并拿获内地现奉天主教之唐德光等数名。逐一研究，据供：谈方济各于乾隆九年正月内自西洋起身至广东澳门，于九年十一月内由广东、江西一路到江南之昭文县地方何公祠内潜住。复又究出尚有西洋人一名王安多尼，现在浙江嘉兴府蒯洪尚米行内，当即差员驰往彼处拘拿”①。乾隆十三年闰七月二十日(1748 年 9 月 12 日)，经清廷批准，江苏巡抚安宁以宣传邪说、诱惑居民的罪名将唐、谈两位神父在苏州监狱中秘密绞死，“毙后从牢洞出尸，翌日装殓，葬胥门外坛基义冢。教民立石于葬，所以识其处。1750 年，皇帝将南巡，修理御道，二神甫基适当道上，教民聚六十金贿当事者起棺，时葬已年余，尸体如生，衣服亦未破弊。……改葬白鹤山下”②。教案中被捕其他信徒，有的病死狱中，有的被杖责，有的被发配边地充军。此教案波及常熟，苏州城内的外籍神父被迫逃往乡间，秘密进行宗教活动，天主教在江苏的传教活动也转入地下。

第四节　史学和经学

一　史　学

1. 地方史志

清前期，在朝廷的大力倡导下，江苏省各级地方政府组织人力修编了各类地方史志。康熙十一年(1672)，清廷下令全国各府县编纂方志，至雍正七年(1729)，又诏令各省县修志。清代方志的编撰，主要集中于康熙、乾隆和光绪三个时期，无论数量还是质量都有了较大提高。据统计，清代修编的方志占江苏省历代方志总数的 58%。③清代，江苏省志以行政区划的层次分，有省志、府、州、厅、县志和乡镇志等；以志书属性分，有山水志、名胜志、人物志、金石志、艺文志等。此外还有各种专志、卫志、关志、圩志等等。其中乡镇志、名胜志数量多，质量高，是清代江苏方志的一个显著地方特色。清代，江苏地区的许多知名学者如钱大昕、姚鼐、阮元、江藩、焦循、袁枚、冯桂芬等都积极参与了地方史志的修纂工作，有力地促进了江苏地方史志编撰水平的提高。

---

① 中国第一历史档案馆编：《清中前期西洋天主教在华活动档案史料》，中华书局 2003 年版，第 153—154 页。

② [法]费赖之著，冯承钧译：《在华耶稣会士列传及书目》，中华书局 1995 年版，第 739 页。

③ 倪波：《江苏省地方志通论》，《江苏方志考》，吉林省地方志编纂委员会、吉林省图书馆学会 1985 年版，第 1 页。

清前期江苏省各类官修、私撰的地方史志，为后人研究江苏区域社会经济和文化提供了丰富的历史资料。清前期，有关江苏全省的通志主要有康熙《江南通志》、乾隆《江南通志》。

康熙《江南通志》

康熙二十二年(1683)，为编修《大清一统志》，清廷令各省纂修通志。时任两江总督于成龙(1617—1684)会同江苏巡抚余国柱、安徽巡抚徐国相在江宁设立江南通志馆，聘张九征、陈焯任编纂，历时半年而成《江南通志》稿。康熙六年(1667)，江南省分置为江苏、安徽两省，但人们习惯上仍将江苏、安徽两省合称为“江南”。康熙二十三年(1684)，于成龙病故，康熙《江南通志》刻印遂由继任两江总督王新命主持完成。

康熙《江南通志》全书共76卷33门，每门之前均有无题小序，或阐述主旨，或追溯本源，或阐明重点。记事一般上自各类事物的起始发端，下迄康熙二十三年(1684)。篇目设置采用平列体，体例严密，资料丰富，是江苏地区最早的一部通志。对于江苏地方大政，如治水、盐政、漕运等记载尤详。江苏南北水网密布，水灾频繁，卷一《图考》编者在形势疆域总图和江宁、苏州各府分图外，还精绘了黄、淮二河堤岸、长江各汛、沿海各汛、太湖港等水利图，并专设《河防》、《江防》、《海防》、《水利》4门，记述了历代水患、前人治水的经验教训。江苏经济发达，在全国有着重要的经济地位，通志对于赋役、盐法、漕运等资料收录尤详。

乾隆《江南通志》

雍正九年(1731)，两江总督尹继善设局续修《江南通志》，聘黄之隽等担任主纂，前后历时5年，至乾隆元年(1736)书成。书前有序目1卷和卷首4卷(顺治、康熙、雍正、乾隆4位皇帝的诏谕)，全书正文200卷，篇目设置不同于康熙《江南通志》的平列体，采用纲目体的结构方式，以简驭繁，纲举目张，其中《河渠》、《杂类》两志为新增。各分志及子目也大多冠以无题小序，记事上自周秦，下迄乾隆元年(1736)。资料较康熙《江南通志》丰富，内容翔实，对史实的考订也颇为精审，如米芾未知山阳县、宗泽墓不在镇江等，显示了纂修者科学严谨的治学态度。

乾隆《江南通志》也存在一些不足，首先卷首皇帝诏谕中，许多与江南区域无关的内容也被收录；其次，书前10余篇序言，地方主要长官几乎人各一序，内容空洞且多为阿谀之词；再次，“纂辑不出一手，微有牴牾”。本书主纂之一的黄之隽也指出：“是书刻本与原纂多有舛互。如潜山在六安州之霍山，而仍谓即元时所置之潜山县。黄积、程元谭俱东晋时新安守，而误入西晋。其他遗漏重复者甚多，皆之隽离局以后为他人所窜改者也。司马光修《资治通鉴》，以《史记》以下属刘攽，三国以下属刘恕，唐以下属范祖禹，始终不易，其知此意欤！”①

2. 乾嘉史学“三大家”

清前期，随着考据学的发展，史学考证研究蔚然成风。乾嘉年间，江苏籍学者王鸣盛、钱大昕和赵翼被并称为史学“三大家”，其代表作分别为《十七史商榷》、《廿二史考异》和《廿二史劄记》，三部著作均以考证“正史”为主，以史学考证价值被后人誉为清代三大考史名著。

王鸣盛和《十七史商榷》

王鸣盛（1722—1797），字凤喈，号西庄，晚号西沚居士，江苏嘉定（今属上海）人。乾隆十九年（1754）进士，历任翰林编修、内阁学士兼礼部侍郎等职。乾隆二十八年（1763），丁忧返里，后寓居苏州30年，绝意仕途，潜心学术研究。

王鸣盛与经学大师惠栋交谊颇深，对经、史、音韵、训诂、金石、目录诸学均有较高造诣，以汉学考证方法研究历史，历时20多年，完成代表作《十七史商榷》100卷。该书实涵盖了十九史，于宋人所谓“十七史”之外又加入了《旧唐书》和《旧五代史》。所谓“商榷”，指“改讹文，补脱文，去衍文，又举其中典制事迹，诠解蒙滞，审核踳驳”②。这部著作补正讹漏，考证史实，诠释典章制度，将上自《史记》，下迄五代各史中的纪、志、表、传相互考证，分别异同，互作补充，又参阅其他历史名著纠正谬误。“于一史中纪、志、表、传互相稽考，因而得其异同，又取稗史丛说以证其舛误，于舆地、职官、典章、名物每致详焉。”③王鸣盛另著有《尚书后案》30卷、《后辨》1卷、《蛾术编》100卷，对我国古代制度及器物、文字、人物、地理、碑刻等均有考证，具有很高的学术价值。

钱大昕和《廿二史考异》

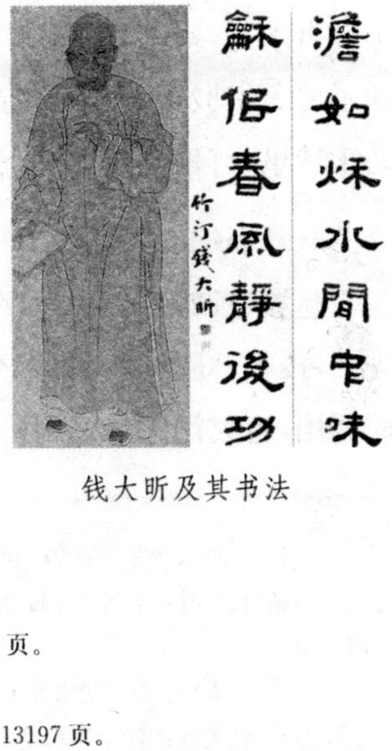
钱大昕及其书法

钱大昕（1728—1804），字晓征，号辛楣，人称“竹汀居士”，晚号潜研老人，江苏嘉定（今属上海）人，为王鸣盛妹夫。乾隆十九年（1754）举进士，擢升翰林院侍讲学士，迁少詹事，后历任山东、湖南、浙江、河南等省乡试考官，提督广东学政。乾隆四十年（1775），居丧归里，此后引疾不仕，定居苏州，从事讲学活动，历任南京钟山、太仓娄东和苏州紫阳书院山长之职。钱大昕学识渊博，对文字、音韵、训诂、天文、地理、历算、金石之学均有较深造诣，时人

① （清）纪昀总纂：《四库全书总目提要》，河北人民出版社2000年版，第1844页。

② （清）王鸣盛：《十七史商榷·自序》，上海书店2005年版，第1页。

③ （民国）赵尔巽等：《清史稿》卷四八一《王鸣盛传》，中华书局1977年版，第13197页。

推为通儒。其学以实事求是为宗旨，主张从训诂以求义理，但不专治一经，亦不墨守汉儒家法。乾嘉时期，学界重经学，钱大昕力倡治史，主张把史学与经学置于同等重要地位，以治经方法治史。著作宏富，供职翰林院时，曾参与《续文献通考》、《续通志》、《大清一统志》等书的修撰工作，《廿二史考异》是其代表作，此外还有《十驾斋养新录》和《潜研堂文集》。

《廿二史考异》前后历经30年修订才完成，是钱大昕一生史学研究的结晶。该书仿司马光《通鉴考异》的体例写作，所谓"廿二史"是指"二十四史"除去《旧五代史》和《明史》而言，此外，钱大昕将晋司马彪《续汉书》八志从《后汉书》中分出，别立《续汉书》二卷，这样实际考史23部。全书计100卷，其中对《新唐书》和《宋史》的考订各占16卷，钱大昕重视《元史》研究，《元史》考订内容占有15卷。钱大昕以考订、校勘、训诂见长，对23部史籍及其注释进行了全面、细致的文字校勘，同时还对一些史实错误及历代典章制度、地理沿革等作了考证，多有创见，为后世学者所推崇。"古人爵里、事实、年齿，了如指掌。古人贤奸是非疑似难明者，典章制度昔人不能明断者，皆有确见。"①

钱大昕治史态度严谨，考证历史人物的先代世系，从不引证其家谱。他认为："私谱之文出于闾巷，家自为说，事非经典，苟引先贤，妄相假托，宁足据乎？"②反对著书抄袭他人成果，认为抄袭他人成果是极端可耻之事。"间与前人暗合者，削而去之。或得于同学启示，亦必标其姓名。"反对以诋毁古人作为沽名钓誉的手段。"世之考古者，拾班（固）、范（晔）之一言，摘沈（约）、萧（子显）之数简，兼有竹素烂脱，豕虎传讹，易'斗分'作'升分'，更予琳为惠琳，乃出校书之陋，本非作者之訾，而皆文致小疵，目为大创，驰骋笔墨，夸曜凡庸，予所不能效也。"③强调治学既要谦虚、不固执己见，又必须实事求是，对前人著作中的错误，必加以纠正，以免贻误后人。王鸣盛曾写信规劝他不要著书驳正清初顾炎武等大师之说，以免冒犯前哲，钱大昕回复道："愚以为学问乃千秋事，订讹规过，非以訾毁前人，实以嘉惠后学。"④

赵翼和《廿二史劄记》

赵翼（1727—1814），字耘松，号瓯北，阳湖（今武进）人。乾隆二十六年（1761）中进士，授翰林院编修，累官至贵西兵备道。乾隆三十七年（1772），朝廷以违律将其降职调用，赵翼深感仕途艰险，遂以养亲为名，辞官归里，主讲扬州安定书院，潜心著述。

---

① （民国）赵尔巽等：《清史稿》卷四八一《钱大昕传》，中华书局1977年版，第13194页。

② （清）钱大昕：《十驾斋养新录》卷一二《家谱不可信》，陈文和主编：《嘉定钱大昕全集》，江苏古籍出版社1997年版，第313页。

③ （清）钱大昕：《廿二史考异·序》，上海古籍出版社2004年版，第1页。

④ （清）钱大昕：《潜研堂集》卷三五《答王西庄书》，上海古籍出版社1989年版，第635页。

主要著作有《廿二史劄记》、《瓯北诗话》、《陔余丛考》、《檐曝杂记》等。《廿二史劄记》为赵翼史学代表作，历20余年而成。全书共36卷，对清以前24部正史作了全面考订和评论[①]，共有札记578篇，书后附有《补遗》1卷，将奉乾隆皇帝旨意改译的辽、金、元三史的人名、官名、地名和旧译名全部对照录出。作者坚持正宗史观，重正史而轻稗史，考订每部正史时，先叙述作者、编写经过、成书年代，再论述体例得失、编纂方法优劣、史料来源和价值等，并提炼、归纳出一些值得思考和探索的历史问题，超越了孤立繁琐的事实考证，史法与史事并重。"古今风会之递变，政事之屡更，有关于治乱兴衰之故者，亦随所见附著之。"[②]梁启超论及《廿二史劄记》时说："惟赵书于每代之后，常有多条胪列史中故实，用归纳法比较研究，以观盛衰治乱之原，此其特长也。"[③]

二　经　学

经学即儒学，主要指中国古代研究儒家《周易》、《尚书》、《诗经》、《周礼》、《仪礼》、《礼记》、《春秋左传》、《公羊传》、《谷梁传》、《论语》、《孝经》、《尔雅》、《孟子》等十三部经典、解释其字面意义、阐明其蕴含义理的学问。自汉武帝"罢黜百家、独尊儒术"后，儒家思想成为历代统治者的主流意识形态，因而经学成为历代显学，构成了中国古代学术的主体。经学蕴藏了丰富而深刻的思想，保存了大量珍贵的史料，是儒家学说的核心组成部分。

清初，以顾炎武、黄宗羲等为代表的学者提倡经学考据学风，反对宋明理学对"六经"的主观主义解释和空谈心性的弊病。乾隆、嘉庆时期，经学的考据之风成为学术界主流，人称"乾嘉学派"。"乾嘉学派"是和哲学紧密相连的，宋代理学家使经学理学化，考据学派目的在于推翻宋儒经说，从而打倒理学的经学支柱。"乾嘉学派"发展了一套以声韵、文字、校勘诸学科为途径，以博览、求证、推理为手段的方法论，这种方法还用以考证经书以外诸如史籍、地理沿革、名物、典章等各种学问。清代学问之途主要有三：义理、考据、辞章。考据是相对于专讲义理的宋学而言的；相对于辞章，它又称"朴学"；就其重实证，又称"实学"；就其取证特重汉儒经注，又称"汉学"；就其在理论上尊崇儒学原始，又称"古学"。

清代，"乾嘉学派"在发展过程中形成了吴、皖两大学术流派。吴派得到朝廷的支持，皖派得到学术界的推崇。吴派以惠栋为代表，皖派以戴震为代表，两派中均有不

---

① 赵翼《廿二史劄记》实际包括了从《史记》到《明史》的全部24史，因《旧唐书》和《旧五代史》在乾隆时尚未被纳入"正史"，故赵翼仍沿用过去"二十二史"的说法而称其书为《廿二史劄记》。

② (清)赵翼著，王树民校证：《廿二史劄记校证》，中华书局1984年版，第1页。

③ (清)梁启超：《清代学术概论》，上海古籍出版社2005年版，第44—45页。

少江苏籍知名学者。吴、皖两派并不是相互对立的学派，两派学术主张有许多共同点，相互影响，互为师友。吴派提倡复古，崇尚汉儒，多治《周易》、《尚书》；皖派强调求真，考据严谨，精于小学、天算，擅长"三礼"(《周礼》、《仪礼》、《礼记》)。

乾隆、嘉庆年间，以常州学派为代表的今文经学开始复兴。常州学派的《公羊》学研究，虽与吴派、皖派乃至稍后的扬州学派在治学方法上迥异其趣，但其研究汉代今文经学，本质上仍属于汉学的一部分。常州学派是与吴派、皖派并列的地域性学术流派，对晚清社会思想有较大影响。

1. 经学大师阎若璩

清初，世居淮安的阎若璩成为考据学发轫时期的主要代表人物之一。阎若璩(1636—1704)，字百诗，号潜丘居士，山西太原人，寄居山阳县(今淮安市楚州区)。明代正德初年，先祖由山西太原迁居淮安经营盐业，遂为淮人。阎若璩出身于书香世家，幼年体弱多病，且口吃，"资颇钝，读书至千百过，字字着意犹未熟"①。但他自强不息，学习非常刻苦。16 岁时，阎若璩以商籍补山阳县学生员，成为一名秀才。此后"潜心钻研，扶精剔髓，思成一家之言"。他认为，王守仁"致良知"说是导致明代学术不盛的重要原因，惟有专意经史考据，才是度越今古的绝学。

阎若璩一生治学，多有著述，代表作《古文尚书疏证》。早在 20 岁时，阎若璩读《古文尚书》即疑其伪，为揭穿此书作伪，他沉潜 30 余年，查阅了大量经籍史料，反复钩稽考证，做到"事必求其根柢，言必求其依据"，"手一书至检数十书相证"，终于撰成《古文尚书疏证》8 卷。此书列举了 128 条证据，以丰富的资料和论证断定《古文尚书》为东晋人所伪造，在学术界轰动一时。不过，清学者毛奇龄在李塨的启发下，撰写了《古文尚书冤词》以驳诘《古文尚书疏证》。为回击毛氏的反驳，阎若璩晚年不断完善其书，惜未完成即去世。《古文尚书疏证》是清代考据学的一面旗帜，对辨别古书真伪和倡导疑古精神起到了示范作用。作为清代考据学先驱的阎若璩，上承顾炎武、黄宗羲，下启惠栋、戴震，在清代学术史上有着重要贡献。纪晓岚评阎若璩："博极群书，又精于考证，百年以来，自顾炎武之外罕能与之抗衡者。"梁启超则赞誉其《古文尚书疏证》"不能不认为近三百年学术解放之第一功臣"②。

2. 惠栋和吴派

吴派是乾嘉学派中率先从研治古文经入手进行纯汉学研究的地域性学派，因其代表人物惠栋及其学生多为苏州府域学者，故名。作为地域性学派，吴派主要成员以

---

① (清)杭世骏:《道古堂文集》卷二九《阎若璩传》,《续修四库全书》第 1426 册,上海古籍出版社 2006 年版,第 497 页。

② 梁启超:《中国近三百年学术史》,东方出版社 1996 年版,第 86 页。

惠栋、沈彤、江声、余萧客、褚寅亮等苏州府籍学者为核心，还包括如洪亮吉、孙星衍、江藩、王鸣盛、钱大昕等江南其他各府的学者。吴派实际上是乾嘉之际以苏州地区为核心由江南学者组成的汉学研究群体。

惠栋(1697—1758)，字定宇，号松崖。其家世代传经，祖父惠周惕、父亲惠士奇皆吴中知名学者。惠栋幼受庭训，“家有藏书，日夜讲诵。自经、史、诸子、百家、杂说及释、道二藏，靡不穿穴”①。早年，曾随父至广东提督学政任所，父卒归里，课徒著述，潜心经术，终身不仕。惠栋开创一代学风，成为乾嘉汉学的奠基人，其治学有如下特点：尊信和固守汉儒说经，讲求汉代“师法”、“家法”，推崇东汉许慎、郑玄兼采古今诸家之说的传统；经学研究遵循孔子倡导的“述而不作”之法，反对掺杂自己的主观意见，以保存先圣意旨，避免宋明理学家利用经典妄发议论的弊端；认为经学研究应从古文字入手，重视声音训诂之学，“经之义存乎训，识字审音，乃知其义，故古训不可改也”②。

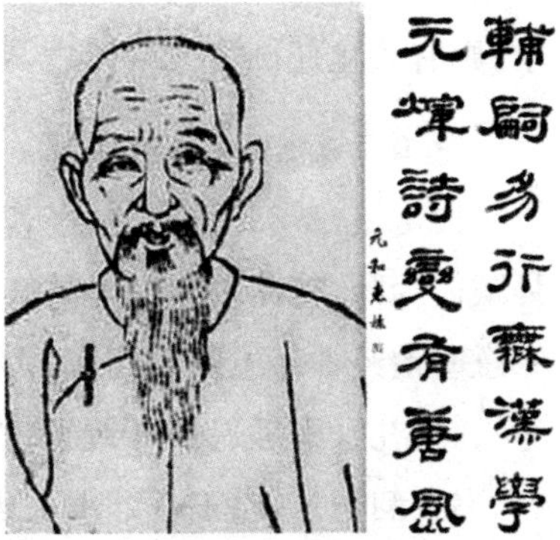

惠栋及其书法

惠栋家族四世传经，以《易》学起家。祖父惠周惕著《易传》，父惠士奇著有《易说》，惠栋撰有《易汉学》、《周易述》、《易例》等多部著作，驳诘宋人《河图》、《洛书》、先天、太极之说，奠定了吴派经学的基础。但他固守汉儒《易》说，不复甄别，以致后世对他有“株守汉学”、“嗜博泥古”之讥。惠栋另撰《古文尚书考》，该书继阎若璩之后，辨证《古文尚书》为晋人伪作。此外，还有《后汉书补注》、《九经古义》、《明堂大道录》、《松文钞》等著作。四库馆臣评惠栋说：“其长在博，其短亦在于嗜博；其长在古，其短亦在于泥古。”③王引之则说：“惠定宇先生考古虽勤，而识不高、心不细，见异于今者则从之，大都不论是非。”④惠栋对复兴汉《易》功不可没，但在治《易》中也存在诸多缺陷，广博有余而精细不足。

3. 皖派中江苏学者

皖派是乾嘉学派中与吴派并称的另一个地域性学派，是以徽州府学者为核心、戴震弟子为骨干的汉学研究群体，又称徽派。皖派代表人物戴震(1724—1777)，字东

---

① (清)江藩:《汉学师承记(外二种)》卷二《惠栋传》，生活·读书·新知三联书店 1998 年版，第 30 页。

② (清)钱大昕撰:《潜研堂集》卷三八《惠先生士奇传》，上海古籍出版社 1989 年版，第 690 页。

③ (清)纪昀总纂:《四库全书总目提要》卷二九《〈春秋左氏传小疏〉提要》，河北人民出版社 2000 年版，第 770 页。

④ (清)王引之:《王文简公文集》卷四《与焦理堂先生书》，《续修四库全书》第 1490 册，上海古籍出版社，第 392 页。

原，徽州休宁人。作为音韵学家江永的弟子，戴震精通训诂、音韵学，经学研究集中于小学、测算、典章制度诸方面。不同于一般考据学者，戴震以考据之学作为寻求义理的工具，研究领域广泛。戴震死后，其弟子继承其考据之学，"其小学之学，则有高邮王给事念孙、金坛段大令玉裁传之；测算之学，则有曲阜孔检讨广森传之；典章制度之学，则有兴化任御史大椿传之，皆其弟子也"①。

段玉裁及其《说文解字注》

段玉裁（1735—1815），字若膺，号茂堂，金坛人。乾隆二十五年（1760）中举人，后拜戴震为师，曾任贵州五屏县知县、巫山县知县等职，后以父老引疾归，居苏州枫桥，专意研治经术。主要著作有《古文尚书撰异》、《毛诗故训传》、《毛诗小学》、《周礼汉读考》、《仪礼汉读考》、《左氏春秋古经》等，传世代表作为《说文解字注》30卷及其附录《六书音韵表》。段玉裁继承了戴震对古音韵的研究，在前人的基础上将古韵分为六类十七部，初名《诗经韵谱》或《群经韵谱》，后易其体例，增加了一些新的内容，取名《六书音韵表》，此书被当时学者誉为"自唐以来讲韵学者所未发"。《说文解字》乃东汉学者许慎为解释字的本义而作，但对字的假借、引申未能加以充分说明，并疏略了对文字的辨证考订，使后世学者无法全面理解作者的意旨。段玉裁研究该书，首先将阅读时所作的考证、心得编成长编，完成《说文解字读》540卷，然而以此为蓝本，对《说文解字》所收9300余字，去粗存精，加工精炼，详细作注，阐明音训，改正讹误，创通条例，如以音求义、以音求形、形音义互求、以声定义、以声为义等，最终以毕生精力完成了《说文解字注》这部不朽著作。王念孙称赞此书说："盖千七百年来无此作矣，则若膺之书之为功也。"②近代国学大师王国维也说："千古卓识，二千年来治《说文》者，未有能言之明白通晓如是者也。"③段氏《说文解字注》不仅为乾嘉音韵考据学提供了新的重要途径，而且成为后来汉语史和汉语词汇学研究中的重要课题。

高邮王氏父子

王念孙（1744—1832），字怀祖，号石臞。乾隆四十年（1775）进士，历任翰林院庶吉士、工部主事、工部郎中等职。王念孙平生笃守经训，个性正直，好古精审，剖析入微，时与钱大昕、卢文弨、邵晋涵、刘台拱有"五君子"之称。后辞职归里，专事学术著述。作为戴震的嫡传弟子，王念孙继承了戴震音训考据之学，且更为严密。他认为，

---

① （清）凌廷堪：《校礼堂文集》卷三五《戴东原先生事略状》，《续修四库全书》第1480册，上海古籍出版社，第348页。

② （清）王念孙：《王石臞先生遗文》卷二《段若膺说文解字读叙》，《续修四库全书》第1466册，上海古籍出版社2006年版，第41页。

③ 王国维：《观堂集林》卷七《〈说文〉今叙篆文合以古籀说》，河北教育出版社2001年版，第194页。

欲通文义须从文字音训入手,“训诂声音明而小学明,小学明而经学明”。他不谈“义理”,专于考订文字讹误及音训、句读上下功夫,著有《读书杂志》和《广雅疏证》。《读书杂志》用校勘以及分析语法的方法,结合其他经史知识,考订了多种古书中的文字讹误和音训句读,“一字之证,博及万卷,折心解颐,他人百思不能到”[①]。“凡立一说,必列举古书,博采证据,然后论定,故最足令人信服,苟无强有力之反证,不足驳其说也。清代考证学之成功,由其方法之精密,此书可作代表。”[②]《广雅疏证》22卷,对汉代张揖《说雅》一书校勘、训释,援经引传,旁采众说,详加考证,就古声以求古义,改正原书错字、漏字、衍字甚多,在中国训诂学史上占有重要地位。

王引之(1766—1834),王念孙之子,字伯申,号曼卿。嘉庆四年(1799)进士,后官至工部尚书等职。承继家学,精于文字、音韵和训诂之学,与其父齐名,著有《经义述闻》和《经传释词》。《经义述闻》对《周易》、《尚书》、《毛诗》、《周礼》、《仪记》、《大戴礼记》、《礼记》、《左传》、《国语》、《公羊传》、《谷梁传》、《尔雅》等古籍均有详细的考证与辨析,其训释部分大都叙述其父王念孙之说,故名《经义述闻》。书中订正了上述古籍中在文字、音韵、词义、语法等方面的错误,并运用训诂学方法进行诠释,批驳了各种错误见解,对我国传统训诂学和古书注释有很深的影响。《经传释词》是一部解释经传古籍中虚词的著作,全书只收虚词160个,每一个词博搜例证,考其源流演变,尤其是对诸词特殊用法的训释,颇具卓见。高邮王氏父子在音韵、训诂、校勘方面取得的成就具有较高的学术价值,“论者谓有清经术独绝千古,高邮王氏一家之学,三世相承,与长洲惠氏相埒云”[③]。

任大椿的典章制度之学

任大椿(1738—1789),字幼植,又字子田,兴化人。乾隆三十四年(1769)进士,曾任礼部主事、《四库全书》纂修官等职。长于治《礼》,熟识名物,且精通小学诸类,治学严谨,注重小中见大,一生学术成就主要集中在考证名物制度和辑录小学佚书方面。撰有《弁服释例》、《深衣释例》等,皆就《礼》经中最小的问题进行研究,剖析入微,体现了皖派“窄而深”的研究特点。《弁服释例》阐述了三礼弁服所用之例,分爵弁服、韦弁服、皮弁服、朝弁服、玄端等门,共140余事。每门先例条目,次引经文注疏,后加按语解说。《深衣释例》即对古代深衣的制作了详尽考释。

皖派中坚不少是江苏籍学者,特别是扬州地区的学者,乾嘉年间这些扬州学者逐

---

① (清)阮元:《揅经室续二集》卷二之下卷《王石臞先生墓志铭》,《丛书集成新编》本,台湾新文丰出版公司1985年版,第93页。

② 萧一山:《清代通史》第三篇《经学隆盛时之清代学术》,中华书局1986年版,第685页。

③ (民国)赵尔巽等:《清史稿》卷四八一《王念孙传》,中华书局1977年版,第13212页。

渐形成一个学术群体，人称“扬州学派”。由于他们受皖派影响较大，故他们常被人们划入皖派。“扬州学派”主要可分为两派：一派以治小学为主，态度严谨，方法科学，重音训考据，以王念孙、王引之父子为代表；另一派以治经史为主，继承戴震哲学思想，才卓识高，在从事音韵训诂考据的同时，也兼谈义理，代表人物有汪中、阮元、焦循等。

汪中(1744—1794)，字容甫，江都人。7岁丧父，家贫，其母邹氏授之以小学、《四书》。14岁入书店当学徒，遍览经史百家，故扬州民间谚云“无书不读是汪中”。工骈文，27岁时所作《哀盐船文》，被杭世骏评为“惊心动魄，一字千金”。乾隆四十二年(1777)，举为拔贡生，后不再应举。擅长史学，尝考历代学制兴废。对墨子、荀子等也颇有研究，肯定了荀、墨之学的学术地位，推崇墨学，认为墨子为救世之仁人，力辩孟子辟墨为过枉。以为荀子之学乃为孔子正传，称“孔荀”而不称“孔孟”，以异于宋儒“道统”说。因其为墨子、荀子翻案，被视为“名教之罪人”。著有《述学》、《春秋述义》、《春秋后传》、《广陵通典》、《荀卿子通论》、《小学》等。《广陵通典》乃专记扬州一地重要史迹之志书，以编年为体，独具一格，其内容详备，是清代私家纂修志书的上乘之作。

仪征人阮元(1754—1849)，一生为官多年，有政声，同时博学多识，学术编撰不辍，尤以音韵、训诂考据为长。其为学以研治经学为主，兼及史学、方志、金石学、历法诸方面，著述有30余种，先后主持编纂了《皇清经解》、《经籍纂诂》和《十三经注疏》等经学著作。嘉庆二十年(1815)，阮元邀请知名学者校勘《十三经注疏》，刻本所据均为宋本，在刊刻过程中不轻易改字，发现宋本之误，也仅于误字之旁加圈，另出校勘记加以说明。嘉庆、道光年间，阮元历官所至，注重学术，振兴文教，俨若一时学术盟主，海内尊之为学界泰斗。钱穆称其“弁冕群材，领袖一世，实清代经学名臣最后一重镇”①。

4. 常州学派

清乾、嘉年间，由庄存与为先导、刘逢禄奠基的常州今文经研究学者群异军突起，其代表性人物还有庄述祖、宋翔凤、张惠言等，由于他们多为清代常州府人，所以人们习惯上称之为“常州学派”或“阳湖学派”。

常州学派推崇西汉今文经，以“公羊学”作为主要研究对象，与其他地域性学派相比，主要成员间多有近亲关系，是一个以血缘亲情为纽带而形成的学术流派。庄述祖是庄存与的亲侄，庄绶甲是庄存与的孙子，刘逢禄、宋翔凤是庄存与的外孙。作为地域性学派，常州学派与吴派、皖派一样，其成员并不局限于常州一府。江苏还有吴县

---

① 钱穆：《中国近三百年学术史》，商务印书馆1997年版，第528—529页。

宋翔凤、江都凌曙、句容陈立等人，外省有山东曲阜孔广森、杭州龚自珍和湖南邵阳魏源等人，他们在思想脉络和传承上均属于常州学派。

庄存与是清代“公羊学”研究的开创者，他使沉寂千余年的西汉“公羊学”得以复兴，由此也形成了常州“公羊学”派。庄存与(1719—1788)，字方耕，号养恬，阳湖(今江苏武进)人。乾隆十年(1745)以一甲第二名中进士，授翰林院编修。后历任直隶学政、礼部左侍郎及湖南、山东学政等职。他认为，辨别古籍的真伪固然重要，但对古代伪书采取完全否定的态度也是不可取的，“古籍散失十之八，颇依赖伪书得保其十之二”。他据西汉董仲舒、东汉何休的“公羊学”，宣扬《春秋》中的“微言大义”，讲求实用，所著《春秋正辞》成为常州学派的奠基之作。庄存与的经学研究重点，不在于字句训释与名物考辨，而在于把握经典的基本思想。在《春秋正辞》中，他的解经虽然主要采用公羊义法，引述较多的是董仲舒、刘向、何休的今文家言，但讲解《春秋》时，不限于引用今文经解，还大量地引用《左传》，这是庄存与今文经学的一个极为突出的特点。他提倡今文经学，也不排斥古文经学，著有《周官记》、《周官说》、《毛诗说》等关于古文经学的著述，后人辑其著述为《味经斋遗书》。

庄存与的经学研究影响了侄子庄述祖、孙庄绶甲和外孙宋翔凤、刘逢禄等，他们皆继承家学，致力于“公羊学”研究，特别是刘逢禄对于常州学派的形成贡献尤著。

庄述祖(1750—1816)，字葆琛，人称“珍艺先生”。乾隆四十五年(1780)进士，曾任山东昌乐县和潍县知县等职，晚年辞官归里，读书著述。作为常州学派中承前启后的代表人物，庄述祖继承并发扬了伯父庄存与的经学研究风格。“其世父存与，尝官礼部侍郎，博通六艺，洞究古人微言大义，开常州今文学派。而述祖承其绪，研究精密。”[①]著有《尚书今古文考证》七卷、《五经小学述》二卷、《夏小正经传考释》十卷、《毛诗考证》四卷、《毛诗周颂义》三卷、《左传补注》一卷、《谷梁考异》二卷等经学著作，文集名《珍艺宧文钞》。

刘逢禄(1776—1829)，字申受，号思误居士，武进人。嘉庆十九年(1814)进士，授翰林院庶吉士，后任礼部主事。刘逢禄自幼从外祖庄存与、舅父庄述祖学习今古文杂用的治经方法，笃守今文经家学，治学务通大义，不专在研究章句。他认为，要探讨孔子治世道理，只有从“五经”中研求，“五经”以《春秋》最为重要，《春秋》三传中，唯《公羊传》得孔子真传，强调研究“公羊学”必须以“张三世，通三统之义经贯之”，否则就会“此通而彼碍，左支而右绌”。刘逢禄是继庄存与之后，最为全面地研究“公羊学”的学者，清代的今文经学研究，经他才真正得以复兴。著有《公羊何氏释例》、《公羊春秋何

---

① 张舜徽:《清人文集别录》卷九，中华书局1963年版，第255页。

氏解诂笺》、《春秋论》等。

常州学派在辨伪、复古、崇真的旗号下，抛弃了乾嘉汉学苦心钻研的古文经学，向西汉今文经学寻找依托，并且一直追寻到所谓记载孔子“心法口传”的《公羊传》所隐含的“微言大义”，试图从儒家“元典”的字里行间寻找理论武器，以此作为变革社会的理论根据，进而推动社会改革。常州今文经学派强调“微言大义”，长于发挥，常将自己对于社会现实的看法寄托于解经中。在封建文化的专制统治下，这种治学方法是文人们通经致用、以学资治的一种较为安全的方法。常州学派在清代学术史上占有着重要地位，特别在清后期的政治思想领域产生过巨大的影响。鸦片战争前后，龚自珍、魏源等援引《公羊传》经义抨击时弊，倡导经世改革，晚清康有为利用今文经“托古改制”，为戊戌维新提供了理论依据和合法性。

第五节　文学和艺术

一　文　学

1. 诗歌

明清易代之际，战乱频仍，生灵涂炭，文人们以诗歌、散文等形式表达了民生之苦和亡国之痛。清初，按照生活道路、政治态度和诗歌风格，江苏诗人主要可分为两大类：

一类是属于明遗民诗人[①]，他们坚持民族气节，不仕清朝，对满清统治者采取不合作的态度，许多人还积极参加了抗清斗争，失败后有的以身殉国，有的则削发为僧，有的藏身草野、四处流亡，过着穷困的生活，他们的诗歌洋溢着浓烈的民族感情，代表人物有顾炎武、归庄、吴嘉纪等。

顾炎武(1613—1682)入清不仕，积极投入抗清的武装斗争中。他认为，“君臣之分，所关者在一身；华夷之防，所系者在天下”[②]。抗清斗争失败后，他遍游华北，四处奔走，为反清复明理想而奋斗。顾炎武主张“文须有益于天下”，“诗主性情，不贵奇巧”，“诗避三巧：巧句、巧意、巧对”，“须以一气浑成为上”。诗歌要为事而作，能反映国家民族兴亡的时代大事，具有丰富的历史内涵，反对诗文仿古、复古的观点。在清

---

① “遗民”一般有两种含义：一是指被推翻的前王朝所遗留下来的人们，即所谓广义上的“遗民”；一是指经历改朝换代后，拒绝参加科举或出仕新朝的人们，本文所指即属此类狭义上“遗民”。

② (清)顾炎武著，黄汝成集释，栾保群等点校：《日知录集释》卷七“管仲不死子纠”条，上海古籍出版社2006年版，第412页。

政府文化专制高压政策下，其诗歌往往通过隐晦曲折、说古道今的方式来表达政治主张，因而诗中典故较多。顾炎武传世诗歌400余首，不论拟古、咏史，还是纪游、即景，其中多贯穿反清复明的思想主题，表达了亡国之痛和恢复故国的决心。如《秋山》歌颂了江南民众抗清斗争，描写了江阴、昆山等地人民抗清失败后被屠杀劫掠的惨状："旌旗埋地中，梯冲舞城端。一朝长平败，伏尸遍冈峦。"[①]《京口即事》将督师扬州的史可法比作东晋立志恢复失地的祖逖："白羽出扬州，黄旗下石头。六只归雁落，千里射蛟浮。河上三军合，神京一战收。祖生多意气，击楫正中流。"[②]南明唐王遥授他为兵部职方司主事，顾炎武收到的诏命后十分兴奋，在《延平使至》中写道："身留绝塞援枹伍，梦在行朝执戟班。"《精卫》诗中言"长将一寸身，衔木到终古"，以精卫自喻，决心要以其精神完成恢复故国的伟大事业。垂暮之年，怀念故国之心仍耿耿不释，在《又酬傅处士次韵》中云："苍龙日暮还行雨，老树春深更着花。待得汉庭明诏近，五湖同觅钓鱼槎。"[③]顾炎武诗歌创作的现实性和政治性强烈，带有明显的史诗特色，诗风沉郁悲壮，苍凉遒劲，对清初和晚清诗坛有很大影响。

吴嘉纪(1618—1684)，字宾贤，号野人，泰州东淘盐场(今东台市安丰镇)人。从小喜爱读书，曾获州试第一。清兵南下，家产被掠夺殆尽，目睹民众惨遭屠杀，从此绝意仕进，靠教书和好友接济为生。自题其居室曰"陋轩"，以吟诗遣日，与汪楫、孙枝蔚等能诗善文的明遗民相善，著有《陋轩集》。吴嘉纪是清初重要的遗民诗人之一，擅长乐府古诗，近体诗亦佳。"其诗学杜，得其神，遗其貌。"[④]语言简朴通俗，不事藻饰，直抒胸臆，许多诗歌深刻地反映了江淮盐民的悲苦生活，故有"盐民诗人"之称。如描写灶户夏日煎盐生活的《绝句》云："白头灶户低草房，六月煎盐烈火旁。走出门前炎日里，偷闲一刻是乘凉。"《税完》云："输尽瓮中麦，税完不受责。肌肤保一朝，腹肠苦三夕。"灶户们食不果腹，更无力修复居住经年的破屋，《破屋》云："昨夜雨歇天作霜，烈风怒号落我宅。宅舍压倒存一半，其下儿女声喈喈。"[⑤]此外，在《临场歌》、《朝雨下》、《海潮叹》、《流民船》、《翁履冰行》、《邻翁行》等诗篇中，吴嘉纪描述了广大盐民在水灾、兵役中所遭受的苦难，真实而深刻的内容与高度的艺术概括相结合，为清代现实主义古典诗歌作出了贡献。

另一类诗人取得过明朝功名，有的还曾在明廷为官，但入清后，他们或迎降，或参

① (清)顾炎武：《顾亭林诗集》卷一《秋山》，《顾亭林诗文集》，中华书局1983年版，第265—266页。

② (清)顾炎武：《顾亭林诗集》卷一《京口即事》，《顾亭林诗文集》，中华书局1983年版，第261页。

③ (清)顾炎武：《顾亭林诗集》卷四《又酬傅处士次韵》，《顾亭林诗文集》，中华书局1983年版，第360页。

④ 邓之诚：《清诗纪事初编》卷一《吴嘉纪》，上海古籍出版社1965年版，第99页。

⑤ (清)吴嘉纪撰，杨积庆笺校：《吴嘉纪诗笺校》卷一《绝句》、卷二《税完》、卷二《破屋诗》，上海古籍出版社1980年版，第10、43、45页。

加科举，或受邀出仕为官，代表人物有钱谦益、吴伟业等。

钱谦益(清人绘)

钱谦益(1582—1664)，字受之，号牧斋，常熟人。明万历进士，官至侍郎，曾在南明福王政权中任礼部尚书。清军占领南京时，他率南明文官降清，后出任清廷礼部侍郎，不久辞归。钱谦益早年属东林党，降清之后，名节有亏，但其诗歌理论和创作实践成就突出，“四海宗盟五十年”，“操宇内文章之柄，一时名流，奔走翕集”[①]。当时，钱谦益与吴伟业、龚鼎孳并称为“江左三大家”。钱谦益诗歌词藻华美，技巧娴熟，尤工七律，有唐、宋诗歌之风，留有《初学集》、《有学集》、《投笔集》等诗集传世。诗歌创作上，他既反对明前、后“七子”的拟古主义，也反对“公安派”的空疏和“竟陵派”的狭窄，形成了“诗有本”的诗学理论，即“诗有本源”、“诗中有物”和“诗讲真情”。强调以真性情为核心，灵心、世运和学问三者并重，对清代诗歌的发展产生了较大影响。晚年秘密参加反清复明的活动以悔过自赎，同时创作了一些追念故国、不满清统治的诗歌。顺治十八年(1661)，南明永历帝朱由榔被杀于缅甸，南明政权彻底灭亡。钱谦益作《后秋兴》诗云：“海角崖山一线斜，从今也不属中华。更无鱼腹捐躯地，况有龙涎泛海槎。望断关河非汉帜，吹残日月是胡笳。嫦娥老大无归处，独倚银轮哭桂花。”[②]诗人以嫦娥自比，以桂花比南明桂王永历帝，表达了希望破灭后的内心痛苦。乡居期间，钱谦益还与常熟当地诗人建立了广泛联系，有力地促进了常熟地区的诗歌创作和诗学研究，并形成了一个具有鲜明地域文化特色的诗歌流派——虞山诗派[③]，主要成员有冯班、冯舒、钱曾、严熊、杨炤、瞿式耜、柳如是、孙原湘等人。虞山诗派以钱谦益为宗师，学古而不泥古，主张诗歌革新并取诸家之长而自成风格。虞山诗派与以吴伟业为首的娄东诗派、陈子龙为首的云间诗派相鼎立，对东南诗坛的繁荣作出了贡献。乾隆三十四年(1769)六月，已去世百余年的钱谦益却因诗文中有反清言词，其诗词、文集被乾隆帝下令予以查禁。“钱谦益本一有才无行之人，在前明时身跻膴仕。及本朝定鼎之初，率先投顺，洊陟列卿。大节有亏，实不足齿于人类。……今阅其所著《初学集》、《有学集》，荒诞悖谬，其中诋谤本朝之处，不一而足。……钱谦益业已身死骨朽，姑免追究。但此等书籍，悖理犯义，岂可听其留传？必当早为销毁。其令各督抚将《初学》、《有学集》于所属书肆及藏书之家，谕令缴出。”[④]

---

① (清)董含：《三冈识略》卷六《诗讽》，辽宁教育出版社2000年版，第135页。

② (清)钱谦益：《牧斋杂著·投笔集》卷下，上海古籍出版社2007年版，第73页。

③ 虞山位于常熟城北，因周太王次子虞仲葬于此而得名，后人常以此山作为常熟别称。

④ 王钟翰点校：《清史列传》卷七九《钱谦益传》，中华书局1987年版，第6577页。

吴伟业(1609—1671),字骏公,号梅村,太仓人。崇祯年间进士,官左庶子,曾积极参与复社的政治活动。南明福王时,任少詹事,因与马士英、阮大铖意见不合,辞官归里。入清后,奉母家居十年,后被迫出任北京国子监祭酒。一年后以母病乞归,不再出仕。因屈节仕清,晚年深以为悔,内心十分痛苦,自叹"我本淮王旧鸡犬,不随仙去落人间"。临终遗命以僧衣入殓,墓碑只题"诗人吴梅村之墓",并作绝命诗曰:"忍死偷生廿载余,而今罪孽怎消除?受恩欠债应填补,总比鸿毛也不如。"①吴伟业长于七言歌行,清丽哀婉,流畅自然,时称"梅村体"。其传世诗歌有千余首,多以明清史事为题材,句式工整,声韵流转有度,融合现实,以人系事,有"诗史"之称,如为吴三桂而作的《圆圆曲》,为瞿式耜而作的《后东皋草堂歌》,为洪承畴而作的《松山哀》等。在诗歌叙事方面,吴伟业受白居易铺排特点的影响,并结合李商隐色彩浓丽的笔法,形成了沉郁苍凉、气势磅礴、语言华丽、格律严谨、音色并妙的风格,缺点是情绪低沉,用典过多,意义隐晦难懂。

清代乾、嘉年间,在残酷的政治高压和文化专制下,大批知识分子钻进故纸堆里,诗歌内容陈腐,脱离现实,向拟古主义和形式主义方向发展,创作成就也不如清初。清中叶,江苏地区影响较大的诗人有沈德潜、袁枚、赵翼、黄景仁、郑燮等人,同时形成了以沈德潜为代表的格调派和袁枚为代表的性灵派。

沈德潜(1673—1769),字确士,号归愚,长洲(今江苏苏州)人,乾隆进士,曾任内阁学士兼礼部侍郎。少年学诗叶燮,作诗取法汉魏盛唐,多歌功颂德、应制唱和之作,间有反映民生疾苦之作。论诗首创"格调说",力主"温柔敦厚"之诗风,虽具有形式主义倾向,但一度风靡诗坛。"格"是指表现思想的具体模式,侧重体式安排;"调"则是指诗歌语言的音调,侧重声律节奏。沈德潜认为,"格调"构成了诗歌外在的形式音律,是诗歌创作的关键,"乐府之妙,全在繁音促节"②。在强调"格调"的同时,沈德潜又认为"忠孝"等封建伦理道德规范是"格调"的最终依据,诗歌内容只要符合"忠孝"和"温柔敦厚"的原则,"格调"即为雅正,这在一定程度上对诗歌的创作产生了很大的束缚和限制。他又以"格调说"为准,选辑了《古诗源》、《唐诗别裁集》、《明诗别裁集》、《国朝诗别裁集》等书,选录历代诗作,指明源流,略加品评。

袁枚(1716—1797),字子才,号简斋,别号随园老人,浙江钱塘(今浙江杭州)人。乾隆四年(1739)进士,授翰林院庶吉士,后历知溧水、江浦、沭阳、江宁等县。乾隆十三年(1748),辞官乞养,购得江宁织造隋赫德的"隋织造园",改筑为"随园",作为归隐之地。袁枚有诗名,与赵翼、蒋士铨并称"乾隆三大家"。在随园,袁枚广交文人墨客,

---

① (清)吴伟业撰,李学颖集评标校:《吴梅村全集》卷二〇《诗后集十二》,上海古籍出版社1990年版,第531页。

② (清)沈德潜:《说诗晬语》卷上,人民文学出版社1979年版,第198页。

聚会赋诗，过着“谈笑有鸿儒，往来无白丁”的悠闲生活。著有《随园诗话》、《随园随笔》、《小仓山房文集》、《小仓山房尺牍》、《新齐谐》、《子不语》等。袁枚继承晚明公安派的性灵主张，形成其诗歌理论——“性灵说”。“性灵”指“性情”和“灵感”，在《随园诗话》中袁枚从真情、个性、诗才三个方面系统地阐释了“性灵说”。

袁枚认为，诗歌创作必须有真“性情”，此乃诗之根本。“诗者，人之性情也，性情之外无诗”，“诗人者，不失其赤子之心也。”①“凡诗之传者，都是性灵，不关堆垛。”②反对以考据代替性灵，批评拟古主义倾向和温柔敦厚的诗教观。提出“诗写真情，惟吾所适”。

诗人必须有鲜明个性，具有独创精神，“作诗不可以无我”，批评沈德潜的“格调说”。指出文学创作的优劣，不能以古今或唐宋来区分，而应以是否真实体现性情为标准。诗人并非具备真情和个性就可以创作，还必须具备表现性灵的诗才，所以袁枚还主张诗人通过博览群书来提升“诗才”。

袁枚“性灵说”对扭转清前期诗歌风格具有重要意义，所倡导的以真情作诗、充分展示自己的个性和独创精神对于当代文学创作仍有借鉴意义。由于过分强调“性灵”，袁枚将诗歌功能仅局限于感发人心，因此其作品多反映身边琐事或吟咏山水花月，缺少深刻反映现实社会生活的作品。

清前期，常州地区的诗歌创作也十分繁荣，并形成了具有地域性特色的诗歌流派——常州诗派，因常州史称毗陵，又称毗陵诗派。清初，常州诗派的代表有“毗陵四家”（董以宁、邹祗谟、陈玉璂、龚百药）和“毗陵六逸”（杨宗发、恽格、胡香昊、陈炼、唐恽宸、董大伦）。清代常州诗人赵怀玉说：“吾乡风雅盛于康熙间，邹进士、董文学倡国依社，后君家湘灵继开毗陵诗派，学者翕然从之。于后复有醉吟、浣花、峨眉，一时旗鼓竞雄，故查悔余尝称吾常为诗国。”③至乾嘉年间，常州诗派进一步发展，影响更为广远，代表人物有赵翼、钱维乔及“毗陵七子”（黄景仁、洪亮吉、孙星衍、赵怀玉、杨伦、吕星垣、徐书受）等，而赵翼的《瓯北诗话》和洪亮吉的《北江诗话》奠定了常州诗派的诗学理论基础。

常州诗派反对模拟古人，主张创新。赵翼指出，“不创前未有，焉传后无穷”④，“诗文随世运，无日不趋新”⑤。提倡作诗要“入理”，符合客观实际情况及主观的思维逻

① （清）袁枚《随园诗话》卷三，人民文学出版社1982年版，第74页。

② （清）袁枚《随园诗话》卷五，人民文学出版社1982年版，第146页。

③ （清）赵怀玉《竹初诗钞序》，《竹初诗钞》卷首，《续修四库全书》第1460册，上海古籍出版社，第2页。

④ （清）赵翼：《瓯北集》卷三九《读杜诗》，上海古籍出版社1997年版，第943页。

⑤ （清）赵翼：《瓯北集》卷四六《论诗》，上海古籍出版社1997年版，第1173页。

辑。重视诗写性情，强调诗歌要表现真性情、真学识。受儒家传统思想影响，常州诗派所谓“性情”更多是指儒家伦理亲情及朋友间的友情。高尚人品是提高诗品的前提，诗品出于人品。主张多读书，学识是诗文的根基，诗人既要有学识，又不能以学问掩性情，要在表情达意中自然显现。强调诗歌思想内容要表现对理想的追求和对黑暗现实的批评，“诗必有珠光剑气，始不可磨灭”，常州诗派的这些诗歌主张对于纠正清中叶各种作诗流弊有着积极的意义。

赵翼（1727—1814）的诗歌创作成就使他无愧于“性灵派”副将的地位，其《瓯北集》收录诗词5000余首，其中以五言古诗最具特色。赵翼主张诗歌要抒写真性情，表现诗人的独特个性，诗歌创作要与时俱进，提倡创新，反对盲目崇古和机械模拟。“江山代有才人出，各领风骚数百年”①，这是其广为传诵的诗句，每个时代都有引领风骚的人物，不必惟古人是从。赵翼在咏史、怀古诗的创作上，尤具史识，富于新意。其诗歌题材广泛，风格豪放，但用典偏多。

黄景仁（1749—1783），字仲则，自号鹿菲子，武进人。少孤家贫，勤奋好学，16岁应童子试，名列第一，但后来乡试屡落选，一生仕途困顿。后为养家糊口，南北奔波，生活极端窘迫，“全家都在风声里，九月衣裳未剪裁”②。由于长期生活贫困，加之疾病缠身，35岁时病逝，留下了2200多首诗词，汇集为《两当轩集》。黄景仁的诗歌多为个人际遇有感而发，嗟贫叹苦，啼饥号寒，抒写平生穷愁、愤懑之情成为其诗歌主要内容。如七律《杂感》云：“仙佛茫茫两未成，只知独夜不平鸣。风蓬飘尽悲歌气，泥絮沾来薄倖名。十有九人堪白眼，百无一用是书生。莫因诗卷愁成谶，养鸟秋虫自作声。”③诗中表达了对现实的愤慨，对自己身世的悲伤，不平之气和愤世之情溢于言表，其“十有八九堪白眼，百无一用是书生”成为传世名句。黄景仁不幸而凄凉的身世造就了他多愁善感的精神气质，进而形成了其诗歌感伤的基调。自清中叶以来，黄景仁的诗歌一直为人称道，“乾隆六十年间，论诗者推为第一”④。当代诗人郁达夫说：“要想在乾、嘉两代的诗人之中，求一些语语沉痛、字字辛酸的真正具有诗人气质的诗，自然非黄仲则莫属了。”⑤

清中叶，“扬州八怪”之一的郑燮在诗歌创作上也颇具特色和影响。郑燮（1693—1765），字克柔，号板桥，兴化人。出身贫寒，曾经历“爨下荒凉告绝薪，门前剥啄来催

---

① （清）赵翼：《瓯北集》卷二八《论诗》，上海古籍出版社1997年版，第630页。

② （清）黄景仁著，胡忆肖选注：《黄景仁诗词选·都门秋思》，华中工学院出版社1988年版，第181页。

③ （清）黄景仁著，胡忆肖选注：《黄景仁诗词选·杂感》，华中工学院出版社1988年版，第31页。

④ （清）包世臣：《安吴四种·齐民四术》卷六《黄征君传》，沈云龙主编：《近代中国史料丛刊》第一编第294册，台湾文海出版社1972年版，第2084页。

⑤ 郁达夫：《郁达夫文集》卷六《关于黄仲则》，花城出版社1983年版，第115—116页。

债”的艰难岁月。乾隆年间考中进士，曾任山东范县、潍县知县，因开仓赈济灾民，得罪上司，愤然辞官。后寓居扬州靠卖画为生，诗、书、画皆有很深的造诣，人称“三绝”。重视诗歌创作的现实性和社会性，强调诗歌要“自树其帜”，“直抒血性”，“歌咏百姓之勤苦”，认为“天地间第一等人，只有农夫”，对广大农民所遭受的苦难寄予深深的同情，故而诗词多反映民生疾苦。他质问唐代诗人王维、赵子昂“平生诗文，可曾一句道着民间痛痒？”[①]赞扬杜甫“只一开卷，阅其题次，一种忧国忧民忽悲忽喜之情，以及宗庙丘墟、关山劳戍之苦，宛然在目”[②]。郑燮创作了不少具有深刻社会意义的现实主义诗歌。如《私刑恶》，揭露贪官酷吏私设刑法残害人民的罪恶行为；《逃荒行》、《还家行》描写了农村灾荒后饥民“十日卖一儿，五日卖一妇”的悲惨景象；《孤儿行》、《后孤儿行》和《姑恶》则通过两个孤儿和小媳妇的惨遇，刻画了连年灾荒后的农村惨象，控诉了封建宗法制度的黑暗。作为一名画家，郑板桥的诗歌善于形象化的描绘，具有“诗中有画”的特点，大量题画诗都有寄托。郑板桥的诗歌不傍古人，多用白描，通俗易懂，明白流畅。

2. 词

宋代之后，元明两朝词坛冷落萧条。至清代，词体文学开始逐渐复兴繁荣，无论词的创作数量还是词学理论都有了前所未有的发展。清代，江苏为词学重镇所在，名家辈出，先后涌现出以陈维崧为代表的阳羡[③]词派和张惠言为代表的常州词派。

阳羡词派为清前期词派，阳羡词人崇尚苏轼、辛弃疾之豪放词风，代表人物有陈维崧、任绳隗、徐喈凤、史惟圆、万树、曹亮武、陈维岳、蒋景祁、董儒龙等。阳羡词派以陈维崧为领袖，从形成到盛衰前后历经30余年。曹亮武等选编的《荆溪词初集》集中地反映了阳羡词派的词作特色和词学理论。陈维崧等提出的“存经存史”、“亦经亦史”的词学理论主张，在中国词学史上第一次明确、系统地阐明了现实主义词学观。康熙二十六年(1687)，万树编写的《词律》是清前期一部知名律谱，对清词的发展具有积极的作用。

陈维崧(1625—1682)，字其年，号迦陵，宜兴人，明末复社著名文人陈贞慧之子。少时作文即才思敏捷，吴伟业誉之为“江左凤凰”。入清后补为诸生，康熙十八年(1679)，应博学鸿词科，由诸生授翰林院检讨。54岁时参与修纂《明史》，4年后卒于任所。陈维崧身体瘦弱，满脸络腮胡子，人称“陈髯”。因早有文名，一时名流如吴伟业、冒襄、龚鼎孳、朱彝尊等均与他有交往。词作水平与朱彝尊齐名，人称

---

① (清)郑燮著，卞孝萱编：《郑板桥全集·潍县署中与舍弟第五书》，齐鲁书社1985年版，第196页。

② (清)郑燮：《郑板桥集·范县署中寄舍弟墨第五书》，上海古籍出版社1979年版，第14页。

③ 宜兴古称“阳羡”，因其境内有阳羡山之故。

“朱陈”，两人在京师时曾切磋词学，合刊过《朱陈村词》。陈维崧早年生活优裕，词多风月旖旎之作。中年后，师法苏轼、辛弃疾，受辛词的影响尤深，词风转而豪放，落拓不羁。“或孤蓬夜雨，辋轲历落；或风廊月榭，酒枪茶董；或逆旅饥驱；或河梁赋别；或千里怀人；或一堂燕乐；或须髯奋张，酒旗歌板，诙谐狂啸，细泣幽吟，无不寓之于词。”[①]前人表现豪放情怀多用长调，而陈维崧长、短调并用，且能在小令中慷慨高歌，抒发豪迈之情。词作内容有的写自己怀才不遇和国家兴亡之感，有的以清新笔调描写江南风光和社会生活，有的抒写民生疾苦。如《贺新郎·纤夫》一词描绘了为镇压“三藩之乱”清廷强征江南10万民夫替战船拉纤，“列郡风驰雨骤”，使得“闾左骚然鸡狗”，写到一民夫与“草间病妇”的“临歧诀绝”[②]，情状凄惨，字字血泪，令人不忍卒读。《南乡子·江南杂咏》揭露了凶恶如鬼的官吏对劳苦人民的压榨，因为“户派门摊”，农民被迫卖屋纳税，最后只能“独宿牛车滴秋雨”。陈维崧学识渊博，诗文俱佳，为清初骈体文一大家，但以词的成就最高。著有《湖海楼诗文词全集》54卷，其中词占30卷，合小令、中调、长调计416调，计词1629阕，创作之富，为清代词人之冠。清人陈廷焯对陈维崧的词甚为推崇，“陈其年词，纵横博大，海走山飞。其源亦出苏、辛，而力量更大，气魄更胜，骨韵更高，有吞天地走风雷之势，前无古，后无今”[③]。

在阳羡词派渐趋衰败之际，常州词派乘时而起，成为清词坛又一流派。常州词派由常州词人张惠言开创，周济等继承发展，主要作家多为常州人，故名。常州词派以词学理论著称于世，其词论代代相传，形成了特色鲜明的词学理论体系。常州词派力纠浙西词派一味拟古、寄兴不高、偏重技巧之弊，奉北宋周邦彦、秦观为宗，主张词要寓意深刻，立意为本而格律为末，抒写性情要运用比兴，有感而发。周济进一步强调“意内言外”，称词要有所寄托。常州词派代表词家有恽敬、黄景仁、李兆洛、陆继辂等，后起的中坚骨干有周济、谭献、陈廷焯等人。清人缪荃孙辑有《国朝常州词录》31卷，收常州词人498家、词3110首，书中尚不包含非常州籍的常州派词人及其作品，可见清代常州词派声势之盛。当代词学大师龙榆生说：“常州派继浙派而兴，倡导于武进张皋文（惠言）、翰风（琦）兄弟，发扬于荆溪周止庵（济），而极其致于清季临桂王半塘（鹏运）、归安朱彊村（孝臧，原名祖谋，字古微）诸先生，流风余沫，今尚未全衰歇。其间作者，未必籍隶常州，而常籍词家，又未必同为一派。亦犹宋代江西诗派，以黄山

① （清）陈宗石：《迦陵词全集跋》，（清）陈维崧：《迦陵词全集》卷末，《续修四库全书》第1724册，上海古籍出版社2006年版，第393页。

② 梁鉴江选注：《陈维崧词选注》，上海古籍出版社1990年版，第163—164页。

③ （清）陈廷焯著，屈兴国校注：《白雨斋词话足本校注》，齐鲁书社1983年版，第830页。

谷(庭坚)为祖,而宗派圈中,占籍他省者不一其人,盖以宗法师承言,不以地域限也。"①

张惠言(1761—1802),字皋文,武进人。家境贫寒,14岁即任塾师。嘉庆四年(1799)进士,授翰林院庶吉士,后改任编修。张惠言词学成就最著,继朱彝尊之后,主盟词坛,开创了常州词派。嘉庆二年(1797),编纂《词选》,作为其宣传词派理论的范本,"尊词体,崇比兴,区正变",既开途径,又标宗旨,奠定了常州词派的理论基础。在《词选》序中,他提出了"比兴寄托"的主张,强调作词应该重视内容,"意内而言外","其缘情造端,兴于微言,以相感动。……低徊要眇,以喻其致","非苟为雕琢曼辞而已",反对把词当作"小道",提高了词的地位,要求词能"与诗赋之流同类而风诵之"②。张惠言严格遵守自己的词学主张,不随意作词,故其《茗柯词》仅收词46首,但几乎每首都成熟雄健,寓意深远。如《木兰花慢·杨花》摹写杨花的行踪、情态,神形逼真。"未忍无声委地,将低重又飞还"③,被认为是神来之笔,全词借咏杨花,抒发胸中情怀,寄意贴切,格调高人一筹,成为继苏轼、章质夫咏杨花词后的又一名篇。

张惠言之后,对常州词派发展影响最大的非周济莫属。周济(1781—1839),字介存,晚号止庵,常州府荆溪(今江苏宜兴)人。嘉庆十一年(1806)进士,授淮安府学教授,次年辞官回家,后隐居南京春水园,是常州词派的重要理论家,著有《词辨》,后辑有《介存斋论词杂著》,进一步发展了常州派词论。在张惠言论词的基础上,周济强调比兴寄托,重视词的社会内容和词人的"由衷之言",提出词"非寄托不入,专寄托不出"④,并以此作为词的准则,强调词要有论世的作用,所谓"诗有史,词亦有史,庶乎自树一帜矣"。词风上,提倡含蓄委婉,意味隽永,进一步丰富了常州词派的理论。周济的词作,被认为是常州词派"意内言外"的典范。

3. 小说

清前期,小说创作最为繁荣,无论长篇、短篇,还是文言、白话,都取得了很高的成就。小说创作的技巧、摹写世相百态的手法都达到了一个新的高度,其中,《红楼梦》、《儒林外史》、《镜花缘》等古典名著都与江苏有着不解之缘。

曹雪芹与《红楼梦》

曹雪芹(约1715—约1763),名霑,字梦阮,号雪芹,祖籍辽阳,满洲正白旗包衣汉

---

① 龙榆生:《龙榆生词学论文集·论常州词派》,上海古籍出版社1997年,第387页。

② (清)张惠言、董毅编:《词选 续词选》,华夏出版社2001年版,第1—2页。

③ 弓保安:《清词三百首今译》,陕西人民出版社1992年版,第418页。

④ (清)周济编:《宋四家词选·目录序论》,古典文学出版社1958年版,第2页。

人。[①] 康熙二年(1663),曾祖父曹玺出任江宁织造,后其子曹寅,曹寅子曹颙、曹頫相继出任江宁织造,曹家三代四人先后任江宁织造长达58年。[②] 康熙时,曹家深得康熙帝宠信。康熙六次南巡,有五次驻跸于曹家江宁织造署行宫内,仅曹寅就接驾4次。然而康熙死后,曹家开始走下坡路。雍正五年(1727),曹頫因"亏空银两"、"行为不端"、"骚扰驿站"等罪名被撤职抄家,曹氏南京家产全被抄没,仅有北京的房产"酌量拨给","以资养赡",曹家从此败落下来。

南京可谓曹雪芹的第二故乡,他出生于南京江宁织造署内,并在此度过"锦衣纨绔之时,饫甘餍肥之日"[③]的美好童年。雍正六年(1728),少年曹雪芹随家人返回北京,曹氏家族也结束了在南京65年的优渥富贵生活。移居北京后,曹雪芹的生活穷困潦倒,过着"举家食粥酒常赊","蓬牖茅椽,绳床瓦灶"的生活。曹雪芹一生经历了曹家盛极而衰,大起大落的生活体验,为他创作《红楼梦》打下了坚实的生活基础。从某种意义上,可以说是江苏这块土地孕育了《红楼梦》这部不朽名著。

南京、苏州和扬州是《红楼梦》主要涉及的3座城市,它们和曹雪芹家族关系紧密,曹家人先后在三地担任过江宁织造、苏州织造和扬州盐政等重要职务。《红楼梦》是曹雪芹迁居北京后所创作,从乾隆六年(1741)开始动笔,"披阅十载,增删五次",初稿曾题《金陵十二钗》、《石头记》等名称。"金陵"为南京别称,而"石头城"则是南京雅名,曹雪芹也说:"本文所叙事则石头城。"《红楼梦》第二回即特意点出宁国府、荣国府位于石头城内,文称:"那日进了石头城,从他老宅门前经过。街东是宁国府,街西是荣国府,二宅相连,竟将大半条街占了。"[④]《红楼梦》中许多主要人物和故事均是以南京、苏州、扬州等城市为背景展开的,王熙凤是南京姑娘,而林黛玉则是苏州姑娘。

《红楼梦》标志着中国古典小说创作的顶峰,全书共120回,一般认为,前80回为曹雪芹所著,后40回为高鹗续写。它描写了封建贵族青年贾宝玉、林黛玉、薛宝钗之间的恋爱和婚姻悲剧,反映了贾、王、史、薛四大家族的兴衰。书中大量描写了南京的饮食风土,比如鸭宴、枸杞头、芦蒿的吃法等,这些都是老南京的餐饮风俗。此外,《红楼梦》里还保留了大量南京方言、谚语。[⑤]

---

① 包衣为满语译音"包衣阿哈(booi aha)"的简称,意为奴仆。

② 关于曹雪芹的父亲究竟是曹颙还是曹頫,红学界迄今尚无定论:一种观点认为曹雪芹是曹頫之子,目前许多学者采信此说;另一观点则认为曹雪芹为曹颙的遗腹子。

③④ (清)曹雪芹、高鹗:《红楼梦》第一回,人民文学出版社2005年版,第1、26页。

⑤ 金正谦、毛积源、颜文敌:《〈红楼梦〉南京方言考辨》,钟南主编:《江海文存(社会科学论丛卷)》,天津古籍出版社1998年版,第17—45页。

吴敬梓与《儒林外史》

吴敬梓(1701—1754),字敏轩,号粒民,晚号文本老人,别署秦淮寓客,安徽全椒人。13岁,母亲病逝。14岁时,嗣父吴霖起至苏北赣榆县任教谕,前后共任职9年,吴敬梓从少年到青年时代的大部分时间是随嗣父在赣榆县学冷落的衙门中度过的。其间,他接受父教,熟读四书五经,写作八股文,阅读了大量诗词、小说、戏曲,为他此后的文学创作奠定了扎实的基础。18岁时,他考取秀才,后屡次乡试均名落孙山。雍正十一年(1733),吴敬梓33岁时变卖了全椒祖产,举家移居南京,购置了淮清桥附近的秦淮水亭作为居住之所。作为明清时期东南一大都会,南京工商业繁荣,学术思想活跃。移居南京后,吴敬梓广泛结交文人墨客、市井小民、歌儿舞女、和尚道士等社会各界人士,开阔了眼界,增长了知识,思想日新,“偶然买宅秦淮岸,殊觉胜于乡里”[①]。在南京,吴敬梓“犹尚好宾客,四方文酒之士,走金陵者,胥推先生为盟主。……又鸠同志诸君,筑先贤祠于雨花山之麓,祀泰伯以下名贤凡二百三十余人,宇宦极闳丽,工费甚钜……售所居屋以成之。晚岁日益窘,冬至不能具炉炭,每薄暮,出东郭门,入西郭门,步十余里乃归食,谓曰‘暖脚’”[②]。移居南京对吴敬梓的文学创作有着积极影响,可以说,如果说没有南京这段生活经历,没有目睹当时南京繁华社会的众生相,吴敬梓是难以完成《儒林外史》这样一部批判现实主义的伟大著作。乾隆十九年(1754),吴敬梓客死扬州后,亲友们将棺梓运至南京安葬,惜其墓今已不可寻。

吴敬梓人生的大部分时光是在南京度过的,南京成为《儒林外史》重要情节的发生场所,“闲居日对钟山坐,赢得《儒林外史》详”[③]。当时,南京成为各地文人向往的地方,希望到南京施展才能,实现自己的理想抱负。正如《儒林外史》中言:“南京是个大邦,你的才能,到那里去,或者还遇着个知己,做出些事业来。”[④]书中,对南京的玄武湖、莫愁湖、雨花台、报恩寺、水西门、清凉山等古迹和名胜风光都有刻画描写,南京的山水、楼台、寺庙、集市、人情世俗和方言、俚语、谚语等在书都有所反映,作品充满了南京的风土人情和生活气息。

李汝珍与《镜花缘》

李汝珍(1763—1830),字松石,直隶大兴(今北京大兴区)人,一生大部分时间是

---

① (清)吴敬梓著,李汉秋辑校:《吴敬梓诗文集·文木山房集》卷四《买陂塘》,人民文学出版社2002年版,第60页。

② (清)金和:《儒林外史跋》,朱一玄等编:《〈儒林外史〉资料汇编》,南开大学出版社2003年版,第278页。

③ (清)王又曾:《书吴征君敏轩先生〈文木山房集〉后有序》,李汉秋辑校:《吴敬梓诗文集》,人民文学出版社2002年版,第170页。

④ (清)吴敬梓著,陈美林批评校注:《清凉布褐批评儒林外史》第三十二回,新世界出版社2001年版,第359页。

在江苏度过的。少而颖异,不喜为时文。[①] 乾隆四十七年(1782),长兄李汝璜赴海州板浦场(今江苏灌云县板浦镇)任盐课司大使,19岁的李汝珍也随行。后李汝珍在板浦续娶、安家,其间曾短暂到河南担任过县丞。他一生虽没有得到什么功名,但博学多识,精通音韵,著作有《李氏音鉴》和《受子谱》(围棋谱)。其文学代表作《镜花缘》是在海州酝酿并创作完成的,从开始构思到最后完稿,前后历时约20年时间,原计划写200回,实际完成100回。作者自述:"读了些四库奇书,享了些半生清福,心有余闲,涉笔成趣,每于长夏余冬,灯前月夕,以文为戏,年复一年,编出这《镜花缘》一百回。"[②] 书成后,先在亲朋好友中流传,嘉庆二十三年(1818),正式付梓。《镜花缘》是一部优秀的浪漫主义古典长篇小说,带有浓厚的神话色彩,赞扬了女子才华,表现出尊重妇女地位的民主思想,鲁迅在《中国小说史略》中称之为"与万宝全书相邻比"的奇书。由于李汝珍人生大半时间是在海州度过的,《镜花缘》的构思和写作也是在海州完成,故海州的水光山色、史乘趣闻、风土人情和语言等都成为他的创作素材。[③] 此外,李汝珍还常到扬州、苏州等地探亲访友,与一些乾嘉派学者往来密切,这些学者对他的思想和文学创作也产生了不同程度的影响。

小说评论

随着小说创作的繁荣,清代江苏学者的小说评论也有了进一步发展。金圣叹对《水浒》的评点,毛氏父子对《三国演义》的评点,张道深对《金瓶梅》的评点,把评点形式的中国古代小说理论和批评推向了新的高度。

金圣叹评点《水浒》。金圣叹(1608—1661),原名采,字若采,明亡后改名人瑞,字圣叹,吴县(今江苏苏州)人。少有才名,"为人倜傥高奇,俯视一切,好饮酒,善衡文评书,议论皆发前人所未发"[④]。曾将《离骚》、《庄子》、《史记》、《杜甫诗》、《水浒》、《西厢记》合称"六才子书",并对《水浒》、《西厢记》进行批点,另著有诗集《沉吟楼诗选》等。顺治十八年(1661),因参与"哭庙案"被清廷杀害。金圣叹通过评点《水浒》和《西厢记》,系统地提出了小说、戏曲的创作理论,丰富和发展了我国古代小说理论。其文学批评注重思想内容的阐发,往往借题发挥、议论政事,从而反映了其社会观和人生观。金圣叹评点《水浒》,揭示了《水浒》的创作精神及艺术特点,使读者对作品有了新的理解和认识。他把人物个性的塑造放到首位,"人有其性情,人有其气质,人有其形状,

① 时文,明清时期主要指科举考试的"八股文",也称"制艺"。

② (清)李汝珍:《镜花缘》第一百回,北京十月文艺出版社1997年版,第301页。

③ 张蕊青:《江苏人文传统对李汝珍创作之影响》,《学海》1999年第5期;《李汝珍与海州风物》,《苏州大学学报(哲学社会科学版)》2000年第3期。

④ (清)廖燕著,屠友祥校注:《二十七松堂文集》卷一四《金圣叹先生传》,上海远东出版社1999年版,第341页。

人有其声口"[1]。描写一个人物的性格应表现出多面性、复杂性，体现出统一性、连贯性。金圣叹完善了古代小说、戏曲批评的评点形式，将序、读法和总批、夹批、眉批等方式综合一体，使文学鉴赏、批评和理论阐述熔为一炉。经他完善的评点形式，清人长期沿用不衰，对评点派产生了深远的影响。金圣叹因此奠定了他在中国《水浒》评论史，乃至中国小说批评史上杰出的地位。[2]

苏州毛纶、毛宗岗父子共同评点《三国演义》。毛纶，字德音，号声山，长洲(今江苏苏州)人，约与金圣叹生于同时。一生穷困不仕，在苏州当地颇有文名。中年后，双目失明，乃以评点《三国演义》等书以自娱。评书时，由他口授，再由儿子毛宗岗校订、加工定稿。毛宗岗(1632—?)，字序始，号孑庵。毛氏父子对《三国志演义》这部历史小说的评点多为史论，在文学批评上，其观点与方法基本上效法金圣叹，在历史小说评论方面有一些独特的见解。他们认为一部成功的历史小说要在"真实可考"的基础上脉络贯通、首尾相应、波澜曲折，这样才能引人入胜。历史小说应围绕题材的选择、结构的完整、适当的虚构几个方面展开，历史小说家必须匠心独运，巧作安排，使作品成为统一、和谐的艺术整体，为增强小说艺术感染力可适度的艺术虚构，形成了他们"以真为主、以虚为辅"的历史小说创作理论，这也是他们评点《三国演义》"七实三虚"的实践总结。毛氏父子修订、评点的《三国演义》刊刻以后，逐渐取代《三国志通俗演义》各类版本而风行全国，今天流行的120回本《三国演义》即是毛氏父子的评点修订本。

张竹坡评点《金瓶梅》。张竹坡(1670—1698)，名道深，字自得，号竹坡，铜山人。24岁时至北京，在文人诗社活动中大出风头，在极短的时间内"长章短句，赋成百有余首"，被誉为"竹坡才子"，然而乡试屡应不第，一生穷愁悲苦，赍志而殁。康熙三十四年(1695)，张竹坡以崇祯本《金瓶梅》为底本，开始以竹坡名加以评点。他继承冯梦龙等人的小说史观与四大奇书之说，称《金瓶梅》为"第一奇书"。清人刘廷玑曾任淮徐道观察，与张竹坡家族交往密切，他在《在园杂志》中记载了张竹坡评点《金瓶梅》、书板焚毁及原刻本流传甚少的详情。"彭城张竹坡为之先总大纲，次则逐卷逐段分注批点，可以继武圣叹，是惩是劝，一目了然。惜其年不永，殁后将刊板抵偿夙逋于汪苍孚，苍孚举火焚之，故海内传者甚少。"[3]张竹坡的评点，不但有《金瓶梅读法》108条、章回前的总评、眉批、夹批，而且有专论，对《金瓶梅》作了全面的研究和系统的评论，

---

① (清)金圣叹著，曹方人、周锡山标点：《金圣叹全集·贯华堂本第五才子书水浒传上·序三》，江苏古籍出版社1985年版，第10页。

② 王运熙、顾易生主编：《中国文学批评史》，复旦大学出版社2001年版，第350页。

③ (清)刘廷玑：《在园杂志》卷二《历朝小说》，中华书局2005年版，第84页。

开创了《金瓶梅》评论的新阶段，在中国小说理论批评史上占有一定的地位。他认为不愤不作，《金瓶梅》是一部泄愤的世情书，而不是淫书，强调不要只着眼于淫话秽语，要从精神实质和整体上认识《金瓶梅》的主导倾向。重视对《金瓶梅》作者的阅历研究，不主张猜测作者的真姓名，认为作者经历了患难愁苦，入世最深，所以描绘市井社会逼真如画，将现实社会和艺术真实完美统一，达到我国古典小说现实主义的高峰。张竹坡分析《金瓶梅》的人物性格特点，丰富了典型性格论。然而受时代局限，有的评论是离开作品形象的主观臆想及封建性说教。

4. 散文

清代散文（包括古文、骈文）较明代有了进一步发展，名家辈出，出现了向唐宋古文传统回归的趋势，江苏地区出现了顾炎武、汪琬、沈复、袁枚等散文大家。

清初，昆山人顾炎武不仅是著名的爱国学者，而且是卓有成就的诗人和散文家，散文写作中贯彻"经世致用"的原则，体现了对社会和人生的高度关怀，文字简洁凝练，文风朴实无华，注重散文的抒情性，将议论、叙述与抒情融为一体，纯朴自然。其《军制论》、《形势论》、《田功论》、《钱法论》等议论文继承了我国古代政论文的优良传统，论点鲜明、论据充分、结构严谨。其传记类文章最具特色，如《书吴潘二子事》记述了因"《明史》案"而罹难的两位吴江年轻学者吴炎和潘柽章的事迹，颂扬了他们的高风亮节和史才，揭露了清廷文字狱对江南士子的血腥镇压。①

汪琬（1624—1690），字苕文，号钝庵，长洲（今江苏苏州）人。顺治十二年（1655）进士，曾任户部主事、刑部郎中等职，后托病回乡闲住。康熙十八年（1679），参加博学鸿词科考试，授翰林院编修，参与《明史》的编纂工作，不久又托病还乡。晚年隐居太湖尧峰山，号尧峰，人称尧峰先生。其诗文深受唐宋派影响，以八大家为法式，最崇拜宋代欧阳修，于明人则推崇归有光，论文讲求明于辞义，合乎经旨，著有《尧峰文钞》传世。他与阮大铖、魏禧并称清初"散文三大家"，在明清之际的文坛占据重要地位。汪琬虽仕清，但内心对抗清志士仍充满敬意，其散文中记述了多位抗清殉国志士。在《江天一传》中，从传主的一生行事中提炼出"忠勇义烈"的精神主线，然后以此选材、剪裁、结构成篇，塑造了一个智勇双全、忠义待人、誓死抗清的英雄形象，颂扬了江天一"独以诸生殉国"的高风亮节，有声有色，感人至深。在《书沈通明事》中，记述了曾为明总兵的淮安人沈通明任侠轻财，明亡后，为保护友人妻子，在清兵包围其家时，负爱妾，骑马持弓突围而出，流落苏州，变姓名，卖卜自活，豪饮善歌，一市皆以为狂，惟与罢官居家的彭篯相来往，人物形象十分鲜活，颇有司马迁的《史记》笔意。作为清廷

① （清）顾炎武：《顾亭林诗文集》卷五，中华书局1982年，第114—116页。

官员的政治身份,汪琬能大胆肯定并赞扬抗清义士及逃避追捕的前明故吏,在清初难能可贵。

清中叶,苏州人沈复所著自传体散文《浮生六记》代表了当时叙事性散文的最高成就。沈复(1763—?),字三白,号梅逸。父亲以游幕为业,沈复自幼读书刻苦,迫于生计,19岁即开始习幕,除短期经商外,一生多以坐馆、游幕为业。嘉庆十三年(1808),沈复随清使节齐鲲、费锡章等出使琉球,其间完成了《浮生六记》前四记的写作。[①] 晚年,沈复退居故里并终老于乡,约卒于道光十八年(1838)前后。《浮生六记》是沈复惟一存世的著作,这是一部个人自传纪实性散文,全书六卷,每卷记一事类,故有"六记"之名,依次为闺房记乐、闲情记趣、坎坷记愁、浪游记快、中山记历、养生记道,记述夫妻生活的闺中乐趣和闲情逸致,更叙述了他们生活的坎坷和哀怨。《浮生六记》后两记已亡佚,现仅存目录,民国时出现的所谓"足本"系他人伪作。[②]《浮生六记》各有独立的主题,内容相互衔接、照应与补充,全书成为一部完整的个人日常生活实录,整体节奏有张有弛,以作者个人的婚姻生活为中心,将大半生的悲欢离合尽情地呈现在读者面前,令人感动。《浮生六记》"既独抒性灵,富于生活情趣,同时却又能写出在家族制度和礼教的压迫下个人的斑斑血泪。其创作精神既与袁枚乃至袁宏道的性灵说相通,也与新文学的要求人性解放者有其内在的联系,故也受到新文学家俞平伯、林语堂等人的推崇"[③]。林语堂将《浮生六记》翻译成英文,使它传播到世界各地,影响日广。

二 艺 术

1. 戏剧

清初戏曲在晚明戏曲的基础上进一步发展,戏剧的表演和创作活动十分繁荣。这一时期,江苏地区涌现出许多才华出众的戏剧表演艺术家和剧作家。

戏剧表演

清初,随着经济的恢复和发展,江苏城乡各地的戏剧表演活动日益活跃,扬州、苏州、南京等城市成为各类戏剧表演活动的中心。

扬州地区的戏剧表演

清代,扬州交通发达,工商业繁盛,扬州盐商更是富甲天下,"商路即戏路",各地

---

① 陈毓罴:《〈浮生六记〉写于海外说》,《光明日报》1984年10月30日第3版。

② 陈毓罴《〈浮生六记足本〉考辨》,《文学遗产增刊》第十五辑,1983年版。2008年,有学者从清代无锡学者钱泳手稿《记事珠》中发现其抄录《浮生六记》卷五的手稿,参见彭令:《沈复〈浮生六记〉卷五佚文的发现及初步研究》,www.zggdxs.com/Article/xlhy/mqxs/qtzp/200807/1105.html

③ 章培恒、骆玉明主编:《中国文学史新著》(下),复旦大学出版社2007年版,第482页。

的戏曲艺人纷纷流向扬州进行演出，成为与北京齐名的戏曲演出中心城市。康乾时期，昆曲表演成为扬州的流行时尚，一般市民都喜爱观看，且喜欢清唱。平日，扬州瘦西湖上往来的画舫中常有一些营业性质的歌船演唱昆曲。"每一市会，争相斗曲，以画舫停篙就听者多少为胜负。多以熙春台、关帝庙为清唱之地。"①

乾隆帝南巡进一步促进了扬州戏曲的繁盛和艺术水平的提高。为迎接乾隆南巡，两淮盐务官员和扬州盐商不惜财力延聘全国各地戏班和名角来扬州演出，一时间名角荟萃。在迎驾时节，扬州戏曲表演活动达到极盛，大运河沿途有戏船演戏迎銮，城内堂戏、台戏、大班等也频繁不断。"天宁寺本官商士民祝厘之地，殿上敬设经坛，殿前盖松棚为戏台，演仙佛、麟凤、太平击壤之剧，谓之大戏，事竣拆卸。迨重宁寺构大戏台，遂移大戏于此。两淮盐务例蓄花、雅两部以备大戏：雅部即昆山腔；花腔为京腔、秦腔、弋阳腔、梆子腔、罗罗腔、二簧调，统谓之'乱弹'。"②扬州"郡城花部，皆系土人，谓之'本地乱弹'，此土班也。至城外邵伯、宜陵、马家桥、僧道桥、月来集、陈家集，人自集成班，戏文亦间用元人百种，而音节服饰极俚，谓之'草台戏'，此又土班之甚者也。若郡城演唱，皆重昆腔，谓之'堂戏'。本地乱弹只行之祷祀，谓之'台戏'。迨五月昆腔散班，乱弹不散，谓之'火班'。后句容有以梆子腔来者，安庆有以二簧调来者，弋阳有以高腔来者，湖广有以罗罗腔来者，始行之城外四乡，继或于暑月入城，谓之'赶火班'。而安庆色艺最优，盖于本地乱弹，故本地乱弹间有聘之入班者。"③

清代，扬州还有不少职业戏班，著名的昆曲职业戏班有太平班、百福班、双清班、聚友班等，它们都有较强的演员阵容。乾隆二十二年(1757)时，太平班有演职员 80 多人，各种行当齐全，在观众中影响很大。双清班全由女子组成，是乾隆年间扬州的职业女子昆班，常在泰州、南京、苏州等地流动演出。除了职业戏班，一些扬州盐商还蓄养戏曲家班，一方面自娱自乐，另一方面通过蓄养家班以炫耀财富、攀结权贵，同时外出商业演出还可获得可观的经济收入。

江都吴绮昆曲家班。吴绮(1619—1694)，字园次，号听翁，又号红豆词人，工南曲。顺治十三年(1656)，奉旨创作传奇剧《忠愍记》而得宠于顺治皇帝。康熙五年(1666)，出任湖州太守，招饮四方名士，歌宴无虚日。康熙八年(1669)，被劾罢官。后归扬州，家居 20 多年，蓄养昆班，以声伎自娱。曹溶《摸鱼儿》词记"吴园次招集米山堂"、"又集米山堂观剧"、"翠暖氍毹"，这些都反映了吴绮家班的演出情况。

---

① (清)李斗:《扬州画舫录》卷一一《虹桥录下》，江苏广陵古籍刻印社 1984 年版，第 242 页。

② (清)李斗:《扬州画舫录》卷五《新城北录下》，江苏广陵古籍刻印社 1984 年版，第 103 页。

③ (清)李斗:《扬州画舫录》卷五《新城北录下》，江苏广陵古籍刻印社 1984 年版，第 125 页。

雍正时，为整饬纲纪，清廷下达了禁止地方官员私养戏班的谕令。乾隆三十四年(1769)，重申这一禁令。[①] 乾隆时，扬州昆曲家班发展达到鼎盛，出现了著名的"七大内班"：徐尚志老徐班、黄元德家班、张大安家班、汪启源家班，程谦德家班、洪充实家班、江春家班。"昆腔之胜，始于商人徐尚志，征苏州名优为老徐班，而黄元德、张大安、汪启源、程谦德各有班。洪充实为大洪班，江广达为德音班，复征花部为春台班。自是德音为内江班，春台为外江班。今内江班归洪箴远，外江班隶于罗荣泰。此皆谓之内班，所以备演大戏也。"[②]"七大内班"名伶荟萃，角色俱备，演员之间多为亲戚师承关系，形成了不同的风格、流派，各班演员之间常流动，互有串班，在艺术上起到交流竞争的作用。江春(1721—1789)是乾隆时扬州著名盐商，凭借雄厚财力蓄养了两个家班：德音班和春台班，每年费银三万余两。德音班演唱主要是昆腔戏，春台班则主要是花部戏，也就是乱弹戏。除演员外，还专门招集"箫馆歌吹：张君思，三弦：高坤一，笛：邹文元，鼓板：牟七、朱三，琶琶清曲：璩万资、惠如松、王思恕"等演奏高手组成了丝竹乐队，其指导教师"皆吴门老集秀部名伶"[③]。

道光时，扬州盐商总管黄至筠筑个园，蓄家班于其中。"道光中陶文毅改票法，扬商已穷困。然总商黄潆泰尚有梨园全部，殆二三百人，其戏箱已值二三十万，四季裘葛递易，如吴主采莲、蔡状元赏荷则满场皆纱縠也。"[④]道光年间，两江总督陶澍对两淮盐务进行"票法"改革，扬州盐商财路断绝，扬州盐商家班也一蹶不振，职业戏班逐渐取代家班。

此外，扬州府属泰州、泰兴、兴化、如皋等地均有绅商蓄养家班。康熙初，泰州俞锦泉、王孙骖、陈端、朱光岩等蓄有家班，其中以俞锦泉的家班最为出色。俞氏富甲乡里，蓄有"女部"(即家班)百余人，建"舫亭"、"流香阁"专供演艺，并拥有庞大的歌舞船，经常去扬州、兴化等地演出。孔尚任曾有诗咏其家班："俞君声伎甲江南，粉白黛绿不知数。"[⑤]泰兴季寓庸、季振宜父子所蓄家班历来以规模宏大著称。康熙时，季振宜"畜伶甚众，又有女乐二部，服饰皆值巨万"。季氏所办昆曲家班与山西平阳亢氏均蓄有昆班，盛极一时，并称为"南季北亢"[⑥]。

如皋冒氏家班。冒氏家班创始于冒梦龄，盛于其孙冒襄。冒梦龄，字汝九，曾任

---

① 王利器：《元明清三代禁毁小说戏曲史料(增订本)》第一编《中央法令》，上海古籍出版社1981年版，第31、46页。

② (清)李斗：《扬州画舫录》卷五《新城北录下》，江苏广陵古籍刻印社1984年版，第103页。

③ (清)熊之垣：《花间笑语》卷二，转引自刘水云：《明清家乐研究》，上海古籍出版社2005年版，第614页。

④ (清)欧阳兆熊、金安清：《水窗春呓》卷下《河厅奢侈》，中华书局1984年版，第42页。按，因黄至筠经营盐业旗号为"潆泰"，故又称黄潆泰。

⑤ 汪蔚林编：《孔尚任诗文集》，中华书局1962年版，第40页。

⑥ (清)俞樾撰，贞凡、顾馨、徐敏霞点校：《茶香室续钞》卷七《南季北亢》，中华书局1995年版，第638页。

江西会昌知县、云南宁州知府等职，后归里蓄伎以自娱。天启五年（1625），冒梦龄庆60大寿，家班表演《琵琶记·汤药·剪发》“累月不倦”，可见冒氏家班的实力不凡。冒襄（1611—1693），字辟疆，号巢民，少负才名，屡应乡试不第。入清后，隐居不仕，于水绘园专心培训家班，组织戏曲活动，广结文人墨客。他说：“家生十余童子，亲教歌曲成班，供人剧饮，岁可得一二百金，谋食款客。”①家班在冒襄交友活动中发挥了重要作用，一年四季，冒家宾客盈门。每有宾客，冒家必在水绘园设宴张乐，侑酒佐欢。康熙三十二年（1693），冒襄死后，家班由长子冒青若接管。从明末到清初，冒氏家班活跃了百余年，在江淮一带有较大影响。

苏州地区的戏剧表演

清前期，苏州戏剧演出兴盛，昆曲苏派唱腔风靡一时，“家歌户唱寻常事，三岁孩童识戏文”，形成“四方歌曲，必宗吴门”的局面，并出现了艺人的行会组织和管理机构。清代苏州人顾禄说：“老郎庙，梨园总局也。凡隶乐籍者，必先署名于老郎庙。庙属织造府所辖，以南府供奉需人，必由织造府选取故也。每岁竹醉日后，炎暑逼人。宴会渐稀，园馆暂停烹炙，不复歌演，谓之‘散班’。散而复聚，曰‘团班’。团班之人，俗称‘戏蚂蚁’。中元前后，择日祀神演剧，谓之‘青龙戏’。迤逦秋深，增演灯戏。灯戏出场，先有坐灯，彩画台阁人物故事，驾山倒海而出，锣鼓敲动，鱼龙曼衍，辉煌灯烛，一片琉璃。盖金阊戏园不下十余处，居人有宴会，皆入戏园，为符客之便，击牲烹鲜，宾朋满座。阑外观者亦累足骈肩，俗目之为‘看闲戏’。有无名氏《新乐府》云：‘金阊市里戏馆开，门前车马杂沓来。烹羊击鲤互主客，更命梨园演新剧。四园都设木阑干，阑外客人仔细看。看杀人间无限戏，知否归场在何地？繁华只作如是观，收拾闲身闹中寄。’……沈朝初《忆江南》词云：‘苏州好，戏曲协宫商。院本爱看新乐谱，舞衣不数旧霓裳，昆调出吴阊。’”②康熙、乾隆年间，苏州的昆曲家班达到极盛，班社林立。当时，苏州“郡城之优部以千计，最著者唯寒香、凝碧、妙观、雅存诸部。衣冠宴集，非此诸部勿观也”③。苏州老郎庙成为当时戏曲艺人聚会之所，并成立了戏曲行会组织“梨园公所”。苏州织造府不仅掌管苏州梨园事务，还蓄有昆曲戏班“织造府班”，演唱以昆曲为主，其他声腔为辅。康熙南巡至苏州的接驾戏班演出以及朝廷所需昆曲演员等，均由苏州织造府承应和选取。康熙三十八年（1699），康熙第三次南巡抵苏时，苏州织造李煦“以寒香、妙观诸部承应行宫，甚见嘉奖。每部中各选二三人，供奉内

---

① （清）冒襄辑：《同人集》卷三《书后·附书邵公木世兄见寿诗后》，《四库全书存目丛书》第385册，齐鲁书社1997年版，第117页。

② （清）顾禄：《清嘉录》卷七《青龙戏》，上海古籍出版社1986年版，第122—123页。

③ （清）焦循：《剧说》卷六，古典文学出版社1957年版，第128页。

廷”。苏州织造李煦“在苏三十余年，受理浒关税务，兼司扬州鹾政。恭逢圣祖南巡四次，克己办公，工匠经纪，均沾其惠，称为李佛。公子性奢华，好串戏，延名师以教习梨园，演《长生殿》传奇，衣装费至数万，以致亏空若干万”[1]。

清代，苏州会馆林立，许多会馆都筑有戏台、戏楼。康熙十七年(1678)，苏州城隍庙台上，“看戏者如堵”。康熙三十二年(1693)时，“苏城搭台，几无隙地”[2]，至四月犹未止。雍正时，苏州阊门外郭园开设了苏州史上第一家专业戏馆。“苏郡向年款神宴客，每于虎邱山塘，卷梢大船头上演戏。船中为戏房，船尾备菜，观戏者另唤沙飞、牛舌等船列其旁。客有后至者，令仆候于北马头，唤荡河船送至山塘。其价不过一钱六分之事。但遇大风大雨，或戏不甚佳，岸上抛砖掷瓦，戏即罢。闲人在各船顶板上看者太多，恐致覆坠，戏又罢。种种周章，殊多未便。至雍正年间，郭园始创开戏馆，既而增至一二馆，人皆称便，由是卷梢船歇矣。”[3]至乾隆间，开设的戏馆更多。“金阊商贾云集，宴会无时，戏馆、酒馆凡数十处，每日演戏养活小民不下数万人。”[4]

乾隆、嘉庆时，为保持昆、弋两腔的正统地位，清廷屡下禁令，禁演秦腔和乱弹诸腔。乾隆五十年(1785)，清廷谕旨：“嗣后城外戏班，除昆、弋两腔仍听其演唱外，其秦腔戏班，交步军统领五城出示禁止。现在本班戏子，概令改归昆弋两腔。如不愿者，听其另谋生理。倘于怙恶不遵者，交该衙门查拿惩治，递解回籍。”[5]嘉庆三年(1798)三月四日，江宁巡抚费淳奉旨查禁乱弹、梆子、秦腔等戏，江苏各地禁演乱弹等戏，外来戏班，速回原籍；本地戏班，改习昆弋两腔。“嗣后民间演唱戏剧，止许扮演昆弋两腔，其有演乱弹等戏者，定将演戏之家及在班人等，均照违犯制律，一体拘罪，断不宽贷。”[6]同年五月二十五日，苏州织造府为禁演乱弹，再次发布告示明令：如有外来乱弹等班“潜往郡城”及官绅士商违禁演唱，一经查出即按制定罪。并令本地昆班，凡演新戏，必须在开演之前，将各传奇的缮本呈报，以凭去取。如有私演淫亵、怪诞新戏，一经查出，定当严办。

清前期，苏州昆曲雅乐繁盛一时，许多文人士大夫家蓄养昆曲家班，时苏州知名家班有王永宁家班、尤侗家班、朱必抡家班等。王永宁家班为清初苏州知名家班，王

---

① (清)顾公燮：《丹午笔记》二四二《李佛公子》，江苏古籍出版社1999年版，第178—179页。

② (清)褚人获《坚瓠集·癸集》卷一《戏台对联》，《清代笔记小说大观》本，上海古籍出版社2007年版，第1454页。

③ (清)顾公燮：《消夏闲记摘抄》卷下《郭园始创戏馆》，孙毓修等辑：《涵芬楼秘笈丛书》第二集，上海商务印书馆民国十三年(1924)石印本。

④ (清)钱泳：《履园丛话》丛话一《旧闻·安顿穷人》，中华书局1979年版，第26页。

⑤ 《钦定大清会典事例》卷一〇三九，《续修四库全书》第812册，上海古籍出版社2006年版，第425页。

⑥ 《翼宿神祠碑记》，江苏省博物馆编：《江苏省明清以来碑刻资料选集》，生活·读书·新知三联书店1959年版，第295—296页。

永宁是清初平西王吴三桂女婿，曾置宅苏州拙政园中，并蓄养家班。康熙十年(1671)，王永宁曾宴请剧作家余怀、李渔、尤侗等，令家班于拙政园演出《牡丹亭》。同年，王氏又携家班至太仓为王时敏演剧祝寿，“里中颇为倾动”。王氏家班还曾在苏州石湖连接大船为舞台，在湖上演出，一时传为吴中盛事。康熙十二年(1673)，吴三桂反清，王永宁忧惧而死，后家班解散。

苏州尤侗家班。尤侗(1618—1704)，字展成，一字同人号悔庵，长洲(今苏州)人。顺治十三年(1656)，去官归里，在苏州葑门旧宅营造“看云草堂”戏厅，蓄歌童十人教习昆曲，所作杂剧、传奇等均由家班演出。

无锡侯杲家班。侯杲，字倪峰，康熙年间无锡人，筑“亦园”，并建戏台，名之“百尺楼”。侯氏有家乐三班，常于楼上演唱昆曲，所演唱多为好友万树所谱新曲。一时文人雅士，骚人墨客，常于园中聚会，唱和诗词，名噪大江南北。“国朝唯侯比部杲梨园数部，声歌宴会，推一时之盛。”[①]

丹徒王文治家班。王文治，乾隆年间丹徒人，官至云南临安知府，乾隆三十二年(1767)免职归里后，先蓄优童，后置女伶，先后蓄养两个家班。王氏家班女伶有素云、宝云、轻云、绿云、鲜云、澹云、微云、拂云等，因伶人多以“云”取名，故名“彩云班”。嘉庆五年(1800)，友人汤贻芬在王家观剧时写诗赞道：“十年彩云队，艳誉南北噪。”彩云班规模较大，“其演戏用家乐约三十人，外有女子四人，所演《西楼记》、《长生殿》俱精”[②]。清人袁枚说：“王梦楼太守，精于音律，家中歌姬轻云、宝云，皆余所取名也。有柔卿者，兼工吟咏。”[③]无锡人钱泳与王文治也有交往，他回忆说：“五云者，丹徒王梦楼太守所蓄素云、宝云、轻云、绿云、鲜云也。年俱十二三，垂髫纤足，善歌舞，余时年二十五六，犹及见之。越数年，五云渐长成矣，太守惟以轻云、绿云、鲜云遣嫁，携素云、宝云至湖北送毕秋帆制府，审视之，则男子也。制府大笑，乃谓两云曰：‘吾为汝开释之。’乃薙其头，放其足，为僮仆云。”[④]彩云班两位伶人男扮女装，目的主要是为了回避男女大防的清规戒律。将男伶杂于女班中演出，男女同班、同台，这在明清家班中比较少见。

乾隆年间，以江宁为中心的戏剧堂名活动也很活跃，特别是小堂名活动尤为引人注目。清人徐珂说：“堂名，乐班也，亦称清音班，昔之江宁，今之苏、杭等处皆有之。

---

① (清)黄印：《锡金识小录》卷一〇《前鉴·声色》，《中国方志丛书》华中地方第426号，台湾成文出版有限公司1983年影印版，第623页。

② (清)袁枚著，顾学颉校点：《随园诗话·批本随园诗话批语》，人民文学出版社1982年版，第845—846页。

③ (清)袁枚著，顾学颉校点：《随园诗话》卷二，人民文学出版社1982年版，第45页。

④ (清)钱泳：《履园丛话》丛话二三《杂记上·五云》，中华书局1979年版，第623页。

以尝自称福寿、荣华等堂，故以为名。每班用十岁至十五六岁之童子八人，服色皆同，领以教师管班，佐以华丽装饰品及九云锣诸乐器，喜庆之家多雇用之。乾隆时，江宁之清音小部，有单廷枢、朱元标、李锦华、孟大绶等。至末叶，次第星散。后起者为九松、四松、庆福、吉庆、余庆诸家，而脚色去来，亦鲜定止，而以庆福堂之三喜、四寿、添喜，余庆堂之巧龄、太平为品艺俱精。挟妓之游客辄携之，使并载于舫，无嫌竹肉纷乘也。”①

戏剧创作

清初，江苏地区的剧作家大致可分为三类：一类是以吴伟业、尤侗等为代表的“文人派”剧作家，他们的剧作多结合个人身世、借历史人物和故事抒发内心感慨，注重抒情性而不甚重视情节结构和舞台要求；二类是以李玉为代表的“苏州派”剧作家，善于通过现实和历史题材来反映现实社会与人生，形成了个性鲜明、雅俗共赏的艺术风格，剧作故事性和戏剧性强烈；三类是以李渔为代表的“娱乐派”剧作家，将戏曲的娱乐功能和形式技巧作为最高目标，剧作多风情喜剧，反映既风流自赏又不悖礼教的才子佳人故事，构思巧妙，深受普通市民欢迎。

“文人派”戏剧作家

吴伟业成长于江南戏曲之乡，耳濡目染，在写诗作词的同时，时常还创作剧本，并与苏州一些知名戏剧家如李玉、李渔、尤侗、袁于令、范景文等来往密切。其红颜知己卞玉京擅长戏曲，是戏曲的行家里手。“妓家各分门户，争妍献媚，斗胜夸奇。……入夜而擪笛搊筝，梨园搬演，声彻九霄。李、卞为首，沙、顾次之，郑、顿、崔、马又其次也。”②文中的“卞”即指卞玉京，她的演唱技艺在当时是出类拔萃的。吴伟业一生始终保持着对戏曲的痴迷，“狂从剧孟千场博，老爱优旃一曲歌”③。他认为，凡是现实生活中存在的事物就应在戏曲中有所反映，而现实生活是“情状万殊”的，戏曲题材也不应局限于一种形式。戏曲不仅为了娱乐，而且要有所寄托，主张“借古人之歌呼笑骂，以陶写我之抑郁牢骚”。其戏曲代表作主要有传奇《秣陵春》（又名《双影记》）和杂剧《通天台》、《临春阁》等，皆是“恒借他人之酒杯，浇自己之块垒”④的典型。《秣陵春》是清初最早一部体现“兴亡悲剧”的传奇，作者借徐适和黄展娘的爱情故事，抒发了亡国之

① （清）徐珂编：《清稗类钞·音乐类》“堂名”条，中华书局1984年版，第4939—4940页。

② （清）余怀著，刘如溪点评：《板桥杂记》上卷《雅游·乐户》，青岛出版社2002年版，第4页。

③ （清）吴伟业著，李学颖集评标校：《吴梅村全集》卷一七《观蜀鹃啼剧有感四首并序·其四》，上海古籍出版社1990年版，第473页。

④ （清）吴伟业著，李学颖集评标校：《吴梅村全集》卷六〇《辑佚·北词广正谱序》，上海古籍出版社1990年版，第1213—1214页。

痛和出仕清朝的矛盾心理。杂剧《通天台》、《临春阁》则选取历史片段再加以虚构而成，格调苍凉，文辞典雅，抒情性较强。然而吴伟业剧本缺少戏剧冲突，情节过于离奇，文辞太雅，适合阅读，而难以“宛转于当场”。

尤侗在顺治年间，曾以贡生任永平府推官，因鞭挞旗丁而被黜。康熙十八年(1679)，以花甲之龄中博学鸿词科二等，授翰林院检讨，参与纂修《明史》，3年后告老还乡，闭户著书。尤侗“天才富赡，诗文多新警之思，杂以谐谑，每一篇出，传诵遍人口”①。诗文词曲均有造诣，著有《西堂全集》。所著戏剧代表作有传奇《钧天乐》和杂剧《读离骚》、《吊琵琶》、《桃花源》、《黑白卫》、《清平调》，合称《西堂乐府》。清人王士祯评其剧本道：“激昂慷慨，可使风云变色，自是天地间一种至文。”②尤侗剧作多借历史故事和人物来表现个人怀才不遇和对现实社会的愤激之情，文辞老练而简朴，但思想欠深刻，情节也缺乏创新。

李玉为代表的苏州派

伴随着戏剧舞台的繁盛，串戏、编戏在苏州也成为一种时尚，明末清初时苏州城内逐渐集中了一批以编剧为生的平民剧作家，代表人物有李玉、朱佐朝、朱素臣、叶时章、毕魏、丘园、张大复、张二白等。他们相互合作，共同切磋曲律，形成具有相近的思想理念和戏剧创作风格，人们将他们称为“苏州派”。苏州派剧作家多为生活社会下层的布衣文人，一反传统戏剧创作“十部传奇九相思”的俗套，关注现实社会，贴近世俗人生，写出了许多政治剧和时事剧；剧作多揭露社会黑暗，具有鲜明的伦理教化意义；人物塑造上也富于平民色彩，许多下层人物以正面形象活跃于舞台；剧本节奏紧凑，曲辞通俗，引人入胜，演出效果良好。

李玉，字玄玉，又作元玉，自号苏门啸侣、一笠庵主人，吴县(今苏州)人，生卒年不详。其父为明万历大学士申时行的奴仆，因此自小受压抑，科场屡失意，至明末得中副贡。入清后，绝意仕进，隐居林下，以度曲自娱。作为清初戏曲苏州派的领袖，李玉是当时创作剧本最多的作家，现存剧本20余种。李玉剧作以明亡为界分为前后两个时期：前期作品以描写人情世态为主要内容，最负盛名的是崇祯年间刊刻的《一笠庵四种曲》，即《一捧雪》、《人兽关》、《永团圆》、《占花魁》，合称“一人永占”；后期作品多是描写历史上的政治斗争事件或直接从明末苏州的现实生活中取材，代表作有《千忠戮》、《万里缘》等，其中他与叶时章、毕魏、朱素臣合作而成的《清忠谱》代表了其戏剧创作的最高艺术成就。《清忠谱》一改过去清官拯救黎民的戏曲模式，真实地再现了

---

① (民国)赵尔巽等：《清史稿》卷四八四《尤侗传》，中华书局1977年版，第13340页。

② (清)王士禛：《香祖笔记》卷二，上海古籍出版社1982年版，第23页。

明末苏州市民冒死阻挡阉党缉捕周顺昌的故事。塑造了周顺昌正直坚强的性格，颂扬了颜佩韦等五人舍生取义的高尚气节。《清忠谱》全剧节奏鲜明、场面气势宏伟，上承《鸣凤记》，下启《桃花扇》，成为中国戏曲史上第一部"事俱按实"的历史剧。

此外，苏州派剧作家朱素臣的《十五贯》（又称《双熊梦》）也较为知名，剧中熊友兰、熊友蕙兄弟因十五贯钱而蒙冤，苏州太守况钟认真查勘，最后昭雪冤案。该剧揭露了封建社会的黑暗和官吏的贪腐，赞扬了况钟为民请命及清正廉明的事迹。《十五贯》是根据宋元话本《错斩崔宁》和《醒世恒言·十五贯戏言成巧祸》改编而成，至今该剧仍为昆曲的保留剧目。

李渔为代表的娱乐派

李渔（1611—1680），原名仙侣，号天征，后改名渔，字笠翁，号天徒、湖上笠鸿。祖籍浙江兰溪（今浙江金华），其父李如松后到雉皋（今江苏如皋）经营中草药铺，李渔出生于此，并在此度过了少年时代，故自称："渔虽浙籍，生于雉皋。"[①]19岁时，父亲病故，家道中落，他离开如皋，回到兰溪参加科举考试。然而，屡试不第，入清后，不再应举。顺治十七年（1660）后，迁居南京，取"芥子纳须弥"之义，名其宅为"芥子园"，同时经营芥子园书铺，所刻戏曲小说、画谱行销全国各地。寓居南京20多年中，李渔带着他的戏曲家班奔走四方，"三分天下几遍其二"。李渔还以毕生精力创作戏曲、小说，撰有传奇10种，总名《笠翁十种曲》。《笠翁十种曲》几乎都是反映男欢女爱的风情喜剧，其中《风筝误》最知名，写茂陵才子韩世勋和才女詹淑娟由放风筝而终结连理的故事。由于李渔编写剧本的主要目的是养家糊口，带有明显商业倾向，所以在审美情趣上有迎合观众趣味和媚俗倾向。演戏就是要消愁解闷、寻取欢乐，剧中要多写欢乐，少写忧愁："传奇原为消愁设，费尽杖头歌一阙；何事将钱买哭声？反令变喜成悲咽。惟我填词不卖愁，一夫不笑是吾忧；举世尽成弥勒佛，度人秃笔始堪投。"[②]戏曲创作中，常借风流故事，将娱乐和教化融合在一起，作品具有"寓道德于诙谐，藏经术于滑稽"的喜剧性，善于发掘和提炼现实生活中的喜剧性因素，形成了幽默、滑稽、诙谐的喜剧风格，但李渔的剧作在思想性和反映社会现实的广度与深度上不及苏州派作家的剧作。李渔的《闲情偶寄》在古典戏曲理论上有许多独到见解，将中国古典戏曲批评理论推到一个新高度。在《闲情偶寄》中，他根据自己丰富的创作实践和演出实践经验，总结前人成果，提出了"结构第一"、"词采第二"、"音律第三"、"宾白第四"、"科诨第五"、"格局第六"，全面论述了戏曲创作中的诸多问题，其中对结构、语言、题材等

---

① （清）李渔：《李渔全集·笠翁一家言文集》卷三《与李雨商荆州太守》，浙江古籍出版社1991年版，第207页。

② （清）李渔：《李渔全集》第四卷《风筝误》，浙江古籍出版社1991年版，第203页。

论述尤为精辟，是中国古代戏曲理论集大成者。

孔尚任与《桃花扇》

孔尚任(1648—1718)，字聘之，又字季重，号东塘，别号岸堂，自称云亭山人，孔子第64代孙，山东曲阜人。孔尚任曾在江苏淮安、扬州一带从事3年多的水利治理工作，其间结识一些明代遗民，凭吊历史遗迹，搜集了不少南明历史资料。他利用这些资料，经过10多年的呕心沥血，三易其稿，终于写成了反映南明王朝灭亡之恨的不朽名作——《桃花扇》。该剧借南京秦淮歌伎李香君与复社文人侯方域的爱情故事，揭露了南明弘光政权的腐朽和社会的黑暗。该剧上演后，京师轰动，“岁无虚日”，“名公巨卿，墨客骚人，骈集者座不容膝”。康熙帝也派内侍索要剧本，“午夜进之直邸，遂入内府”。孔尚任的《桃花扇》与洪昇的《长生殿》是康熙年间两部杰出的历史剧，“借离合之情，写兴亡之感”，代表了清前期戏曲创作的最高成就，时人将他与洪昇并论，称“南洪北孔”。

杨潮观的杂剧

杨潮观(1710—1788)，字宏度，号笠湖，金匮(今江苏无锡)人。少有神童之称，雍正三年(1725)，苏州布政使鄂尔泰会集“七郡一州之士”于苏州府春风亭，年仅16岁的杨潮观应召赴会。乾隆元年(1736)中恩科举人，先后在晋、豫、滇南、四川等地任知县、知州等职，直到70岁在泸州任上告老还乡。杨潮观生性倜傥，嗜禅学，善诗文，喜词曲，创作戏剧多为单折短剧，是中国戏曲史上创作短剧最多的一位剧作家，著有短剧集《吟风阁杂剧》。《吟风阁杂剧》收录杂剧32个，每剧一折，剧前加一小序，说明创作意图。每剧大都只有一个场景，两三个人物，和后世独幕剧相似。剧作多取材于历史传说，构思奇巧，情节简练，以宾白晓畅见长，具有较强的艺术感染力，意境深远。清代焦循《剧说》评曰：“《吟风阁杂剧》中有《寇莱公罢宴》一折，淋漓慷慨，音能感人。”[①]杨潮观一些剧作如《荀灌娘》、《寇莱公罢宴》等后来还被改编为京剧、川剧、河北梆子等地方剧，并成为各剧种的保留节目。日本作家青木正儿评论道：“《吟风阁》诸作，概借古人而不拘泥于史实，任意使之理想化，大胆发表所欲言者，颇富警策。”[②]

2. 音乐

广陵琴派

徐常遇(1662—1723)，字二勋，号五山老人，扬州人。初学常熟琴家严澄，继承虞山琴派“清、微、淡、远”的琴风，喜用偏锋，取音柔和，节奏自由，崇尚“淳古淡泊”的格

---

① (清)焦循：《剧说》卷五，古典文学出版社1957年版，第124页。

② [日]青木正儿著，王古鲁译著：《中国近世戏曲史》，作家出版社1958年版，第418页。

调，成为广陵琴派创始人。他一生与琴为伍，琴名远扬大江南北，平生培养弟子众多，并都成为广陵琴派传人。其长子徐祜（字周臣）、三子徐祎（字晋臣）在他的影响和指导下亦工于弹琴，时并称为“江南二徐”。特别是三子徐祎琴艺出众，曾到京城献艺，深受欢迎。“晋臣为江左高士，其来京师也，王公大人争折节与之交。……其精神之贯注、意气之流通，足以追古人而擅绝艺于当时。”[①]徐常遇将自己的弹琴实践和前人经验辑成《琴谱指法》，后经其子校勘重刻于澄鉴堂，即现存《澄鉴堂琴谱》。《澄鉴堂琴谱》是广陵琴派最早的一部琴谱集，与后世徐祺的《五知斋琴谱》、吴灴的《自远堂琴谱》、秦维翰的《蕉庵琴谱》和僧云闲的《枯木禅琴谱》合称广陵琴派五大琴谱。数百年来，广陵琴家代代相传，绵延不绝，他们的谱集成为近代琴人必备用书。

徐祺，字大生，晚号古琅老人，康熙年间扬州另一位古琴大师。他“笃志琴学，遂臻妙悟”，“每以正琴为己任”，曾游历各地，遍访名师，钻研琴艺，被誉为挥弦之首推。他不守门户之见，善于总结他人之长，推陈出新，曾加工改编了《关雎》、《塞上鸿》等古琴曲。徐祺弹琴指法细微精妙，缓急有度，倡导循古不古，音韵并茂，为后世广陵派传承者的先导。他还以毕生精力和经验编成广陵琴派最具影响的《五知斋琴谱》，所收琴曲以虞山派为主，兼收金陵、吴、蜀各派琴曲，计 8 卷凡 33 曲，多注明出处及流派渊源。徐祺之子徐俊，字越千，也是广陵派知名琴家，主要作品有《洞天春晓》、《墨子悲弦》等，对清代琴曲艺术发展有相当大的影响。

乾隆、嘉庆年间，广陵琴派达到鼎盛，涌现出一批古琴大家，其中以吴灴为代表。吴灴（1719—1802），字仕柏，扬州仪征人。他师从徐常遇之孙徐锦堂，同时又精研各派指法，使广陵派琴曲向“指法严实，刚柔相济”的风格发展。吴灴主张“曲传音节，传其神妙”，不仅丰富了广陵派琴曲的感情内容，同时将表现形式与演奏内容提到相当的高度，提倡二者的相辅相成。其“音随意走，意兴妙和”的主张与今天“身、律、心”三位一体的思想不谋而合，编著有《自远堂琴谱》12 卷，收琴曲 82 首，成为广陵派集大成者，对后世有较大影响。

秦维瀚（1816—1868），字延青，号蕉庵，扬州人，晚清广陵琴派代表人物。秦维瀚“秉性冲淡，嗜古独深。弱冠即精琴理，迨年逾五十，朝夕不倦”。他常在扬州“与诸名士会饮，诸名士以文、以诗、以书画，而维瀚敌以琴，当夫四座”。太平天国时，“诸名士大都风流云散，而蕉庵岿然独存。蕉庵之遗产亦既劫火焚余，惟于琴尚相依为命”[②]。晚年，编成《蕉庵琴谱》，计收 32 曲，为晚清广陵琴派的重要谱集。

---

① （清）徐常遇：《琴谱指法》卷首《许汝霖序》，《续修四库全书》第 1094 册，上海古籍出版社 2006 年版，第 607—608 页。

② （清）秦维瀚：《蕉庵琴谱・林达泉序》，《四库未收书辑刊》拾辑拾册，北京出版社 2000 年版，第 27 页。

金陵琴派代表——庄臻凤

庄臻凤(1624—1667)，字蝶庵，扬州人，自幼移居南京，琴艺兼采白下、中州诸派之长，作曲强调创新。庄臻凤幼年体弱多病，父亲从虞山请来白云先生教他弹琴和强身术，“日夕伴桐君为怡神悦性之友，气和响逸，心远体清，遂不知病之霍然而去也”[①]。从此，他和琴结下不解之缘，坚持弹奏30多年。一生作品汇集为《琴学心声》，共有14首作品，风格多样，各具特色，尤以《梧叶舞秋风》、《春山听杜鹃》最为流行。代表作《梧叶舞秋风》，通过秋意萧瑟，梧叶飞舞的形象，抒发了作者内心隐藏的感慨之情。庄臻凤在古琴理论上，主张尊重各个流派风格特点，不赞成以主观好恶肆意褒贬；在弹奏技巧、表现手法和艺术创作上都有所创新，成为清初金陵琴派的代表人物。

琵琶无锡派

清前期，琵琶分成南、北派两大流派，南派以浙江陈牧夫为代表，北派以直隶王君锡为代表。无锡华秋苹汲取南北派艺术之长，创立了无锡派。

华秋苹(1784—1859)，又名文彬，字伯雅，无锡荡口镇人。擅琴兼唱昆曲，好诗词、篆刻、绘画等，通医学，曾行医为业。他认为，曲谱在传抄过程中，常有鲁鱼亥豕之讹，严重地影响到琵琶艺术的发展。嘉庆二十三年(1818)，华秋苹、华子同兄弟分别南下、北上向陈牧夫、王君锡学习南北两派的琴谱和技艺，又虚心向无锡当地前辈裘晋声、陈梅樽等求教，与师兄弟华映山、华芝田、朱右泉、薛愚泉等切磋技艺，最终编成《琵琶谱》(又称《华氏谱》)3卷，成为我国历史上第一部正式出版的琵琶谱集，对后世琵琶的普及与流传产生了深远的影响。《琵琶谱》忠实于旧谱，编订时不加增改，共收南北派琵琶小曲62首，大曲6部:《海青》、《将军令》、《十面埋伏》、《霸王卸甲》、《月儿高》、《普庵咒》。华秋苹以工尺谱记写乐谱，参照琴用减字谱法，规范并制定了琵琶比较完整的指法符号(左手指法16、右手指法8)，对琵琶的定弦、把位、指法等加以规范化，对后世琵琶曲谱的记录、编订奠定了基础。华秋苹开创了近代最早的琵琶流派——无锡派，对清中叶琵琶的发展起到了承上启下的作用，无锡及江南地区乃至北方琵琶艺术的发展，均受到华氏及其乐谱的影响。另外，华秋苹还编有牌子小曲《借云馆小唱》，又称《借云馆曲谱》，用工尺谱记录了明清以来流行的《三阳开泰》、《软平调》、《五瓣梅》等10首小曲曲谱、演唱用韵及技法。

评话、弹词

评弹是评话与弹词的合称。清代江苏各地还形成了使用不同方言的评话、弹词，比较知名的有苏州评弹和扬州评弹，涌现出一些知名评话艺人。清初文人吴伟业在

---

① (清)庄臻凤:《琴学心声自序》,《四库全书存目丛书》子部第75册，齐鲁书社1995年版，第11页。

《柳敬亭传》中说:“柳生之技,其先后江湖间者,广陵张樵、陈思,姑苏吴逸,与柳生四人者各名其家。”[①]弹词在明代中叶已流行于苏州、扬州和南京等地,至清初有较大发展。弹词的伴奏多用琵琶、三弦等弹弦乐器,其名称由来与此有关。明代有用小鼓、拍板伴奏的,后加上二胡、扬琴等乐器。评话只说不唱,多为一人表演;而弹词有说有唱,演唱形式有一人的“单档”、二人的“双档”和三人的“三档”,一般多为两人说唱,演员均自弹自唱,并保持坐唱形式。

苏州评弹形成于明末清初,苏州评弹是用苏州方言讲述故事的说唱艺术,流行于长江三角洲的吴语地区。苏州评话与苏州弹词长期并行发展,前者以说演历代兴亡、战争故事为主,其篇幅较长,称为“大书”;后者则以儿女情长、悲欢离合故事为主,篇幅相对较短,称为“小书”。乾隆年间,苏州知名弹词艺人首推王周士,乾隆南巡时曾召其“御前弹唱”,并赐七品冠带,命随驾回京。此事不仅在评弹界传为美谈,而且提高了苏州评弹的地位和影响。乾隆四十一年(1776),王周士在苏州创办了评弹艺人行会组织“光裕公所”,后易名为“光裕社”。他是第一位对评弹艺术进行理论总结的艺术家,晚年归纳自己演唱的艺术经验,写成《书品·书忌》一书。《书品》是正面的要求,是应该努力达到目标:快而不乱、慢而不断、放而不宽、收而不短、冷而不颤、热而不汗、高而不喧、低而不闪、明而不暗、哑而不干、急而不喘、新而不窜、闻而不倦、贫而不谄。《书忌》从负面而言,要求表演者应注意克服和避免的:乐而不欢、哀而不怨、哭而不惨、苦而不酸、接而不贯、板而不换、指而不看、望而不远、评而不判、羞而不敢、学而不愿、束而不展、坐而不安、惜而不拼。[②] 嘉庆、道光年间,苏州评弹日盛,出现了陈遇乾、毛菖佩、俞秀山、陆瑞廷“前四家”,他们发展了王周士的书艺,丰富了表演书目,创造了流派唱腔,拓宽了技巧思路,奠定了今天苏州弹词的基本形式。咸丰、同治年间,出现了马如飞、姚士章、赵湘舟、王石泉“后四家”,其中除姚士章为评话艺人外,其余3人均为弹词艺人。苏州评弹艺人中,以唱腔著称者有陈遇乾、俞秀山、马如飞,他们在师承前辈的基础上,创造出自己独特的唱腔风格,称为陈调、俞调和马调。陈调苍凉粗犷,俞调婉转优美,马调质朴雄健,它们对后世弹词唱腔发展有着很大的影响。

扬州评话是以扬州方言表演的一种曲艺形式,形成于清代初年,流行于苏北地区和镇江、南京等地。明末清初,著名的说书艺人柳敬亭即是扬州府属泰州人,他经常在扬州一带以说书谋生。明末清初人张岱记载,扬州每年清明时节有民间盲艺人在集市附近说书,颇受欢迎。“是日,四方流寓及徽商西贾,曲中名妓,一切好事之徒,无不咸集。长塘芳草,走马放鹰;高阜平冈,斗鸡蹴踘;茂林清樾,劈阮弹

① (清)吴伟业著,李学颖集评标校:《吴梅村全集》卷五二《柳敬亭传》,上海古籍出版社1990年版,第1055页。

② 见周良:《苏州评弹艺术初探》,中国曲艺出版社1988年版,第186—187页。

筝。浪子相扑，童稚纸鸢，老僧因果，瞽者说书，立者林林，蹲者蛰蛰。”[①]康熙时诗人费轩说：“扬州好，评话晚开场，略说从前增感慨，未知去后费思量，野史记兴亡。”又具体记述道：“评话每于午后登场，设高座，列茶具，先打引子，说杂家小说一段。开场者为之敛钱，然后敷说如《列国志》、《封神志》、《东西汉》、《南北宋》、《五代》、《残唐》、《西游记》、《金瓶梅》种种，各有专家，名曰‘正书’。煞尾每云：‘未知去后何如，且听下回分解。’”[②]当时扬州诸葛花园、疏理道、弥陀寺巷、斗鸡场等都是知名书场，时人李斗称：“书词到处说《隋唐》，好汉英雄各一方。诸葛花园疏理道，弥陀寺巷斗鸡场。”[③]雍正、乾隆年间，随着扬州经济的繁荣和交通的发达，书场遍及城市大街小巷，听扬州评话成为扬州市民重要的休闲娱乐活动。李斗记载了乾隆年间扬州一家书场情况：“大东门书场在董子祠坡儿下厕房旁。四面围坐，中设书台，门悬书招，上三字横写，为评话人姓名，下四字直写，曰：开讲书词。屋主与评话以单、双日相替敛钱，钱至一千者为名工，各门街巷皆有之。”[④]当时，扬州评话“郡中称绝技者，吴天绪《三国志》、徐广如《东汉》、王德山《水浒记》、高晋公《五美图》、浦天玉《清风闸》、房山年《玉蜻蜓》、曹天衡《善恶图》、顾进章《靖难故事》、邹必显《飞驼传》、谎陈四《扬州话》皆独步一时。近今如王景山、陶景章、王朝干、张破头、谢寿子、陈达山、薛家洪、谌耀庭、倪兆芳、陈天恭，亦可追武前人”[⑤]。扬州评话的繁盛一直延续到嘉庆、道光年间，逐渐成熟为一个独立曲种。咸丰后，扬州评话转入一个新的发展阶段，出现以演员为代表的不同书目流派。与扬州评话同时发展起来的还有扬州弹词，它是一种扬州方言说唱艺术，流行于扬州、镇江和苏北里下河地区。最初为一人表演，用三弦伴奏，自弹自唱，称“弦词”。后发展为双人演出，增添琵琶伴奏。因以说表为主，弹唱为辅，又称“对白弦词”[⑥]。扬州弹词约盛行于清代中叶，乾隆下江南至扬州时，船泊平山堂下，曾召扬州评弹艺人崔仲达上船弹唱。扬州弹词和扬州评话是一对孪生姐妹，初期的弹词艺人往往还兼说评话，后来两种表演形式虽分开了，但在表演内容和技巧等方面，常相互借鉴，共同发展。

3. 绘画艺术

清前期，江苏文人山水画、花鸟画得到进一步发展，名家辈出，形成了多个地域画派，尤以王时敏、王鉴、王翚、王原祁“四王”画派为代表，他们承续明末董其昌衣钵，以

---

① (清)张岱:《陶庵梦忆》卷五《扬州清明》，山东画报出版社 2006 年版，第 102 页。
② (清)费执御:《梦香词》,《曲苑》第一辑，江苏古籍出版社 1984 年版，第 262 页。
③ (清)董伟业:《扬州竹枝词》，民国《扬州丛刻》本，第 6 页。
④ (清)李斗:《扬州画舫录》卷九《小秦淮录》，江苏广陵古籍刻印社 1984 年版，第 198 页。
⑤ (清)李斗:《扬州画舫录》卷一一《虹桥录下》，江苏广陵古籍刻印社 1984 年版，第 246 页。
⑥ 1949 年中华人民共和国成立后，改称“扬州弹词”。

临摹古画为特色，受到清廷的重视，此派居画坛正统地位。以画僧石涛、髡残和“金陵八家”、“扬州八怪”等为代表的画派，反对陈陈相因，主张“借古开今”，以抒发个性、笔墨逸情作为绘画的指导思想。

“四王”画派

他们的绘画作品主要以山水画为主，宗法董其昌，推崇元四家，致力于摹古，强调笔墨技法，追求平和的意境，运笔、用墨严谨工整，在笔墨、构图、气韵、意境等方面，总结了一些规律性经验，尤其发展了干笔渴墨层层积染的技法，丰富了中国画的艺术表现力。但作品回避现实生活，画风偏于保守，缺乏创新。因其画风迎合了清朝统治者的艺术旨趣，“四王”画派在清前期被视为画坛的正统，传人众多，由此繁衍出娄东派、虞山派等，影响广泛而深远。清中期后，又出现了吴历、恽寿平两位以花鸟画见长的画家，人们常将二人与“四王”合称为“清六家”。

王时敏(1592—1680)，字逊之，号烟客，晚号西庐老人，太仓人。明崇祯初，以荫入仕，官至太常寺卿，人称“王奉常”，明亡后隐居不仕。与董其昌、陈继儒等名士交往密切，为“画中九友”之一，擅山水画，精研宋、元名家，摹古不遗余力，尤其推崇黄公望，用笔多圆润虚灵，少曲折顿挫之态，开创娄东派。早年山水画作品工整清秀，精细淡雅，入清后则趋于苍劲、浑厚。力主恢复古法，反对自出新意，画作大多风格相近，较少创新。代表画作有《云壑烟滩图》、《长白山图》、《落木寒泉图》等，著有《西田集》、《西庐画跋》。

王鉴(1598—1677)，字玄照，后改字圆照，号湘碧，自称染香庵主，太仓人。出身于书香门第，明末曾官廉州太守，故有“王廉州”之称。入清后不仕，为“画中九友”之一，与王时敏为叔侄，常一起切磋画艺。早期画风与王时敏相近，中、晚期画风有所变化，墨色浓润，皴染兼长，所作青绿山水烘染得法，富有简淡的情趣。代表画作有《长松仙馆图》、《仿巨然山水》、《虞山十景图》、《梦境图》等，著有《染香庵集》、《染香庵画跋》。

王翚(1632—1720)，字石谷，号耕烟散人、剑门樵客、乌目山人等，常熟人。出身文人世家，祖上五世均善画，自幼喜画，先后师从张珂、王鉴、王时敏学画。20岁时已具极高的仿古能力，常为画商摹制古画出售。40岁时，成为知名大家，时人称为“画圣”。康熙帝也十分欣赏其画，曾赐予“山水清晖”四字。他以摹古入手，博采众长，融会贯通，注重写生，笔法清丽工秀，意境深远。长期家居以作画为业，门下生徒众多，创虞山派。山水画面貌多样，功力深厚，仿古酷似。早期山水画主要摹仿古画，笔墨尚未成熟。中期在广泛学习前人基础上，融南北诸家之长，画法日渐多样，技艺日趋精湛。晚期技法更加纯熟，一些画作显示高超技艺，但下笔往往带有一定格式，不及中期生动多姿，由于求画者剧增，也有一些草率应酬之作。代表作有《仿古山水册》、

《康熙南巡图》等。

王原祁(1642—1715)，字茂京，号麓台、石师道人，王时敏之孙。从小即表现出很高的绘画天赋，擅山水画，得王时敏、王鉴等指导，悉心摹古，尤以黄公望为依归。康熙九年(1670)中进士，后应召供奉内廷，奉旨编纂《佩文斋书画谱》，官至户部侍郎，有“王司农”之称。地位显赫，门生众多，遍及朝野。绘画喜用干笔积墨法，即先笔后墨，连皴带染，由淡及浓，由疏而密地反复皴擦勾染，使画面显得融和厚重；用笔浑厚沉雄，有“笔端金刚杵”之称。景致由一小片一小片逐渐扩展而成，所谓“山石堆砌”法，显得较琐碎、繁复；布局追求“平中求奇”，讲究组合，强调“龙脉”，故形态虽类似，却有虚实、疏密的变化，具较强的结构形式美；喜画浅绛山水，墨与色相溶合。[①] 撰有《佩文斋书画谱》，代表画作有《富春山》、《南山积翠图》等。

吴历、恽寿平两位画家的作品较“四王”略有变化，增加了一些西画新意和用笔新法。

吴历(1632—1718)，本名启历，字渔山，号墨井道人，又号桃溪居士，常熟人。一生布衣，青少年时即卖画为生，中年后信奉天主教，并成为司释，长期从事传教工作。多才多艺，善诗文，能鼓琴，曾从钱谦益游。绘画受业于王时敏、王鉴，追摹宋、元诸家，笔法冷隽，墨色浓重，自成一格，既有北方之刚劲雄健，又有南国之清雅率真。善画山水、竹石，兼工人物，山水融诸家之长，自创新意，取法自然，吸收西方绘画技法，讲究透视和明暗。晚年作品笔墨苍劲凝练，浑重拙朴，气韵深醇沉郁。

恽寿平(1633—1690)，初名格，字寿平，号南田，别号白云外史、瓯香散人等，武进人。清初隐居乡里，以卖画为生，幼年随伯父恽向学画，师法黄公望山水画，笔墨飘逸灵秀。中年后，改画花鸟，创造出一种新的画法，抛开院体画，先勾勒轮廓后填彩敷色，直接用笔点蘸颜色敷染成画，被称为“没骨法”。没骨花卉画，重视写生，力求形似，“每画一花，必折是花插之瓶中，极力描摹，得其生香活色而已”。所绘花卉，形神兼备，有文人画所注重的情调和韵味，笔触轻快，色彩明丽，风格清新淡雅，影响广泛，风靡一时，取法者甚多，被称为“常州派”或“南田派”。传世代表作有《山水花鸟册》、《牡丹扇面》、《花卉册》等。

画僧石涛、髡残和程正揆

清初，画坛著名的“四僧”指石涛、朱耷、弘仁、髡残，他们抱亡国之恨，遁入佛门，归隐山林，借绘画抒发亡国情怀和抑郁之气，寄托对故国山川的情怀，艺术上颇具开拓和创新精神。其中，石涛和髡残二人与江苏关系密切。

---

① 单国强：《古画鉴识》，广西师范大学出版社 2000 年版，第 246 页。

原济(1641—约1707),本姓朱,名若极,广西人,明藩靖江王后裔,明亡后出家为僧,法号原济,字石涛,别号苦瓜和尚、清湘老人等。一生游历四方,中年居南京,晚年居扬州,以卖画为生,与文人士大夫交往密切,对其后的“扬州八怪”画风的形成产生了较大影响。晚年。石涛的山水、花鸟、人物画皆精,山水画最为有名,早期颇受梅清影响,景色奇秀,用线方折,皴法纠结,景色苍浑。后饱览名山大川,学诸家画法,汲取元四家、沈周、陈洪绶之长,形成苍郁恣肆的画风。构图新奇,运笔灵活,善用墨法,皴点多样,气势奔放,画法、体貌、境界、意趣极富变化。花鸟画多用水墨写意法,笔意恣纵,淋漓洒脱,花果兰竹清新自然,别有生趣。人物画亦笔法超脱,风姿卓然。主张应“搜尽奇峰打草稿”,“笔墨当随时代”,画面新奇独特,笔墨淋漓洒脱,一反当时仿古之风。作画构图新奇,力求布局新奇。石涛是明清时期最富创造性的杰出画家,在绘画艺术上有独特的贡献,“四王”之一的王原祁曾说:“海内丹青家不能尽识,而大江以南,当推石涛为第一。予与石谷,皆有所未逮。”[①]石涛工隶书,擅诗文,每画必题,深寓亡国之痛。传世作品有《诗画册》、《黄山形胜图》、《淮扬洁秋图》、《梅竹双清图》、《设色山水图》等。著有《苦瓜和尚画语录》,及后人所辑《大涤子题画诗跋》等。

髡残(1612—1692),俗姓刘,武陵(今湖南常德)人,居南京。幼年丧母,后出家为僧,法名髡残,字介丘,号石溪、白秃,自称残道人,晚署石道人等。清初曾参与抗清斗争,失败后云游各地,43岁时定居南京大报恩寺,后迁居牛首山幽栖寺,度过后半生。与程正揆交善,时称“二溪”,艺术上与石涛并称“二石”。善山水画,亦工书法,主张抒发个性,反对墨守成规。其山水画描绘重山叠水,繁密而不迫塞,景色不以新奇取胜,而于平凡中见幽深;笔法浑厚、凝重、苍劲、荒率;善用秃笔渴墨,层层皴擦勾染,笔墨交融,厚重而不板滞,具有雄伟壮阔、苍茫浑厚的气势,深为当时画坛尊崇。作品多以真实山水为粉本,具有“奥境奇辟、缅邈幽深、引人入胜”的艺术境界。

程正揆(1604—1676),初名正葵,字端伯,号鞠陵,别号青溪道人,湖北孝感人。明崇祯四年(1631)进士,任翰林院编修、尚宝司卿。清初改名正揆,又出任工部右侍郎,后罢官,寓居南京,潜心诗书画创作。山水画初学于董其昌,画作多用秃笔,枯劲简老,设色浓湛,结构随意。绘画理论上,主张“画贵减,不贵繁”,“无一法,无非法”,“足迹尽天下名山,眼界尽古人神髓”,重视传统的同时也重视自然,重视创新。与髡残并称“二溪”,时人推其人“逸品”。平生所作诗文题跋,由其子程大皋辑为《青溪遗稿》28卷。传世代表作有《报恩寺图》、《云洞流泉图》和《江山卧游图》。

---

① (清)汪鋆:《清湘老人题记·附录》,《中国书画全书》第8册,上海书画出版社1993年版,第601页。

金陵八家

清初，金陵文人画家云集。清代“画家以江南为盛，江南十四郡以首郡（今南京）为盛，郡中著名者且数十辈，但能吮笔者，奚啻千人。……金陵画家能品最夥，而神品、逸品亦各数人”[①]。“金陵八家”是清初金陵文人画家中代表，他们是明末清初南京画坛8位知名遗民画家的合称，即龚贤、樊圻、高岑、邹喆、吴宏、叶欣、胡慥、谢荪8人，尽管他们的绘画题材、风格和艺术成就不尽相同，但因聚居金陵，且在画坛皆有一定声誉，故有此称。他们大都隐居不仕，寄情书画，往来于江淮间，以卖画为生，时常聚在一起，以诗书画相与酬唱。绘画多不受摹古之风的影响，能从实际生活经历和自然环境中得到启示，作品的写实性较强，有着不同程度的创新，“金陵八家”中以龚贤的艺术成就最高。

龚贤（1618—1689），又名岂贤，字半千，号柴丈人，祖籍昆山，后迁居南京。明末清初，参与反清复明活动，中年后隐居清凉山，辟半亩园，筑扫叶楼，以卖画授徒为生。主张革新，强调以自然为本，抒发自己的情感，自成一家风格。用笔“秃而老”，把山水画艺术的表现技巧概括为四个根本方面：笔法、墨气、丘壑、气韵。其山水画多取材于南京一带的实景，画法远宗董源、米芾、吴镇，近师沈周，主张“气宜浑厚，色宜苍秀”，继承和发扬了宋人的积墨法，墨色浓重，其中又有细微的深浅变化和巧妙的明暗对比，作品苍劲凝练，沉郁浑润，生机盎然，引人入胜。在绘画理论上，提出“奇”与“安”、“实境”与“幻境”的理论，主张源于自然而美于自然，笔法上主用中锋，提出“古、健、老、活”的技巧要求。绘画代表作有《深山飞瀑图》、《急峡风帆图》、《木叶丹黄图》、《重山烟树图》、《溪山人家图》、《云林西园图》等。绘画理论著作有《画诀》、《柴丈人画稿》等。

扬州八怪

清代中期，扬州城市经济、文化迅速发展，富商云集，成为东南地区一大都会。全国各地许多画家纷至沓来，卖画献艺，“扬州八怪”成为其中艺术个性鲜明、风格迥异的画家代表。

“扬州八怪”包括郑燮、汪士慎、金农、黄慎、高翔、李鱓、李方膺和罗聘八位书画家。[②] 他们并非都是扬州人，但因都长期生活在扬州，或宦途失意、被贬遭黜，或功名不就、一生布衣，或出身贫寒、卖画为生，相近的生活经历和社会体验，使他们趣味相

---

① （清）龚贤：《题周亮工集〈名家山水册〉》，刘海粟主编：《龚贤研究集》（上集），江苏美术出版社1988年版，第158页。

② 按，“扬州八怪”究竟包括哪些画家，历史上记载不尽一致。有人说是8个，有人说8个以上，据各种记载统计，涉及有15人之多。今取“八”之数，从清末李玉棻说，因其《瓯钵罗室书画过目考》所载“八怪”较早而全面。至于华岩、闵贞、高凤翰、李勉、陈撰、边寿民、杨法等人，因画风接近，也可列入扬州画派。

投、画风相近。他们提倡创新，反对拘泥古法，主张自立门户，独树一帜。重视生活感受，强调抒发性灵，艺术形式上继承陈淳、徐渭、石涛、朱耷等水墨写意传统，不拘成法，泼辣奔放，自由挥洒，进一步发展了破笔泼墨技法，形成个性鲜明、神韵独具的风格。绘画作品多以梅、兰、竹、石等为题材，善用泼墨写意，有深刻的思想和炽热的感情，富有新意。“八怪”书画笔意纵恣，苍润古朴，布局章法，不落前人窠臼，不合时流，故时人目之为“怪”。

郑燮(1693—1765)诗、书、画并工，世称“三绝”，是扬州八怪中影响最大的一位画家，被推为“扬州八怪”之首。其书法别开生面，杂用篆隶行楷，自称“六分半”，人称“乱石铺街”体，纵横错落，又有整体局势，别具风味。画作以竹、兰、石最工，用笔苍劲，风致潇洒，简洁纵逸，清新有趣，其题画诗、跋多寓有道德之意味，反映民生之立场。代表作有《竹石图》等。

高翔(1688—1753)，字凤冈，号西唐，扬州甘泉人。擅画山水、梅花和佛像，构图新颖，笔法简练。画梅喜以疏枝取胜，画园林小景，淡雅有致。与石涛结为忘年交，是石涛画风的忠实追随者。代表作品有《弹指阁图》等。

汪士慎(1686—1759)，字近人，号巢林，别号溪东外史，原籍安徽歙县，后流寓扬州以卖画为生。工花卉，尤擅画梅，常到扬州城外梅花岭赏梅、写梅。所作梅花，以密蕊繁枝见称，有时也画疏枝，清淡秀雅。54 岁时左眼病盲，仍能画梅，工妙胜于前，刻印章曰：“左盲生”、“尚留一目看梅花”。

金农(1687—1764)，字寿门，号冬心，杭州人。博学多才，50 岁后始作画，尤擅墨梅，画作造型奇古、拙朴，布局考究，构思别出新意，代表作有《墨梅图》、《月花图》等。书法独创了一种隶书体，自谓“漆书”，又称“金农体”或“冬心体”，笔画横粗竖细，撇飘逸而捺厚重，字体多呈长方形，头重脚轻，别有一番意趣。

金农体书法

李鱓(1682—1762)，字宗扬，号复堂，别号懊道人、墨磨人等，兴化人。早年学山水画，康熙五十年(1711)中举，五十三年(1714)以绘画召为内廷供奉，因不愿受正统派画风束缚而被排挤出来。乾隆三年(1738)，出任山东滕县知县，不久因触犯大吏被罢官，侨居扬州以卖画为生，与郑燮关系最为密切。从写意技法中吸取传统，参以书法用笔，形成自己任情点染挥洒，画风大胆泼辣，感情充沛，气势磅礴。在扬州，他从石涛笔法中得到启发，以破笔泼墨作画，风格为之大变，形成自己任意挥洒，水墨交融的独特风格，喜于画上作长文题跋，字迹参差错落，画面丰富，作品对晚清花鸟画有较大影响。

黄慎(1687—1770)，初名盛，字恭寿，号瘿瓢山人，福建宁化人。幼时家贫，学怀素书法获益，以草书入画，自创风格，擅长粗笔写意，人物画造诣最高。雍正年间，以布衣侨居扬州卖画，人称“八闽画师”。作品多以神仙佛道为题材，也有不少反映社会下层人物生活的作品。擅长人物写意，间作花鸟、山水，笔姿荒率，设色大胆，为“扬州八怪”中全才画家之一。人物画代表作有《采药老人图》、《醉眠图》、《苏武牧羊图》等，山水画代表作《险滩行舟图》、花鸟代表作《瓶梅图》等。

李方膺(1695—1755)，字虬仲，号晴江，又号秋池，通州(今南通)人。曾在山东、安徽等地任官职，因不善逢迎，获罪罢官。去官后寓居南京借园，常往来扬州卖画，和金农、郑燮交谊甚笃。善画松、竹、兰、菊、梅、杂花及虫鱼，也能人物、山水，尤精画梅。作品纵横豪放、墨气淋漓，画梅以瘦硬见称。晚年多画梅自喻，曾在一首题画诗中写道：“此幅梅花又一般，并无曲笔要人看。画家不解随时俗，豪气横行列笔端。”代表作有《游鱼图》、《潇湘风竹图》等。

罗聘(1733—1799)，字循夫，号两峰，祖籍安徽歙县，后迁居扬州。为金农入室弟子，在“八怪”中年辈最小，但见识颇高，落笔不凡。终生不仕，以卖画为生。画人物、佛像、山水、花果、梅、兰、竹等，无所不工。笔调奇创，超逸不群，别具一格。其代表作有《鬼趣图》、《醉钟馗图》等。

苏州桃花坞年画

苏州桃花坞年画源于明中后期，清雍正、乾隆年间，以桃花坞为代表的“姑苏版”木版年画大行于世，当时，苏州七里山塘和阊门内桃花坞一带有数十家画铺，年产量多达百万张以上，成为闻名全国的三大木版年画产地之一，与天津“杨柳青”年画并称为“南桃北杨”。桃花坞年画贴近百姓日常生活，富于装饰性，又价廉物美，销往全国各地，有的还远销日本和东南亚各国，曾对日本“浮世绘”艺术的发展产生影响，被海外媒体誉为“东方古艺之花”。太平天国末年，清兵围攻苏州，桃花坞木版年画生产受到了严重的破坏，此后一蹶不振。

苏州桃花坞年画

桃花坞木版年画以门画、中堂、条屏为主要形式。年画构图丰满，色彩明快，富有装饰性；内容多用民间故事、吉祥喜庆、神像、戏文、时事为题材，以象征、寓意、夸张手法，来表达人们美好的愿望。桃花坞年画可分为门画、农事画、儿童、美女画、装饰图案画、历史故事画和神话传说画等。雍正后出现了故事戏文画片，范围很广，有古有今，有单张有连续，如《武松打虎》、《花果山》、《定军山》等。

从现存于日本神户市立美术馆、王舍城宝物馆和天理图书馆的部分清初苏州木版年画可以看出，当时苏州木版年画的题材、内容、绘刻形式，汲取了西洋画的明暗、透视等技法，形成独特风格。从中还发现了一些画家姓名别号，画店作坊的名字，如吕云台、吕君翰、汤维顺、李长吉、曹升、丁应宗、蔡卫源、吕子帆、王君甫、季永吉、张星聚、张禔临、墨浪子、墨樵主人、杏涛子、松风主人、及筠谷、宏泰、嘉顺、松间主人、十友斋、宝绘轩、泽如主人、徐不升、王惠山、桃坞主人等。[①]

清代，苏州木版年画以雕印套色为主，绘印精致，多以传统的喜庆吉祥故事为主要题材，有的也表现都市繁华风貌。风格既有仿古的传统画法，又有讲究透视、明暗的仿西洋画法。道光年间，苏州年画不断创新，出现手工绘制的年画。“山塘画铺，异于城内之桃花坞、北寺前等处，大幅小帧俱以笔描，非若桃花坞、寺前之多用印板也。惟工笔、粗笔各有师承。山塘画铺以沙氏为最著，谓之沙相。所绘则有天官、三星、人物故事，以及山水、花草、翎毛，而画美人为尤工耳。鬻者多外来游客与公馆行台，以及酒肆茶坊，盖价廉工省，买即悬之，乐其便也。”[②]刻印的美人画旁还附有时调小曲，充满情趣。如一幅《渔家女郎图》上的小曲：“莫道渔家住水乡，此中有女世无双。扁舟一叶随心欲，撒网撑篙来去忙。捕得金鳌称有兴，渔姑快活喜非常。虽然不及闺中秀，也学时兴巧样装。青布兜头齐额系，束腰裙子抹胸膛。天然俊俏难描画，提鱼入市上街坊。引得闲人心似火，争先恐后话声扬。”其他如《茉莉花歌图》、《相爱男女图》等都有生动的唱词。此外，《虎丘灯船胜景》、《蔡状元起造洛阳桥》、《天赐麟儿》等年画，有图而无曲文，但都堪称清代中叶苏州桃花坞木版年画的佳作。

---

① 江苏古籍出版社编：《苏州桃花坞木版年画》，江苏古籍出版社、香港嘉实出版社 1991 年版，第 11 页。

② （清）顾禄：《桐桥倚棹录》卷一〇《市廛》，上海古籍出版社 1980 年版，第 150—151 页。

附　录

一　1368—1840年大事记

明

洪武元年(1368)　1月23日，朱元璋在应天(今江苏南京)称帝，国号大明，建元洪武，以应天为南京。

洪武三年(1370)　是年，迁苏州、松江等府县无田之民4000余户至临濠垦田，同时又移江南百姓14万户于凤阳。

洪武七年(1374)　是年，苏州知府魏观因在张士诚宫殿遗址上修建府衙，被御史张度控告至明廷，不久魏观被杀。同时，苏州文人高启因替魏观作《上梁文》，被腰斩于南京。

洪武十一年(1378)　8月，苏州、扬州二府因海潮漫溢，冲毁许多民房，百姓溺死者无数，明廷派官员抚恤灾民。

洪武十三年(1380)　2月，御史中丞涂节控告中书省左丞相胡惟庸、御史大夫陈宁等谋反并毒杀诚意伯刘基，朱元璋亲自审问定案，将胡惟庸、陈宁等处死。胡惟庸死后，其谋反“罪状”陆续被揭发。朱元璋为肃清“胡党”，前后延续10余年，株连被杀戮者达3万余人。胡惟庸被杀后，朱元璋罢丞相，其政务由六部分理，皇帝拥有至高无上的权力，中央集权得到进一步加强。朱元璋还颁布了《昭示奸党录》，告诫臣下，以胡惟庸案为前鉴。

是年，明廷减苏州、松江等府田赋额。“初，朱元璋恨四府之民支持张士诚，乃按私租额为税额，后增其赋，亩加二倍，至是始减其额，原每亩七斗五升到四斗四者，减十分之二，赋额较他省仍重。”

洪武十四年(1381) 2月,明廷下令全国各府、县编造赋役黄册,于南京后湖岛上修建黄册库,存储全国黄册。

10月,为修建明孝陵,移建南京蒋山寺。寺成,朱元璋赐名“灵谷寺”,御笔题额“第一禅林”。

是年,朱元璋在元集庆路儒学基础上,于南京鸡鸣山之阳新建国子学。次年,改名“国子监”,置祭酒、司业、监丞、博士等学官分掌教事。国子监是当时中国最大的高等学府,凡入国子监的学生称为“监生”,最多时达9900余人。

洪武十七年(1384) 是年,为防御倭寇,明廷推行禁海政策,海州等沿海岛民一律内迁。

洪武十八年(1385) 11月10日,筑钦天监观星台于鸡鸣山,雨花台为回回钦天监之观星台。

洪武二十年(1387) 2月,苏州等府进鱼鳞图册。明廷派国子生武淳等赴各府州查核田亩,每户丈量,绘制成图,编号,注明户主名,编订成册,每页内丘田土相连,状如鱼鳞,故名“鱼鳞图册”。

12月,全长1430丈的高邮湖堤修筑工程竣工。

洪武二十四年(1391) 2月,苏州府组织长洲、常熟、吴县等民工38000余人修筑沿海圩岸。

洪武二十六年(1393) 8月,崇山侯李新应诏赴溧水县督凿胭脂河,以通浙漕。两年河成,民皆便利。

洪武三十一年(1398) 6月24日,朱元璋病逝于西宫。30日,皇太孙朱允炆承继皇位,是为明惠帝,以明年为建文元年。

建文元年(1399) 8月,燕王朱棣因不满朝廷削藩政策,以“清君侧”为名联合地方藩王起兵反叛,战争历时三年,史称“靖难之役”。

建文四年(1402) 2月27日,燕军至沛县,守将以城降。知县颜伯伟因拒降,被燕军处死。

6月7日,扬州守军打开城门,投降燕军。

7月13日,燕军至南京金川门,守门的曹国公李景隆、谷王朱橞开城门迎入,南京城失守,建文帝下落不明。17日,朱棣哭祭孝陵,礼毕回銮即皇帝位,改建文四年为洪武三十五年。30日,朱棣于南京南郊祭告天地,改明年为永乐元年。

永乐元年(1403) 9月15日,强行迁徙直隶苏州等十府富民充实北京。

永乐三年(1405) 7月11日,郑和率水手、官兵、翻译、采办、工匠、医生等27800余人第一次下西洋。郑和下西洋船队自刘家港(今江苏太仓浏河镇)出发,途经福建——占城——爪哇——旧港(今苏门答腊岛东南部巨港)——南巫里(今苏门答腊班达亚齐即南浡里)——锡兰(今斯里兰卡)——古里(今印度科泽科德)。1407年(永乐五年)10月2日,船队回到南京。苏门答腊、古里、满剌加(今马来西亚马六甲)、小葛兰(今印度奎隆)、阿鲁(今苏门答腊岛中西部)等国国王遣使随船队来中国"朝贡方物"。此后,至1433年(宣德八年)的28年间,郑和先后七次率远洋船队下西洋,历经30余国,加强了中国与海外各国经济文化的友好往来。

永乐五年(1407) 是年,《永乐大典》编成。明成祖朱棣发动"靖难之役"夺取皇位之后,深感臣民对其夺侄帝位有不平之气,难以力服,故欲借修典笼络朝野儒士,使之乐为其用,以巩固和加强统治地位。《永乐大典》始纂于1403年(永乐元年),朱棣命侍读学士解缙等搜集经史子集百家之书,以及天文、地志、阴阳、医卜、僧道、技艺等书,"毋厌浩繁",集为一书。1407年(永乐五年)完成,初名《文献大成》,后经增订重修,命名为《永乐大典》,总计22937卷,主编为解缙、姚广孝等。《永乐大典》是我国古代编纂的一部大型类书,所收录入的图书均未删改,是中华民族珍贵的文化遗产,是中国古代最大的百科全书。

永乐十三年(1415) 3月10日,设淮安府常盈仓、徐州广运仓,并置大使、副使各一员。

永乐十五年(1417) 是年,以蒯祥为首的苏州香山帮匠人奉调北京,参与营造北京宫殿。

永乐十九年(1421) 是年,朱棣正式迁都北京,以北京为京师,以南京为留都。诏令南京"各衙门印有'行在'字者,送印绶监保存,令派人取南京各衙门印信。南京衙门加'南京'二字,待铸印后遣人送达。"

宣德三年(1428) 7月,位于南京聚宝门外长干里的金陵大报恩寺竣工。早在东吴赤乌年间,天竺高僧康僧会致佛祖真身舍利,孙权修建初寺,并筑阿育王塔供奉佛祖舍利,此为江南塔寺之始。东晋孝武帝时,毁于战乱的建初寺得到重建,更名长干寺。宋改称天禧寺,并新建"圣感舍利塔"。元改称慈恩旌忠教寺,后毁于兵火。1412年,明廷敕工部重建南京天禧寺。1424年(永乐二十二年)4月27日,天禧寺将成,永乐帝赐名"大报恩寺",并亲制碑文。1428年(宣德三年)7月,大报恩寺修建完工。1431年(宣德六年),大报恩寺琉璃塔讫工。九层八面,塔身白瓷贴面,拱门琉璃门券。门框饰有狮子、白象、飞羊等佛教题材的五色琉璃砖。角梁下悬挂百余个风铃,声闻数里。该塔是明清时期金陵四十八景之一。当时,一些欧洲商人、游客和传教士来到南京,称之为"南京瓷塔",成为明清时期南京的象征和标志性建筑。1856年,大报恩寺塔被太平天国农民军毁坏。

宣德六年(1431) 6月2日,应天府溧阳县钱成等以“谋反罪”被南京守备襄城伯李隆发兵捕获,斩于市。

宣德七年(1432) 1月,太监唐受公差至南京,纵欲贪赃,激起民愤。宣德帝命锦衣卫将其逮捕至京,审讯定罪后解赴南京凌迟于市,并枭首示众。

正统四年(1439) 是年,江南苏州、常州、镇江诸府及江宁五县大水,溺死者甚众。

景泰五年(1454) 6月14日,南京城内大火,焚毁百姓民屋6000余所,死30余人,地方政府对灾民给予赈济。

弘治三年(1490) 是年,无锡华燧会通馆用铜活字印刷《宋诸臣奏议》,至正德初,共印刷出版《容斋随笔》等书14种,为我国最早的金属活字印本书。

弘治七年(1494) 高邮境内运河屡受诸湖风浪影响,是年筑成湖堤,命名“康济河”。

正德十四年(1519) 9月15日,明武宗朱厚照不顾群臣反对,以“南征”宁王朱宸濠之名开始南巡。明武宗由北京出发,沿京杭大运河南下,沿途百官列队奉迎,先后在江苏徐州、淮安、扬州、南京、镇江等地游乐、打猎、捕鱼,偶尔还巡幸官员和民家,直至1521年(正德十六年)1月,才结束南巡,回到北京。明武宗南巡并没有起到平定叛乱、稳定社会的作用,相反给沿途百姓带来了无尽的骚扰和沉重的负担,进一步加剧了晚明社会的政治危机。

嘉靖二十年(1541) 明代著名学者、思想家王艮逝世。王艮,泰州人,拜王守仁为师,创立了泰州学派,其学贵心悟、重实践,倡言“百姓日用即道”。晚年回故乡讲学13年之久,门徒甚众,以樵夫、陶匠、农夫为多,其语录文字由其弟子和门人收集为《心斋先生全集》,后又编为《王心斋先生遗集》。

嘉靖二十一年(1542) 是年,吴承恩在淮安写成《西游记》。

万历二十七年(1599) 是年,意大利天主教传教士利玛窦访问南京,会见徐光启、李之藻,并分别协助徐光启、李之藻翻译西方逻辑学著作《几何原理》、《名理探》等。

万历二十八年(1600) 是年,李贽的《藏书》首次公开刊刻于南京。该书倡言“不以孔子之是非为是非”,并以此观点评价历史人物,成为晚明反对程朱理学,要求思想解放的代表作。

万历二十九年(1601) 7月5日,苏州市民数千人在葛贤等人组织领导下,于玄妙观前焚香祭神,誓“为吴民剿乱”。他们包围、捣毁税官行署,乱石击毙税官王建节等,税监孙隆吓得逃往杭州,市民抗税斗争持续三昼夜。明政府下令镇压,为保护群众，葛贤主动承担责任，后入狱 12 年。

万历三十二年(1604) 是年，顾宪成、高攀龙等在无锡宋代杨时讲学旧址兴建东林书院。东林书院以孔子、孟子思想为讲学要旨，以朱熹《白鹿洞书院教条》为院规，邀江浙等地同人定期会讲，要求士子立志救世，力矫王学末流之空疏，提倡是“众议”、“众为”、“众治”，开书院讲学及“讽议朝政，裁量人物”之风。一时，朝野人士争慕与游，同声相应，成为江南讲学中心。他们遭到明朝廷当政者的忌恨，被斥为“东林党”。1626 年(天启六年)，诏毁天下书院，东林书院夷为瓦砾。1628 年(崇祯元年)，明廷为“东林党”昭雪冤案。

万历四十一年(1613) 江苏提学官衙署移驻江阴，直至清康熙年间改称提督学政。1905 年(光绪三十一年)，裁撤学政，设立“提学司”，提学使移驻苏州。

万历四十四年(1616) 七月，南京发生一起逮捕耶稣会传教士及天主教信徒数十人的事件，教堂被拆毁，一些墓地也遭受破坏，史称“南京教案”。南京是晚明耶稣会士传播福音的重地，时以南京礼部侍郎沈漼为代表的保守派官僚联合一些佛、道人士发动的这起教案具有文化排外的性质，它是东西方不同的文化价值观、晚明党派斗争等因素综合作用的结果，是晚明天主教传华后发生的第一起影响较大的反天主教事件。

天启三年(1623) 2 月 10 日，南直隶应天(今南京)、苏州、松江、淮安、扬州等府同日地震，扬州震感强烈，城垣毁坍 380 余垛、城铺 20 余处。镇江、常州两府民房倒塌无数。

崇祯二年(1629) 是年，张溥、张采联合江南诸文社组成文人团体“复社”，以东林党后继自许，在吴江召开尹山大会；次年，又在南京召开金陵大会。1633 年(崇祯六年)，复社文人于苏州虎丘举行会员大会，到会成员达 2000 余人，舟车云集，盛况空前。

崇祯十七年(1644) 6 月 19 日，明福王朱由崧在南京即皇帝位，年号“弘光”，建立南明弘光政权。

清

顺治二年(1645) 5 月 20 日，清将多铎率兵攻占扬州，守将史可法拒降被杀。清军在扬州屠城十日，死难者无数，史称“扬州十日之难”。

6 月 8 日，赵之龙、钱谦益等率南明文武官员于南京郊外冒雨迎降清军，南明弘光政权亡。

7 月 8 日，清朝廷下达“剃发令”，激起江南汉族民众强烈反抗。7 月 23 日—10 月 10 日，江阴城士民在阎应元、陈明遇等领导下坚持抵抗清军围城 81 日，城破后仍殊死巷战，无一降者，战死和被杀害民众有数万余人。

8月4日，清廷命内院大学士洪承畴以原官总督军务，招抚江南。16日，改南京为江南省，设官事宜照各省例行。26日，以土国宝为右副都御史，巡抚江宁，总理粮储、军务。

是年，清政府沿袭明制，在淮安关板闸设淮安关，在苏州浒墅镇设浒墅关，在扬州设扬州关。南京新江关与西关合并，改称西新关。1669年(康熙八年)，西新关并入南京龙江关。

顺治三年(1646) 2月27日夜，江宁府城内外抗清武装里应外合，围攻江宁。事后，清廷派兵将郭世彦、尤琚等31人捕斩。

3月5日，明潞安王朱谊石、瑞昌王朱谊汸联合其他反清义军2万余人，分3路会攻江宁，火攻神策门。清兵出朝阳、太平、神策门出击，大败义军。

是年，清廷改南京国子监为江宁府学，应天府学改为上元、江宁县学。

顺治六年(1649) 6月，淮河水溢，泗州城水深逾丈，平地一望如海。

顺治七年(1650) 是年，常熟钱谦益藏书楼"绛云楼"火灾，大部分藏书焚于大火。"绛云楼"的藏书堪与宫廷藏书相比，火灾中遗存的部分藏书后留归族人钱曾。

顺治十四年(1657) 是年，江南乡试发生"丁酉舞弊案"。9月，江南乡试在江宁府举行，主考官方猷、钱开宗。考试前，几名考生贿赂考官，探得考题。发榜后，行贿者全部中榜。消息传出，舆论哗然，士子哭文庙、殴帘官。两主考撤闱返归时，士子们又随舟唾骂，投掷砖瓦。12月，都察院有官员弹劾江南乡试主考官方猷等"弊窦多端"，与中榜者方章钺(少詹事方拱乾之子)"联宗有素，乘机滋弊"。顺治帝下令将主考官方猷、钱开宗和18名同考官全部革职，并命刑部派人将主考官、同考官以及中试举人方章钺等"速拿来京，严行详审"，责令方拱乾"明白回奏"。此案审理逾年，在顺治帝的严旨催促下，清廷对涉案人员严加惩治:主考官方猷、钱开宗被处斩，同考官17人(卢铸鼎已死)全部处绞刑，处死者之妻子、家产皆籍没入官;举人方章钺等8人各责40板，家产籍没入官，父母、兄弟、妻子流徙东北宁古塔。

顺治十六年(1659) 是年，郑成功率数十万大军、兵船数千艘进入长江，攻占瓜洲和镇江后，围攻江宁。两江总督郎廷佐紧闭城门，诈降以待援师，郑成功中其缓兵之计，麻痹轻敌，遭清军偷袭，损失惨重，只好退回厦门。

顺治十八年(1661) 3月初，为抗议吴县县令任维初监守自盗、刑讯催逼钱粮，苏州吴县百余名士子偕千余百姓，到苏州文庙孔子牌位前痛哭抗粮，并鸣钟击鼓，至苏州府衙请愿。其时巡抚朱国治等人正在府衙祭奠顺治皇帝灵位，当即下令镇压，逮捕多人。不久，18名秀才被诬以"抗粮谋反"在江宁惨遭处斩，这是当时震惊江南的一起冤案。“哭庙案”是当时江南诸多社会矛盾尖锐冲突的结果，反映了清初苏州一代文人疾恶如仇、舍生取义的大无畏精神。

是年夏，清廷将上年尚未完纳钱粮的江南苏州、松江、常州、镇江四府并溧阳一县的官绅士子全部黜革，史称“奏销案”。此案初只限于无锡、嘉定两县，后通行于江南四府一县。据江宁巡抚朱国治造册上报，清廷将欠粮者，不分欠数多寡，在籍绅衿按名黜革，秀才、举人、进士，凡钱粮未完者，皆被革去功名出身；现任官概行降两级调用，共黜降 13571 人、衙役 240 人，其中不少人被械送刑部议处，甚至探花叶方霭因欠银一厘亦被黜，故民间有“探花不值一文钱”之说。吴伟业、徐乾学等江南名士皆不能幸免，一时“仕籍、学校为之一空”，江南缙绅豪强遭受沉重打击。清入关后，在江南地区实行了比明代更为严厉的催科，但江南缙绅拖欠钱粮现象仍十分严重。同时，政治立场上江南缙绅仍孝忠于朱明王朝，暗地支持江南各地的抗清活动，清政府为了抑制缙绅特权并从政治上制服江南地主，便借口“抗粮”制造了“奏销案”。直至三藩叛乱时，为了争取江南地主的支持，清廷才放松禁令，允许在奏销案中被黜降的官绅士子分别纳银开复。

10 月 5 日，为防止沿海人民对郑成功抗清义军的支持和联系，清廷推行“迁海令”：勒令江南、浙江、福建、广东等省沿海居民分别内迁 30 至 50 里，并烧尽沿海民居和船只，不准寸板入海，越界者无论远近，均立斩。“迁海令”严重地影响了沿海居民正常生活，阻碍了社会经济的发展。1681 年(康熙二十年)清政府始撤销此令。

康熙六年(1667) 是年，清廷析分江南省为江苏、安徽两省。江苏省取江宁、苏州二府首字得名。

康熙七年(1668) 7 月 25 日，山东莒县、郯城一带发生 8.5 级强烈地震，江苏大部分地区受到波及，徐州、赣榆、海州、沭阳、宿迁、邳州、山阳、清河、安东(今涟水)、桃源(今泗阳)和泗州等地震感强烈，徐州城坍毁，扬州文峰塔若摇笔，塔顶坠地。许多民房倒塌，百姓死伤不计其数。

康熙八年(1669) 是年，无锡知县吴兴祚在八士镇斗山立《禁约碑》一座，规定水墩庵一带严禁捉鱼、打鸟、砍伐。经中国科学院贾兰坡院士等专家考证，此碑堪称“中华生态保护第一碑”。

康熙十九年(1680) 是年夏秋，黄淮并涨，黄河冲决归仁堤，直灌洪泽湖，湖水陡涨数尺，泗州城外大堤溃决，洪水鼓裂东北、西北城墙，城内顷刻水深数丈，官民侨寓淮河堤上，部分逃至盱山，泗州城遂告沉没。几乎同时，明祖陵也沉入水底。泗州移治盱眙。同时，高邮清水潭堤决，宝应、淮安、兴化等地皆大水，田禾尽没。

康熙二十二年(1683) 康熙帝诏修《大清一统志》，令各省修撰省志呈送国家志馆，以备修《大清一统志》之用。是年，康熙《江南通志》成书，次年刊行。

康熙二十三年(1684) 11月5日，康熙帝出京，开始了他的首次南巡之旅。此后，又分别于1689年(康熙二十八年)、1699年(康熙三十八年)、1703年(康熙四十二年)、1705年(康熙四十四年)、1707年(康熙四十六年)南巡。康熙六次南巡主要是要解决有关国计民生的重要问题，治理水患，安定社会，了解民情，争取人心。康熙南巡强调俭朴，不讲排场，不事铺张。

康熙二十四年(1685) 是年，清政府允准在广州、漳州、宁波、云台山(今连云港)四处设关对外通商。

康熙五十年(1711) 10月，江南乡试发榜后，人们惊异地发现中举者除13名苏州府人外，其余均为扬州盐商子弟。气愤的南京士子把江南贡院门额上的“贡(貢)院”二字涂改成“卖(賣)完”。苏州生员千余人集会玄妙观，抗议乡试舞弊。1712年(康熙五十一年)3月，江苏巡抚张伯行将“辛卯科场舞弊案”(1711年为辛卯年)奏报康熙帝，并参劾位高权重的两江总督噶礼涉案，与副主考官赵晋等暗中勾结“揽卖举人”，索贿银50万两。噶礼坚决否认受贿行为，反诬张伯行七宗罪。11月，经过密奏和调查，康熙查明“辛卯科场舞弊案”真相，审定副主考赵晋和另外两个同考官决斩，两名行贿者吴泌、程光奎绞监候，噶礼、左必藩被革职，张伯行留用。

康熙五十二年(1713) 江苏巡抚张伯行在苏州创建紫阳书院，沈德潜、钱大昕、俞樾等经学、史学大师均曾执教于此。

雍正二年(1724) 11月4日，清廷将江苏省海州、邳州、通州、太仓州和泗州升格为直隶州，并划定赣榆、沭阳2县属海州，宿迁、睢宁2县属邳州，如皋、泰兴2县属通州，镇洋、嘉定、宝山、崇明4县属太仓州，盱眙县属泗州。

是年，两江总督查弼纳创建钟山书院。1733年(雍正十一年)，定为省城书院。1853年(咸丰三年)，太平军攻占南京后，钟山书院被废。1864年(同治三年)，湘军进攻南京时，书院建筑毁于战火。1881年(光绪七年)，两江总督刘坤一下令在旧址上重建钟山书院。1903年(光绪二十九年)，钟山书院改为江南高等学堂。

雍正十一年(1733) 是年，安徽全椒人吴敬梓移家南京，寄居秦淮水亭，作《移家赋》。此后，他在南京生活多年，并写成长篇讽刺小说《儒林外史》。

雍正十二年(1734) 是年，雷大升(字允上)在苏州创办雷允上诵芬堂药铺，集医、药于一身，既坐堂门诊，又研药卖药，一时名噪姑苏。1860年(咸丰十年)，雷氏后人雷子纯根据民间秘方配制而成“六神丸”。数百年来，六神丸成为中医治疗咽喉疾病的经典名药，现为国家中药一级保护品种的中成药。它对于咽喉肿痛、急慢性咽炎、扁桃体炎都有奇效。临床应用时，又因为其解毒、消肿、止痛的作用，用来治疗外科痈疽、乳痈及其他无名肿毒。

乾隆十六年(1751) 乾隆在位期间先后六次南巡,时间分别是1751年(乾隆十六年)、1757年(乾隆二十二年)、1762年(乾隆二十七年)、1765年(乾隆三十年)、1780年(乾隆四十五年)、1784年(乾隆四十九年)。乾隆好大喜功,六次南巡讲求声势排场,奢侈靡费,较康熙南巡花费巨大,加重了百姓负担。

乾隆三十六年(1771) 是年春,沭阳平民汤大恺乘乾隆帝南巡驻跸苏州之际,冒死拦驾告御状:淮安程姓盐商独霸专行,为盐河蓄水行盐之便于六塘河头的石坝上加筑草坝,致使上游百余里农田水灾连年,大片庄稼被淹。乾隆令地方官员查问此事,江苏巡抚批道:"为利商利民,令六塘河上草坝时启时闭,勒石为碑。"然而,程姓盐商买通苏州元和县狱卒,将汤大恺毒杀于狱中。汤大恺死后,盐商程某依然我行我素,竖立于六塘河的石碑形同虚设,百姓庄稼仍年年被洪水淹没。

乾隆三十六年十二月(1772) 1月21—23日,仪征北城发生特大火灾,大火延续3日,附近沙漫洲江面盐船、客舟也被焚毁百余艘,"焚及溺死者千有四百"。不久,江都文人汪中写下了传诵一时《哀盐船文》,文用骈体,再现了那场悲剧的场景,表达了对死者的深切哀悼,感情哀婉,人称"惊心动魄,一字千金"。

乾隆四十一年(1776) 是年,苏州弹词名家王周士于苏州创立评弹艺人的第一个组织"光裕公所"。

乾隆四十三年(1778) 是年,东台举人徐述夔因《一柱楼诗集》中有"明朝期振翮,一举去清都"句,被清廷定为"大逆不道之罪",遭剖棺戮尸,著作也被查禁。

乾隆四十四年(1779) 是年,乾隆敕建贮藏《四库全书》的文宗阁在镇江金山寺建成。1790年(乾隆五十五年),《四库全书》3.6万余册缮写完成后送交文宗阁入藏。1853年(咸丰三年),文宗阁毁于兵乱,所藏《四库全书》与阁同毁。

乾隆四十五年(1780) 是年,专贮《四库全书》的文汇阁于扬州天宁寺建成,其形制仿浙江天一阁,正门上悬御书"东壁流辉",文汇阁为清代七大藏书楼之一。1790年(乾隆五十五年),《四库全书》入藏文汇阁。1854年(咸丰四年),文汇阁毁于兵乱,所藏《古今图书集成》、《四库全书》与阁同毁。

乾隆四十六年(1781) 9月至次年7月,淮安府久旱无雨,农作物大片枯死,运河干涸断航。

乾隆五十一年(1786) 是年,扬州府大灾荒,灾民饿殍遍野,米每石涨至银6两多。

乾隆五十三年(1788) 5月,增定《江南乡试回避条例》,江苏、安徽籍官员回避,廉差和司道以上官员子弟回避。

乾隆五十七年(1792) 是年,苏州人唐大烈在苏州创办《吴医汇讲》,每年出版发行1卷,至1803年(嘉庆八年)结束,前后共出11卷。《吴医汇讲》内容包括医论、医评、验方、考证和笺记等,这是国内最早的医学学术期刊。

嘉庆十年(1805) 是年,两江总督铁保、江苏巡抚汪志伊在苏州沧浪亭创建正谊书院。

同年,扬州戏曲理论家焦循完成《剧说》6卷。此书纂辑汉、唐以来近150多名家论曲、论剧的杂录,包含了丰富的戏剧资料,记载了流传在乐府、梨园、教坊、青楼、乐户中的一些遗闻轶事,考查了一些故事的来源,并综合比较地分析研究了一些古典剧、曲的思想内容和艺术结构,对戏曲某些问题的渊源与演变、角色命名的由来和含义等都有探讨。1819年(嘉庆二十四年),焦循还完成了《花部农谭札记》1卷,这是中国戏曲批评理论史上研究地方戏曲的第一部专门论著。

嘉庆十三年(1808) 是年,淮安大水,清廷发赈灾银20万两以救济灾民。然而,山阳县令王伸汉却侵占了赈银2.3万两,引发民怨。嘉庆帝命户部再拨赈银30万两,并令两江总督铁保派人查赈。进士、候补江宁知县李毓昌作为10人查赈组成员之一,赴山阳灾区,核查赈银发放,发现王伸汉贪污赈银之事后,王伸汉企图贿赂李毓昌。李毓昌拒贿,王伸汉便收买李的仆人将其毒杀。知府王毂受贿包庇王伸汉,以自缢身亡定案。李毓昌叔父李泰清赴京告状,嘉庆帝命山东巡抚开棺验尸,致使冤案大白于天下。王伸汉、王毂等6人被处死,两江总督铁保、江苏巡抚汪日章等被革职流放,李毓昌被追赠知府衔。

嘉庆十八年(1813) 是年,苏州月中桂香粉店开业,生产头油、胭脂、雪花膏、鸭蛋粉等,其产品作为贡品进献清廷皇宫,又称"宫粉"。月中桂香粉店与扬州的谢馥春香粉店、杭州的孔凤春香粉店并称为"天下香粉三大老店"。

本年,靖江县沿江地区坍江,天后宫、关帝庙及文峰塔先后坍入江中。次年二月,自澜港到苏家港修筑防坍堤731丈,历时70天竣工。

嘉庆十九年(1814) 是年,上元县(今南京市)人伍长华廷试第三,得探花,授职翰林编修,一时在南京传为佳话,他成为中国历史上第一位回族探花。

嘉庆二十三年(1818) 是年,无锡人华秋苹与其弟华映山等采集南北两派琵琶曲,编辑刊印《琵琶谱》三卷,这是中国出版最早的一部琵琶谱集。

道光六年(1826) 是年,在江苏巡抚陶澍、布政使贺长龄等组织下,清朝历史上首次试行漕粮海运取得成功。此次海运雇沙船千余艘,春夏两次从海道运米160余万石抵天津交兑,比官办漕粮河运省银20万两,省米10余万石。

是年,张井出任南河总督,创"灌塘法",使河运无"借黄"之险,兼省盘驳之费,一时称便。但“灌塘法”效率不高，8 天才能灌放一塘，1840 年（道光二十年）后停用此法。

道光八年(1828) 是年，两江总督陶澍在金陵创建惜阴书院，冯桂芬曾在此任教。

道光十一年(1831) 2 月 3 日，裁两淮盐政，两淮盐务改归两江总督管理，定《两淮盐务章程》15 款。

3 月 11 日，两江总督陶澍奏两淮盐政，在淮北实行盐政改革，废纲盐而行“票盐”，打破了官商对食盐的垄断经营。1838 年（道光十八年），因票商增多而实行“挂号验资法”，以票商资金核定销量。1868 年（同治七年），停“验资法”，仍行纲盐运销。

道光十九年(1839) 是年，龚自珍自北京返杭州，途经扬州，作《病梅馆记》。全文托梅议政，形象地揭露和抨击了清朝封建统治者束缚人们思想，压制摧残人才的罪恶，表达了改革政治，追求思想自由、个性解放的强烈愿望。

二　主要参考文献

(一) 正史、笔记、文集、档案类

1.《明实录》,台湾"中央研究院"历史语言研究所 1962 年校印本。

2.(明)朱元璋:《明太祖御制文集》,台湾学生书局 1965 年版。

3.(明)申时行等:《明会典》(万历重修本),中华书局 1989 年版。

4.(明)邱濬:《大学衍义补》,京华出版社 1999 年版。

5.(明)谈迁:《国榷》,中华书局 1958 年版。

6.《清实录》,中华书局 1985 年版。

7.(清)谷应泰:《明史纪事本末》,中华书局 1977 年版。

8.(清)张廷玉等:《明史》,中华书局 1974 年版。

9.(清)万斯同:《明史稿》,南京图书馆藏原稿钞本。

10.(清)王鸿绪:《明史稿》,1921 年刊本。

11.(清)龙文彬:《明会要》,中华书局 1956 年版。

12. 乾隆《钦定大清会典》,《钦定四库全书荟要》史部 112—113 册,台湾世界书局 1986 年版。

13. 光绪《大清会典事例》,《续修四库全书》第 798—814 册,上海古籍出版社 2006 年版。

14.(民国)赵尔巽等:《清史稿》,中华书局 1977 年版。

15.(清)王先谦:《东华录》,《续修四库全书》第 369—375 册,上海古籍出版社 2006 年版。

16.(清)纪昀总纂:《四库全书总目提要》,河北人民出版社 2003 年版。

17. 乾隆《钦定皇朝文献通考》,《影印文渊阁四库全书》第 632—638 册,台湾商务印书馆 1986 年版。

18. 中国第一历史档案馆整理:《康熙起居注》,中华书局 1984 年版。

19. 中国第一历史档案馆编:《雍正朝汉文朱批奏折汇编》,江苏古籍出版社 1989 年版。

20. 中国第一历史档案馆编:《清中前期西洋天主教在华活动档案史料》,中华书局 2003 年版。

21. 吴晗编:《朝鲜李朝实录中的中国史料》,中华书局 1980 年版。

22.（明）高启:《高青丘集》,上海古籍出版社1985年版。

23.（明）归庄:《归庄集》,中华书局1984年版。

24.（明）陈子龙等辑:《明经世文编》,中华书局1962年版。

25.（明）郑若曾著,李致忠点校:《筹海图编》,中华书局2007年版。

26.（明）瞿九思:《万历武功录》,《续修四库全书》史部第436册,上海古籍出版社2006年版。

27.（明）焦竑:《玉堂丛语》,中华书局1981年版。

28.（明）吴纳:《思庵文粹》,常熟市图书馆藏钞本。

29.（明）张洪:《归田稿》,常熟市图书馆藏钞本。

30.（明）朱国祯:《涌幢小品》,文化艺术出版社1998年版。

31.（明）顾起元撰,陈稼禾点校:《客座赘语》,中华书局1987年版。

32.（明）周晖:《金陵琐事》,《中国方志丛书》华中地方第440号,台湾成文出版社1983年版。

33.（明）王世贞:《弇州山人四部稿》,《明代论著丛刊》本,台湾伟文图书出版社1976年版。

34.（明）王世贞:《弇山堂别集》,中华书局1985年版。

35.（明）王世贞:《弇州续稿》,《影印文渊阁四库全书》第1282册,台湾商务印书馆1986年版。

36.（明）郎瑛:《七修类稿》,中华书局1959年版。

37.（明）李维桢:《大泌山房集》,《四库全书存目丛书》集部第151—153册,齐鲁书社1997年版。

38.（明）张瀚:《松窗梦语》,上海古籍出版社1986年版。

39.（明）徐光启:《徐光启集》,中华书局1963年版。

40.（明）徐霞客:《徐霞客游记》,团结出版社2002年版。

41.（明）袁宏道:《袁宏道集笺校》,上海古籍出版社1981年版。

42.（明）沈德符:《万历野获编》,中华书局1959年版。

43.（明）史可法:《史忠正公集》,《续修四库全书》第1387册,上海古籍出版社2006年版。

44.（明）王锜:《寓圃杂记》,中华书局1984年版。

45.（明）王圻:《续文献通考》,《续修四库全书》第761—767册,上海古籍出版社2006年版。

46.（明）贝琼:《清江贝先生文集》,《四部丛刊》本,上海商务印书馆1922年版。

47.（明）王琼撰，姚汉源、谭徐明注释：《漕河图志》，水利电力出版社1990年版。

48.（明）郑若曾：《江南经略》，《影印文渊阁四库全书》第728册，台湾商务印书馆1986年版。

49.（明）归有光：《震川先生集》，上海古籍出版社1981年版。

50.（明）蒋以化：《西台漫记》，《北京图书馆古籍珍本丛刊》66，书目文献出版社1995年版。

51.（明）朱国祯：《皇明史概·皇明大事记》，《续修四库全书》第431册，上海古籍出版社2006年版。

52.（明）申时行：《赐闲堂集》，《四库全书存目丛书》集部第134册，齐鲁书社1995年版。

53.（明）黄煜汇编：《碧血录》，《丛书集成新编》第120册，台湾新文丰出版有限公司1985年版。

54.（明）张溥：《七录斋文集》，《四库禁毁书丛刊》集部182册，北京出版社2000年版。

55.（明）何良俊：《四友斋丛说》，中华书局1985年版。

56.（明）陆容：《菽园杂记》，中华书局1959年版。

57.（清）张潮辑：《虞初新志》，河北人民出版1985年版。

58.（清）王猷定：《四照堂集》，《丛书集成续编》第151册，台湾新文丰出版有限公司1989年版。

59.（清）陆世仪：《思辨录辑要》，《丛书集成新编》第23册，台湾新文丰出版有限公司1985年版。

60.（明）杨宏、谢纯：《漕运通志》，方志出版社2006年版。

61.（明）钱谷辑：《吴都文粹续集》，《影印文渊阁四库全书》第1385—1386册，台湾商务印书馆1986年版。

62.（明）巩珍著，向达校注：《西洋番国志》，中华书局1961年版。

63.（明）马欢著，万明校注：《明钞本〈瀛涯胜览〉校注》，海洋出版社2005年版。

64.（明）费信著，冯承钧校注：《星槎胜览校注》，中华书局1954年版。

65.（明）宋应星：《天工开物》，广东人民出版社1976年版。

66.（明）罗曰褧：《咸宾录》，上海古籍出版社1995年版。

67.（明）董谷：《碧里杂存》，《丛书集成新编》第88册，台湾新文丰出版有限公司1985年版。

68.（明）李诩：《戒庵老人漫笔》，中华书局1982年版。

69. (明)蒋一葵:《尧山堂外纪》,《四库全书存目丛书》子部第 148 册,齐鲁书社 1995 年版。

70. (明)宗臣:《宗子相集》,《影印文渊阁四库全书》第 1287 册,台湾商务印书馆 1986 年版。

71. (明)佚名:《嘉靖东南平倭通录》,《中国野史集成》第 24 册,巴蜀书社 2000 年版。

72. (明)周晖:《金陵琐事》,《中国方志丛书》华中地方第 440 号,台湾成文出版社 1983 年版。

73. (明)徐昌治编:《圣朝破邪集》,香港建道神学院 1996 年版。

74. (明)陈实功:《外科正宗》,中医古籍出版社 1999 年版。

75. (清)叶梦珠:《阅世编》,上海古籍出版社 1981 年。

76. (清)李兆洛:《养一斋文集》,《续修四库全书》第 1495 册,上海古籍出版社 2006 年版。

77. (清)孙嘉淦:《孙文定公奏疏》,《四库未收书辑刊》第 1 辑第 22 册,北京出版社。

78. (清)徐珂:《清稗类钞》,中华书局 1984 年版。

79. (清)王鸣盛:《十七史商榷》,上海书店 2005 年版。

80. (清)江藩:《汉学师承记(外二种)》,生活·读书·新知三联书店 1998 年版。

81. (清)顾炎武:《肇域志》,上海古籍出版社 2004 年版。

82. (清)顾炎武:《日知录集释(全校本)》,上海古籍出版社 2006 年版。

83. (清)顾炎武:《顾亭林诗文集》,中华书局 1983 年版。

84. (清)洪亮吉:《洪亮吉集》,中华书局 2001 年版。

85. (清)钱大昕:《嘉定钱大昕全集》,江苏古籍出版社 1997 年版。

86. (清)钱大昕:《潜研堂集》,上海古籍出版社 1989 年版。

87. (清)钱大昕:《廿二史考异》,上海古籍出版社 2004 年版。

88. (清)钱大昕:《十驾斋养新录》,上海书店 1983 年版。

89. (清)董含:《三冈识略》,辽宁教育出版社 2000 年版。

90. (清)袁枚:《随园诗话》,人民文学出版社 1982 年版。

91. (清)赵翼:《瓯北集》,上海古籍出版社 1997 年版。

92. (清)赵翼著,王树民校证:《廿二史劄记校证》,中华书局 1984 年版。

93. (清)查继佐:《罪惟录》,浙江古籍出版社 1986 年版。

94. (清)章学诚:《章学诚遗书》,文物出版社 1985 年版。

95.（清）陆世仪：《复社纪略》，《续修四库全书》第 438 册，上海古籍出版社 2006 年版。

96.（清）钱谦益：《列朝诗集小传》，上海古籍出版社 1983 年版。

97.（清）王应奎：《柳南续笔》，中华书局 1983 年版。

98.（清）徐鼒：《小腆纪传》，中华书局 1958 年版。

99.（清）梁章钜：《浪迹丛谈》，中华书局 1981 年版。

100. 汪蔚林编：《孔尚任诗文集》，中华书局 1962 年版。

101.（清）阮葵生：《茶余客话》，中华书局 1959 年版。

102.（清）文秉：《先拨志始》，《续修四库全书》第 437 册，上海古籍出版社 2006 年版。

103.（清）黄景仁：《黄景仁诗词选》，华中工学院出版社 1988 年版。

104.（清）陈维崧：《迦陵词全集》，《续修四库全书》第 1724 册，上海古籍出版社 2006 年版。

105.（清）余怀：《板桥杂记》，青岛出版社 2002 年版。

106.（清）夏燮：《明通鉴》，岳麓书社 1999 年版。

107.（清）计六奇：《明季南略》，北京中华书局 1984 年版。

108.（清）王铎：《拟山园选集》，《四库禁毁书丛刊》集部第 87—88 册，北京出版社 2000 年版。

109.（清）吴伟业：《吴梅村全集》，上海古籍出版社 1990 年版。

110.（清）张岱：《陶庵梦忆》，山东画报出版社 2006 年版。

111.（清）郑光祖：《醒世一斑录》，《续修四库全书》第 1140 册，上海古籍出版社 2006 年版。

112.（清）贺长龄辑：《皇朝经世文编》，《近代中国史料丛刊》第一编第 731 册，台湾文海出版社 1966 年版。

113.（清）徐锡龄、钱泳：《熙朝新语》，上海古籍书店 1983 年版。

114.（清）褚人获：《坚瓠集》，上海古籍出版社 2007 年版。

115.（清）钱泳：《履园丛话》，中华书局 1979 年版。

116.（清）李斗：《扬州画舫录》，江苏广陵古籍刻印社 1984 年版。

117.（清）甘熙：《白下琐言》，南京出版社 2007 年版。

118.（清）顾禄：《桐桥倚棹录》，上海古籍出版社 1980 年版。

119.（清）叶德辉：《书林清话》，岳麓书社 1999 年版。

120.（清）王庆云：《石渠余纪》，《近代中国史料丛刊》第一编第 75 册，台湾文海出版社 1967 年版。

121. (清)陶澍:《陶文毅公全集》,《续修四库全书》第 1502—1504 册,上海古籍出版社 2006 年版。

122. (清)包世臣:《安吴四种》,《近代中国史料丛刊》第一编第 294 册,台湾文海出版社 1968 年版。

123. (清)毛奇龄:《明武宗外纪》,上海书店 1982 年版。

124. (清)黄宗羲、顾炎武等撰:《南明史料》(八种),江苏古籍出版社 1999 年版。

125. 许承尧:《歙事闲谭》,黄山书社 2001 年版。

(二) 方志类

1. (明)卢熊纂修:洪武《苏州府志》,《中国方志丛书》华中地方第 432 号,台湾成文出版社 1983 年版。

2. (明)王俊华纂修:《洪武京城图志》,南京出版社 2006 年版。

3. (明)林世远、王鏊等纂修:正德《姑苏志》,《北京图书馆古籍珍本丛刊》26—27,书目文献出版社 1998 年版。

4. (明)王皓、刘雨纂修:正德《江宁县志》,《北京图书馆古籍珍本丛刊》24,书目文献出版社 1990 年版。

5. (明)莫旦:弘治《吴江志》,《中国史学丛书》三编第四辑,台湾学生书局 1987 年版。

6. (明)曹一麟修,徐师曾纂:嘉靖《吴江县志》,《中国史学丛书》三编第四辑,台湾学生书局 1987 年版。

7. (明)苏佑、杨循吉纂修:嘉靖《吴邑志》,《四库全书存目丛书》史部第 181 册,齐鲁书社 1996 年版。

8. (明)王稚登:《吴社编》,苏州古吴轩出版社 2005 年版。

9. (明)黄佐:《南雍志》,《续修四库全书》第 749 册,上海古籍出版社 2006 年版。

10. (明)马麟修、(清)杜琳等重修、(清)李如枚等续修:《续纂淮关统志》,《四库全书存目丛书》史部第 274 册,齐鲁书社 1996 年版。

11. (明)张恺纂修:正德《常州府志续集》,《中国方志丛书》华中地方第 419 号,台湾成文出版社 1983 年版。

12. (明)冯汝弼修,邓韨纂:嘉靖《常熟县志》,《北京图书馆古籍珍本丛刊》27,书目文献出版社 1998 年版。

13. (明)杨逢春修,方鹏纂:嘉靖《昆山县志》,《天一阁藏明代方志选刊》本,上海古籍书店 1981 年版。

14. (明)赵锦修,张衮纂:嘉靖《江阴县志》,《天一阁藏明代方志选刊》本,上海古籍书店 1981 年版。

15. (明)张峰纂修,陈复亨补辑:隆庆《海州志》,《天一阁藏明代方志选刊》本,上海古籍书店 1981 年版。

16. (明)刘启东、贾宗鲁等纂修:嘉靖《高淳县志》,《天一阁藏明代方志选刊》本,上海古籍书店 1981 年版。

17. (明)宋佐、闻人诠纂修:嘉靖《宝应县志略》,《天一阁藏明代方志选刊》本,上海古籍书店 1981 年版。

18. (明)史起蛰、张榘撰:《两淮盐法志》,《四库全书存目丛书》史部 274 册,齐鲁书社 1996 年。

19. (明)杨洵修,徐銮纂:万历《扬州府志》,《北京图书馆古籍珍本丛刊》25,书目文献出版社 1998 年版。

20. (明)杨瑞云修,夏应星纂:万历《盐城县志》,《北京图书馆古籍珍本丛刊》25,书目文献出版社 1998 年版。

21. (明)程嗣功、王一化纂修:万历《应天府志》,《四库全书存目丛书》史部 203 册,齐鲁书社 1996 年。

22. (明)李昭祥:《龙江船厂志》,江苏人民出版社 1999 年版。

23. (明)范景文:《南枢志》,《中国方志丛书》华中地方第 453 号,台湾成文出版社有限公司 1983 年版。

24. (明)葛寅亮:《金陵梵刹志》,《续修四库全书》第 718 册,上海古籍出版社 2006 年版。

25. (清)高廷珍:雍正《东林书院志》,《四库全书存目丛书》史部 246—247 册,齐鲁书社 1996 年版。

26. (清)于琨修,陈玉璂等纂:康熙《常州府志》,《中国地方志集成》江苏府县志辑 36,江苏古籍出版社 1991 年版。

27. (清)于成龙等修,张九征、陈焯等纂:康熙《江南通志》,康熙二十三年(1684)江南通志局刻本。

28. (清)尹继善等修,黄之隽等纂:乾隆《江南通志》,《影印文渊阁四库全书》第 511 册,台湾商务印书馆 1986 年版。

29. (清)许治修,沈德潜、顾诒禄纂:乾隆《长洲县志》,《中国地方志集成》江苏府县志辑 68,江苏古籍出版社 1991 年版。

30. (清)鳌图、汪廷昉修,王昶等纂:嘉庆《直隶太仓州志》,《续修四库全书》第

697册,上海古籍出版社2006年版。

31.(清)吕燕昭修,姚鼐纂:嘉庆《重刊江宁府志》,《中国方志丛书》华中地方第128号,台湾成文出版社有限公司1974年版。

32.(清)唐仲冕修,许桂林、许乔林等纂:嘉庆《海州直隶州志》,《中国地方志集成》江苏府县志辑64,江苏古籍出版社1991年版。

33.(清)孟毓兰修,乔载繇等纂:道光《重修宝应县志》,《中国方志丛书》华中地方第406号,台湾成文出版社有限公司1983年版。

34.(清)陈延恩修,李兆洛等纂:道光《江阴县志》,《中国方志丛书》华中地方第456号,台湾成文出版社有限公司1983年版。

35.(清)王有庆、刘铃等修,梁桂等纂:道光《泰州志》,《中国地方志集成》江苏府县志辑50,江苏古籍出版社1991年版。

36.(清)金吴澜、丁廷鸾等修,汪堃等纂:光绪《昆新两县续修合志》,《中国地方志集成·江苏府县志辑》16辑,江苏古籍出版社1991年版。

37.(清)梁悦馨等修,季念诒等纂:光绪《通州直隶志》,《中国方志丛书》华中地方第43号,台湾成文出版社有限公司1970年版。

38.(清)阿克当阿修,姚文田等纂:嘉庆《重修扬州府志》,《中国地方志集成·江苏府县志辑》42辑,江苏古籍出版社1991年版。

39.(清)姚兆昌等纂:嘉庆《东台县志》,《中国方志丛书》华中地方第27号,台湾成文出版社有限公司1970年版。

40.(清)金友理:《太湖备考》,江苏古籍出版社1998年12月版。

41.(清)孙云锦修,吴昆田等纂:光绪《淮安府志》,光绪十年(1884)刻本。

42.(清)叶滋森修,褚翔等纂:光绪《靖江县志》,《中国方志丛书》华中地方第464号,台湾成文出版社有限公司1983年版。

43.(清)莫祥芝、甘绍盘等修,汪士铎等纂:同治《上江两县志》,《中国方志丛书》华中地方第41号,台湾成文出版社有限公司1970年版。

44.(民国)于树滋纂:《瓜洲续志》,《中国地方志集成》乡镇志专辑15,江苏古籍出版社1992年版。

45.(清)卢思诚修,冯寿镜续修,季念诒纂,夏炜如续纂:光绪《江阴县志》,《中国方志丛书》华中地方第457号,台湾成文出版社有限公司1983年版。

46.(清)黄卬:《锡金识小录》,《中国方志丛书》华中地方第426号,台湾成文出版社有限公司1983年版。

47.(民国)张惠衣:《金陵大报恩寺塔志》,南京出版社2007年版。

48. 武同举:《江苏水利全书》,南京水利实验处印行 1951 年版。

49. 如东县编史修志办公室编:《如东县志(修订本)》,江苏古籍出版社 1985 年版。

50. 江苏省博物馆编:《江苏省明清以来碑刻资料选集》,生活·读书·新知三联书店 1959 年版。

51. 苏州历史博物馆、江苏师范学院历史系、南京大学明清史研究室合编:《明清苏州工商业碑刻集》,江苏人民出版社 1981 年版。

52. 王国平、唐力行主编:《明清以来苏州社会史碑刻集》,苏州大学出版社 1998 年版。

53. 江苏省地方志编纂委员会:《江苏省志·陶瓷工业志》,江苏人民出版社 1994 年版。

54. 江苏省地方志编纂委员会:《江苏省志·财政志》,江苏古籍出版社 1996 年版。

55. 江苏省地方志编纂委员会:《江苏省志·教育志》,江苏古籍出版社 2000 年版。

(三)现代著述类

1. 梁方仲:《中国历代户口、田地、田赋统计》,上海人民出版社 1980 年版。

2. 梁方仲:《明代粮长制度》,上海人民出版社 2001 年版。

3. 严中平:《中国棉纺织史稿》,科学出版社 1963 年版。

4. 郑天挺:《探微集》,中华书局 1980 年版。

5. 李文治:《中国近代农业史资料》,生活·读书·新知三联书店 1957 年版。

6. 彭泽益:《中国近代手工业资料》,生活·读书·新知三联书店 1957 年版。

7. 南炳文、汤纲:《明史》,上海人民出版社 2003 年版。

8. 侯外庐主编:《中国思想史纲》,中国青年出版社 1980 年版。

9. 张海鹏、王廷元主编:《明清徽商资料选编》,黄山书社 1985 年版。

10. 谢国桢:《明清之际党社运动考》,中华书局 1982 年版。

11. 顾诚:《南明史》,中国青年出版社 1997 年版。

12. 中国人民大学清史研究所、档案系中国政治制度史教研室合编:《康雍乾时期城乡人民反抗斗争资料》,中华书局 1979 年版。

13. 方行主编:《中国经济通史·清代经济卷》,经济日报出版社 1999 年版。

14. 范金民:《明清江南商业的发展》,南京大学出版社 1998 年版。

15. 范金民:《江南社会经济研究(明清卷)》,中国农业出版社 2006 年版。

16. 李伯重:《江南的早期工业化(1550—1850)》,社会科学文献出版社 2000 年版。

17. 张纪成主编:《京杭运河(江苏)史料选编》,人民交通出版社 1997 年版。

18. 刘石吉:《明清时代江南市镇研究》,中国社会科学出版社 1987 年版。

19. 樊树志:《明清江南市镇探微》,复旦大学出版社 1990 年版。

20. 樊树志:《晚明史(1573—1644)》,复旦大学出版社 2003 年版。

21. 韩大成:《明代城市研究》,中国人民大学出版社 1991 年版。

22. 朱保炯等:《明清进士题名碑录索引》,上海古籍出版社 1980 年版。

23. 曹树基:《中国人口史》,复旦大学出版社 2000 年版。

24. 王振忠:《明清徽商与淮扬社会变迁》,生活·读书·新知三联书店 1996 年版。

25. 徐华根编:《明末江阴守城纪事》,上海古籍出版社 2007 年版。

26. 郑鹤声、郑一钧:《郑和下西洋资料汇编》,齐鲁书社 1989 年版。

27. 李献章:《妈祖信仰研究》,澳门海事博物馆 1995 年版。

28. 刘水云:《明清家乐研究》,上海古籍出版社 2005 年版。

29. 尚钺:《中国资本主义关系发生及演变的初步研究》,生活·读书·新知三联书店 1956 年版。

30. 中国人民大学中国历史教研室编:《中国资本主义萌芽问题讨论集》,生活·读书·新知三联书店 1957 年版。

31. 南京大学历史系中国古代史教研室编:《中国资本主义萌芽问题讨论集(续编)》,生活·读书·新知三联书店 1960 年版。

32. 李文治、经君健、魏金玉:《明清时代的农业资本主义萌芽问题》,中国社会科学出版社 1983 年版。

33. 田居俭、宋元强编:《中国资本主义萌芽》(上、下),巴蜀书社 1987 年版。

34. 罗荣渠:《现代化新论——世界与中国的现代化进程》,商务印书馆 2004 年版。

35. 江苏省纪念郑和下西洋 600 周年活动筹备领导小组:《传承文明 走向世界 和平发展:纪念郑和下西洋 600 周年国际学术论坛论文集》,社会科学文献出版社 2005 年版。

36. 洪焕椿:《明清苏州农村经济资料》,江苏古籍出版社 1988 年版。

37. 王卫平:《明清时期江南城市史研究——以苏州为中心》,人民出版社 1999 年版。

38. 王日根:《乡土之链——明清会馆与社会变迁》,天津人民出版社 1996 年版。

39. 林举百:《近代南通土布史》,张謇与南通研究中心筹备组 1984 年刊印稿。

40. 高燮初主编:《吴文化通史》,中国文史出版社 2006 年版。

41. 张秀民:《中国印刷史》,上海人民出版社 1989 年版。

42. 郭正忠主编:《中国盐业史(古代编)》,人民出版社 1997 年版。

43. 许涤新、吴承明主编:《中国资本主义发展史·中国资本主义的萌芽》,人民出版社 2003 年版。

44. 祁美琴:《清代榷关制度研究》,内蒙古大学出版社 2004 年版。

45. 故宫博物院明清档案部编:《李煦奏折》,中华书局 1976 年版。

46. 周维权:《中国古典园林史》,清华大学出版社 1999 年版。

47. 童寯:《江南园林志》,中国建筑工业出版社 1984 年版。

48. 全汉昇:《中国经济史论丛》,香港新亚研究所 1972 年版。

49. 范金民、金文:《江南丝绸史研究》,农业出版社 1993 年版。

50. 王树槐:《中国现代化的区域研究——江苏省(1860—1916)》,台湾"中央研究院"近代史研究所 1984 年版。

51. 何炳棣:《中国会馆史论》,台北学生书局 1966 年版。

52. 何炳棣:《1368—1953 年中国人口研究》,上海古籍出版社 1989 年版。

53. 黄宗智:《长江三角洲小农家庭与乡村发展》,中华书局 1992 年版。

54. 周德华:《吴江丝绸志》,江苏古籍出版社 1992 年版。

55. 吴根荣、徐友春主编:《吴江蚕丝业档案资料汇编》,河海大学出版社 1989 年版。

56. [英]加文·孟席斯:《1421:中国发现世界》,京华出版社 2005 年版。

57. [美]费正清:《中国:传统与变革》,江苏人民出版社 1996 年版。

58. [美]牟复礼、[英]崔瑞德编:《剑桥中国明代史》,中国社会科学出版社 1992 年版。

59. [日]大庭脩著,徐世虹译:《江户时代日中秘话》,中华书局 1997 年版。

60. [意]利玛窦著,何高济等译,何兆武校:《利玛窦中国札记》,北京中华书局 1983 年版。

61. [法]费赖之著,冯承钧译:《在华耶稣会士列传及书目》,中华书局 1995 年版。

后 记

《江苏通史》明清卷共分九章，第一、三、四、五、六、七、八、九章、参考文献和大事记等由周志斌撰写，第二章由潘群撰写。全书写作提纲和插图由周志斌拟定，导论由潘群起草，周志斌进行了修改补充。全书完稿后，南京大学中国思想家研究中心常务副主任夏维中教授拨冗审阅了全稿，提出了宝贵的修改意见。本书写作过程中，杨颖奇、王卫星、王健、叶扬兵、乐康俊、王裕明、崔巍、张慧卿等历史所同事提供了诸多帮助，邢东升博士协助校订了部分章节，凤凰出版社林日波博士为本书的编校付出了辛勤的劳动，南京渡江胜利纪念馆杨波先生协助提供了部分资料，在此一并深表感谢。

本书力图在前人研究的基础上有所创见和进步，由于时间仓促、水平有限，我们在撰写过程中存在疏漏和不当之处在所难免，恳望学界同仁不吝赐教。

潘群　周志斌

2010 年 12 月